내 영혼의 BEST 700

주찬양

Contents

가

A 가서 제자 삼으라 565
E♭ 가시관을 쓰신 예수 302
G 갈급한 내 맘 386
A 갈릴리 마을 그 숲속에서 565
D 갈릴리 바닷가에서 101
F 갈릴리 오신 주님 313
F 갈보리 340
F 갈보리 십자가의 주님을 314
Gm 감당 못 할 고난이 닥쳐와도 700
D 감사로 제사 드리는 자가 102
D 감사로 제사를 102
A 감사하신 하나님 에벤에셀 하나님 566
E 감사함으로 258
E 감사함으로 그 문에 들어가며 213
G 감사해 시험이 닥쳐 올 때에 385
D 감사해요 깨닫지 못했었는데 103
D 감사해요 주님의 사랑 104
A 강하고 담대하라 567
G 거룩 거룩 거룩하신 주 388
A♭ 거룩하고 아름다운 680
C 거룩하신 성령이여 1
A 거룩하신 주님께 나오라 597
F 거룩하신 하나님 315
C 거룩하신 하나님 (온 세상 찬양하네) 3
A 거룩한 성전에 거하시며 568
G 거룩한 주님의 성전에 387
C 거리마다 기쁨으로 2
B♭ 거절할 수 없는 주의 부르심 속에 691
G 겟세마네 동산에서 389
G 경배하리 내 온 맘 다해 390
G 경배하리 주 하나님 391
A 고개 들어 569
D 고백 (어느날 다가온 주님의) 147
D 고백 (내가 주님을 사랑합니다) 117
D 고요히 주님 앞에 와 105
C 광대하신 주 4
G 광대하신 주님 398
A 괴로울 때 주님의 얼굴 보라 570
A 교회를 부흥시키소서 616
A 교회여 일어나라 571
F 구원의 기쁨 321
D 귀하신 나의 주 200
G 그가 오신 이유 500
Em 그가 찔림은 우리의 허물을 555
A 그날 610
A 그날이 도적 같이 572
D 그는 나를 만졌네 106
Em 그는 여호와 창조의 하나님 556
F 그때 그 무리들이 316
G 그럼에도 불구하고 430
A 그리스도의 계절 606
G 그리 아니하실지라도 392
G 그 사랑 (아버지 그 사랑 내가 노래해) 464
E 그 사랑 (당신은 알고 있나요) 243
G 그 사랑 얼마나 426
F 그의 생각*요엘에게 374
D 그 이름 149
Em 글로리아 562
G 금 보다도 귀하다 457
C 기대 78
E 기도 247
D 기도하세요 지금 107
G 기도하자 우리 마음 합하여 393
G 기도할 수 있는데 394
G 기름 부으심 527

Contents

E	기뻐하며 승리의 노래 부르리	214
G	기뻐하며 왕께 노래 부르리	395
G	기쁨의 노래	509
A♭	기쁨의 옷을 입은	680
E	기적이 일어나네	266
C	기회로다	37
Bm	길	210
D	길 잃은 청지기	119
E	깨끗이 씻겨야 하리	248
G	깨끗한 손 주옵소서	435
E	깨뜨릴 옥합이 내게 없으며	223
F	깨어라 성도여	317

나

A	나 가진 재물 없으나	573
G	나 기뻐하리	396
F	나 기쁨의 노래하리	319
C	나는 가리라	33
E♭	나는 길 잃은 나그네였네	303
F	나는 만족하겠네	333
D	나는 믿음으로	108
C	나는 순례자	6
F	나는 시온성을 향해 가겠네	318
C	나는 아네 내가 살아가는 이유	5
G	나는 주님을 찬양하리라	397
D	나는 주를 나의 피난처로	109
D	나는 주를 부르리	110
G	나는 주를 작게 보았네	398
G	나는 주만 높이리	399
E	나는 주의 친구	283
A	나는 찬양하리라	574
A	나는 행복해요	656
C	나로부터 시작되리	66
B♭	나를 기가 막힐 웅덩이와	692
D	나를 받으옵소서	174
D	나를 세상의 빛으로	113
C	나를 위해 오신 주님	7
D	나를 지으신 이가	112
E	나를 지으신 주님	215
E	나를 향한 주님의 사랑	216
E	나를 향한 주의 사랑	217
D	나 무엇과도 주님을	111
C	나 실패 거듭해 다시 넘어져도	8
G	나 약해 있을 때에도	400
C	나에게 건강있는 것	9
D	나에겐 알 수 없는 힘	114
G	나의 가는 길	402
A	나의 가장 낮은 마음	575
D	나의 갈망은	115
A	나의 구원의 하나님 경배해	576
A	나의 기도하는 것보다	578
E	나의 등 뒤에서	218
E	나의 마음을	219
C	나의 만족과 유익을 위해	10
A	나의 모든 기도가	579
A	나의 모든 행실을	580
F	나의 모습 나의 소유	320
A	나의 믿음 주께 있네	577
A	나의 반석이신 하나님	581
E	나의 발은 춤을 추며	220
A	나의 백성이	582
E	나의 부르심	221
G	나의 사랑 나의 생명	401
E	나의 사랑 나의 어여쁜자야	222
A	나의 사랑이	587
E	나의 사랑하는 자의 목소리	222

Contents

C 나의 생활 나의 문제 11
G 나의 슬픔을 주가 기쁨으로 403
A 나의 안에 거하라 583
A 나의 영혼이 잠잠히 584
D 나의 예수 116
G 나의 예수님 401
D 나의 예수 온 맘 다해 116
G 나의 왕께 찬양해 405
D 나의 왕 앞에서 203
C 나의 입술의 모든 말과 12
E 나의 주 나의 하나님이여 223
E 나의 주님께 귀한 것 225
C 나의 찬미 47
D 나의 참 친구 148
C 나의 하나님 나의 하나님 13
A 나의 힘이 되신 여호와여 585
F 나 이제 주님을 알았으니 321
A 나 자유 얻었네 586
F 나 주님의 기쁨되기 원하네 322
E 나 주 앞에 서서 224
A 나 주와 함께 걷기 원해요 587
F 나 주의 믿음 갖고 323
C 나 지치고 내 영혼 14
G 난 가리라 468
A 난 예수가 좋다오 598
A 날 구원하신 주 감사 588
B 날마다 687
E 날마다 숨쉬는 순간마다 226
G 날 사랑하신 주님의 그 큰 사랑 404
G 날 새롭게 하소서 510
C 날 세우시네 14
G 날 향한 계획 418
Cm 낮에나 밤에나 310
G 낮엔 해처럼 밤엔 달처럼 406
D 낮은 데로 임하소서 106
A 낮은 자의 하나님 575
C 내가 걷는 이 길이 혹 굽어 15
F 내가 고난 중에도 326
D 내가 그리스도와 함께 118
E♭ 내가 너를 도우리라 306
D 내가 너를 믿고 맡긴 사명 119
A 내가 만민 중에 589
G 내가 먼저 손 내밀지 못하고 408
G 내가 무엇을 자랑하고 409
C 내가 산을 향하여 16
C 내가 산 향해 눈을 들리라 17
Gm 내가 승리 하리라 700
E 내가 어둠 속에서 227
C 내가 영으로 18
D 내가 주님을 사랑합니다 117
G 내가 주를 위하여 407
G 내가 주인 삼은 410
E 내가 지금 사는 것 228
C 내가 처음 주를 만났을 때 19
E 내 갈급함 229
F 내 감은 눈 안에 325
G 내게 강 같은 평화 411
B♭ 내게 능력 주시는 자 안에서 693
E 내게로 부터 눈을 들어 230
G 내게로 와서 마셔라 424
C 내게 오라 69
D 내게 있는 향유 옥합 120
B♭ 내 구주 예수님 694
G 내 눈 주의 영광을 보네 412
A 내 마음 다해 590
A 내 마음에 주를 향한 사랑이 591

Contents

E	내 마음을 가득 채운	231
E	내 맘의 눈을 여소서	232
A	내 모든 것 나의 생명까지	592
G	내 모든 삶의 행동	414
G	내 사랑하는 그 이름	415
A	내 삶 드리리	615
B	내 삶에 소망	686
G	내 손을 주께 높이 듭니다	416
E	내 아버지 그 품 안에서	234
E	내 아버지 품	233
C	내 안에 사는 이	20
A♭	내 안에 주를 향한 이 노래	682
C	내 안의 중심이 주를 찬양	8
G	내 앞에 주어진	418
E	내 영이 주를 찬양합니다	235
C	내 영혼아 여호와를 송축하라	22
A♭	내 영혼에 빛	681
A♭	내 영혼에 주의 빛	681
E	내 영혼은 안전합니다	234
G	내 영혼의 구세주	417
E	내 이름 아시죠	215
G	내 인생 여정 끝내어	420
B♭	내일 일은 난 몰라요	695
C	내 입술로 하나님의 이름을	21
C	내 입술의 말과	23
E	내 주 같은 분 없네	236
A	내 주는 구원의 주	603
E	내 주는 반석이시니	237
F	내 주의 은혜 강가로	324
D	내 평생 사는 동안	121
D	내 평생 살아온 길	122
E	내 한 가지 소원	284
E	너 근심 걱정와도	238
D	너는 그리스도의 향기라	123
E	너는 내게 부르짖으라	239
C	너는 내 아들이라	94
C	너는 담장 너머로 뻗은 나무	25
G	너는 무엇을 보았길래	421
E	너는 시냇가에	240
C	너무나도 아름답도다	24
D	너 어디 가든지 순종하라	124
Bm	너의 가는 길에	211
Bm	너의 푸른 가슴 속에	212
A	너의 하나님 여호와가	593
G	너 주님의 가시관 써 보라	422
A	너희는 가만히 있어	672
E	너희는 세상의 빛이요	242
E♭	넘지 못 할 산이 있거든	304
G	네 마음에 근심 있느냐	423
D	놀라우신 주의 은혜	125
D	놀라운 십자가	184
D	놀라운 주의 사랑	126
G	누구든지 목마르거든	424
F	누구를 위함인가	329
G	누군가 널 위해 기도하네	428
F	눈물 없는 곳	357
F	눈물의 참회록	371
D	눈으로 사랑을 그리지 말아요	127
D	눈을 들어	128
C	눈을 들어 주를 보라	26
G	눈을 주님께 돌려	423
D	늘 노래해	208
C	능력의 이름 예수	27

다

E	다시 한번	259

Contents

G 다 와서 찬양해 425
G 다 표현 못해도 426
G 달리다굼 545
Dm 담대하라 381
D 당신은 사랑받기 위해 129
E 당신은 알고 있나요 243
G 당신은 영광의 왕 427
A 당신은 지금 어디로 가나요 595
E 당신은 하나님의 언약안에 241
C 당신을 향한 노래 44
A 당신의 그 섬김이 594
D 당신의 뜻이라면 188
G 당신이 지쳐서 428
Cm 더러운 이 그릇을 311
E 더욱 크신 은혜 228
D 덮으소서 195
C 돌아서지 않으리 75
A 돌아온 탕자 600
E 두려운 마음 가진 자여 244
E 두렵지 않아 300
E 두 손 들고 찬양합니다 245
E 들어라 주님 음성 242
A 들어오라 지성소로 오라 597
F 들풀에 깃든 사랑 345
F 따스한 성령님 328
D 땅 끝에서 168
D 때가 차매 130
G 때로는 너의 앞에 429
D 또 하나의 열매를 바라시며 103
A 똑바로 보고 싶어요 596

라

G 로마서 16:19 452

마

G 마음속에 어려움이 있을 때 430
D 마음을 다하고 131
D 마음의 예배 201
F 마음이 상한 자를 327
E 마음이 어둡고 247
G 마지막 날에 431
A 만세 반석 644
A 많은 사람들 598
D 말씀하시면 176
C 매일 스치는 사람들 28
E 매일 주와 함께 246
A 머리들라 문들아 599
F 머리에 가시 면류관 329
C 먼저 그 나라와 의를 구하라 29
A 멀고 험한 이 세상 길 600
G 멈출 수 없네 511
G 메마른 뼈들에 생기를 504
C 메마른 우리 마음 31
C 모든 것 가능해 68
A 모든 능력과 모든 권세 604
F 모든 만물 다스리시는 330
A 모든 민족과 방언들 가운데 601
G 모든 민족에게 432
A 모든 상황 속에서 602
G 모든 열방 주 볼 때까지 412
G 모든 영광을 하나님께 433
G 모든 영혼 깨어 일어날 때 432
A 모든이들 필요해 603
D 모든 이름 위에 뛰어난 이름 132
G 모든 지각에 뛰어나신 419
D 목마른 사슴 133
G 목마른 사슴이 시냇물 찾 듯 434

Contents

G	목자의 심정	434
B♭	목적도 없이	696
F	무덤 이기신 예수	331
G	무릎 꿇고 엎드리니	435
C	무엇이 변치 않아	30
A	무화과 나뭇잎이 마르고	605
G	문들아 머리 들어라	436
E	물가로 나오라	289
G	물이 바다 덮음 같이	454
A	민족의 가슴마다	606
A	믿음따라	607
G	믿음의 눈으로 보라	421
G	믿음의 형제들이여	437
F	밀알	338

바

G	바다 같은 주의 사랑	438
Dm	반드시 내가 너를 축복하리라	378
B	받아주소서	688
B♭	발걸음	691
F	방황하는 나에게	332
Am	벙어리가 되어도	98
D	베드로의 고백	137
G	보라 너희는 두려워 말고	439
G	보라 새 일을	440
G	보라 하나님은	441
A	보리라	633
G	보소서 주님 나의 마음을	443
A	보혈 세상의 모든	608
G	보혈을 지나	442
G	복된 예수	415
C	복음 들고 산을	32
C	부럽지 않네	39
F	부르신 곳에서	328
E	부서져야 하리	248
G	부어 주소서 주님의 성령	444
A	부족함없네	654
A	부흥	638
D	부흥 2000	155
C	부흥의 세대	58
G	부흥 있으리라	445
D	불 같은 성령 임하셔서	156
F	불 속에라도 들어가서	359
C	불을 내려주소서	5
B♭	불의 제단	697
Cm	불이야 성령의 불	312
C	비바람이 갈 길을 막아도	33
A	비전	632
A	비추소서	648
G	빈들에 마른 풀 같이	446
A	빛나는 왕의 왕	609
E	빛 되신 주	249
E	빛이 없어도	250

사

B♭	사나 죽으나	698
F	사람을 보며 세상을 볼 땐	333
D	사랑은 더 가지지 않는 것	135
D	사랑은 언제나 오래 참고	134
D	사랑은 참으로 버리는 것	135
G	사랑의 노래 드리네	447
C	사랑의 손길	7
D	사랑의 송가	202
E	사랑의 종소리	276
D	사랑의 주님이	136
C	사랑하는 나의 아버지	34

Contents

D 사랑하는 주님 137
D 사랑합니다 나를 자녀 삼으신 주 138
G 사랑합니다 나의 예수님 448
E 사랑해요 목소리 높여 251
Dm 사막에 샘이 넘쳐 흐르리라 379
A 사망의 그늘에 앉아 610
Am 사명 97
G 사모합니다 413
E 산과 바다를 넘어서 217
C 산과 시내와 붉은 노을과 35
C 살아 계신 성령님 36
G 살아계신 하나님 449
F 삶의 작은 일에도 335
G 새 노래로 387
G 새롭게 하소서 552
A 새벽 이슬 같은 620
A 새 힘 얻으리 611
G 생명 주께 있네 450
G 생수의 강이 내게서 흐르네 451
E 선물 225
A 선포하라 612
D 선하신 목자 139
G 선한데는 지혜롭고 452
C 성도들아 이 시간은 37
G 성령님이 임하시면 453
F 성령 받으라 334
F 성령의 불길 373
E 성령의 불로 (예수님 목마릅니다) 261
A 성령의 불로 (주의 도를 버리고) 661
G 성령의 불타는 교회 453
Am 성령의 비가 내리네 95
G 성령의 열매 476
A 성령이여 내 영혼에 613
D 성령이여 내 영혼을 140
B♭ 성령이 오셨네 699
F 성령 충만으로 337
C 성령 충만을 받고서 38
F 세 개의 못 316
D 세상 권세 멸하시러 142
D 세상 때문에 눈물 흘려도 141
G 세상 모든 민족이 454
D 세상 부귀 안일함과 143
C 세상 사람 날 부러워 39
E♭ 세상에는 눈물 뿐이고 305
C 세상에서 방황할 때 40
F 세상을 구원하기 위해 338
A 세상의 빛으로 오신 주 614
G 세상의 유혹 시험이 455
E♭ 세상 일에 실패 했어도 306
E 세상 향락에 젖어서 252
G 세상 향한 발걸음들 456
F 세상 흔들리고 339
A 소망없는 내 삶에 615
A 소망 없는 세대가운데 616
F 소원 335
G 손에 있는 부귀보다 457
E 손을 높이 들고 253
G 수 많은 무리들 줄지어 458
Em 수 없는 날들이 557
G 순례자의 노래 505
A 스바냐 3장17절 593
F 슬픔 걱정 가득 차고 340
G 승리는 내 것일세 459
G 승리하였네 460
E 시선 230
A 시작됐네 617

Contents

C 시편 121편 17
C 시편 19편 23
C 시편 40편 89
G 시편 57편 488
C 시편 8편 50
G 시편 92편 466
E 신령과 진정으로 286
D 신 사도행전 164
D 신실하게 진실하게 144
A 신실하신 하나님 649
C 실로암 48
C 심령이 가난한 자는 41
C 십자가 30
G 십자가 그 사랑 461
Em 십자가의 길 564
A 십자가의 길 순교자의 삶 591

아

A♭ 아름다우신 682
C 아름다운 마음들이 모여서 42
G 아름다운 이야기가 있네 462
D 아름다웠던 지난 추억들 145
A 아름답고 놀라운 주 예수 618
F 아름답다 예수여 341
C 아무 것도 두려워 말라 43
G 아무것도 염려치 말고 419
A 아무도 예배하지 않는 619
E 아바 아버지 254
G 아버지 기다립니다 463
C 아버지 당신의 마음이 45
G 아버지 사랑 내가 노래해 464
F 아버지 사랑합니다 336
F 아버지여 구하오니 342
A 아버지여 당신의 의로 620
A♭ 아버지의 마음 684
G 아버지 주 나의 기업 되시네 465
C 아주 먼 옛날 44
D 아침 안개 눈 앞 가리 듯 146
G 아침에 주의 인자하심을 466
A 안개가 날 가리워 621
D 알 수 없는 힘 114
Dm 알았네 나는 알았네 380
C 야곱의 축복 25
C 약한 나로 강하게 46
G 약할 때 강함 되시네 467
D 어느날 다가온 주님의 147
G 어느 좋은 그 날 아침에 468
C 어두운 밤에 캄캄한 밤에 48
E 어두워진 세상 길을 255
G 어린 양 찬양 469
G 어찌 날 위함이온지 525
C 어찌하여야 47
C 언제나 내 모습 49
D 언제나 주님께 감사해 146
Em 얼마나 아프셨나 558
E 에바다 255
A 에벤에셀 하나님 566
G 여기에 모인 우리 470
Em 여호수아의 군대 561
G 여호와 나의 목자 471
D 여호와를 사랑하라 131
E 여호와를 즐거이 불러 258
C 여호와 우리 주여 50
D 여호와의 산에 올라 154
G 여호와의 영광을 인정하는 것이 472
F 여호와의 유월절 370

Contents

G 여호와 이레 515
Em 여호와 이레 채우시네 559
G 열방이여 노래하라 549
G 영광 높이 계신 주께 473
G 영광을 돌리세 474
F 영광의 길 너 걷기전에 343
C 영광의 나라 24
A 영광의 주 622
A 영광의 주님 찬양하세 622
G 영광 주님께 475
A♭ 영원 전에 나를 향한 683
D 영원한 사랑 127
G 영원한 생명의 주님 477
E♭ 영원한 왕 예수 308
D 영혼의 노래 152
A 예배자 619
F 예배합니다 347
E 예수 가장 귀한 그 이름 256
C 예수 감사하리 주의 보혈 51
A 예수 결박 푸셨도다 623
E 예수 귀한 그 이름 256
D 예수 그 이름 149
F 예수께 가면 372
A 예수 나의 좋은 치료자 624
A 예수 나의 첫사랑 되시네 625
A 예수 나의 치료자 624
G 예수 내 영혼의 사랑 478
G 예수는 왕 예수는 주 479
E 예수님 그의 희생 기억할 때 259
C 예수님 날 위해 죽으셨네 52
G 예수님만을 더욱 사랑 480
E 예수님 목 마릅니다 261
E 예수님의 보혈로 260
G 예수님이 말씀하시니 481
E 예수님이 좋은 걸 262
A 예수님 찬양 626
G 예수님 품으로 501
B 예수 닮기를 686
A 예수 만물의 주 650
A 예수 믿으세요 595
D 예수보다 더 좋은 친구 148
E 예수 사랑 나의 사랑 257
C 예수 사랑해요 53
C 예수 안에 생명 70
G 예수 안에서 482
E♭ 예수 안에 소망있네 307
G 예수 안에 있는 나에게 483
A 예수 열방의 소망 627
A 예수 우리 왕이여 628
G 예수의 이름으로 484
G 예수 이름 높이세 458
F 예수 이름으로 344
D 예수 이름이 온 땅에 150
E 예수 이름 찬양 263
G 예수 인도하셨네 420
C 예수 좋은 내 친구 56
G 예수 주 승리하심 찬양해 486
E 예수 피를 힘입어 290
A 예수 피밖에 608
D 예수 하나님의 공의 151
D 오 나의 자비로운 주여 152
B 오 나의 주님 687
G 오늘 나는 408
Am 오늘 내게 한 영혼 96
Bm 오늘도 하룻길 210
D 오늘 집을 나서기 전 153

Contents

F	오늘 피었다 지는	345
D	오라 우리가	154
C	오셔서 다스리소서	35
F	오소서 성령이여	353
D	오소서 진리의 성령님	155
D	오순절 거룩한 성령께서	156
C	오 신실하신 주	90
G	오 예수님 내가 옵니다	485
G	오 이 기쁨 주님 주신 것	487
D	오 주님께서 나를 살리셨네	157
E	오 주 안에 내 믿음이 있네	264
G	오 주여 나의 마음이	488
F	오직 믿음으로	339
G	오직 성령의 열매는	476
B	오직 예수 (주 발 앞에 나 엎드려)	689
D	오직 예수 다른 이름은 없네	158
G	오직 주님만	489
A	오직 주만이	584
D	오직 주의 사랑에 매여	159
D	오직 주의 은혜로	160
C	오 하나님 받으소서	54
D	옥합을 깨뜨려	120
C	온 땅과 만민들아	55
Em	온 땅이여 주를 찬양	560
F	온 맘 다해	362
F	온 맘 다해 주 사랑하라	346
G	온 세계 위에	490
C	온 세상 찬양하네	3
A	온전케 되리	659
F	완전하신 나의 주	347
C	완전한 사랑 보여주신	56
C	왕국과 소명	60
C	왕께 드리는 제사	54
G	왕 되신 주께 감사하세	491
A	왕 되신 주 사랑합니다	629
F	왕 되신 주 앞에 나 나아갑니다	376
G	왕의 왕 주의 주	492
F	왕이신 나의 하나님	348
F	왕이신 하나님 높임을 받으소서	349
C	왜 나만 겪는 고난이냐고	57
C	왜 날 사랑하나	52
G	왜 슬퍼하느냐	493
G	외로움도 견뎌나가겠소	494
D	외롭지 않아	141
F	요한의 아들 시몬아	350
C	용서하소서	73
G	우리 (외로움도 견뎌나가겠소)	494
D	우리가 걷는 이 길	161
C	우리가 악한 길에서 떠나	58
Em	우리가 주님의 음성을	561
A	우리가 지나온 날들은	630
A	우리가 하나된 이유	630
F	우리는 주의 백성이오니	351
F	우리들의 무기는 육체가	352
A	우리를 구원하신	631
E	우리 모두 함께	298
D	우리 모일 때 주 성령 임하리	162
A	우리 보좌 앞에 모였네	632
B♭	우리에게 한 제단이 있으니	697
E	우리에게 향하신	265
C	우리에겐 소원이 하나있네	59
A	우리 오늘 눈물로	633
C	우리의 만남은 주님의 은혜라오	60
G	우리의 소원은	495
E	우리의 찬송 중에 임하신 주님	266
G	우리 이 땅에	496

Contents

A 우리 죄 위해 죽으신 주 634
Em 우리 주의 성령이 563
G 우리 함께 547
E 우리 함께 기도해 267
E 우리 함께 기뻐해 268
G 우리 함께 모여 497
F 우리 함께 일어나 353
F 우린 쉬지 않으리 354
A 우린 이 세상에서 할 일 많은 635
A 우린 할 일 많은 사람들 635
C 우릴 사용하소서 59
A 우물가의 여인처럼 636
E 위대하고 강하신 주님 269
A 위대하신 주 609
A 유월절 어린양의 피로 637
G 은밀한 곳 조용한 곳에 498
A 은혜로다 617
C 은혜로만 들어가네 61
F 은혜의 강가로 324
F 은혜의 힘입니다 326
Dm 이것을 너희에게 381
Cm 이 그릇을 주님 쓰시려고 311
E 이 날은 이 날은 270
E 이 날은 주가 지으신 날 271
F 이 땅에 오직 주 밖에 없네 355
D 이 땅 위에 (신 사도행전) 164
G 이 땅 위에 오신 499
C 이 땅의 동과 서 남과 북 62
A 이 땅의 황무함을 보소서 638
G 이 믿음 더욱 굳세라 470
A 이 산지를 내게 주소서 653
G 이 세상 가장 아름다운 500
G 이 세상은 내 집 아니네 507
A♭ 이 세상의 부요함보다 685
D 이와 같은 때엔 163
B♭ 이제 내가 살아도 698
D 이제는 내가 없고 165
C 이제라도 11
C 이 험한 세상 64
G 인생길 험하고 마음지쳐 501
F 일사각오 317
E 일어나 걸어라 218
G 일어나라 주의 백성 502
G 일어나라 찬양을 드리라 503
A 일어나 새벽을 깨우리라 665
G 일어나 찬양 503
F 잃어버린 나의 눈물을 356
B 잃은 영혼 구원 얻으며 688
C 임마누엘 65
A 임재 676
D 임하소서 180
C 있는 모습 그대로 63

자

D 작은 불꽃 하나가 166
C 저 높은 하늘 위로 밝은 태양 66
G 저 멀리 뵈는 나의 시온성 505
Dm 저 성벽을 향해 382
G 저 죽어가는 내 형제에게 504
F 저 하늘에는 눈물이 없네 357
E 전능의 주 다스리네 296
C 전능하신 나의 구주 68
A 전능하신 나의 주 하나님은 639
F 전부 325
D 전심으로 178
E 전심으로 주 찬양 272

Contents

G 정결한 맘 주시옵소서 506
E 존귀 오 존귀하신 주 273
G 존귀한 어린양 514
E 좋으신 하나님 277
F 좋으신 하나님 너무도 내게 358
E 좋으신 하나님 인자와 자비 274
E 좋은 일이 있으리라 295
G 죄 많은 이 세상은 507
F 죄악된 세상을 방황하다가 359
G 죄악에 썩은 내 육신을 508
C 죄악의 사슬에서 67
D 죄 없으신 주 독생자 167
C 죄에 빠져 헤매이다가 69
C 죄인들을 위하여 70
A 주가 보이신 생명의 길 640
G 주가 지으신 주의 날에 509
C 주가 필요해 28
G 주 계신 곳 나 찾으리 510
A 주기도문 674
A 주께 가까이 날 이끄소서 641
A 주께 가오니 642
C 주께 감사하세 71
C 주께 경배해 84
E 주께 두 손 모아 276
A 주께 드리는 나의 시 579
F 주께서 내 길 예비하시네 360
E 주께서 높은 보좌에 275
F 주께서 왕 위에 오르신다 361
F 주께서 왕이시라 361
Dm 주께서 전진해 온다 383
D 주께서 주신 동산에 168
C 주께 와 엎드려 72
D 주께 힘을 얻고 169
G 주 나의 모든 것 467
E 주 나의 왕 281
D 주 나의 하나님 170
A 주 날개 그늘 아래 643
G 주 날 구원했으니 511
E 주 너를 지키리 238
A 주는 나의 힘이요 675
E 주는 평화 278
G 주님 가신 길 512
A 주님 같은 반석은 없도다 644
C 주님 것을 내 것이라고 73
A 주님 곁으로 날 이끄소서 645
E 주님 계신 곳에 나가리 279
Cm 주님 고대가 310
A 주님과 같이 646
Dm 주님과 담대히 나아가 384
E♭ 주님과 못 바꾸네 305
F 주님과 함께하는 362
E 주님께 감사 드리라 280
G 주님께 감사해 514
D 주님께 경배 드리세 171
D 주님께 알렐루야 172
D 주님께 영광을 172
G 주님께 찬양하는 513
A 주님 나라 임하시네 647
D 주님 나를 부르셨으니 173
E 주님 날 위해 버림 받으심 281
D 주님 내가 여기 있사오니 174
D 주님 내게 선하신 분 175
D 주님 내게 오시면 143
G 주님 내 길 예비하시니 515
G 주님 내 길을 402
E 주님 내 아버지 282

Contents

C	주님 내 안에	49
C	주님 다시 오실 때까지	74
A	주님 당신은 사랑의 빛	648
C	주님 뜻대로	82
C	주님 뜻대로 살기로 했네	75
G	주님 마음 내게 주소서	443
F	주님만 사랑하리	363
E	주님만으로	233
G	주님 만이	400
F	주님만 주님만 주님만 사랑하리	363
D	주님 말씀하시면	176
A	주님 보좌 앞에 나아가	649
F	주님 사랑 온누리에	364
A	주님 사랑해요	631
D	주님 손에 맡겨 드리리	178
C	주님 손 잡고 일어서세요	57
D	주님 안에 살겠어요	179
E	주님 앞에 간구 했었던	284
D	주님 앞에 무릎 꿇고	105
D	주님 앞에 섭니다	170
E	주님 어찌 날 생각하시는지	283
G	주님여 이 손을	516
D	주님 예수 나의 동산	177
D	주님 예수 나의 생명	179
A	주님은 내 삶에	650
A	주님은 내 호흡	651
D	주님은 너를 사랑해	182
A	주님은 산 같아서	621
G	주님은 신실하고	517
A	주님은 아시네	652
E	주님을 따르리라	252
G	주님을 찬양하라	422
G	주님의 강이	523
A	주님의 그 모든 것이	654
D	주님의 마음으로 나 춤추리	181
G	주님의 빚진 자	508
G	주님의 사랑 놀랍네	462
F	주님의 사랑이 이 곳에	364
D	주님의 성령 지금 이곳에	180
E	주님의 손길	285
G	주님의 손으로	518
C	주님의 시간에	76
G	주님의 영광	474
G	주님의 영광 나타나셨네	519
F	주님의 영광이 임하여서	365
G	주님의 은혜 넘치네	526
D	주님의 춤추리	181
D	주님 이곳에	197
C	주님이 주시는 파도 같은 사랑	77
C	주님이 주신 기쁨	79
A	주님이 주신 땅으로	653
Am	주님이 홀로 가신	97
E	주님 찬양해	264
A	주님 큰 영광 받으소서	655
G	주님 품에 새 생활 하네	520
F	주님 한 분 만으로 (아름답다 예수여)	341
G	주님 한 분 만으로	521
A	주님 한 분 밖에는	656
D	주 다스리네	183
D	주 달려 죽은 십자가	184
G	주를 높이기 원합니다	522
D	주를 위한 이곳에	187
G	주를 찬양	455
F	주를 찬양하며	366
E	주를 찬양해	286
C	주를 처음 만난 날	19

Contents

E	주를 향한 나의 사랑을	287
A	주만 바라 볼찌라	673
C	주만 위해 살리	81
G	주 말씀 향하여	550
B	주 발 앞에 나 엎드려	689
A	주 발 앞에 무릎 꿇고	657
G	주 보좌로부터	523
A	주 보혈 날 씻었네	658
G	주 보혈 날 정결케 하고	524
G	주 보혈로 날 사심은	525
D	주 사랑이 나를 숨쉬게 해	185
G	주 사랑해요	386
G	주 신실하심 놀라워	526
G	주안에 새 생활	520
C	주 안에 우린 하나	78
G	주 알기 원해	498
A	주 앞에 나와 제사를 드리네	659
E	주 앞에 엎드려	288
D	주여 나에게 세상은	188
Am	주여 우리의 죄를 용서하여	98
C	주여 이 죄인이	40
G	주여 인도하소서	539
D	주여 진실하게 하소서	186
A	주 여호와는 광대하시도다	660
G	주 여호와의 신이	527
F	주 예수 기뻐 찬양해	367
E	주 예수 나의 당신이여	250
C	주 예수 사랑 기쁨	79
E	주 예수 오셔서	289
G	주 예수의 이름 높이세	528
E	주 오셔서 구하시리	244
C	주와 함께라면 가난해도	80
G	주 우리 아버지	529
C	주 위해 나 노래하리라	81
C	주의 강가로 가게 하소서	83
C	주의 거룩하심 생각할 때	84
F	주의 능력 보이소서	330
A	주의 도를 버리고	661
F	주의 말씀 앞에 선	368
E	주의 보좌로 나아 갈때에	290
Am	주의 사랑 온누리에	96
D	주의 사랑을 주의 선하심을	189
G	주의 손에 나의 손을 포개고	524
C	주의 신을 내가 떠나	85
G	주의 영광 위하여	407
G	주의 영이 계신 곳에	530
A	주의 옷자락 만지며	657
E	주의 위엄 이곳에	279
G	주의 이름 높이며	531
G	주의 이름 높이세	532
G	주의 이름 송축하리	533
D	주의 이름 안에서	190
D	주의 인자는 끝이 없고	191
G	주의 인자하신	535
G	주의 인자하심이 생명보다	536
D	주의 임재 앞에 잠잠해	192
D	주의 자비가 내려와	193
D	주의 집에 거하는 자	194
A	주의 집에 나 살리라	663
A	주의 집에 영광이 가득해	662
E	주의 찬송 세계 끝까지	272
G	주의 횃불 들고	456
D	주 이름 온 세상에	195
B	주 이름 찬양	690
D	주 이름 큰 능력 있도다	198
A	주 임재 안에서	592

Contents

F 주 임재하시는 곳에 369
D 주 자비 춤추게 하네 196
D 주 찬양합니다 199
A 주 크신 사랑 세상 가득히 663
C 주 품에 품으소서 86
A 주 하나님 독생자 예수 664
G 죽임 당하신 어린 양 537
F 지극히 높은 주님의 370
F 지금껏 내가 한 일이 371
A 지금 우리는 마음을 합하여 665
A 지금은 엘리야 때처럼 666
G 지존하신 주님 이름 앞에 538
G 지치고 상한 내 영혼을 539
F 짐이 무거우냐 372

차

D 찬바람 부는 갈보리산 200
G 찬송을 부르세요 534
G 찬송의 옷을 주셨네 416
E 찬송하라 여호와의 종들아 291
C 찬양을 드리며 87
D 찬양의 열기 모두 끝나면 201
D 찬양의 제사 드리며 190
A 찬양이 언제나 넘치면 667
G 찬양 중에 눈을 들어 541
G 찬양하라 내 영혼아 540
C 찬양하며 살리라 64
A 찬양하세 668
E♭ 참 사랑 우리 맘에 309
F 참참참 피 흘리신 373
Em 참회록 557
G 창조의 아버지 542
Em 창조의 하나님 556
G 천년이 두 번 지나도 544
D 천사의 말을 하는 사람도 202
G 축복송 429
D 축복의 사람 169
E 축복의 통로 241
G 축복하소서 우리에게 543
E 축복합니다 주님의 이름으로 292
D 춤추는 세대 196
D 춤추며 찬양해 203
D 친구의 고백 145

카

G 캄캄한 인생길 545
E 크신 주께 영광돌리세 293

타

E♭ 탕자의 눈물 302
D 탕자처럼 방황할 때 204

파

C 파도 같은 사랑 77
Bm 파송의 노래 211
A 평강의 왕이요 669
D 평안을 너에게 주노라 205
E 평화 하나님의 평강이 297
A 풀은 마르고 670
D 피난처 109

하

G 하나님께로 더 가까이 546
G 하나님께서는 우리의 만남을 547
G 하나님께서 당신을 통해 548
C 하나님께서 세상을 사랑하사 91

Contents

C 하나님 아버지의 마음 45
A 하나님 어린 양 671
Am 하나님 우리와 함께 하시오니 99
F 하나님은 너를 만드신 분 374
E 하나님은 너를 지키시는 자 294
C 하나님은 사랑이요 88
C 하나님은 실수하지 않으신다네 15
A 하나님은 우리의 피난처가 되시며 672
E 하나님을 아버지라 부르는 295
C 하나님을 위하여 9
A♭ 하나님의 꿈 683
A 하나님의 독생자 664
A 하나님의 사랑을 사모하는 자 673
F 하나님의 사랑 주님의 눈물 375
A 하나님의 어린 양 677
G 하나님의 열심 409
D 하나님의 은혜 112
C 하나님의 음성을 듣고자 89
B♭ 하나님의 조건없는 사랑 692
C 하나님 한번도 나를 90
G 하늘과 땅 가득한 549
G 하늘문 여소서 446
C 하늘보다 높으신 주 사랑 91
A 하늘에 계신 아버지 674
A 하늘 위에 주님밖에 675
G 하늘의 나는 새도 550
A 하늘의 문을 여소서 676
D 하늘의 해와 달들아 206
Em 한걸음 또 한걸음 무거운 564
C 한라에서 백두까지 백두에서 땅 끝까지 62
F 할렐루야 (무덤 이기신 예수) 331
E 할렐루야 전능의 주 296
G 할렐루야 주가 다스리네 551
E 할렐루야 할렐루야 298
A 할렐루야 할렐루야 전능하신 주 677
D 할 수 있다 하면 된다 207
C 할 수 있다 하신 이는 92
D 할 수 있다 해 보자 207
C 항상 진실케 93
A 해 같이 빛나리 594
E 해 뜨는 데부터 299
G 해 아래 새 것이 없나니 552
F 해피송 319
A 햇빛보다 더 밝은 곳 678
F 햇살보다 밝게 빛나는 376
B♭ 허무한 시절 지날 때 699
D 험하고 어두운 길 헤매일 때 208
E 험한 세상길 나 홀로 가도 300
D 험한 세상 나그네 길 209
B♭ 험한 십자가 능력있네 696
A 형제여 우리 모두 다 함께 679
F 형제의 모습 속에 보이는 377
Am 호렙산 떨기나무에 100
G 호산나 553
G 호산나 (찬양 중에 눈을 들어) 541
D 호흡이 있는 자마다 206
E 호흡 있는 모든 만물 301
G 홍해 앞에 선 모세처럼 554
F 회복시키소서 356
C 힘들고 지쳐 낙망하고 94

거룩하신 성령이여

1

C

(Holy Spirit we welcome You)

Chris Bowater

C D m/C C M7 1. D m/C 2.B♭/C C 7

거 룩 하 신 - 성 령 이 여 - - -
우 리 에 게 - 임 하 소 서 -

F M7 G/F E m7 A m7

성 령 의 - 불 - 로 오 셔 서 -

D m7 G 7 C M7 B♭/C C 7

세 상 헛 된 마 음 태 우 소 서 -

F M7 G/F E m7 A m7

손 들 고 - 주 를 바 랄 때 -

F C/E

성 령 이 여 - - 성 령 이 여 - -

D m7 F/G G sus4 C

성 령 이 여 - - 임 하 소 서 -

메들리 곡
4/ 광대하신 주 21/ 내 입술로 32/ 복음 들고 산을

2 거리마다 기쁨으로

(Hear our praise)

Reuben Morgan

C　C sus4　C　G/B

거 리 마 - 다 기 - 뼘 으 - 로 -
십 자 가 - 앞 에 - 행 할 - 때 -

A m　F　G sus4　G

춤 을 추 - 게 하 - 시 고 -
주 의 빛 - 비 추 - 시 고 -

C　C sus4　C　G/B

주 의 백 - 성 기 - 도 할 - 때 -
물 이 바 - 다 덮 - 음 같 - 이 -

C　F　G sus4　G

이 땅 회 - 복 하 - 소 서 - 산 위
주 영 광 - 채 우 - 소 서 -

C　G/B　F/A

에 서 - 계 곡 까 지 - 우 리

A m7　E m7　F　G sus4　C sus4/G

찬 양 - 울 리 네 하 늘

메들리 곡
4/ 광대하신 주
21/ 내 입술로
35/ 산과 시내와

3

거룩하신 하나님

(온 세상 찬양하네 / All the heavens)

Reuben Morgan

광대하신 주

4

C

(Mighty is our God)

Eugene Greco/Gerrit Fustafson &
Don Moen

5 나는 아네 내가 살아가는 이유

미가엘 2274

(불을 내려 주소서)

천관웅

C G Am F C G
태 - 우 소 - 서 부 - 으 소 - 서 성 - 령 의 - 불
F 1, 2. 3. C G sus4
을 불 을 - 내 려 주 - 소 서 - 내 게 -
Am F C G sus4
성 령 의 -불 을 - 죽 어 진 - 영 혼 - 살
Am F C G sus4
릴 수 있 -도 록 - 나 를 - 태 워 주 - 소 서 - 제 단 -
Am F C
위 에 나 - 를 드 -리 니 - 열 방 의 -불 -로
G sus4 F
- 세 우 - 소 서 - -

6 나는 순례자

미가엘 1190

JOYCE. LEE

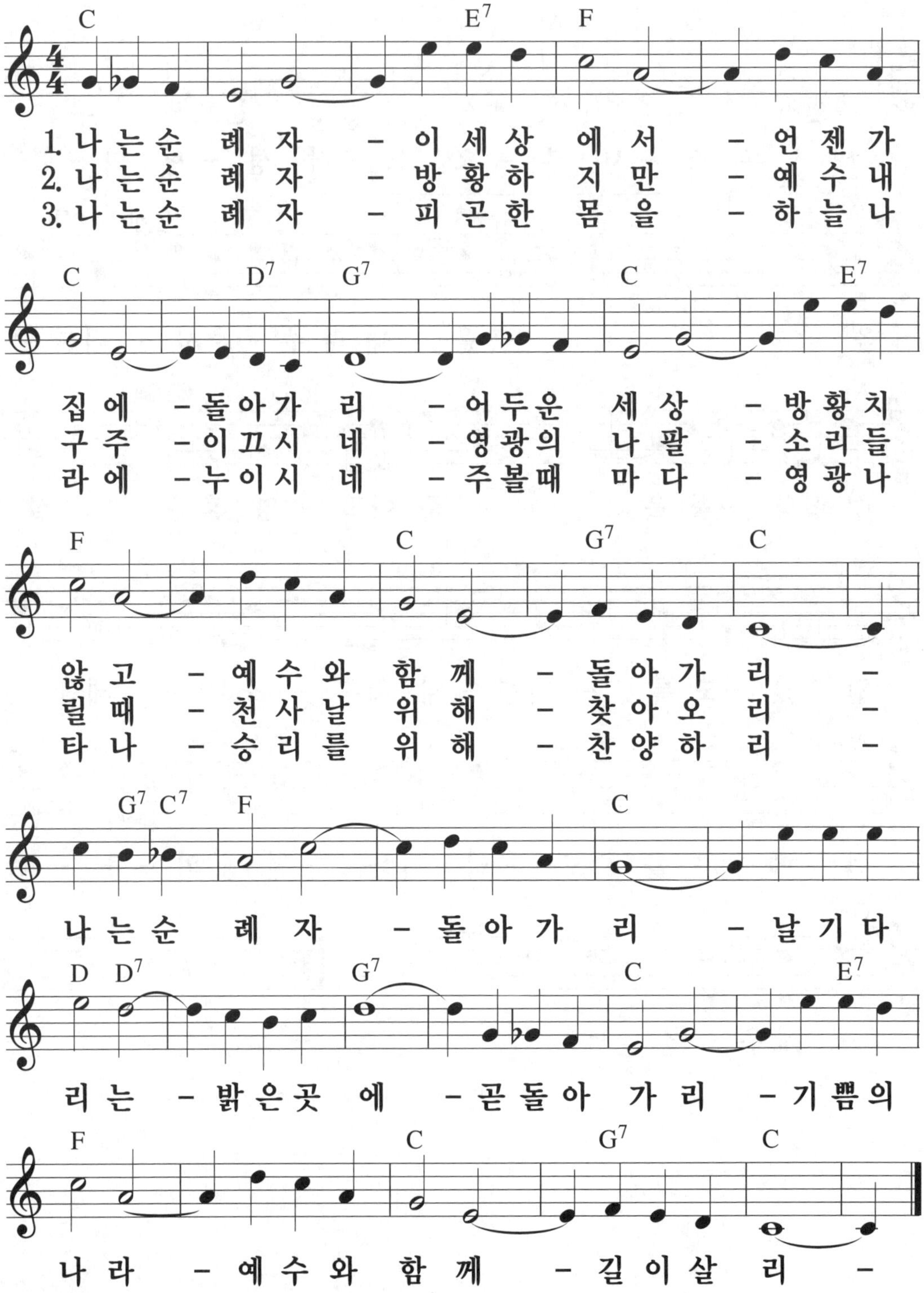
C E7 F
1. 나 는 순 례 자 - 이 세 상 에 서 - 언 젠 가
2. 나 는 순 례 자 - 방 황 하 지 만 - 예 수 내
3. 나 는 순 례 자 - 피 곤 한 몸 을 - 하 늘 나
C D7 G7 C E7
집 에 - 돌 아 가 리 - 어 두 운 세 상 - 방 황 치
구 주 - 이 끄 시 네 - 영 광 의 나 팔 - 소 리 들
라 에 - 누 이 시 네 - 주 볼 때 마 다 - 영 광 나
F C G7 C
않 고 - 예 수 와 함 께 - 돌 아 가 리 -
릴 때 - 천 사 날 위 해 - 찾 아 오 리 -
타 나 - 승 리 를 위 해 - 찬 양 하 리 -
G7 C7 F C
나 는 순 례 자 - 돌 아 가 리 - 날 기 다
D D7 G7 C E7
리 는 - 밝 은 곳 에 - 곧 돌 아 가 리 - 기 쁨 의
F C G7 C
나 라 - 예 수 와 함 께 - 길 이 살 리 -

나를 위해 오신 주님 7

(사랑의 손길)

문찬호

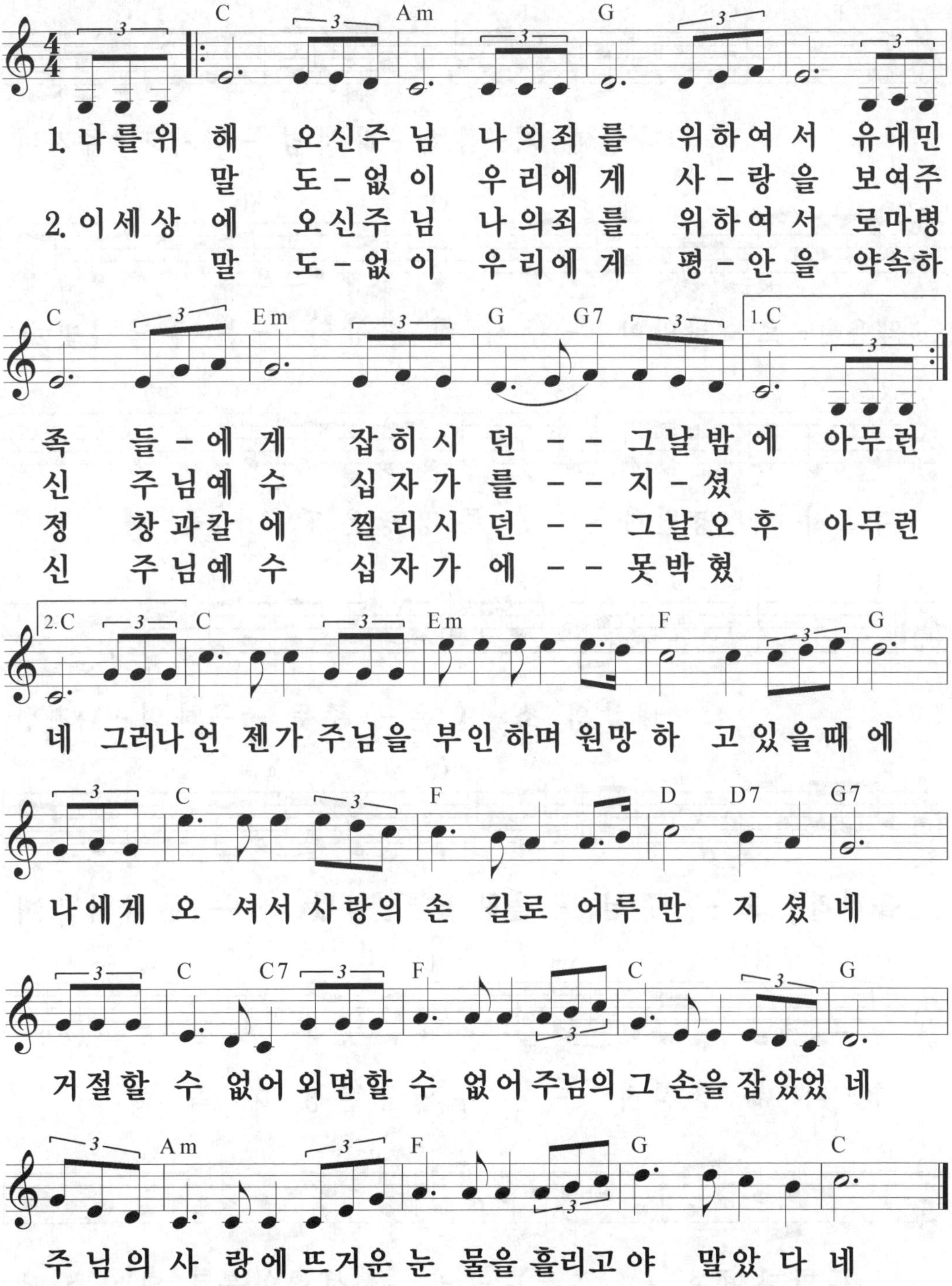

1. 나를위 해 오신주 님 나의죄 를 위하여 서 유대민
말 도-없 이 우리에 게 사-랑 을 보여주
2. 이세상 에 오신주 님 나의죄 를 위하여 서 로마병
말 도-없 이 우리에 게 평-안 을 약속하

족 들-에 게 잡히시 던 -- 그날밤 에 아무런
신 주님예 수 십자가 를 -- 지-셨
정 창과칼 에 찔리시 던 -- 그날오 후 아무런
신 주님예 수 십자가 에 -- 못박혔

네 그러나언 젠가 주님을 부인하며 원망하 고 있을때 에

나에게 오 셔서 사랑의 손 길로 어루만 지 셨 네

거절할 수 없어 외면할 수 없어 주님의 그 손을 잡았었 네

주님의 사 랑에 뜨거운 눈 물을 흘리고야 말았 다 네

6/ 나는 순례자 9/ 나에게 건강있는 것 40/ 세상에서 방황할 때

8

나 실패 거듭해

(내 안의 중심이 주를 찬양 / From The Inside Out)

Joel Huston

나실패 거-듭해-다시넘 -어져도-주자비

와은혜-로-날안아 -주시 네 변함없 -는 주님의빛비

추 시 네 영원하 -신 주영광온땅 가 득 해

내삶의 소-망은- 주뜻 -구하며-나자신

을버리-고- 주님 -을찬 양 변함없 -는 주님의빛비

추 시 네 영원하 -신 주영광온땅 가 득 해

내맘과영혼 - 모두드리리 - 성령의불로 태우소서

F Am G 1. Dm
주님의의로 - 날감싸소서 - 주를더사랑 하도록
2, 3. Dm Am F C G
하 도 록 변함없 -는 주님의빛비 추 시 네 영원하
Am F C G C F C Am
-신주영광온땅 가 득 해 내맘의 -소망은- 주님을 - 찬 양 내안의
F G 1. F G D.S. 2. F G F
- 중 심이주를 - 찬 양 변함없 - 찬 양 해 -

9 나에게 건강있는 것

(하나님을 위하여)

미가엘 1673

김석균

나의 만족과 유익을 위해 10

(Knowing You)

Graham Kendrick

나 의 만 족 과 유 익 을 위 – 해 가 지 려 했 던 세
의 능 력 체 험 하 면 – 서 주 의 고 난 에 동

상 일 들 이 젠 모 두 다 해 로 여 기 – 고 주 님
참 하 고 주 의 죽 으 심 본 을 받 아 – 서 그 의

을 위 해 다 버 리 네 내 안 에 가 장
생 명 에 참 예 하 네

귀 한 것 주 님 을 앎 이 라 모 든

것 되 시 며 – 의 와 기 쁨 되 신 주 사 랑 합 니 다

– 부 활 합 니 다 – 나 의 주 –

18/ 내가 영으로 20/ 내 안에 사는 이 133/ 목 마른 사슴

11 나의 생활 나의 문제

(이제라도)

박장호

1\. 나의생 활 나의문 제 내 맘대로 안되 요
2\. 없는것 이 죄인가 요 나 를멀리 하여 도
3\. 나의소 망 나의기 도 주 님이루 십니 다

나의연 단 나의시 험 아 무 도모 릅니 다
가-진 것 없-어 도 영생 복 락있 잖아 요
때가되 면 나에게 도 주 실 줄믿 습니 다

만가지 가 내것인 줄 내맘 대 로살 아왔 네
받은사 랑 많았는 데 베풀 줄 도몰 랐었 네
받은말 씀 많았는 데 실행 할 줄몰 랐었 네

이제라 도 주님앞 에 크게 한 번 울고싶어 라
이제라 도 주님앞 에 감사 하 며 살아가야 지
이제라 도 주님앞 에 말씀 대 로 살아가야 지

나의 입술의 모든 말과

(Let the words of my mouth)

Joe Mackey

C^2 F/C C G G^7 C^2

나 의 입 술 의 모 든 말 과 나 의 마 음 의 묵 상 이

F/C C G C F C

주 께 열 납 되 기 를 원 하 네 –

Fine

F C C^7

생 명 이 – 되 신 주 –

소 망 이 – 되 신 주 –

F Gsus^4 G^7

반 석 이 – 되 신 주 –

능 력 이 – 되 신 주 –

D.C.

13 나의 하나님 나의 하나님

강태원

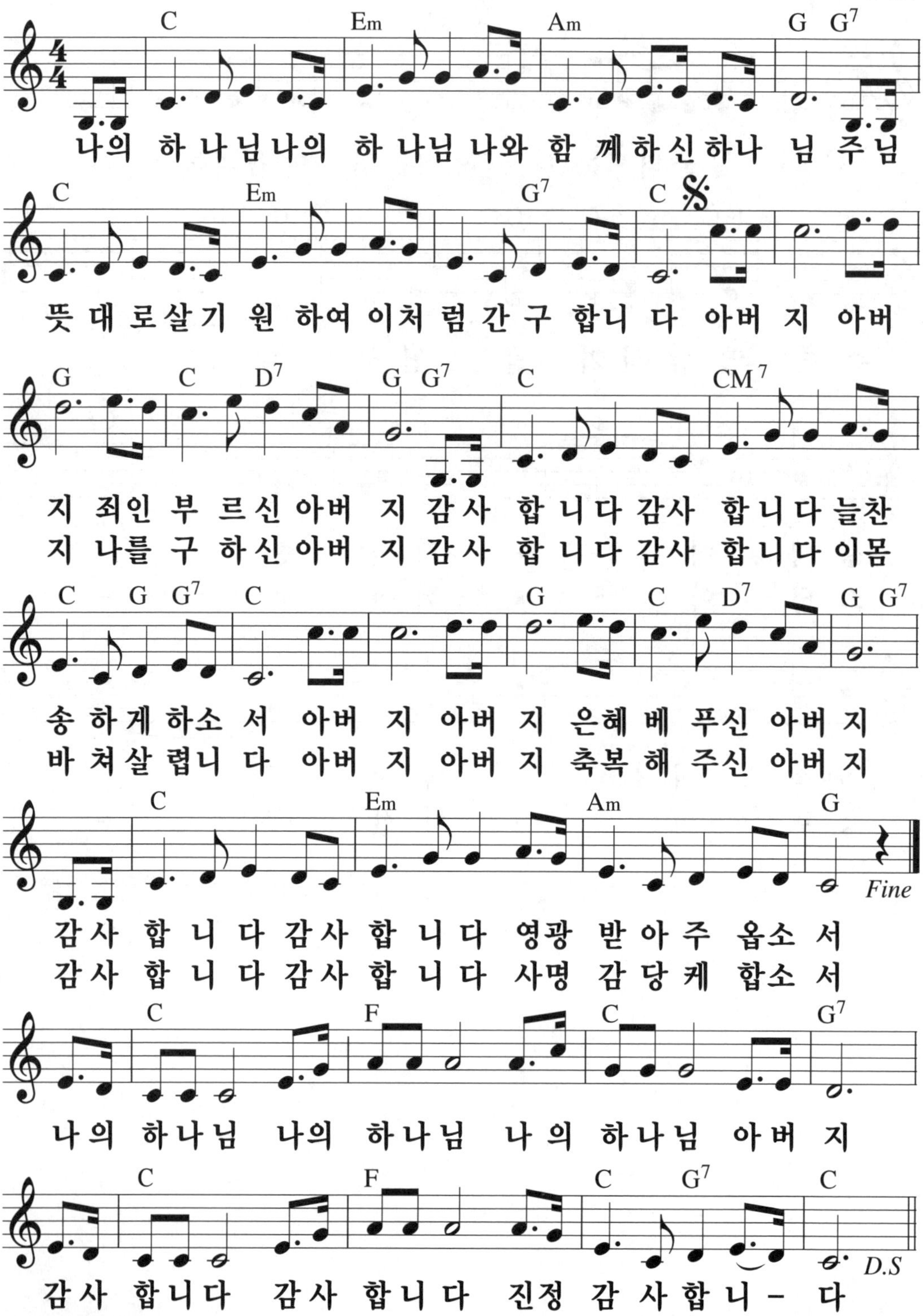

나의 하나님 나의 하나님 나와 함께하신 하나님 주님

뜻대로 살기 원하여 이처럼 간구합니다 아버지 아버

지 죄인 부르신 아버지 감사합니다 감사합니다 늘 찬
지 나를 구하신 아버지 감사합니다 감사합니다 이 몸

송하게 하소서 아버지 아버지 은혜 베푸신 아버지
바쳐 살렵니다 아버지 아버지 축복해 주신 아버지

감사합니다 감사합니다 영광 받아 주옵소서 *Fine*
감사합니다 감사합니다 사명 감당케 합소서

나의 하나님 나의 하나님 나의 하나님 아버지

감사합니다 감사합니다 진정 감사합니 - 다 *D.S*

나 지치고 내 영혼

(날 세우시네 / You raise me up)

Brendan Graham & Rolf Loyland

나 지 치 고 내 영 혼 연 약 - 할 - 때 - 근 심 속
열 망 없 는 그 런 삶 은 없 - 으 - 리 - 끊 임 없

에 내 마 음 - 무 거 워 주 오 셔 서 함 께 하 실 - - 때
이 고 동 치 - 는 가 슴 주 오 셔 서 경 이 로 날 - - 채

까 지 - 나 잠 - 잠 히 주 님 - 을 기 - 다 려 날 세 우
우 고 - 영 원 - 한 삶 나 에 - 게 주 - 시 네

사 - 저 산 에 우 - 뚝 서 리 - 날 세 - 우

사 - 풍 랑 가 운 - 데 도 함 께 하 - 심 나 강 하 - 게

하 네 날 세 우 사 모 든 것 할 수 - 있 네

46/ 약한 나로 강하게 47/ 어찌하여야 52/ 예수님 날 위해 죽으셨네

15 내가 걷는 이 길이

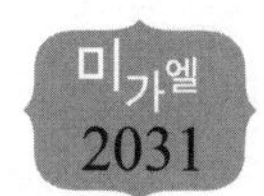

(하나님은 실수하지 않으신다네)

미가엘 2031

A.M.오버톤 & 최용덕

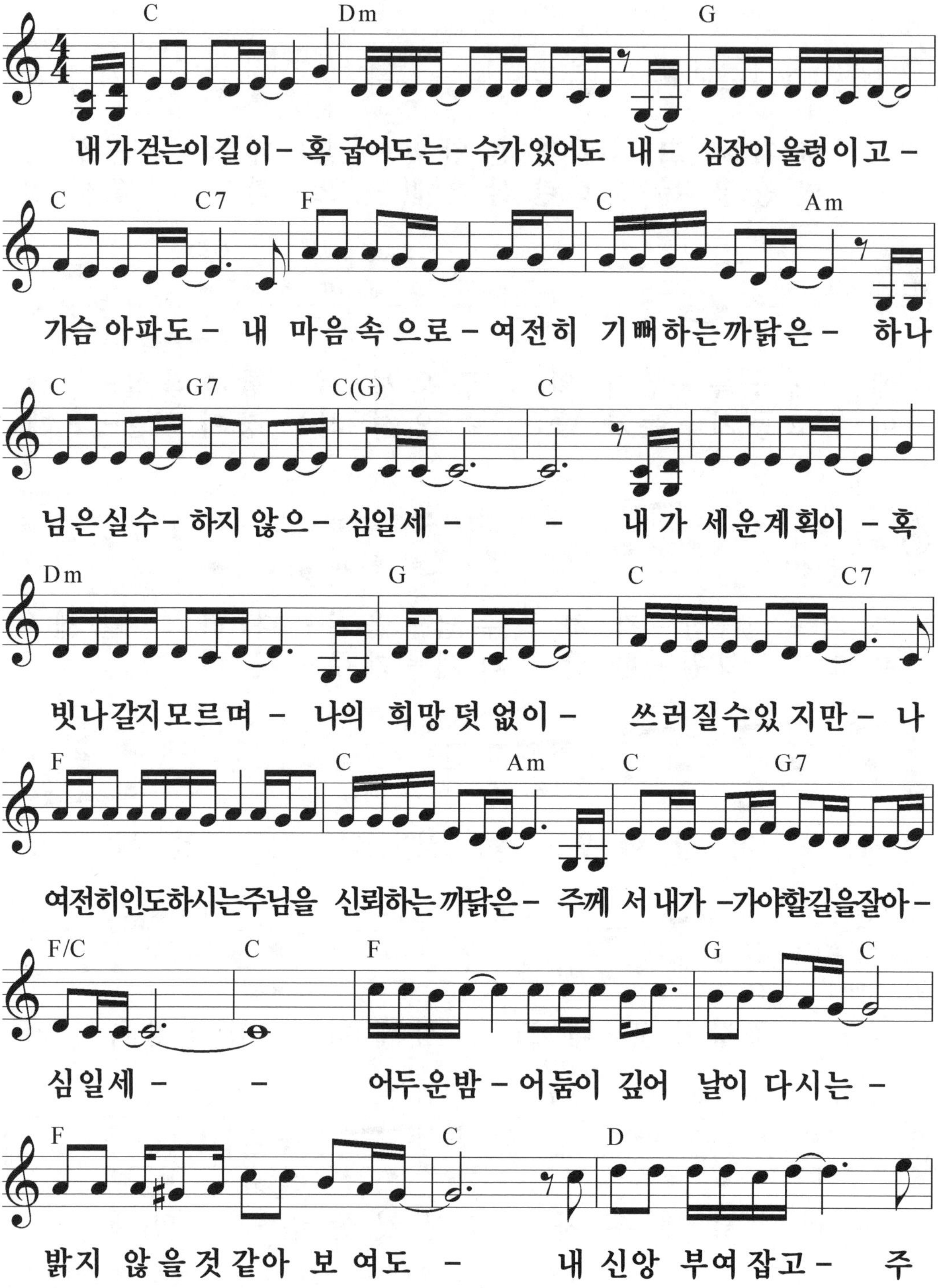
C Dm G
내가걷는이길이 - 혹 굽어도는 - 수가있어도 내 - 심장이울렁이고 -
C C7 F C Am
가슴 아파도 - 내 마음 속 으로 - 여전히 기뻐하는까닭은 - 하나
C G7 C(G) C
님은실수 - 하지 않으 - 심일세 - - 내 가 세운계획이 - 혹
Dm G C C7
빗나갈지모르며 - 나의 희망 덧 없이 - 쓰러질수있 지만 - 나
F C Am C G7
여전히인도하시는주님을 신뢰하는까닭은 - 주께 서 내가 -가야할길을잘아 -
F/C C F G C
심일세 - - 어두운밤 - 어둠이 깊어 날이 다시는 -
F C D
밝지 않을것같아 보 여도 - 내 신앙 부여잡고 - 주

F G F/C C
님께 모든것 -맡기 리니 - 하나님을-내가 믿-음일 세 - 지금
C/G Am F/C
은 내가 볼수없는것 너무 많 아서 - 너무 멀리 - 가물가물 -
C G C Em
어른거려도 - 운명 이여 - 오라 - 나 두려워-아니 하리 - 만-
F Dm7 G C Am
사를 주님께 - 내어 맡기리 - 차츰 차츰 - 안개는걷히고 - 하나
D G C
님 지으신 - 빛이 뚜렷이 보이리라 - 가는 길이 온통 - 어-
F 1 C G F C D.S.
둡게만 보여도 - 하나 님은 - 실수하지 않으신 -다네 - 차츰
2 C G F G F C
님은 - 실수하지 않으신 - 다 - 네 -

16 내가 산을 향하여

김영기

C F C

내 가 산 을 향 하 여 – 눈 을 들 리 라
내 가 손 을 들 고 서 – 기 도 하 리 라

C G7 F C G7

나 의 도 움 이 어 디 서 올 – 꼬
나 의 응 답 이 어 디 서 올 – 꼬

C F C

천 지 지 으 신 여 호 와 – 나 의 왕 이 여
전 지 전 능 한 하 나 님 – 나 의 주 시 여

C G7 F G7 C

영 원 무 궁 히 지 키 시 리 로 다
나 의 출 입 을 지 키 시 리 로 다

메들리 곡
17/ 내가 산 향해 32/ 복음들고 산을 48/ 어두운 밤에

내가 산 향해 눈을 들리라 17

(시편121편 / I Lift My Eyes Up)

Brian Doerksen

C

내가산향 해 눈을들 리 라 도 움어디 서올 꼬

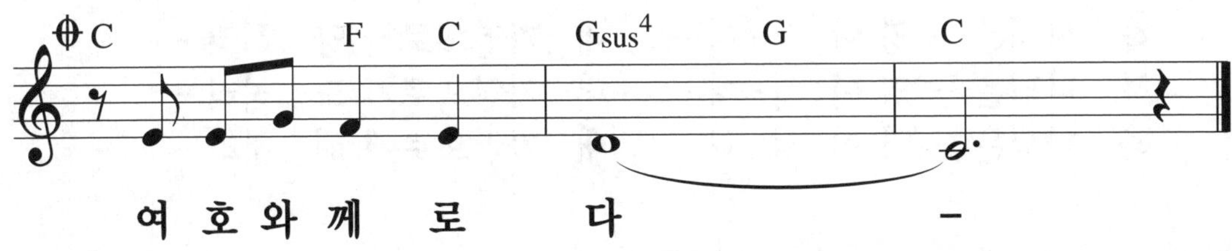

18 내가 영으로

최덕신

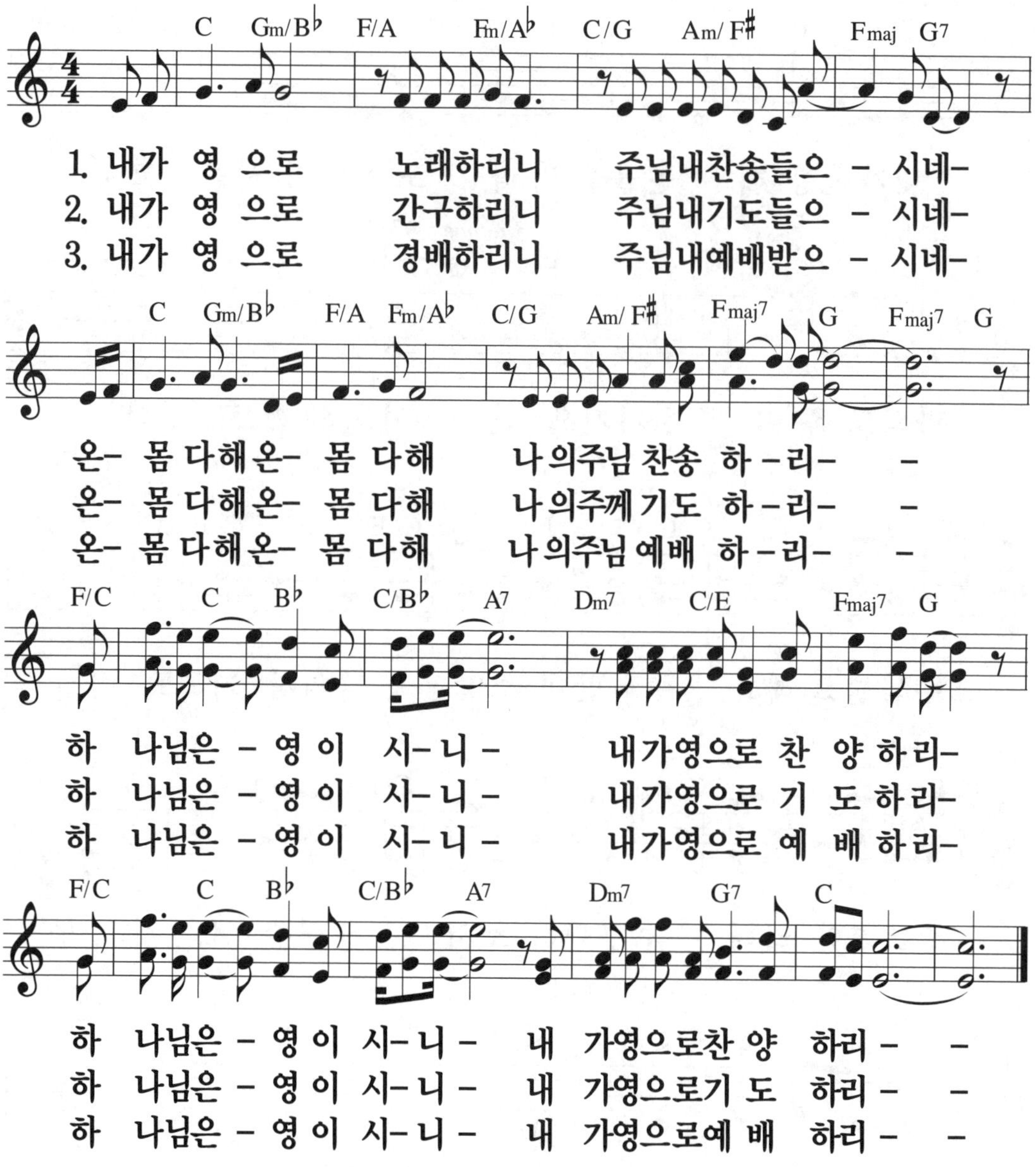

C Gm/B♭ F/A Fm/A♭ C/G Am/F♯ Fmaj G7

1. 내가 영 으로 노래하리니 주님내찬송들으 - 시네-
2. 내가 영 으로 간구하리니 주님내기도들으 - 시네-
3. 내가 영 으로 경배하리니 주님내예배받으 - 시네-

C Gm/B♭ F/A Fm/A♭ C/G Am/F♯ Fmaj7 G Fmaj7 G

온- 몸다해온- 몸 다해 나의주님 찬송 하-리- -
온- 몸다해온- 몸 다해 나의주께 기도 하-리- -
온- 몸다해온- 몸 다해 나의주님 예배 하-리- -

F/C C B♭ C/B♭ A7 Dm7 C/E Fmaj7 G

하 나님은 -영이 시-니- 내가영으로 찬 양하리-
하 나님은 -영이 시-니- 내가영으로 기 도하리-
하 나님은 -영이 시-니- 내가영으로 예 배하리-

F/C C B♭ C/B♭ A7 Dm7 G7 C

하 나님은 -영이 시-니- 내 가영으로찬 양 하리- -
하 나님은 -영이 시-니- 내 가영으로기 도 하리- -
하 나님은 -영이 시-니- 내 가영으로예 배 하리- -

메들리 곡

31/ 메마른 우리 마음 50/ 여호와 우리 주여 55/ 온 땅과 만민들아

내가 처음 주를 만났을 때

19

C

(주를 처음 만난 날)

김석균

1. 내 가 처 음 주 를 만 났 을 때 외 롭 고 도 쓸 쓸 한 모 습 -
2. 내 가 다 시 주 를 만 났 을 때 죄 악 으 로 몹 쓸 병 든 몸 -
3. 내 가 이 제 주 를 만 남 으 로 죽 음 의 길 벗 어 나 려 네 -

말 없 이 홀 로 걸 어 가 신 길 은 영 - 광 을 다 - 버 린 나 그 네 -
조 용 히 내 손 잡 아 이 끄 시 며 병 - 든 자 여 - 일 어 나 거 라 -
변 찮 는 은 혜 와 사 랑 베 푸 신 그 - 분 만 이 - 나 의 구 세 주 -

정 녕 그 분 이 내 형 제 구 원 했 나 나 의 영 혼 도 구 원 하 려 나 -
눈 물 흘 리 며 참 - 회 하 였 었 네 나 의 믿 음 이 뜨 거 웠 었 네 -
주 예 수 따 라 항 - 상 살 리 로 다 십 자 가 지 고 따 라 가 리 라 -

의 심 많 은 도 마 처 럼 물 었 네 내 가 주 를 처 음 만 난 날 -
그 러 나 죄 악 이 나 를 삼 키 고 내 영 혼 갈 길 을 잃 었 네 -
할 렐 루 야 주 를 만 난 이 기 쁨 영 광 의 찬 송 을 돌 리 리 -

메들리 곡

7/ 나를 위해 오신 주님 40/ 세상에서 방황할 때 73/ 주님 것을 내 것이라고

20 내 안에 사는 이

(Christ in me)

미가엘 752

Gary Garcia

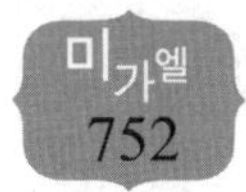

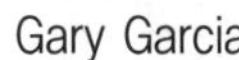

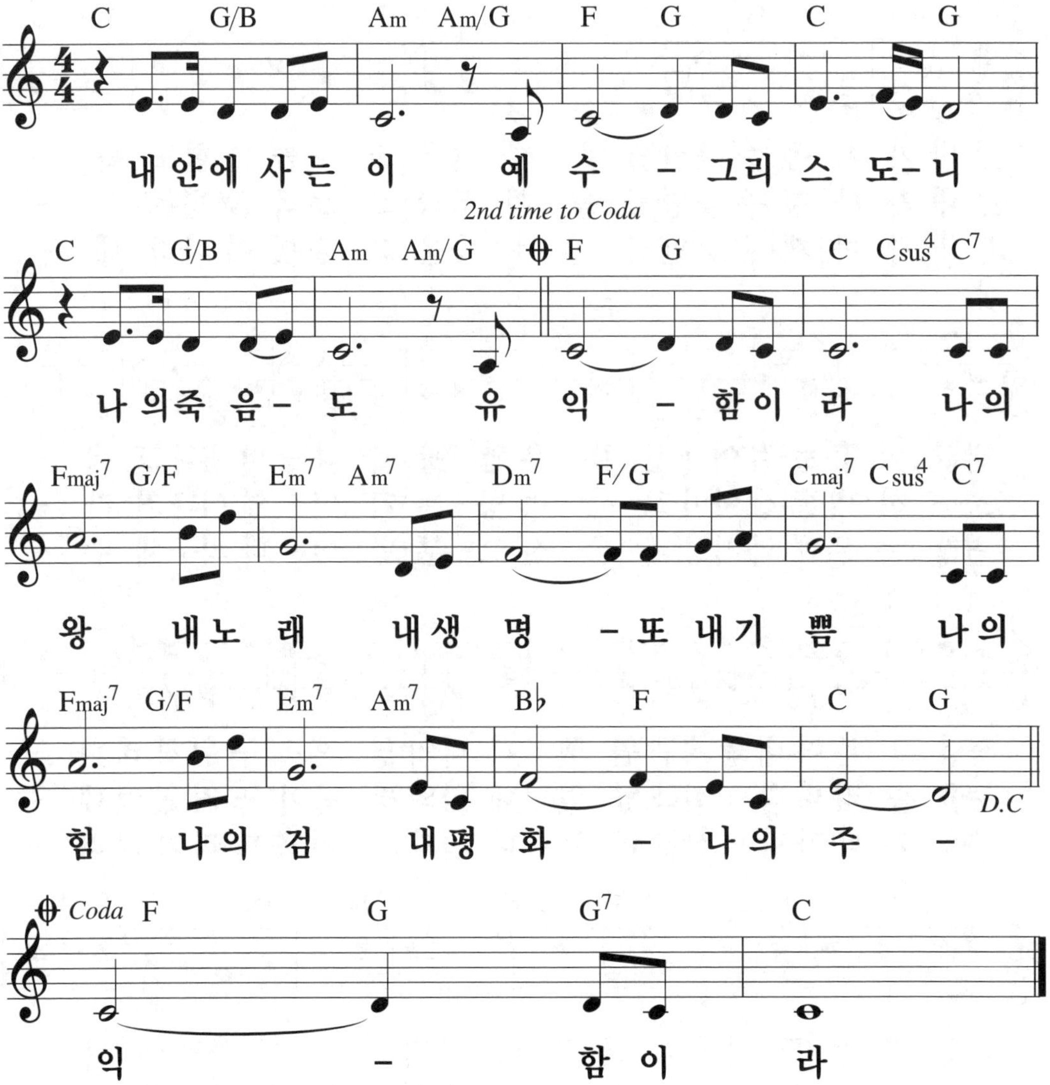
C G/B Am Am/G F G C G
내안에 사는 이 예 수 - 그리 스 도-니
2nd time to Coda
C G/B Am Am/G F G C Csus4 C7
나 의죽 음- 도 유 익 - 함이 라 나의
Fmaj7 G/F Em7 Am7 Dm7 F/G Cmaj7 Csus4 C7
왕 내노 래 내생 명 -또 내기 쁨 나의
Fmaj7 G/F Em7 Am7 B♭ F C G
힘 나의 검 내평 화 - 나의 주 -
D.C
Coda F G G7 C
익 - 함 이 라

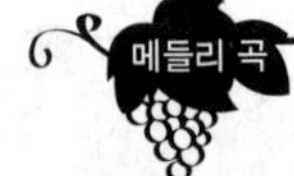

26/ 눈을 들어 주를 보라 27/ 능력의 이름 예수 46/ 약한 나로 강하게

내 입술로 하나님의 이름을 21

C

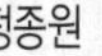

C G Am G F Dm Gsus4 G7

내입술로- 하나님의- 이 름을 -찬송하며 -

황소를드림-보다 진정한예배를 기 쁘게받-아주시는-주님-

C G Am G F G C G7

내맘으로- 하나님을- 즐 겁게 -찬양하네 -

찬송을부르며- 영원히섬기리주 님께 영-광 돌리 -리-

C G Am G F Dm Gsus4 G7

할 렐루-야- 할 렐루-야-할 렐루 -할렐루야 -

C G Am G F G C F/C C

할 렐루-야- 할 렐루-야-할 렐루 -할렐루야 -

메들리 곡 55/ 온 땅과 만민들아 65/ 임마누엘 87/ 찬양을 드리며

22 내 영혼아 여호와를 송축하라

(Bless the Lord O my soul)

Pete Sanchez Jr.

내영혼 아 – 여호와 를 – 송축하 라 – 내영혼

아 – 거룩하 신 – 주–이 름 찬 양 내맘과

정 성다 해주 –찬양 해 송축하라

송축하 라 –내 영

내영혼 아 송축하 라 내–영 혼 아

혼 아 – 송축하 라 – 내–영 혼 아 – 송축하

송축하 라 내 영 혼 송 축 하

라 – 내– 영 혼 아 – 송 축 하

C/G
Dm/G
Em/G
F/G
라 내영혼아 송축하라 내영혼아 내맘과
C/G
Am7
Dm7
G7
C
정 성다 해찬 양 해 -

23 내 입술의 말과

(시편 19편 / Psalm 19)

Terry Butler

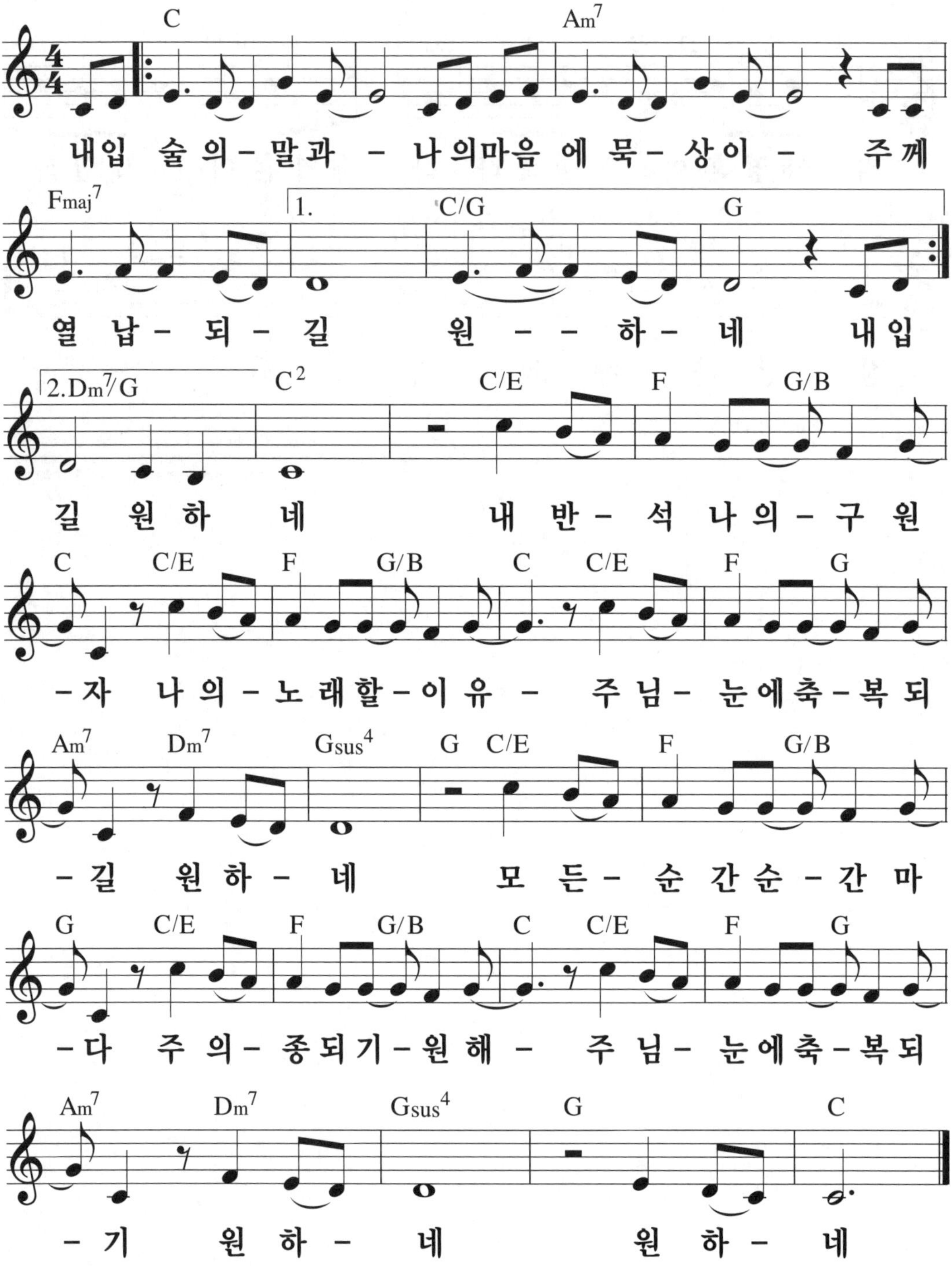

C Am7

내입 술의－말과 － 나의마음 에 묵－상이 － 주께

Fmaj7 1. C/G G

열 납－ 되－ 길 원 －－하－ 네 내입

2.Dm7/G C2 C/E F G/B

길 원하 네 내 반－ 석 나의－구 원

C C/E F G/B C C/E F G

－자 나의－노래할－이유 － 주님－ 눈에축－복되

Am7 Dm7 Gsus4 G C/E F G/B

－길 원하－ 네 모 든－ 순 간순 －간 마

G C/E F G/B C C/E F G

－다 주 의－ 종되기－원해 － 주 님－ 눈에축－복되

Am7 Dm7 Gsus4 G C

－기 원 하－ 네 원 하－ 네

25/ 너는 담장 너머로 44/ 아주 먼 옛날 79/ 주 예수 사랑 기쁨

너무나도 아름답도다

C

(영광의 나라)

라종섭

1. 너무 나도아름답도 다 주님 계 신영광의나 라
2. 금은 보화다준다해 도 나는 나 는기쁘지않 아
3. 사랑 하는형제들이 여 기름 등 불준비합시 다

너무나 도 귀-하도 다 주님 계 신영광의보 좌
내주님 만 바-라보 니 세상 영 화부럽지않 아
주님나 라 곧임하리 니 깨어 있 어기도합시 다

아- 아 저영광의나 라 내가소 망하 오- 니
아- 아 저영광의나 라 내가사 모하 오- 니
아- 아 저영광의나 라 나를기 다리 오- 니

죄가 지 곤갈-수없 어 주님 계 신영광의나 라
거듭 난 자갈-수있 어 주님 계 신영광의나 라
할렐 루 야나는가리 라 주님 계 신영광의나 라

29/ 먼저 그나라와 의를 64/ 이 험한 세상 76/ 주님의 시간에

25 너는 담장 너머로 뻗은 나무

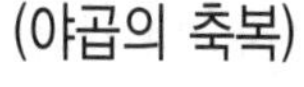

미가엘 1733

김인식

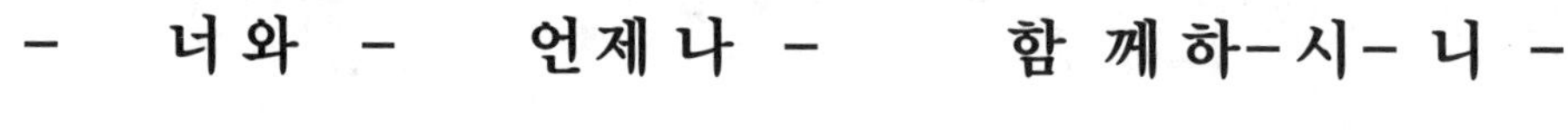

Dm7
G7
C
- 네 길 을 - 축 복 할 - 거 야 너 는 하 나 님 의
G/B
Am7
Em/G
F
- 선 - 물 - 사 랑 스 런 하 나 - 님 의 - 열 - 매 - 주 의 품 에
C/E
Am
Dm7
G7
F/C
C
- 꽃 피 운 - 나 무 가 되 어 줘 - -

26 눈을 들어 주를 보라

(See His glory)

Chris Bowater

이-라 선 포-하 라 선하-신 주 주의

인자는 영원함 이-라 눈을 이-라 -

28/ 매일 스치는 사람들 47/ 어찌하여야 84/ 주의 거룩하심 생각할 때

능력의 이름 예수

(Jesus Your Name)

Claire Cloninger & Morris Chapman

C Gsus4 G7 Fm6/C C B♭/C C7

1. 능 력 의 이 - 름 예 - 수
2. 치 유 의 이 - 름 예 - 수
3. 거 룩 한 이 - 름 예 - 수

F Gsus4 G7 C/E Dm G7

권 능 의 이 름 예 - - 수 -
용 서 의 이 름 예 - - 수 -
빛 을 주 는 - 예 - - 수 -

C G/F F C/E Fm6/A♭ Am7 G/A

모 든 강 력 - - 을 파 하 는 예 - 수 -
자 유 주 시 - - 는 그 이 름 예 - 수 -
모 든 이 름 - - 위에 뛰 어 난 예 - 수 -

Dm7 Gsus4 G7 C

생 명 되 신 - 예 수 -

메들리 곡
61/ 은혜로만 들어가네 84/ 주의 거룩하심 생각할 때 93/ 항상 진실케

28 매일 스치는 사람들

(주가 필요해 / People Need The Lord)

Phil McHugh & Greg Nelson

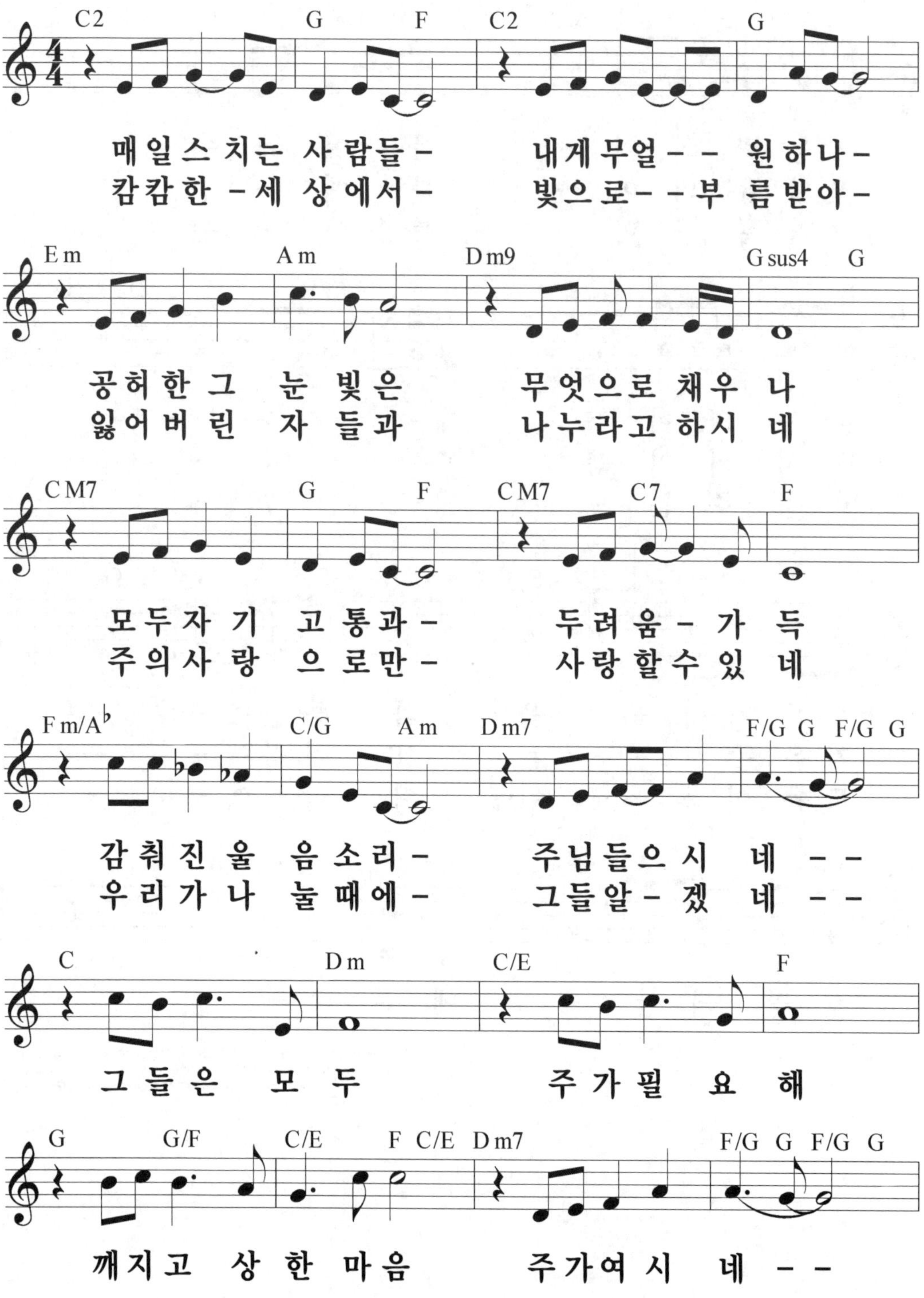

C2 G F C2 G

매일스 치는 사 람들– 내게무얼– – 원하나–
캄캄한 –세 상 에서– 빛으로– –부 름받아–

Em Am Dm9 Gsus4 G

공허한 그 눈 빛은 무엇으로 채우 나
잃어버 린 자 들과 나누라고 하시 네

CM7 G F CM7 C7 F

모두자 기 고 통과– 두려움– 가 득
주의사 랑 으 로만– 사랑할수 있 네

Fm/A♭ C/G Am Dm7 F/G G F/G G

감춰진 울 음소리– 주님들으 시 네 – –
우리가 나 눌 때에– 그들알– 겠 네 – –

C Dm C/E F

그 들은 모 두 주 가 필 요 해

G G/F C/E F C/E Dm7 F/G G F/G G

깨지고 상 한 마 음 주가여 시 네 – –

매일 스치는 사람들

C
Dm
C/E
F
그들은 모 두
주가필 요 해
G
G/F
C/E
F
F/E
Dm7
G
C
모 두 알 게 되리
사랑의 주 님

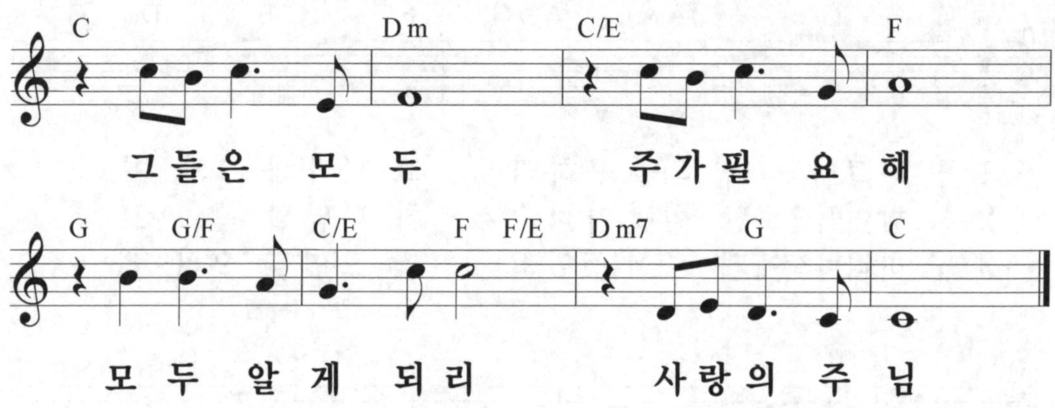

29 먼저 그 나라와 의를 구하라

(Seek ye first)

Karen Lafferty

1. 먼 저그나-라와 의를 구하라 그 나라와 그의 를
2. 사 람이떡으로만 살것 아니오 하 나님 말 씀으 로
3. 구 하라너희에게 주실 것이 요 찾 으면찾 으리 라

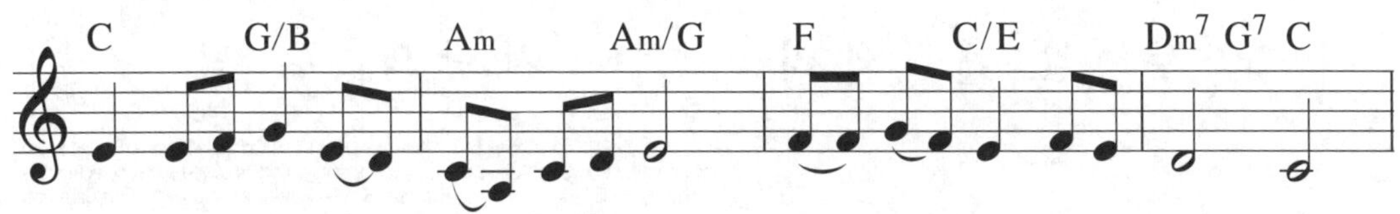

그 리하 면이- 모-든것을 너희에게더 하시 리 라
그 리하 면이- 모-든것을 너희에게더 하시 리 라
문 두드리면- 열릴것이라 할-렐-루 할렐 루 야

무엇이 변치 않아

(십자가)

조은아

31 메마른 우리 마음

(Send Your Rain)

Don Dalton & Valerie Dalton

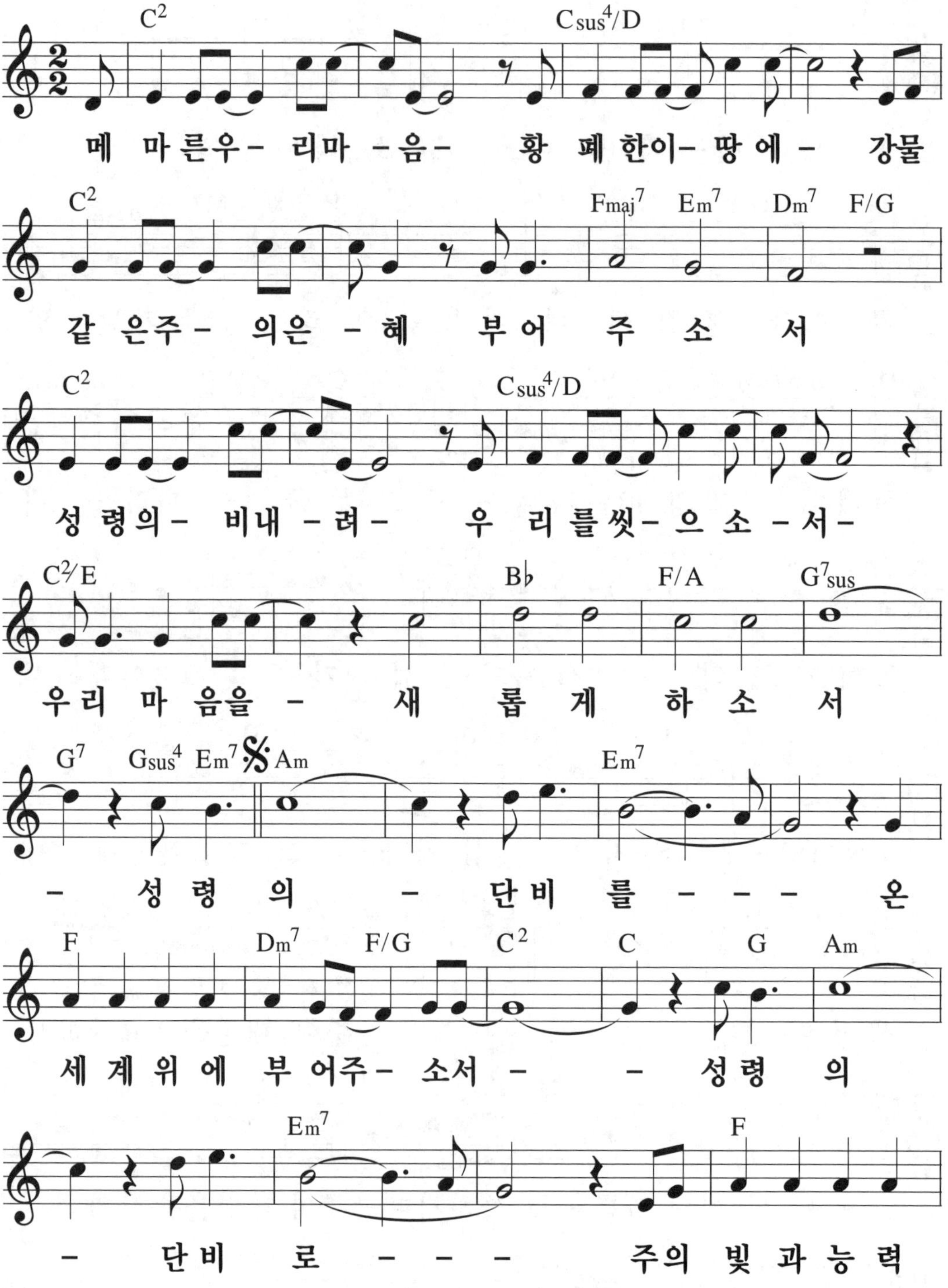

C2 Csus4/D

메 마른우- 리마 -음- 황 폐 한이- 땅에 - 강물

C2 Fmaj7 Em7 Dm7 F/G

같 은주- 의은 -혜 부어 주 소 서

C2 Csus4/D

성 령의- 비내 -려- 우 리를씻- 으 소 -서-

C2/E B♭ F/A G7sus

우리 마 음을 - 새 롭 게 하 소 서

G7 Gsus4 Em7 𝄋 Am Em7

- 성 령 의 - 단비 를 - - - 온

F Dm7 F/G C2 C G Am

세계위에 부 어주- 소서 - - 성령 의

Em7 F

- 단비 로 - - - 주의 빛 과 능 력

Dm7 Gsus4 G C
넘쳐 나- 도록 - - 하소 서 -
Fine
C2 Csus4/D
주성령-부으-사 우릴 온유케-하시-고 주의
C2/E Fmaj7 Em7 Dm7 F/G
생수샘물같-이 넘치 소 - 서
C2 Csus4/D
성 령을- 부 으 -사 모든 민 족 모든- 방 언
Csus4/D C2/E
- 모 든 나 라 주 께 무 릎 을
B♭ F/A G7sus4 G7 Gsus4 Em7
꿇 게 하 소 서 - 성 령
D.S.

32 복음 들고 산을

(Our God Reigns)

미가엘 1170

Leonard E Jnr. Smith

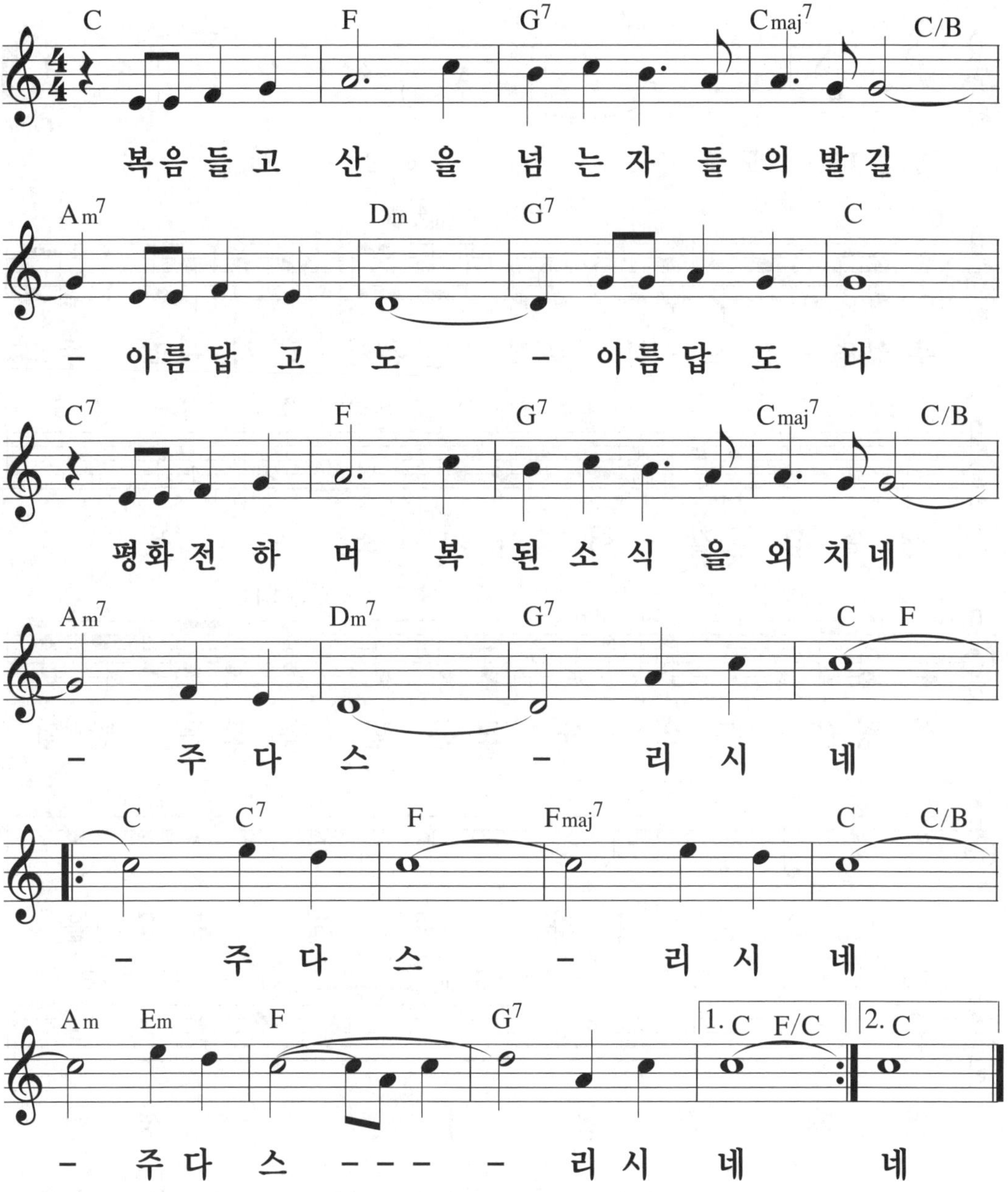
C F G7 Cmaj7 C/B
복음들고 산 을 넘는자 들의발길
Am7 Dm G7 C
- 아름답고 도 - 아름답 도 다
C7 F G7 Cmaj7 C/B
평화전하며 복 된소식 을외치네
Am7 Dm7 G7 C F
- 주 다 스 - 리 시 네
C C7 F Fmaj7 C C/B
- 주 다 스 - 리 시 네
Am Em F G7 1. C F/C 2. C
- 주 다 스 - - - - 리 시 네 네

메들리 곡 42/ 아름다운 마음들이 48/ 어두운 밤에 79/ 주 예수 사랑 기쁨

비바람이 갈 길을 막아도 33

(나는 가리라)

김석균

C Em Dm G C

비바람이갈길을막 아도 나는가리- 주의길을가 리
험한파도앞길을막 아도 나는가리- 주의길을가 리

F C G G7 C

눈보라가앞길을가 려도 나는 가리- 주의길을가 리
모진바람앞길을가 려도 나는 가리- 주의길을가 리

Em G Dm C

이 길 은 영광 의길 이 길 은 승리 의길
이 길 은 고난 의길 이 길 은 생명 의길

F C D G

나를구 원하 신 주 님이 십 자가 지 고 가신 길

G7 C Em F

나 는 가 리 라 주 의 길 을 가 리 라

F#dim7 C/G D G

주 님 발 자 취 따 라 나 는 가 리 라

G7 C Em F

나 는 가 리 라 주 의 길 을 가 리 라

F#dim7 C/G G7 C

주 님 발 자 취 따 라 나 는 가 리 라

34 사랑하는 나의 아버지

(Blessed be the Lord God Almighty)

Bob Fitts

사랑하는 나의 아 버지- 이 름높여드립 니 다

주의 나라 찬양속에 임하 시니- 능력 의 주께찬송하 네

전능하-신하 나 님 찬-양 언 제나동일하 신 주--

전능하-신하 나 님 찬-양 영 원 히다스 리 네

나주의이름높-이 리 나주의이름높-이 리---

하늘높이 올린깃 -발- 처럼--- 주의이름높-이 리 전능하- 신

산과 시내와 붉은 노을과 35

C

(오셔서 다스리소서 / Lord Reign in me)

Brenton Brown

산과시내-와 붉은노을-과 땅의모든-것 주다스리-네
생각을넘-어 모든말보-다 나의생활-이 말하게하소-서

내안 의갈-망 유일 한소-망 - 주님날 다 스 리 는것
세상 그어-떤 것 보다 소중-한 - 내주님 날 이 끄 심을

주 오셔-서 통치 하소-서 헛된 나의-꿈 어둠거두-사

내 모든-것 다 드 리-니- 오셔 서 다 스 리 소서 -

주 오셔-서 통치 하 소-서 헛된 나 의-꿈 어둠거 두-사

다 시한-번 나 의주-님- 오셔서 다 스 리 소서 -

오셔서 다 스 리 소서 - 오셔서 다 스 리 소서 -

1/ 거룩하신 성령이여 31/ 메마른 우리 마음 56/ 완전한 사랑 보여주신

36

살아계신 성령님

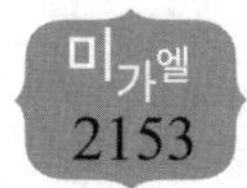

(Spirit of the living God)

미가엘 2153

Paul Armstrong

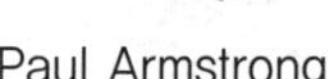

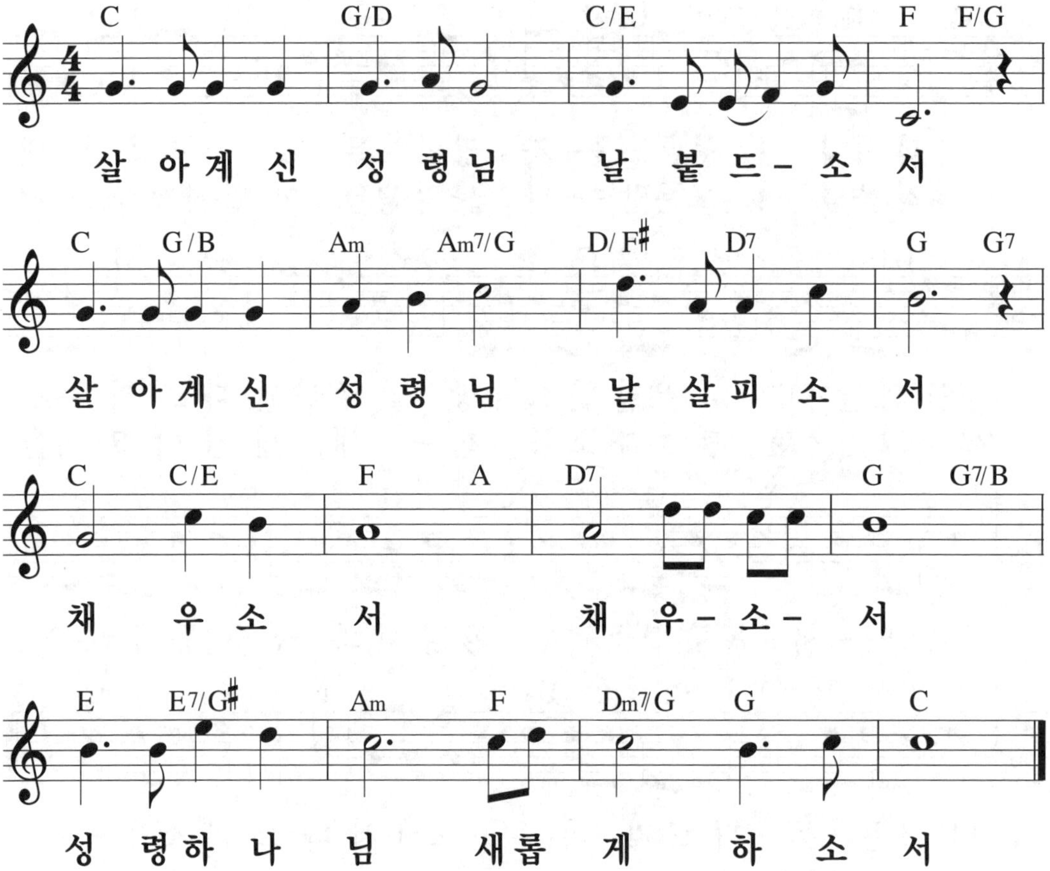
C G/D C/E F F/G
살 아 계 신 성 령 님 날 붙 드 - 소 서
C G/B Am Am7/G D/F♯ D7 G G7
살 아 계 신 성 령 님 날 살 피 소 서
C C/E F A D7 G G7/B
채 우 소 서 채 우 - 소 - 서
E E7/G♯ Am F Dm7/G G C
성 령 하 나 님 새 롭 게 하 소 서

메들리 곡 27/ 능력의 이름 예수 65/ 임마누엘 87/ 찬양을 드리며

성도들아 이 시간은

(기회로다)

1. 성 도 -들 아 이 시 간 은 은 혜 받 을 기 회 로 다
2. 마 음 -문 을 활 짝 열 고 찬 송 하 며 기 도 하 세
3. 타 오 -르 는 제 단 위 에 모 든 죄 짐 던 지 어 라
4. 구 하 -여 라 사 모 하 라 겸 손 하 고 순 종 하 라
5. 내 일 -아 침 있 다 해 도 인 명 생 사 모 르 나 니

성 령 -님 의 은 혜 역 사 우 리 위 에 임 하 셨 - 네
하 나 -님 의 은 혜 말 씀 왜 못 받 아 드 리 느 - 뇨
성 령 -불 에 못 태 운 죄 주 님 가 슴 태 우 누 - 나
은 혜 -깊 은 하 나 님 이 우 리 더 욱 사 랑 하 - 리
내 일 -생 에 은 혜 기 회 늘 있 는 줄 생 각 마 - 라

기 회 로 다 - 이 시 간 은 - 은 혜 받 을 - 기 회 로 다 -

믿 읍 시 다 - 받 읍 시 다 - 이 후 에 기 회 를 믿 지 마 라 -

38 성령충만을 받고서

신정의 & 이계자

미가엘 1093

세상 사람 날 부러워 39

(부럽지 않네)

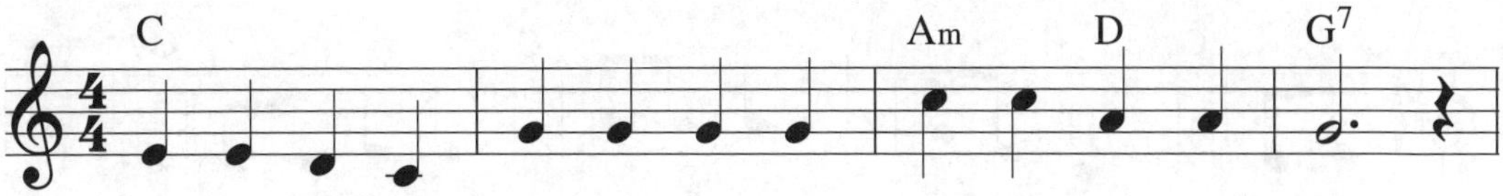

C
Am
D
G7

1. 세상사람 날부러워 아니하여 도
2. 세상사람 날부러워 아니하여 도
3. 세상사람 날부러워 아니하여 도
4. 세상사람 날부러워 아니하여 도

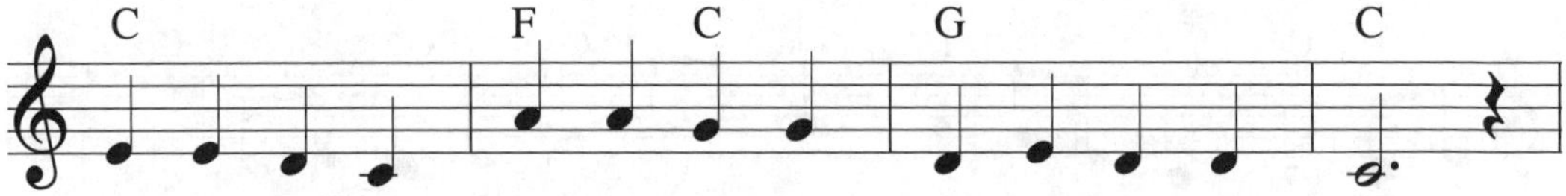

C
F
C
G
C

나도역시 세상사람 부럽지않 네
이세상의 권세자들 날부러워 해
나도역시 부귀영화 부럽지않 네
하늘나라 천군천사 날부러워 해

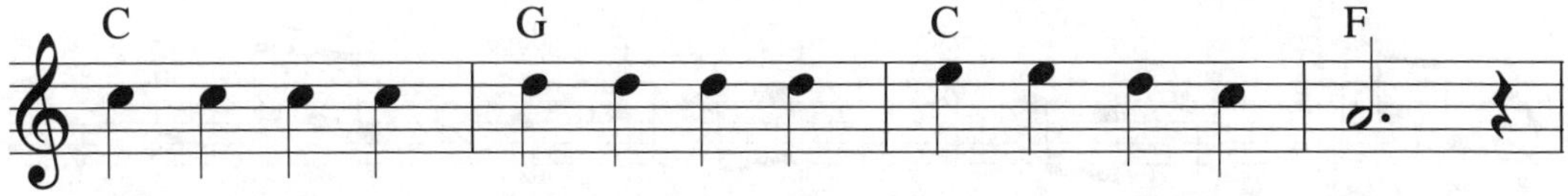

C
G
C
F

하나님의 크신은혜 생각할때 에
성령충만 받을것을 생각할때 에
예수님의 신부될것 생각할때 에
영원토록 누릴영화 생각할때 에

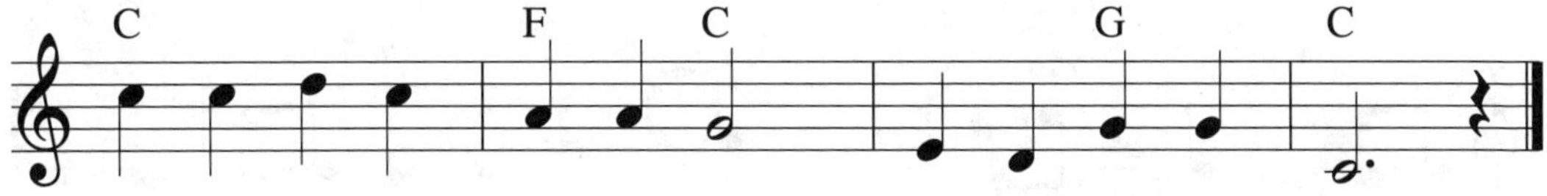

C
F
C
G
C

할렐루야 찬송이 저절로나 네

40 세상에서 방황할 때

(주여 이 죄인이)

안철호

1. 세 상 에 서 방 황 할 때 나 - 주 님 을 몰 랐 네
2. 많 은 사 람 찾 아 와 서 나 의 친 구 가 되 어 도
3. 이 죄 인 의 애 통 함 을 예 수 께 서 들 으 셨 네
4. 내 모 든 죄 무 거 운 짐 이 젠 모 두 다 벗 었 네

내 맘 대 로 고 집 하 며 온 갖 죄 를 저 질 렀 네
병 든 몸 과 상 한 마 음 위 로 받 지 못 했 다 오
못 자 국 난 사 랑 의 손 나 를 어 루 만 지 셨 네
우 리 주 님 예 수 께 서 나 와 함 께 계 신 다 오

예 수 여 이 죄 인 도 용 서 받 을 수 있 - 나 요
예 수 여 이 죄 인 을 불 쌍 히 여 겨 주 - 소 서
내 주 여 이 죄 인 이 다 시 눈 물 흘 립 - 니 다
내 주 여 이 죄 인 이 무 한 감 사 드 립 - 니 다

벌 레 만 도 못 한 내 가 용 서 받 을 수 있 나 요
의 지 할 것 없 는 이 몸 위 로 받 기 원 합 니 다
오 내 주 여 나 이 제 는 아 무 걱 정 없 습 니 다
나 의 몸 과 영 혼 까 지 주 를 위 해 바 칩 니 다

7/ 나를 위해 오신 주님 64/ 이 험한 세상 70/ 죄인들을 위하여

심령이 가난한 자는

여명현

심령 이 -가난한자 는 천국 이 -저희것이 요
한 자복이있나 니 땅을 기 업으로받겠 네

애통 하-는자는복있 네 위로 를 -받을것이 요 온유
의에 주리고목마른자 는 저희 배 -부를것이

요 긍휼 히 여기는자 는 긍휼 히 여김받겠 네

마음 이 청결한자 는 하나 님 을볼 것이 요

화평 케 -하는자- 는 하나 님의아들이라일컨 네

의를 위 하여핍박받는 자 천국 이 -저희것이 라

내게 도 주소 서 내가 복 을받기원하 네

오- 내 -주- -여 주 소- 서 아 - - - 멘

42 아름다운 마음들이 모여서

아름다운마음들이 모여 서 주의 은혜 나누며 –
이다음에예수님을 만나 면 우린 뭐라 말할까 –

예수님을따라사랑 해야 –지 우리 서로사랑해 –
그때에는부끄러움 없어 야지 우리 서로사랑해 –

하나님이가르쳐준 한가 지– 네이웃을네몸과같 이

미움다툼시기질투 버리 고 우리 서 로 사랑 해 –

79/ 주 예수 사랑 기쁨 172/ 주님께 영광을 182/ 주님은 너를 사랑해

아무것도 두려워 말라 43

(Don't Be Afraid)

현석주

아 무 - 것 도 두 려 워 말 라 주 나 의 하 나 님 이 지 켜 주 시 네 -

놀 라 지 마 라 - 겁 내 지 마 라 - 주 님 나 를 지 켜 주 시 네 - -

내 맘 이 힘 에 겨 워 지 칠 지 라 도 주 님 나 를 지 켜 주 시 네

세 상 의 험 한 풍 파 몰 아 칠 때 도 주 님 나 를 지 켜 주 시 네 -

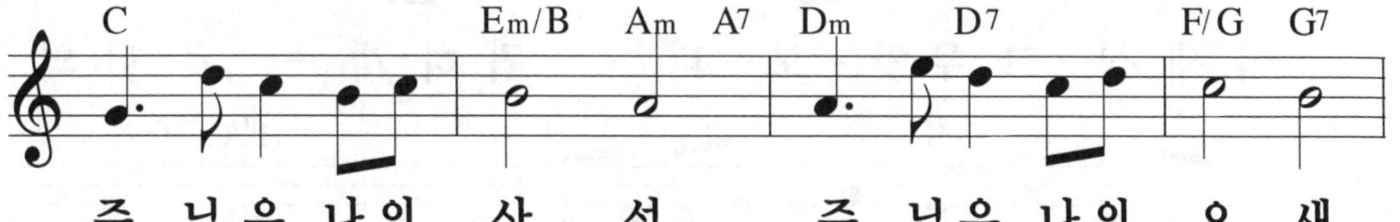

주 님 은 나 의 산 성 주 님 은 나 의 요 새

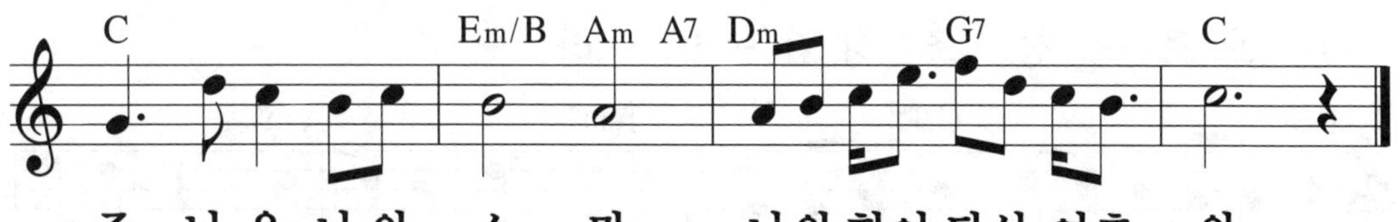

주 님 은 나 의 소 망 나 의 힘 이 되 신 여 호 와

21/ 내 입술로 48/ 어두운 밤에 56/ 완전한 사랑 보여주신

44 아주 먼 옛날

(당신을 향한 노래)

미가엘 1201

천태혁 & 진경

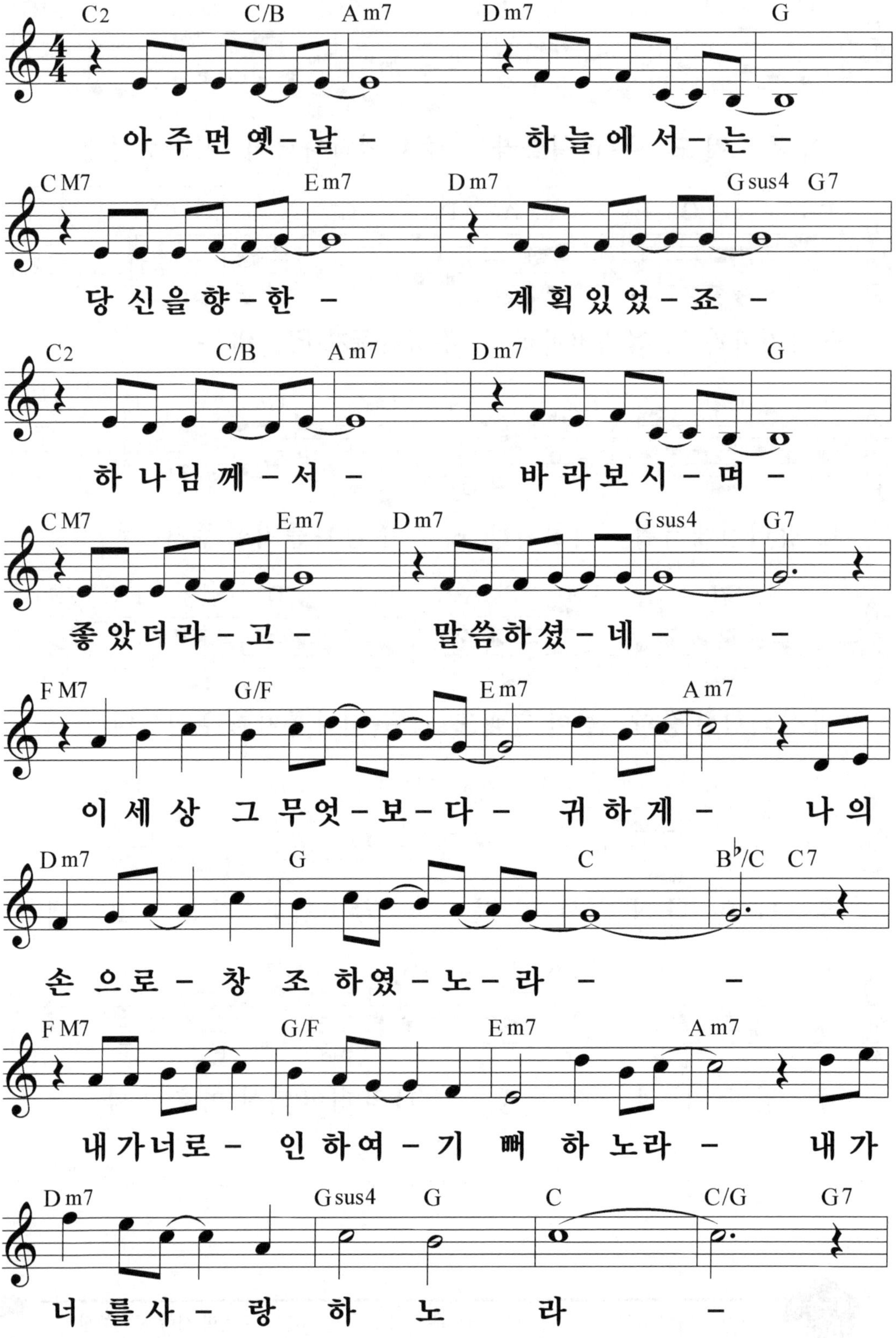

C2 C/B Am7 Dm7 G
아 주 먼 옛 - 날 - 하 늘 에 서 - 는 -
CM7 Em7 Dm7 Gsus4 G7
당 신 을 향 - 한 - 계 획 있 었 - 죠 -
C2 C/B Am7 Dm7 G
하 나 님 께 - 서 - 바 라 보 시 - 며 -
CM7 Em7 Dm7 Gsus4 G7
좋 았 더 라 - 고 - 말 씀 하 셨 - 네 - -
FM7 G/F Em7 Am7
이 세 상 그 무 엇 - 보 - 다 - 귀 하 게 - 나 의
Dm7 G C B♭/C C7
손 으 로 - 창 조 하 였 - 노 - 라 - -
FM7 G/F Em7 Am7
내 가 너 로 - 인 하 여 - 기 뻐 하 노 라 - 내 가
Dm7 Gsus4 G C C/G G7
너 를 사 - 랑 하 노 라 -

C
G/B
Am
B♭2/G
C7
사 랑 해 요 –
F
C/E
Dm7
Dm7/G
G7
축 복 해 요 –
C
E7/B
Am7
C/G
당 신 의 마 음 에 우 리 의– –
Dm7
G7
C
사 랑 을 드 려 요 –

메들리 곡

25/ 너는 담장 너머로 136/ 사랑의 주님이 240/ 너는 시냇가에

45 아버지 당신의 마음이

(하나님 아버지의 마음)

미가엘
1918

설경욱

아버지 당신의- 마음이 있는곳에- 나의마음이- 있기를

원해요- - 아 버지 -당신의눈물 이고인곳에 - 나의

눈물이-고이길원해 요 아버지 당신이- 바라보는 영혼에게 -

나의 두눈이 - 향하길 원해요- - 아 버 지-당신이울고

있는어두운땅에- 나의 두발이 -향하길 원해 요 나의 마 음

이아버지 의마음알아- 내 모든뜻-아 버지의 뜻이 될수 있기를

-나의 온 몸이아 버 지 의마음알아- 내 모든삶-당신의삶되기를 -

15/ 내가 걷는 이 길이 28/ 매일 스치는 사람들 29/ 먼저 그 나라와

약한 나로 강하게

(What the Lord has done in me)

Reuben Morgan

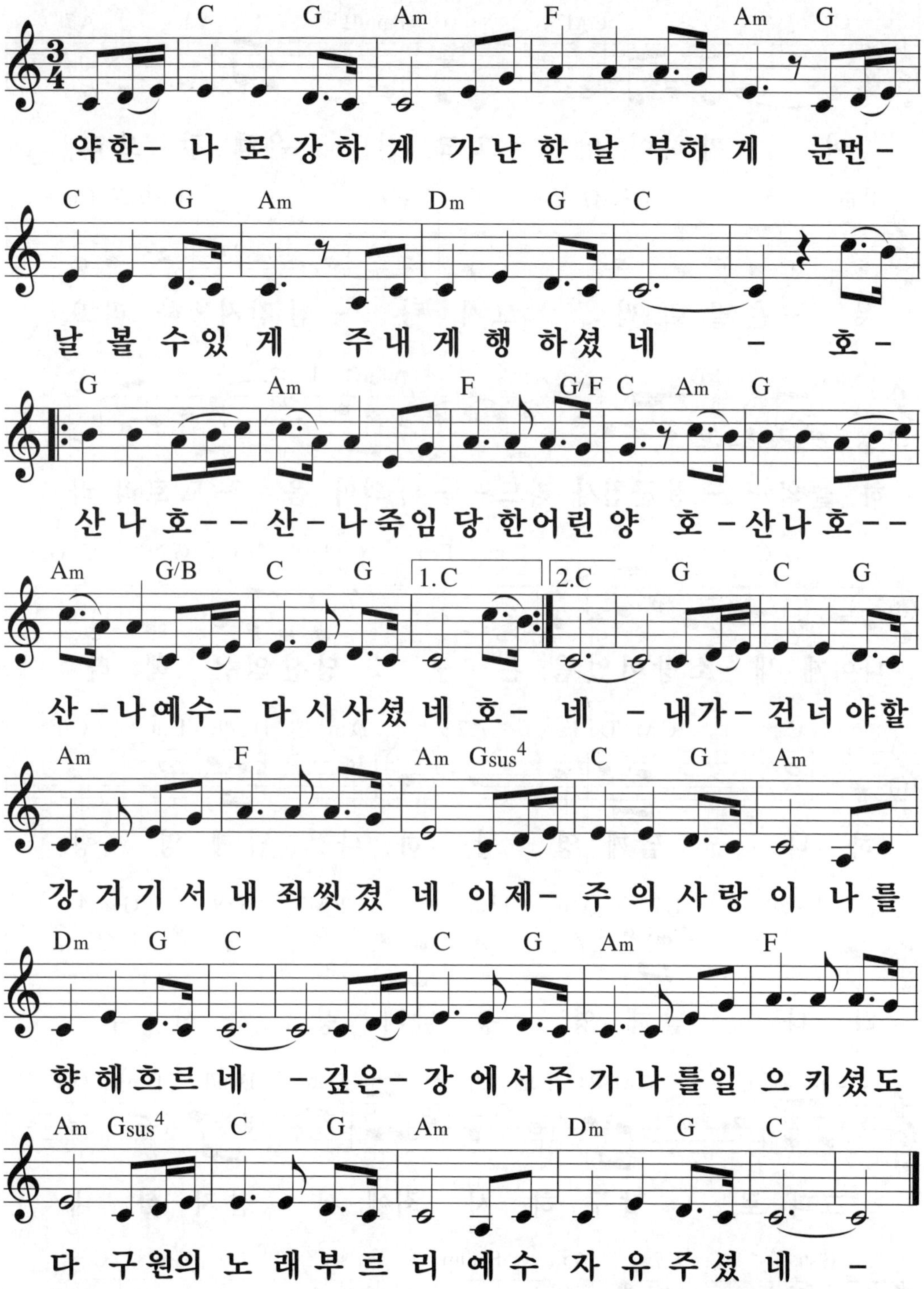

약한- 나 로 강 하 게 가 난 한 날 부하 게 눈먼-

날 볼 수 있 게 주 내 게 행 하 셨 네 - 호-

산 나 호-- 산-나 죽 임 당 한 어 린 양 호-산 나 호--

산-나 예 수- 다 시 사 셨 네 호- 네 -내 가- 건 너 야 할

강 거 기 서 내 죄 씻 겼 네 이 제- 주 의 사 랑 이 나 를

향 해 흐 르 네 -깊 은- 강 에 서 주 가 나 를 일 으 키 셨 도

다 구 원 의 노 래 부 르 리 예 수 자 유 주 셨 네 -

8/ 나 실패 거듭해 14/ 나 지치고 내 영혼 114/ 나에겐 알 수 없는 힘

47 어찌하여야

(나의 찬미 / My tribute)

Andrae Crouch

C　CM7　Gm6/B♭　A aug　A7

어 -찌하여 야 그크 신 은혜 갚 으리

Dm　DmM7　Dm7　Fm9　Fm

무 -슨말로 써 그사 랑 -참감사 하 리요

C　G/B　Am　Am/G　FM7　E

하 늘의- -천군천사 라도- -나의마 음 -모르리 라

C　A7　Dm　Fm　C/G　G6　G7　C　G7sus

나이제 새 소망이있음 은 - 당신의은 혜 라

C　CM7/D　Em　A7　Dm　Dm/E　Fm　G/F

하 나 님께 영 광 하 나 님께 영 광

E sus4　E7　Am　F♯dim　FM7　D9　G sus4

하 나 님께 영 광 날사 랑 하 신 주

C　CM7/D　Em　A7　Dm　Dm/E　Fm　G/F

그피 로 날구 하 사 죄에 서 건 지 셨 네

E sus4　E7　Am　F♯dim　C　F　Fm　C

하 나 님께 영 광 날사 랑 하 신 주

E sus4 E7 A m A m/G
바 치 리 라 모 두 나 의 일 생 을 당 신 께
F D m7 A m F M7 D 9 G sus4 G 7
세 상 영 광 명 예 도 갈 보 리 로 돌 -려 보 내 리
3 C C M7/D E m A7 3 D m D m/E F m G/F
그 피 로 날 구 하 사 죄 에 서 건 지 셨 네
E sus4 E7 A m F♯dim C F F m C
하 나 님 께 영 광 날 사 랑 하 신 주

48 어두운 밤에 캄캄한 밤에

(실로암)

신상근

C C7 F C

어 두 운 밤 에 캄 캄 한 밤 에 새 벽 을 찾
가 처 음 만 난 그 때 는 차 가 운 새

C G G7 C C7 F

아 떠 난 다 – 종 이 울 리 고 닭 이 울 어 도
벽 이 었 소 – 당 신 눈 속 에 여 명 있 음 을

C G7 C F/C 1. C 2. C

내 눈 에 는 오 직 밤 이 었 소 – 우 리 –
나 는 느 낄 수 – 가 있 었 소

C C7 F C

오 주 여 당 신 께 감 사 하 리 라 실 로 암 내

C D G G7 C C7

게 주 심 을 – 나 에 게 영 원 한 이 꿈

F C G7 C F/C C

속 에 서 깨 이 지 않 게 하 소 서 –

43/ 아무 것도 두려워말라 51/ 예수 감사하리 주의 보혈 79/ 주 예수 사랑 기쁨

미가엘 827

언제나 내 모습

(주님 내 안에)

임미정 & 이정림

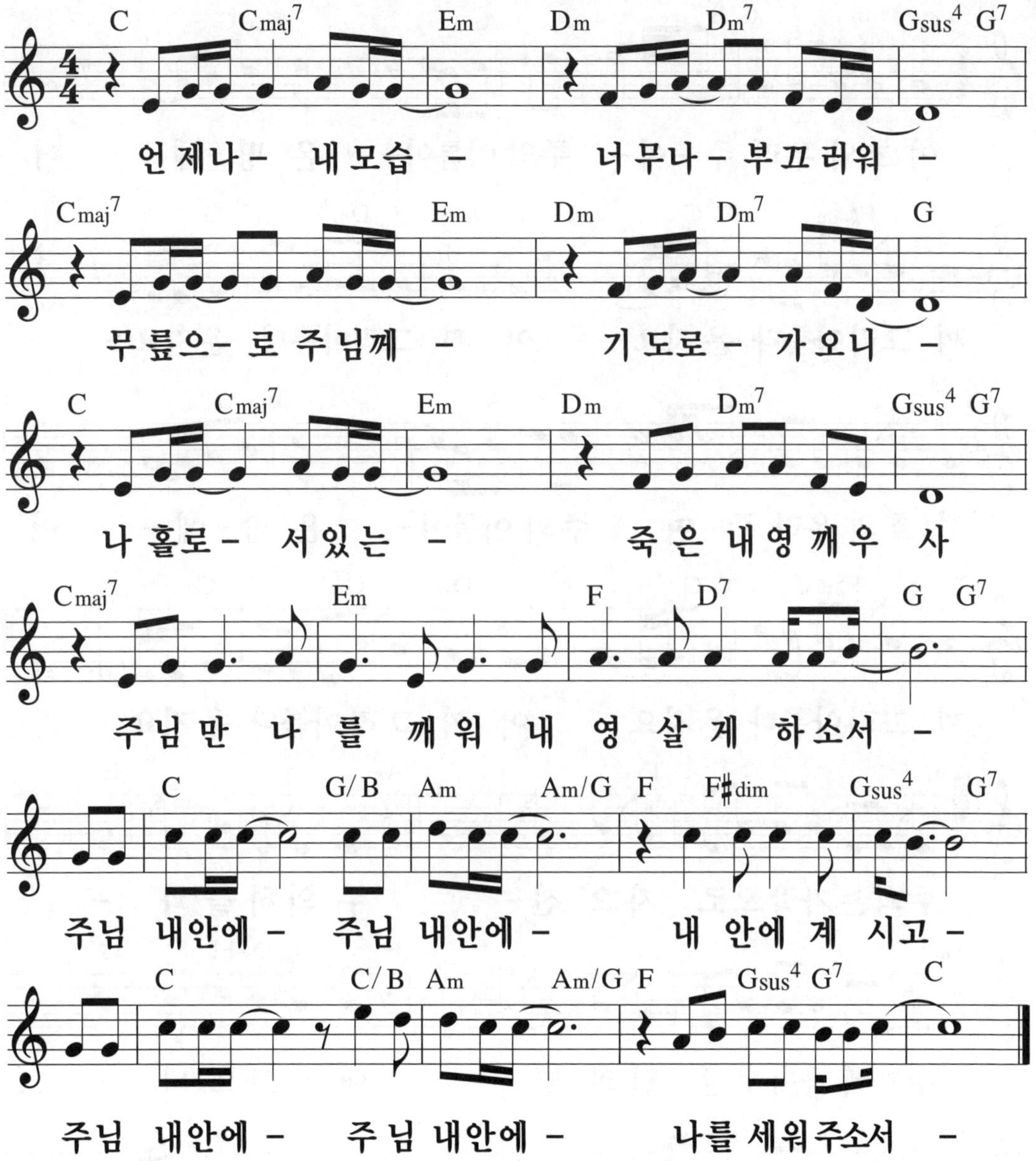

C Cmaj7 Em Dm Dm7 Gsus4 G7
언 제 나 - 내 모 습 - 너 무 나 - 부 끄 러 워 -
Cmaj7 Em Dm Dm7 G
무 릎 으 - 로 주 님 께 - 기 도 로 - 가 오 니 -
C Cmaj7 Em Dm Dm7 Gsus4 G7
나 홀 로 - 서 있 는 - 죽 은 내 영 깨 우 사
Cmaj7 Em F D7 G G7
주 님 만 나 를 깨 워 내 영 살 게 하 소 서 -
C G/B Am Am/G F F#dim Gsus4 G7
주님 내안에 - 주님 내안에 - 내 안에 계 시고 -
C C/B Am Am/G F Gsus4 G7 C
주님 내안에 - 주 님 내안에 - 나를 세워주소서 -

메들리 곡
18/ 내가 영으로 52/ 예수님 날 위해 죽으셨네 63/ 있는 모습 그대로

50 여호와 우리 주여

(시편 8편)

최덕신

C G/B Am Em/G

여 호와 우리 주 - 여 - 주의 이름이 - 온 땅 - 에 - 어

F F♯dim C/G A7 Dm Dm7 G7

찌 그리아름다 운 지요 - 어 찌 그리아름다 운지요 -

𝄋 C G/B Am Em/G

여 호와 우리 주 - 여 - 주의 이름이 - 온 땅 - 에 - 어

F F♯dim C/G A7 Dm G7 C

찌 그리아름다 운 지요 - 어 찌 그 리아름다 운 지요 -

Fine

Am Em Am Em

주의손 가락 으로 지 으 신 - 주 의 하 늘 과 -

Am Em F D7/F♯ G7

주가베 풀어두신 달과 별 - 내 가 보오 니 -

C G/B Am Em

사 람이 무엇 이관대 - 주께 서저를 - 생각 하시며 -

F C/G A7 Dm Dm7 G7

인 자가 무엇 이 관대 - 저 를 권고 하시 나이까 -

D.S.

47/ 어찌하여야 53/ 예수 사랑해요 84/ 주의 거룩하심 생각할 때

예수 감사하리 주의 보혈

(Thank You For The Blood)

Matt Redman

C Em Am F

예 수 감사하리주의보혈 – 축복 속에 우린 자유
예 수 감사하리주의보혈 – 승리 안에 우린 구원

C Em 1. F 2. F C Em F

–를 노 – 래 해 – – 구원 –을 노 – 래 – 해 –
–를 노 – 래 해 –

G C Em F

새롭 고 산길이 되신 예 수 길과 진 리생명되셨 네 우릴

C Em Am7 D/F# G

주 의 자 녀 삼 으 셨 네 자 유를 – 노 래 – 할 – 때 –

F/G C F D/F#

주 행한일 – 찬 양 – 주 행한일 – 찬 양

G E/G# Am7 Am/G

– 승 리하 시 – 고 – 구 – 속하신 – 주님찬

1. F F/G 2. F C

– 양 해 주 – 양 해 – – – –

8/ 나 실패 거듭해 16/ 내가 산을 향하여 79/ 주 예수 사랑 기쁨

52 예수님 날 위해 죽으셨네

(왜 날 사랑하나)

Robert Harkness

C Am Em G C G7

1. 예수님날위해 죽으셨네 왜 날사랑 하 나 –
2. 손과발날위해 찢기셨네 왜 날사랑 하 나 –
3. 내대신고통을 당하셨네 왜 날사랑 하 나 –

Dm G Dm D D7 G7 G G7

겸손히십자가 지시었네 왜 날 사랑하 나 –
고난을당하여 구원했네 왜 날 사랑하 나 –
죄용서받을수 없었는데 왜 날 사랑하 나 –

C Dm G7 Am C G

왜 날사랑 하 나 – 왜 날사 랑 하 나 –

C7 F C D C A D G7 C

왜 주님 갈보리 가야 했나 왜날 사랑 하 나 –

예수 사랑해요

Jude Del Hierro

C F F/E Dm7 G F/C C

예 -수 사 랑 해요 나 주 앞 에 엎드려

C F F/E Dm7 G C G/B

경 -배 와 찬 -양 왕 께 드 리 리

Am Dm7 F G C G/B

할 -렐 루 - 야 알 렐 루 - 야

Am Dm7 F G C

할 -렐 루 - 야 알 렐 - 루

34/ 사랑하는 나의 아버지 50/ 여호와 우리 주여 81/ 주 위해 나 노래하리라

54 오 하나님 받으소서

(왕께 드리는 제사 / Song of offering)

Brent Chambers

오- 하 나님받으소 서 왕께 드 리는제 사- 를

소 리높여 주님 을 찬 양 해 -

홀로 하나이신 하나 님 자녀 된 우리경 배하 고

나 의몸과 찬양 을 -드 리 네 -

할 렐 루 -야 - 할 렐 루 -야 -

입 술 의열 매 주 께 드 리 니 -

오- 하나님받으소 서 왕께드 리는제 사- 를

소 리 높여 주님 을 -찬 양 해 -

온 땅과 만민들아 55

(Let all the earth hear his voice)

Graham Kendrick

C

1. 온땅과만민들 아 주의음성듣 고 모두기뻐하 라
2. 땅들아기뻐하 라 죄인구하시 러 주님오신다 네
3. 모두다소리높 여 주님찬－양 해 힘있게찬양 해

산들과나무들 도 즐겁게춤추 며 함께손뼉쳐 라
십자가구원으 로 우린물리쳤 네 어둠의세력 을
외치세온세상 에 열방과만민 을 주가통치하 네

사랑과 정의를 주시는 주 영 원한그의 나 라

좌우에날이선 검과같은 진리의 그분말 씀

－ 승 리 해 －

메들리 곡
18/ 내가 영으로 21/ 내 입술로 42/ 아름다운 마음들이

56 완전한 사랑 보여주신

(예수 좋은 내 친구 / My Best Friend)

Joel Houston & Marty sampson

완전한사랑보여주신- 구세주그분아나요 그아들우리에게주신-
구원하신주나는믿네- 부활하신주나믿네 다시오실왕나는믿네-

하나님그분아나요 그사랑알-기에- 그아들나-는믿-네
그분과영원히살리

날이끄 소-서 예수 좋은내-친구 - 내곁에계시네

- 영원히변 - 치않- 네- 예 수 좋은내-친구

- 내곁에계시네 - 영원히변 - 치않- 네- -

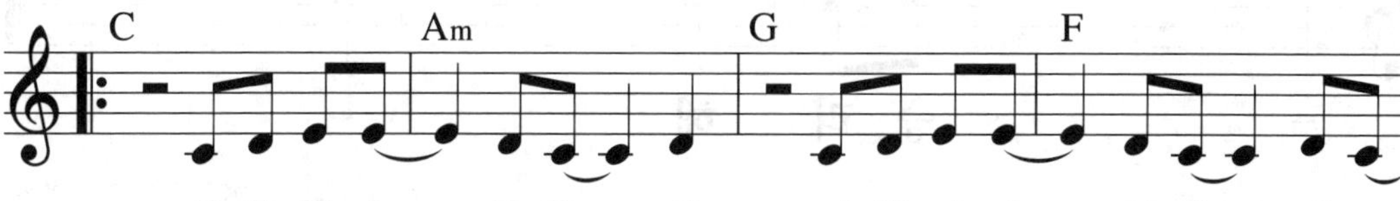

영원히변 -치않-네 영원히변 -치않-네-

- 영원히변-치않-네 영원히변-치않-네- -

8/ 나 실패 거듭해 148/ 예수 보다 더 좋은 친구 없네 175/ 주님 내게 선하신 분

왜 나만 겪는 고난이냐고

(주님 손 잡고 일어서세요)

김석균

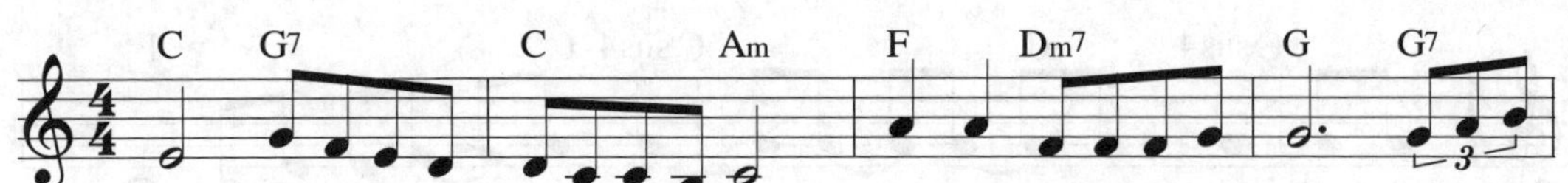

왜 나만겪는 고난이냐고 불 평 하지마세 요 고난의
왜 이런슬픔 찾아왔는지 원 망 하지마세 요 당신이

뒤 편에 있는 주님이주실축복 미리 보 면서감사하세 요 너무
잃 은것 보다 주님께받은은혜 더욱 많 음에감사하세 요 너무

견 디기 힘든 지금이순간에도 주님 이 일하고계시 잖 아요 남들

은 지쳐 앉아 있을지라도 당신 만 은 일어서세 요 힘을

내 세요 힘을 내 세요 주님이 손 잡고계시잖아 요 주님

이 나와함께함을 믿 는다면 어떤 역경도 이길수있잖아 요
고난도 견딜수있잖아 요

14/ 나 지치고 33/ 비 바람이 갈길을 막아도 80/ 주와 함께라면

58 우리가 악한길에서 떠나

(부흥의 세대 / Revival Generation)

미가엘 2005

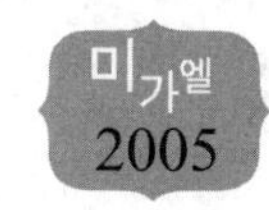

Scott Brenner

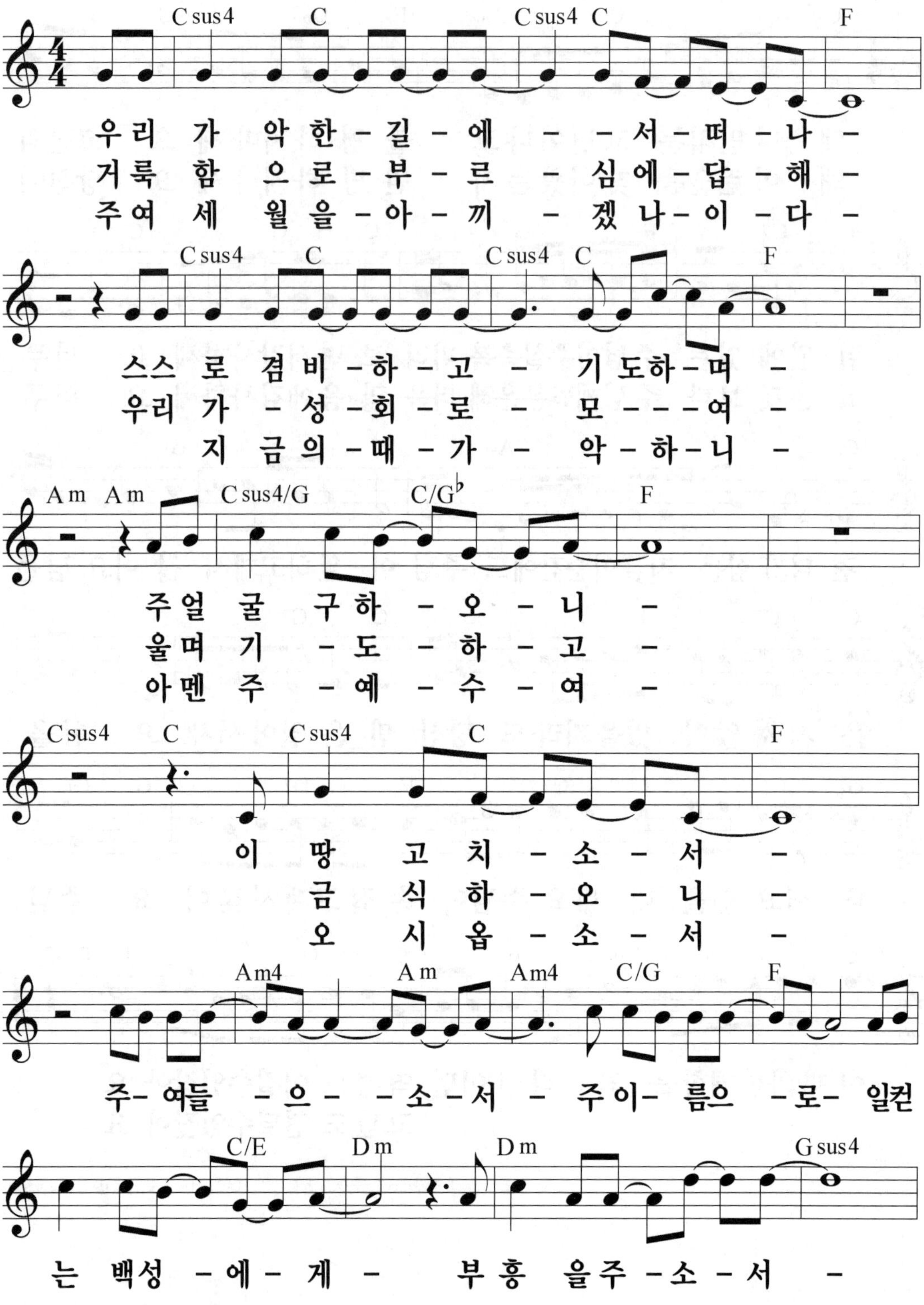

C sus4 C C sus4 C F
우 리 가 악 한 - 길 - 에 - - 서 - 떠 - 나 -
거 룩 함 으 로 - 부 - 르 - 심 에 - 답 - 해 -
주 여 세 월 을 - 아 - 끼 - 겠 나 - 이 - 다 -
C sus4 C C sus4 C F
스 스 로 겸 비 - 하 - 고 - 기 도 하 - 며 -
우 리 가 - 성 - 회 - 로 - 모 - - - 여 -
지 금 의 - 때 - 가 - 악 - 하 - 니 -
Am Am C sus4/G C/G♭ F
주 얼 굴 구 하 - 오 - 니 -
울 며 기 - 도 - 하 - 고 -
아 멘 주 - 예 - 수 - 여 -
C sus4 C C sus4 C F
이 땅 고 치 - 소 - 서 -
금 식 하 - 오 - 니 -
오 시 옵 - 소 - 서 -
Am4 Am Am4 C/G F
주- 여들 - 으 - - 소 - 서 - 주 이- 름으 - 로- 일컫
C/E Dm Dm G sus4
는 백성 - 에 - 게 - 부 흥 을주 - 소 - 서 -

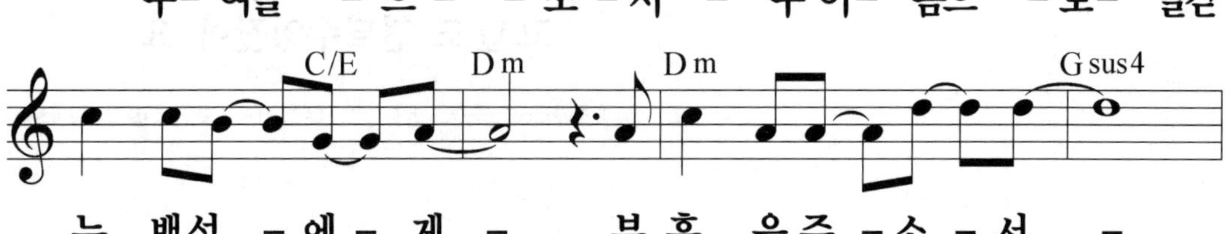

우리가 악한길에서 떠나

G C C/E F
하나 님 얼굴 -구 -하 -는 -세 -대 -되 -게 -하
Gsus4 G Am C/G F
-소 -서- 온팡 덮 는주 -의 -영 -광 -보 - - -게 - 하
G C C/E F
-소 -서 - 모든 나 라족 -속 -가 -운 -데 -부 -흥 - -임
Gsus4 G Am C/G
-하 기까 - 지 - 밤낮 울 부 짖 -는 -부 -흥 -의
F Gsus4 Csus4 C
-세 -대 -로 -세 -우 -소 -서 - -

59 우리에겐 소원이 하나있네

(우릴 사용하소서)

김영표

C F C G

우리 에겐소원이－하나있 네 주님 다시오－실－그날까 지 우리

F G Em Am B♭ /A G

가슴에－새긴 주의 십자가 －사랑 나의 교회를－사랑케－하 네 주의

C F C G

교회를향한－우리마 음 희생 과포기－ 와 가 난과고 － 난－ 하물

F G Em Am B♭ /A G

며죽음조－차－ 우릴 막을수 없네 우리 교회는－ 이땅의－희망 교회를

𝄋 C G Am Dm G C

교회되 －게 － 예밸 예배되 －게 － 우릴 사용하 －소 －서－ 진정한

C G Am Dm G C *Fine*

부 흥의 －날 － 오늘 임하도 －록－ 우릴 사용하 －소 －서 －

F C Dm G

성령안 －에 예배 하 리라 － 자유의 －마 음으 로

F C Dm B♭ G *D.S.*

사랑으 －로 사역 하 리라 － 교회는 －생 명이니 － 교회를

우리의 만남은 주님의 은혜 60

C

(왕국과 소명)

윤건선

우 리의 만남은 주 님의은혜라오
우 리의 모든것 주 여인도하소서

우 리의 모임은 주 님의축복이라 오 우리는
우 리의 모든것 주 님께바치옵니 다 오나의

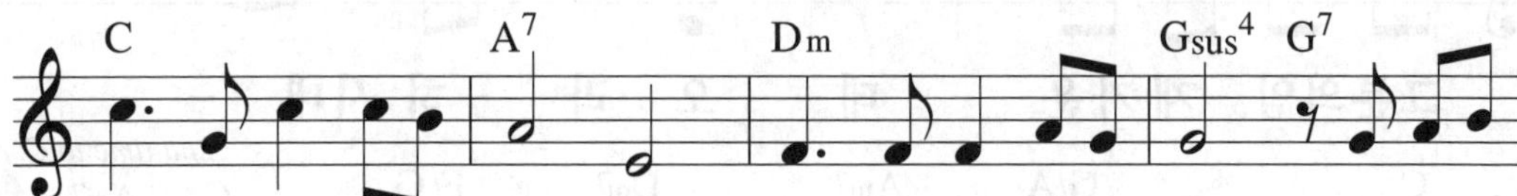

하 나님 영광 위 해 지 음받았으 니 우리를
하 나님 아버 지 여 당 신의뜻대 로 오나의

하 나님 나라 위 해 충 성되게 하소 서 오
하 나님 아버 지 여 따 라살게 하소 서

주 여 나의 소 명 항 상 인도하소 서 오

주 여 나의 소 명 항 상 인도하소 서

61 은혜로만 들어가네

(Only By Grace)

Gerrit Gustafson

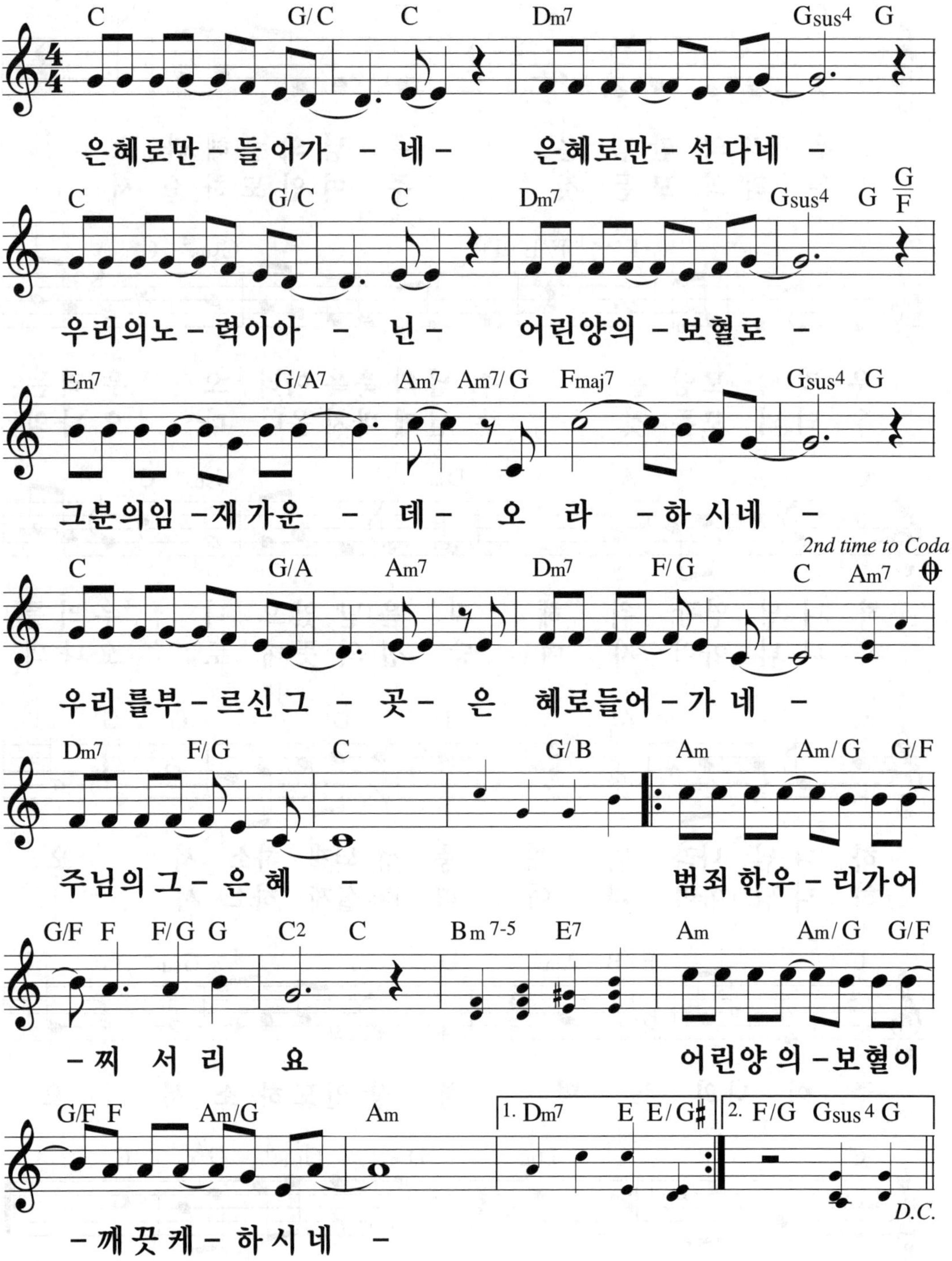

C G/C C Dm7 Gsus4 G

은혜로만 - 들어가 - 네 - 은혜로만 - 선다네 -

C G/C C Dm7 Gsus4 G G/F

우리의노 - 력이아 - 닌 - 어린양의 - 보혈로 -

Em7 G/A7 Am7 Am7/G Fmaj7 Gsus4 G

그분의임 - 재가운 - 데 - 오 라 - 하 시네 -

2nd time to Coda

C G/A Am7 Dm7 F/G C Am7

우리를부 - 르신그 - 곳 - 은 혜로들어 - 가 네 -

Dm7 F/G C G/B Am Am/G G/F

주님의그 - 은혜 - 범죄한우 - 리가어

G/F F F/G G C2 C Bm7-5 E7 Am Am/G G/F

- 찌 서 리 요 어린양 의 - 보혈이

G/F F Am/G Am 1. Dm7 E E/G# 2. F/G Gsus4 G

- 깨끗케 - 하 시 네 -

D.C.

Coda
Dm7
F/G
C
Am7
Dm7
F/G
주님의그-은 혜 - 주님의그-은 혜
C
Am7
Dm7
F/G
C
- 주님의그-은 혜 -

62 이 땅의 동과 서 남과 북

(한라에서 백두까지 백두에서 땅 끝까지)

고형원

이땅의동과서 남과북- -가 득한- 죄악 용서 하소서- -모
한라에서- 백 두까지- -백 두--에서 땅의 끝까지- -주

든우상들은무 너 지고주님 만 높 이는나라 되게하-소서
님오실길을예 비 하며주님 만 섬 기는나라 되게하-소서

이땅의지 친모 든영혼- -주 예 수-사랑 알게 하소서- -저
이땅의주 님교 회위에- -하 늘 의-생기 부어 주소서- -열

들 의아픔과눈 물 씻는주님 의보혈이땅치유 하소서-
방 을치유하는 주 백성주님 의군대를일으켜 주소서-

성 령의- 새바람 - -이 땅 에불어오-소 서

주의영-그 생기로 - -우 리 를다시살 -리 사 이땅

29/ 먼저 그나라와 의를 35/ 산과 시내와 74/ 주님 다시 오실 때까지

이 땅의 동과 서 남과 북

있는 모습 그대로 63

오정훈

Cmaj7 Dm Dmmaj7 Dm7 G7 Em

있는모 습 그 대로- 있는모 습 그 대로-

A7 A/C# Dm7 G7sus G7 Cmaj7

있는 모 습 그 대로- 오 시 오

A7 A/C# Dm Dmmaj7 Dm7 G7 Em

하나 님 은 당 신이- 있는모 습 그 대로-

A7 A/C# Dm7 F/G G7 C

있는 모 습 그 대로 오시길 원 하십 니 다

72/ 주께와 엎드려 76/ 주님의 시간에 93/ 항상 진실케

64 이 험한 세상

(찬양하며 살리라)

정석진

이 험한 세 상 나 살아갈동 안
내 작은 손 에 불 밝혀들고 서

내 주님가신 길 걸으며 내 주 님을 찬양해 –
이 세상다시 오 시–는 내 주 님을 맞으리 –

십 자가 보 혈 날 구한 그사 랑
내 무거 운 짐 다 벗겨 주시 고

나 매일찬송 을 드려도 늘 부족한것 뿐이니
그 아름다운 금 면류관 날 위해예비 하시리

나 호흡있는 동 안에 – 나 생명 있는 동 안에 –

나 주를찬양 하 리라 – 내게 생 명 주 신 주님 을

50/ 여호와 우리주여 87/ 찬양을 드리며 698/ 이제 내가 살아도

임마누엘 65

(Emmanuel)

Bob McGee

메들리 곡 27/ 능력의 이름 예수 76/ 주님의 시간에 87/ 찬양을 드리며

66 저 높은 하늘 위로 밝은 태양

(나로부터 시작되리)

이천

저높은하늘위 - 로 - 밝은태양 - 떠오르듯이 -

난주저앉지 - 않으리 - - 어떤어려움에

-도-주의길을 -선택하리 - 빛가운데로 - 걸으리

- - 주님을- 크게보는- 믿음가-지고 -

세상에- 나타내리라- 놀라운- 주의사랑을 - -

주의꿈을안고 - 일어-나리라 - 선한능력으로

- 일어 -나리라 - 이땅의부 -흥과 -회복은

- 바로 - 나로부터 시작 되리 - -

4/ 광대하신 주 32/ 복음들고 산을 172/ 주님께 영광을

죄악의 사슬에서 67

C

배성현 & 서해원

1. 죄악 의- 사슬에- 서 괴로 움 에눈물흘릴 때 말씀
2. 첫사 랑의뜨거움- 에 식어 져 서눈물흘릴 때 십자
3. 광야 의- 세상에- 서 외로 움 에눈물흘릴 때 골고

으 로찾아오신 주님 영생 을 약 속하 네 주님
가 를지고가신 주님 평안 을 약 속하 네 주님
다 로걸어가신 주님 천국 을 약 속하 네 주님

의 은혜 사모 하는곳에 주의 응 답임 하 니 간절
의 사랑 사모 하는곳에 주의 응 답임 하 니 간절
의 재림 사모 하는곳에 주의 응 답임 하 니 간절

40/ 세상에서 방황 할 때 69/ 죄에 빠져 헤매이다가 70/ 죄인들을 위하여

68 전능하신 나의 구주

(모든 것 가능해 / All Things are Possible)

Darlene Zschech

전능하신 나의 구주

C

G A D/A A 1.G A D/A A
새노－래로－주 찬양하리－－ 내영－혼 송 －축해－
C2 Am7 C Am7 2. G A D/A A A G
－ － 내영－혼 송－축해 약할때나 가난－할 때
D/F# G 3 Bm7 A Bm7 A G
－ 주님의－ 그 능력의 이름이 언 제나－내겐 －
A G A G
모 든 것가 －능 해－ 모 든 것가 －능 해－
A G A
모 든 것가 －능 해－ 모 든 것가 －능 해－

69 죄에 빠져 헤매이다가

(내게 오라)

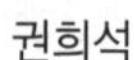

죄에 빠 져헤매이다 가 지쳐 버린 나의 모습 은
수많 은 사람 – 중에 서 주님 이날 부르 실때 에

못견 디는 아픔 속에 서 그렇 게 쓰러 졌을 때
설레 이는 나의 마음 은 그렇 게 기쁠 수없 네

아무 도 오는사람이없 어 정말 로난 외로 웠– 네
이제 나 도–주님 위하 여 내모 든것 다드 리– 리

그때 주님내게 찾아 와 사랑 으로 함께 하셨 네
내가 가진모든 것을 을 아낌 없이 주께 드리 리

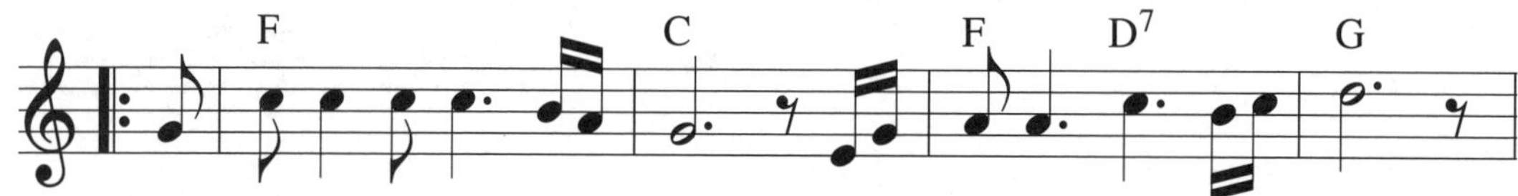

병 든자여내 게오 라 가난 한자 내 게오 라
슬 픈자여내 게오 라 괴로 운자 내 게오 라

죄에 빠진많은 사 람 들아 모두 다 내 게오 라
삶에 지친많은 사 람 들아 모두 다 내 게오 라

죄인들을 위하여

(예수 안에 생명)

죄인 들 을위하 여 주님 찾 아오셨네 주안 에
주님 영 접하는 자 하나 님 의자녀 요 주안 에

생명 이 있 네 – 죄인 들 을위하 여
생명 이 있 네 – 주님앞 에오시 오

주님 찾 아왔으 나 사람 들 영접 안 했 네 –
어서 빨 리오시 오 주안 에 생명 이 있 네 –

예 수 안 에 생 명 있 네 주님 이

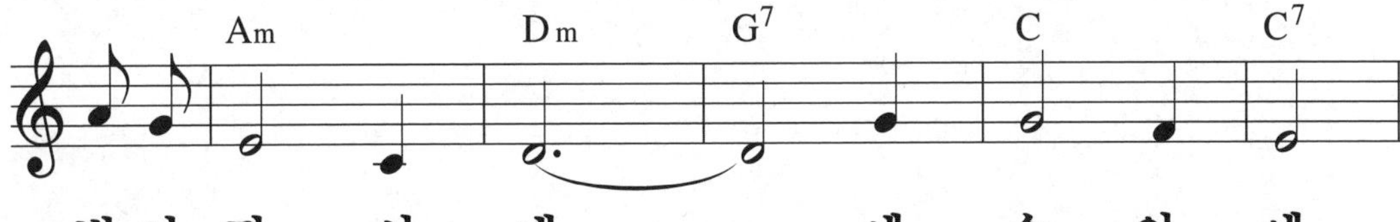

빛이 되 시 네 – 예 수 안 에

생 명 있 네 주님 이 빛이 되 시 네 –

40/ 세상에서 방황 할 때 67/ 죄악의 사슬에서 69/ 죄에 빠져 헤매이다가

71 주께 감사하세

(O Give thanks to the Lord)

미가엘 821

Brent Chambers

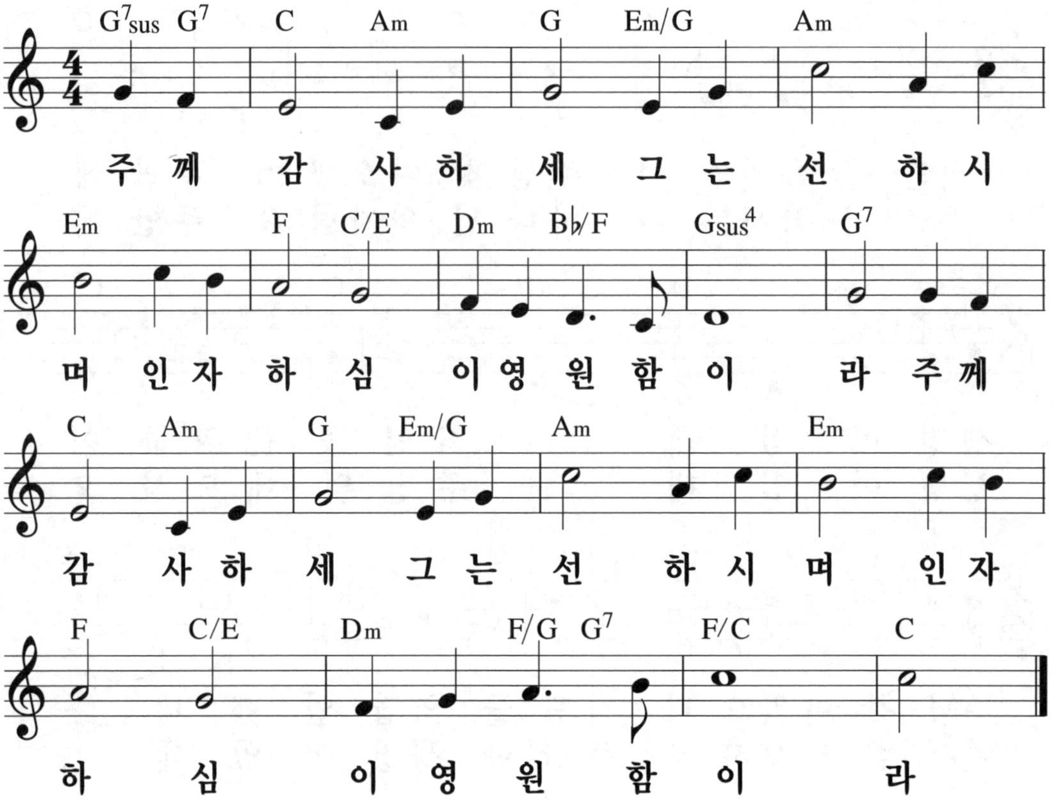
G7sus G7 C Am G Em/G Am
주 께 감 사 하 세 그 는 선 하 시
Em F C/E Dm B♭/F Gsus4 G7
며 인 자 하 심 이 영 원 함 이 라 주 께
C Am G Em/G Am Em
감 사 하 세 그 는 선 하 시 며 인 자
F C/E Dm F/G G7 F/C C
하 심 이 영 원 함 이 라

메들리 곡 22/ 내 영혼아 여호와를 76/ 주님의 시간에 199/ 주 찬양합니다

주께와 엎드려

(I Will Come And Bow Down)

Martin Nystrom

F/G C Am7sus Am Dm7 F/G G G/F

주께 와 엎드려 경배드 립 니다 주계

Em7 A7 A/C♯ Dm Gsus4 G7

신곳 엔 기 쁨 가 득 - 무엇

Am Bsus4 B7 Em Asus4 A7

과도 - 누구 와도 - 바꿀 수 없 네 예배

Dm7 Gsus4 G7 F/C C

드 림 이 기쁨됩 니 다 -

73 주님 것을 내 것이라고

(용서하소서)

김석균

1. 주님것 을 내것이 라고 – 고집 하며 – 살아 왔네
2. 천한이 몸 내것이 라고 – 주의 일을 – 멀리 했네
3. 주님사 랑 받기만 하고 – 감사 할줄 – 몰랐 었네

금은보 화 자녀들 까지 – 주님 것을 내 것이 라
주신이 도 주님이 시요 – 쓰신 이도 주 님이 라
주님말 씀 듣기만 하고 – 실행 하지 못 했었 네

아버 지여 – 철없는 종을 – 용서 하 여주 옵소 서
아버 지여 – 불충한 종을 – 용서 하 여주 옵소 서
아버 지여 – 연약한 종을 – 용서 하 여주 옵소 서

맡긴 사명 – 맡긴재 물을 – 주를 위 해쓰 렵니 다
세상 유혹 – 다멀리 하고 – 주의 일 만하 렵니 다
주님 명령 – 순종하 면서 – 주를 위 해살 렵니 다

메들리 곡 7/ 나를 위해 오신 주님 67/ 죄악의 사슬에서 98/ 주여 우리의 죄를

미가엘 1994

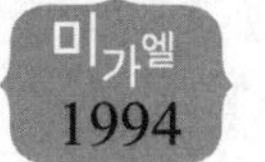

주님 다시 오실때까지

고형원

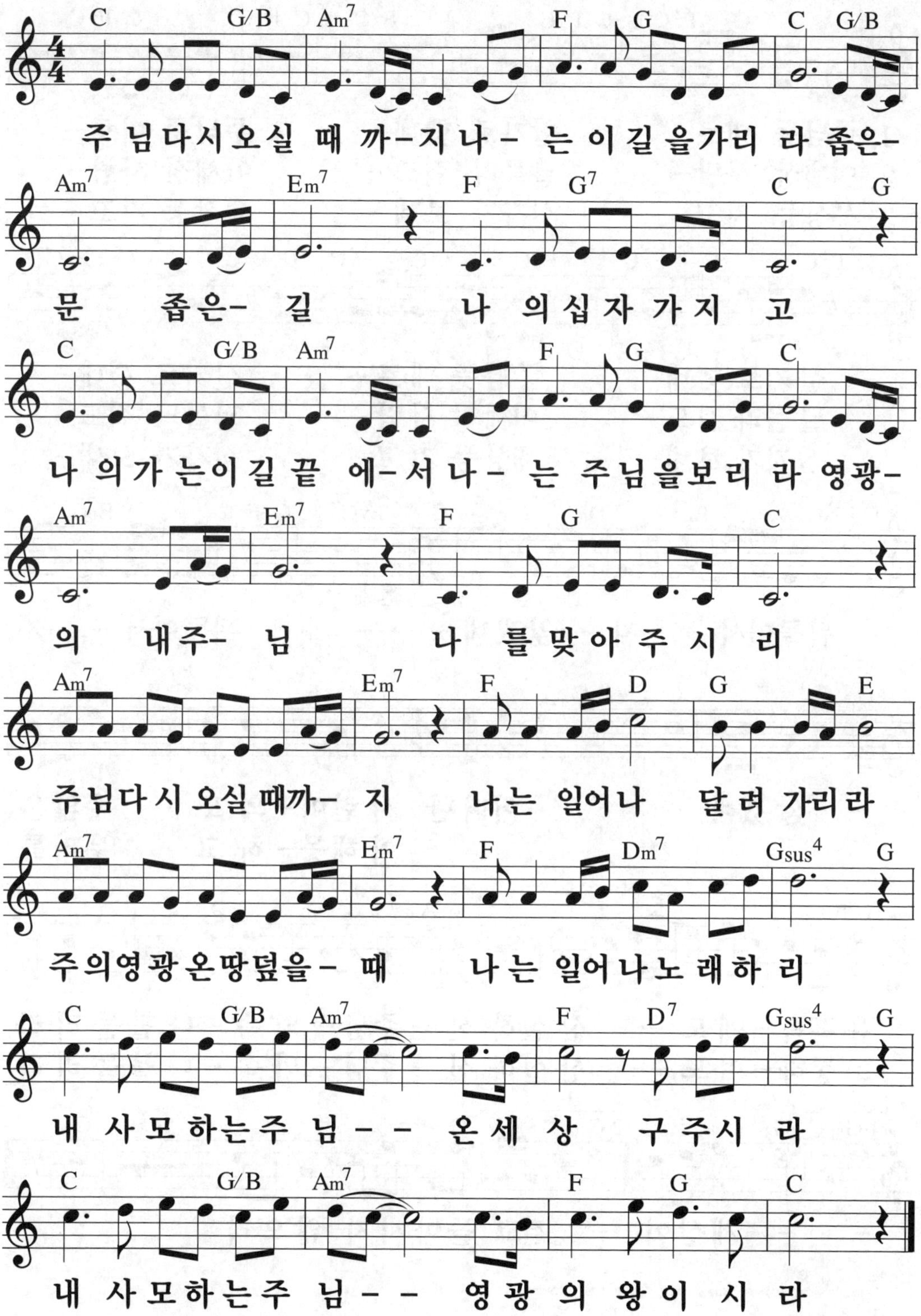
C G/B Am7 F G C G/B
주 님다시오실 때 까-지나- 는이길을가리 라 좁은-
Am7 Em7 F G7 C G
문 좁은- 길 나 의십자 가지 고
C G/B Am7 F G C
나 의가 는이길끝 에-서나- 는 주님을보리 라 영광-
Am7 Em7 F G C
의 내주- 님 나 를맞아 주 시 리
Am7 Em7 F D G E
주님다시 오실 때까- 지 나는 일어나 달려 가리라
Am7 Em7 F Dm7 Gsus4 G
주의영광온땅덮을- 때 나는 일어나노 래하 리
C G/B Am7 F D7 Gsus4 G
내 사모하는주 님-- 온세 상 구주시 라
C G/B Am7 F G C
내 사모하는주 님-- 영광 의 왕이 시 라

75 주님 뜻대로 살기로 했네

(돌아서지 않으리 / No turning back)

김영범

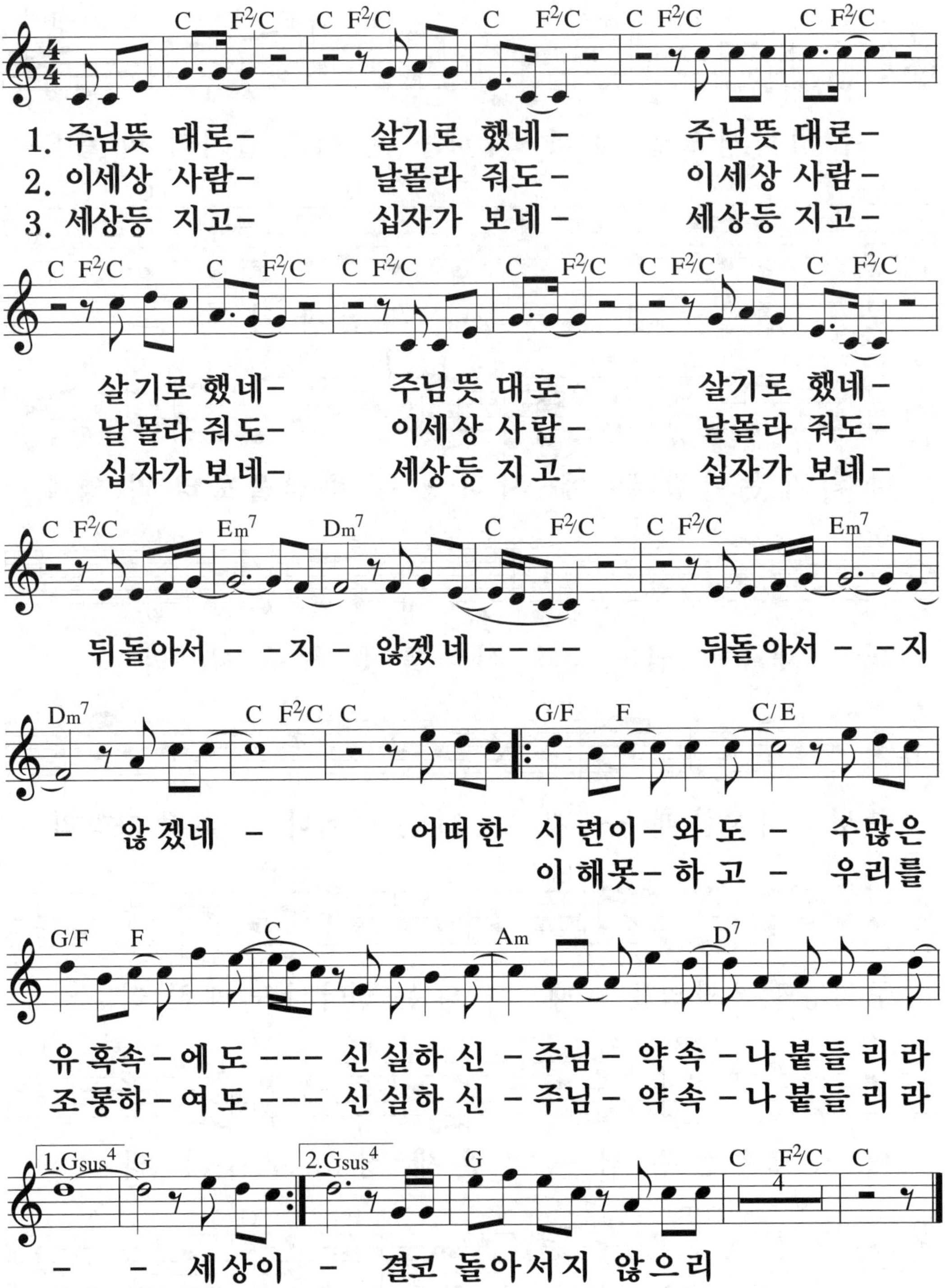

1. 주님뜻 대로- 살기로 했네- 주님뜻 대로-
2. 이세상 사람- 날몰라 줘도- 이세상 사람-
3. 세상등 지고- 십자가 보네- 세상등 지고-

살기로 했네- 주님뜻 대로- 살기로 했네-
날몰라 줘도- 이세상 사람- 날몰라 줘도-
십자가 보네- 세상등 지고- 십자가 보네-

뒤돌아서 - -지 - 않겠네 ---- 뒤돌아서 - -지

- 않겠네 - 어떠한 시련이-와도 - 수많은
이해못-하고 - 우리를

유혹속-에도 --- 신실하신 -주님- 약속 -나붙들리라
조롱하-여도 --- 신실하신 -주님- 약속 -나붙들리라

- - 세상이 - 결코 돌아서지 않으리

Word and Music by 김영범.

29/ 먼저 그나라와 의를 66/ 저 높은 하늘 위로 155/ 오소서 진리의 성령님

주님의 시간에

(In His time)

Diane Ball

Cmaj7 Dm7 Gsus4 G7 C C/B Am Am/G F F/E

주 님 의 – 시 간 에 – 그 의 뜻 이 뤄 지
기 다 려 – 그 때 를 – 그 의 뜻 이 뤄 지

Dm7 G7 Cmaj7 C7 Fmaj7 Gsus4 G7

리 기 다 려 – 하 루 하 루 살 동 안 주 님
리 기 다 려 – 주 의 뜻 이 뤄 질 때 우 리

Em Am Dm Dm7 G7sus G7 C F/C C

인 도 하 시 니 주 뜻 이 룰 때 까 지 기 다 려 –
들 의 모 든 것 아 름 답 게 변 하 리 기 다 려 –

77 주님이 주시는 파도같은 사랑은

(파도 같은 사랑)

C Dm G7 C

1. 주 님 이 주 시 는 파 도 같 은 사 랑 은
2. 주 님 이 주 시 는 솟 아 나 는 기 쁨 은
3. 주 님 이 주 시 는 하 늘 나 라 평 화 는

CM7 Dm G7 C

내 작 은 가 슴 에 흘 러 흘 러 넘 쳐 요
내 작 은 가 슴 에 샘 물 처 럼 솟 아 요
내 작 은 가 슴 에 깊 이 깊 이 흘 러 요

F C F G7

생 각 하 면 할 수 록 기 도 하 면 할 수 록

F C F G7

두 눈 가 에 눈 물 이 터 질 것 만 같 아 요

C Dm G7 C

주 님 의 사 랑 은 한 없 이 크 셔 라
주 님 의 기 쁨 은 끝 없 이 새 로 와
주 님 의 평 화 는 놀 랍 고 놀 라 와

CM7 Dm G7 C

우 리 의 영 혼 에 한 줄 기 빛 이 어 라
우 리 의 삶 속 에 영 원 한 향 기 어 라
우 리 의 마 음 에 빛 나 는 보 석 이 라

메들리 곡 71/ 주께 감사하세 88/ 하나님은 사랑이요 104/ 감사해요 주님의 사랑

주 안에 우린 하나

(기대)

천강수

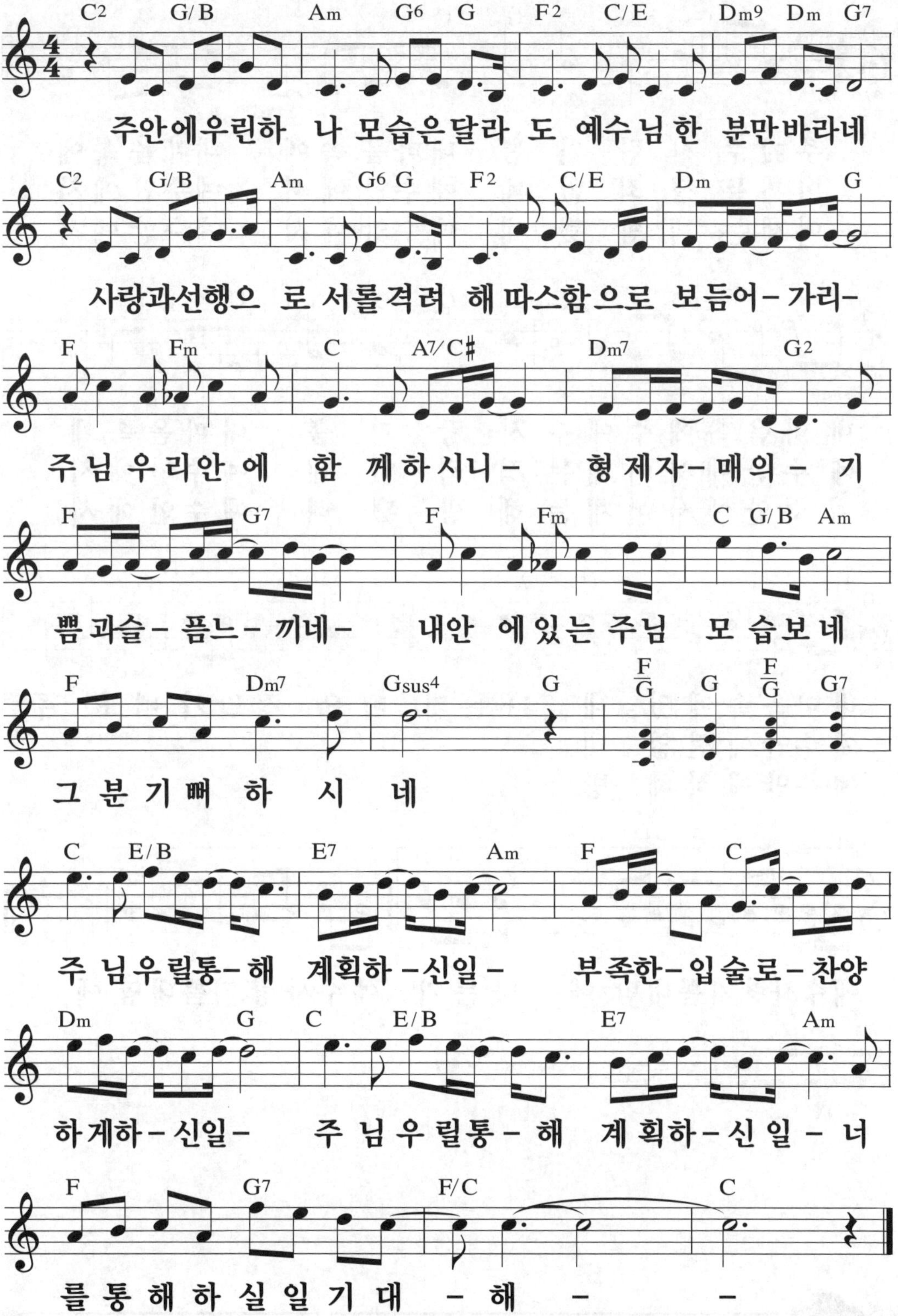

C2 G/B Am G6 G F2 C/E Dm9 Dm G7

주안에우린하 나 모습은달라 도 예수님한 분만바라네

C2 G/B Am G6 G F2 C/E Dm G

사랑과선행으 로 서롤격려 해 따스함으로 보듬어－가리－

F Fm C A7/C# Dm7 G2

주님 우리안 에 함 께하시니－ 형제자－매의－ 기

F G7 F Fm C G/B Am

쁨 과슬－ 픔느－ 끼네－ 내안 에있는 주님 모 습보네

F Dm7 Gsus4 G F/G G F/G G7

그 분 기 뻐 하 시 네

C E/B E7 Am F C

주 님우 릴통－해 계획하 －신일－ 부족한－입 술로－찬양

Dm G C E/B E7 Am

하게하－신일－ 주 님 우 릴통－ 해 계 획하－신 일 － 너

F G7 F/C C

를 통 해 하 실 일 기 대 －해 － －

79 주 예수 사랑 기쁨

(주님이 주신 기쁨 / Joy Joy Down In My Heart)

David Clydesdale &
DP. George W.Cooke

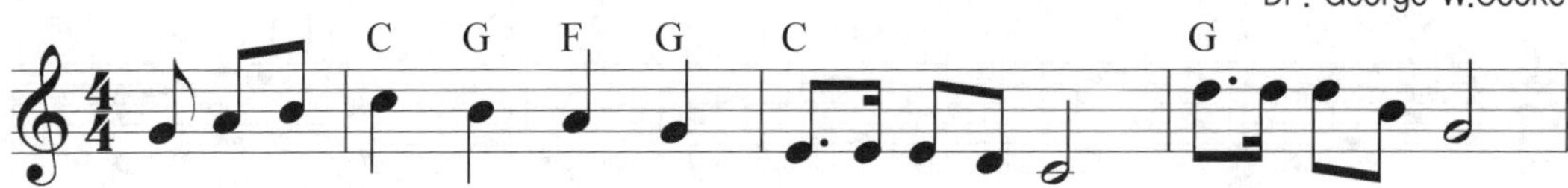

주예수 사 랑 기 쁨 내마음속에 내마음속에
이제는 정 죄 없 네 예수안에서 예수안에서
이제는 해 방 됐 네 예수안에서 예수안에서

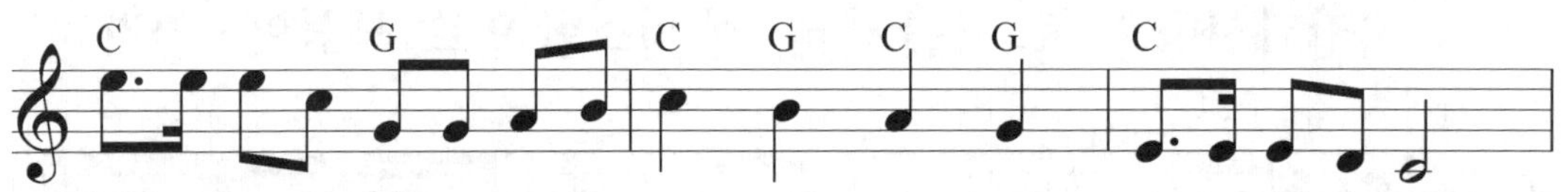

내 마음속에주예수 사 랑 기 쁨 내마음속에
예 수안에서이제는 정 죄 없 네 예수안에서
예 수안에서이제는 해 방 됐 네 예수안에서

내마음속에있 네 나는기 뻐 요 정말기 뻐 요 주
예수안에선없 네
예수안에서해 방

예수사랑기쁨내맘 에 나는기 예수사랑기쁨내맘 에

12/ 나의 입술의 모든 말과 42/ 아름다운 마음들이 150/ 예수 이름이 온 땅에

주와 함께라면 80

C

김민식

1. 주 와함께라 면 가 난 해도좋아
2. 주 와함께라 면 병 들 어도좋아
3. 내 맘아시는주 항 상 함께계셔

참 된부요함이 내맘에 가득하니까 때로는
참 된강건함이 내맘에 가득하니까 때로는
약 한내영혼에 위로와 능력주시네 가난해

날 유혹하려고 세상바람 휘몰아쳐 와도나는
날 넘어뜨리려 거친파도 휘몰아쳐 와도나는
도 병이들어도 시련의밤 어둡고깊 어도나는

결 코잊을수없어 자비 로 운주의음성을
결 코잊을수없어 따사 로 운주의손길을
결 코떠날수없어 아름

다 운주의나라를 주의 나 라 를

33/ 비 바람이 갈길을 39/ 세상 사람 날 부러워 143/ 세상 부귀 안일함과

81 주 위해 나 노래하리라

(주만 위해 살리 / I simply live for You)

Russell Fragar

미가엘 658

주님 뜻대로 82

Norman Johnson

1. 주님뜻 대 로 살기로 했 네 주님뜻 대 로 살기로 했 네
2. 이세상 사 람 날몰라 줘 도 이세상 사 람 날몰라 줘 도
3. 세상등 지 고 십자가 보 네 세상등 지 고 십자가 보 네

주님뜻 대 로 살기로 했 네 뒤돌아 서 지않겠 네
이세상 사 람 날몰라 줘 도 뒤돌아 서 지않겠 네
세상등 지 고 십자가 보 네 뒤돌아 서 지않겠 네

83 주의 강가로 가게 하소서

(Cause me to come)

Edward R Miller

주의 거룩하심 생각할 때 84

C

(주께 경배해 / When I look into Your holiness)

Wayne & Cathy Perrin

주의 거룩하심 생 각 할 때 주의 크 신 사 랑 느 낄 때

주의 영 광 의 빛 나 의 생활 비춰주 실 때 –

주가 주신 기쁨 맛볼 때 에 – 주 의 사 랑 속 에 나 잠 길 때

주의 영광 의 빛 나 의 생 활 비 춰 주 실 때 –

경 배 하 리 – 경 배 하 리 –

나 사 는 동 안 – 주 께 경 배 해 – –

경 배 하 리 – 경 배 하 리 –

나 사 는 동 안 – 주 께 경 배 해 –

50/ 여호와 우리주여 53/ 예수 사랑해요 190/ 주의 이름 안에서

85 주의 신을 내가 떠나

(Psalm 139:7-14)

Kelly Willard

C G/B Am Am/G F Dm7 Em7 Am7

주 의신을 내가 떠 나 어디로피 - 하리 까

Dm7 Gsus4 G7 Em7 Am Dm7 Gsus4 G7

주는모든 - 것아 시 오 - 니 어디로다 - 니 리 까 내가

C G/B Am Am/G F Dm7 Em7 Am7

새 벽날 개 치며 - 저 바다끝에 - 거해 도

Dm7 G7 Em7 Am7 Dm7 Gsus4 G7 C (Em/B)

어둠도숨 - 기 지 못하 리라 - 주님의손 - 이날 인 도해 *Fine*

Am Em7sus Em7 Am Em7

주님은내 - 모 든것 - 을 - 지으신분 - 이 시 니

Am Em7sus Em7 D/F♯ D7/F♯ G7sus G7

주님의위 - 대 하심 - 을 - 내가 고백 - 하 리 다 *D.C.*

메들리 곡 75/ 주님 뜻대로 81/ 주 위해 나 노래하리라 86/ 주 품에

주 품에 품으소서

86

C

(Still)

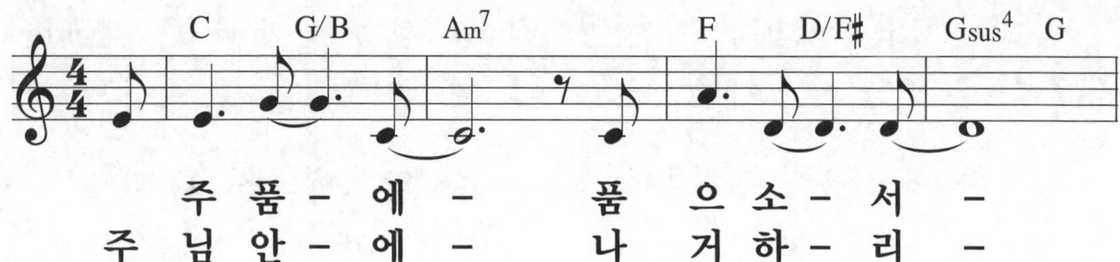

능 력 - 의 - 팔 로 덮 으 - 소 - 서 -
주 능 - 력 - 나 잠 잠 히 - 믿 - 네 - 거 친 파 도

날 향 해 - 와 도 - 주 와 함 께 날 아 오 - 르 리 - 폭 풍 가 운

87 찬양을 드리며

(Into Your Presence Lord)

Richard Oddie

찬 양 을 드 리며 주 앞 에 옵 니 다

내 삶 을 드 리 네 두 손 들 어

주 경 배 드 릴 때 주 님 을 느 끼 네

내눈 보 게 하 소 서 주 님 얼 굴

하나님은 사랑이요

88

강뿔라

C

89 하나님의 음성을 듣고자

미가엘 568

(시편 40편)

김지면

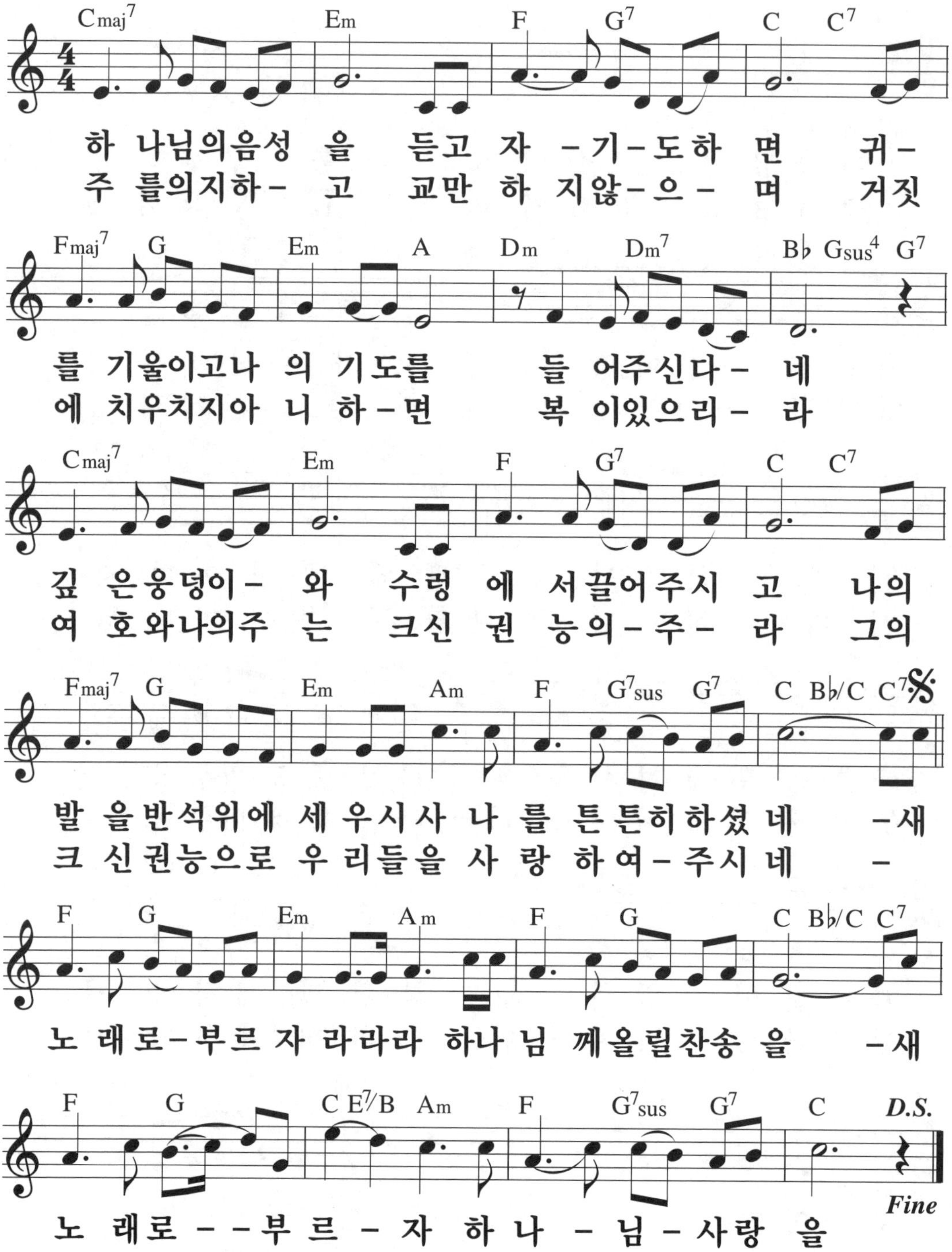
Cmaj7 Em F G7 C C7
하 나님의음성 을 듣고 자 -기-도하 면 귀-
주 를의지하- 고 교만 하 지않-으- 며 거짓
Fmaj7 G Em A Dm Dm7 B♭ Gsus4 G7
를 기울이고나 의 기도를 들 어주신다- 네
에 치우치지아 니 하-면 복 이있으리- 라
Cmaj7 Em F G7 C C7
깊 은웅덩이- 와 수렁 에 서끌어주시 고 나의
여 호와나의주 는 크신 권 능의-주- 라 그의
Fmaj7 G Em Am F G7sus G7 C B♭/C C7
발 을반석위에 세 우시사 나 를 튼튼히하셨 네 -새
크 신권능으로 우 리들을 사 랑 하 여-주시 네 -
F G Em Am F G C B♭/C C7
노 래로-부르 자 라라라 하나 님 께올릴찬송 을 -새
F G C E7/B Am F G7sus G7 C D.S.
노 래로--부르- 자 하 나 -님-사랑 을
Fine

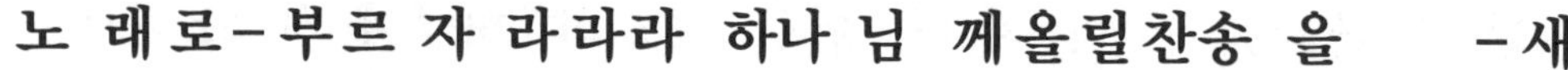

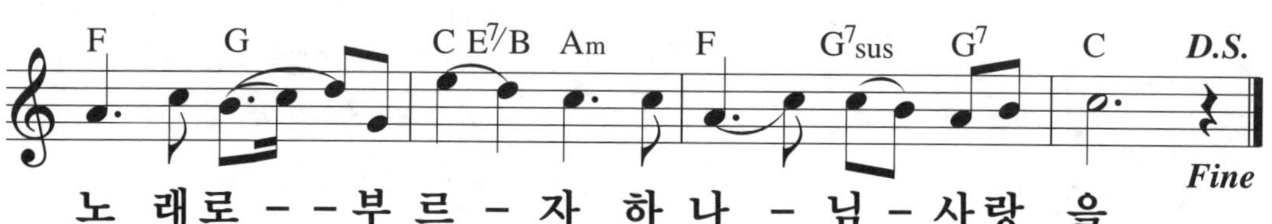

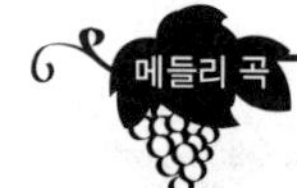

90/ 하나님 한번도 나를 112/ 나를 지으신 이가 174/ 주님 내가 여기 있사오니

미가엘 995

하나님 한번도 나를

90

C

(오 신실하신 주)

최용덕

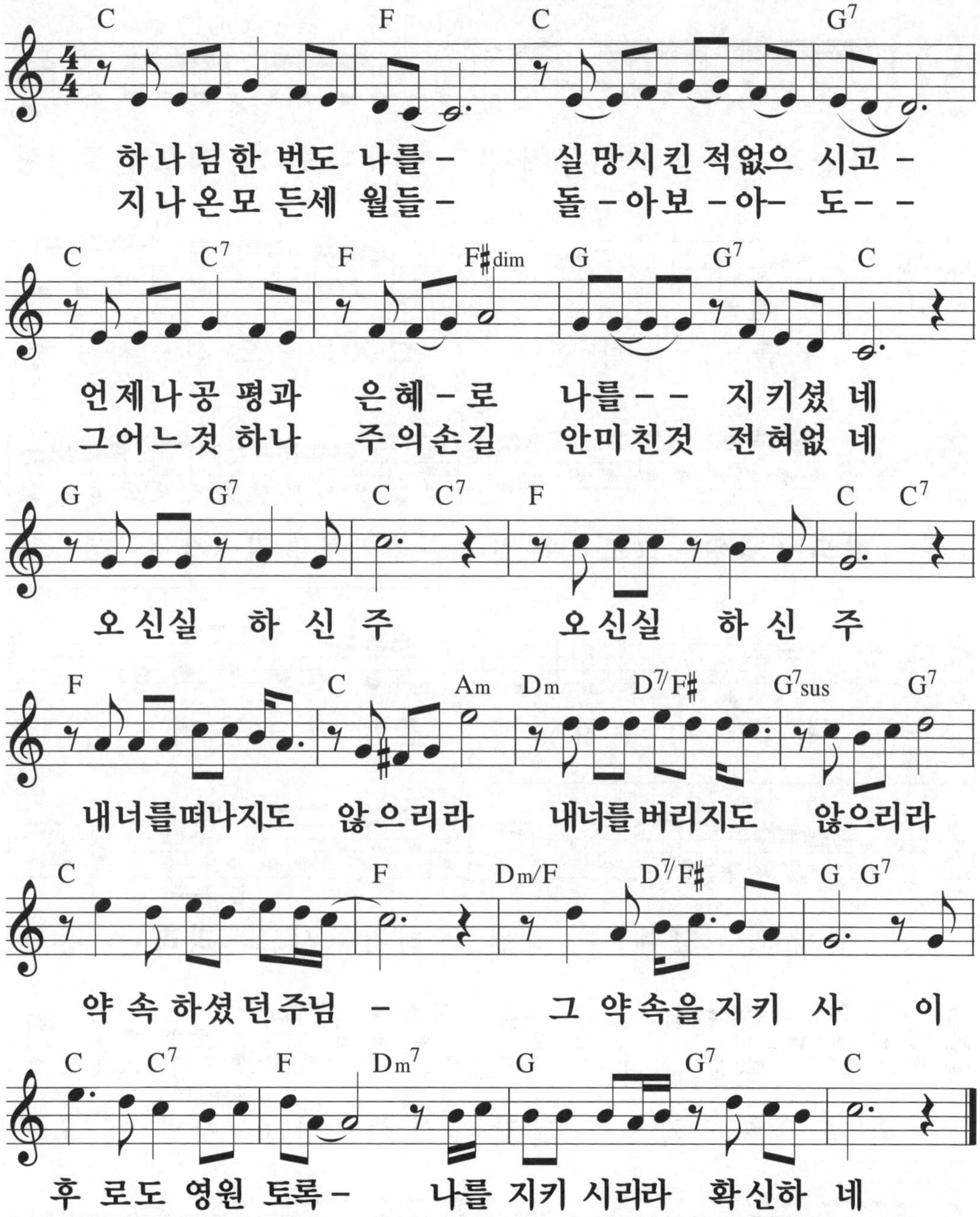

C F C G7
하나님한 번도 나를- 실망시킨 적없으 시고 -
지나온모 든세 월들- 돌-아보-아- 도--
C C7 F F♯dim G G7 C
언제나공 평과 은혜-로 나를-- 지키셨 네
그어느것 하나 주의손길 안미친것 전혀없 네
G G7 C C7 F C C7
오 신실 하 신 주 오 신실 하 신 주
F C Am Dm D7/F♯ G7sus G7
내너를떠나지도 않으리라 내너를버리지도 않으리라
C F Dm/F D7/F♯ G G7
약 속 하셨던주님 - 그 약속을지키 사 이
C C7 F Dm7 G G7 C
후 로도 영원 토록- 나를 지키 시리라 확신하 네

메들리 곡

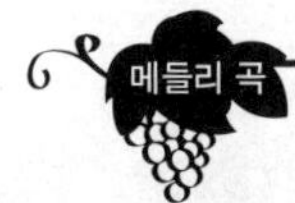

13/ 나의 하나님 나의 하나님 33/ 비 바람이 갈길을 75/ 주님 뜻 대로

91 하늘보다 높으신 주 사랑

(하나님께서 세상을 사랑하사)

Scott Brenner

C

F/A C/G C/E F Dm C

-위해-살-리- 영원토 -록신-실하-신주-사랑

Gsus4 G C G/B F/A C/G F C/E Dm7 Gsus4 G

-을전-하-리-

Csus4 C G/B F/A C/G C/E

하나님-께서- 세-상을 -사랑-하-사 독생자를주셨

F C/E 1. Gsus4 G 2. Gsus4 G

-으니 믿는-자는 영생 -을얻-으-리- -을얻-으-리- 난믿네

C G/B F/A C/G C/E 1. F C/E C

- 난-믿네 - 난-믿네 - 다시사

Gsus4 G F/A 2. F C/E C Gsus4 G

-신독-생-자- 난믿네 - 난-믿네 - 난-믿네

3. F C/E C Gsus4 G C

- 난 - 믿네 - 난-믿네 -

54/ 오 하나님 받으소서 111/ 나 무엇과도 주님을 112/ 나를 지으신 이가

92 할 수 있다 하신 이는

이영후 & 장욱조

할수 있다 하신이는 나의능 력주하나 님

의심 말 라하-시 고 물결 위 걸어라하시 네
나를 바 라보-시 고 능력 준 다하-시- 네
주저 말 라하-시 고 십자 가 를지라하시 네
변치 말 라하-시 고 성령 충 만하게하시 네

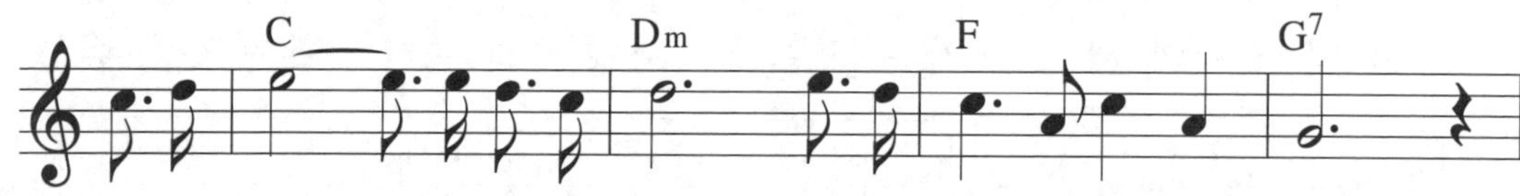

할수 있 -다하신 주 할수 있 다하 신 주

믿음만이 믿음만이 능력이라하 시 네
사랑만이 사랑만이 능력이라하 시 네
희생만이 희생만이 능력이라하 시 네
성령만이 성령만이 능력이라하 시 네

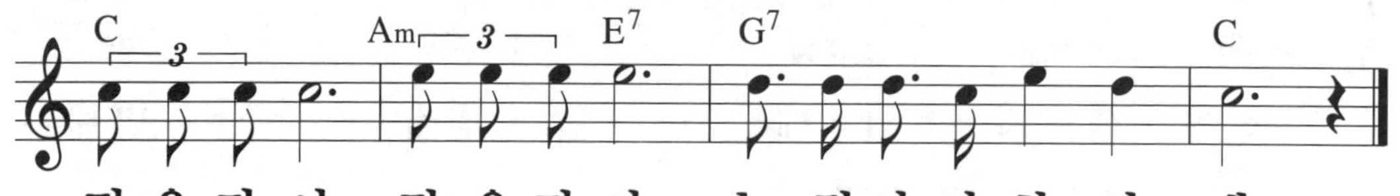

믿음만이 믿음만이 능력이라하 시 네
사랑만이 사랑만이 능력이라하 시 네
희생만이 희생만이 능력이라하 시 네
성령만이 성령만이 능력이라하 시 네

48/ 어두운 밤에 207/ 할 수 있다 하면 된다 218/ 나의 등 뒤에서

항상 진실케 93

(Change My Heart O God)

Eddie Espinosa

94 힘들고 지쳐 낙망하고

미가엘 1877

(너는 내 아들이라)

이재왕 & 이은수

성령의 비가 내리네

(Let it rain)

Michael Farron

Gsus4 G Am F F2

성 령 - 의 - - - 비 가 내 리 네 -

C Gsus4 G

하 늘 의 문 - 을 여 소 - 서 -

Gsus4 G Am F F2

성 령 - 의 - - - 비 가 내 리 네 -

C Gsus4 G

하 늘 의 문 - 을 여 소 - 서 -

메들리 곡
1/ 거룩하신 성령이여 36/ 살아계신 성령님 96/ 오늘 내게 한 영혼

96 오늘 내게 한 영혼

(주의 사랑 온누리에)

문찬호

오늘내게한영 혼 보내주시옵소 서 죄에빠져길을잃

고 헤매이는자에게 오늘내게한영 혼 보내주시
오늘나를진리 로 인도하여

옵소 서 갈바몰라방황하 는 형제 자매 들에 게
주소 서 말씀따라순종하 며 늘- 살게하소 서

아무도 사랑않고 관심도 없 는 그 들에게날이 끄사
아무도 원치않고 행치도 않 는 주 님말씀순종 하여

전할말 주소 서 오늘내게한영 혼 보내주시옵소
이몸바 칩니 다 오늘나를진리 로 인도하여주소

서 죄에빠져 길을잃 고 헤매 이는자 에 게
서 말씀따라 순종하 며 늘- 살 게 하 소 서

95/ 성령의 비가 내리네 99/ 하나님 우리와 563/ 우리 주의 성령이

주님이 홀로 가신

(사명)

97

C

이권희

주님이 홀로가 신그길 나도 따 라가 오 모든

물 과피를 흘리신 그길 을나 도- 가 오 험한

산 도나는 괜찮소 바다 끝 이라도나는 괜찮소 죽어

가 는- 저들 을위해 나를 버 리 길바라 오 아버

지 나를보내주 오 나는 달 려 가 겠 소
이 나를미워해 도 나는 사 랑 하 겠 소
을 버리면서까 지 나를 사 랑 한 당 신

목 숨도아끼지 않 겠 소 나 를 보내 주 오 세상
세 상을구원할 십 자 가 나 도 따라 가 오 생명
이 작은나를받 아 주 오 나 도 사랑 하 오

28/ 매일 스치는 사람들 62/ 이 땅의 동과 서 74/ 주님 다시 오실 때까지

98 주여 우리의 죄를

(벙어리가 되어도)

미가엘 899

문찬호

주 여 우 리 의 죄 를 용 서 하 여 주 소 서
주 여 우 리 의 죄 를 용 서 하 여 주 소 서

지 난 날 의 잘 못 을 사 하 여 주 옵 소 서
지 난 날 의 허 물 을 사 하 여 주 옵 소 서

주 여 주 여 나 의 죄 를 위 - 하 여
주 여 주 여 나 의 죄 를 위 - 하 여

주 여 주 여 십 자 가 를 지 셨 네
주 여 주 여 십 자 가 를 지 셨 네

주 님 가 신 그 길 을 나 도 걸 어 야 하 네
나 의 생 명 다 하 여 주 를 위 해 살 리 라

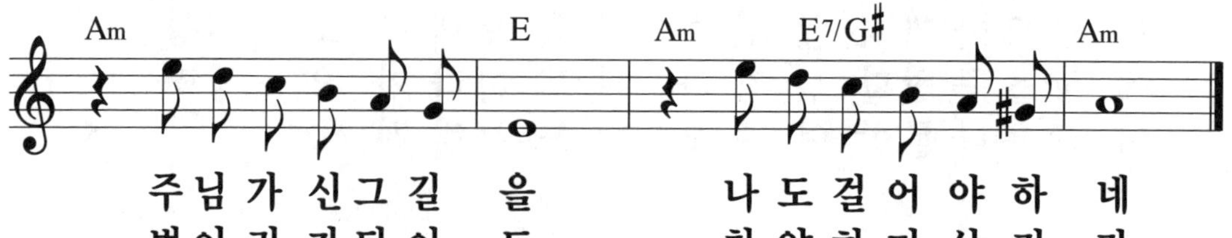

주 님 가 신 그 길 을 나 도 걸 어 야 하 네
벙 어 리 가 되 어 도 찬 양 하 며 살 리 라

메들리 곡

52/ 예수님 날 위해 죽으셨네 62/ 이 땅의 동과 서 97/ 주님이 홀로가신

하나님 우리와 함께 하시오니 99

(The Lord is present in his sanctury)

Gail Cole

C

하 나 님 우 리 와 함 께 하 시 - 오 니 주 를 찬 양 하 세

우 리 가 모 일 때 임 하 시 는 - 주 님 주 를 찬 양 하 세

메들리 곡 95/ 성령의 비가 내리네 96/ 오늘 내게 한 영혼 563/ 우리 주의 성령이

100 호렙산 떨기나무에

김익현

호 렙 산 떨기 나 무 에 나 타 나신하나 님 모세
불꽃 떨 기속 에 계 신 거 룩 하신하나 님 약하

를 부 르 신 주 –하 –나 님 하 나 님
고 힘 없 는 내 백 성 을 찾 으 라 찾 으 라

내 가 너 와 함 께 가 리 라 너 를 도 와 주 리 라

고 통 속 에 있 는 내 백 성 어 서 찾 아 가 라
억 압 받 고 있 는 내 백 성 어 서 구 하 여 라

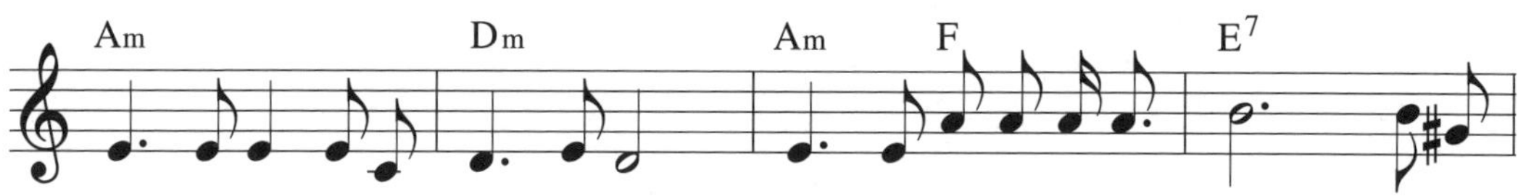

불 꽃 떨 기 속 에 계 신 거 룩 하 신 하 나 님 우리

를 부 르 신 주 하 나 님 하 나 님

1/ 거룩하신 성령이여 36/ 살아계신 성령님 97/ 주님이 홀로가신

갈릴리 바닷가에서 101

Alison Huntley

D

메들리 곡 104/ 감사해요 주님의 사랑 136/ 사랑의 주님이 205/ 평안을 너에게 주노라

102 감사로 제사 드리는 자가

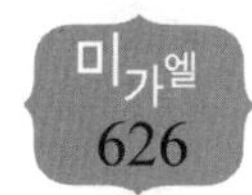

(감사로 제사를)

미가엘 626

권혁진

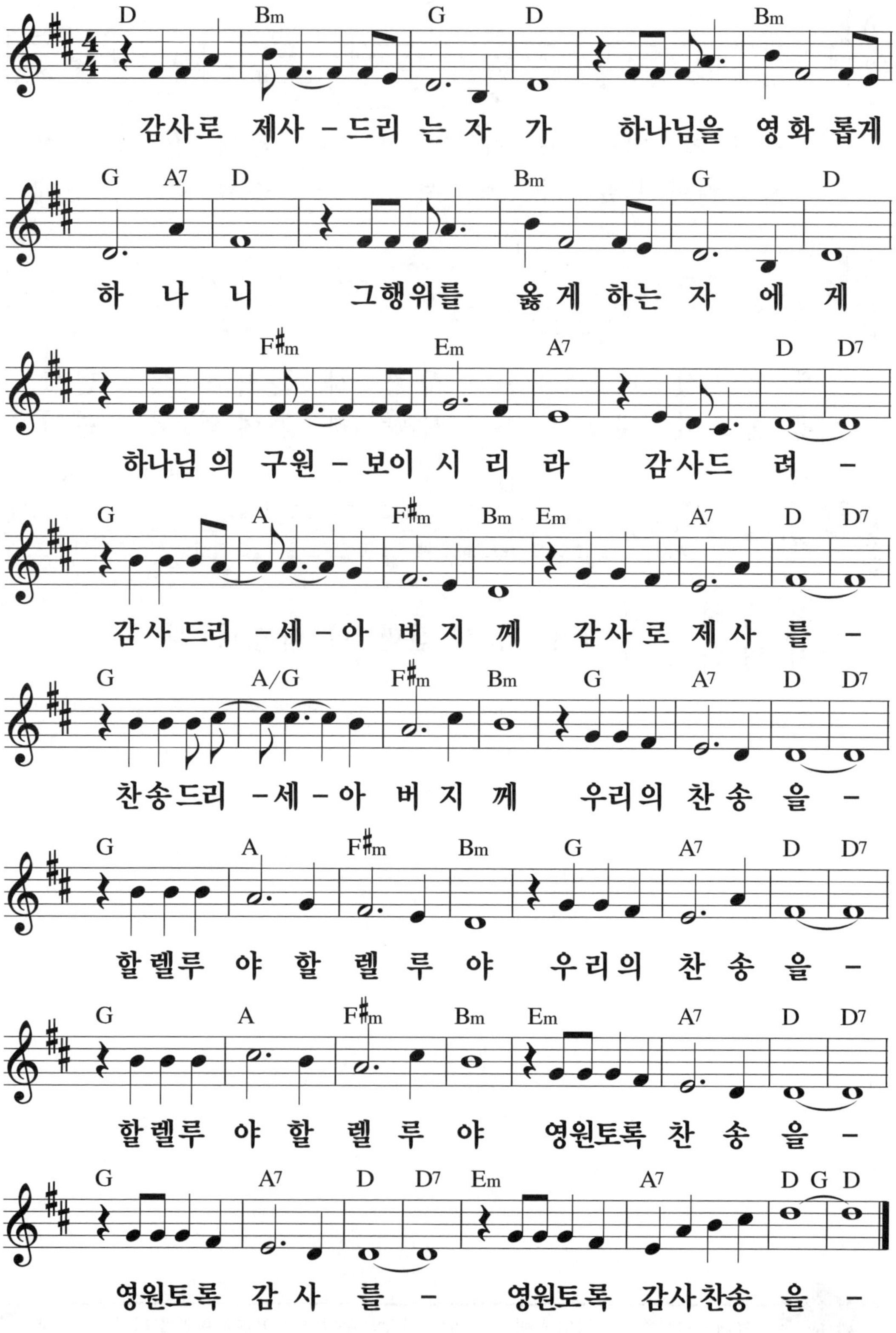
D Bm G D Bm
감사로 제사 －드리 는 자 가 하나님을 영화 롭게
G A7 D Bm G D
하 나 니 그행위를 옳 게 하는 자 에 게
F♯m Em A7 D D7
하나님 의 구원 －보이 시 리 라 감사드 려 －
G A F♯m Bm Em A7 D D7
감 사 드리 －세 －아 버 지 께 감 사 로 제 사 를 －
G A/G F♯m Bm G A7 D D7
찬송드리 －세 －아 버 지 께 우리의 찬 송 을 －
G A F♯m Bm G A7 D D7
할렐루 야 할 렐 루 야 우리의 찬 송 을 －
G A F♯m Bm Em A7 D D7
할렐루 야 할 렐 루 야 영원토록 찬 송 을 －
G A7 D D7 Em A7 D G D
영원토록 감 사 를 － 영원토록 감사찬송 을 －

감사해요 깨닫지 못했었는데 103

(또 하나의 열매를 바라시며)

설경욱

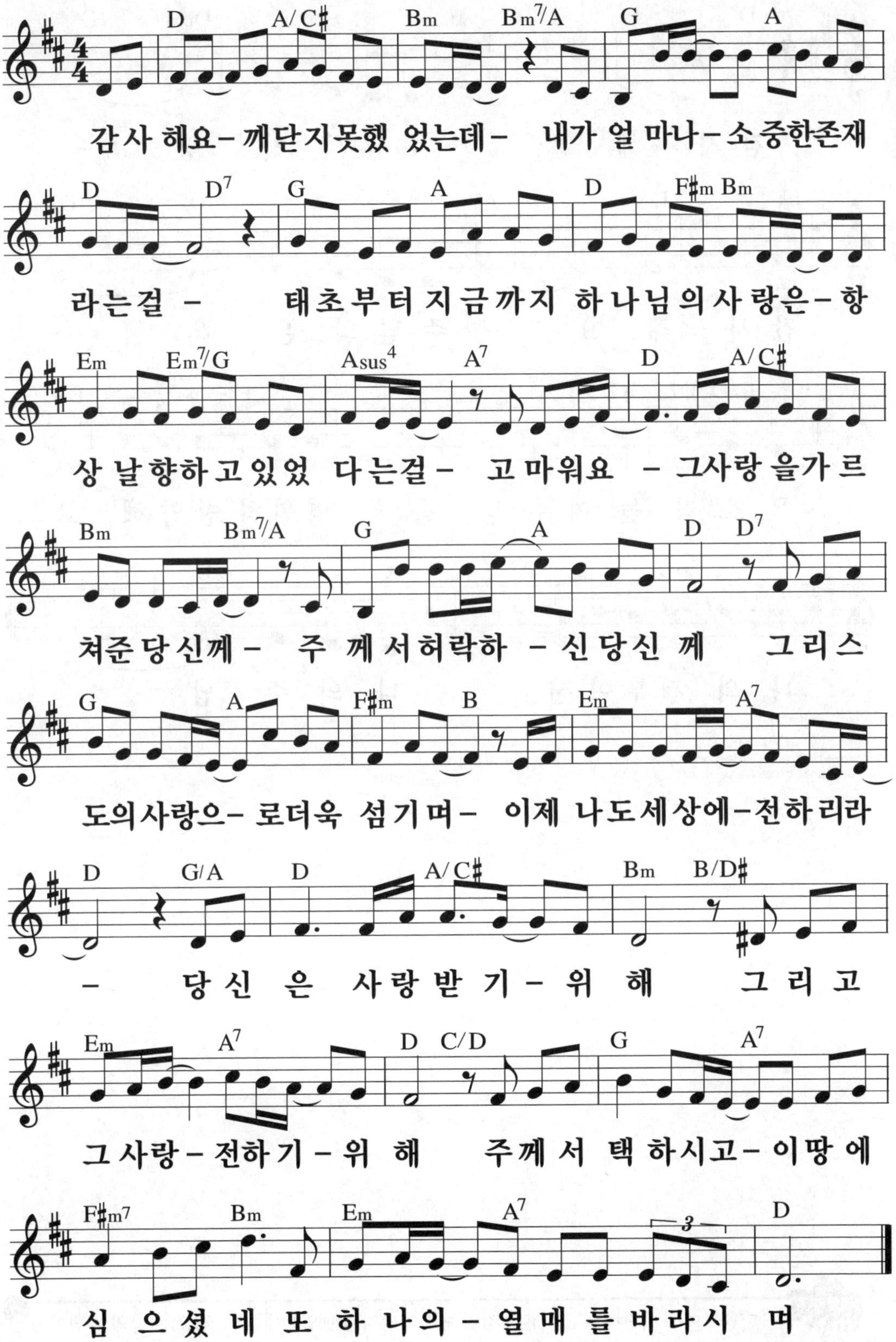

D

D A/C♯ Bm Bm7/A G A

감사 해요 - 깨닫지못했 었는데 - 내가 얼 마나 - 소중한존재

D D7 G A D F♯m Bm

라는걸 - 태초부터 지금까지 하나님의사랑은 - 항

Em Em7/G Asus4 A7 D A/C♯

상 날향하고있었 다는걸 - 고 마워요 - 그사랑 을가 르

Bm Bm7/A G A D D7

쳐준당신께 - 주 께서허락하 - 신당신 께 그리스

G A F♯m B Em A7

도의사랑으 - 로더욱 섬기며 - 이제 나도세상에 - 전하리라

D G/A D A/C♯ Bm B/D♯

- 당 신 은 사랑받 기 - 위 해 그 리 고

Em A7 D C/D G A7

그 사랑 - 전하기 - 위 해 주께서 택 하시고 - 이땅 에

F♯m7 Bm Em A7 3 D

심 으셨 네 또 하 나의 - 열매 를 바라시 며

104 감사해요 주님의 사랑

(감사해요 / Thank you Jesus)

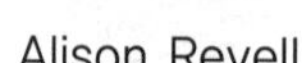

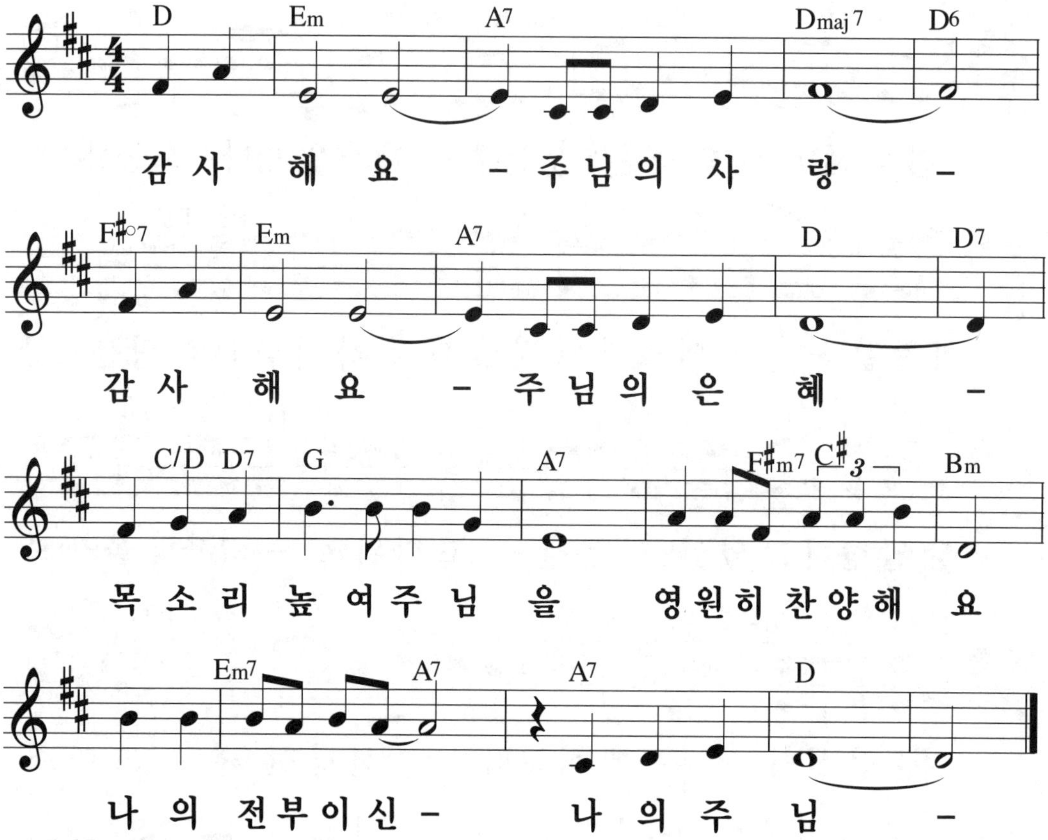

D Em A7 Dmaj7 D6

감 사 해 요 - 주 님 의 사 랑 -

F#◦7 Em A7 D D7

감 사 해 요 - 주 님 의 은 혜 -

C/D D7 G A7 F#m7 C# Bm

목 소 리 높 여 주 님 을 영 원 히 찬 양 해 요

Em7 A7 A7 D

나 의 전 부 이 신 - 나 의 주 님 -

53/ 예수 사랑해요 103/ 감사해요 깨닫지 못했었는데 136/ 사랑의 주님이

고요히 주님 앞에 와 105

(주님 앞에 무릎 꿇고)

윤용섭

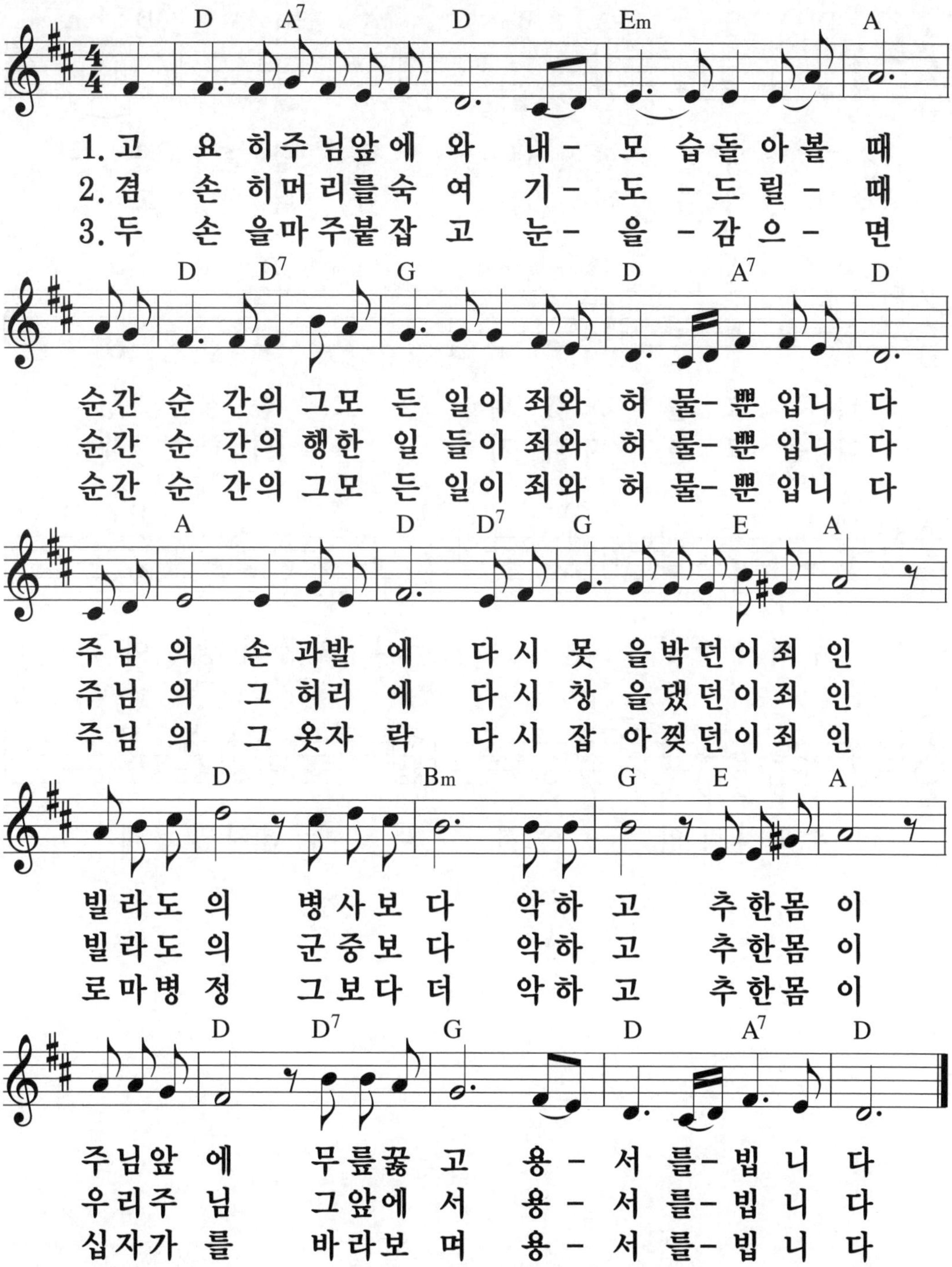

D

D A7 D Em A

1. 고 요 히주님앞에 와 내- 모 습돌아볼 때
2. 겸 손 히머리를숙 여 기- 도 -드릴- 때
3. 두 손 을마주붙잡 고 눈- 을 -감으- 면

D D7 G D A7 D

순간 순 간의그모 든 일이 죄와 허 물-뿐 입니 다
순간 순 간의 행한 일 들이 죄와 허 물-뿐 입니 다
순간 순 간의그모 든 일이 죄와 허 물-뿐 입니 다

A D D7 G E A

주님 의 손 과발 에 다시 못 을박던이죄 인
주님 의 그 허리 에 다시 창 을댔던이죄 인
주님 의 그 옷자 락 다시 잡 아찢던이죄 인

D Bm G E A

빌라도 의 병사보 다 악하 고 추한몸 이
빌라도 의 군중보 다 악하 고 추한몸 이
로마병 정 그보다 더 악하 고 추한몸 이

D D7 G D A7 D

주님앞 에 무릎꿇 고 용- 서 를-빕 니 다
우리주 님 그앞에 서 용- 서 를-빕 니 다
십자가 를 바라보 며 용- 서 를-빕 니 다

40/ 세상에서 방황 할 때 64/ 이 험한 세상 192/ 주의 임재 앞에 잠잠해

106 그는 나를 만졌네

(낮은 데로 임하소서)

그는나를 만졌네- 내 영혼 을 -
그는나를 버리지- 아 니 하 고 -

나는그를 느꼈네- 그 숨결 을
나는그를 떠나지- 아 니 하 리

Fine

주의사랑있으 면 나 외롭지않 아

주의사랑안 -에서 나 두렵지않 네

D.C.

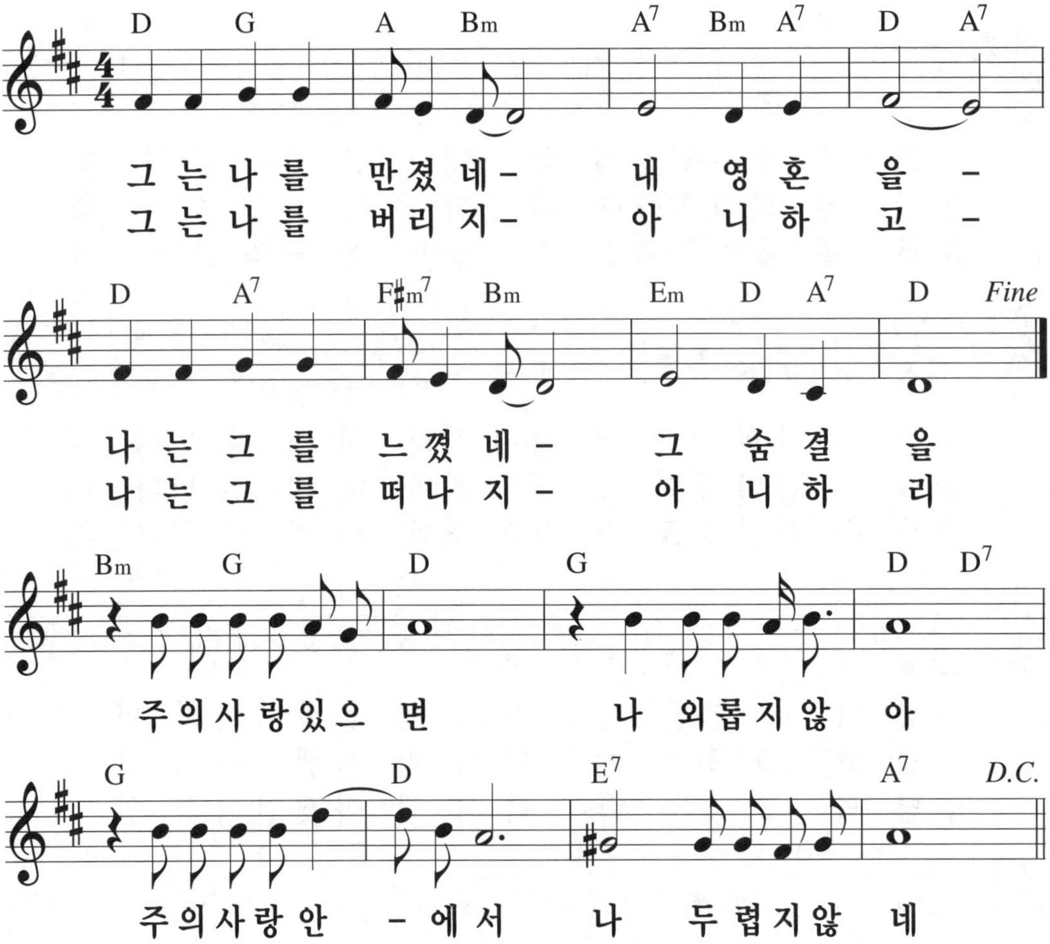

메들리 곡
101/ 갈릴리 바닷가에서 105/ 고요히 주님앞에 와 180/ 주님의 성령

기도하세요 지금

김석균

122/ 내 평생 살아온 길 153/ 오늘 집을 나서기 전 179/ 주님 예수 나의 생명

108 나는 믿음으로

(As for me)

Daniel Dee Marks

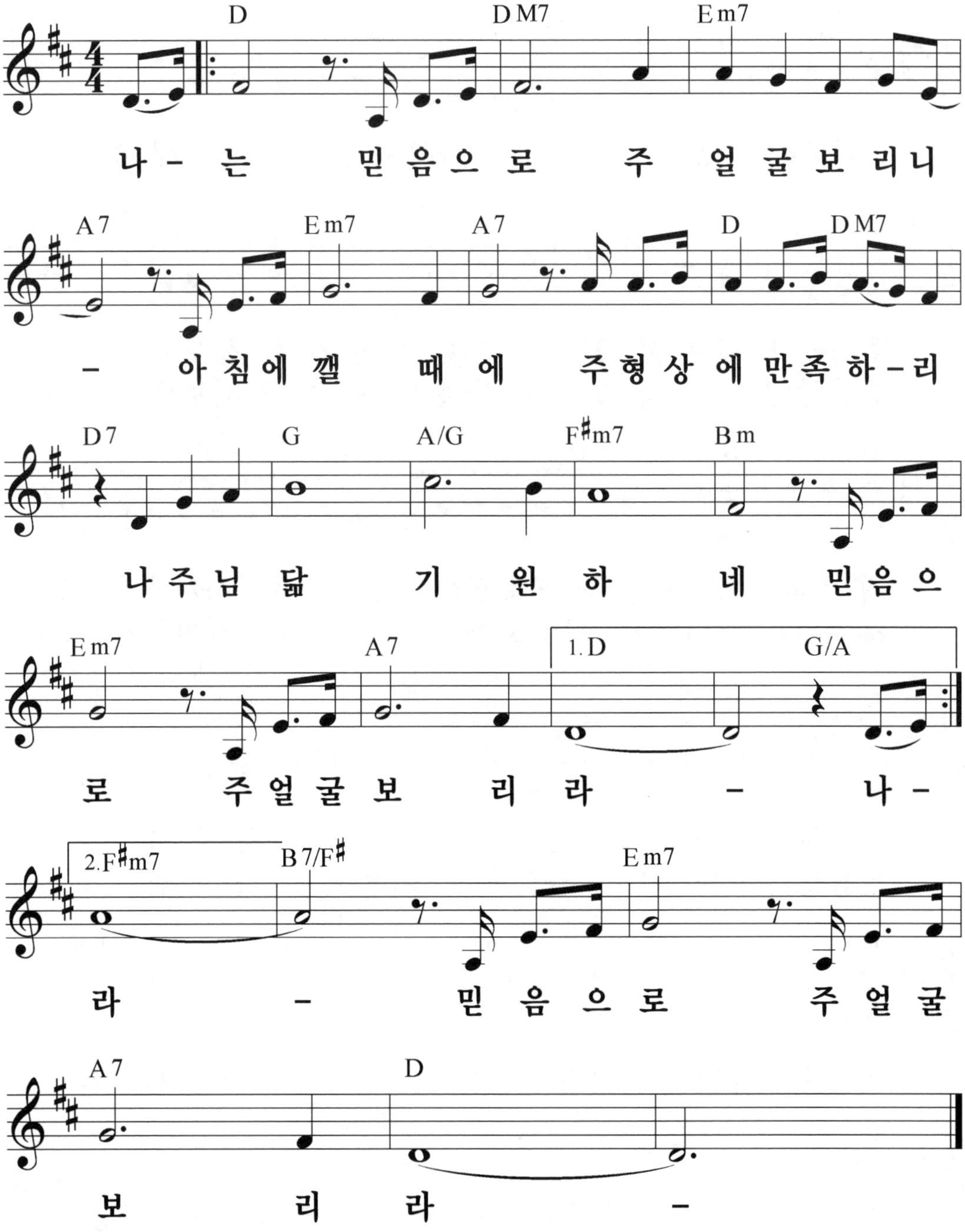

D DM7 Em7

나 - 는 믿 음 으 로 주 얼 굴 보 리 니

A7 Em7 A7 D DM7

- 아 침 에 깰 때 에 주 형 상 에 만 족 하 - 리

D7 G A/G F#m7 Bm

나 주 님 닮 기 원 하 네 믿 음 으

Em7 A7 1.D G/A

로 주 얼 굴 보 리 라 - 나 -

2.F#m7 B7/F# Em7

라 - 믿 음 으 로 주 얼 굴

A7 D

보 리 라 -

110/ 나는 주를 부르리 150/ 예수 이름이 온 땅에 172/ 주님께 영광을

나는 주를 나의 피난처로 109

(피난처)

이민섭

D

메들리 곡
14/ 나 지치고 86/ 주 품에 품으소서 90/ 하나님 한번도 나를

110 나는 주를 부르리

(I will call upon the Lord)

Michael O'Shields

D G/D A/D D G/D D G/D A/D D G/D

나 는 주를부 - 르 리 찬 양 받으실 - 주 님

D G2/D A/D G2/D A/D G/D A

날 건 지 리 원 수들 로부터 - - - 오

D D/F# G2 D2/F# G2 D2/F# Bm

살 아계 신 반석이신주찬양 - 구 원의하나님을 높이

Em7 G/A A D D/F# G2 D2/F#

세 - 오 살 아계 신 반석이신주찬양 - 구

G2 D2/F# Bm Em7 G/A A D

원 의 하 나 님 을 높 이 세 - - -

메들리 곡
108/ 나는 믿음으로 150/ 예수 이름이 온 땅에 172/ 주님께 영광을

나 무엇과도 주님을 111

(Heart And Soul)

Wes Sutton

D A/C♯ G/B D/A

나 무엇과 - 도 주 님 을 바 - 꾸 지 - 않 으 리 -

G A D Asus4 A

다 른 어 떤 - 은 혜 - 구 하 지 않 - 으 리 -

D A/C♯ G/B D/A

오 직 주 님 만 - 이 내 삶 에 - 도 움 이 - 시 니 -

G A D C/D D7 G A

주 의 - 얼 굴 보 기 - 원 합 니 다 - 주 님 사 랑 - 해 요

Bm Bm/A G A Bm Bm7/A G A

- 온 맘 과 정 성 다 해 - 하 나 님 - - 의

Bm A G D/F♯ Em7 A D

신 실 - 한 - 친 구 되 기 - 원 합 니 다 -

20/ 내 안에 사는 이 116/ 나의 예수 온 맘 다해 159/ 오직 주의 사랑에 매여

112 나를 지으신 이가

(하나님의 은혜)

조은아 & 신상우

D Daug D GM7 Em7
나를 지으신이가- 하 나 님 나를 부르신이가- 하 나

A7 D /F♯ G Em
님 나를 보내신이도- 하 나 -님 - 나의

D/A A D D Daug
나된것은다 하나님 은혜라 - 나의 달려갈길 다가도록

D GM7 Em7 A7
- 나의 마 지막호흡- 다하도록 - 나로

D /F♯ G Em7 D/A A
그십자가 - 품게 하 시니 - 나의 나된것은다- 하나님

D D7 D/F♯ GM7 A7
은 혜라- - 한량없는 은 혜 - 갚을길없는

F♯m Am B7 Em7 A7 D Em
은혜 내삶을에워 싸 는 - 하나님의-은 혜

메들리 곡 52/ 예수님 날 위해 146/ 아침 안개 눈 앞 189/ 주의 사랑을 주의 선하심을

나를 세상의 빛으로 113

(Light Of The world)

Scott Brenner

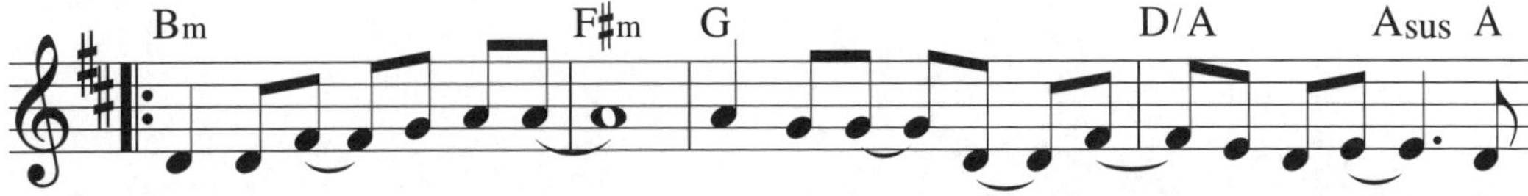

114 나에겐 알 수 없는 힘

(알 수 없는 힘)

최용덕

메들리 곡

27/ 능력의 이름 예수 43/ 아무것도 두려워말라 92/ 할 수 있다 하신이는

나의 갈망은

115

(This is my desire)

Scott Brenner

D

116 나의 예수 온 맘 다해

(Lord of My Heart)

Sung Hee Brenner & Scott Brenner

D D/C♯ G/B A D A/C♯

나의예수 – 온맘다해 – 사랑해요 –

G/B A D D/C♯ G/B A D A/C♯

나의예수 – 온맘다해 – 경배해요 –

G/B A D D/C♯ G/B A Bm Bm/A

예수님께 – 온맘다해 – 순복해요 –

E/G♯ D/F♯ G Asus4 D *Fine*

영원토록 – 찬양을 – 드립니다 –

D D/F♯ G A D A/C♯ G A

당신은 – 순결하고 – 아름다 – 운 주이십니다

D A/C♯ Bm Bm/A G D/F♯ Em Em/D

– 거룩하 – 고사랑스 – 러운 능력과영 – 광의주 – 이십

53/ 예수 사랑해요 111/ 나 무엇과도 주님을 126/ 놀라운 주의 사랑

내가 주님을 사랑합니다 117

(고백)

이길승

내가 주 님을사랑 합니 다 내가 주 님을사랑 합니 다
내가 주 위해죽겠 습니 다 내가 주 위해죽겠 습니 다
내가 주 위해살겠 습니 다 내가 주 위해살겠 습니 다

주 님 먼 저날 - 사 랑 하 셨 - 네 내가 주 님 을사랑 합니 다
주 님 먼 저날 - 위 해 죽 으셨 네 내가 주 위 해죽겠 습니 다
주 님 먼 저날 - 위 해 사 셨 - 네 내가 주 위 해살겠 습니 다

53/ 예수 사랑해요 101/ 갈릴리 바닷가에서 136/ 사랑의 주님이

118 내가 그리스도와 함께

박윤호

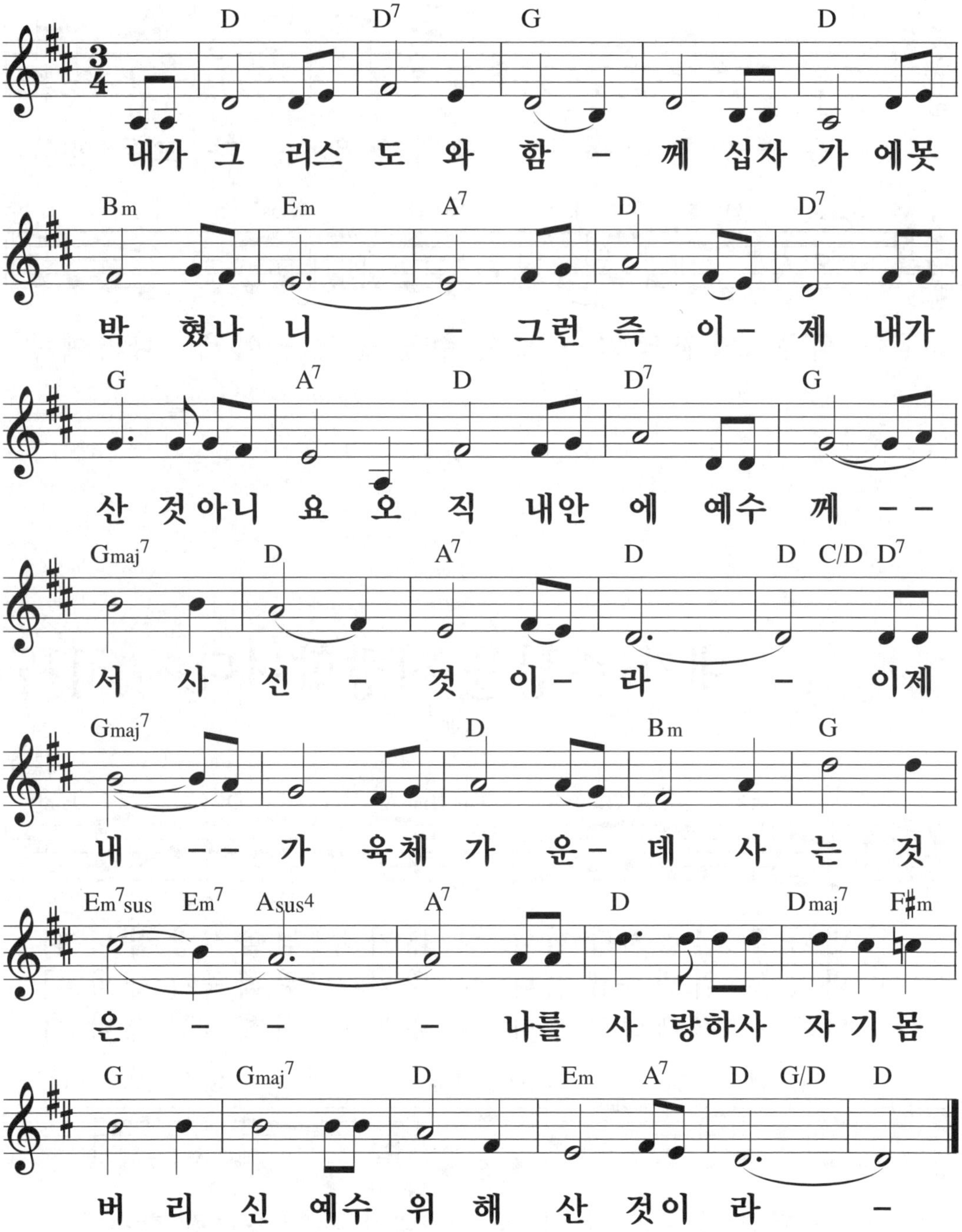

D D7 G D
내가 그 리스 도 와 함 - 께 십자 가 에못

Bm Em A7 D D7
박 혔나 니 - 그런 즉 이- 제 내가

G A7 D D7 G
산 것아니 요 오 직 내안 에 예수 께 --

Gmaj7 D A7 D D C/D D7
서 사 신 - 것 이- 라 - 이제

Gmaj7 D Bm G
내 -- 가 육체 가 운- 데 사 는 것

Em7sus Em7 Asus4 A7 D Dmaj7 F#m
은 - - - 나를 사 랑하사 자 기 몸

G Gmaj7 D Em A7 D G/D D
버 리 신 예수 위 해 산 것이 라 -

101/ 갈릴리 바닷가에서 117/ 내가 주님을 사랑합니다 136/ 사랑의 주님이

내가 너를 믿고 맡긴 사명 119

(길 잃은 청지기)

주숙일

내가너를 믿 고 맡긴사 명 너는왜잊 어 버렸나
내가너를 믿 고 맡긴재 물 왜너의배 만 채우나

나만따르리 라 하던약 속 너는왜잊 어 버렸나
나를위해다 시 바치리 라 그약속잊 어 버렸나

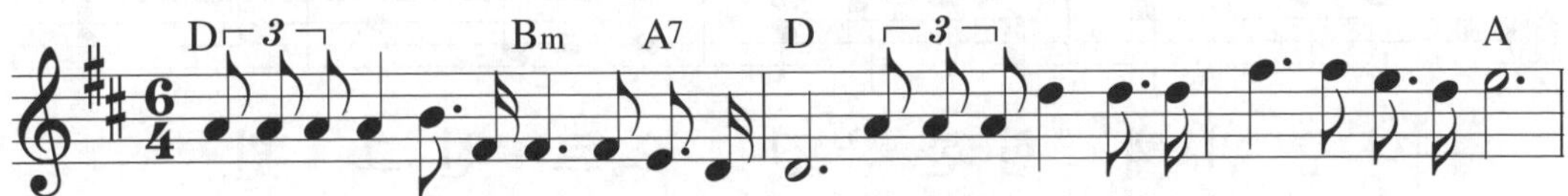

위로받기보다는 위로하 고 사랑받기 보다 는사랑하며
위로받기보다는 위로하 고 사랑받기 보다 는사랑하며

십자가만 면류관만 바라보며 - 의의길간다더 니 -
십자가만 면류관만 바라보며 - 의의길간다더 니 -

위로하기보다는 위로받 고 사랑을받 기 원하네
위로하기보다는 위로받 고 사랑을받 기 원하네

13/ 나의 하나님 나의 하나님 41/ 심령이 가난한 자는 96/ 오늘 내게 한 영혼

120 내게 있는 향유 옥합

(옥합을 깨뜨려)

미가엘 613

박정관

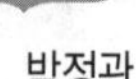

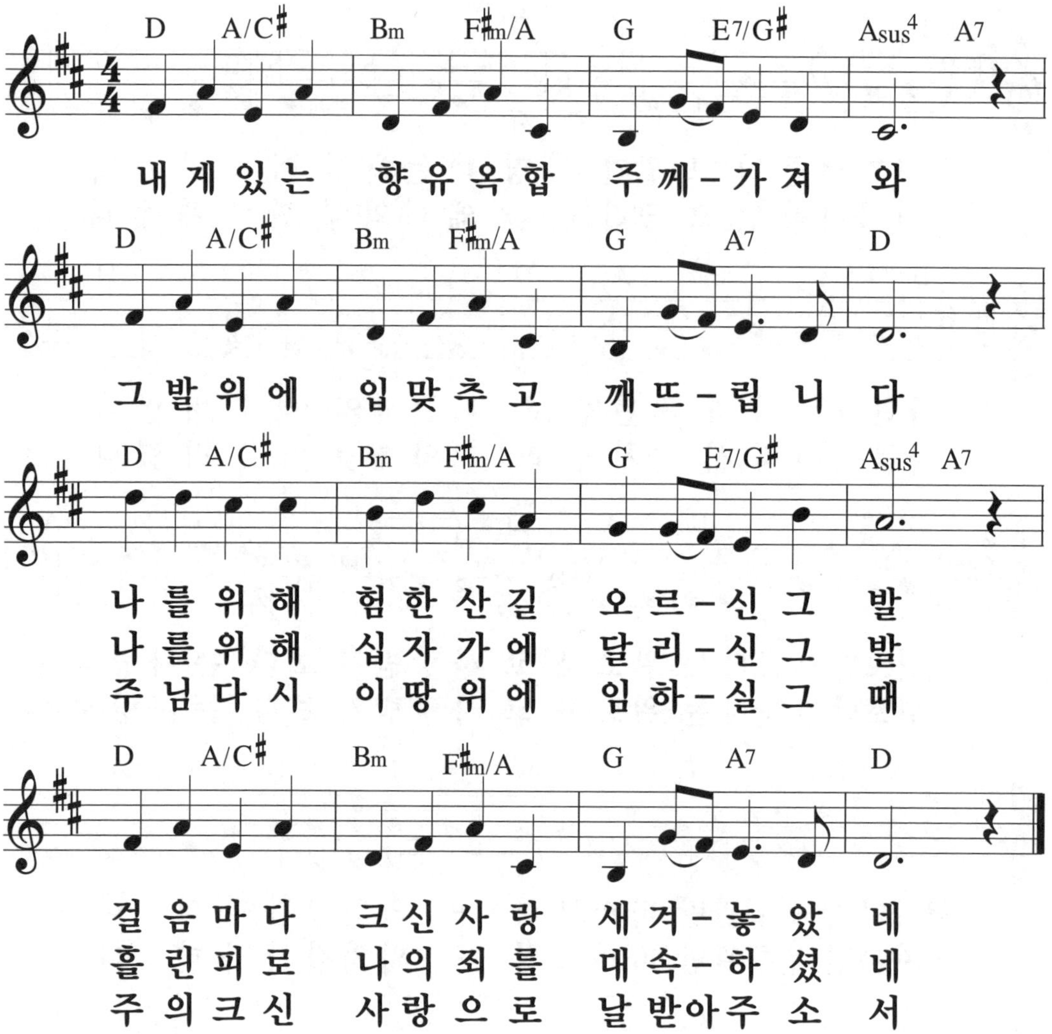
D A/C♯ Bm F♯m/A G E7/G♯ Asus4 A7
내 게 있 는 향 유 옥 합 주 께 – 가 져 와
D A/C♯ Bm F♯m/A G A7 D
그 발 위 에 입 맞 추 고 깨 뜨 – 립 니 다
D A/C♯ Bm F♯m/A G E7/G♯ Asus4 A7
나 를 위 해 험 한 산 길 오 르 – 신 그 발
나 를 위 해 십 자 가 에 달 리 – 신 그 발
주 님 다 시 이 땅 위 에 임 하 – 실 그 때
D A/C♯ Bm F♯m/A G A7 D
걸 음 마 다 크 신 사 랑 새 겨 – 놓 았 네
흘 린 피 로 나 의 죄 를 대 속 – 하 셨 네
주 의 크 신 사 랑 으 로 날 받 아 주 소 서

메들리 곡 63/ 있는 모습 그대로 72/ 주께 와 엎드려 104/ 감사해요 주님의 사랑

내 평생 사는동안

(I will sing)

Donya Brockway

내 평 생사는동 안주찬양하 리 여호와 하 나 님

내 주를찬 양 하 리 주 님 을 묵 상 함

이 즐겁도 다 내영혼 주 안에서 참 기 쁘 리 –

내영혼 아 주 님 을 송축하 라 – – –

내영혼 아 주 님 을 찬양하 라 – –

내영혼 아 주 님 을 송 축하 라 – – – 내영혼

아 주 님 을 찬 양 하 라 – 내 영 혼 라 – –

122 내 평생 살아온 길

조용기 & 김성혜

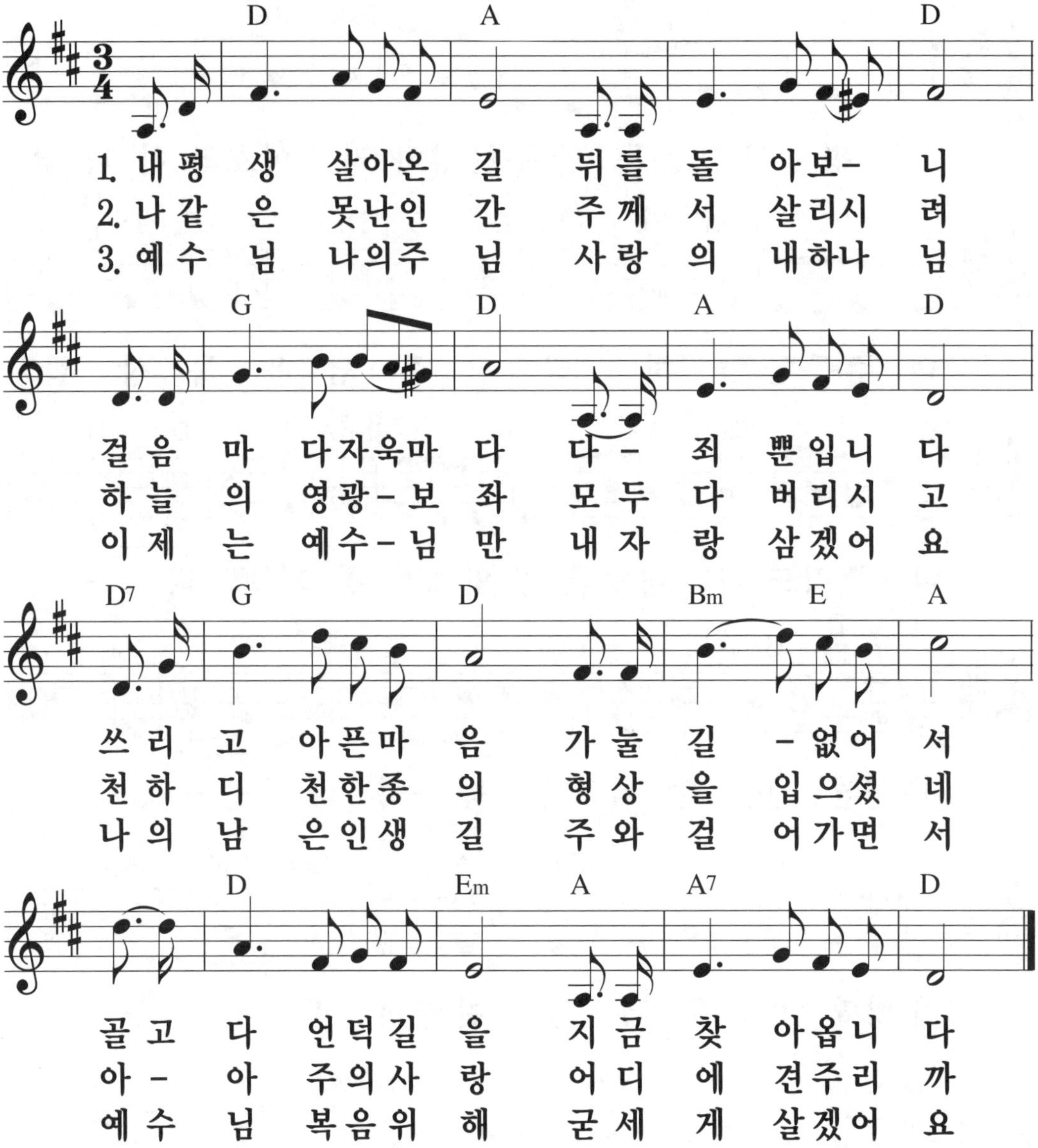

D A D

1. 내 평 생 살아온 길 뒤를 돌 아보- 니
2. 나 같 은 못난인 간 주께 서 살리시 려
3. 예 수 님 나의주 님 사랑 의 내하나 님

G D A D

걸 음 마 다자욱마 다 다 - 죄 뿐입니 다
하 늘 의 영광-보 좌 모 두 다 버리시 고
이 제 는 예수-님 만 내 자 랑 삼겠어 요

D7 G D Bm E A

쓰 리 고 아픈마 음 가 눌 길 -없어 서
천 하 디 천한종 의 형 상 을 입으셨 네
나 의 남 은인생 길 주 와 걸 어가면 서

D Em A A7 D

골 고 다 언덕길 을 지 금 찾 아옵니 다
아 - 아 주의사 랑 어 디 에 견주리 까
예 수 님 복음위 해 굳 세 게 살겠어 요

메들리 곡

40/ 세상에서 방황 할 때 69/ 죄에 빠져 헤매이다가 173/ 주님 나를 부르셨으니

미가엘 1977

너는 그리스도의 향기라 123

구현화 & 이사우

D

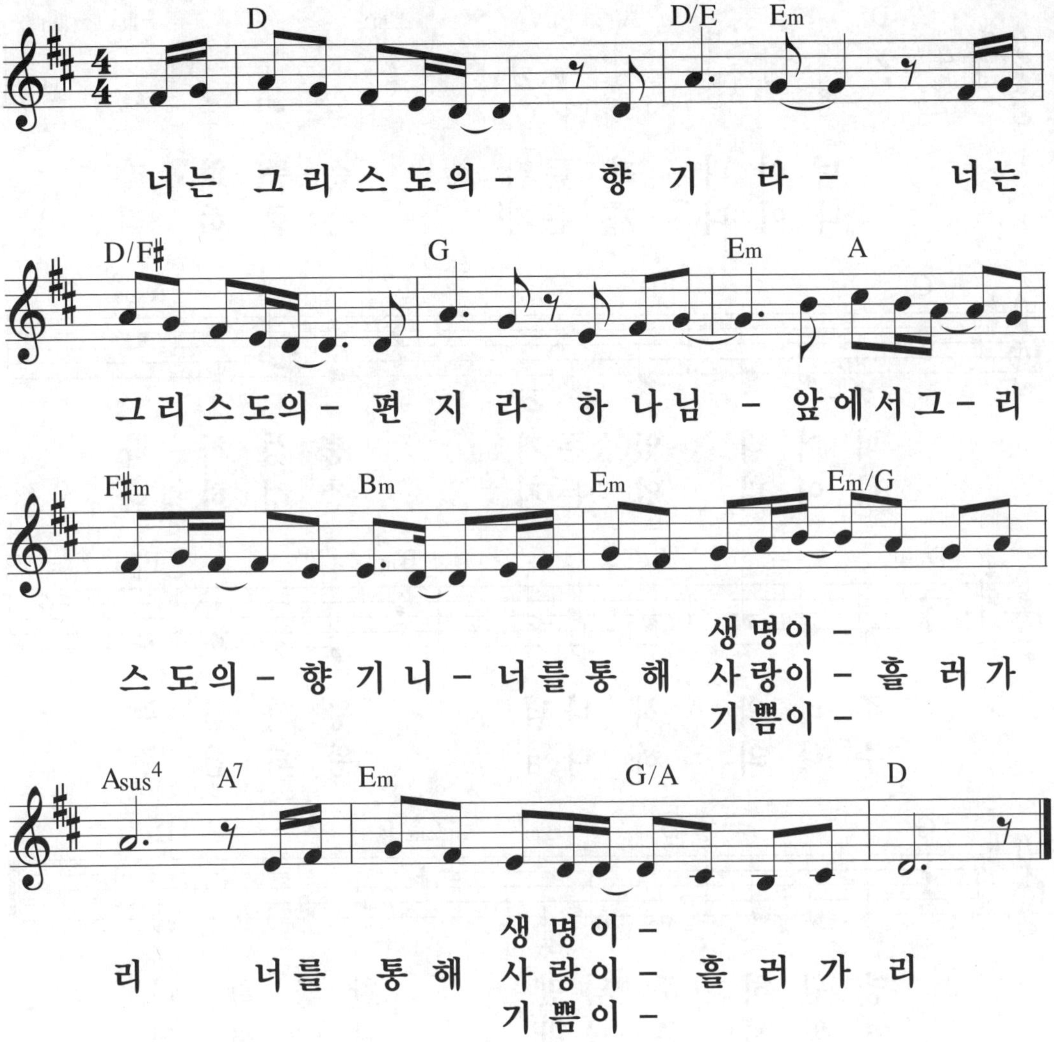

D D/E Em
너는 그리스도의- 향 기 라- 너는
D/F# G Em A
그리스도의- 편 지 라 하나님 -앞에서그-리
F#m Bm Em Em/G
생명이 -
스 도 의 - 향 기 니 - 너를통해 사랑이 - 흘 러 가
기쁨이 -
Asus4 A7 Em G/A D
생 명 이 -
리 너를 통해 사 랑 이 - 흘 러 가 리
기 쁨 이 -

메들리 곡 25/ 너는 담장 너머로 44/ 아주 먼 옛날 169/ 주께 힘을 얻고

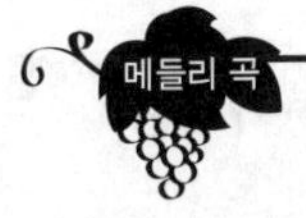

124 너 어디 가든지 순종하라

미가엘 1239

(Wherever you may go)

Stephen Hah

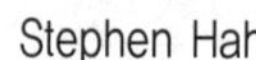

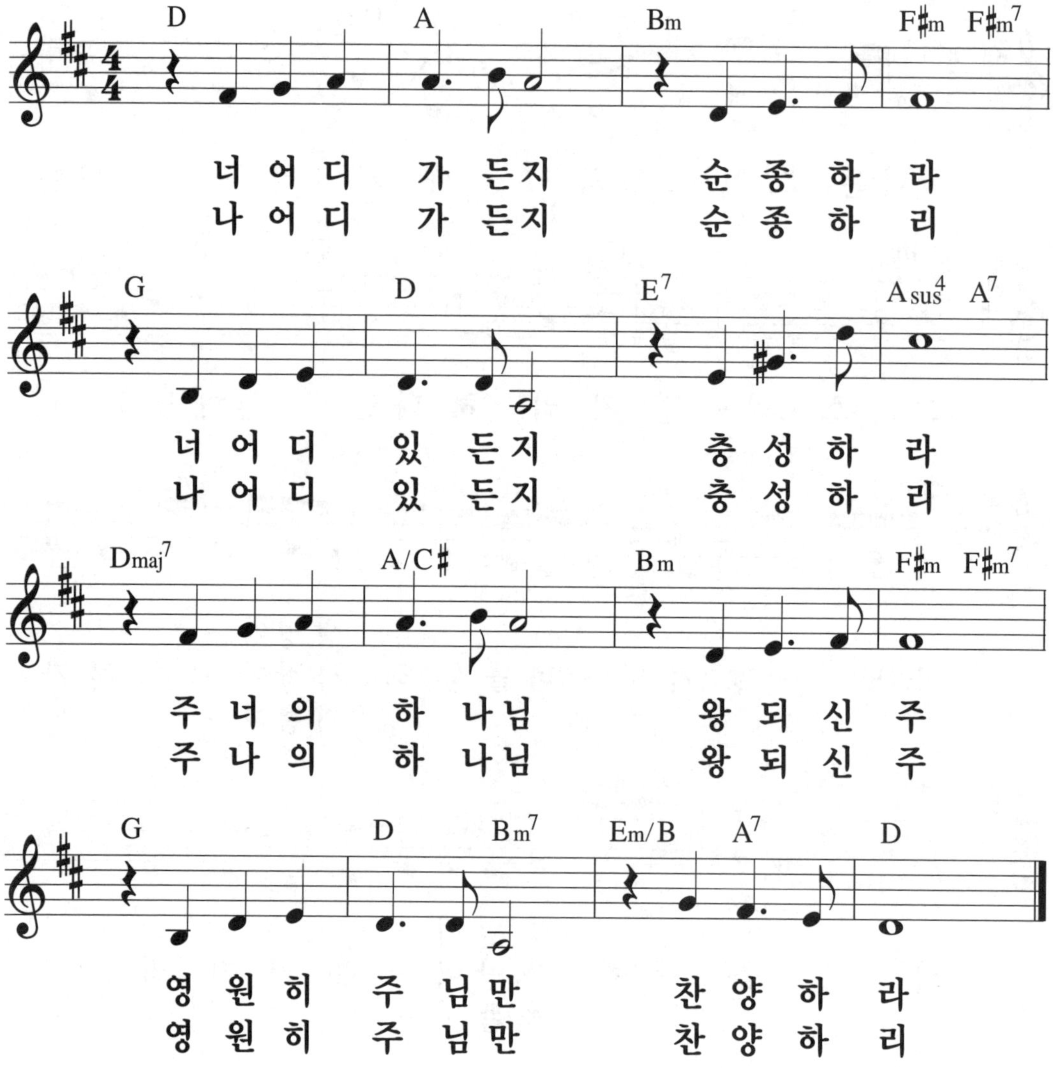
D A Bm F♯m F♯m7
너 어 디 가 든지 순 종 하 라
나 어 디 가 든지 순 종 하 리
G D E7 Asus4 A7
너 어 디 있 든지 충 성 하 라
나 어 디 있 든지 충 성 하 리
Dmaj7 A/C♯ Bm F♯m F♯m7
주 너 의 하 나님 왕 되 신 주
주 나 의 하 나님 왕 되 신 주
G D Bm7 Em/B A7 D
영 원 히 주 님만 찬 양 하 라
영 원 히 주 님 만 찬 양 하 리

메들리 곡

113/ 나를 세상의 빛으로 159/ 오직 주의 사랑에 매여 174/ 주님 내가 여기

놀라우신 주의 은혜 125

(Grace Flows Down)

David Bell,Loule Giglio &
Rod Padgett

D

놀라 -우 신---- 주의-은 혜- ----

주의-사 랑--- - -흘러 -오네 -

십자- 가 에 -달리 신 그손- 과 발---- -

그 은-혜 가 나를 덮 -네 -

-네- 나를-덮 -네 ------- 나를 -덮

-네- ------ 주의 -은 - 혜 -----

- 나를 - 덮네 --- -

111/ 나 무엇과도 주님을 112/ 나를 지으신 이가 152/ 오 나의 자비로운 주여

126 놀라운 주의 사랑

(Beautiful One)

Tim Hughes

A G A
-셨네-날붙-드시는-그사-랑 그어
1. G A D
-느누가-내 주-와 같-으리-
2. G A D D.S. al Coda
-느누가-내 주 -와같-으리- 아름다
D G A
내영 -혼 노-래해- 내영
Bm A G
-혼 노-래해- 아름 -다우-신 주
A D D.S.
- 노래하 네-- 아름다

D

127 눈으로 사랑을 그리지 말아요

(영원한 사랑)

미가엘 1133

김민식

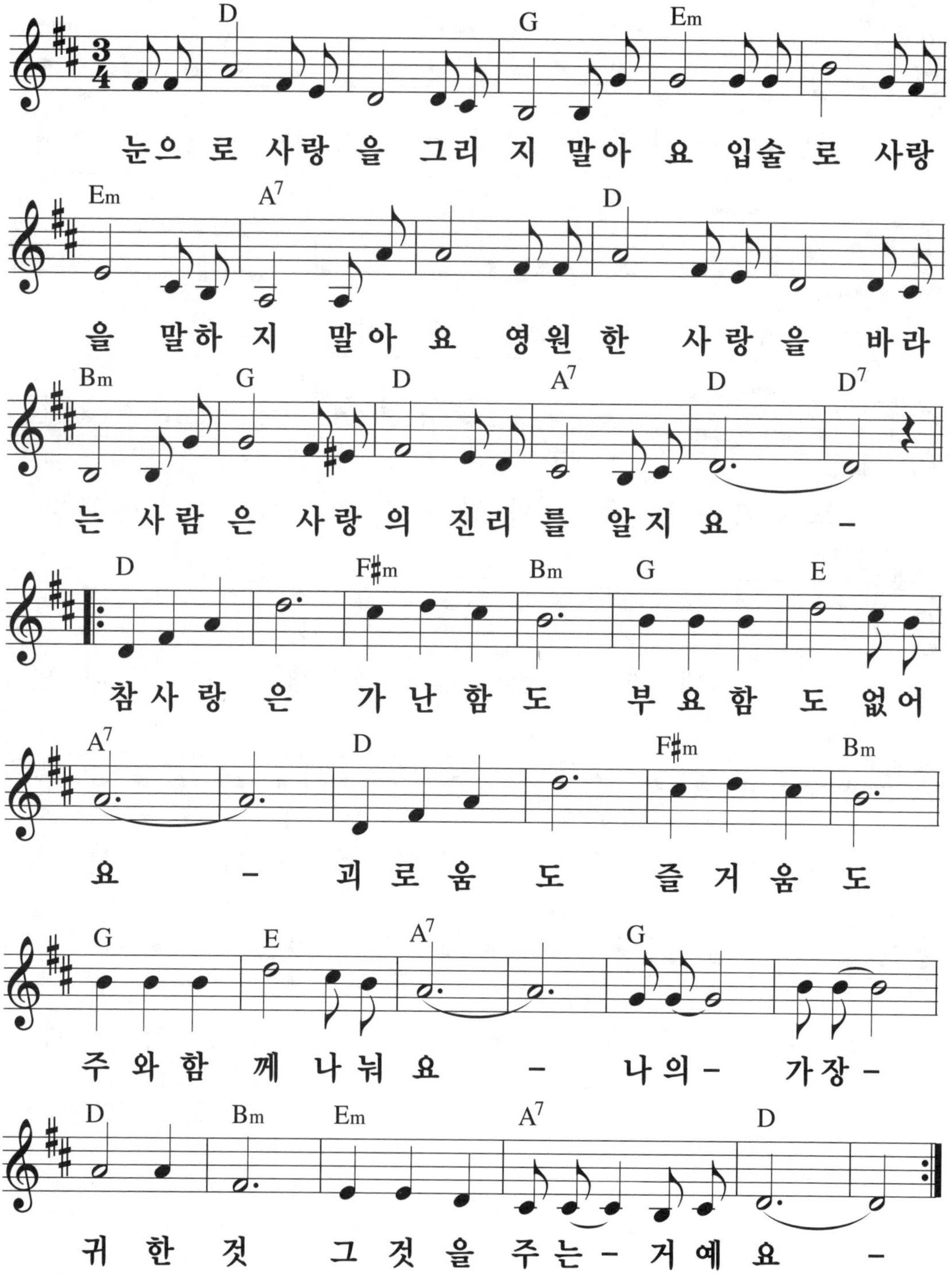

눈으 로 사랑 을 그리 지 말아 요 입술 로 사랑

을 말하 지 말아 요 영원 한 사랑 을 바라

는 사람 은 사랑 의 진리 를 알지 요 –

참사랑 은 가난함 도 부요함 도 없어

요 – 괴로움 도 즐거움 도

주와함 께 나눠 요 – 나의– 가장–

귀 한 것 그 것 을 주는– 거예 요 –

101/ 갈릴리 바닷가에서 134/ 사랑은 언제나 오래참고 166/ 이와 같은 때엔

미가엘 576

눈을 들어

(Open your eyes)

Carl Tuttle

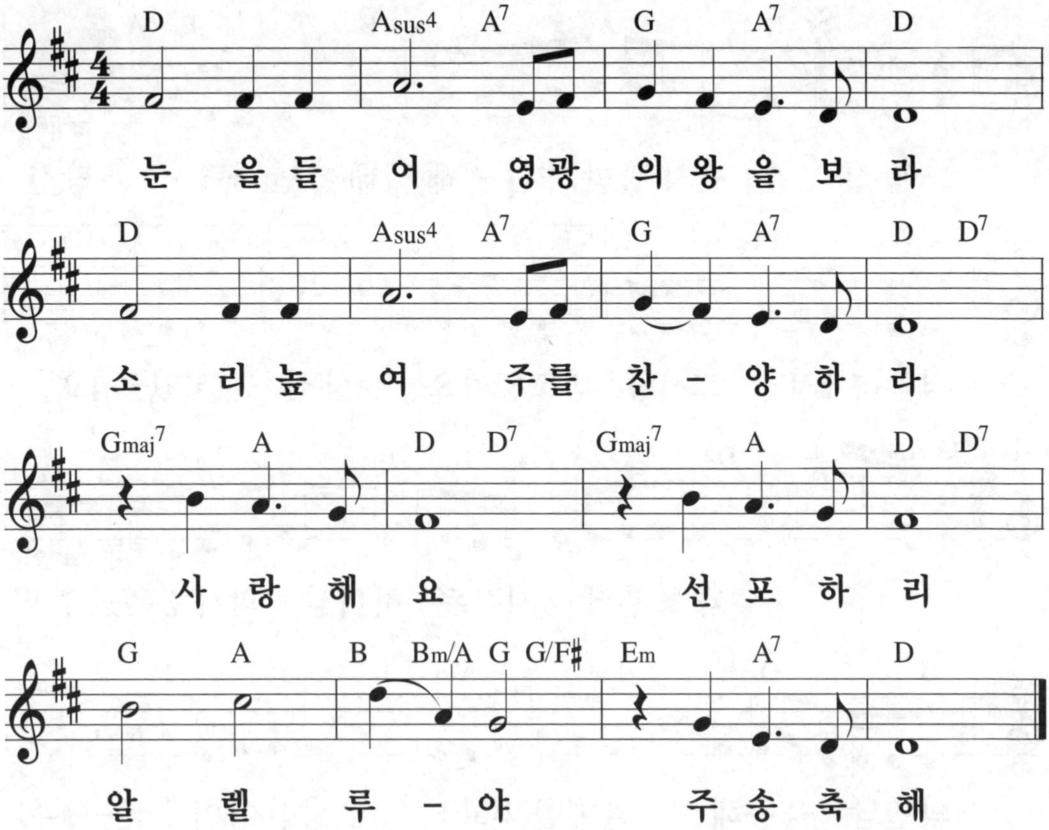
D Asus4 A7 G A7 D
눈 을 들 어 영 광 의 왕 을 보 라
D Asus4 A7 G A7 D D7
소 리 높 여 주 를 찬 - 양 하 라
Gmaj7 A D D7 Gmaj7 A D D7
사 랑 해 요 선 포 하 리
G A B Bm/A G G/F♯ Em A7 D
알 렐 루 - 야 주 송 축 해

메들리 곡
21/ 내 입술로 120/ 내게 있는 향유 옥합 130/ 때가 차매

129 당신은 사랑받기 위해

이민섭

당신 은 - 사랑받기위 - 해 태어난사람 - 당신

의삶속에서 - 그사랑 받고있지요 - 당신 받고있 - 지요

Fine

태초부터 - 시작된 하나님 - 의사랑은 - 우리

의만남 - 을통해 열매를맺고 - 당신이이세상 - 에존

재함으로인 - 해 - 우리 에게얼마나 - 큰 기 쁨이되는지 -

당신은사랑받 - 기위해 태어난사람 -

지금도그사랑 - 받고있지요 - 받고있지요 - 당신

D.S.

25/ 너는 담장 너머로 123/ 너는 그리스도의 향기라 182/ 주님은 너를 사랑해

때가 차매

(Now is the time)

131 마음을 다하고

(여호와를 사랑하라)

미가엘 1087

주숙일

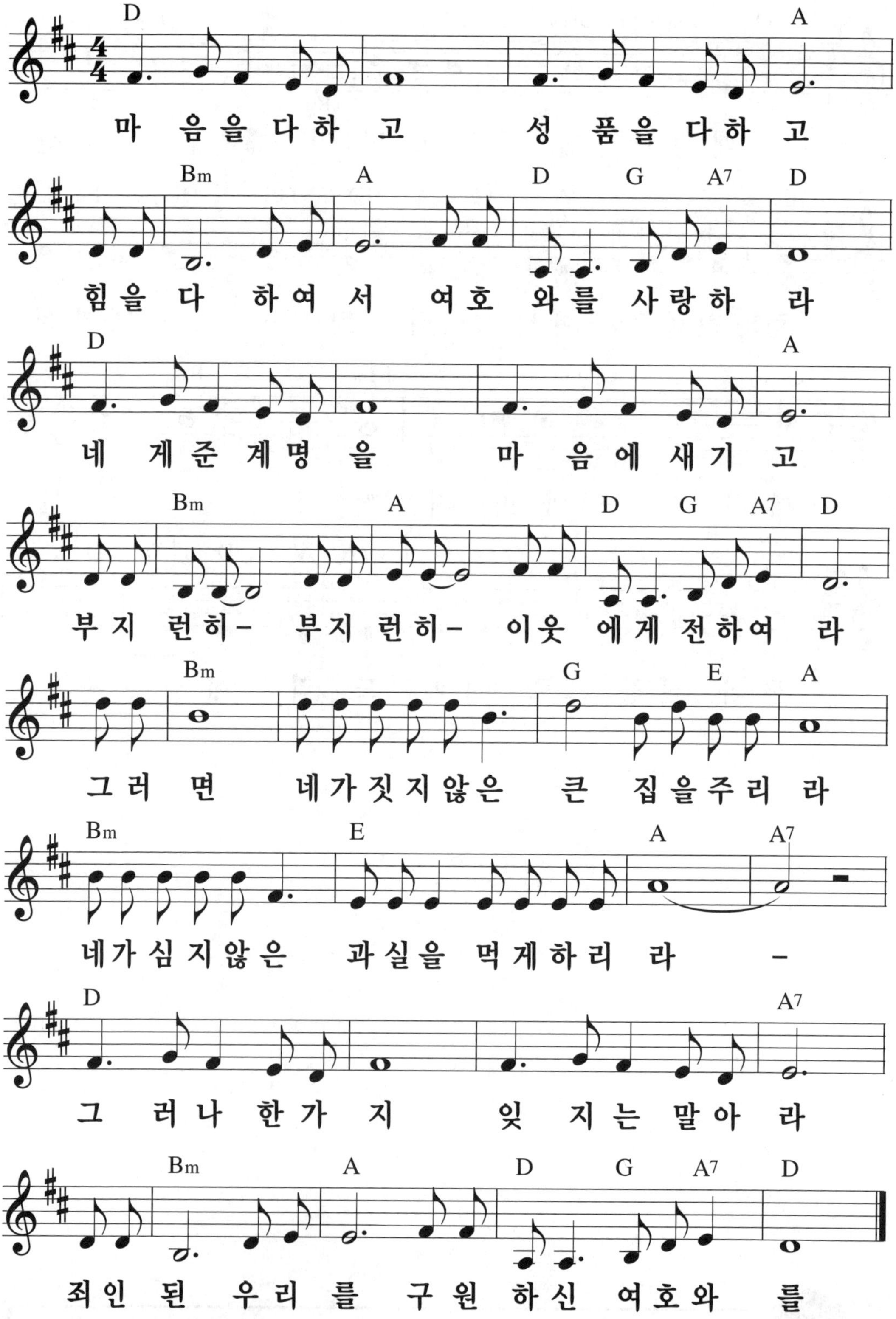
마 음을다하 고 성 품을다하 고
힘을 다 하여 서 여호 와를 사랑하 라
네 게준계명 을 마 음에새기 고
부지 런히- 부지 런히- 이웃 에게 전하여 라
그러 면 네가짓지않은 큰 집을주리 라
네가심지않은 과실을 먹게하리 라 -
그 러나 한가 지 잊 지는 말아 라
죄인 된 우리 를 구 원 하신 여호와 를

모든 이름 위에 뛰어난 이름 132

고형원

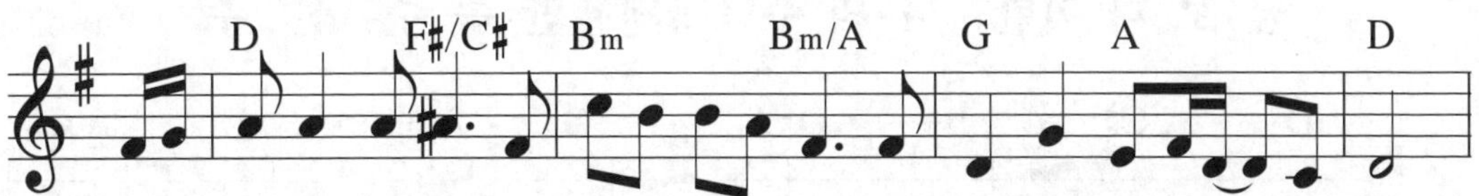

D

메들리 곡

1/ 거룩하신 성령이여 18/ 내가 영으로 158/ 오직 예수 다른 이름은 없네

133 목마른 사슴

(As the deer)

목 마 른 사슴 시 냇 물을찾아 헤 매 이 듯 이
금 보 다 귀한 나 의 주님내게 만 족 주 신 주

내 영 혼 주를 찾 기 에-갈급 하 -나 이 다
당 신 만 이- 나 의 기쁨또한 나 의참 보 배

주 님만 이-나의힘 나 의방 패나의 참소 망

나 의 몸 정성 다 바 쳐서주님 경 배합 니 다

메들리 곡
29/ 먼저 그나라와 의를 53/ 예수 사랑해요 120/ 내게 있는 향유 옥합

미가엘 1137

사랑은 언제나 오래 참고 134

(사랑)

정두영

D

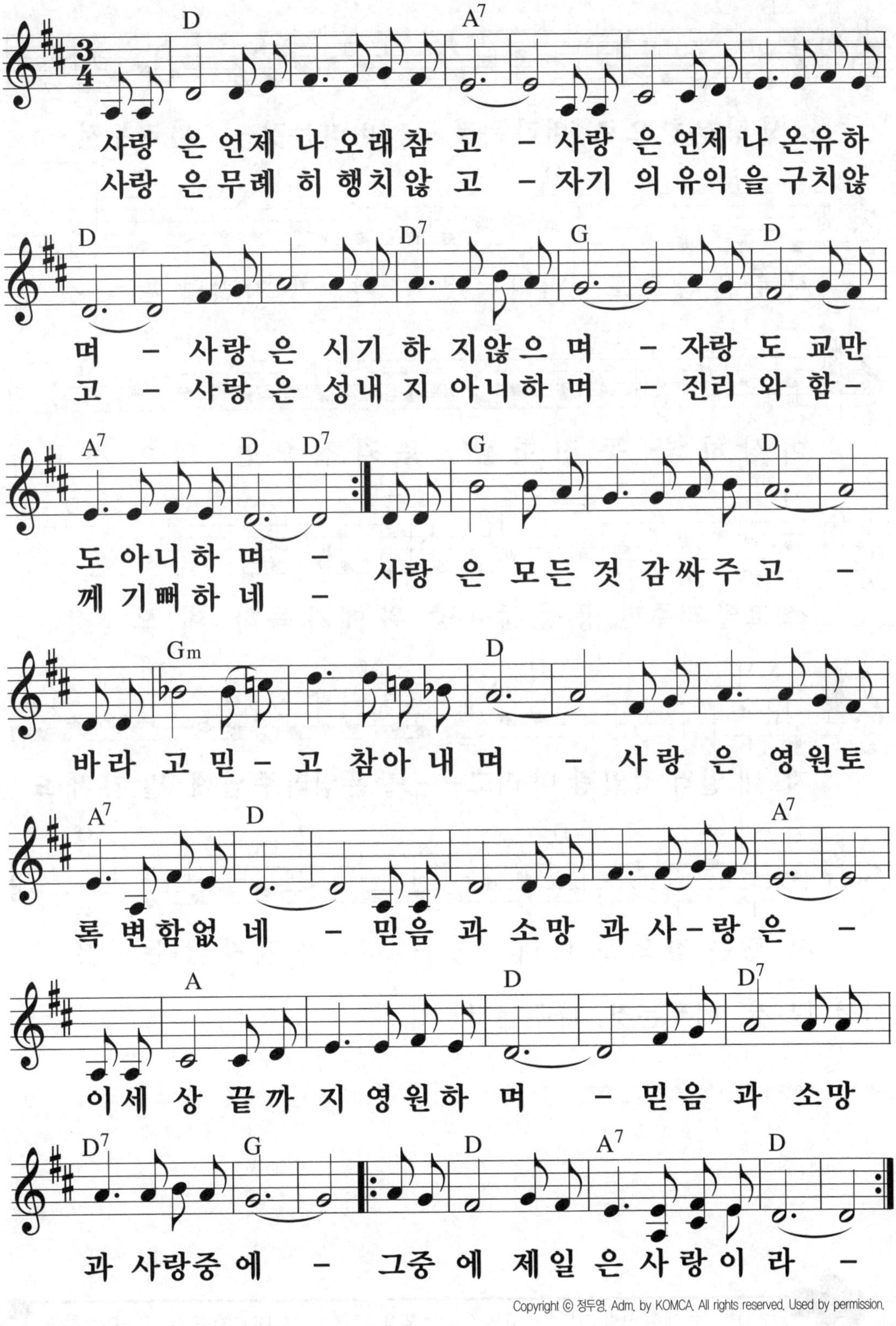
D A7
사랑 은언제 나오래참 고 – 사랑 은언제 나온유하
사랑 은무례 히행치않 고 – 자기 의유익 을구치않
D D7 G D
며 – 사랑 은 시기 하 지않으 며 – 자랑 도 교만
고 – 사랑 은 성내 지 아니하 며 – 진리 와 함–
A7 D D7 G D
도 아니하 며 – 사랑 은 모든 것 감싸주 고 –
께 기뻐하 네 –
Gm D
바라 고 믿 – 고 참아 내 며 – 사랑 은 영원토
A7 D A7
록 변함없 네 – 믿음 과 소망 과 사–랑 은 –
A D D7
이세 상 끝까 지 영원하 며 – 믿음 과 소망
D7 G D A7 D
과 사랑중 에 – 그중 에 제일 은 사랑이 라 –

135 사랑은 참으로 버리는 것

(사랑은 더 가지지 않는 것)

M. Reynold

사랑은참으로*버리는것- 버리는것- 버리는것-

사랑은참으로 *버리는것- 더 가지지않는 것

이상하다 동전한닢 움켜잡으면 없어지고

쓰고빌려주면 풍성해져땅 위에가득하네 오 것

자 내일걱정일랑버리고--모 든염려주님께 맡기세요

사랑은참으로버리는것- 더 가지지않는 것

*|섬기는것, 베푸는것, 다주는것

메들리 곡 79/ 주 예수 사랑 기쁨 108/ 나는 믿음으로 148/ 예수보다 더 좋은 친구

미가엘 1146

사랑의 주님이

메들리 곡
101/ 갈릴리 바닷가에서 182/ 주님은 너를 사랑해 186/ 주여 진실하게 하소서

137 사랑하는 주님

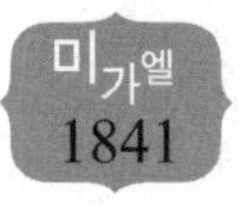

(베드로의 고백)

미가엘 1841

김석균

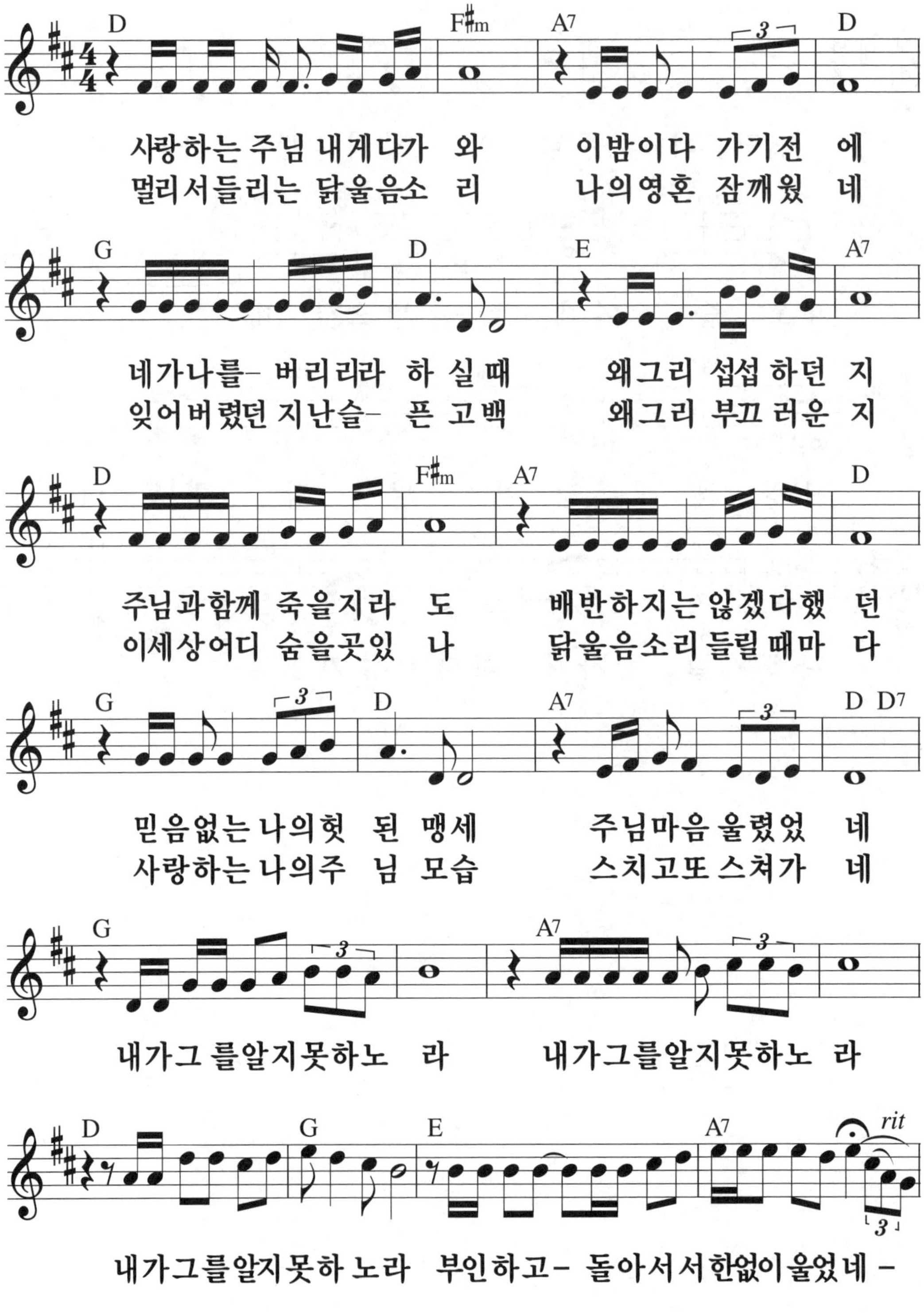
D F♯m A7 D
사랑하는주님 내게다가 와 이밤이다 가기전 에
멀리서들리는 닭울음소 리 나의영혼 잠깨웠 네
G D E A7
네가나를- 버리리라 하 실 때 왜그리 섭섭 하던 지
잊어버렸던 지난슬- 픈 고백 왜그리 부끄 러운 지
D F♯m A7 D
주님과함께 죽을지라 도 배반하지는 않겠다했 던
이세상어디 숨을곳있 나 닭울음소리 들릴 때마 다
G D A7 D D7
믿음없는 나의헛 된 맹세 주님마음 울렸었 네
사랑하는 나의주 님 모습 스치고또 스쳐가 네
G A7
내가그 를알지못하노 라 내가그를알지못하노 라
D G E A7 rit
내가그를알지못하 노라 부인하고- 돌아서서한없이울었네 -

a tempo
D
3
F#m
A7
3
D
내가주를잃고 방황했 듯
주님오실기약 어찌잊 고
주도나를잃고 슬퍼했 네
맡긴사명모두 잊었던 가
G
D
A7
3
D
하지만 – 나의눈 물 보 다
지금도 – 새벽닭 울 때 면
주님의 눈물더뜨거웠 네
참회의 눈물로회개하 네

138 사랑합니다 나를 자녀삼으신

(I'll Be Lovin' You)

Carla White/Tim White & Maria Irey

D G A7 Em7 A7
사 랑 합 니 다 - 나를 자 녀 삼으 신

D D G A7
주 - 사 랑 합 니 다 - 나를

Em7 A7 D G A7
자 녀 삼으 신 주 - 내 부 르 짖 음

F♯m Bm7 G A D D7
들으 시 고 감 싸 주 시 - 는 - 영원

G A7 F♯m Bm7 Em7 A7 D
히 주 찬 양 합 니 - 다 내 삶 을 다 해 -

메들리 곡

52/ 예수님 날 위해 죽으셨네 101/ 갈릴리 바닷가에서 136/ 사랑의 주님이

선하신 목자

(Shepherd Of My Soul)

Martin Nystrom

D2 Em7 G/A A7 D D/C♯

선하신-목자- 날 사랑하-는분- 주

Bm7 Em7 Bm7/A A D2 Em7

인도하-는곳- 따라 가---리 주의말-씀을- 나

G/A A A♯dim Bm Bm/A G D/C♯ Em7 G/A 1. D Bm G/A

듣기위-하-여 주 인도하-는-곳 가려 네

2. D Am7 D7 Gmaj7 A/G F♯m A/B Bm7

네 나를 푸른초-장과-- 쉴만한물-가로- 내

Em7 G/A D Am7 D7 Gmaj7 A/G

선하신-목자-날인-도해- 험한 산과골-짜기-로 내가

F♯m /B B7 Em7 G/A D

다닐지-라도- 내 선하신-목자-날인-도해-

133/ 목마른 사슴 144/ 신실하게 진실하게 166/ 이와 같은 때엔

140 성령이여 내 영혼을

이천

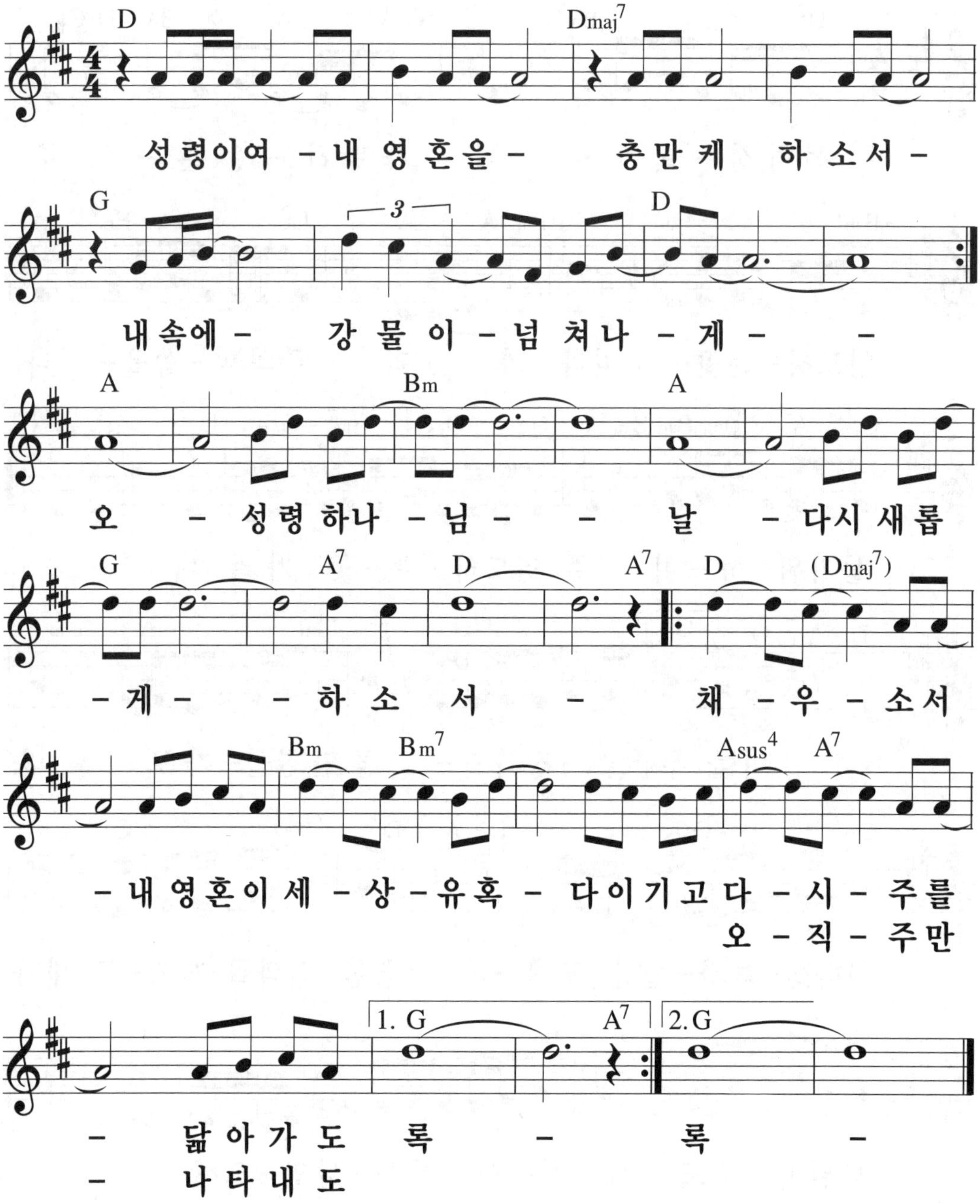

성령이여 –내 영혼을– 충만케 하소서–

내속에– 강물이 –넘쳐나 –게– –

오 – 성령하나 –님– – 날 –다시새롭

–게– –하소 서 – 채 –우 –소서

–내영혼이세 –상 –유혹 – 다이기고다 –시 –주를

오 –직 –주만

메들리 곡 1/ 거룩하신 성령이여 95/ 성령의 비가 150/ 예수 이름이 온 땅에

세상 때문에 눈물 흘려도 141

(외롭지 않아)

D

1. 세상때문에 - 눈물흘려도 외롭지않아 - 주님계시니
2. 마귀때문에 - 고통당해도 외롭지않아 - 주님계시니
3. 세상친구들 - 나를떠나도 외롭지않아 - 주님계시니

세상때문에 - 설움당해도 - 주님땜에외롭지않 아
마귀때문에 - 괴롬당해도 - 주님땜에외롭지않 아
세상친구들 - 나를버려도 - 주님땜에외롭지않 아

외롭지않아 - 주님계시니 두렵지않아 - 주님계시니 -

세상때문에 - 눈물흘려도 - 주님땜에외롭지않 아

142 세상 권세 멸하시러

(For This Purpose)

Graham Kendrick

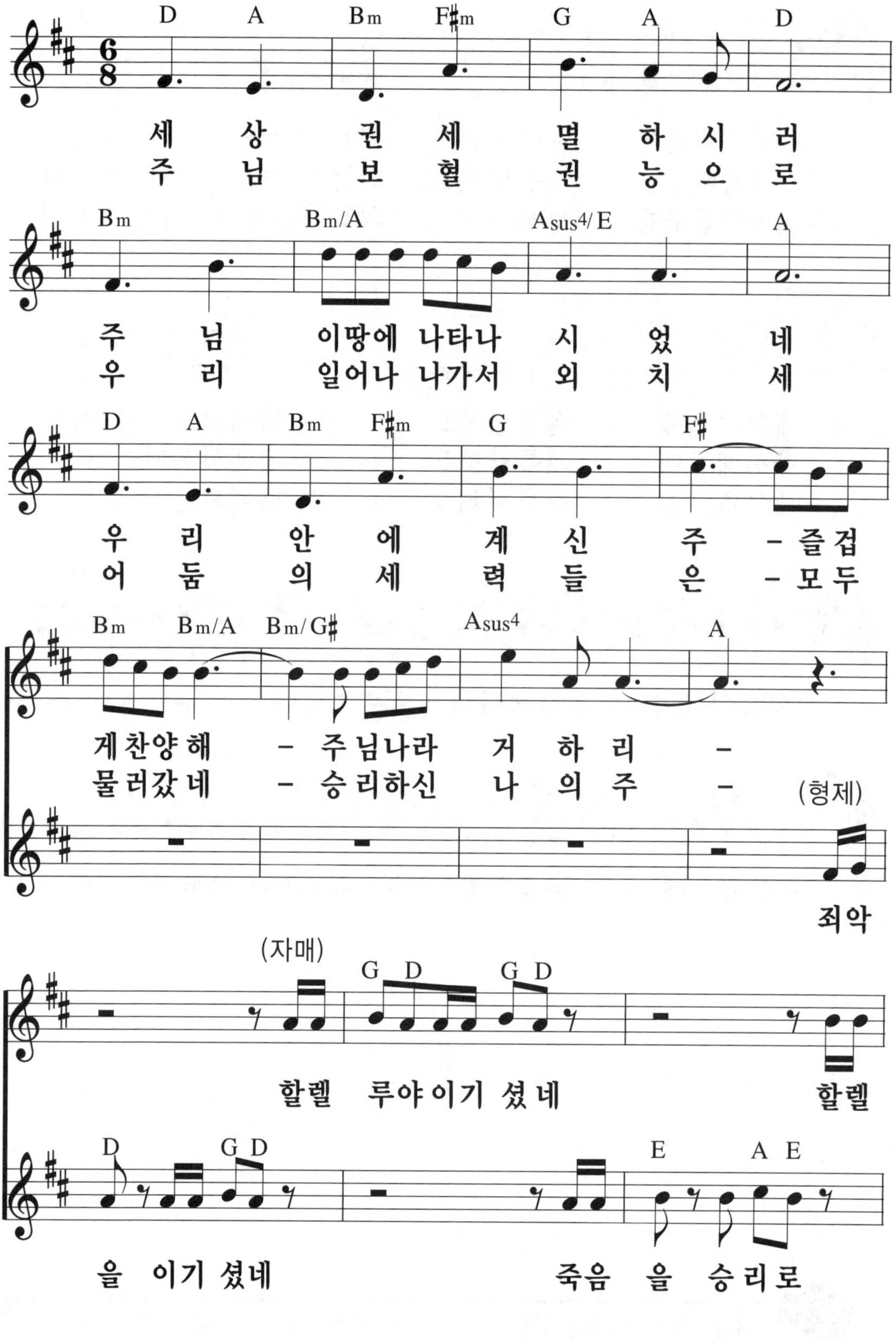

세 상 권 세 멸 하 시 러
주 님 보 혈 권 능 으 로

주 님 이땅에 나타나 시 었 네
우 리 일어나 나가서 외 치 세

우 리 안 에 계 신 주 - 즐겁
어 둠 의 세 력 들 은 - 모두

게찬양해 - 주님나라 거 하 리 -
물러갔네 - 승리하신 나 의 주 -

(형제)

죄악

(자매)

할렐 루야이기 셨네 할렐

을 이기 셨네 죽음 을 승리로

A E A E Bm F♯ Bm F♯
루야승 리로 할렐 루야 고치 셨 네
F♯ Bm F♯
모든 질병 고치 셨 네
G Asus4 A7 D G D Asus4 D
주 다 스 - 리시 네 - -

143 세상 부귀 안일함과

(주님 내게 오시면)

미가엘 986

윤용섭

신실하게 진실하게

(Let me be faithful)

Stephen Hah

D A/C♯ Bm Bm/A E/G♯ A7

신실하게 - 진실하게 - 거룩하게살게하소서

D A/C♯ Bm Bm/A G A7 D

신실하게 - 진실하게 - 거룩하게살게하소 서

D A/C♯ Bm Bm/A G E/G♯ A7

하 나 님 - - - 나의 마음 - 만져 주소서 -
하 나 님 - - - 나의 기도 - 들어 주소서 -

D A/C♯ Bm Bm/A G A7 D

하 나 님 - - - 나의 영혼 새롭게하소 서
하 나 님 - - - 주의 길로 인도 - 하소 서

111/ 나 무엇과도 주님을 175/ 주님 내게 선하신 분 186/ 주여 진실하게 하소서

145 아름다웠던 지난 추억들

미가엘
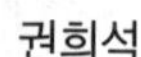
1173

(친구의 고백)

권희석

1. 아름다 웠던 - 지난추 억들 - 사랑했 었던 - 많은친
2. 지난유 월절 - 저녁성 찬때 - 주님과 함께 - 마시던
3. 새벽닭 울때 - 난괴로 웠어 - 풍랑이 일면 - 난무서

구들 - 멀고도 험한 - 고난의 길을 - 나이제
핏잔 - 그일이 문득 - 생각이 나면 - 어느새
웠어 - 하지만 이젠 - 두렵지 않아 - 이세상

말 없-이 주님을 위 하-여 떠나야 지
내 빰-에 주르르 눈 물만이 흐릅니 다 수없이
끝 까-지 주님을 위 하-여 죽을텐 데

많은 - 사람들 위해 - 당신이 바친 - 고귀한

희생 - 영원히 당신과 함께있 고 - 파 사랑의

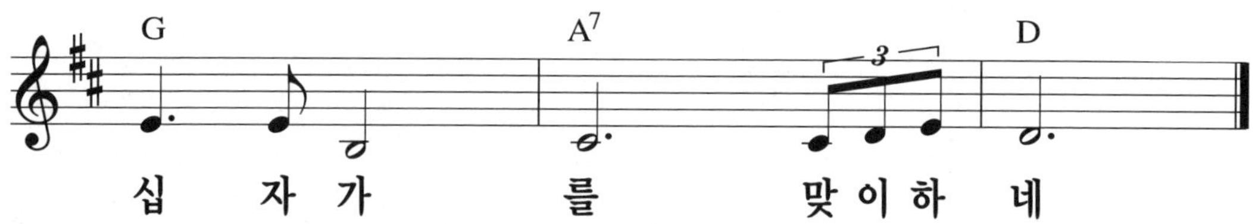

십 자 가 를 맞이하 네

64/ 이 험한 세상 113/ 나를 세상의 빛으로 176/ 주님 말씀하시면

아침 안개 눈앞 가리듯 146

(언제나 주님께 감사해)

김성은 & 이유정

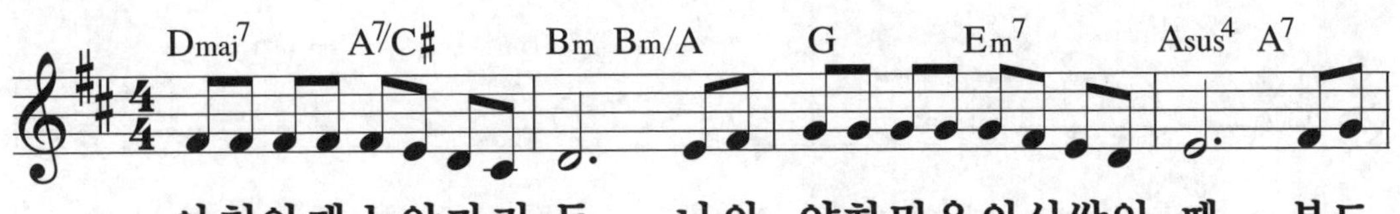

아침안개 눈앞가리 듯 나의 약한믿음의심쌓일 때 부드
빗줄기에 바위패이 듯 나의 작은소망사라져갈 때 고요

럽게다가온주의음 성 아무 것도염려하지마 라
하게들리는주의음 성 내가

너 를사랑하노 라 외로움과방황속에 서

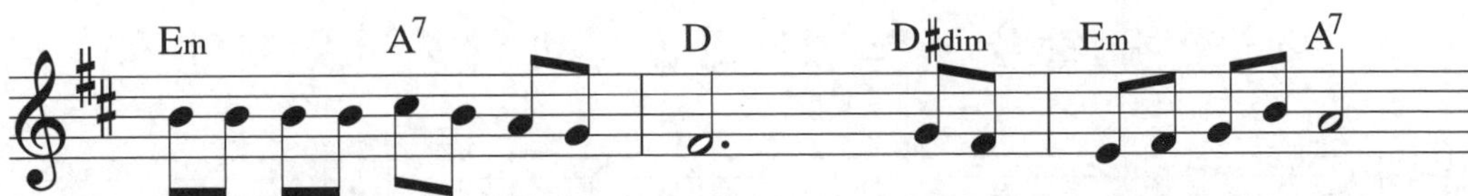

주님 앞에 나아 갈때 에 위로 하시는주 님

나를도우사 상한 나의 마음 감싸 주시 네

십자가의보 혈로 써 주의 크신사랑알게하셨 네

주 님께감사하리 라 언제 나 주님께감사 해

104/ 감사해요 주님의 사랑 199/ 주 찬양합니다 205/ 평안을 너에게

D

147 어느날 다가온 주님의

(고백)

미가엘 917

김석균

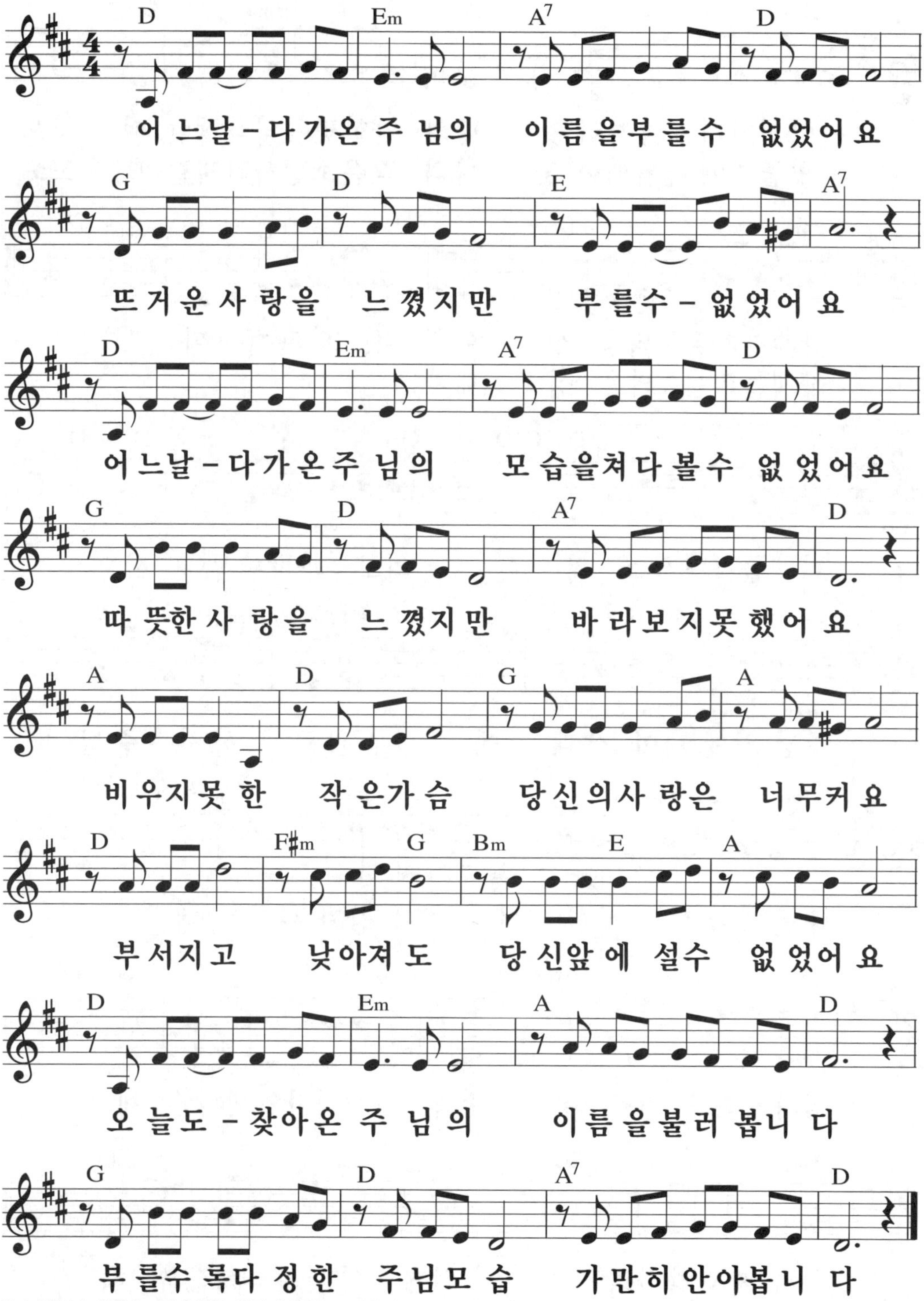
어 느날 - 다 가온 주 님의 이 름 을부 를수 없었어 요
뜨 거 운 사 랑을 느 꼈지 만 부 를수 - 없 었어 요
어 느날 - 다 가 온주 님 의 모 습을쳐다 볼수 없 었어 요
따 뜻한 사 랑을 느 꼈지 만 바 라보 지못 했어 요
비 우지못 한 작 은가 슴 당 신의사 랑은 너 무커 요
부 서지고 낮아져 도 당 신앞 에 설수 없 었어 요
오 늘도 - 찾아온 주 님 의 이름 을불러 봅니 다
부 를수 록다 정한 주님모 습 가 만 히 안아봅니 다

메들리 곡

15/ 내가 걷는 이 길이 90/ 하나님 한 번도 나를 114/ 나에겐 알 수 없는 힘

예수보다 더 좋은 친구 148

(나의 참 친구)

김석균

D

D G D A7 D
예수 - 보다 - 더좋은친구없 네 예수 -
예수 - 사랑 - 참좋은예수사 랑 예수 -

G D A7 D G
보다 - 더귀 한친구없 네 괴로울때 -
사랑 - 참좋 은예수사 랑 세상에서 -

G D A7
다가 와서 마음에평화주 는 신실하신 나의참친
제일 가는 금으로유혹해 도 예수님만 사랑하겠

D D7 G D
구 - 외로울때 - 찾아 와서 친구가되어주
네 - 세상에서 - 제일 높은 명예를준다해

D G E A7
는 사랑 많은 나의참 친 구 -
도 예수님만 따라가 겠 네 -

D G D
주 예 수 사랑하리 라 나의생명

D A7 D G
다할 때까 지 - 주 예 수 사랑하리

G D A7 D G D
라 나의생명 다할때까 지 -

149 예수 그 이름

(그 이름)

미가엘 604

송명희 & 최덕신

D2 D Bm D2 D
게 있는 - 귀한비 밀 이라 - - 내 마 음에 - 숨겨진
F#m7 Em A7 D F#m/C# Bm
기 쁨 - 예 수 - 오- - 그 이 름 -나
Em Asus4 A7 Dsus4 D Em Asus4 A7
는 말할 수 없 네 - - 그 이 -름의 비 밀
F#m7 B7/F# Em Asus4 A7 G/D D
을 - - 그 이 -름의 사 랑 을 -

150 예수 이름이 온 땅에

김화랑

예수이름이 온땅에 - 온땅에 퍼져가 네
예수이름이 온땅에 - 온땅에 선포되 네

잃어버린영혼 예수이름 - 그 이름듣고 돌아오 네 - - 예수
하나님의나라 열방중에 - 열방중에 임하시 네 - - 하나

님 기 뻐 노래하시리 잃어 버린영혼 돌아올 때 - - 예수
님 기 뻐 노래하시리 열방 이 - 주께 돌아올 때 - - 하나

님 기 뻐 춤추시리 잃어 버린영혼 돌아올 때 - -
님 기 뻐 춤추시리 열방 이 - 주께 돌아올 때 - -

메들리 곡 32/ 복음들고 산을 126/ 놀라운 주의 사랑 132/ 모든 이름 위에

예수 하나님의 공의 151

(This kingdom)

Geoff Bullock

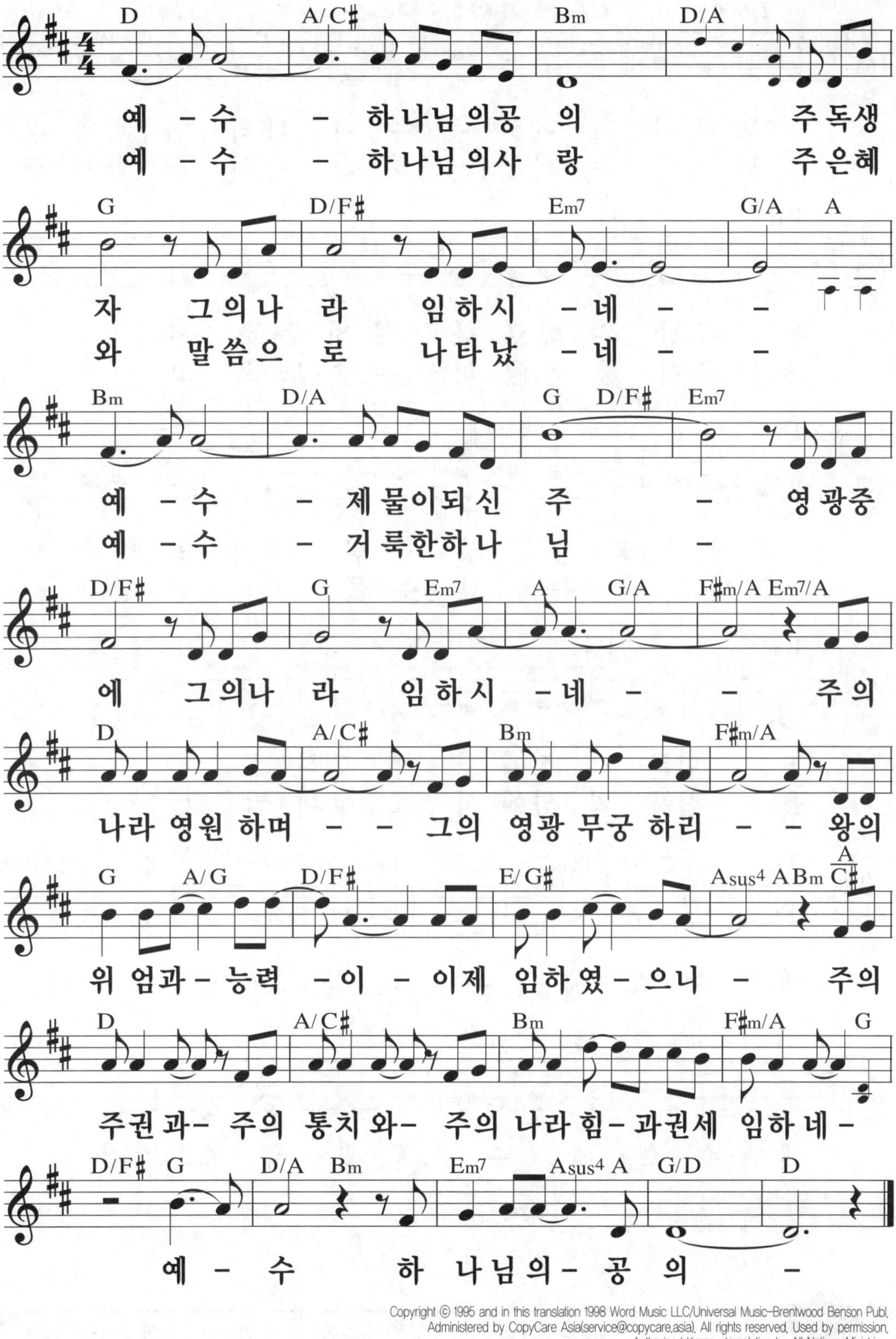

D

예 -수 - 하나님의공 의 주독생
예 -수 - 하나님의사 랑 주은혜

자 그의나 라 임하시 -네 - -
와 말씀으 로 나타났 -네 - -

예 -수 - 제물이되신 주 - 영광중
예 -수 - 거룩한하나 님 -

에 그의나 라 임하시 -네 - - 주의

나라 영원하며 - - 그의 영광 무궁하리 - - 왕의

위 엄과-능력 -이 -이제 임하였-으니 - 주의

주권과- 주의 통치와- 주의 나라힘-과권세 임하네-

예 - 수 하 나님의- 공 의 -

152 오 나의 자비로운 주여

(영혼의 노래 / Spirit song)

John Wimber

DM7 Gmaj7 Bm/F♯ Em7 A F♯m

오 나 의 자 비 로 운 주 여 나 의 몸 과 영 혼
모 여 라 주 께 찬 양 하 라 나 의 귀 한 친 구

Bm Em A7 D

을 주 님 은 혜 로 다 채 워 주 소 서
야 주 이 름 앞 에 너 두 손 모 으 고

DM7 Gmaj7 Bm/F♯ Em7 A F♯m

이 세 상 괴 롬 걱 정 근 심 주 여 받 아 주 시
오 너 의 슬 픔 세 상 눈 물 너 의 쌓 인 아 픔

Bm Em Em/A A7 D D7

고 힘 든 세 상 에 서 인 도 하 소 서 -
을 십 자 가 앞 에 서 모 두 버 리 고 -

G A/G G F♯m Bm Em7 A7 D C/E D/F♯

예 수 오 예 수 지 금 오 셔 서 -

G A/G G F♯m Bm Em7 A7 D

예 수 오 예 수 채 워 주 소 서

36/ 살아계신 성령님 120/ 내게 있는 향유 옥합 146/ 아침 안개 눈 앞 가리듯

오늘 집을 나서기 전 153

M.A. Kidder & W.O.Perkins

D A7

1. 오 늘 집을나서 기 전 기 도했나 요
2. 맘 에 분이가득 찰 때 기 도했나 요
3. 어 려 운시험당 할 때 기 도했나 요
4. 나 의 일생다하 도 록 기 도하리 라

D G A7 D

오 늘 받을은총 위 해 기 도 했 나 요
나 의 앞길막는 친 구 용 서 했 나 요
주 가 함께당하 시 면 능 히 이 기 리
주 께 맡긴나의 생 애 영 원 하 리 라

D A7

기 도 는우리의 안 식 빛 으로인도하 리

D G A7 D

앞 이 캄캄할때 기 도 잊 지 마 시 오

14/ 나 지치고 15/ 내가 걷는 이 길이 57/ 왜 나만 겪는 고난이냐고

154 오라 우리가

(여호와의 산에 올라 / Come and let us go)

B. Quigley & M-A Quigley

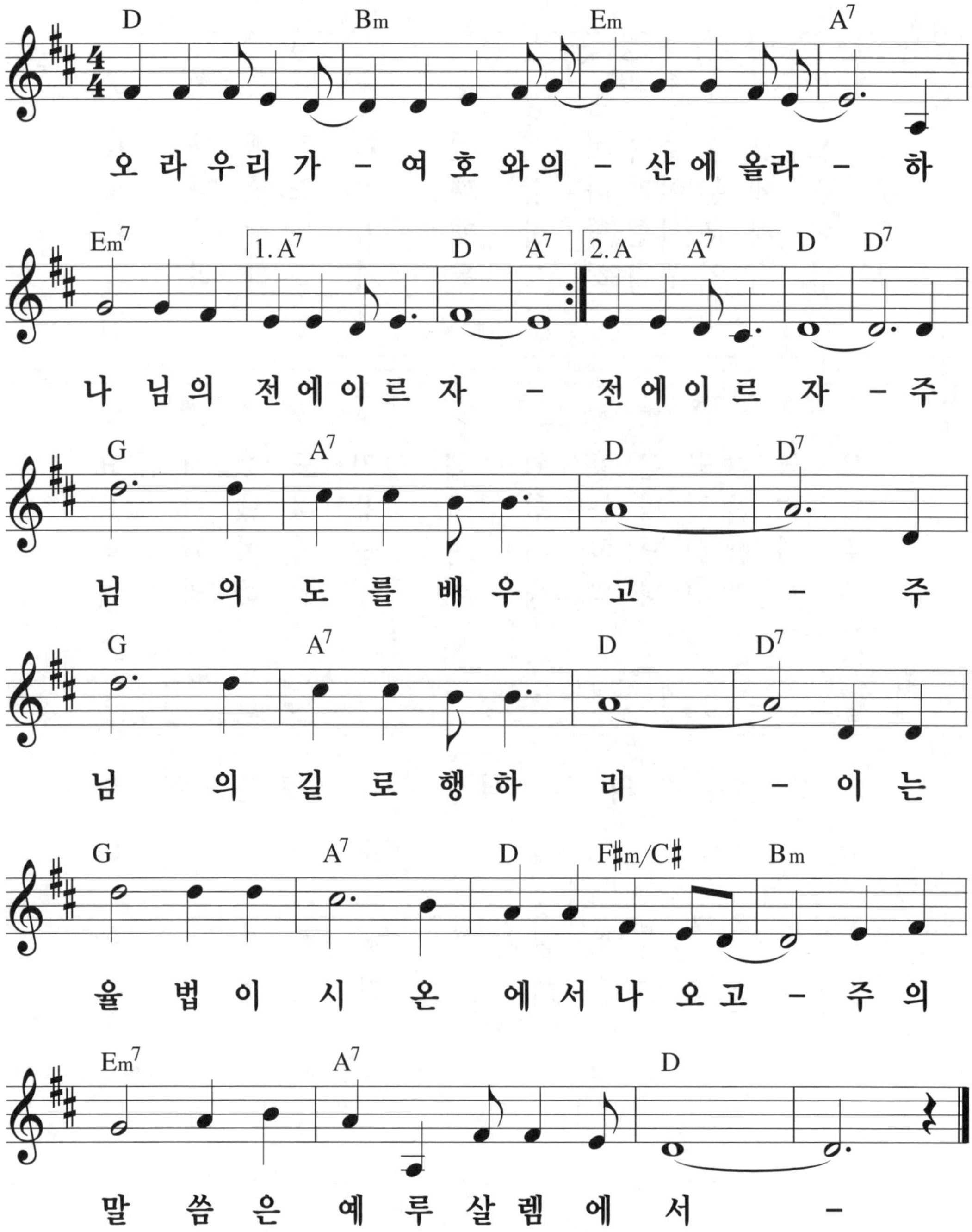

오 라 우 리 가 - 여 호 와 의 - 산 에 올라 - 하

나 님 의 전 에 이 르 자 - 전 에 이 르 자 - 주

님 의 도 를 배 우 고 - 주

님 의 길 로 행 하 리 - 이 는

율 법 이 시 온 에 서 나 오 고 - 주 의

말 씀 은 예 루 살 렘 에 서 -

32/ 복음 들고 산을 110/ 나는 주를 부르리 132/ 모든 이름 위에

오소서 진리의 성령님

(부흥 2000)

고형원

D

D A/C# Bm Bm/A G D/F# Em7 A7
오소서진리의 성령님- 이땅흔들며 임 하소서-

D F#m Bm Bm/A Gmaj7 A7 D G/A
거짓과탐욕죄 악에무너진- 우리가슴정케하소 서

D A/C# Bm Bm/A G D/F# Em7 A7
오소서은혜의 성령님- 하늘가르고 임 하소서-

D F#m Bm Bm/A G A7 D G A7
거룩한불꽃하늘 로서임하사-타오 르게하소서주영광위 해

D A/C# Bm Bm/A G A D G A7
부흥의불길-타오르게 하소서- -진리 의말씀-이땅새롭게하소 서

D A/C# Bm Bm/A G Em Asus4 A7
은혜의강물- 흐르게 하소서- -성령 의바람- 이땅가득불어 와

G A7 F#m Bm G A7 D D7
흰옷입-은주의 순결한백성 주의 영 광위해이제일어 나

G A7 F#m Bm G A7 G/D D
열방을-치유하 며행진하는 영 광의그날을주-소 서

74/ 주님 다시 오실 때까지 111/ 나 무엇과도 주님을 120/ 내게 있는 향유 옥합

156 오순절 거룩한 성령께서

(불 같은 성령 임하셔서)

John W. Peterson

1. 오순절거룩한성 령 께서 충만한은혜주신 다
흩어진초대교회 성 도들 담대히복음전했 네
2. 이세상어두움에 찼 으나 오직믿음으로살 리
지난날성도들기 도 할때 큰부흥일어났었 네

그의증거로승리 얻 었네 큰구속받은우리 들
순교한그들따라 우 리도
성령의뜨거운그 불 길이 교회에새힘을주 네
오늘날그와같은 성 령을

오 주님께서 나를 살리셨네 157

D

158 오직 예수 다른 이름은

(No other name)

Robert Gay

오직예 수 다른이름은 없네 주이름 만 우리에게주셨

네 오직예 수 다른이 름 없 - - 네 오

last time to Coda

영 -광과존귀 권 세 -와- 찬양 받 으 -실분오직주예

수 오직예 수 온 땅 위에홀-로

높으신-이름- 하 늘 위 높이들-리셨 -네 - 온

땅 위에홀-로 높으신-이름- 영 광과 존귀와

65/ 임마누엘 132/ 모든 이름 위에 150/ 예수 이름이 온 땅에

오직 주의 사랑에 매여 159

D

고형원

오 직 주 의사랑에매 여 내영 기뻐 노 래합니 다 이소

망 의언덕 기 쁨의땅-에-서 주 께사랑드립니 다 오직

주 의임재안에갇 혀 내영 기 뻐 찬양합니 다 이소

명 의언덕 거 룩한땅-에-서 주 께경배드립니 다 주께

서 주신모든은 혜 나- 는 말할 수 없 네 내영

혼 즐거-이 주 따르렵-니다- 주 께내삶드립니 다

111/ 나 무엇과도 주님을 144/ 신실하게 진실하게 176/ 주님 말씀하시면

160 오직 주의 은혜로

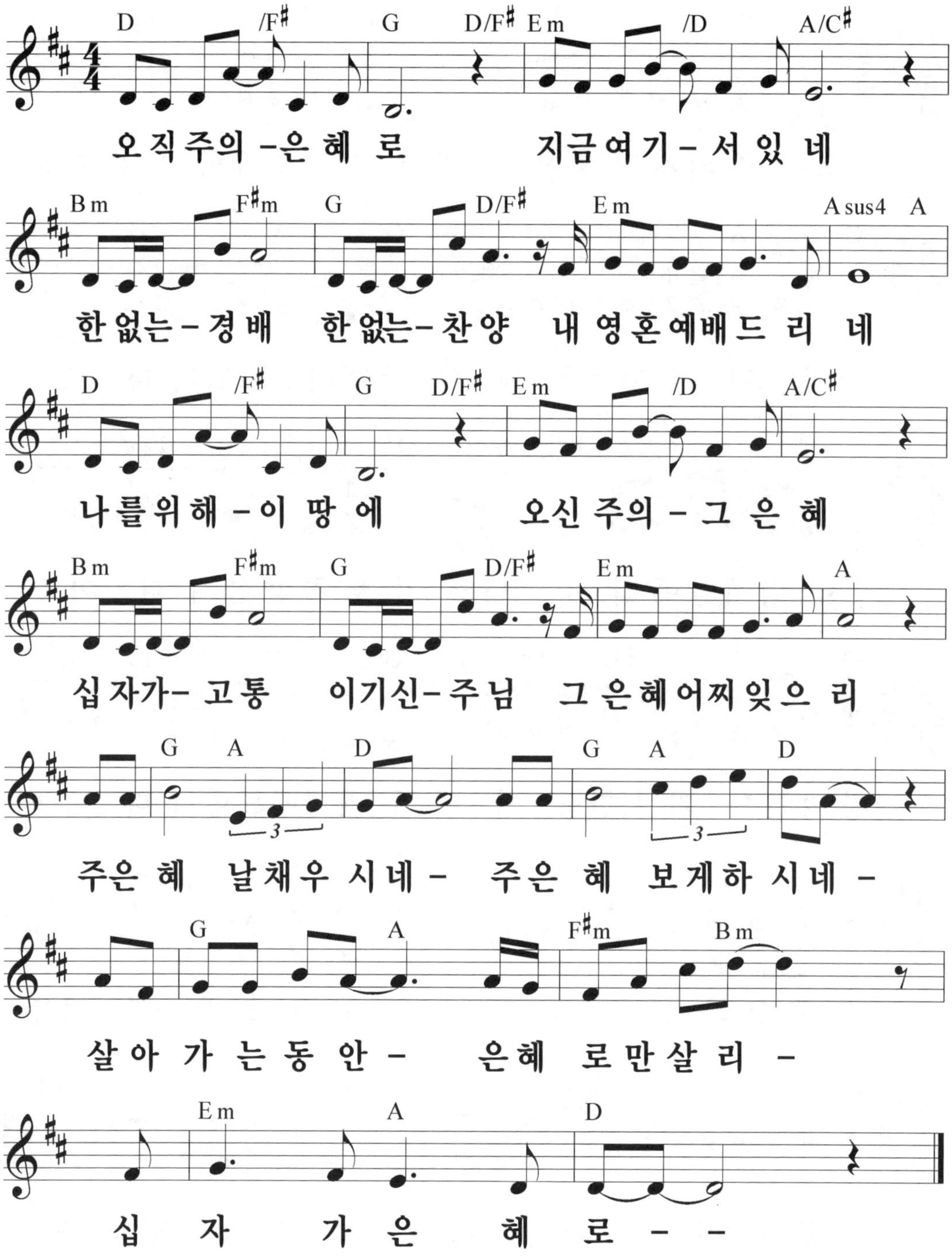

오직주의 -은 혜 로 지금여기- 서 있 네

한없는-경배 한없는-찬양 내 영혼예배드 리 네

나를위해-이 땅 에 오신 주의 - 그 은 혜

십자가- 고통 이기신-주님 그 은혜어찌잊으 리

주은 혜 날채우 시네- 주은 혜 보게하 시네-

살아 가 는동 안- 은혜 로만살 리 -

십 자 가 은 혜 로 - -

84/ 주의 거룩하심 생각할 때 111/ 나 무엇과도 주님을 112/ 나를 지으신 이가

우리가 걷는 이 길

최용덕

우 리 가 - 걷는 이 길은 - 보 기 에 - 좁고험하며
는 - 함께 이 길을 - 선 택 한 - 형제자 매요

- - 찾 는 이 - 매 우적어 서 - - 외로움 지만 -
- - 영 원 한 - 주 의나라 의 - - 백성이 기에 -

- 이 길 끝 에는 - 우 리 주님 이 계 셔 - - 우 리
- 서 로 도 우며 - 서로손을 잡 아 주며 - 이 길

를 그 품 에 안아주시리 -
을 함께 걸어 - 갑 시 다 -
세 상 사 람 들 - -

우 리 들을보며 - 어 리 석 다 고 - - 조 롱 하 - 지만

- - 이 길 을 - 가 는 자 마 다 - - 영 원 히 -

주 와 살 - 리 라 - - 우 리 - 이 길 - - -

D.S.

162 우리 모일때 주 성령 임하리

미가엘 1250

(As We Gather)

Mike Faye & Tommy Coomes

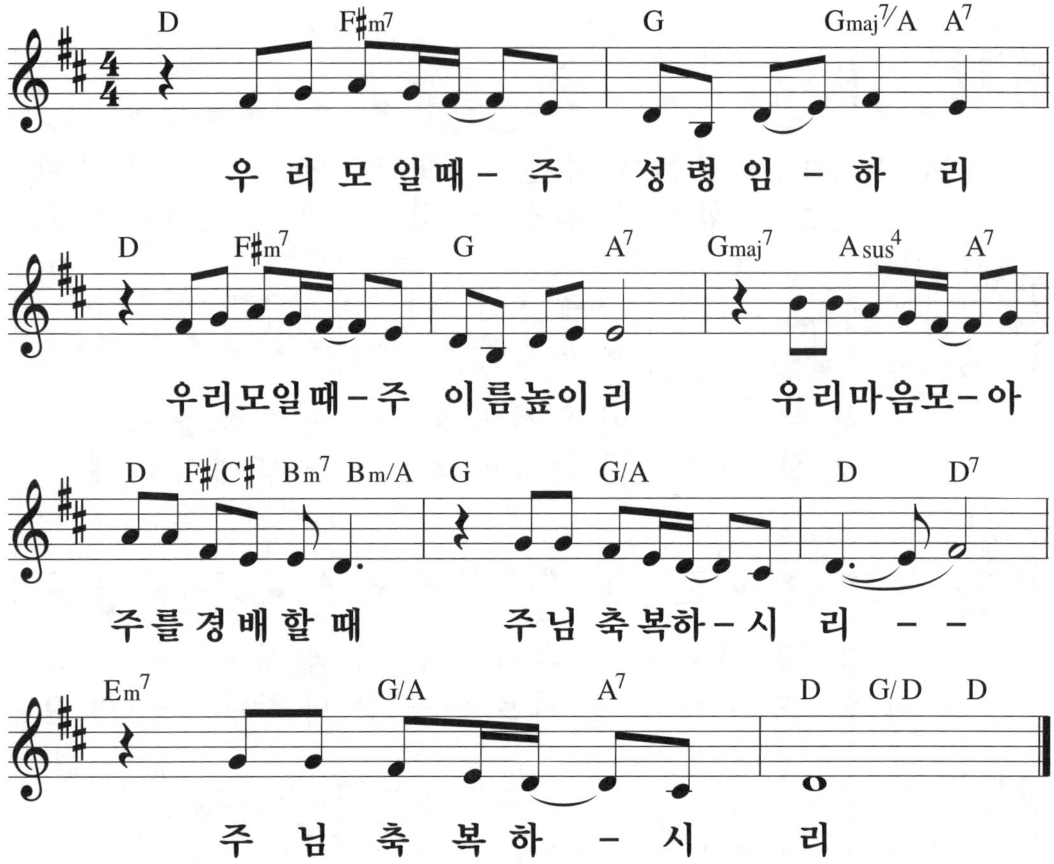

D F♯m7 G Gmaj7/A A7
우 리 모 일 때 - 주 성 령 임 - 하 리
D F♯m7 G A7 Gmaj7 Asus4 A7
우리모일때-주 이름높이리 우리마음모-아
D F♯/C♯ Bm7 Bm/A G G/A D D7
주를경배할때 주님 축복하-시 리 - -
Em7 G/A A7 D G/D D
주 님 축 복 하 - 시 리

메들리 곡 72/ 주께와 엎드려 76/ 주님의 시간에 171/ 주님께 경배드리세

이와 같은 때엔

(In moments like these)

David Graham

D Bm7 Em7 A7 Adim Em7

이와 같은 때엔 난 노래하네 사랑을 노
이와 같은 때엔 난 기도하네 조용히 기

Em7/A A Dmaj7 G2/A D Bm7

래하네 주님께 이와 같은 때엔 손
도하네 주님께

Em7 A7sus Adim Em7 Em7/A A7 D C/D D7

높이 드네 손 높이 드네 주님께 - 주님

Gmaj7 A7 Dmaj7 D7 Gmaj7 A7 Dmaj7 D D7 Gmaj7

사랑해요 - 사랑해요 - 사

A Bm G D/A A7 D 1. C/D D7 2.

랑해요 주님 사랑해요 - 주님 -

메들리 곡
53/ 예수 사랑해요 138/ 사랑합니다 나를 자녀 152/ 오 나의 자비로운 주여

164 이 땅 위에

(신 사도행전)

김사랑

이 땅위에 - - 하나님의 교 회 - 부 르 심을 - 따라 일 - 어나 -

거치 른광야 - 외 - 치는 소 리로 - 거듭거 듭 피 어 나 - 라

성 령이여 - - 이세대를 향 해 - 주의 진 리를 - 선 포케하 - 소서

- 십자 가에서 - - 죽으신그 사 랑 - 우리사 랑 되 게 하소

서 닫힌 문들아 - 열릴지 - 어다 - 모든 세대여 - 일어나라

- 주 예 수께 - 무릎꿇 - 고 경 배드 - 리세 - 죽음

이 기신 - 평 화의 - 왕 - - 성 령 이 - 여 임 하 소

이 땅 위에

Gmaj7 Em7 A D A/C♯ Bm7 G
서 초대 교회 역사같은-권 능 으-로 모든 교회 일
E/G♯ Asus4 A D F♯ G Bm F♯m/A Gmaj7
으켜주-소- 서-- 일 어 나-라 빛 발 하 라 승리
Em7 A D A/C♯ Bm Em7 A D
의기 높이들고-전진 하 라 주님 오실길- 예 비 하 라

D

165 이제는 내가 없고

이진선 & 유효림, 김지홍

이제는 내가 없고

D

D/F♯ GM7 F♯m7 B7

이 제 는 내 - 가 산것아 니 - - -요- -

Em7 E7/G♯ A7sus4 A7

내안 에주님 - 이 사신것 - - 이 - 라 - - - -

D Bm7

이 제 는내 - 가없 - 고 오 직 예수 - 님 - 만

Em7 Asus4 A A7/G

내 안 에살 - 아계 - 신 오 직 예수 - 님 만 -

F♯m7 Bm7

찬양 하 며살 - 리 - 라 - 예배 하 며살 - 리 - 라 -

Em D/F♯ G A7sus4 D

내안 에 계시 - 는 오 직 예 수님 만 - - - 내안

Em7 D/F♯ G A7sus4 D D

에 계시 - 는 오 직 예 수님 만 - - - -

166 작은 불꽃 하나가

(Pass it on)

Kurt Kaiser

1.작은 불꽃하나 가 큰 불을일으 키-어- -곧
이 돋아나 면 새 들은지저 귀-고- -꽃
구 여당신 께 이 행복전하 고싶소- -내

주 위사람 들 그 불 에몸녹 이듯이- -주
들 은피어 나 화 창 한봄날 이라네- -주
주 는당신 의 의 지 할구세 주라오- -산

님 의사랑 이같이 한 번경 험하면- 그 의사랑모
님 의사랑 놀라와 한 번경 험하면- 봄 과같은새
위 에올라 가-서 세 상에 외치리- 내 게임한주

두에게전 하고싶으리 - -2.새싹 -산
희망을전 하고싶으리 - -3.친-
의사랑전 하기원하네 -

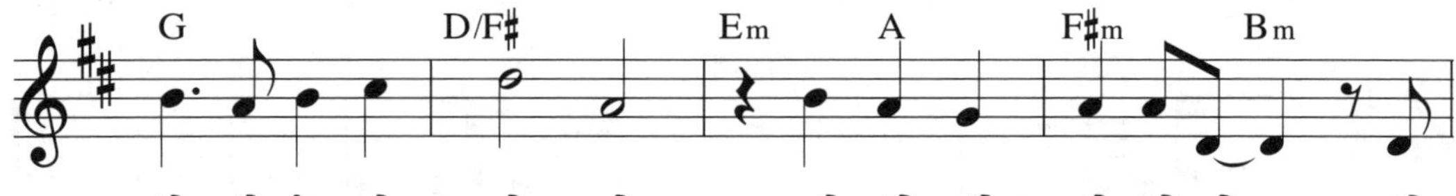

위 에올라 가 서 세 상에 외치리- 내

게 임한주 의사랑전 하 기 원 하네 - -

죄 없으신 주 독생자 167

(Lamb of God)

Twila Paris

죄없으 신 주독생 자 하나님보 좌를떠 - 나
겸손하 신 왕주예 수 사람들은 조롱했 - 네
죽어야 할 이죄인 을 주님께로 이끄셨 - 네

죄악된 땅 에오셨 네 세상죄 지신어 린 양
우리를 사 랑하신 주 십자가 에못박 았 네
주지팡 이 막대기 로 어린양 인도하 시 네

오 - 어 - 린 - 양 귀한어린 양 주님을사 랑합니 - 다

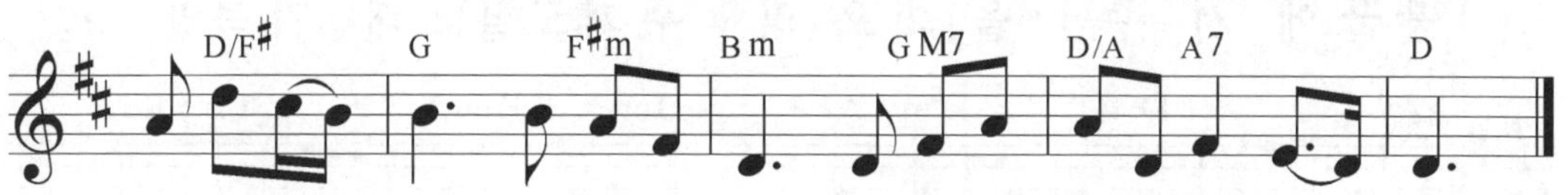

주보혈 - 로 씻으소 서 예수님 귀한어 린 - 양
주의양 되게하 소 - 서

168 주께서 주신 동산에

(땅 끝에서)

고형원

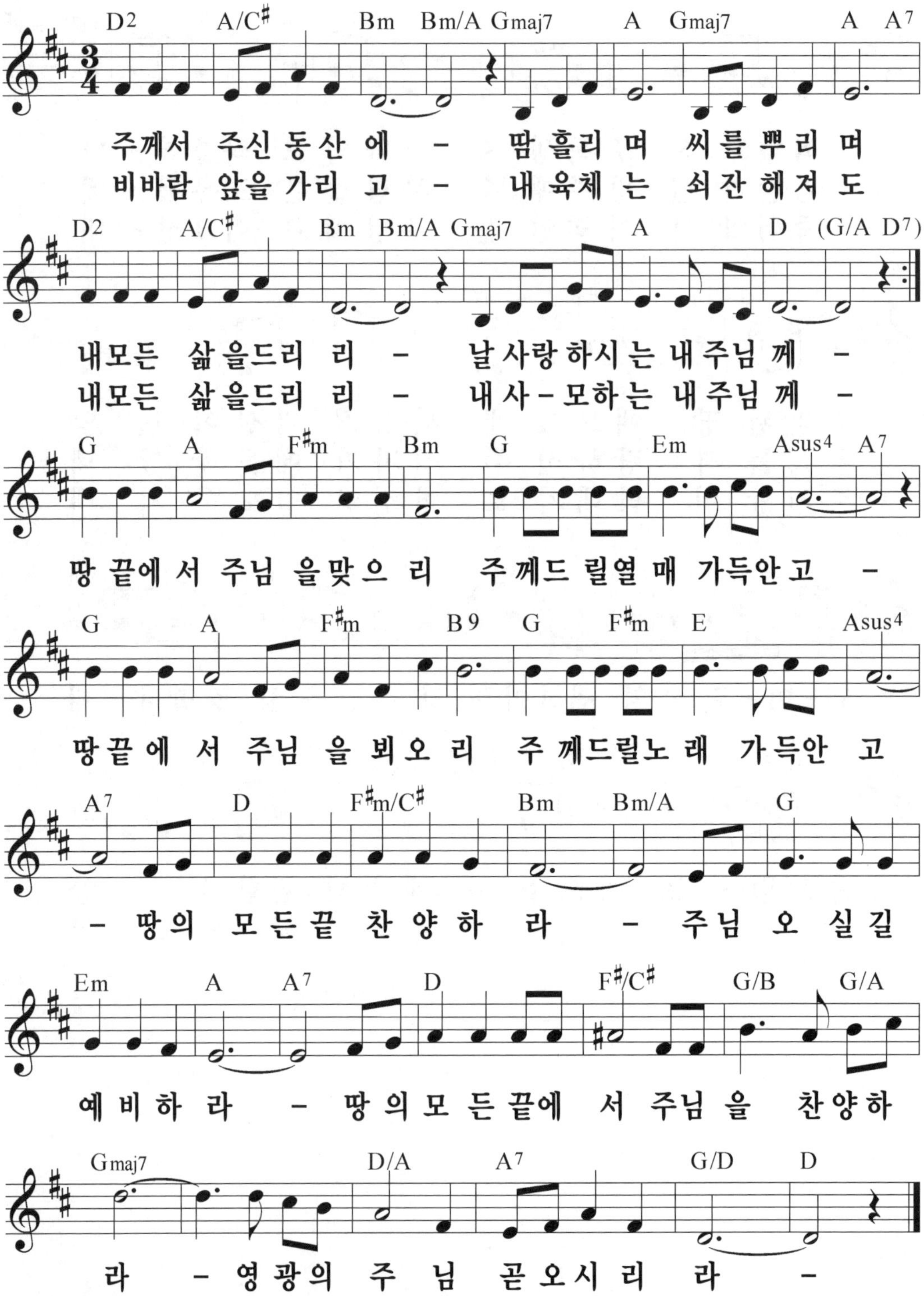

D2 A/C# Bm Bm/A Gmaj7 A Gmaj7 A A7

주께서 주신 동산 에 – 땀 흘리 며 씨를 뿌리 며

비바람 앞을 가리 고 – 내 육체 는 쇠 잔 해져 도

D2 A/C# Bm Bm/A Gmaj7 A D (G/A D7)

내모든 삶을드리 리 – 날사랑하시는 내주님 께 –

내모든 삶을드리 리 – 내 사–모하는 내주님 께 –

G A F#m Bm G Em Asus4 A7

땅 끝에 서 주님 을맞으 리 주 께드 릴열 매 가득안 고 –

G A F#m B9 G F#m E Asus4

땅끝에 서 주님 을 뵈오 리 주 께드릴노 래 가득안 고

A7 D F#m/C# Bm Bm/A G

– 땅의 모든끝 찬 양 하 라 – 주님 오 실길

Em A A7 D F#/C# G/B G/A

예 비 하 라 – 땅 의 모 든 끝에 서 주님 을 찬양하

Gmaj7 D/A A7 G/D D

라 – 영 광의 주 님 곧 오시 리 라 –

74/ 주님 다시 오실 때까지 97/ 주님이 홀로가신 155/ 오소서 진리의 성령님

주께 힘을 얻고

169

(축복의 사람)

설경욱

주 께 힘을 얻고그마음에 - 시온 의대로가 있는 그대는 -

하나님의- 축복 의사 람이죠- 주님 그대를-너무기뻐 하시죠 -

주의 집에거하기를사모 하 - 고- 주를 항상찬송하는 그대는 -

하 나님의- 축 복 의 사람이죠- 주님 그대를-너무사랑 하시죠 -

그대 섬김은- 아름다운찬 송 그대 헌신은- 향 기로운기 도

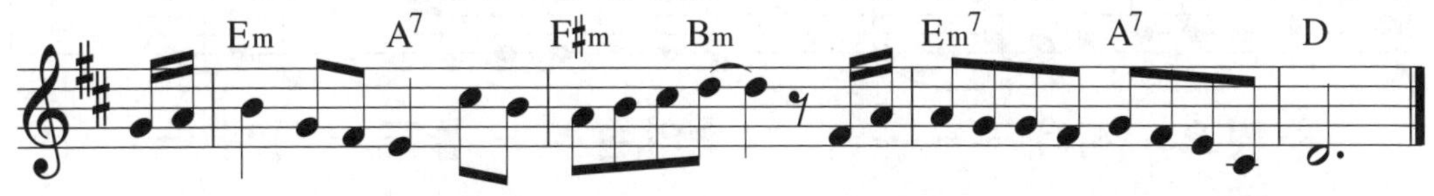

그대 가 밟는땅 어디 에서라도 - 주님 의이름높아질거에 요

D

25/ 너는 담장 너머로 44/ 아주 먼 옛날 123/ 너는 그리스도의 향기라

170 주 나의 하나님

(주님 앞에 섭니다)

심종호

메들리 곡

84/ 주의 거룩하심 생각할 때 111/ 나 무엇과도 주님을 199/ 주 찬양합니다

주님께 경배드리세

(Come Let Us Worship And Bow Down)

Dave Doherty

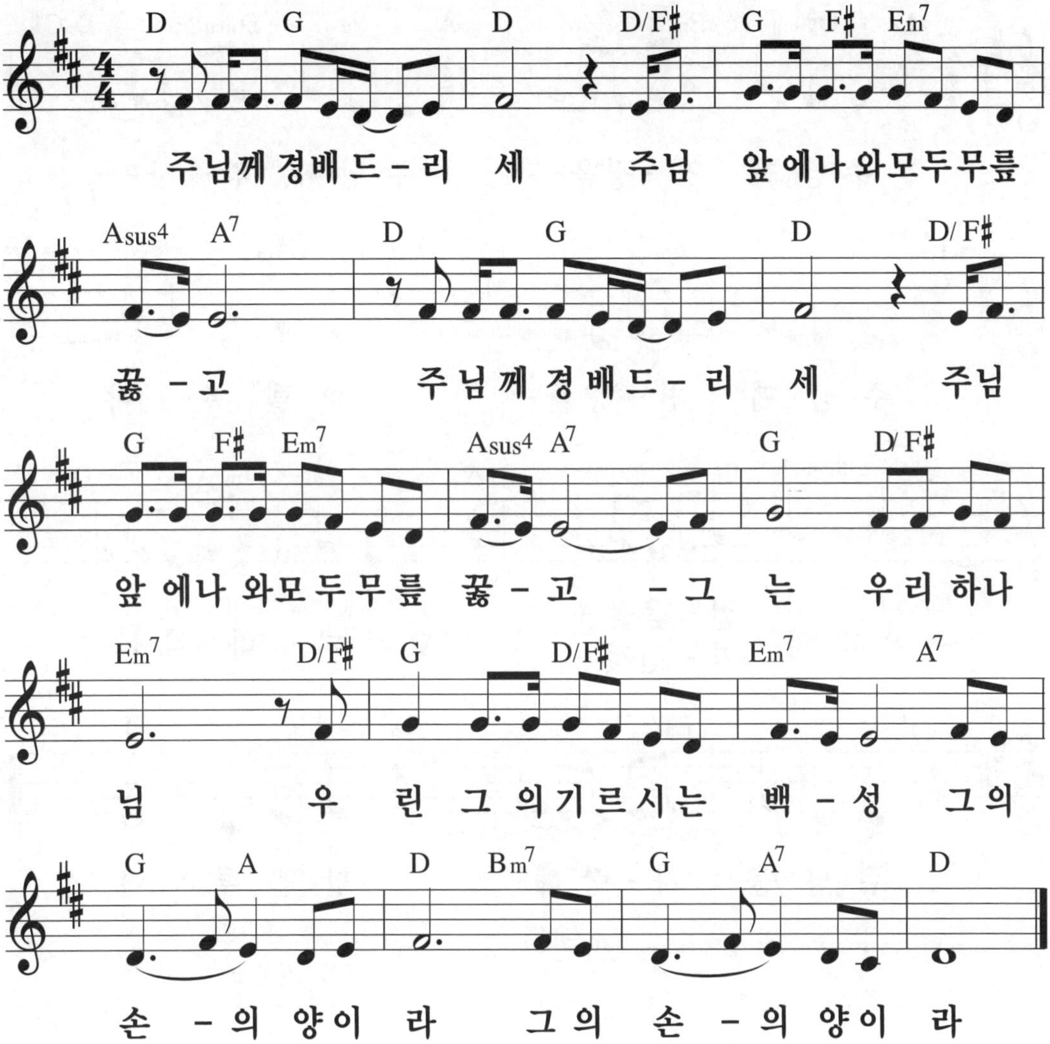

주님께경배드-리 세 주님 앞에나와모두무릎

꿇 -고 주님께경배드-리 세 주님

앞 에나 와모두무릎 꿇-고 -그 는 우리하나

님 우 린 그 의기르시는 백 -성 그의

손 -의 양이 라 그의 손 -의 양이 라

102/ 감사로 제사 드리는 자가 172/ 주님께 영광을 280/ 주님께 감사드리라

172

주님께 영광을

(주님께 알렐루야)

최덕신

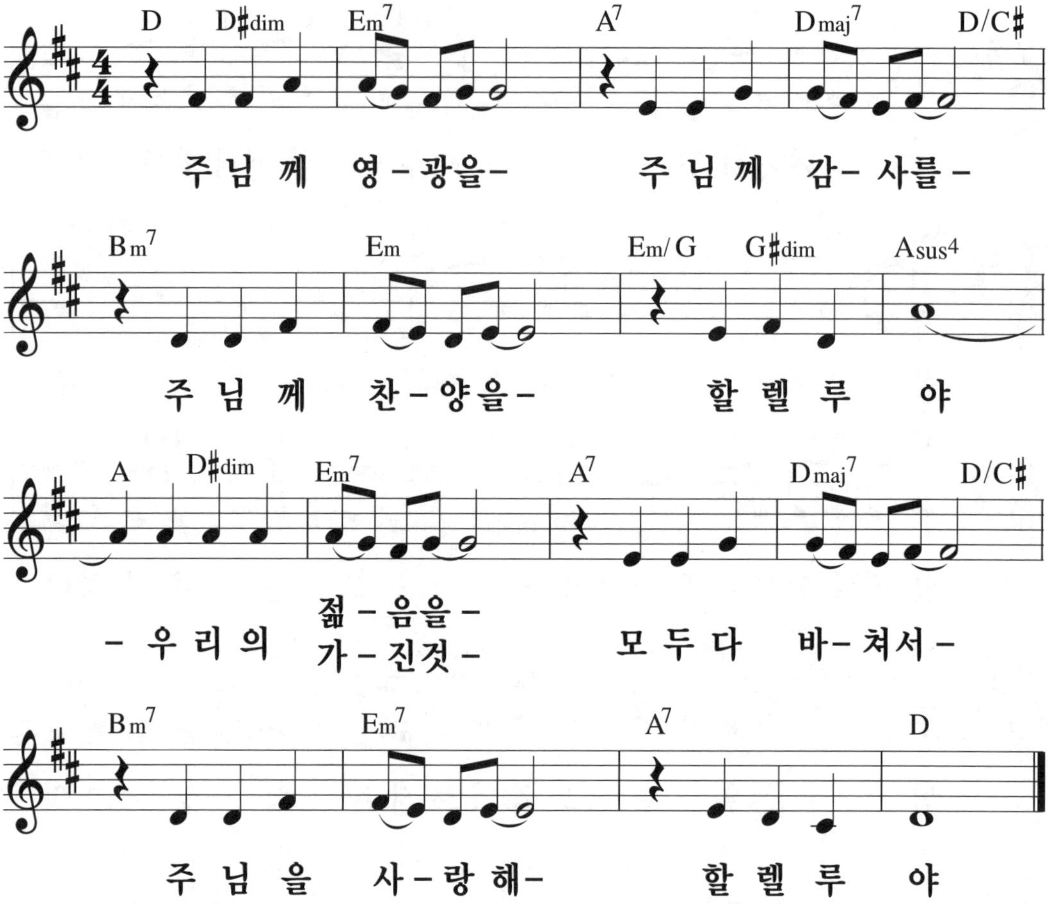
D D♯dim Em7 A7 Dmaj7 D/C♯
주 님 께 영-광을- 주 님 께 감- 사를-
Bm7 Em Em/G G♯dim Asus4
주 님 께 찬-양을- 할 렐 루 야
A D♯dim Em7 A7 Dmaj7 D/C♯
젊-음을-
-우 리 의 가-진것- 모 두 다 바-쳐서-
Bm7 Em7 A7 D
주 님 을 사-랑해- 할 렐 루 야

메들리 곡

150/ 예수 이름이 온 땅에 154/ 오라 우리가 171/ 주님께 경배 드리세

미가엘 641

주님 나를 부르셨으니 173

윤용섭

D

105/ 고요히 주님 앞에 와 174/ 주님 내가 여기 있사오니 290/ 주의 보좌로

174 주님 내가 여기 있사오니

(나를 받으옵소서)

최덕신

주님 내 가여기있 사오니 나를 보 내 소- 서

나의맘 나의몸 주께 드 리오-니 주 받으옵 소 서

주님 내 가여 기있 사오니 나를 써 주 소- 서

가진것 모두다 주께드 리오-니 주 받으옵 소 서

알 렐 루 - 야 알-- 렐 - 루 - 야

알 렐 루 - 야 ---- 알 - 렐 루 야

야 나를 받 으 옵 소 서 나를 받 으

옵 소 서 -

120/ 내게 있는 향유 옥합 176/ 주님 말씀하시면 223/ 나의 주 나의 하나님이여

미가엘
1830

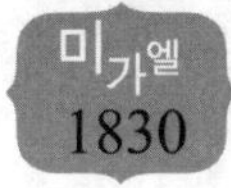

주님 내게 선하신분

(So Good To Me)

Darrell Evans & Matt Jones

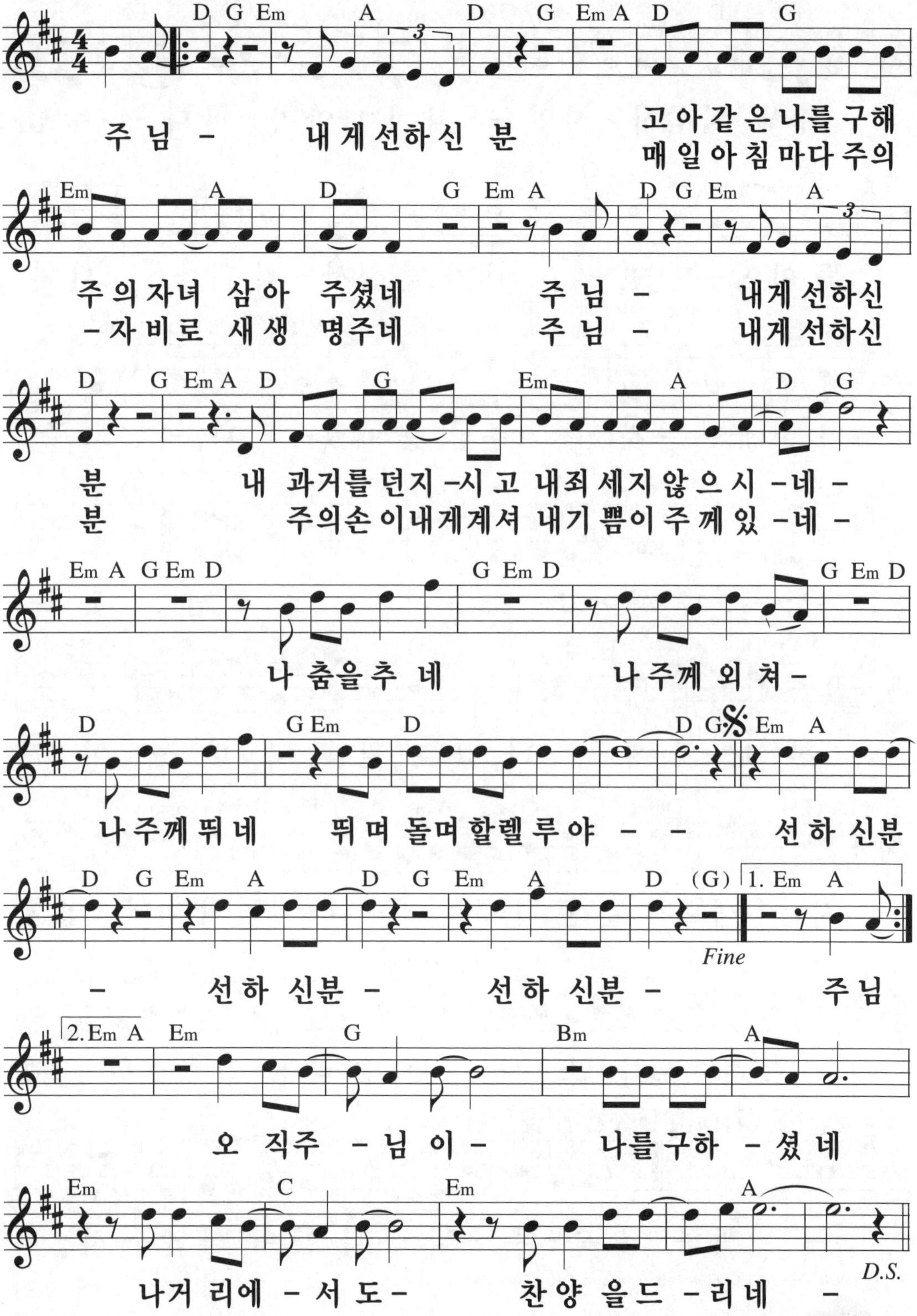
D G Em A D G Em A D G
주 님 - 내게선하신 분 고아같은나를구해
매일아침마다주의
Em A D G Em A D G Em A
주의자녀 삼아 주셨네 주 님 - 내게선하신
-자비로 새생 명주네 주 님 - 내게선하신
D G Em A D G Em A D G
분 내 과거를던지 -시고 내죄세지않으시 -네 -
분 주의손이내게계셔 내기쁨이주께있 -네 -
Em A G Em D G Em D G Em D
나 춤을추 네 나주께 외쳐-
D G Em D D G Em A
나주께뛰네 뛰며 돌며할렐루야 - - 선하 신분
D G Em A D G Em A D (G) 1. Em A
Fine
- 선하 신분 - 선하 신분 - 주님
2. Em A Em G Bm A
오 직주 -님 이- 나를구하 -셨 네
Em C Em A
D.S.
나거 리에 - 서 도- 찬양 을드 -리 네 -

176

주님 말씀하시면

(말씀하시면)

미가엘 1757

김영범

메들리 곡

139/ 선하신 목자 144/ 신실하게 진실하게 279/ 주님 계신 곳에 나가리

주님 예수 나의 동산 177

이영후 & 장욱조

주님예 수 나의동 산 내맘속 에 동녘하 늘

활짝피 는 백합같 아
아침햇 살 가득안 고 자라나 는 나무같 아
피어나 는 안개같 아

피어나 는 꽃되리 라
그 안 에서 이 생명 도 귀한재 목 되겠어 요
맑은영 혼 되겠어 요

이꽃바 쳐-- 당신제 단 밝히리 니
오 하 나님 이재목 바쳐- 당신제 단 쌓으리 니
이영혼 바쳐- 당신제 단 향내리 니

은혜로 운 사랑으 로 하늘평 안 내리소 서

54/ 오 하나님 받으소서 178/ 주님 손에 맡겨 드리리 205/ 평안을 너에게

178 주님 손에 맡겨 드리리

미가엘 2093

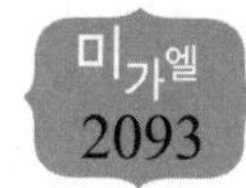

(전심으로 / With All I Am)

Reuben Morgan

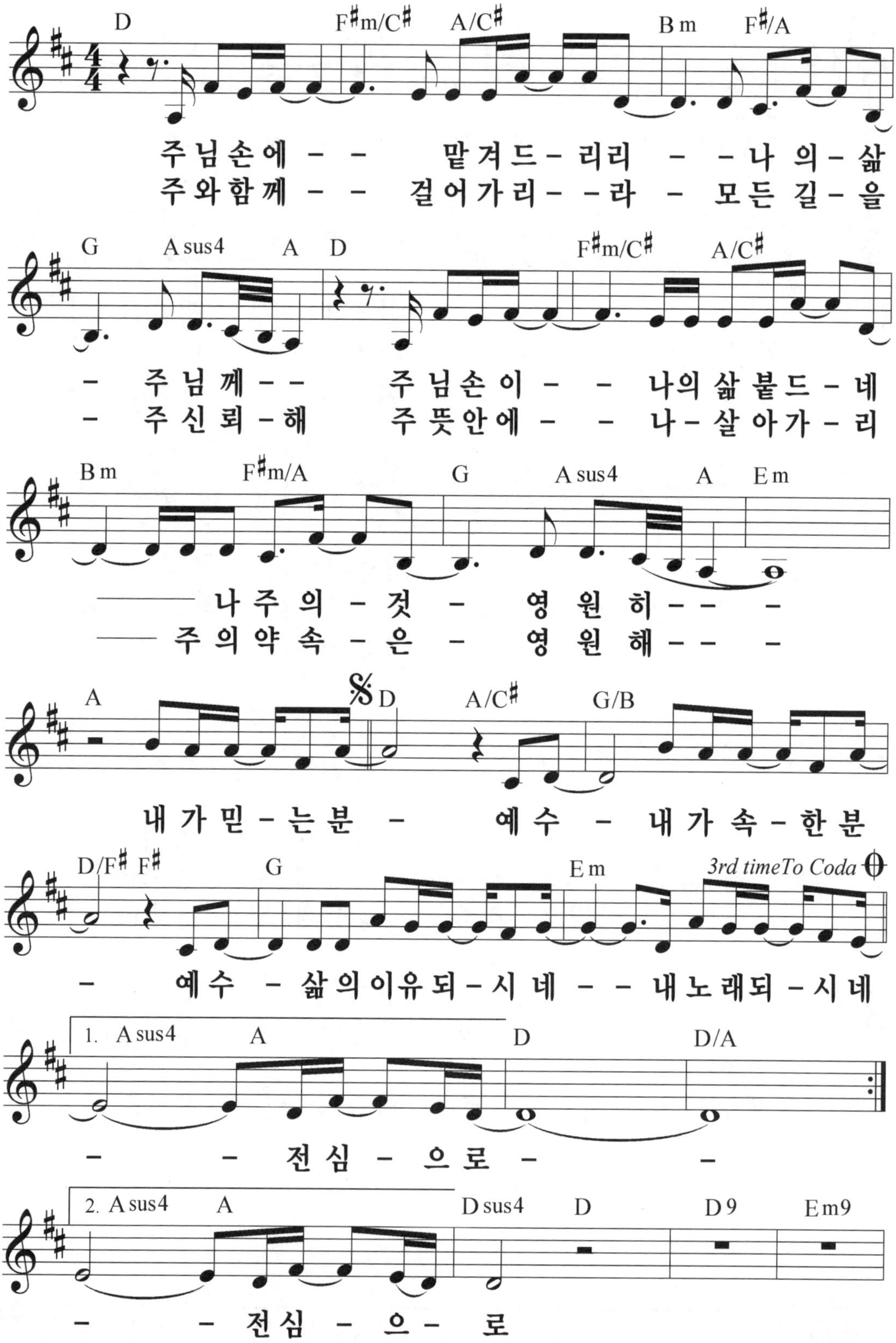
D F#m/C# A/C# Bm F#/A
주님손에 - - 맡겨드-리리 - - 나의-삶
주와함께 - - 걸어가리- -라 - 모든길-을
G Asus4 A D F#m/C# A/C#
- 주님께- - 주님손이 - - 나의삶붙드-네
- 주신뢰-해 주뜻안에 - - 나-살아가-리
Bm F#m/A G Asus4 A Em
나주의-것 - 영원히- - -
주의약속-은 - 영원해- - -
A D A/C# G/B
내가믿-는분 - 예수 - 내가속-한분
D/F# F# G Em 3rd time To Coda
- 예수 -삶의이유되-시네 - - 내노래되-시네
1. Asus4 A D D/A
- - 전심-으로 - -
2. Asus4 A Dsus4 D D9 Em9
- - 전심 - 으- 로

A sus4 A G/D D Em
경배하 - 리 - - 경배하 - 리 - 라
A sus4 A G/D D A/C♯ G/B
- - 경배하 - 리 - - 경배하 - 리 - 라
A sus4 A G/D D A/C♯ G/B
- - 경배하 - 리 - - - 경배하 - 리 - 라
A sus4 A D.S. A sus4 A D G/D D
- 내가믿 - 는분 - - 전심 - 으로 - -

179 주님 예수 나의 생명

(주님 안에 살겠어요)

김기원 & 장욱조

1. 주님예 수 나의생 명 죽을이 몸 살리신 주
2. 주님예 수 나의목 자 방황에 서 인도한 주
3. 주님예 수 나의구 주 사망권 세 이기신 주

주님예 수 피마시 고 새생명 을 얻은이 몸
주님주 신 생수마 셔 소생함 을 얻은영 육
그살먹 고 배부르 고 그피로 서 변한이 몸

주 님 안에 이생명 도 한몸이 된 지체이 라
주 님 따라 이인생 도 순종하 며 감사하 리
주 님 께만 이시간 도 충성하 며 희생하 리

오 내 주님 이몸바 쳐-- 당신위 해 살겠어 요
오 내 목자 인도따 라-- 십자가 를 지겠어 요
오 내 구주 구원의 주-- 사랑하 며 살겠어 요

성령권 능 내리시 사 이내결 심 도우소 서
성령충 만 부으시 사 열매맺 게 하옵소 서
성령인 도 따르면 서 청지기 로 살겠어 요

33/ 비 바람이 갈길을 막아도 40/ 세상에서 방황할 때 57/ 왜 나만 겪는 고난

미가엘 1699

주님의 성령 지금 이곳에 180

(임하소서)

송정미 & 최덕신

D

181 주님의 마음으로 나 춤추리

(주님의 춤추리 / Teach me to dance)

Steve A. Thompson &
Graham Kendrick

주님의마 음으로나춤추-리 성령의능 력으로따라가
음으로사랑하-리 주님약속 의말씀신뢰하

-리 주님의빛 가운데걸어가 -리 주님의마
-리 다시오실 주님나바라보 -리 주님의마

음으로춤추리 - 주님의마 - 주는생 명의근원
음으로춤추리 - 주님의마 - 매일의 삶속에서

하늘과 땅의 주인 주안에넘치는 기 - 쁨
주님을 위한 사랑 순종으로주께 드 - 려

주님의아이되어 기쁨의-춤추리 주님의영광을
나의모든힘다해 주님께경배하리 나의모든것다

위 - - 한 기 - - 쁨 주님의마
드 - - 려 찬 - - 양 주님의마

150/ 예수 이름이 온 땅에　193/ 주의 자비가 내려와　203/ 춤추며 찬양해

D

주님은 너를 사랑해 182

조환곤

*| 기뻐해, 위로해, 축복해

25/ 너는 담장 너머로　44/ 아주 먼 옛날　136/ 사랑의 주님이

183

주 다스리네

(The Lord Reigns)

Dan Stradwick

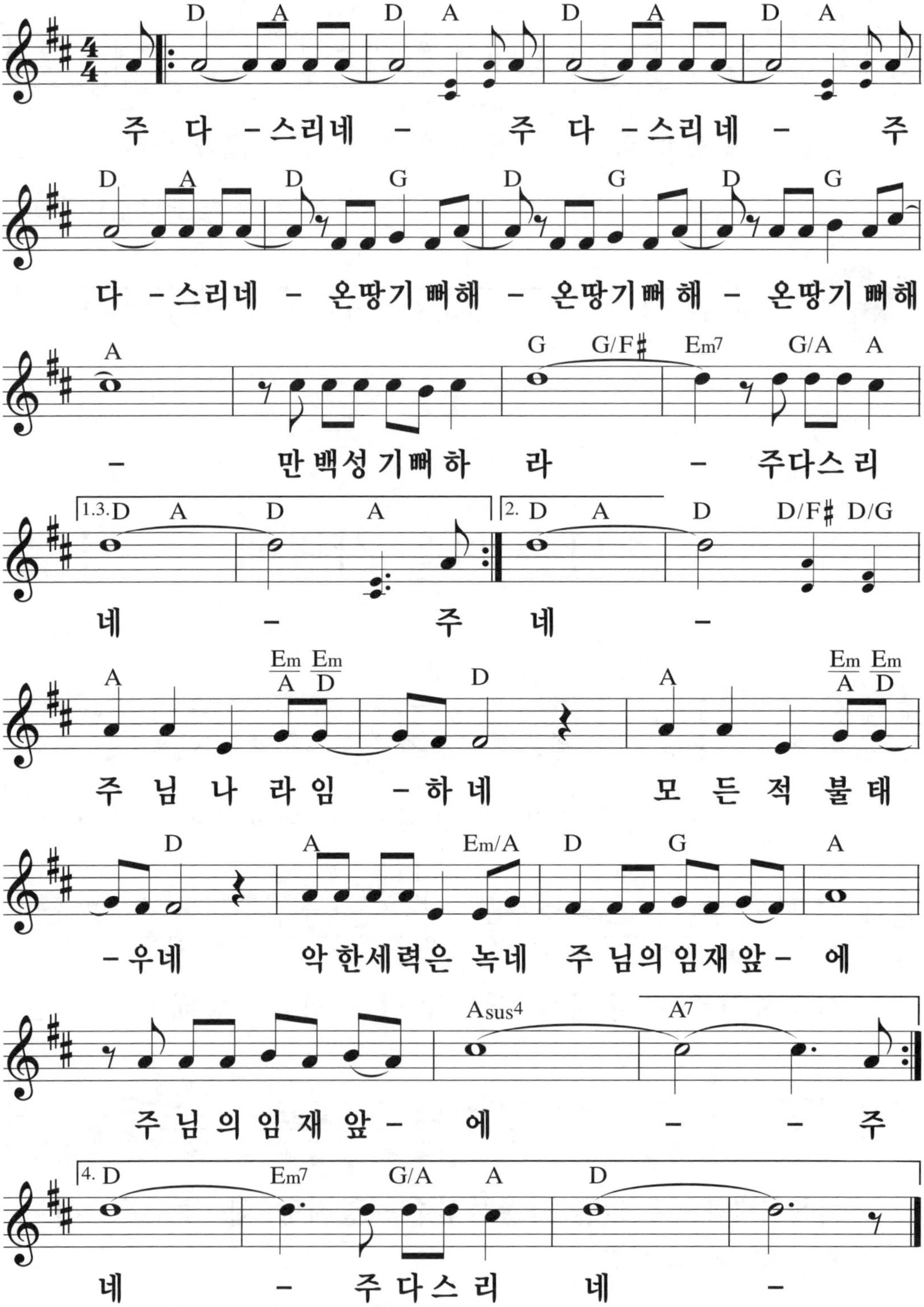

주 다 -스리네 - 주 다 -스리네 - 주

다 -스리네 - 온땅기 빼해 - 온땅기빼 해 - 온땅기 빼해

- 만 백성 기 빼 하 라 - 주다스리

1.3. 네 - 주 2. 네 -

주 님 나 라 임 -하 네 모 든 적 불 태

-우네 악 한세력은 녹네 주 님의 임재앞- 에

주 님 의 임 재 앞- 에 - - 주

4. 네 - 주 다 스 리 네 -

주 달려 죽은 십자가 184

(놀라운 십자가 / The Wonderful Cross)

J.D. Walt & Chris Tomlin, Jesse Reeves

185 주 사랑이 나를 숨쉬게 해

(Breathe)

정신호

D A/C# G/B Em A

주 사랑이－나를숨쉬－게해 － 세상 그어떤－어려－움속－에도

사랑이－나를이끄－시네 － 내가 갈수없－는그－ －곳－으로

D G/D D A/C# G/B Em A

－ 주 은혜로－나를돌보－시며 － 세상 끝날까－지 －지켜－주시네

－ 주 의사랑－나를붙드－시며 － 세상 끝날까－지 －인도－하시네

1. D G/A 2. D G/A D G/D

－ 주 － 주님－만 이 － －내아픔아－시며 － 주님

Em A D A/C# Bm E/G#

만이내－맘어－루만－지네 － 어느누구도－ 나를향－하신

G6 Em A

－ 주님 의사랑－을끊을수－없네 － 주님－만이

D G/D Em A

－ －내능력이－시며 － 주님 만이나－의구－원이－시네

D A/C# Bm E/G# G6

－ 어느누구도－ 나를향－하신 － 주님

14/ 나 지치고 136/ 사랑의 주님이 112/ 나를 지으신 이가

주여 진실하게 하소서 186

(I'll be true, Lord Jesus)

*| 사랑하게, 묵상하게, 기도하게, 말씀보게, 전도하게

153/ 오늘 집을 나서기 전 226/ 날마다 숨쉬는 순간 265/ 우리에게 향하신

187 주를 위한 이곳에

김준영 & 임선호

D A/C♯ Bm7 D7/A G D/F♯ Em7 G/A

주를위한이곳 에 예배하는 자들 중 에

D A/C♯ Bm7 D7/A G /A D G/D

그가찾는이없 어 주님께 서 슬퍼하시네 -

D A/C♯ Bm7 D7/A G D/F♯ Em7 G/A

주님이찾으시 는 그한사 람 그예 배 자

D A/C♯ Bm7 D7/A G /A D A

내가그사람되 길 간절히주 께예배하네 - 주은혜-

D Asus4 A Bm7 D7

로 이곳에 서있네 주임재- 에 엎드려 절하네- 그

G9 D/F♯ Em7 G/A

어느것도- 난 필요없네- 주 님만- 경배 -해 - 주은혜-

D Asus4 A Bm7 D7

로 이곳에 서있네 주임재- 에 엎드려 절하네- 그

G9 D/F♯ Em7 G/A D

어느것도- 난 필요없네- 주 님만- 경배 - 해

메들리 곡

84/ 주의 거룩하심 생각할 때 155/ 오소서 진리의 성령님 199/ 주 찬양합니다

미가엘 1213

주여 나에게 세상은 188

(당신의 뜻이라면)

이정림

D

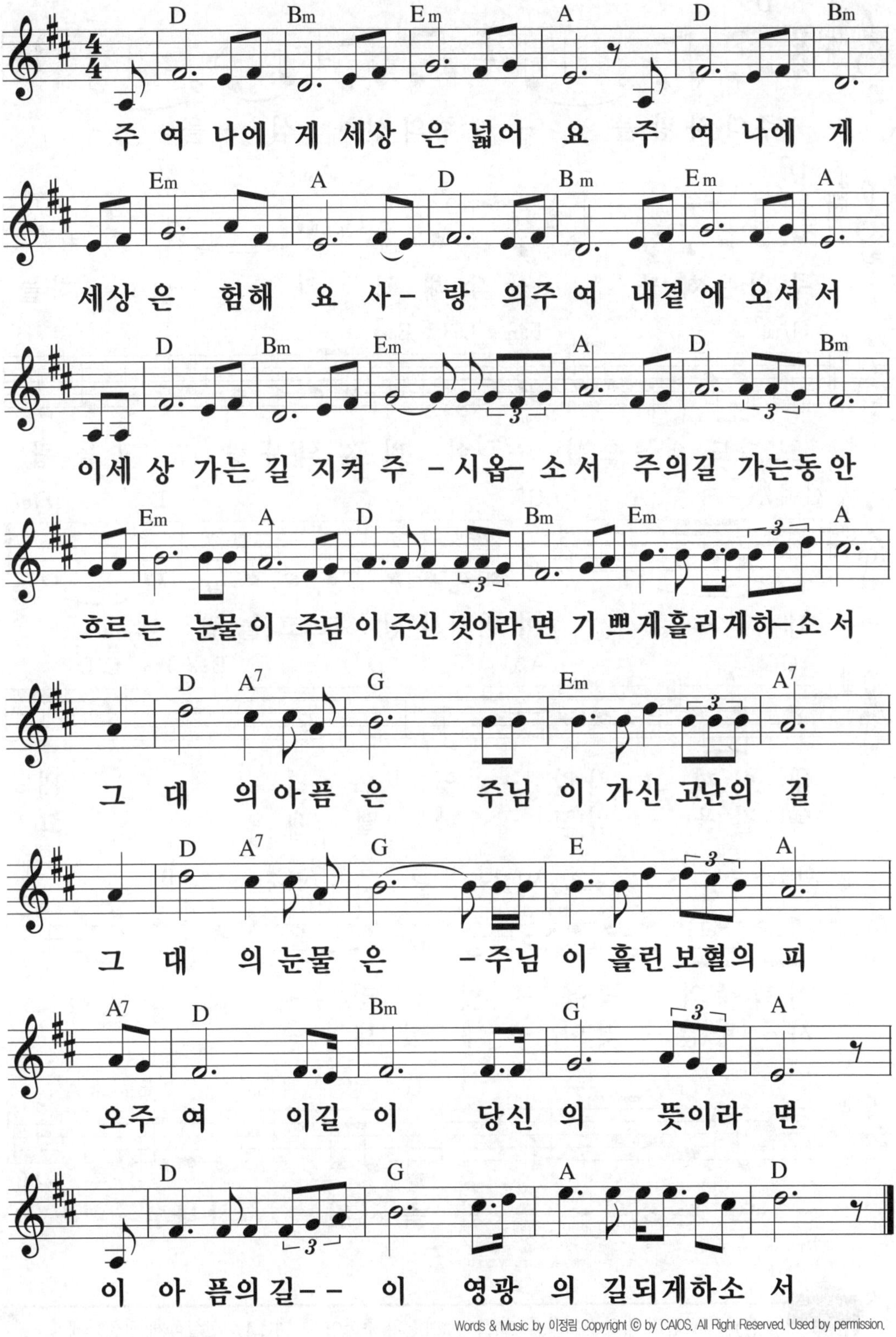
주 여 나에 게 세상 은 넓어 요 주 여 나에 게
세상 은 험해 요 사 - 랑 의주 여 내곁 에 오셔 서
이세 상 가는 길 지켜 주 - 시옵 - 소 서 주의길 가는동 안
흐르 는 눈물 이 주님 이 주신 것이라 면 기 쁘게흘리게하 - 소 서
그 대 의아픔 은 주님 이 가신 고난의 길
그 대 의눈물 은 - 주님 이 흘린보혈의 피
오주 여 이길 이 당신 의 뜻이라 면
이 아 픔의길 - - 이 영광 의 길되게하소 서

189 주의 사랑을 주의 선하심을

(Think about His love)

미가엘 1679

Walt Harrah

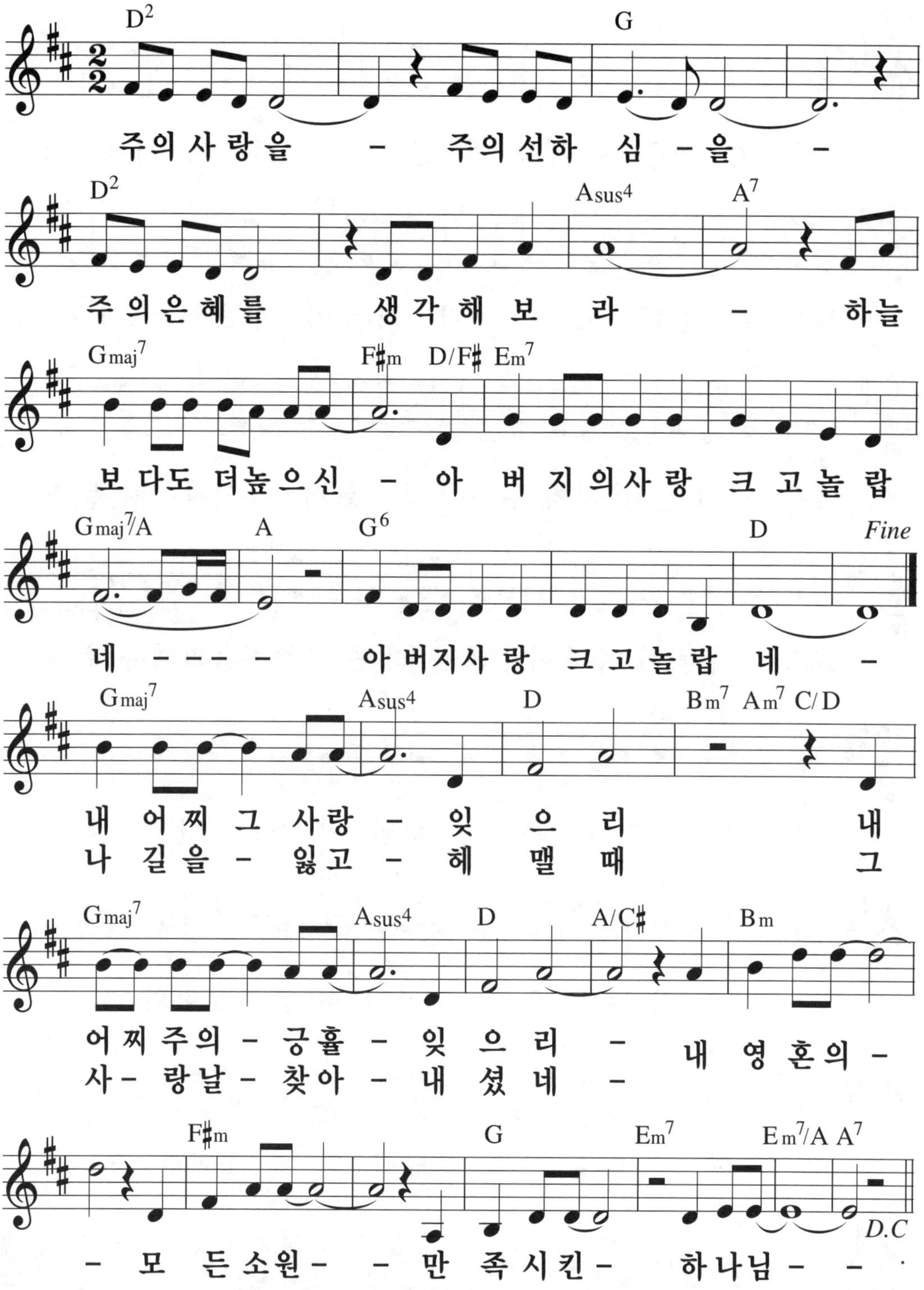

D2 G
주의사랑을 – 주의선하 심 –을 –
D2 Asus4 A7
주의은혜를 생각해보 라 – 하늘
Gmaj7 F♯m D/F♯ Em7
보다도 더높으신 – 아 버 지의사랑 크고놀랍
Gmaj7/A A G6 D Fine
네 – – – – 아버지사랑 크고놀랍 네 –
Gmaj7 Asus4 D Bm7 Am7 C/D
내 어 찌 그 사랑 – 잊 으 리 내
나 길을 – 잃고 – 헤 맬 때 그
Gmaj7 Asus4 D A/C♯ Bm
어찌주의 – 긍휼 – 잊 으 리 – 내 영 혼의 –
사– 랑날 – 찾아 – 내 셨 네 –
F♯m G Em7 Em7/A A7
– 모 든소원 – – 만 족시킨 – 하나님 – –
D.C

메들리 곡

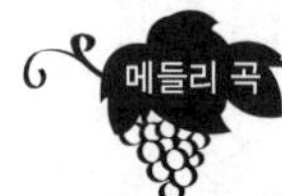

101/ 갈릴리 바닷가에서 136/ 사랑의 주님이 144/ 신실하게 진실하게

주의 이름 안에서 190

(찬양의 제사 드리며 / We Bring The Sacrifice Of Praise)

Kirk Carroll Dearman

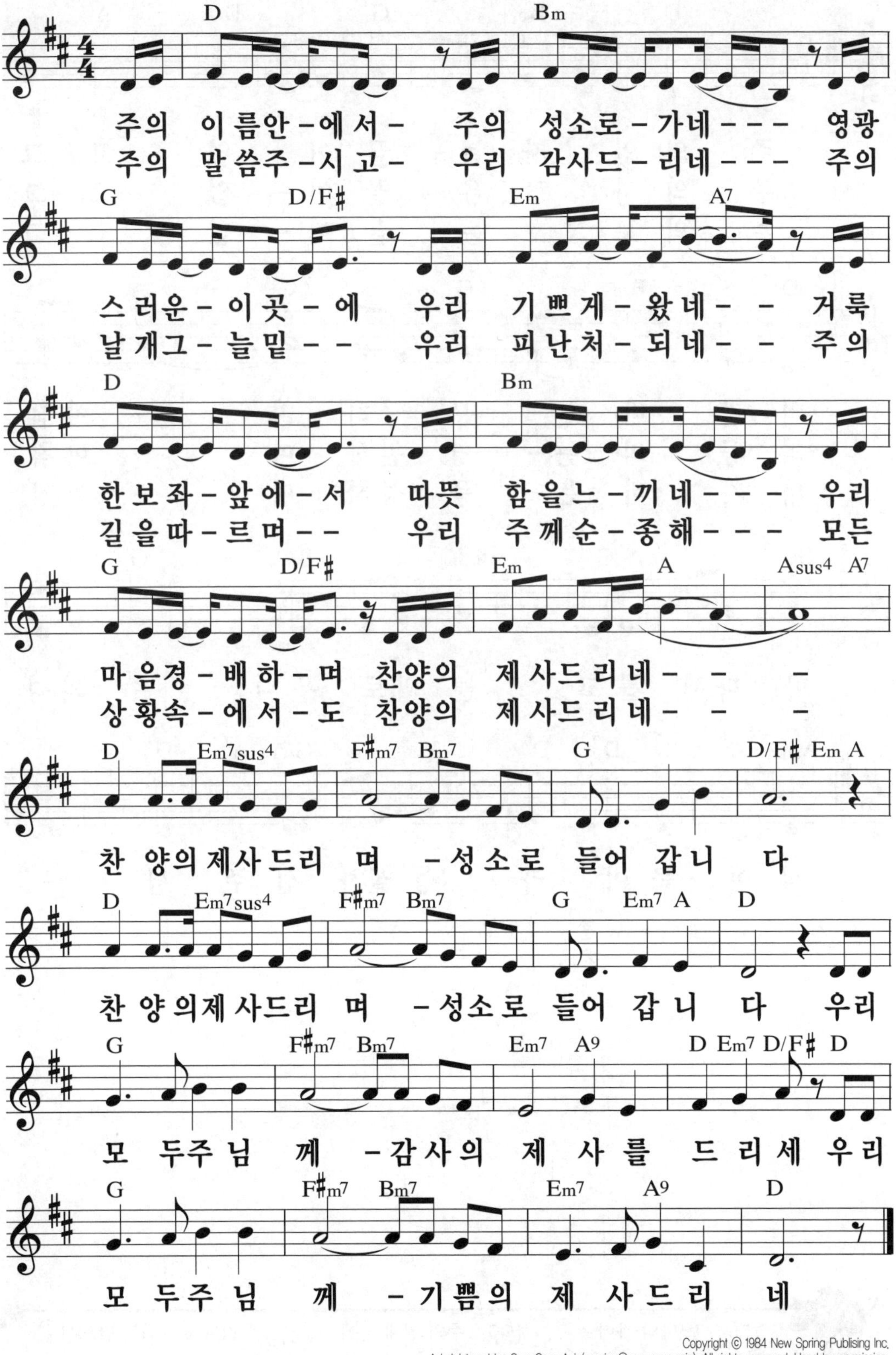

D Bm
주의 이름안-에서- 주의 성소로-가네--- 영광
주의 말씀주-시고- 우리 감사드-리네--- 주의

G D/F# Em A7
스러운-이곳-에 우리 기쁘게-왔네-- 거룩
날개그-늘밑-- 우리 피난처-되네-- 주의

D Bm
한보좌-앞에-서 따뜻 함을느-끼네--- 우리
길을따-르며-- 우리 주께순-종해--- 모든

G D/F# Em A Asus4 A7
마음경-배하-며 찬양의 제사드리네-- -
상황속-에서-도 찬양의 제사드리네-- -

D Em7sus4 F#m7 Bm7 G D/F# Em A
찬 양의제사드리 며 -성소로 들어 갑니 다

D Em7sus4 F#m7 Bm7 G Em7 A D
찬 양의제사드리 며 -성소로 들어 갑니 다 우리

G F#m7 Bm7 Em7 A9 D Em7 D/F# D
모 두주님 께 -감사의 제 사를 드리세 우리

G F#m7 Bm7 Em7 A9 D
모 두주 님 께 -기쁨의 제 사드리 네

191 주의 인자는 끝이 없고

(The steadfast love of the Lord)

Edith McNeill

주 의인 자 는- 끝 이- 없 고 그
주 의사 랑 은- 끝 이- 없 고 그
주 의보 호 는- 끝 이- 없 고 그

의 자 비 는- 무 궁하 며 - 아침
의 공 의 는- 영 원하 며 - 아침
의 자 비 는- 풍 성하 며 - 아침

마 다새 롭고 늘 새로 우니 주 의성

실이 큼이 라 성실하 신주 님 -

메들리 곡
152/ 오 나의 자비로운 192/ 주의 임재 앞에 374/ 하나님은 너를 만드신 분

주의 임재 앞에 잠잠해 192

(Be Still)

David J. Evans

주의 임재 앞에 잠잠해 주 여기 계시네
주의 영광 앞에 잠잠해 주의 빛 비치네
주의 능력 앞에 잠잠해 주 역사하시네

D

와서 모두 굽혀 경배해 신령과 진리로
거룩한- 불태우시며 영광의 관 쓰네
죄 사하고 치유하시는 놀라운 주 은혜

순결하신 주님 거룩한 존전에
그 영광 찬란해 빛되신 우리 왕
주 믿는 자에게 능치 못함 없네

주의 임재 앞에 잠잠해 주 여기 계시네
주의 영광 앞에 잠잠해 주의 빛 비치네
주의 능력 앞에 잠잠해 주 역사하시네

120/ 내게 있는 향유 옥합 191/ 주의 인자는 끝이 없고 199/ 주 찬양합니다

193 주의 자비가 내려와

(Mercy is falling)

David Ruis

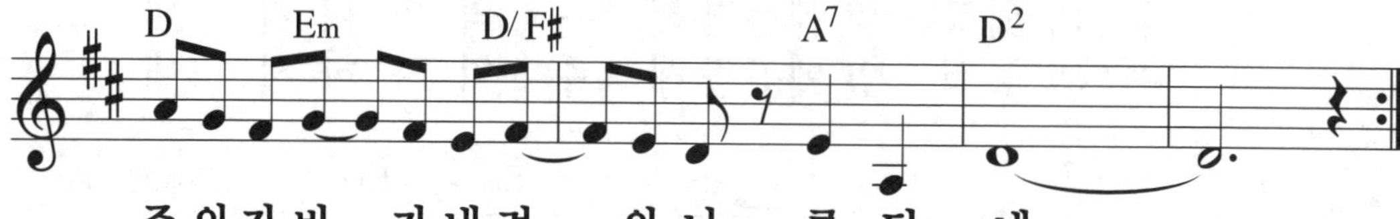

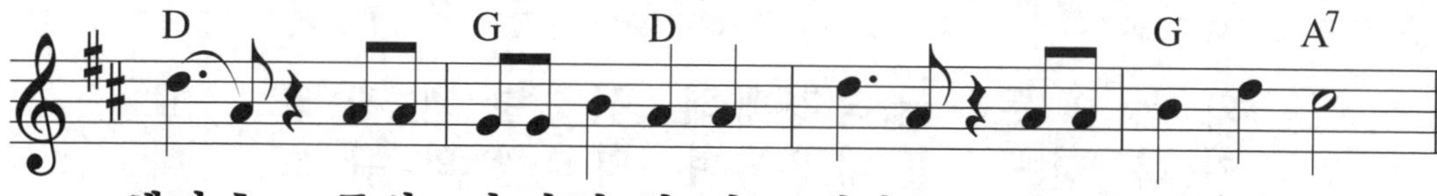

주의 집에 거하는 자 194

(Blessed)

Darlene Zschech & Reuben Morgan

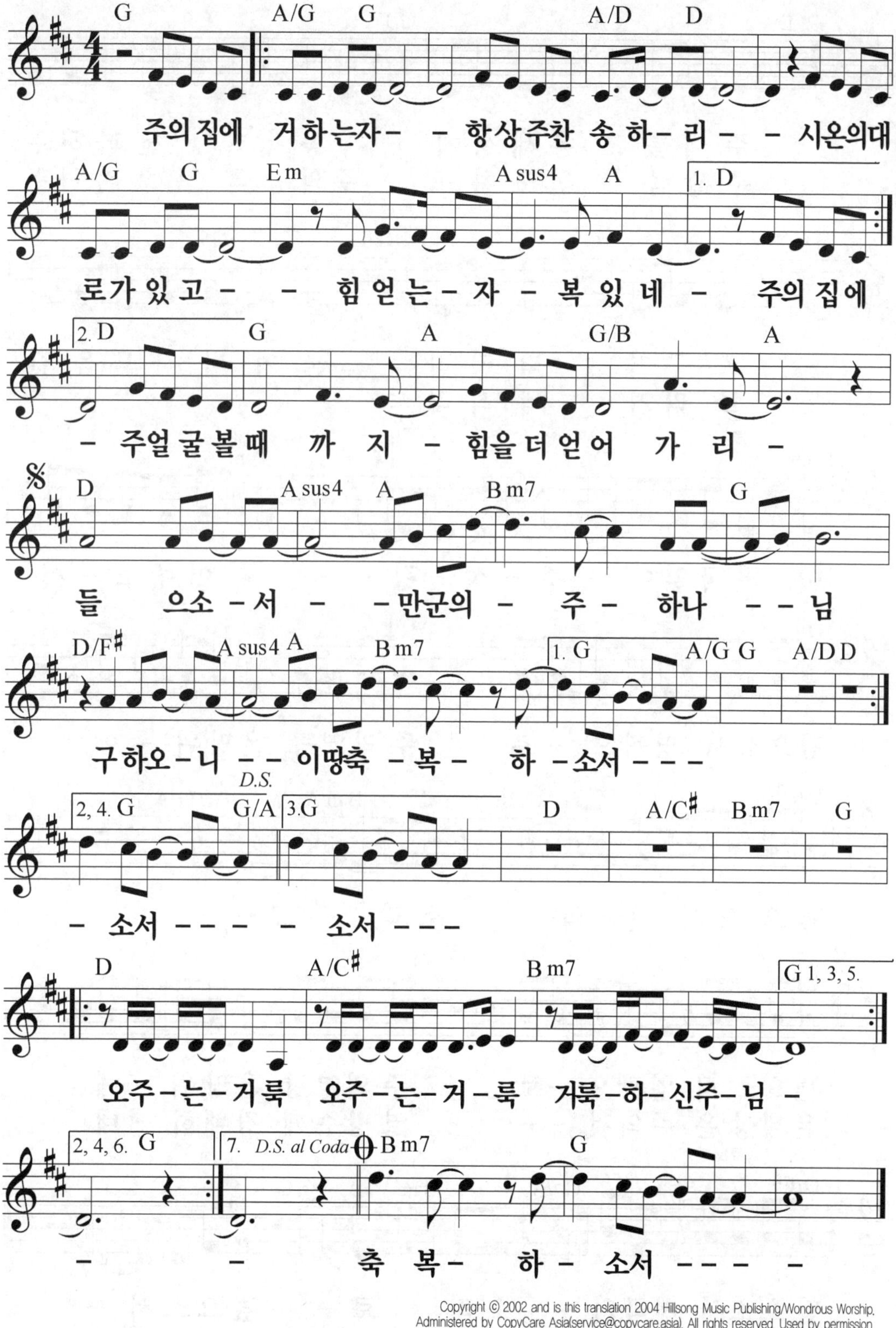

D

G A/G G A/D D

주의집에 거하는자– –항상주찬 송하–리– –시온의대

A/G G Em Asus4 A 1. D

로가있고– – 힘얻는–자 –복있네 – 주의집에

2. D G A G/B A

– 주얼굴볼때 까 지 – 힘을더얻어 가 리 –

𝄋 D Asus4 A Bm7 G

들 으소–서 – –만군의 – 주– 하나 ––님

D/F♯ Asus4 A Bm7 1. G A/G G A/D D

구하오–니 ––이땅축 –복– 하 –소서–––

2, 4. G G/A D.S. 3.G D A/C♯ Bm7 G

– 소서–––– – 소서–––

D A/C♯ Bm7 G 1, 3, 5.

오주–는–거룩 오주–는–거–룩 거룩–하–신주–님 –

2, 4, 6. G 7. D.S. al Coda Bm7 G

– – 축 복– 하– 소서 ––– –

195 주 이름 온 세상에

(덮으소서 / Cover The Earth)

Meleasa Houghton & Israel Houghton,
Cindy Cruse

주 이름 온 세상에 높이고 전파하는
주 말씀 선포하고 주의왕국 예비하는

– 도 구가 되 리 라 물 이 바 다 덮음 같
– 소 리가 되 리 라

이 천국열어 – 주 – 성 – 령 – 부 어 주 소 – 서

덮으소서 영광으 – 로 주 의영광 온땅위 – 에

덮 으 소 서 천국의 – 소 리 – 로 –

덮으소 서 영광으 –로 주 의영광 온땅위 – 에
온세상 은 주의것 – – 열 방주께 경 배 하 – 네

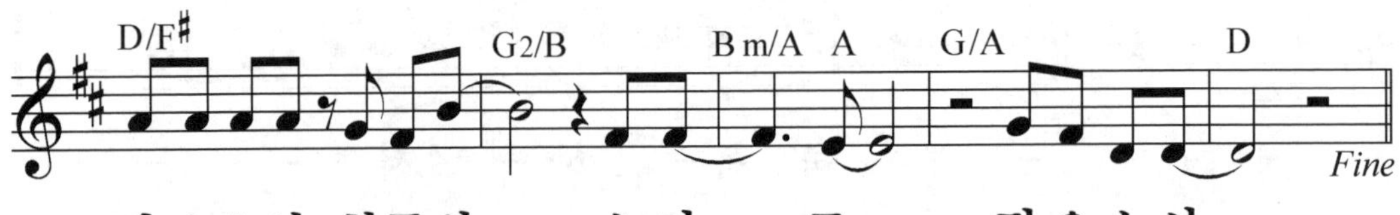

덮으소서 천국의 – 소 리 – 로 – 덮으소서 –

Dm
천국 열 어주소서 새노 래 퍼 지도록
Dm
Bridge
물이 바 다덮음같이 덮으소 서 -
Dm
천국 열 어 주 소 서 새 노 래 퍼 지 도 록
Dm
G sus4 G G/A
D.S. al Fine
물이 바 다덮음같이 덮으소서 -

D

196 주 자비 춤추게 하네

(춤추는 세대 / Dancing Generation)

Matt Redman

D

190/ 주의 이름 안에서 193/ 주의 자비가 내려와 203/ 춤추며 찬양해

주님 이곳에 197

고형원

76/ 주님의 시간에 180/ 주님의 성령 지금 이 곳에 187/ 주를 위한 이 곳에

198 주 이름 큰 능력 있도다

미가엘 1630

(There is power in the name of Jesus)

Noel Richards

주 찬양합니다

(Ich lobe meninen Gott)

Cl. Fraysse Bergese

D A/C# Bm Bm/A G A D

주 찬양합니 다 내 마 음을 다해 주

G A/G F#m Bm Em E7 Asus4 A

가 하신놀 라운 일 들을세 상에 모 두전하 리 라

Dmaj7 A/C# Bm Bm/A G A D

주 찬양합니 다 내 마 음 을 다 해 내

G A F#m Bm Em A7 D

가 주 를 기 뻐 하며찬양해 할 렐 - 루 - 야 지

Gmaj7 A/G F#m Bm Em A7 D C/D D7

극 히 높 으신 이름찬양해 할 렐 - 루 - 야 지

Gmaj7 A/G F#m Bm Em A7 D

극 히 높 으신 이름찬양해 할 렐 - 루 - 야

65/ 임마누엘 191/ 주의 인자는 끝이 없고 192/ 주의 임재 앞에 잠잠해

200 찬바람 부는 갈보리산

(귀하신 나의 주)

메들리 곡 7/ 나를 위해 오신 주님 161/ 온 세상 죄 지고가신 184/ 주 달려 죽은 십자가

찬양의 열기 모두 끝나면 201

(마음의 예배 / The heart of Worship)

Matt Redman

D

찬양의열 기 - 모두끝나면- 주앞에나 와 -
영원하신왕 - 표현치못할- 주님의존 귀 -

더욱진실한 - 예배드리네- 주님을향 한 -
가난할때 도 - 연약할때도- 주내모든것 -

노래이상의노래 - 내맘깊은곳에 주께서원하신것 -

화려한음악보다- 뜻없는열정보다 중심을원하시죠- -

주 님 께 드 릴 맘 -의 예 -배 주 님을위한-

주 님을향한 노 래 중심잃은예배내 -려 놓-고

이제 나 돌아 와 - 주 님만예배 해 요 -

171/ 주님께 경배드리세 190/ 주의 이름안에서 280/ 주님께 감사드리라

202 천사의 말을 하는 사람도

(사랑의 송가)

Tina Benitez

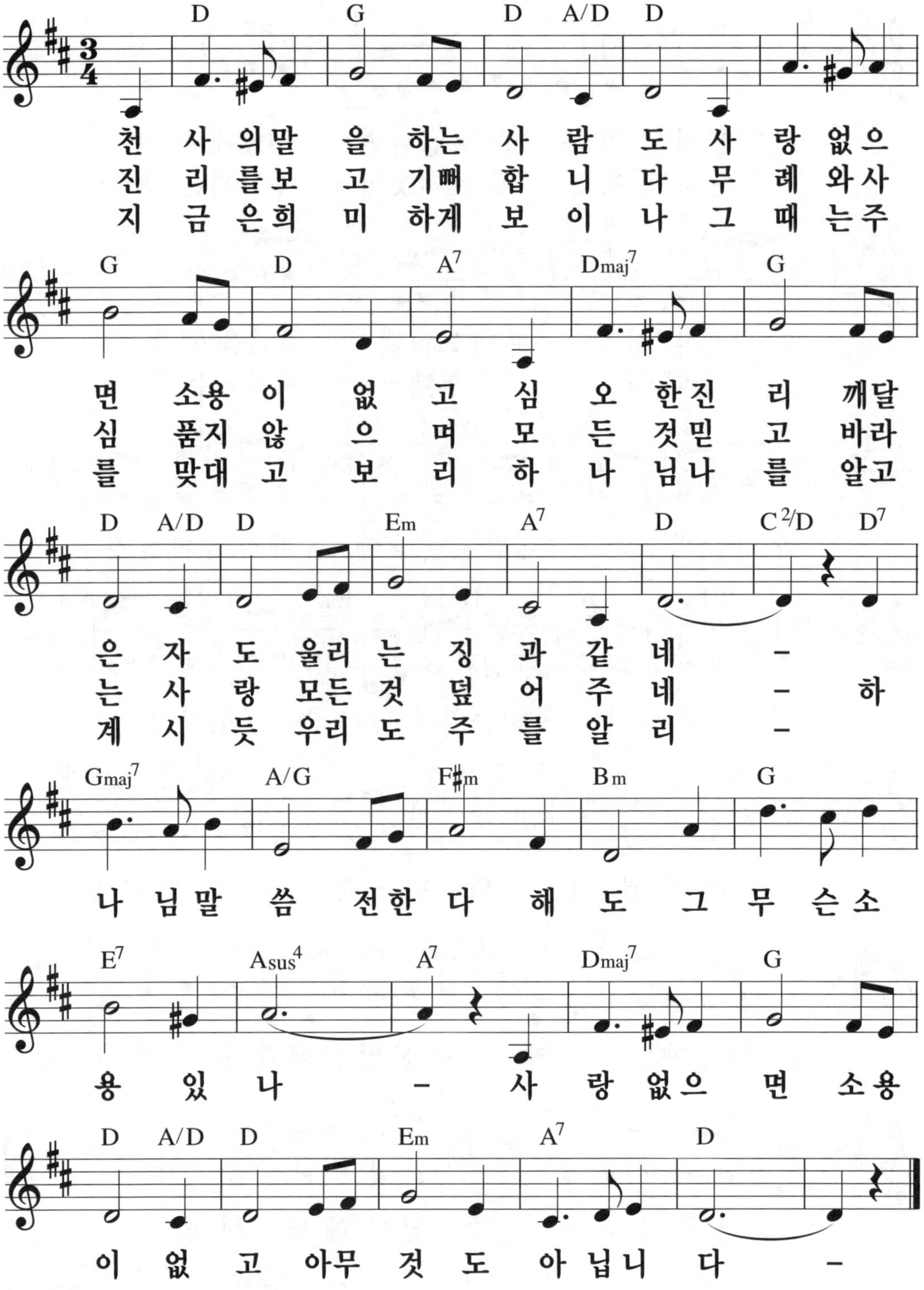

1. 천사의 말을 하는 사람도 사랑 없으면 소용이 없고 심오한 진리 깨달은 자도 울리는 징과 같네 –
2. 진리를 보고 기뻐합니다 무례와 사심 품지 않으며 모든 것 믿고 바라는 사랑 모든 것 덮어주네 – 하
3. 지금은 희미하게 보이나 그때는 주를 맞대고 보리 하나님 나를 알고 계시듯 우리도 주를 알리 –

나님 말씀 전한다 해도 그 무슨 소용 있나 – 사랑 없으면 소용이 없고 아무것도 아닙니다 –

88/ 하나님은 사랑이요 134/ 사랑은 언제나 오래참고 167/ 작은 불꽃 하나가

춤추며 찬양해 203

(나의 왕 앞에서 / I Will Dance I Will Sing)

Matt Redman

204 탕자처럼 방황할 때

(탕자처럼)

미가엘 910

김영기

1. 탕자처럼방황-할 때 도 애타게 기다리는 -
2. 불순종한요 나와같이 도 방황하 던나에게 -
3. 음탕한저고 멜과같이 도 방황하 던나에게 -

부드런 주님의음성이 내 맘을 녹이셨네 -
따뜻한 주님의손길이 내 손을 잡으셨네 -
너그런 주님의용서가 내 맘을 녹이셨네 -

오 주님 나 이제갑니 다 날받아 주 소- 서 -

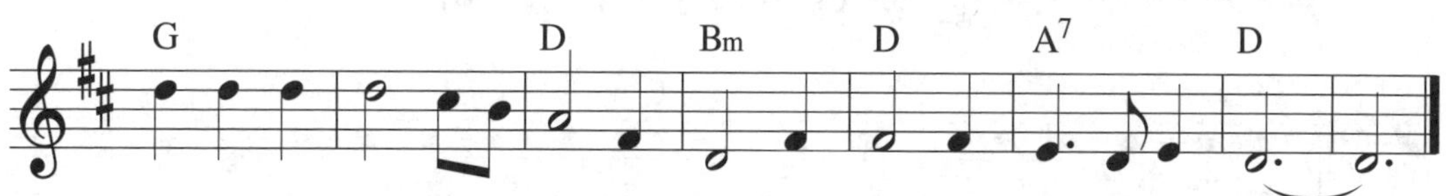

이 제는 주 님만위하 여이 몸을 바치리 다 -
이 제는 주 님만위하 여이 생명 바치리 다 -
이 제는 주 님만위하 여죽 도록 충성하 리 -

평안을 너에게 주노라 205

(My peace I give unto you)

Keith Routlege

D F♯m Em A7

평안 을 너에게 주노라 – 세상

D F♯m Em A7

이 줄– 수 없– 는 – 세상

G A/G F♯m Bm Bm/A

이 알수 도 없는 평 – 안

G A/G F♯m7 Bm

평 – – 안 평 – – 안 평안

Em7 A7 G/D D

을 네 게 주노 라 –

76/ 주님의 시간에 152/ 오 나의 자비로운 주여 297/ 평화 하나님의 평강이

206 하늘의 해와 달들아

(호흡이 있는 자마다)

미가엘 631

김세영

하늘의 해와 달들아

D

메들리 곡
203/ 춤추며 찬양해 220/ 나의 발은 춤을 추며 291/ 찬송하라 여호와의 종들아

207 할 수 있다 하면 된다

(할 수 있다 해 보자)

윤용섭

D A7 D G A7

할 수 있 다 하 면 된 다 해 보 – 자

D A7 D G A7 D

믿 는 자 에 게 능 치 못 함 이 없 으 리 라

A7 D D7 G E7 A7

나는부족해 도 나는약해도 주님 도와주신 다
믿음가지고 – 꿈을가지고 주님 바라보아 라
기도하면서 – 찬양할때에 주님 함께하신 다

G A7 D G E7 A

의 심말 고 두려워말라 기 적이일어 난 다
성 령님 이 도와주신다 좋 은일일어 난 다
할 렐루 야 할렐루–야 기 적이일어 난 다

D A D A7/E A7 D

말씀안에서 믿 음안에서 할수있다해 보 자

92/ 할 수 있다 하신 이는 218/ 나의 등 뒤에서 304/ 넘지 못 할 산이 있거든

미가엘 933

험하고 어두운 길 헤매일 때 208

(늘 노래해)

유의신 & 서영석

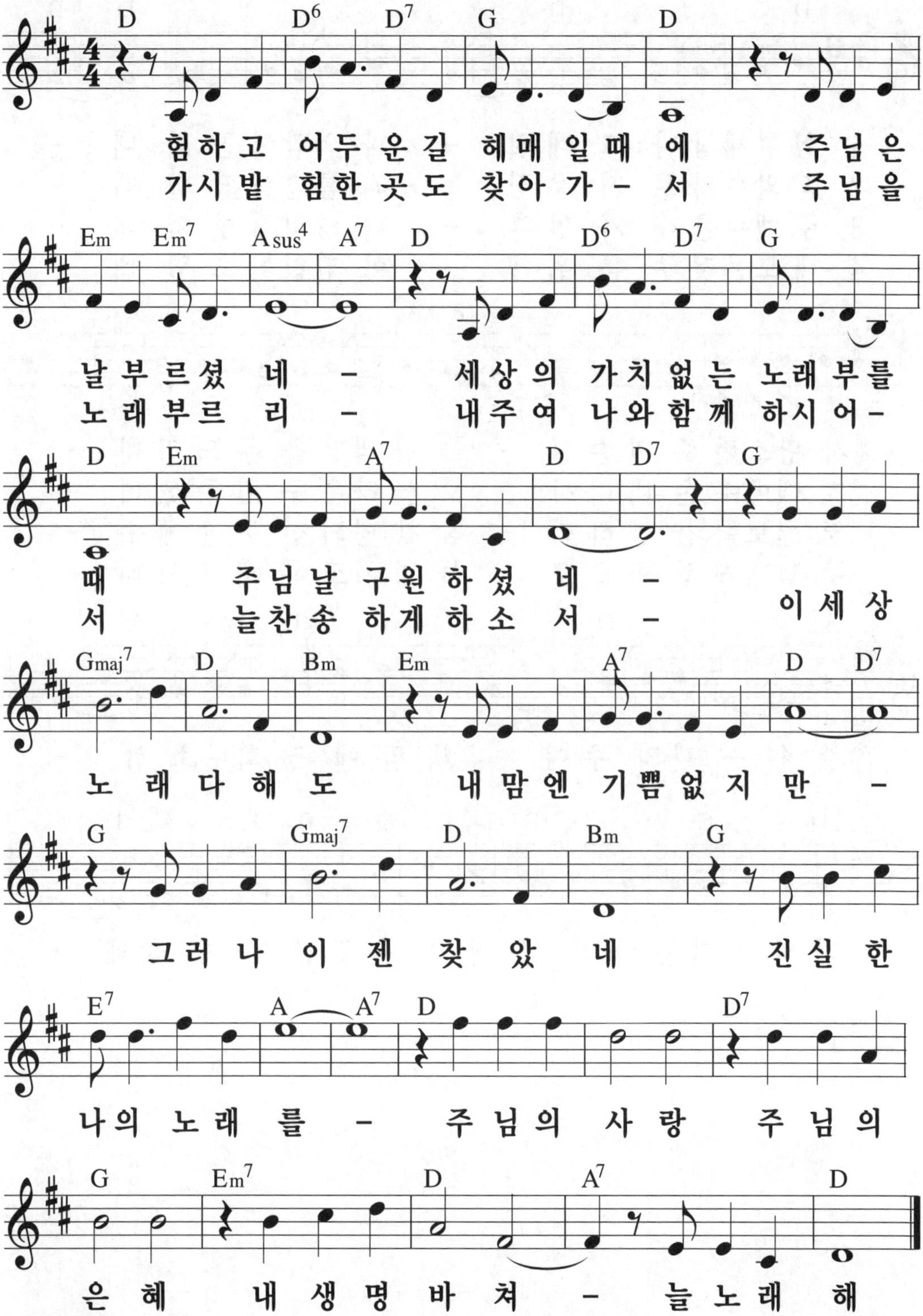
D D6 D7 G D
험 하 고 어 두 운 길 헤 매 일 때 에 주 님 은
가 시 밭 험 한 곳 도 찾 아 가 - 서 주 님 을
Em Em7 Asus4 A7 D D6 D7 G
날 부 르 셨 네 - 세 상 의 가 치 없 는 노 래 부 를
노 래 부 르 리 - 내 주 여 나 와 함 께 하 시 어 -
D Em A7 D D7 G
때 주 님 날 구 원 하 셨 네 -
서 늘 찬 송 하 게 하 소 서 - 이 세 상
Gmaj7 D Bm Em A7 D D7
노 래 다 해 도 내 맘 엔 기 쁨 없 지 만 -
G Gmaj7 D Bm G
그 러 나 이 젠 찾 았 네 진 실 한
E7 A A7 D D7
나 의 노 래 를 - 주 님 의 사 랑 주 님 의
G Em7 D A7 D
은 혜 내 생 명 바 쳐 - 늘 노 래 해

메들리 곡

54/ 오 하나님 받으소서 152/ 오 나의 자비로운 주여 166/ 이와 같은 때엔

D

209 험한 세상 나그네 길

(He Touched Me)

1. 험 한 세 상 나 그 네 길 - 나 의 맘 이 곤 할 때 -
2. 죄 와 수 치 무 거 운 짐 - 괴 롬 슬 픔 당 할 때 -
3. 주 예 수 를 내 가 안 후 - 나 의 죄 짐 벗 었 네 -
4. 내 모 든 것 주 를 위 해 - 아 낌 없 이 드 렸 네 -

사 랑 스 런 주 의 손 길 - 늘 나 의 맘 을 두 드 리 네 -
그 때 예 수 손 내 미 사 - 오 놀 라 운 구 원 주 셨 네 - 오
영 원 토 록 찬 양 하 리 - 참 생 명 되 신 구 주 예 수 -
주 님 내 게 성 령 으 로 - 늘 넘 치 도 록 채 우 시 네 -

주 여 - 나 의 주 여 - 내 맘 에 평 화 주 소 서 -

나 의 - 기 쁨 나 의 생 명 주 손 길 날 구 - 원 했 네 -

64/ 이 험한 세상 204/ 탕자처럼 방황할 때 205/ 평안을 너에게 주노라

오늘도 하룻길

(길)

박희춘

오 늘도 하 룻길 나그네길을 나 혼자 가 -야해 -

멀 고도 험 한길 나그네 길 을 나 혼자 가 -야 해 -

나 혼 자 가 야 해 - 아 아 아 -

갈래갈래 갈림길 길- 이라 도 네 게주신 주 의길 따라갈 려 오

갈 래갈래 갈림길 길- 이 라 도 내 게주신 주 의길 따라갈 려 오

Fine

내 집은 갈릴리 해변 푸 른풀 밭 쉬어갈수 있 - 는 데 -

내 사명 다하기 까지 갈 수 없 네 그 리 운 내 본향 집 -

그 리 운 내 본향 집 - 아 아 아 -

D.S

211 너의 가는 길에

(파송의 노래)

고형원

G F#sus4 F#7 Bm
가라 주의 이름으로 - 거칠은 광야 위에 - 꽃
A Bm A
은 피어나고 - 세상은 네 안에서 - 주님의 영광 보리라 - 강하
G Em Bm A D F#
고 - 담대하라 세상 이기신 주 늘 함 - 께 - 너와
G Bm A F# Bm
동행 - 하시며 네게 새 힘 늘 - 주시리 -

212 너의 푸른 가슴속에

미가엘 1638

고형원

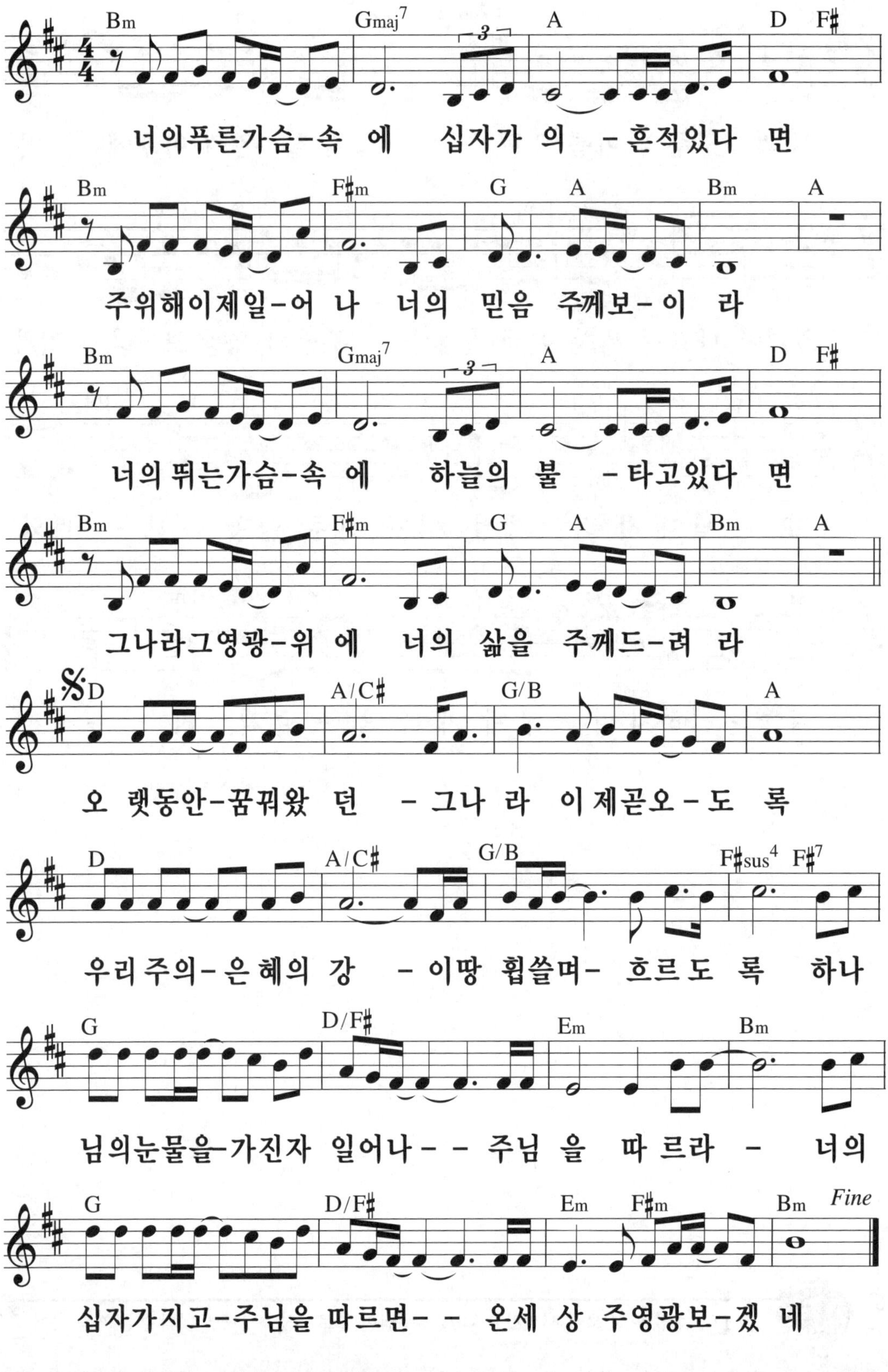

Bm Gmaj7 A D F♯
너의푸른가슴-속 에 십자가 의 -흔적있다 면
Bm F♯m G A Bm A
주위해이제일-어 나 너의 믿음 주께보-이 라
Bm Gmaj7 A D F♯
너의 뛰는가슴-속 에 하늘의 불 -타고있다 면
Bm F♯m G A Bm A
그나라그영광-위 에 너의 삶을 주께드-려 라
D A/C♯ G/B A
오 랫동안-꿈꿔왔 던 -그나 라 이제곧오-도 록
D A/C♯ G/B F♯sus4 F♯7
우리주의-은혜의 강 -이땅 휩쓸며- 흐르도 록 하나
G D/F♯ Em Bm
님의눈물을-가진자 일어나-- 주님 을 따 르라 - 너의
G D/F♯ Em F♯m Bm Fine
십자가지고-주님을 따르면-- 온세 상 주영광보-겠 네

Bm F♯m G A7 Bm *D.S.*

오 래황 폐한이땅 꽃을피워라 - 주의 향 기 가득하 - 겠 네

E

미가엘 1289

감사함으로 그 문에 들어가며 213

(He has made me glad)

Leona Von Brethorst

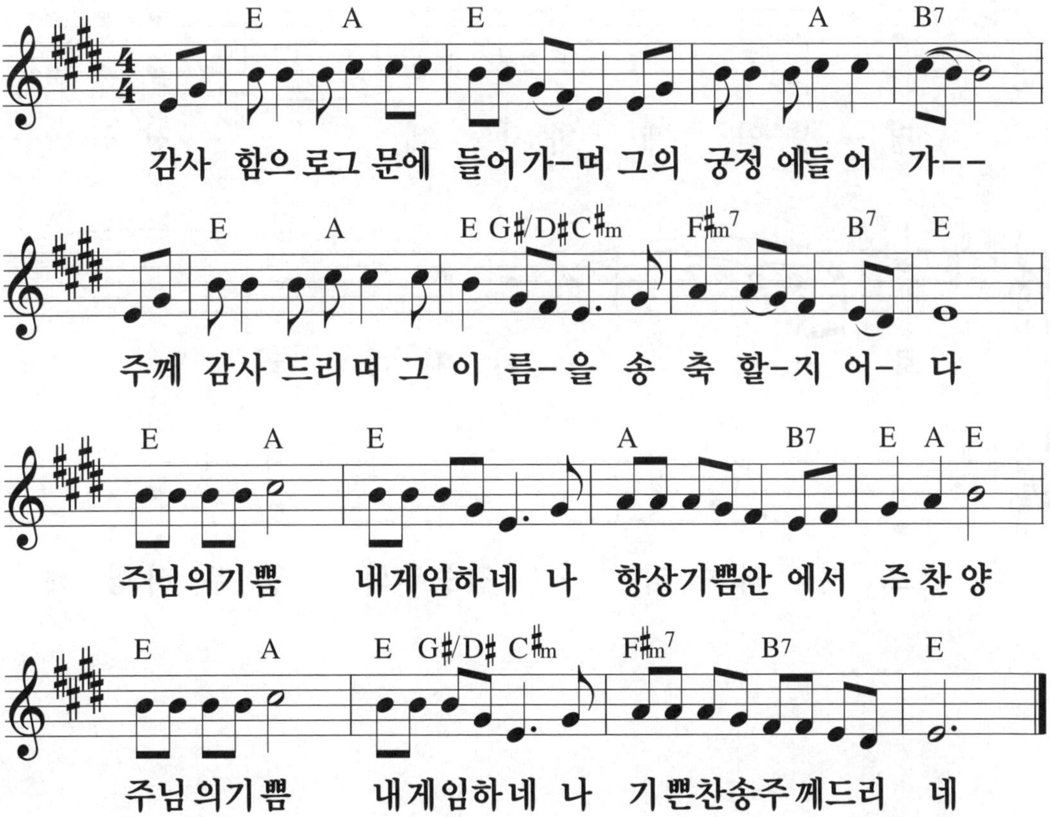

E A E A B7

4/4

감사 함으 로그 문에 들어 가-며 그의 궁정 에들 어 가--

E A E G♯/D♯ C♯m F♯m7 B7 E

주께 감사 드리 며 그 이 름-을 송 축 할-지 어- 다

E A E A B7 E A E

주님의기쁨 내게임하네 나 항상기쁨안 에서 주 찬 양

E A E G♯/D♯ C♯m F♯m7 B7 E

주님 의기쁨 내게임하네 나 기쁜찬송주께드리 네

214 기뻐하며 승리의 노래 부르리

(We will rejoice)

David Fellingham

E C#7 F#m B6 B

기 - 뻐하며 - 승리 의 노 래 부 르 리

G#m B/A A F#m/A E/B B

그 백성 주 가 회 복 시 - 키 시 네

E C#7 F#m E/B B 3

그 - 사랑으 로 억눌 렸 던 자 모 아 칭찬과

E F#m B E

명 - 성 언 게 하 시 네 - 전 심 으

B7 E

로 - - - - 기 뻐 하 리

로 기 뻐 하 리 - 전능 의 왕 우 리 함 께

E
B7
E
- 전 능 의 왕 - - -
- 함 께 하 시 네
- 우 리 의 강 하 신 용 사 - 구 원 과 승 리 주 시 네
E7
A
E
- 기 뻐 외 치 며
- 주 께 두 손 들 리 -
C♯7
F♯m
B7
E
- 춤 을 추 며
- 왕 께 찬 양 해 -
E7
A
E
- 모 든 원 수 를
- 멸 하 신 주 님 -
C♯7
F♯m
B7
E A/E E
- 전 능 의 왕
- 함 께 하 시 네 -

E

215 나를 지으신 주님

(내 이름 아시죠 / He knows My Name)

미가엘 1712

Tommy Walker

나를 - 지으 신주님 - 내안 - 에 계셔 -

처음 - 부터 내삶은 - 그 의 손에 - 있었죠 -

내이 - 름아 - 시죠 - 내모 - 든생 - 각 도 -

내흐 - 르는 - 눈물 - 그 가 닦아 - 주셨죠 -

아바 - 라부 - 를때 - 그 가 들으 - - 시죠 -

그는 - 내아 - 버지 - 난 그 - 의소유 -

내 가 - 어 딜가 든지 - 날 떠 나지 - 않죠 -

112/ 나를 지으신 이가 223/ 나의 주 나의 하나님 287/ 주를 향한 나의 사랑을

나를 향한 주님의 사랑 216

주영광

E

217 나를 향한 주의 사랑

(산과 바다를 넘어서 / I Could Sing Of Your Love)

Martin Smith

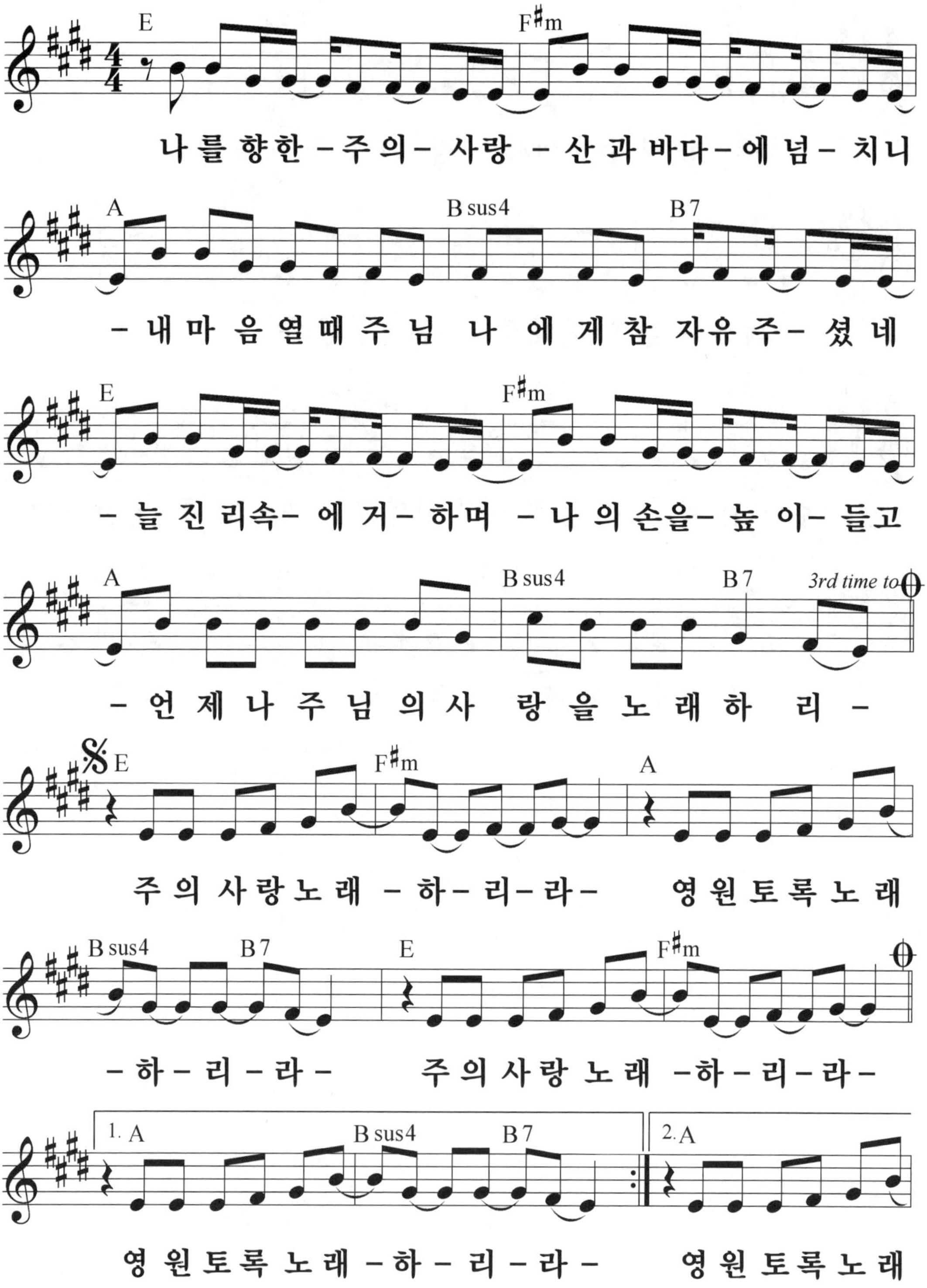

E F♯m

나를향한 - 주의 - 사랑 - 산과바다 - 에넘 - 치니

A B sus4 B 7

- 내마음열때주님 나 에 게 참 자유주 - 셨 네

E F♯m

- 늘 진 리속 - 에 거 - 하며 - 나 의 손을 - 높 이 - 들고

A B sus4 B 7 *3rd time to* 𝄌

- 언 제 나 주 님 의 사 랑 을 노 래 하 리 -

𝄋 E F♯m A

주 의 사랑노래 - 하 - 리 - 라 - 영 원 토 록 노 래

B sus4 B 7 E F♯m 𝄌

- 하 - 리 - 라 - 주 의 사 랑 노 래 - 하 - 리 - 라 -

1. A B sus4 B 7 2. A

영 원 토 록 노 래 - 하 - 리 - 라 - 영 원 토 록 노 래

B sus4
B7
F♯m
E/G♯
-하-리-라-
내가 춤-을 출때
A
B sus4
B7
F♯m
다비웃 겠- 지만 - -
그 들도주-알
E/G♯
A
B sus4
B7
D.S.
게 되면-
함 께 기뻐-춤-을추게 -되리-
A
B sus4
B7
E
영원토록노래
-하-리-라- -

E

218

나의 등 뒤에서

(일어나 걸어라)

최용덕

E B7 A B7

나 의등 뒤에 서 나를 도 우시 는 주

E B7 E B7

나 의 인생 – 길에 서 지치 고 곤하 여
평 안 히길 – 을갈 땐 보이 지 않아 도
때 때 로뒤돌아보 면 여전 히 계신 주

A E C♯m E B7 E

매 일 처럼 주저 않고 싶을 – 때 나를 – 밀어주시 네
지 치 고곤 하여 넘어 질때 – 면 다가 와손내미시 네
잔 잔 한미 소로 바라 보시 – 며 나를 – 재촉하시 네

E B7

일 어나 걸 어라 내가 새힘을주리 니
(○ ○아! 일어 나라)

E A E B7 E

일 어나 너 걸 어라 내 너를 도 우 리

메들리 곡

92/ 할 수 있다 하신 이는 207/ 할 수 있다 하면 된다 227/ 내가 어둠 속에서

미가엘 1654

나의 마음을

(Refiner's Fire)

Brian Doerksen

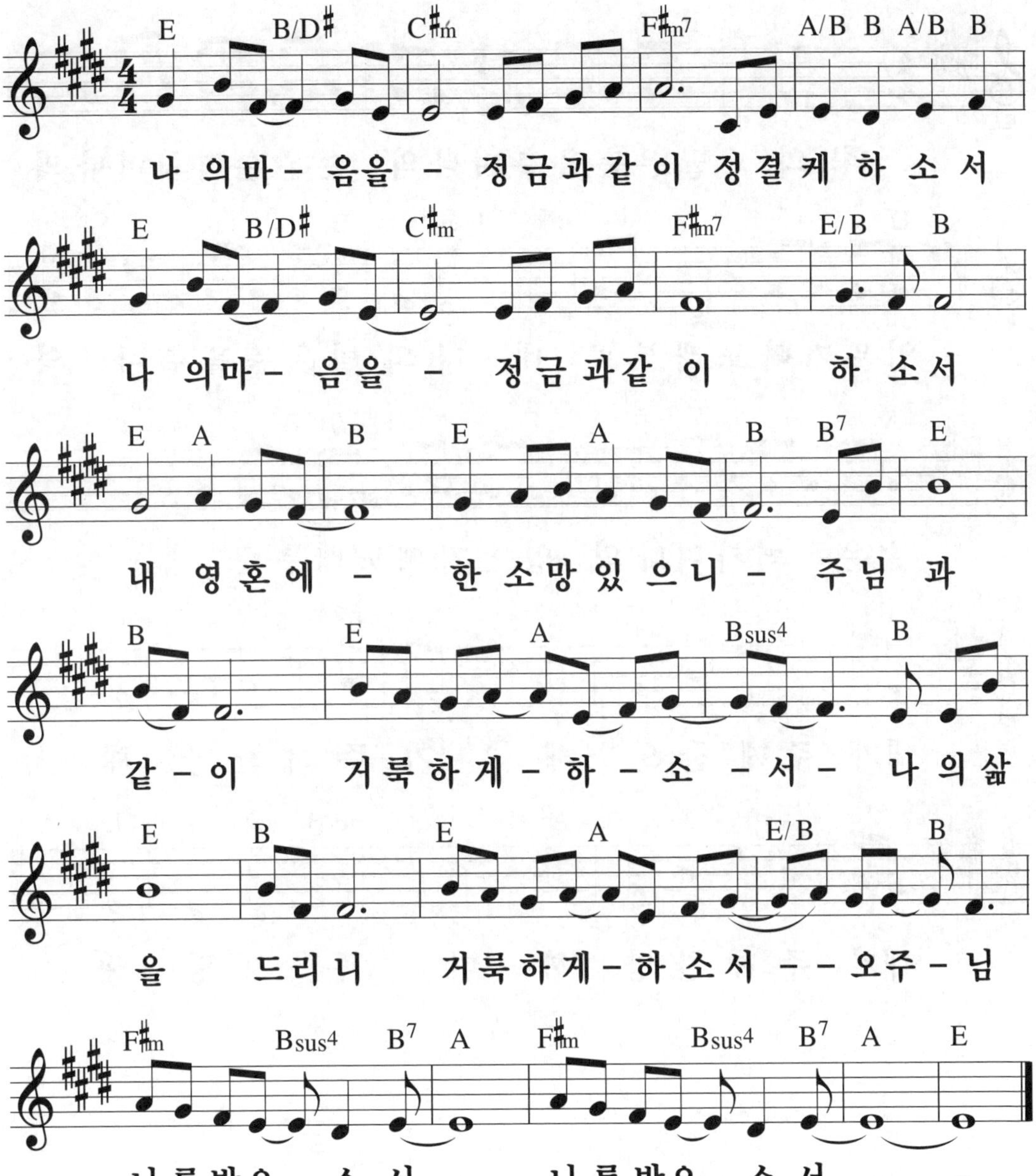
E B/D♯ C♯m F♯m7 A/B B A/B B
나 의마 – 음을 – 정금과같이 정결케 하 소 서
E B/D♯ C♯m F♯m7 E/B B
나 의마 – 음을 – 정금과같 이 하 소 서
E A B E A B B7 E
내 영 혼 에 – 한 소 망 있 으 니 – 주 님 과
B E A Bsus4 B
같 – 이 거 룩 하 게 – 하 – 소 – 서 – 나 의 삶
E B E A E/B B
을 드 리 니 거 룩 하 게 – 하 소 서 – – 오 주 – 님
F♯m Bsus4 B7 A F♯m Bsus4 B7 A E
나 를 받 으 – 소 서 – 나 를 받 으 – 소 서 – –

E

메들리 곡
221/ 나의 부르심 223/ 나의 주 나의 하나님이여 236/ 내 주 같은 분 없네

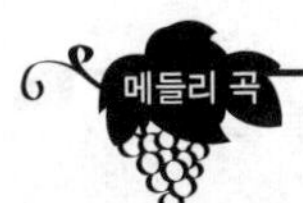

220 나의 발은 춤을 추며

미가엘 662

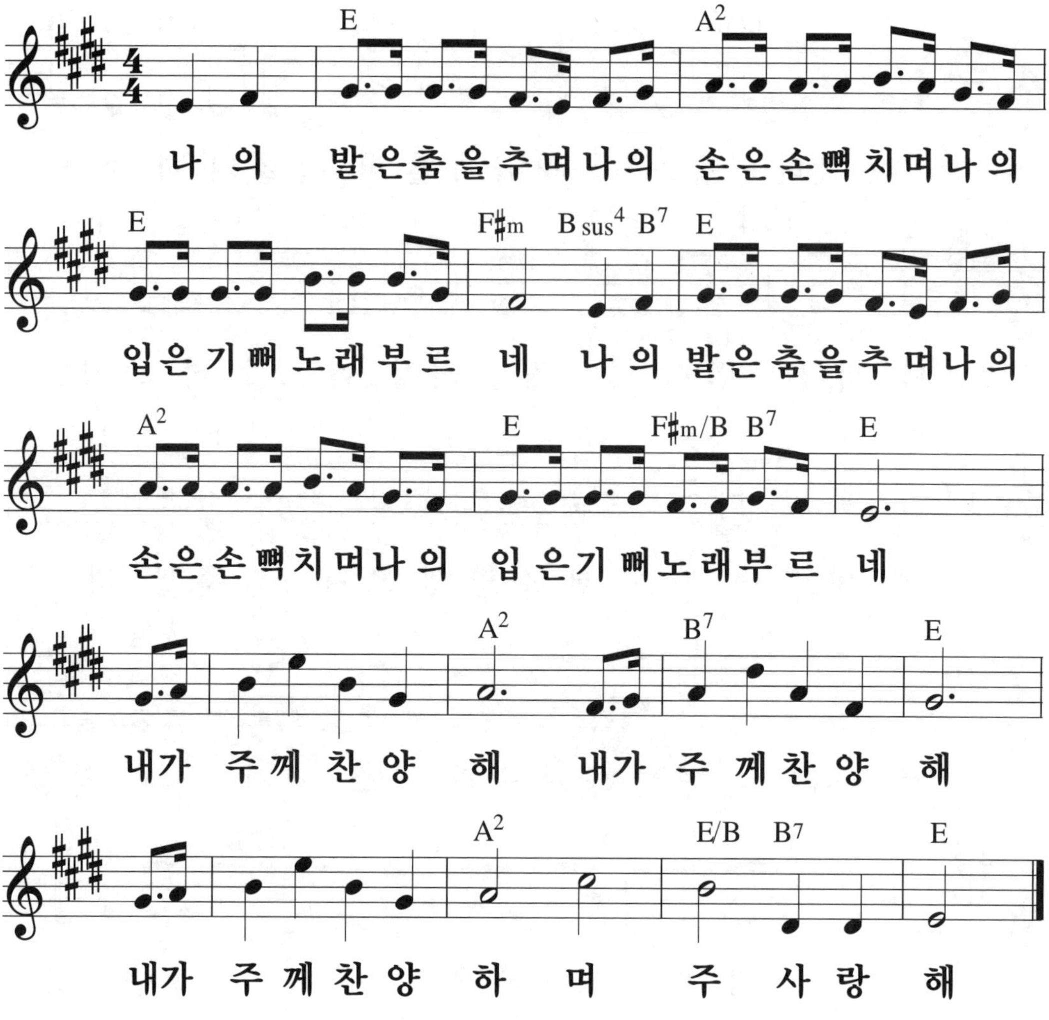
E A2
나 의 발은춤을추며나의 손은손뼉치며나의
E F♯m Bsus4 B7 E
입은기뻐노래부르 네 나 의 발은춤을추며나의
A2 E F♯m/B B7 E
손은손뼉치며나의 입 은기뻐노래부르 네
A2 B7 E
내가 주께찬양 해 내가 주 께찬양 해
A2 E/B B7 E
내가 주께찬양 하 며 주 사랑 해

메들리 곡
203/ 춤추며 찬양해 235/ 내 영이 주를 253/ 손을 높이 들고

나의 부르심

221

(This Is My Destiny)

Scott Brenner

나-의부르심- 나의영원-한소-망 예수님의-형상-을

닮--는것- 나-의목적- 나의높은-부르-심

세상을뒤로-하고-주위 -해사-는것- 덮으-소서-

주-거-룩한-품에-품으 - -소서 - 이곳

이나속-한곳-오예-수 이끄-소서- 주

얼굴보-기위-해은-밀한 - 곳으로- 내가 나아갑-니다-

174/ 주님 내가 여기 있사오니 176/ 주님 말씀하시면 219/ 나의 마음을

222 나의 사랑하는 자의 목소리

(나의 사랑 나의 어여쁜자야)

이길로

E E/G♯ A2 /B E

나의 사랑하는자의목소 - 리- 듣기원- 하-네 나

A E/G♯ F♯m E D Bsus4 B7 E E/G♯

의 사 랑나의어 여쁜-자-야 바위 틈은밀-한곳에--서-

A2 /B E F♯m E/B B7 1.E A2/B

듣기원- 하-네 부드 러운주님의-음 성 나의

2.E E/G♯ A2 /B E

성 나의 사랑 -나의사랑 -나의 어여쁜-자-야 일

A E/G♯ F♯m E Bsus4 B7 E E/G♯

어-나 함 께가- 자 나의 사랑 -나의사랑 -나의

A2 /B E F♯m E/B B7 E

어여쁜-자-야 일-어나 - 함께 가 자

나의 주 나의 하나님이여 223

(깨뜨릴 옥합이 내게 없으며 / Adonai, my Lord my God)

Stephen Hah

나의주 나의하나 님 이여 주를경배합니 다

주 사 랑하는나의 마 음을 주께 서 아시나이 다

깨 뜨릴옥합내게 없-으며주께 드 릴향유없지 만

고 통속에방황하 는내마음주- 께 로갈수없지 만

하 나 님형상대로 날 빚으사새 영 을내게부어 주소-서

저 항 할수-없는 그 은혜로주 님 의길을걷게 하소-서

나의 주 나의하나 님 이여 주 를경배 합 니 다 주

사 랑하는나의 마 음을 주께 서 아시나이 다 나의

120/ 내게 있는 향유 옥합 219/ 나의 마음을 294/ 하나님은 너를 지키시는 자

224 나 주 앞에 서서

(Now that You're near)

Marty Sampson

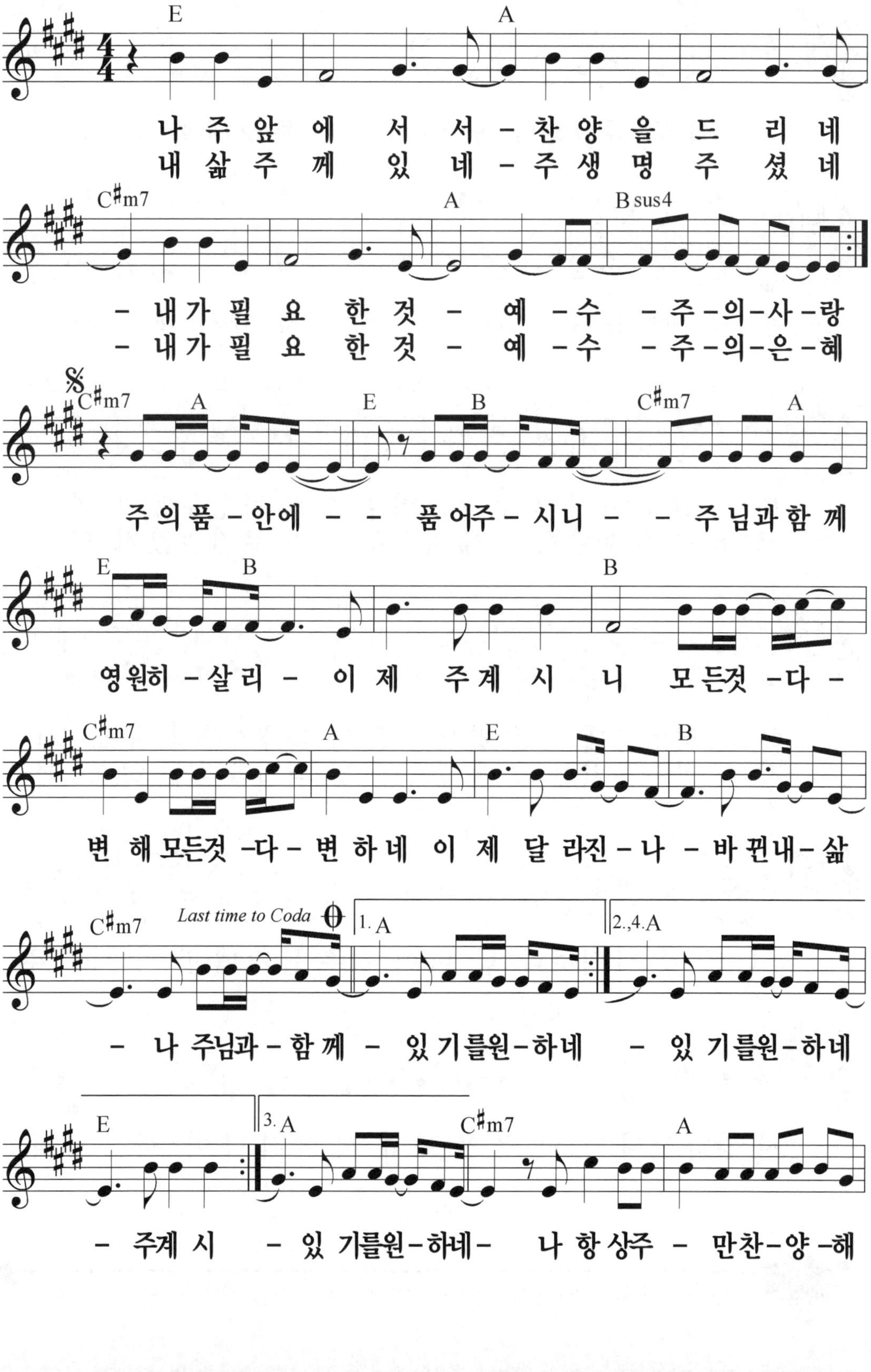

E A

나 주 앞 에 서 서 - 찬 양 을 드 리 네

내 삶 주 께 있 네 - 주 생 명 주 셨 네

C#m7 A Bsus4

- 내 가 필 요 한 것 - 예 - 수 - 주 - 의 - 사 - 랑

- 내 가 필 요 한 것 - 예 - 수 - 주 - 의 - 은 - 혜

𝄋 C#m7 A E B C#m7 A

주 의 품 - 안에 - - 품 어주 - 시니 - - 주 님과 함 께

E B B

영원히 - 살 리 - 이 제 주 계 시 니 모 든것 - 다 -

C#m7 A E B

변 해 모든것 -다 - 변 하 네 이 제 달 라진 - 나 - 바 뀐내 - 삶

C#m7 *Last time to Coda* 1. A 2.,4. A

- 나 주님과 - 함 께 - 있 기를원 - 하네 - 있 기를원 - 하네

E 3. A C#m7 A

- 주계 시 - 있 기를원 - 하네 - 나 항 상주 - 만찬 - 양 -해

E
B
C♯m7
B sus4
- 주 님 계 - 신 - 곳 - 에 - 나 있
A
D.S. al Coda
A
- 기 원 - 하 네 - - 있 기 를 원-하 네 -

225 나의 주님께 귀한 것

(선물)

김지현

날마다 숨쉬는 순간마다 226

(Day by day)

Arr. PD. Berg Sandell & Ahnfelt Oscar

날마 다 숨쉬는순간마 다 내앞 에 어려운일보 네
날마 다 주님내곁에계 셔 자비 로 날감싸주시 네
인생 의 어려운순간마 다 주의 약 속생각해보 네

주님 앞 에이몸을맡길 때 슬픔 없 네두려움없 네
주님 앞 에이몸을맡길 때 힘주 시 네위로함주 네
내맘 속 에믿음잃지않 고 말씀 속 에위로를얻 네

주님 의 그자비로운 손 길 항상 좋 은것주시도 다
어린 나 를품에안으 시 사 항상 평 안함주시도 다
주님 의 도우심바라 보 며 모든 어 려움이기도 다

사랑 스 레아픔과기 쁨 을 수고 와 평화와안식 을
내가 살 아숨을쉬는 동 안 살피 신 다약속하셨 네
흘러 가 는순간순간 마 다 주님 약 속새겨봅니 다

메들리 곡

152/ 오 나의 자비로운 주여 215/ 나를 지으신 주님 221/ 나의 부르심

227 내가 어둠 속에서

문경일

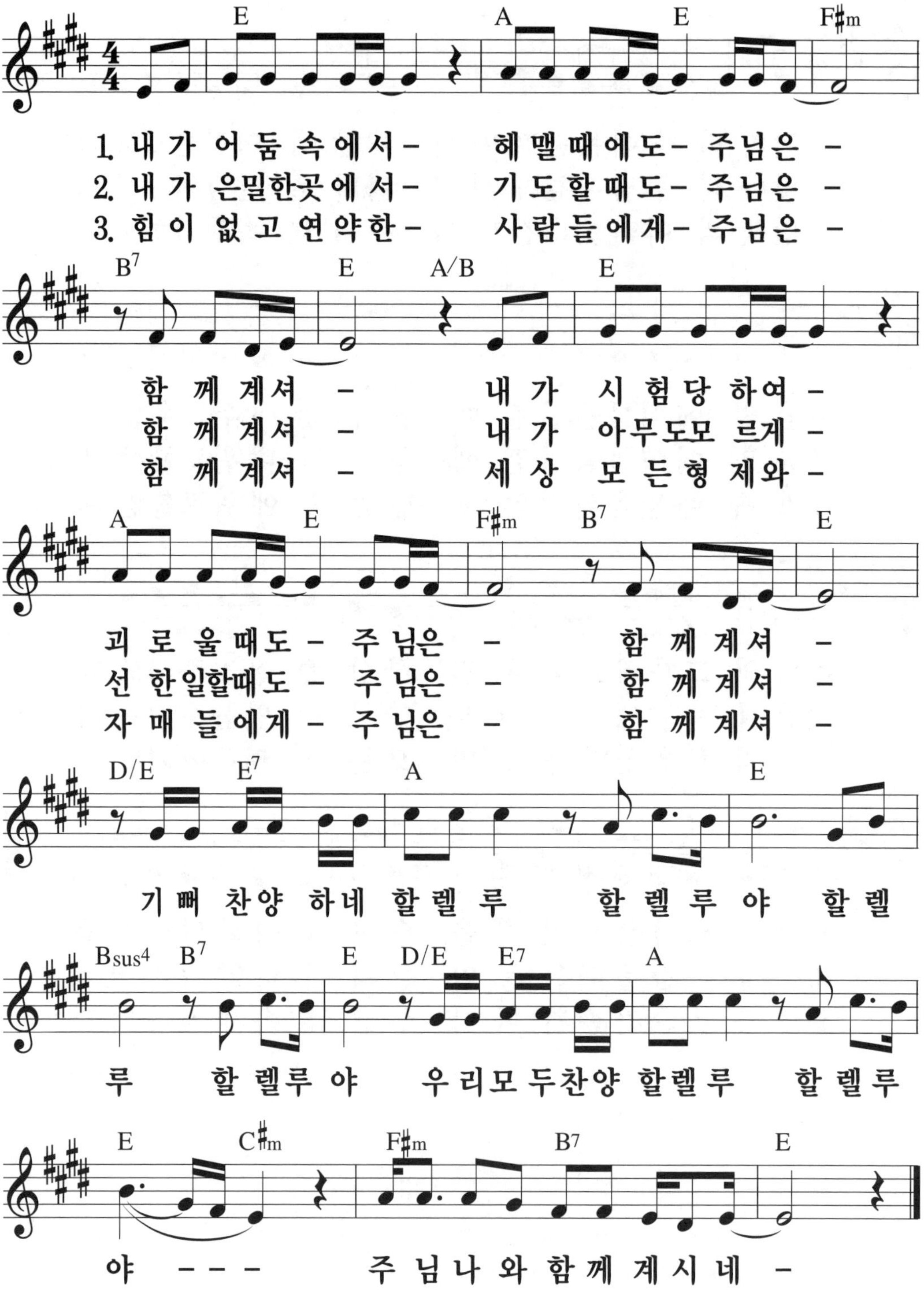

1. 내가 어둠속에서– 헤맬때에도– 주님은 – 함께계셔 – 내가 시험당하여– 괴로울때도– 주님은 – 함께계셔 –
2. 내가 은밀한곳에서– 기도할때도– 주님은 – 함께계셔 – 내가 아무도모르게– 선한일할때도– 주님은 – 함께계셔 –
3. 힘이 없고 연약한– 사람들에게– 주님은 – 함께계셔 – 세상 모든형제와– 자매들에게– 주님은 – 함께계셔 –

기뻐 찬양하네 할렐루 할렐루야 할렐루 할렐루야 우리모두찬양 할렐루 할렐루야 – – – 주님나와함께계시네 –

메들리 곡

48/ 어두운 밤에 253/ 손을 높이 들고 269/ 위대하고 강하신 주님

내가 지금 사는 것 228

(더욱 크신 은혜)

김한준

1. 내-가 지 금사-는 것 주님의 크 신은-혜 요
2. 세-상 에 서당-하 는 환-란 고 초많-으 나
3. 하-늘 에 는영-광 이 우-리 에 겐기-쁨 이

주-를 믿 게된-것 은 더욱 크 신은-혜 라
이-길 힘 을주-시 니 더욱 크 신은-혜 라
날-로 더 해가-는 것 더욱 크 신은-혜 라

E

넘-치 는 주의사 랑 놀-라 운 주의은 혜
답답할 때 기-도 로 쓰러질 때 손-길 로
쌓-여 진 사-랑 도 감당할 길 없-어 서

날-마 다 경험하 며 주-께 감 사합-니 다
어루만 져 주-시 니 주-여 감 사합-니 다
몸-과 맘 드립니 다 진-정 감 사합-니 다

메들리 곡 64/ 이 험한 세상 143/ 세상 부귀 안일함과 698/ 이제 내가 살아도

229 내 갈급함

신수경 & 윤주형

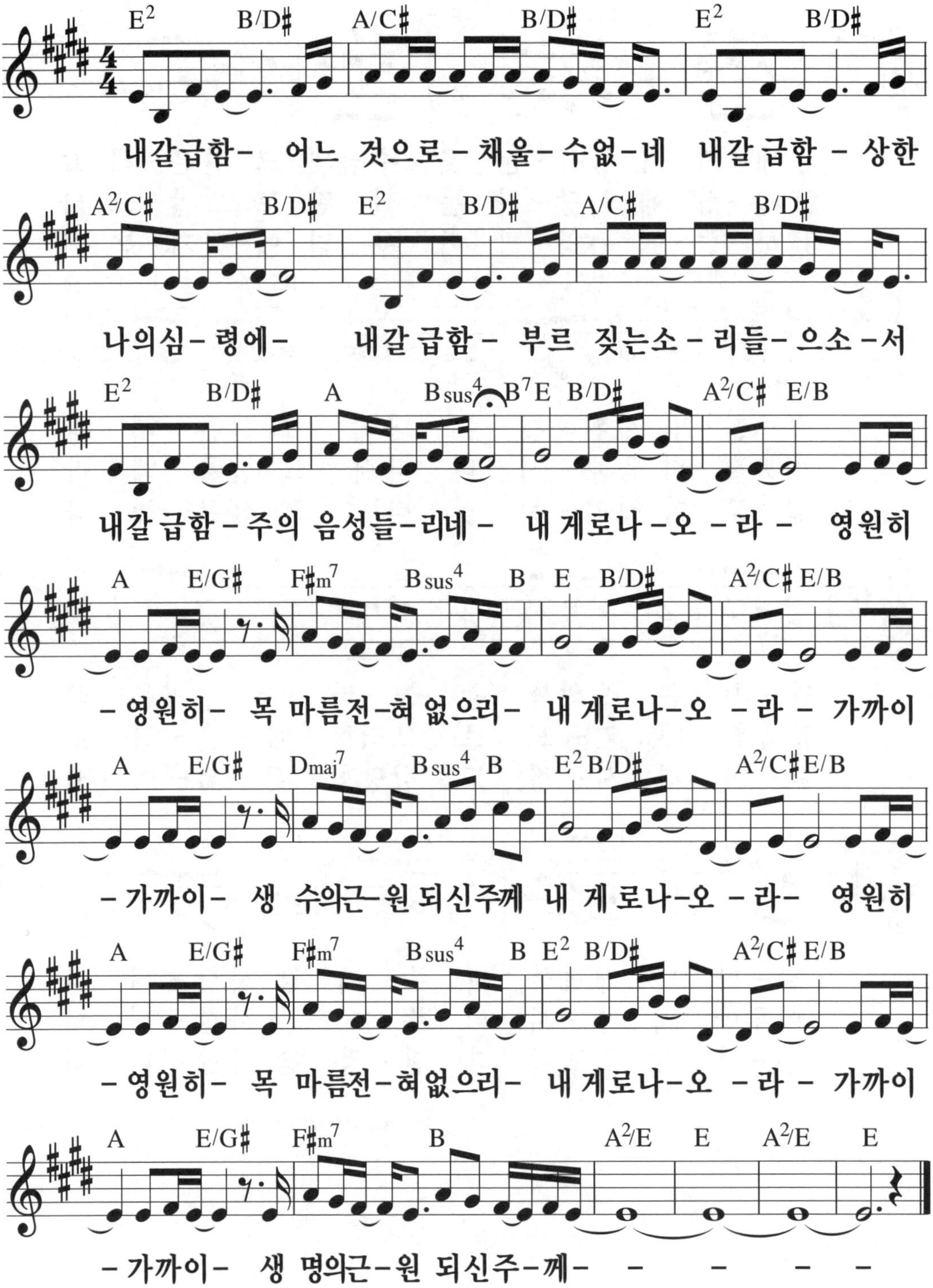

내갈급함- 어느 것으로-채울-수없-네 내갈 급함 - 상한

나의심-령에- 내갈 급함- 부르 짖는소-리들-으소-서

내갈 급함-주의 음성들-리네- 내 게로나-오 -라 - 영원히

-영원히- 목 마름전-혀 없으리- 내 게로나-오 -라 - 가까이

-가까이- 생 수의근-원 되신주께 내 게로나-오 -라- 영원히

-영원히- 목 마름전-혀없으리- 내 게로나-오 -라 - 가까이

-가까이- 생 명의근-원 되신주-께- - - - -

221/ 나의 부르심 236/ 내 주 같은 분 없네 250/ 빛이 없어도

내게로부터 눈을 들어 230

(시선)

김명선

내 게로부-터눈-을들-어 주를보-기시-작할-때 주의일을보-겠네
성 령이나-를변-화시-켜 모든두-렴사-라질-때 주의일을보-겠네

– 내 작은마-음돌-이키-사 하늘의- 꿈꾸- 게하-네
– 황 폐한땅-한가-운데-서 주님마- 음알- 게되-리

주님을볼때 – 모든 시선을-주님께드- 리고 – 살아
주님을볼때 – 모든 시선을-주님께드- 리고 – 전능

계신하-나님-을느-낄때 – 내 삶 은주의- 역사가-되고
하신하-나님-을느-낄때 – 세 상 은주의- 나라가-되고

– 하나-님 이 일하기시작-하- -네 –

주님의영광 – 임하네 – 주볼때 – 주님의영광 모든

215/ 나를 지으신 주님 217/ 나를 향한 주의 사랑 221/ 나의 부르심

231 내 마음을 가득 채운

(Here I Am Again)

Tommy Walker

내마 음을가득 채운 주향 한찬양 과사랑 어 떻게 표현 할수
수많 은 멜로 디와 찬양 들을드 렸지만 다 시고 백하 기원

있 나 수 많 은찬 양들로 그 맘 표현 할수 없어
하 네 주 님 은나 의사랑 삶 의중심 되시 오니

다 시 고백 합 니 다 - 주 사 랑 해 요 온 맘다 하 여
주 를 찬양 합 니 다 -

말 로 다 - 할 수 - 없 어 - 오 - - - 주 사 랑 해 요

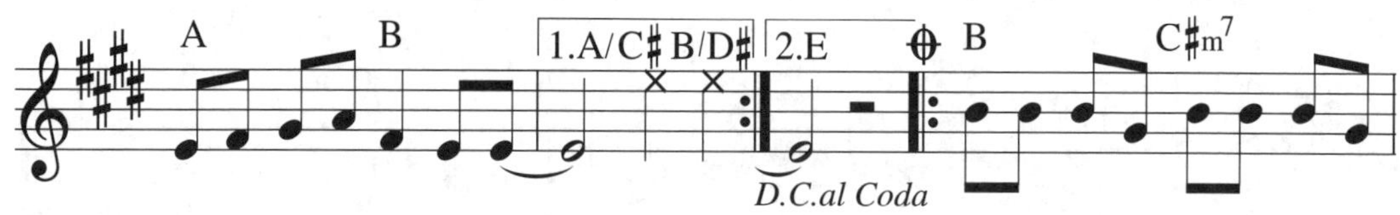

찬 양 받 아 주 소 서 - 주 님 사 랑 다 시 고 백

하 는 새 날 주 심 감 사 해 - - 요 - - -

219/ 나의 마음을 224/ 나 주 앞에 서서 251/ 사랑해요 목소리 높여

내 맘의 눈을 여소서 232

(Open Te Eyes Of My Heart)

Paul Baloche

E

233 내 아버지 품

(주님만으로)

전은주

F♯/A♯
A m6/B
1. A
B
2. A
B
F♯m7
E/G♯
나의상급 주님 나의상급 주-님
A
B
C♯m
B
나의상급 되- 소서 -
A
E/G♯
F♯m7
B
E
오-직- 주만이 나의상급 되- 소서 -

E

234 내 아버지 그 품 안에서

(내 영혼은 안전합니다)

전은주

어지며 - 흔 들리지만- 주 내안에-거하-며 나 를붙드-시니-

내 생각을 - 주 께로돌 - 리고 - 주시는 평강의- 옷을입습-니다

- 주 약 속 안 에 서 - 내 영 혼 평 안 - 해 내뜻보다

크 신 주 님 의 계 획 - 나 신 뢰 - 해 두 려 움 다 내 려 놓 고 - 주 님 만

의 지 - 해 주안에 서 내 영 혼 - 안 전합 - 니 다 -

내 영이 주를 찬양합니다 235

정종원

내 영 이 주 - 를 - 찬 양 합 니 - 다 -

내 영 이 주 - 를 - 찬 양 합 니 - 다 -

내 영 이 주 - 를 - - - 찬 양 합 니 - 다 -

내 영 이 주 - 를 - 찬 양 합 니 - 다 -

Fine

기 - 뻐 - 하 라 - 나 의 영 혼 아 감 - 사 - 하 라

- 손 을 들 고 - 송 - 축 - 하 라 - 주 를 향 해 - 외 - - 치 라

- 기 - 뻐 - 하 라 - 나 의 영 혼 아 감 - 사 - 하 라

- 손 을 들 고 - 송 - 축 - 하 라 - 나 의 영 혼 - 아 -

D.C.

236 내 주 같은 분 없네

(There's no one like You)

미가엘 1591

Eddie Espinosa

F♯m7 Bsus4 B7 E
분 없-네- - - 이 땅-위 -에- ----
E7 Amaj7 B/A
- 오 하-나 -님 - - 주 나 의 모-든
G♯m7 C♯m7 F♯m7
-것- - 내 주 같-은 분 없-네
B7sus B7 Esus4 E
- 이 땅-위 -에- -

237 내 주는 반석이시니

1. 내 주는반석 이시니 저 곶은안전하도 다
2. 바 람이불고 비와도 저 곶은안전하도 다
3. 자 비한반석 이시니 저 곶은안전하도 다

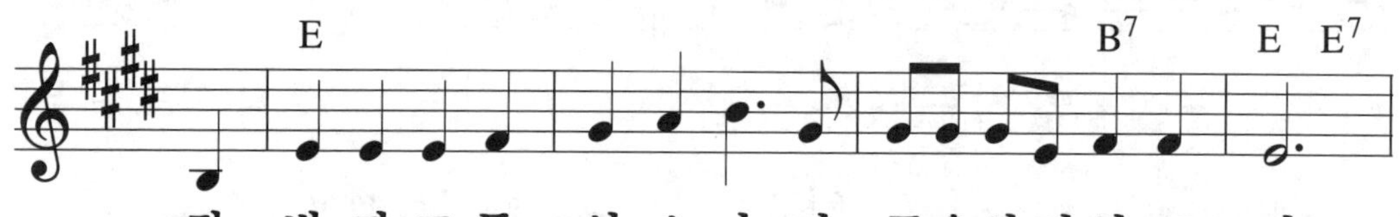

질 병과고통 없으니 저 곶은안전하도 다
물 결이넘쳐 밀려도 저 곶은안전하도 다
구 원의손이 있으니 저 곶은안전하도 다

오 나의예수는 반석 이시니 반 석이니 반 석이니

오 나의예수는 반석 이시니 저 곶은안전하도 다

메들리 곡

218/ 나의 등 뒤에서 227/ 내가 어둠 속에서 411/ 내게 강 같은 평화

미가엘 1332

너 근심 걱정와도

238

(주 너를 지키리)

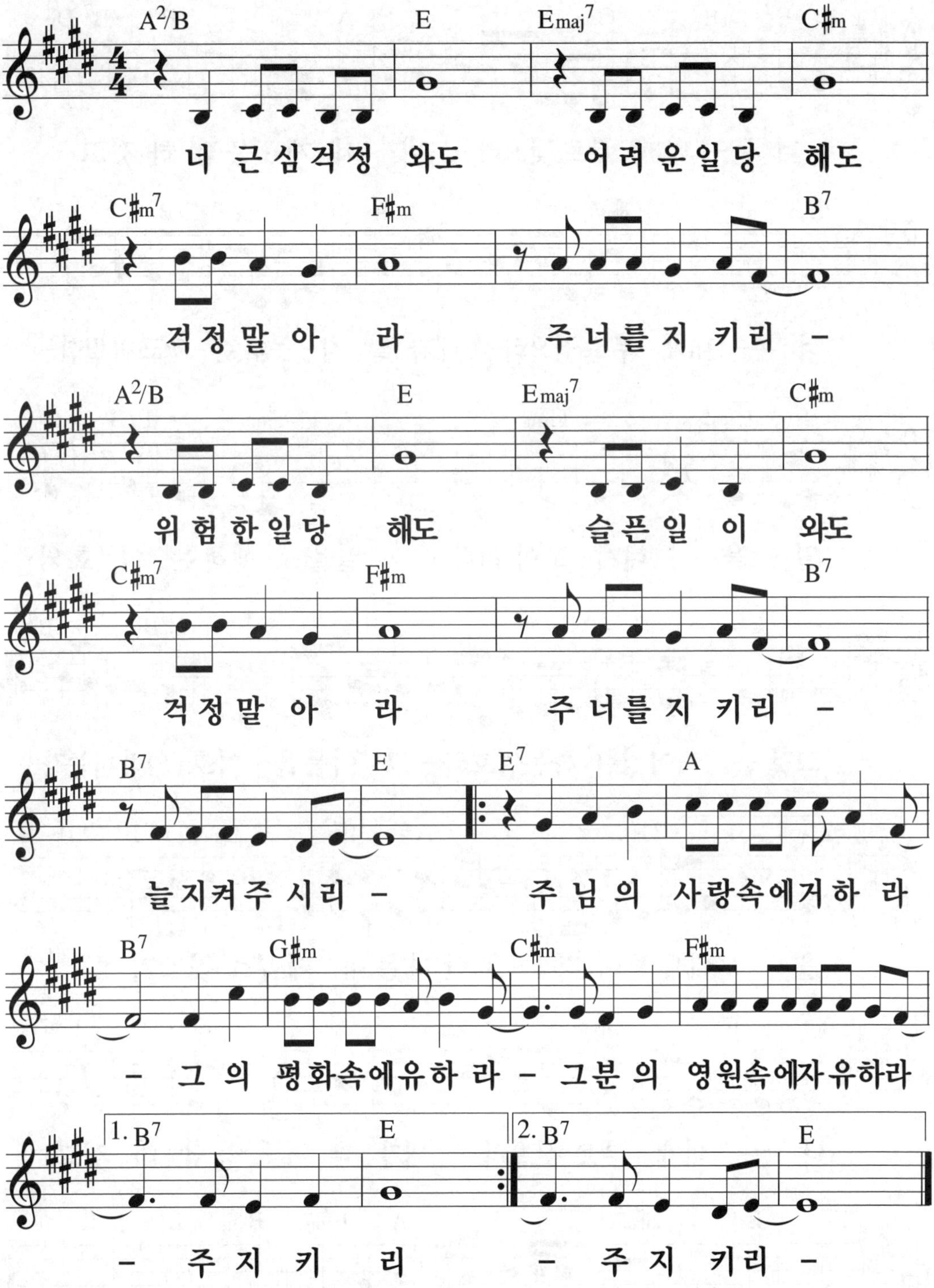
A2/B E Emaj7 C♯m
너 근심걱정 와도 어려운일당 해도
C♯m7 F♯m B7
걱정말아 라 주너를지 키리 -
A2/B E Emaj7 C♯m
위험한일당 해도 슬픈일 이 와도
C♯m7 F♯m B7
걱정말아 라 주너를지 키리 -
B7 E E7 A
늘지켜주 시리 - 주 님 의 사랑속에거하 라
B7 G♯m C♯m F♯m
- 그 의 평화속에유하 라 - 그분 의 영원속에자 유하라
1. B7 E 2. B7 E
- 주 지 키 리 - 주 지 키리 -

E

메들리 곡

108/ 나는 믿음으로 255/ 어두워진 세상 길을 293/ 크신 주께

239 너는 내게 부르짖으라

이연수

미가엘 1151

너는 시냇가에 심은 240

너- 는 시냇가 에 심- 은 -나무 라
주의 시 절을좇 아 구원 열 매맺으 면

하나 님 의 사랑 안 에 믿음 뿌 리내리 고
주의 영 화 로운 빛 - 너를 보 호하리 니

주의 뜻 대 로 주의 뜻 대 로 항- 상 사 세 요
주의 뜻 대 로 주의 뜻 대 로 항- 상 살 리 라

미가엘 1758

당신은 하나님의 언약안에 241

(축복의 통로)

이민섭

당신은- 하나님- 의 언약 안에 -있는축복의- 통 로

당신을- 통하여- 서열방이- 주께 -돌아오 게되 리
주께 -예배하 게되 리

25/ 너는 담장 너머로 44/ 아주 먼 옛날 240/ 너는 시냇가에

242 너희는 세상의 빛이요

(들어라 주님 음성)

미가엘 2208

미가엘 1205

당신은 알고 있나요 243

(그 사랑)

정현섭

E

244 두려운 마음 가진자여

(주 오셔서 구하시리 / He will come and save you)

미가엘 2254

Bob Fitts & Gary Sadler

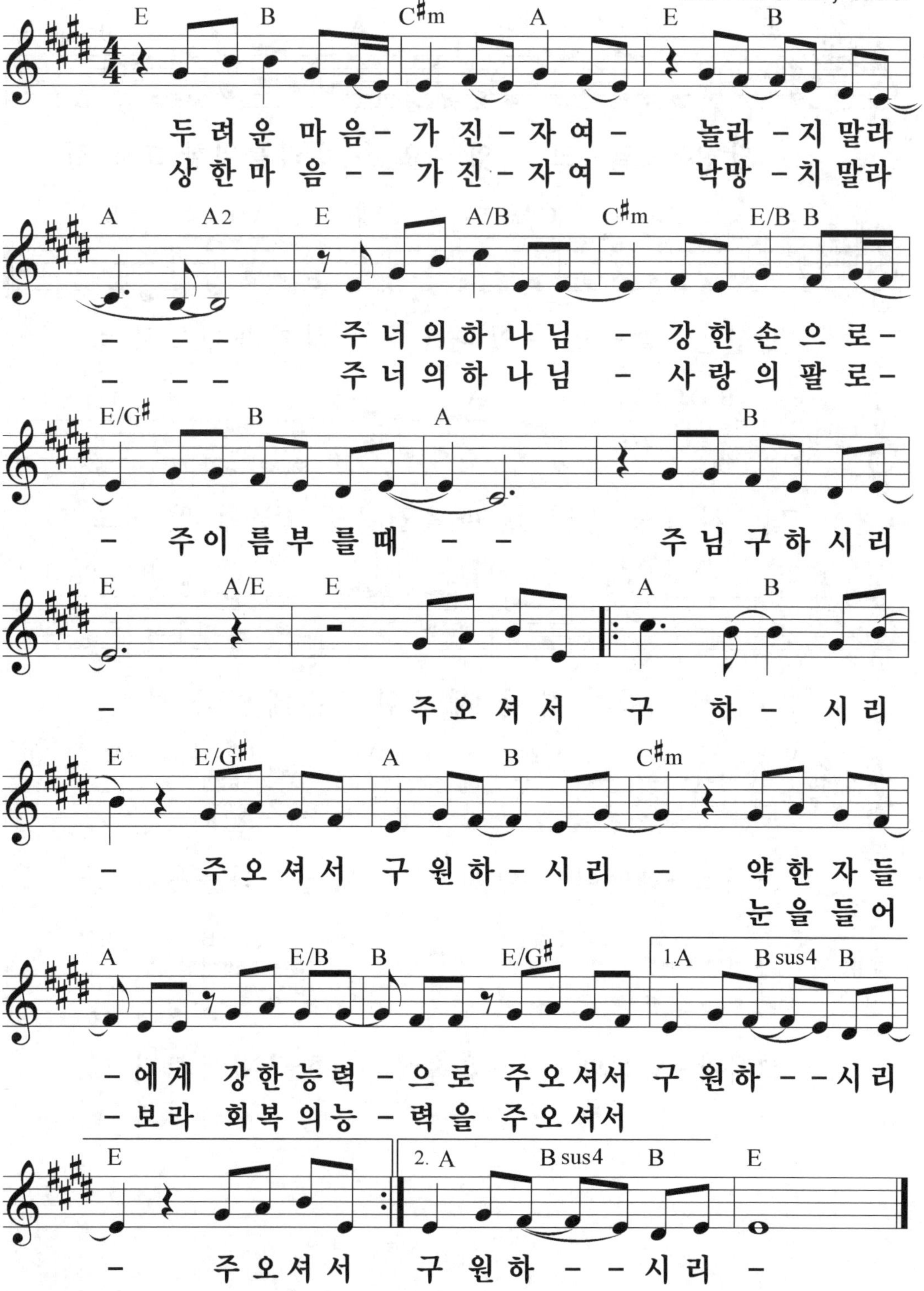
두 려 운 마 음 - 가 진 - 자 여 - 놀라 - 지 말라
상 한 마 음 - - 가 진 - 자 여 - 낙망 - 치 말라
- - - 주 너 의 하 나 님 - 강 한 손 으 로 -
- - - 주 너 의 하 나 님 - 사 랑 의 팔 로 -
- 주 이 름 부 를 때 - - 주 님 구 하 시 리
- 주 오 셔 서 구 하 - 시 리
- 주 오 셔 서 구 원 하 - 시 리 - 약 한 자 들
눈 을 들 어
- 에 게 강 한 능 력 - 으 로 주 오 셔 서 구 원 하 - - 시 리
- 보 라 회 복 의 능 - 력 을 주 오 셔 서
- 주 오 셔 서 구 원 하 - - 시 리 -

메들리 곡

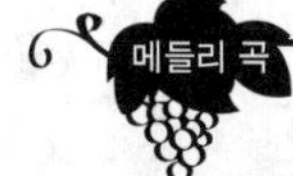

181/ 주님의 마음으로 나 춤추리 235/ 내 영이 주를 286/ 주를 찬양해

두 손들고 찬양합니다 245

(I lift my hands)

Andre Kempen

두 손들고 찬양합니다 다시오실왕 여

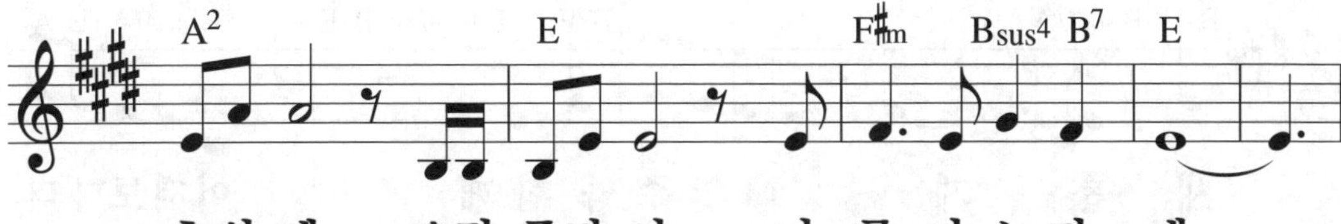

호와께 오직 주만이 나 를 다스 리 네 –

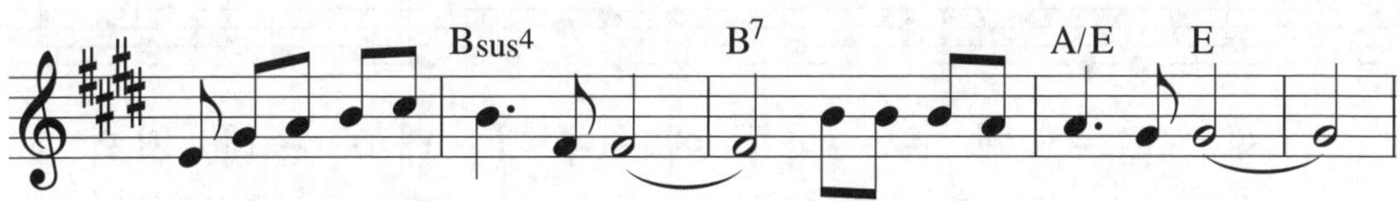

나주님만을 섬 기리 – 헛된마음 버 리고 –

성령이여 내영혼 – 충만하게 하 소서 –

주 님 앞 에 내 생 명 드 리 리 라 –

E

메들리 곡
219/ 나의 마음을 282/ 주님 내 아버지 287/ 주를 향한 나의 사랑을

246 매일 주와 함께

(Sweeter)

Israel Houghton/Meleasa Houghton/Cindy Cruse-Ratcliff

E/B Bsus/A B/E Bsus4/A B/E Bsus4/A B/A B/E Bsus4/A B/A

매 일 주 와 함 께 어 제 보 다 더

B/E Bsus4/A B A2 B/E Bsus4/A B/E Bsus4/A B/A

새 롭 - 게 - 매 일 주 와 함 께 어 제 보 다 더

B/E Bsus4/A B E/G# A G#7 C#m7

새 롭 - 게 - 아 침 에 - 주 경 - 배 하 - 며 저 녁 에

C#m7 Bsus4 E/G# A2 E/G# G2 D

- 주 높 - 이 리 - 나 매 일 사 - 랑스런주와 날 - 마다더새롭게

2nd time to Coda

Bsus/A B/A B/E Bsus4/A B/E Bsus4/A E

주 를 더 욱 아 는 - 것 놀 라 워

E B A2 E

- 라 나 를 사 - 랑 하 신 주 - 존 귀 하 신 주 님 - 께 경 배 하

E B(no3) C M7

- 리 자 유 케 - - 하 - 신 주 를 - 해 가 뜨 - 는 데 - 부 터 -

C M7 Bsus4 A2 *D.S. al Coda*

- 해 가 지 - 는 데 - 까 지 - 매 일 주 와

매일 주와 함께

B sus4/A E E

주와함께사는 - 것 놀라워 - 라 모든것 - - 을-이기 네

E B A2 E E

- 합 당하신주님 - 께 다드리 - 리 날마다 - 내전부를

B(no3) C M7 B sus4

- 해가뜨 - 는 데-부 터 - 해가 지 - 는 데 - 까 지

B sus4 A2 B/E B sus4/A B/A B/E B sus4/A B/E B sus4/A B/A B

- 매일주와 함 께 어제보다더 새 롭- 게

B A2 B/E B sus4/A B/A B/E B sus4/A B/E B sus4/A B/A B

- 매 일 주와 함 께 어제보다더 새 롭- 게

B E/G♯ A G♯7 C♯m7

- 아침 에 - 주 경-배 하 - 며 저녁 에 - 주 높-이 리

B sus4 E/G♯ A2 E/G♯ G2 D E C♯m7

- 나매일 사 - 랑스런주와 날 - 마다더새롭게

B sus4/A B/A B/E B sus4/A B/A B/E B sus4/A B/E B sus4/A B/A B/E

날 - 마다더새 롭게 - - - -

E

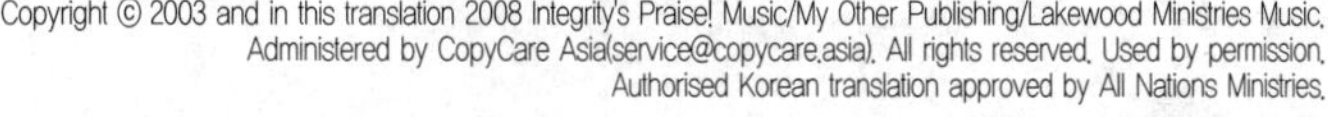

247 마음이 어둡고

(기도)

미가엘 1103

김문영 & 최덕신

Emaj7 E7 A Am

마음 이 어둡 고 괴 - 로 울때 주

E C# F# Bsus4 B7

님 예수님 을 나- 생 각- 해 요 - 머-

Emaj7 E7 A Am6 E

리 -둘 곳조차 없- -으 시던 혼 자 기도하시

C#m F#m Bsus4 B7 E7 A2

넌 주님 생-각 -해 요 -주님만 섬 기며

Am E Fdim F#m B7

따 르기로한 나 -세상 이 준 이모 든 괴롬버 리

E E7 A2 Am Esus4 E

고 -예 수 님 처 -럼 기 도하기를 원 해요

Fdim F#m B Bsus4 B7 1.E 2.E

-예 수님 처럼- 기도 하-기 원해 요 요

261/ 예수님 목마릅니다 276/ 주께 두 손 모아 327/ 마음이 상한 자를

부서져야 하리

(깨끗이 씻겨야 하리)

김소엽 & 이정림

부서져야 하리 – 부서져야 하리 –

무너져야 하리 – 무너져야 하리 –

깨져야– 하리 – 더 많이 깨져야하 리

씻겨야 하리 – 깨끗이 씻겨야하 리

다버리고 다고치고 겸손히 낮아져 도

주앞에서 정결타고 자랑치못할거예 요 –

부서져야 하리 – 무너져야 하리 –

깨져야 하리 – 깨끗이씻겨야하 리

250/ 빛이 없어도 290/ 주의 보좌로 나아갈 때에 188/ 나의 등 뒤에서

249 빛 되신 주

(Here I am to Worship)

Tim Hughes

빛 되 신 주 어 둠 가 운 데 비 추 – 사 내 눈 보 게 하 소 – 서 –
만 유 –의 높 임 을 받 으 소 – 서 영 광 중 에 계 신 – 주 –

예 배 하 는 선 한 마 음 주 시 – 고 산 소 망 이 되 시 – 네 –
겸 손 하 게 이 땅 에 임 하 신 – 주 높 여 찬 양 하 리 – 라 –

나 주 를 경 배 하 리 엎 드 려 절 하 며 고 백 해 주 나 의 하 나 님

– – 오 사 랑 스 런 주 님 존 귀 한 예 수 님 아 름 답 고 놀 라 우 신 주

– – 다 알 수 – 없 네 – 주 의 – 은 혜 – 내 죄

– 위 한 – 주 십 – 자 가 – 다 알 수 – 자 가 – 나 주 를 경 배

217/ 나를 향한 주의 사랑을 219/ 나의 마음을 245/ 두 손 들고

빛이 없어도

(주 예수 나의 당신이여)

이인숙 & 김석균

빛이 없어도 환하게다가오시는주예수나의-당신이 여
나는 없어도 당신이곁에 계시면 나는언제나-있습니 다

음성이 없어도 똑똑히 들려주시는 주예수나의 -당 신이 여
나 -는 있어도 당신이 곁에없으면 나는언제나 -없 습니 다

당신이 계시므로 나도있 고 -당 신의노래가머묾으로나는부를수있어요

주 여 -꽃처럼 향기나는- 나의 생 활이아니어 도

나는당 신이좋을수 밖에없어요 주예 수 나의당 신이 여

E

249/ 빛 되신 주 259/ 예수님 그의 희생 기억할 때 236/ 내 주 같은 분 없네

251 사랑해요 목소리 높여

미가엘 654

(I love You Lord)

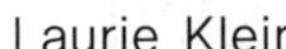

Laurie Klein

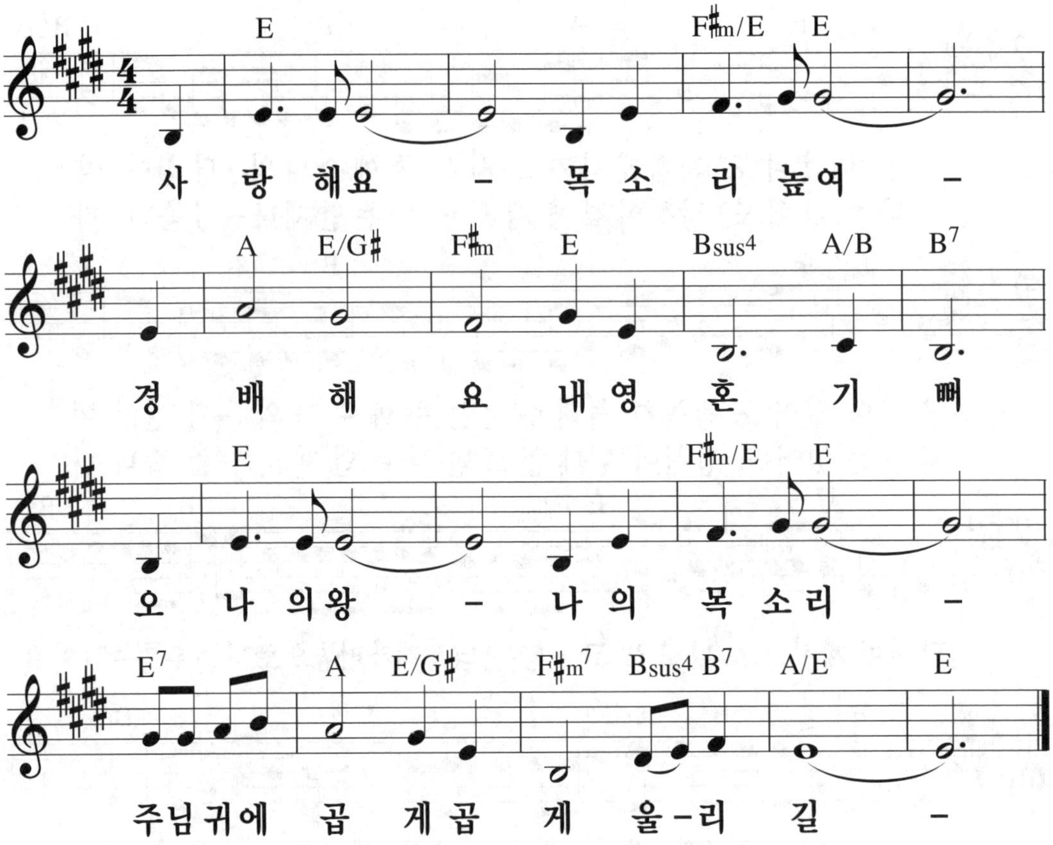
E F♯m/E E
사 랑 해요 - 목 소 리 높여 -
A E/G♯ F♯m E Bsus4 A/B B7
경 배 해 요 내 영 혼 기 뻐
E F♯m/E E
오 나 의 왕 - 나 의 목 소 리 -
E7 A E/G♯ F♯m7 Bsus4 B7 A/E E
주님 귀에 곱 게 곱 게 울-리 길 -

메들리 곡 53/ 예수 사랑해요 245/ 두 손 들고 찬양합니다 282/ 주님 내 아버지

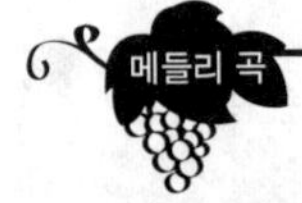

세상 향략에 젖어서 252

(주님을 따르리라)

김석균

1. 세 상 향락에 젖 어 서 주 님을 외 면할 때 –
2. 한 번 돌아선 그 길 을 참 회로 묻 어두 고 –
3. 지 난 세월을 돌 이 켜 주 님의 일 더하 고 –

돌아오 라 부르시 던 주 음 성 들었 네 –
주의뒤 를 따라가 며 즐 겨 길 가 겠 네 –
하늘나 라 소망하 며 항 상 깨 어 있 네 –

잊으리 이 전 것 은 죄악에 발 묶인 몸 –
내평생 빚 진 마 음 한없는 사 랑이 라 –
생명의 면 류 관 을 머리에 씌 워주 마 –

속죄로 짐 을 벗 고 주님을 따르리 라 –
십자가 내 가 지 고 주님을 따르리 라 –
약속하 신 주 님 만 섬기며 따르리 라 –

E

메들리 곡
40/ 세상에서 방황 할 때 255/ 어두워진 세상 길을 276/ 주께 두 손 모아

253 손을 높이 들고

(Praise Him on the trumpet)

John Kennett

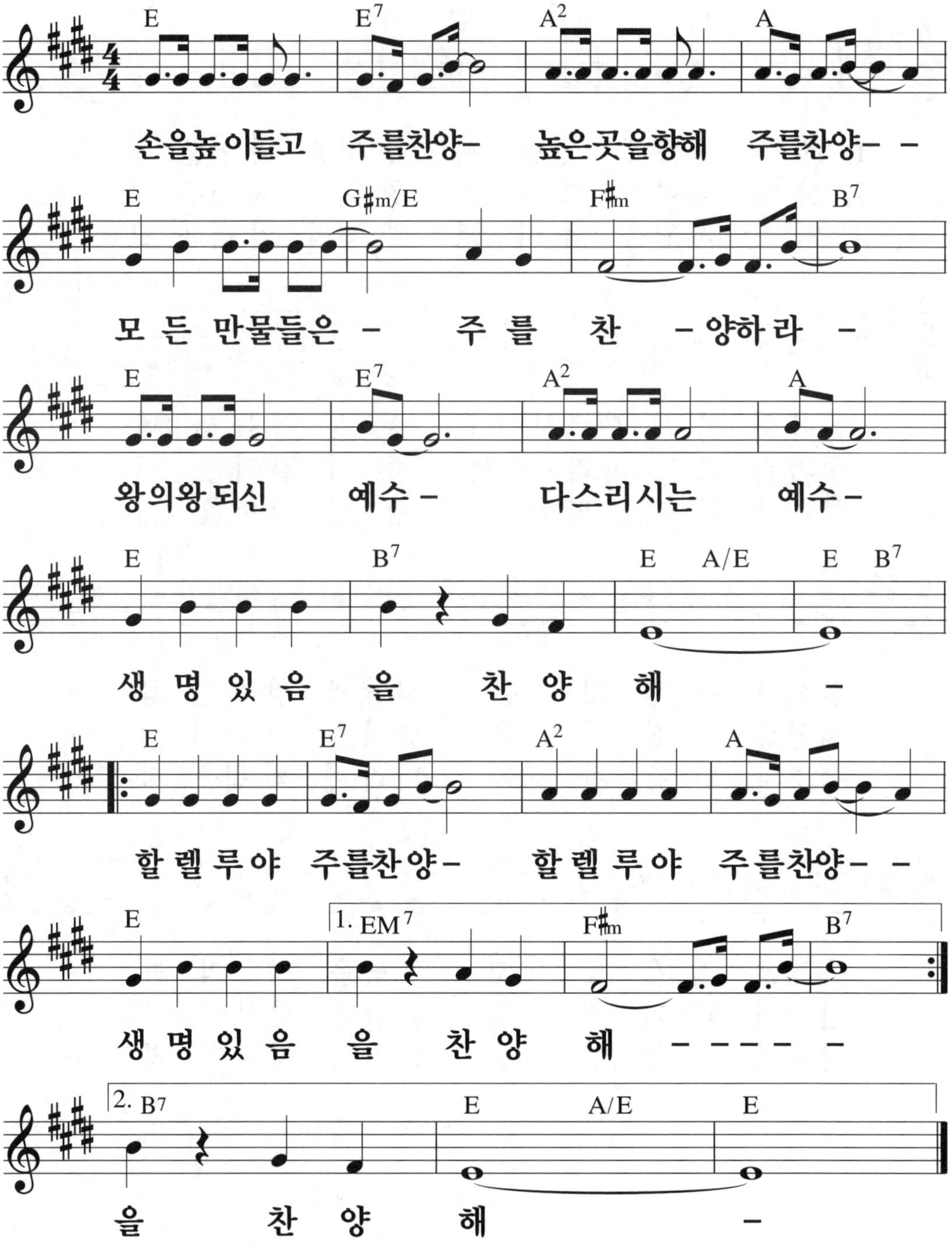

손을높이들고 주를찬양- 높은곳을향해 주를찬양- -

모 든 만물들은 - 주 를 찬 - 양하 라 -

왕의왕되신 예수 - 다스리시는 예수 -

생 명 있 음 을 찬 양 해 -

할 렐 루 야 주를찬양- 할 렐 루 야 주를찬양- -

생 명 있 음 을 찬 양 해 - - - - -

을 찬 양 해 -

235/ 내 영이 주를 269/ 위대하고 강하신 주님 299/ 해 뜨는 데 부터

미가엘 2258

아바 아버지

254

김길용

E C#m A E/G#

아 바아버 - 지 - 아 바아버 - 지 나를안으시 - 고바라보 - 시는

F#m B7 E C#m

아 바아버 - 지 - 아 바아버 - 지 - 아 바아버 - 지 나를

A F#m E B7 E

도 우시 - 고 힘 주시 - 는 아 버 지 주는

E A F#m B7

내 맘 - 을고 치 - 시 고 볼수 없 는상 - 처만 지 - 시

E A B7 G#m7 C#sus4 C#7

네 나를아 - 시 고 나를 이해하 - 시네 - 내영

F#m B7 E

혼 새롭 게 세 우 - 시 네

메들리 곡

245/ 두 손 들고 282/ 주님 내 아버지 294/ 하나님은 너를 지키시는 자

255 어두워진 세상 길을

(에바다)

미가엘 1279

고상은

예수 가장 귀한 그 이름 256

(The sweetest name of all)

Tommy Coomes

예 수 가장 귀한그-이름 예 수 -언제나 기도들-으사 오
예 수 찬양 하기원-하네 예 수 -처음과 나중되-시는 오
예 수 왕의 왕이되-신주 예 수 -당신의 끝없는-사랑 오

예 수 -나의손 잡아주시는 가 장 귀한 귀한그-이 름
예 수 -날위해 고통당하신 가 장 귀한 귀한그-이 름
예 수 -목소리 높여찬양해 가 장 귀한 귀한그-이 름

E

149/ 예수 그 이름 282/ 주님 내 아버지 336/ 아버지 사랑합니다

예수 사랑 나의 사랑 257

(Jesus in me)

136/ 사랑의 주님이 205/ 평안을 너에게 주노라 263/ 예수 이름 찬양

258 여호와를 즐거이 불러

(감사함으로)

심종호

E /G# A /B E /G# A /B

여 -호와를 즐 거이불러- 기쁨으로주께 나아가리---

E /G# A /B D A E

여호와하나님난 주의백성- 기르 시 는 양이 라 -

E /G# A /B E /G# A /B

여-호와를 즐 거이불러- 기쁨으로주 께 나아가리---

C#m Bm7 A F#/A# F#m A/B E

여호와하나님난 주의백성- 기르 시 는 양이 라 - 감사함

A E/G# F#m7 A/B EM7 Bm7 E7

-으로 주를높 -이며 그문 - 에-들어가서 - 찬송함

A G#m7 C#7(♭9) F#m A/B E

-으로 그이 -름-을- 송 축할지-어다 - 감사함

A E/G# F#m7 A/B EM7 Bm7 E7

-으로 주를높 -이며 그문 - 에 -들어가서 - 찬송함

A G#m7 C#7(♭9) F#m A/B E

-으로 그이 -름-을- 송 축할 지-어다 - 주의선

D2 A/C# D E Bm E9 D
-함과 인자하 -심이 영원 -하고 주의성 -실하- 심이
A/C# F#m7 E/G# A A/B C7sus4
- 대 대 에미치리로 --다 -- - 감 사함
B♭ F/A Gm7 C FM7 Cm7 F7
-으로 주를높 -이며 그문 - 에-들어가서 - 찬송함
B♭ Am D7(♭9) Gm C F
-으로 그이 -름-을- 송 축할 지-어다 -

E

259 예수님 그의 희생 기억할 때

(다시 한번 / Once Again)

Matt Redman

예 수 님 - 그 의 희 생 기 억 할 때 자 기 몸 버 - 려 - 죽 으 신 주 -
이 제 는 - 저 높 은 곳 에 앉 으 신 하 늘 과 땅 - 의 - 왕 되 신 주 -

나 항 상 - 생 명 주 신 그 은 혜 를 마 음 에 새 겨 봅 니 다 - 마
나 이 제 - 놀 라 운 구 원 의 은 혜 - 높 이 찬 양 하 리 라 -

음 에 새 겨 봅 니 다 - 주 달 리 신 십 자 가 를 내 가 볼 때 주
높 여 찬 양 하 리 라 -

님 의 자 비 내 마 음 을 겸 손 케 해 주 께 감 사 하 며

내 생 명 주 께 드 리 네 - 감 사 드 리 리

주 의 십 자 가 나 의 친 구 되 신 주 주

예수님의 보혈로 260

E

261 예수님 목마릅니다

(성령의 불로 / Holy Spirit Fire)

Scott Brenner

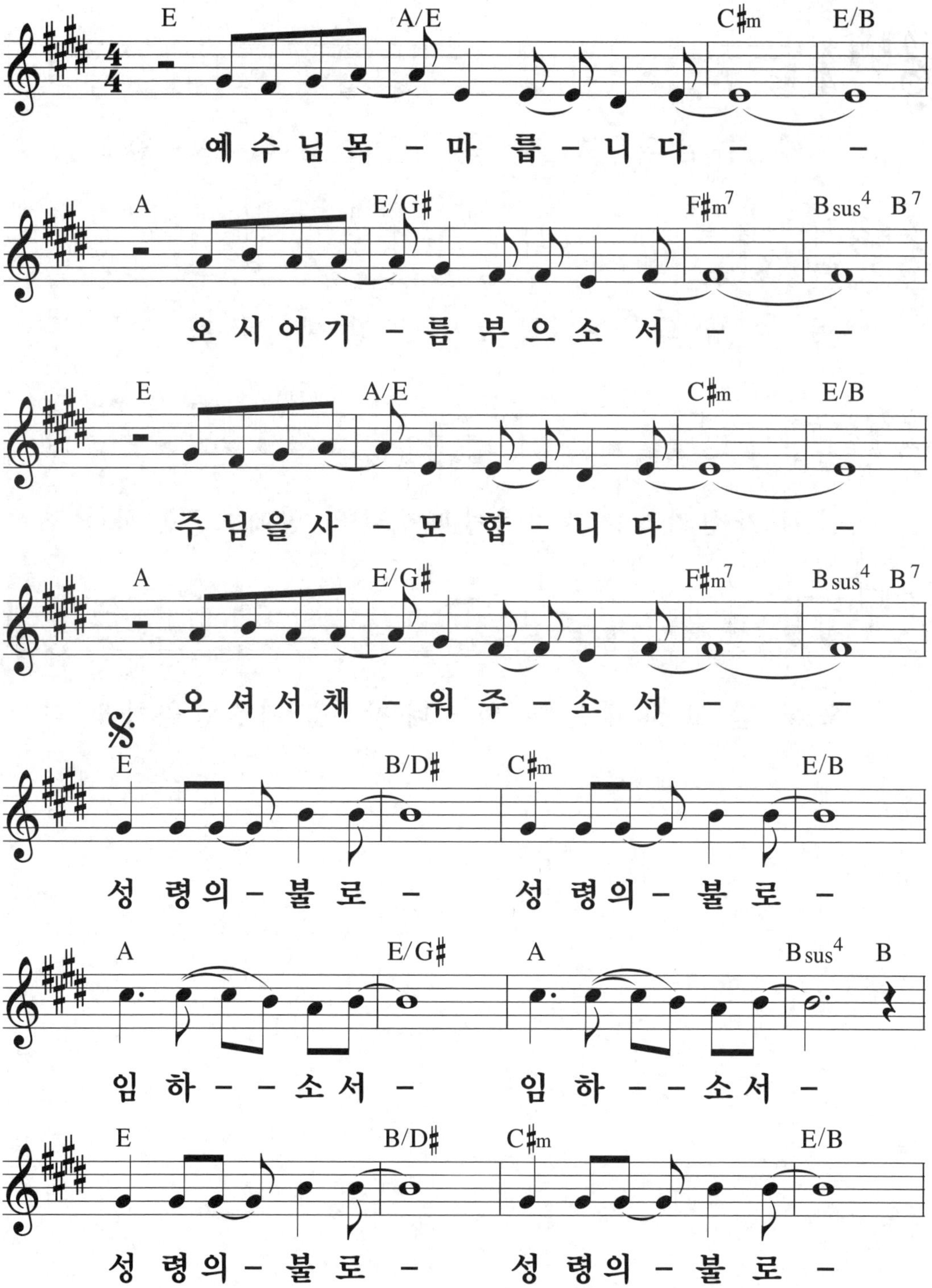

E A/E C♯m E/B

예 수 님 목 – 마 릅 – 니 다 – –

A E/G♯ F♯m7 Bsus4 B7

오 시 어 기 – 름 부 으 소 서 – –

E A/E C♯m E/B

주 님 을 사 – 모 합 – 니 다 – –

A E/G♯ F♯m7 Bsus4 B7

오 셔 서 채 – 워 주 – 소 서 – –

𝄋

E B/D♯ C♯m E/B

성 령 의 – 불 로 – 성 령 의 – 불 로 –

A E/G♯ A Bsus4 B

임 하 – – 소 서 – 임 하 – – 소 서 –

E B/D♯ C♯m E/B

성 령 의 – 불 로 – 성 령 의 – 불 로 –

A
E/G♯
A
Bsus4 B
Fine
기 름부 - 으소서 - 기 름부 - 으소서 -
E
A/E
C♯m
E/B
불같은사 - 랑 드립 니다 - -
A
E/G♯
F♯m7
Bsus4 B
나의간구 - 를들으 - 소 서 - -
E
A/E
C♯m
E/B
이세상어 - 느 것 - 보 다 - -
A
E/G♯
F♯m7 B
F♯
D.S
주님을의 - 지 합 - 니 다 - -

262 예수님이 좋은걸

이광무

E C#m F# B B7

예 수님 이 좋 - 은 - 걸 어 떡합 - 니 까 -
예 수님 이 좋 - 은 - 걸 어 떡합 - 니 까 -
형 제님 이 좋 - 은 - 걸 어 떡합 - 니 까 -
이 교회 가 좋 - 은 - 걸 어 떡합 - 니 까 -

E B7 E E7

예 수님 이 좋 - 은 - 걸 어 떡합 - 니 - 까 -
예 수님 이 좋 - 은 - 걸 어 떡합 - 니 - 까 -
자 매님 이 좋 - 은 - 걸 어 떡합 - 니 - 까 -
이 교회 가 좋 - 은 - 걸 어 떡합 - 니 - 까 -

A E C#m F# B B7

세 상 의 어 떤것 과 바 꿀 수 - 없 네 -
날 위 해 십 자가 를 지 신 예 - 수 님 -
서 로 돕고 화 목하 는 형 제 자 - 매 님 -
길 이 요 진 리시 며 생 명 이 - 신 주 -

E B E

예 수님 이 좋 - 은 - 걸 어 떻합 - 니 - 까 -
우 리죄 를 용 - 서 - 한 우 리예 - 수 - 님 -
예 수님 이 피로사 - 신 성 도랍 - 니 - 다 -
사 랑하 며 전도하 - 는 교 회랍 - 니 - 다 -

270/ 이 날은 295/ 하나님을 아버지라 361/ 주께서 왕위에 오르신다

예수 이름 찬양

263

(Praise the name of Jesus)

Roy Jr. Hicks

E

메들리 곡

219/ 나의 마음을 245/ 두 손 들고 256/ 예수 가장 귀한 그 이름

264 오 주 안에 내 믿음이 있네

(주님 찬양해 / Let The Praises Ring)

Lincoln Brewster

오

주안 - 에 - 내 믿 음 - 이 - 있 네 - 오

주안 - 에 - 내 소 망 - 이 - 있 네 - 오

주안 - 에참 - 평 안 있 네 - 주안

- 에내 - 힘 이 있 네 - 주안 - 에살

- 고 숨 쉬 네 - 내 모든말 - 과 행 동이 주

님의뜻 - 을따 르니 내 거룩한 - 손 들고 - 서 주님 찬양 - 해

263/ 예수 이름 찬양 272/ 전심으로 주 찬양 286/ 주를 찬양해

우리에게 향하신 265

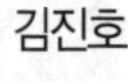

1. 우 리에게향하 신 여 호와의인자 하 심이
2. 우 리에게향하 신 여 호와의진실 하 심이
3. 우 리에게향하 신 여 호와의계획 하 심이

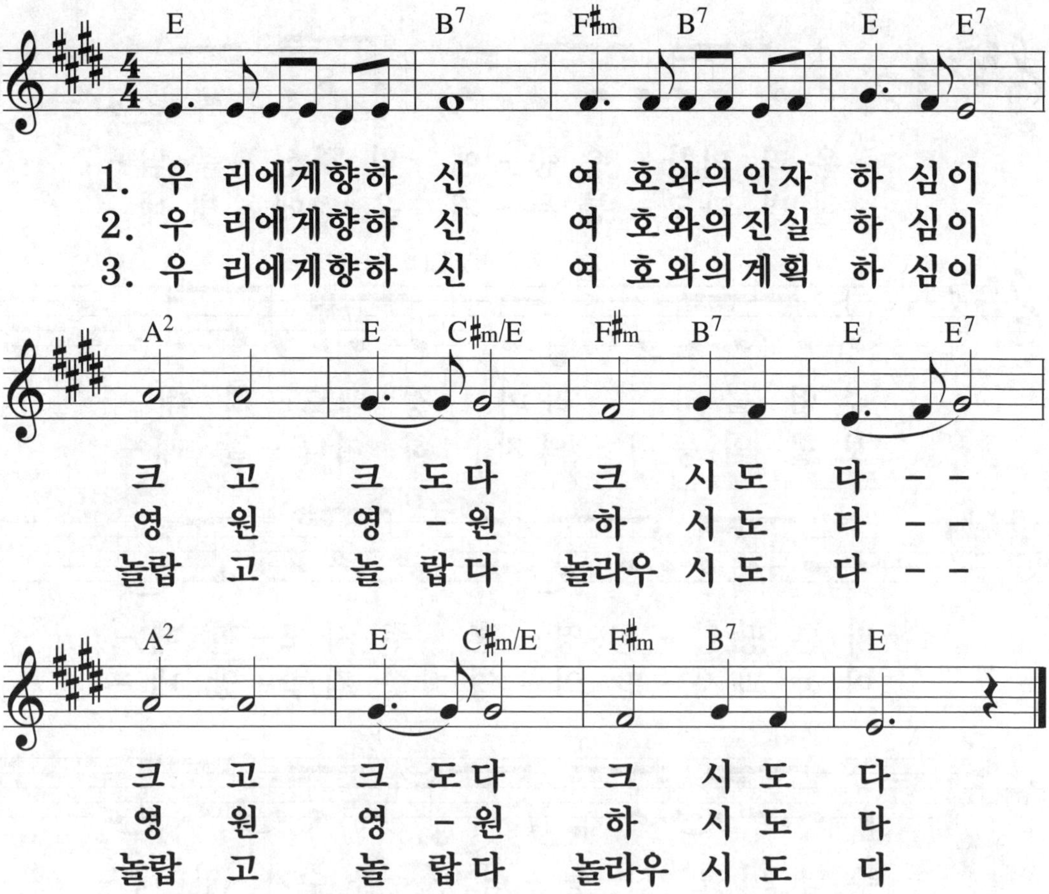

크 고 크 도다 크 시도 다 ‒ ‒
영 원 영 ‒원 하 시도 다 ‒ ‒
놀랍 고 놀 랍다 놀라우 시도 다 ‒ ‒

크 고 크 도다 크 시 도 다
영 원 영 ‒원 하 시 도 다
놀랍 고 놀 랍다 놀라우 시 도 다

E

266 우리의 찬송 중에 임하신 주님

(기적이 일어나네)

윤주형

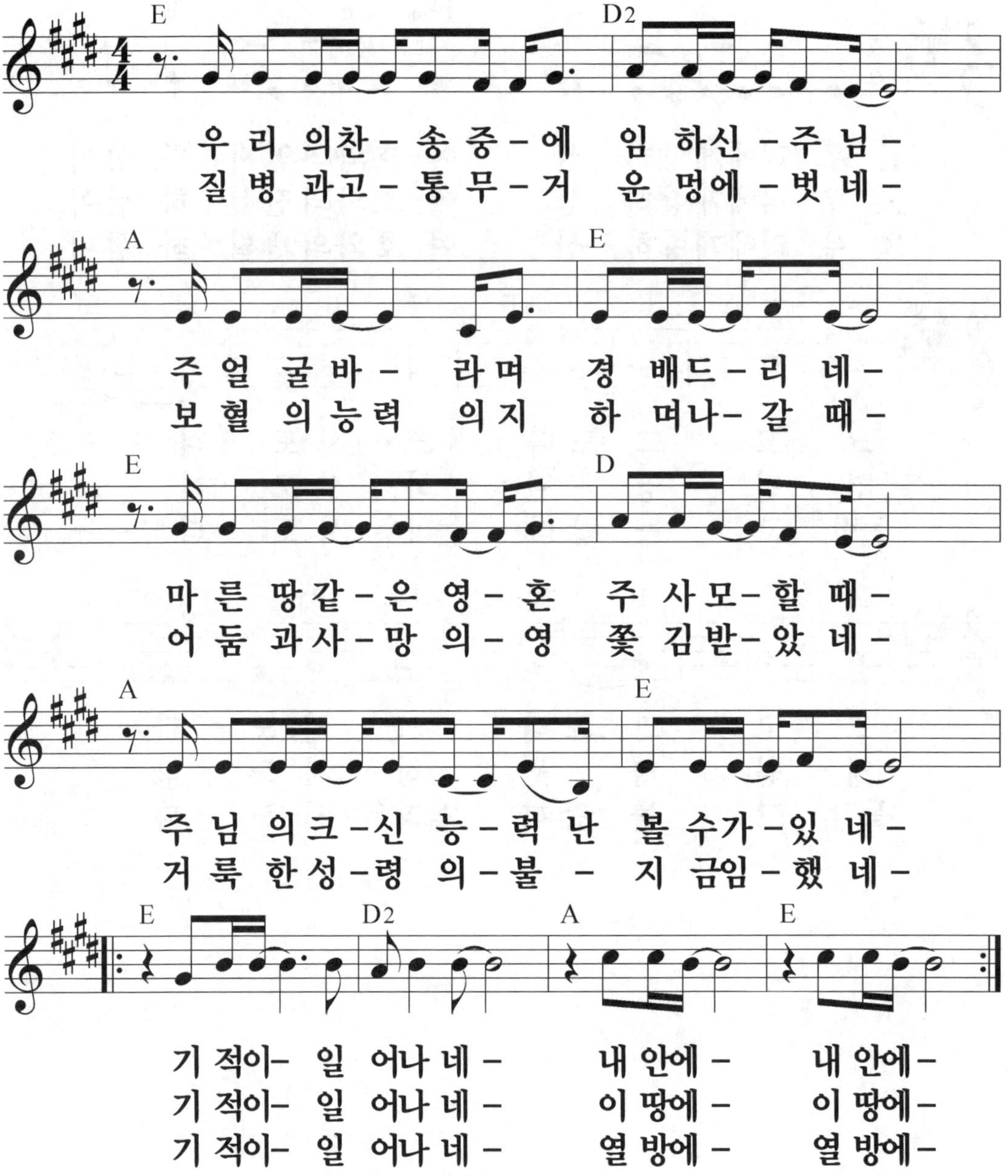

E D2

우 리 의찬 - 송중 - 에 임 하신 - 주 님 -

질병 과고 - 통무 - 거 운 멍에 - 벗네 -

A E

주얼 굴바 - 라며 경 배드 - 리 네 -

보혈 의능력 의지 하 며나 - 갈 때 -

E D

마 른 땅같 - 은 영 - 혼 주 사 모 - 할 때 -

어 둠 과사 - 망 의 - 영 쫓 김받 - 았 네 -

A E

주 님 의크 - 신 능 - 력 난 볼 수가 - 있 네 -

거 룩 한성 - 령 의 - 불 - 지 금임 - 했 네 -

E D2 A E

기 적이- 일 어나 네 - 내 안에 - 내 안에 -

기 적이- 일 어나 네 - 이 땅에 - 이 땅에 -

기 적이- 일 어나 네 - 열 방에 - 열 방에 -

226/ 날마다 숨쉬는 273/ 존귀 오 존귀하신 주 290/ 주의 보좌로 나아갈 때에

우리 함께 기도해

고형원

E

메들리 곡

221/ 나의 부르심 261/ 예수님 목마릅니다 265/ 우리에게 향하신

268 우리 함께 기뻐해

(Let Us Rejoice And Be Glad)

Gary Hansen

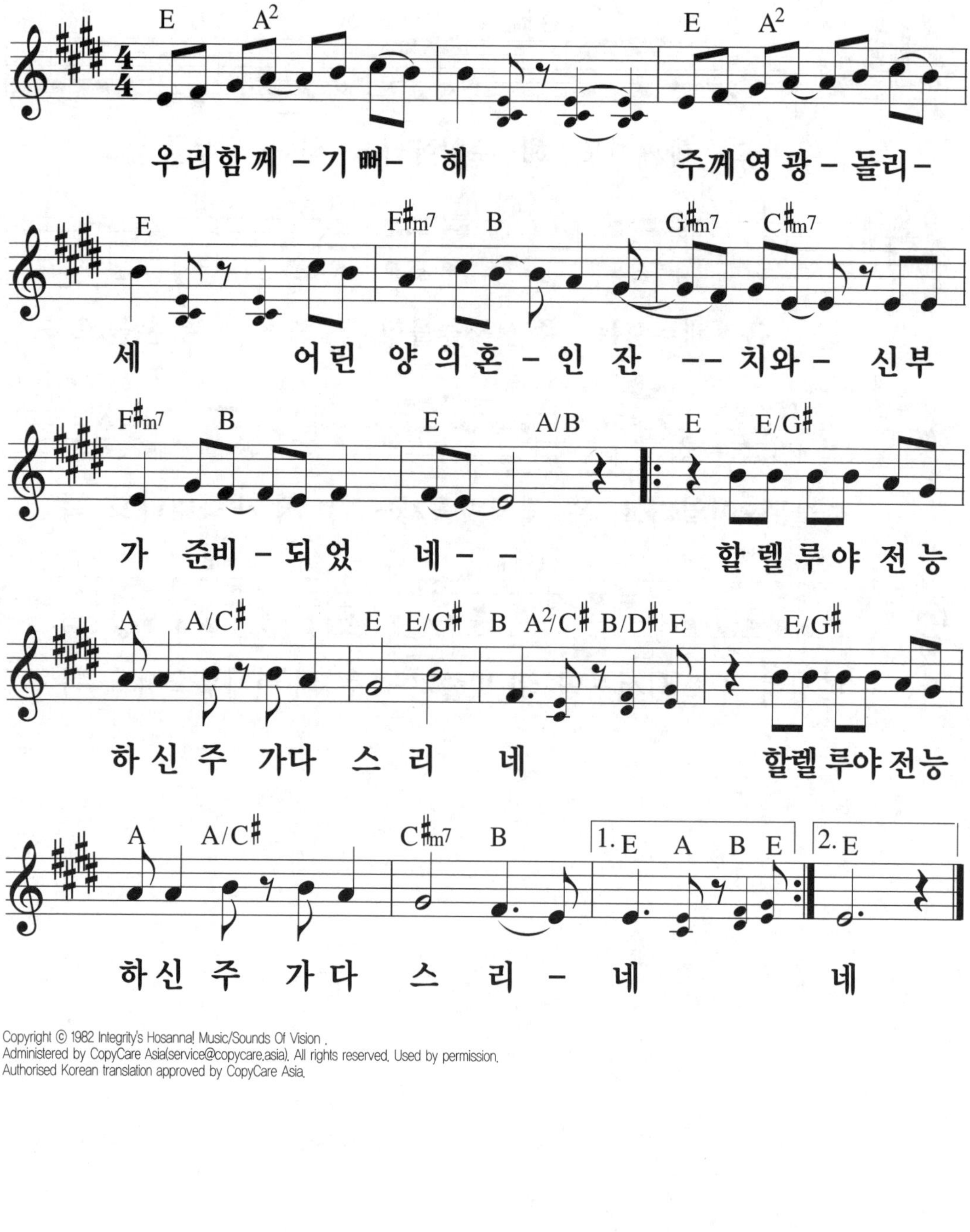

우리함께 - 기 뻐- 해 주께영 광 - 돌리-
세 어린 양 의 혼 - 인 잔 - - 치와 - 신부
가 준비 - 되었 네 - - 할 렐 루야 전 능
하 신 주 가 다 스 리 네 할렐 루야 전능
하 신 주 가 다 스 리 - 네 네

253/ 손을 높이 들고 269/ 위대하고 강하신 주님 273/ 존귀 오 존귀하신 주

위대하고 강하신 주님 269

(Great and mighty is the Lord our God)

Mariene Bigley

위대 하-고강하 신주님- 우리 주하 나 님

위대 하-고강하 신 주님- 우리 주하 나 님

깃발 을높이들고 흔들며- 왕 께 찬 양 해

위대 하-고강하 신 주님- 우리 주하 나 님---

위대 하-고강하 신 주님- 우리 주하 나 님

E

235/ 내 영이 주를 253/ 손을 높이 들고 273/ 존귀 오 존귀하신 주

270 이 날은 이 날은

(This is the Day)

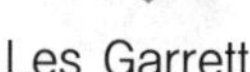

Les Garrett

1. 이날 -은 이날 - 은주의 지 으신 주의 날 일 세
2. 이날 -은 이날 - 은나의 모 든죄 사함 받 은 날
3. 이날 -은 이날 - 은우리 주 님이 부활 하 신 날
4. 이날 -은 이날 - 은성령 님 께서 임하 시 는 날

기뻐 하고 기뻐 하며 즐거 워 하 세 즐거 워 하 세

이날 은주의 날 일 - 세 기 뻐 하고 즐거 워 하 - 세

이날 - 은 이날 - 은 주의 날 일 세

235/ 내 영이 주를 271/ 이 날은 주가 지으신 날 358/ 좋으신 하나님 너무도

이 날은 주가 지으신 날

(This is the Day)

Rick Shelton

272 전심으로 주 찬양

(주의 찬송 세계 끝까지)

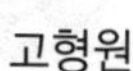

고형원

전 심으로주찬 양 주의 이름높-이올려드리 세

위 대하신하나 님 온땅 위에높-이올려드리 세

주 의영광은-하 늘위에높고 주의찬 송은세계 끝까

지 - - 주 의영광은 -모 든나 라위 에 주의

찬 송은세 계끝 -까 지

메들리 곡 150/ 예수 이름이 온 땅에 263/ 예수 이름 찬양 301/ 호흡 있는 모든 만물

존귀 오 존귀하신 주 273

(Worthy is the Lord)

Mark Kinzer

E A E A/E E Fdim7
존 귀 오 존 -귀하- 신 주 - 감사찬양

F#m B7 E B7
과-경배-다 받으실 주 님

E A E A/E E Fdim7
존 귀 오 존- 귀하- 신 주 - 감사찬양

F#m B7 E E7
과-경 배- 다 받으 실 주 님 - 찬양

A B7 E B7/D# C#m
할 렐 루-야 보 좌위 어 린양께 - 우

F#m B7 E E7
리 경 배 하-며 영 광돌리 네 -

A B7 E B7/D# C#m
할 렐 루-야 우 리왕 께 영 -광 - 주는

F#m B7 F#m7 Bsus4 B7 E A E (B7)
승 리의용 --사 또 만 유 의 주 님 -

214/ 기뻐하며 승리의 노래 268/ 우리 함께 기뻐해 269/ 위대하고 강하신 주님

274 좋으신 하나님 인자와 자비

(You are good)

Israel Houghton

E B/E D/E

좋으 - 신하나 - 님 인자 - 와자비 - 영 원 - 히 - -

A/E A B/A

각나 - 라족속 - 과 백 성 - 방 언

C/A D/A E B

세상 - 모든세 - 대 영원 - 토록주 경 배 - 해 -

D A E (E/G♯) B (Bm7)

할렐루 - - 야 할 - 렐루 - - 야 주 경 배 - 해 -

B D(C) 1 A 2.3.D Em

주하나 - 님 - 주 You are - good *Fine* You are - good

Em

- All the time - All the time - You are - good -

D.C.

253/ 손을 높이 들고 268/ 우리 함께 기뻐해 291/ 찬송하라 여호와의 종들아

주께서 높은 보좌에

김국인

E F#m B7 E A9
주께서높은 보 좌-에- 앉으셨는데 -

E F#m B7 E A9
그옷자락은 성 전-에- 가득하도다 -

E F#m B7 E A9
천 사 들이모 여 서- 서로창화하여 외 치 니

E F#m B7 E A9 E A9
그소리는성 전 에- 가득하도다 - -

E F#m B7 E A9
거 룩 거룩 하 -- 다 만군의 여호 와

E F#m B7 E
그 -영광이 온 땅-에 충만하시-도 다

E

메들리 곡
236/ 내 주 같은 분 없네 263/ 예수 이름 찬양 348/ 왕이신 나의 하나님

276 주께 두 손 모아

(사랑의 종소리)

미가엘 1125

김석균

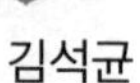

E B7 E
주 께 두손모아 비 나니 크 신 은총베푸 사 밝
주 께 두손모아 비 나니 크 신 은총베푸 사 주
A E F♯m B7
아 오는이– 아 침을 환 히 비춰 주소 서 오–
가 예비하신 동 산에 항 상 있게 하소 서 오–
E B7 E A/E A B7
주 우리모든 허 물을 보 혈 의피로씻기 어 하–
주 우리맘에 새 빛이 어 두 움밝게하시 어 진–
E A E/B B7 E
나 님사랑 안 에 서행 복 을–갖게하소 서 서–
리 의말씀 안 에 서늘 순 종–하게하소 서 서–
B7 E A B7
로 믿음안에 서 서– 로 소망가운 데 서–
로 참아주면 서 서– 로 감싸주면 서 서–
E A C♯m F♯7 B7
로 사랑안에 서 손 잡 고가 는 길
로 사랑하면 서 주 께 로가 는 길
오–

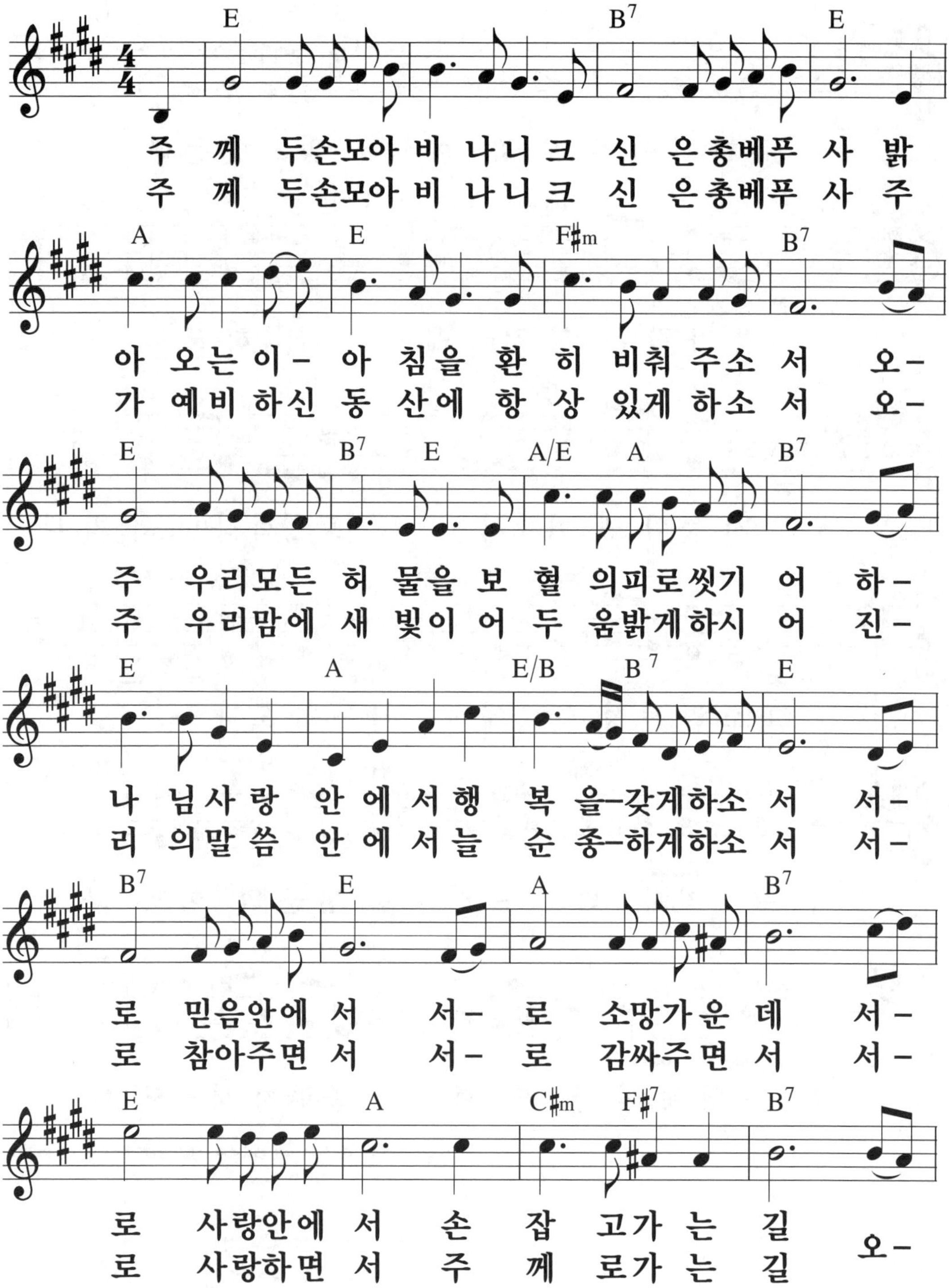

250/ 빛이 없어도 265/ 우리에게 향하신 370/ 지극히 높은 주님의

좋으신 하나님 277

(God is good)

Graham Kendrick

1. 좋 으 신 하 나님 좋 으 신 하 나님
2. 우 리 의 기 도를 응 답 해 주 시는
3. 한 없 는 축 복을 우 리 게 주 시는

245/ 두 손 들고 256/ 예수 가장 귀한 그 이름 348/ 왕이신 나의 하나님

278 주는 평화

미가엘 1141

(He is our peace)

Kandela Groves

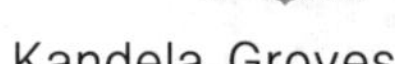

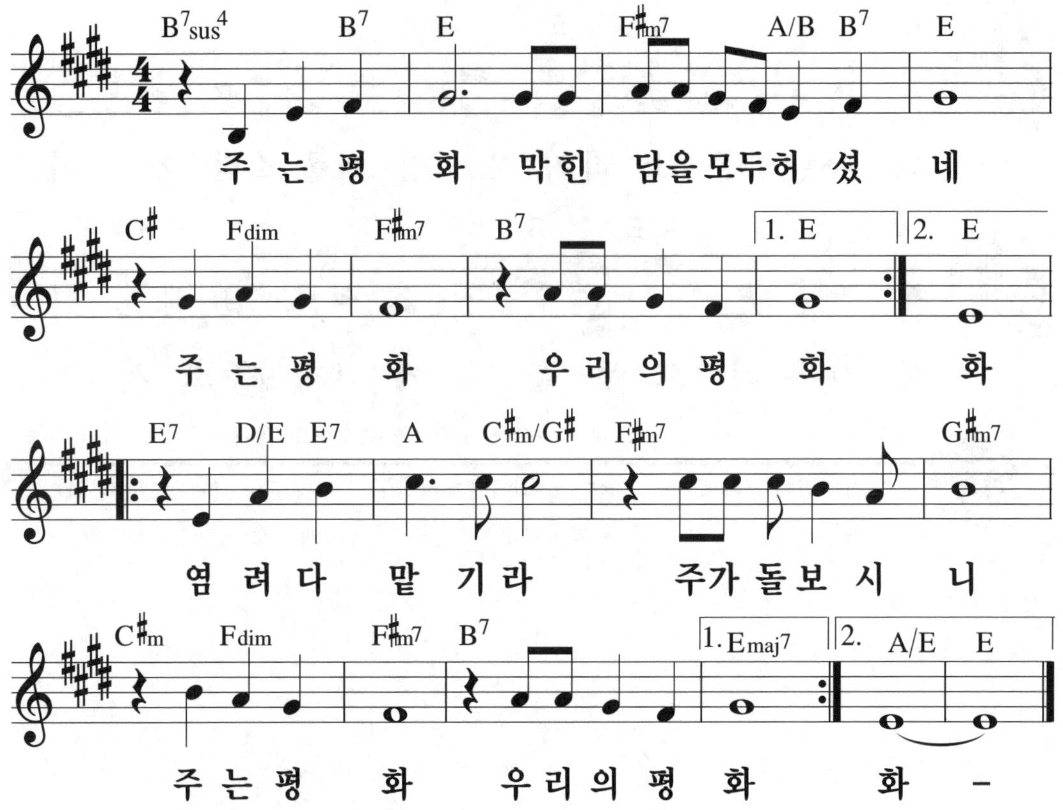

B7sus4 B7 E F#m7 A/B B7 E
주 는 평 화 막힌 담을모두허 셨 네
C# Fdim F#m7 B7 1. E 2. E
주 는 평 화 우 리 의 평 화 화
E7 D/E E7 A C#m/G# F#m7 G#m7
염 려 다 맡 기 라 주가 돌 보 시 니
C#m Fdim F#m7 B7 1. Emaj7 2. A/E E
주 는 평 화 우 리 의 평 화 화 –

메들리 곡 245/ 두 손 들고 256/ 예수 가장 귀한 그 이름 263/ 예수 이름 찬양

주님 계신 곳에 나가리 279

(주의 위엄 이곳에 / Awesome in this place)

Dave Billington

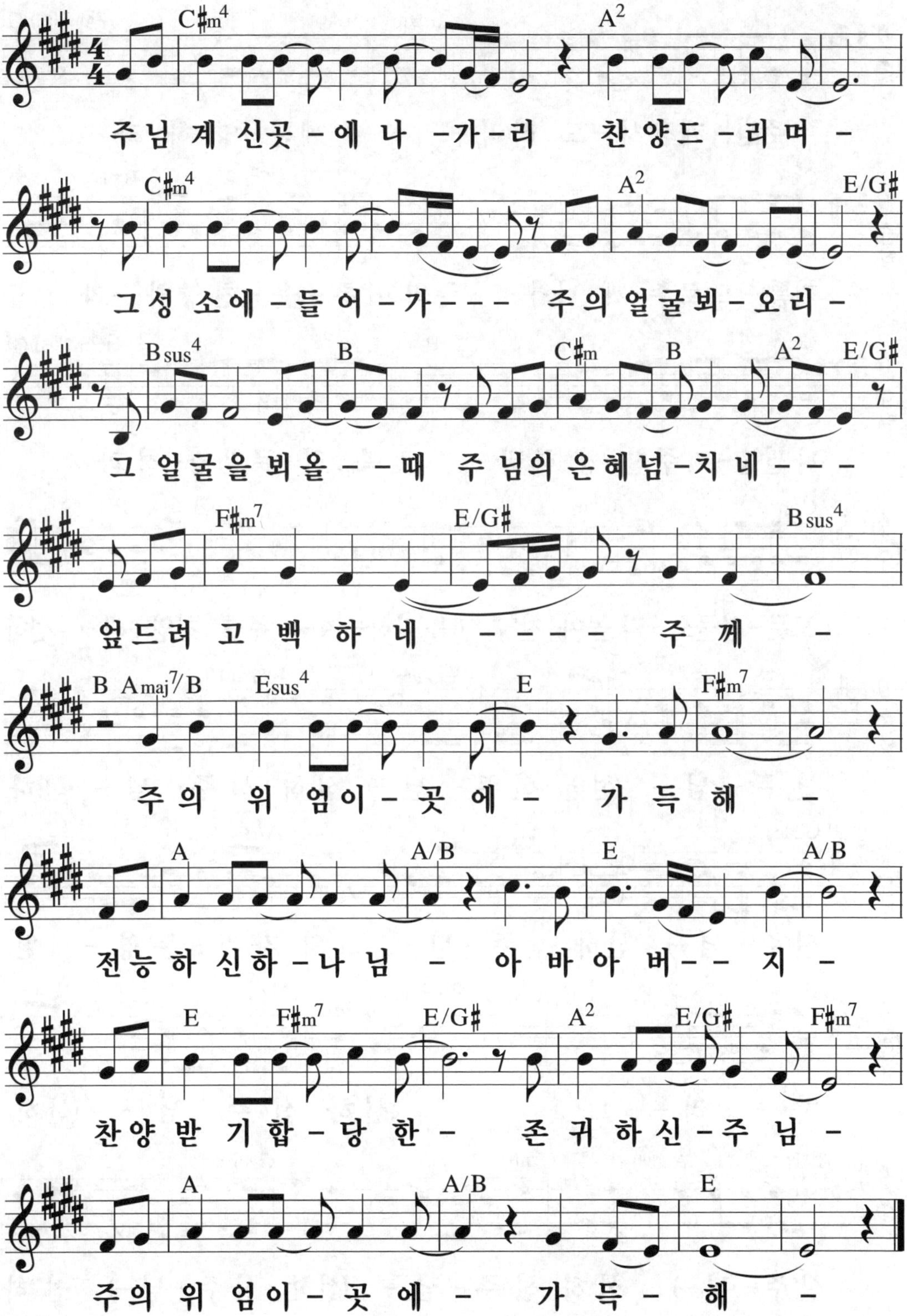

주님 계 신곳 - 에 나 -가-리 찬 양드 -리며 -

그성 소에 -들 어 -가--- 주의 얼굴뵈-오리 -

그 얼굴을 뵈올 --때 주 님의 은혜넘-치 네---

엎드려 고 백 하 네 ---- 주 께 -

주 의 위 엄이 - 곳 에 - 가 득 해 -

전능하 신하 -나 님 - 아 바 아 버-- 지 -

찬 양 받 기 합 -당 한- 존 귀 하 신 -주 님 -

주 의 위 엄이 -곳 에 - 가 득 - 해 -

E

280 주님께 감사드리라

(For the Lord is good)

Billy Funk

E Bm9 E F#m7(b5)/G#

주님-께감사-드 리라- 주 께찬-양 하 라

C#m A F#m7 B sus4

기쁨-으로주-께 나와- 주의 이름-을-찬양하 -라

E Bm9 E F#m7(b5)/G#

나팔불-며주찬-양 하라- 북소리-로찬양-하라

C#m C#m A F#m7 B sus4 B7

모든-만물소-리 높여-찬양 마음 다하-여- 주를 찬양-해- 선하

𝄋A M9 A2(b5) G#m11

신 주 - 님 - (선하 신 주 - 님 -) 선하 신 주 - 님 - (선하

G2(b5) F#m7 A/B

신 주 - 님 -) 선하 신 주 - 님- 그의 자 비 - 는 영 - - 원

E C#m B/C# C#m A M9

하 - - 리 - 선하 신 주 - 님 - (선하

A M9 A2(b5) G#m11 G2(b5)

신 주 - 님 -) 선 하 신 주 - 님 - (선하 신 주 - 님 -) 선 하

F#m7
A/B
E
C#m B/C# C#m
신주-님- 그의 자비-는영--원 하--리- 선하
F#m
A/B
E
Fine
신 주-님- 그의자 비-는영--원하--리- -
E
Bm9
E
F#m7(♭5)/G#
창조-주하나-님 찬양- 예수-를높이 세
C#m
A
F#m7
B sus4
B 7
D.S.
주께-와무릎-을꿇고- 두손 을 들-고- 주를 찬양-해- 선하

E

281 주님 날 위해 버림 받으심

(주 나의 왕 / You are my king)

Billy James Foote

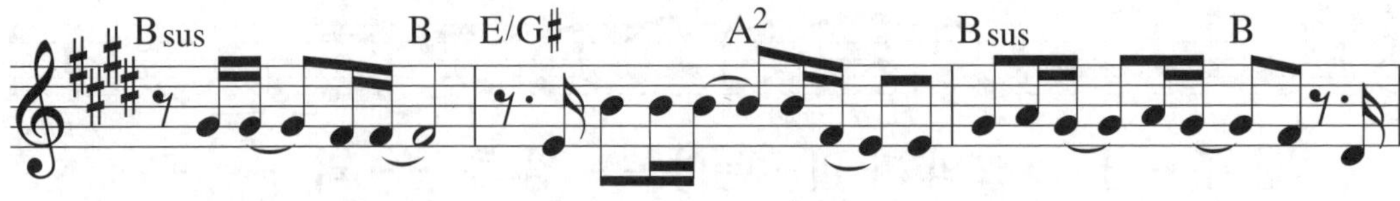

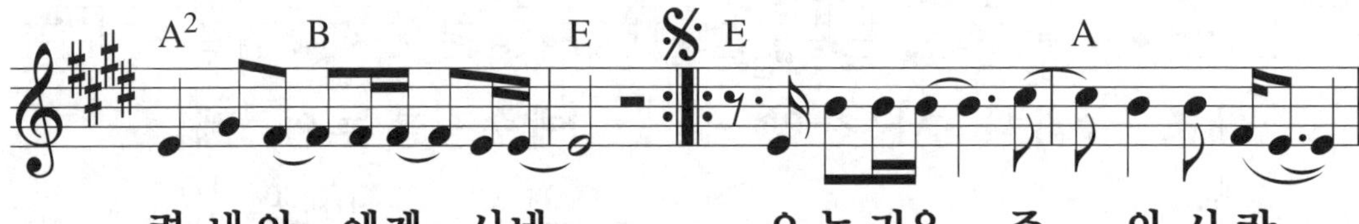

주님 내 아버지 282

(Father, O my father)

하 스데반

주님- 내아 버지- -사 랑하며 -감 사하리 온

맘다해 -주 섬기리 나 를 -받으소 서

주님- 내아 버지--주께 가오니 -임 하소서 온

맘다해 -주 섬기리 내 -생명다 해

E

149/ 예수 그 이름 245/ 두 손 들고 찬양합니다 336/ 아버지 사랑합니다

283 주님 어찌 날 생각하시는지

(나는 주의 친구 / Friend of God)

Michael Gungor & Israel Houghton

F#m7 E E

-부 - 르 - 셨 - 네 - - 나는 주의 - 친 - 구

E C#m7 F#m7

- 나는주의 - 친 - 구 - 주님 날친 -구 - 로

F#m7 *Last time to Coda* 1. E F#/E

-부 - 르 - 셨 - 네 - -

2. A2 E/G# F#m A

- -

A2 E/G#

전 능 하 신 영 광 의 주

F#m A2 1, 2, 3.

주 는 내 친 구 - -

4. B *D.S. al Coda* E

- - - -

E

148/ 예수보다 더 좋은 친구 222/ 나의 사랑하는 자의 목소리 273/ 존귀 오 존귀

284 주님 앞에 간구했었던

(내 한 가지 소원 / One Thing Have I Desired)

Stuart Scott

메들리 곡 224/ 나 주 앞에 서서 245/ 두 손 들고 291/ 찬송하라 여호와의 종들아

미가엘 1987

주님의 손길

메들리 곡 227/ 내가 어둠 속에서 255/ 어두워진 세상 길을 373/ 참참참 피 흘리신

286 주를 찬양해

(신령과 진정으로)

심종호

주를 찬양해

A E/G# F#m7 /B 𝄌E 1.

-신 주-전능하--신하-나님 - 주를찬

2. E D6 A/C# Am/C

주를갈 -망하-는것 - 주를예 -배하-는것

E/B F#sus4 F#7 B sus4

- 주를기 -뻐하-는것 신령과진정으로 -

B D6 A/C# Am/C

주를갈 -망하-는것 - 주를예 -배하-는것

E/B F#sus4 F#7 D

- 주를기 -뻐하-는것 신령과진정으로 -

D B

신령과진정으로- ------ - 감사의

E G#7(#5) 𝄌 E

D.S.

- 노--래주 -께- 내게새 - 거룩하

A E/G# F#m7 /B E

-신 주- 전능하 --신하- 나님-

E

190/ 주의 이름 안에서 246/ 매일 주와 함께 280/ 주님께 감사드리라

287 주를 향한 나의 사랑을

(Just let me say)

Geoff Bullock

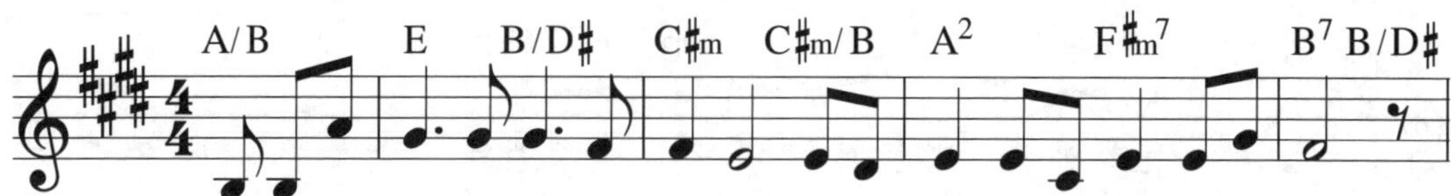

1. 주를향 한나의사 랑을 주께 고 백하 게하소서
2. 부드러 운주의속 삭임 나의 이 름을부 르시네
3. 온맘으 로주를바 라며 나의 사 랑고백 하리라

아름다 운주의그늘아래살며주를 보게하소 서
주의능 력주의영광을보이사성령 을부으소 서
나를향 한주님의그크신사랑간절 히알기원 해

주님 의 말씀 선포될 때에땅과하늘진동하리 니
메마 른 곳거 룩해지 도록내가주를찾게하소 서
주의 은 혜로 용서하 시고나를자녀삼아주셨 네

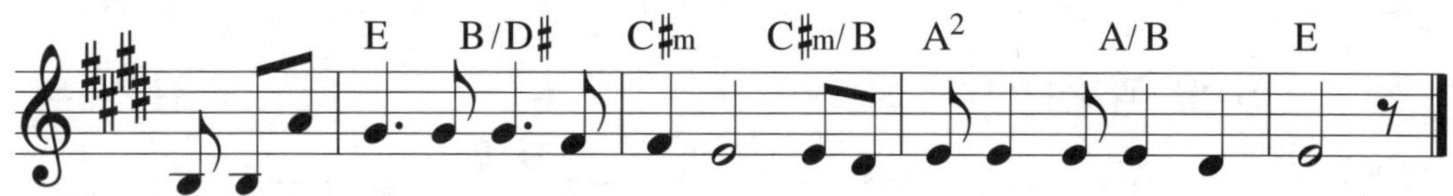

나의사랑고백하 리라 나의구주나의 친 구
내모든것주께드 리라 나의구주나의 친 구
나의사랑고백하 리라 나의구주나의 친 구

215/ 나를 지으신 주님 219/ 나의 마음을 294/ 하나님은 너를 지키시는 자

주 앞에 엎드려 288

(I will bow to You)

Pete Episcopo

메들리 곡

221/ 나의 부르심 245/ 두 손 들고 279/ 주님 계신 곳에 나가리

289

주 예수 오셔서

(물가로 나오라 / For Those Tears I Died)

Marsha J. Stevens

1. 주 예 수 오 셔서 – 내 슬 픔 아 셨 네
2. 내 주 님 의 사랑 – 다 알 수 없 지 만
3. 내 마 음 과 영혼 – 다 주 께 드 리 네

나 의 앞 일 도 내 주 아 셨 네 – 나 주 를
난 주 를 믿 네 날 위 한 사 랑 – 영 광 다
주 없 는 삶 은 다 허 무 한 삶 – 구 주 여

버 리 고 떠 나 갔 었 네 주 님 약 속 대 로 – 날
버 리 고 나 를 위 하 여 주 십 자 가 지 사 – 자
은 혜 의 문 을 여 소 서 주 의 크 신 사 랑 – 나

붙 드 셨 – 네 – 주 말 씀 하 네 –
유 주 셨 – 네 – 주 말 씀 하 네 –
찬 양 하 – 리 – 주 말 씀 하 네 –

물 가 로 나 오 – – 라 – 내 곁 에 서 –

B7
라 네 목 마 른 것 을 내가 채 우 리
E E7 A
라 – 어 둠 에 헤 맬 때
E
흘 리 던 네 눈 물 – 그 – 눈 물 을 –
B7 E
위 해 내 가 죽 었 노 라 –

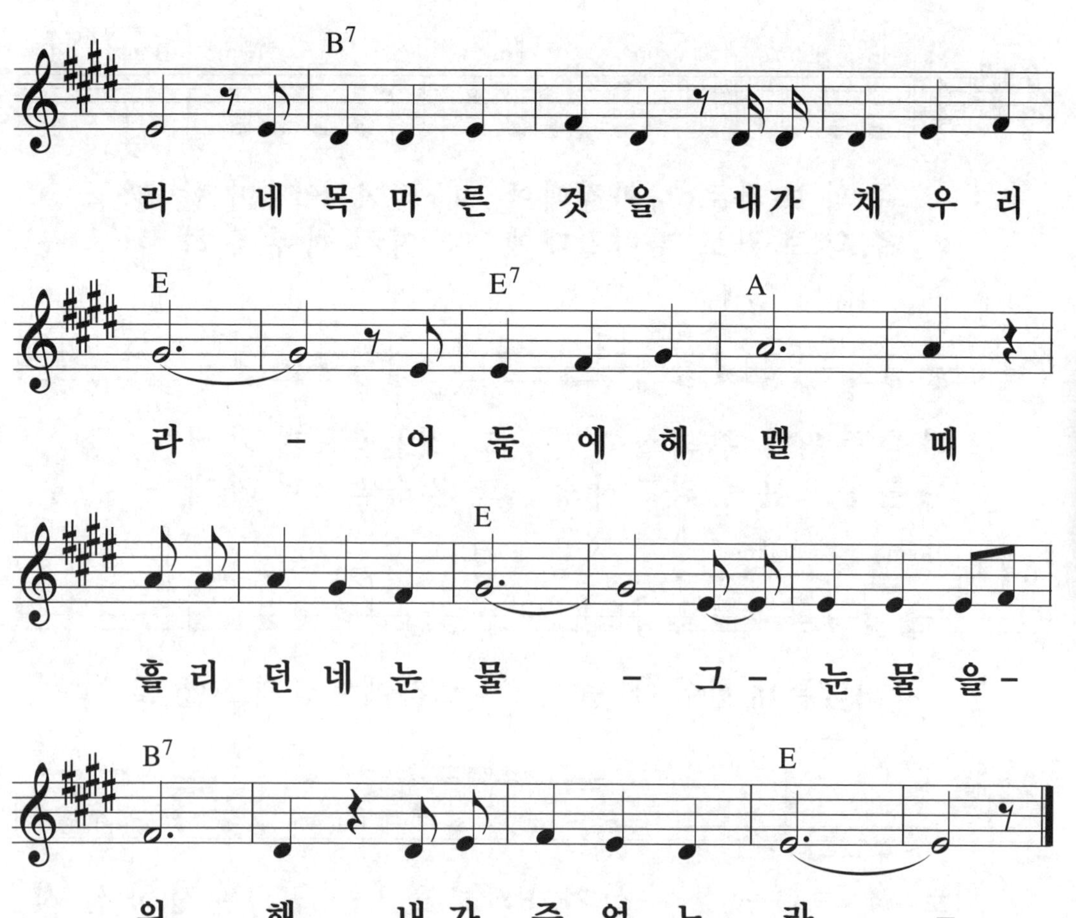

E

290 주의 보좌로 나아 갈때에

(예수 피를 힘입어)

양재훈

주 의 보 좌로 나아갈때에 어 떻게나아가야 할 까
주 의 보 좌로 나아갈때에 나 여전 히부족 하 나

나 를 구 원한 주 의십 자 가 그 것을믿으 며 가 네 -
나 를 품 으신 주 의그 사 랑 그 것을믿으 며 가 네 -

자 격없는내 힘 이 아 닌 오 직 예수 님 의보 혈 로

로 - 십 자 가 의 보 혈 - 완 전 하 신 사

랑 힘 입 어 나 아 갑 니 - 다 십 자 가 의 보 혈

- 완 전 하 신 사 랑 힘 입 어 예 배 합 니 다

찬송하라 여호와의 종들아 291

(Come bless the Lord)

* 찬송하라 –(찬 송하라 –) 여호와의종들 아(여호와의종들

아) 주 님 집에 –(주 님 집에 –) 서있는 자들 아(서있는자들

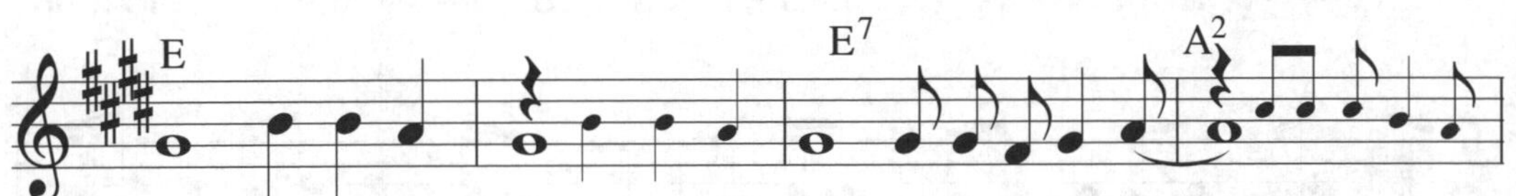

아) 성 소 향 해(성 소 향 해) 손을들고 서 –(손을 들고 서

–) 찬 송 하라 –(찬 송하 – 라) 찬 송 하라 –(찬 송 – 하라)

* | 기뻐, 감사, 기도

253/ 손을 높이 들고 269/ 위대하고 강하신 주님 299/ 해 뜨는 데 부터

292 축복합니다 주님의 이름으로

이형구 & 곽상엽

축복합니다 – 주님의 이 름으로 –

축복합니다 – 주님의 사 랑–으로 – 이곳에

모인주의거 룩한 자녀에게 –주님의 기쁨과 주님의

사랑–이–충만 하게 충만 하게 넘치기를 –

(축복합니다) God bless you God bless you

축복합니다 – 주님의 사 랑–으로 –

25/ 너는 담장 너머로 44/ 아주 먼 옛날 136/ 사랑의 주님이

크신 주께 영광돌리세

(Great is the Lord)

Robert Ewing

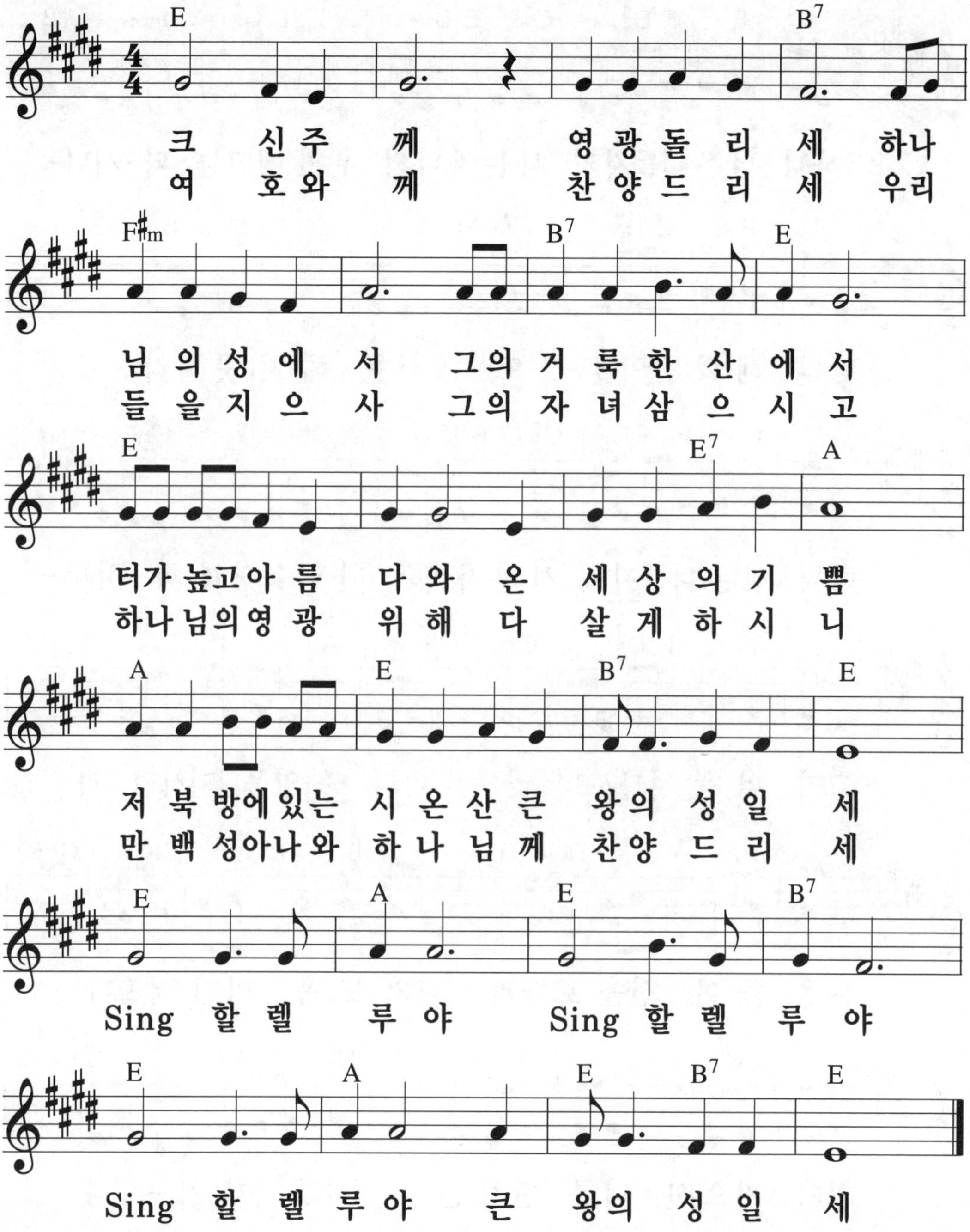

E B7

크 신주 께 영광돌리세 하나
여 호와 께 찬양드리세 우리

F#m B7 E

님의성에서 그의거룩한산에서
들을지으사 그의자녀삼으시고

E E7 A

터가높고아름다와 온세상의기쁨
하나님의영광위해 다살게하시니

A E B7 E

저북방에있는시온산큰 왕의성일세
만백성아나와하나님께 찬양드리세

E A E B7

Sing 할렐루야 Sing 할렐루야

E A E B7 E

Sing 할렐루야 큰 왕의 성일세

E

253/ 손을 높이 들고 273/ 존귀 오 존귀하신 주 291/ 찬송하라 여호와의 종들아

294 하나님은 너를 지키시는 자

미가엘 1658

정성실

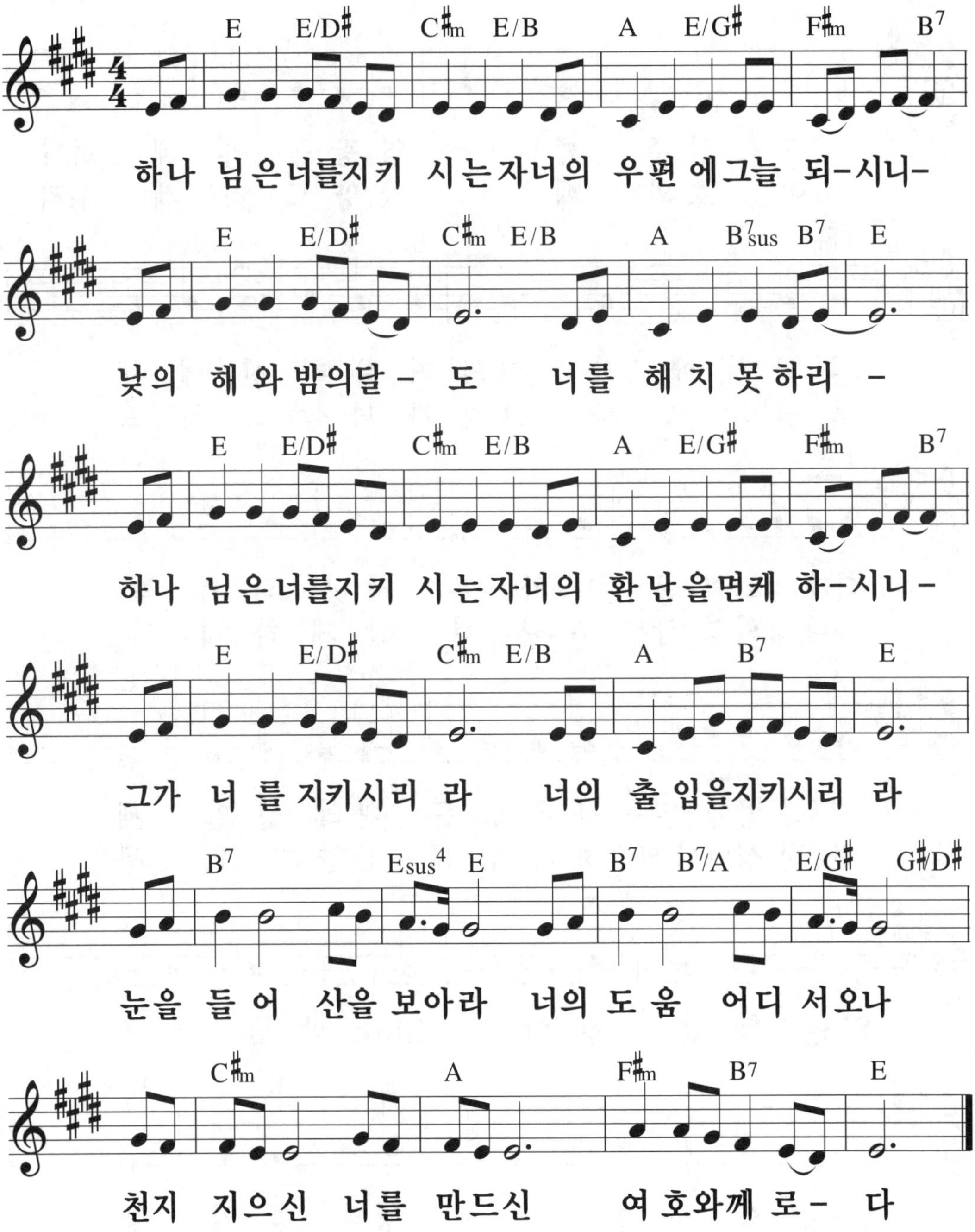
E E/D♯ C♯m E/B A E/G♯ F♯m B7
하나 님은너를지키 시는자너의 우편 에그늘 되-시니-
E E/D♯ C♯m E/B A B7sus B7 E
낮의 해와밤의달- 도 너를 해치못하리 -
E E/D♯ C♯m E/B A E/G♯ F♯m B7
하나 님은너를지키 시는자너의 환난을면케 하-시니-
E E/D♯ C♯m E/B A B7 E
그가 너 를지키시리 라 너의 출 입을지키시리 라
B7 Esus4 E B7 B7/A E/G♯ G♯/D♯
눈을 들 어 산을보아라 너의도움 어디 서오나
C♯m A F♯m B7 E
천지 지으신 너를 만드신 여호와께 로- 다

메들리 곡 215/ 나를 지으신 주님 226/ 날마다 숨쉬는 순간마다 236/ 내 주 같은 분 없네

하나님을 아버지라 부르는 295

(좋은 일이 있으리라)

오관석 & 한태근

1. 하나님을 아버지-라 부-르는-자는 -
2. 예수님을 구-주-라 부-르는-자는 -
3. 성령님의 인-도-를 구-하는-자는 -

좋은일이 있으리라 많이 있으리- 라 -

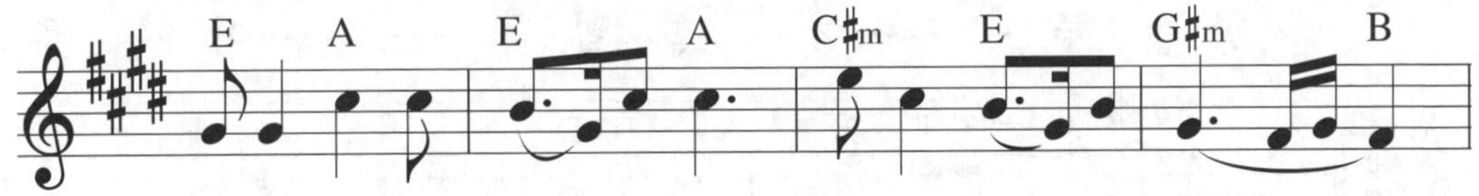

우리서로 뜨-럽게 사랑하-며는 ---

296 할렐루야 할렐루야

(전능의 주 다스리네 / The Lord almighty reigns)

Terry Butler

132/ 주 다스리네 195/ 주 이름 온 세상에 367/ 주 예수 기뻐 찬양해

평화 하나님의 평강이 297

김창석

평 화 하나 님의평강이 당신의삶에 넘쳐나기를
기 쁨 하나 님의기쁨이 당신의삶에 넘쳐나기를
소 망 하나 님의소망이 당싱의삶에 넘쳐나기를

평 화하나 님의평강이 당신의삶에가득 하기를축복합니 다
기 쁨하나 님의기쁨이 당신의삶에가득 하기를축복합니 다
소 망하나 님의소망이 당싱의삶에가득 하기를축복합니 다

136/ 사랑의 주님이 205/ 평안을 너에게 241/ 당신은 하나님의 언약안에

298 할렐루야 할렐루야

(우리 모두 함께)

할 렐 루 야 할 렐 루 야

할렐루야 - 할렐루야 - 할렐루야 - 할렐루야 -

할렐루야 - 할렐루야 - 할렐루야 - 할렐루야 -

우리모두함께 기쁜찬양하세 세상모든사람들의 귓가에 -

우리모두함께 기쁜찬양하세 세상모든사람들이 듣도록 -

메들리 곡
214/ 기뻐하며 승리의 노래 253/ 손을 높이 들고 269/ 위대하고 강하신 주님

할렐루야 할렐루야

E A B E
할렐루야 – 할렐루야 – 할렐루야 – 할렐루야 –
E A B E
할렐루야 – 할렐루야 – 할렐루야 – 할렐루야 –
E A B E
예수님때문 에 형제를사랑합니 다
E A B E
예 수님 때문 에 자 매를사랑합니 다
E A B E
예수 예수 예수 예수
E A B E
예 수 예 수 예 수님 때문 에
E A B E
할렐루야 – 할렐루야 – 할렐루야 – 할렐루야 –
E A B E
할렐루야 – 할렐루야 – 할렐루야 – 할렐루야 –
E A B E
할 렐 루 야

E

299 해 뜨는 데부터

미가엘 666

(From the rising of the sun)

Paul S. Deming

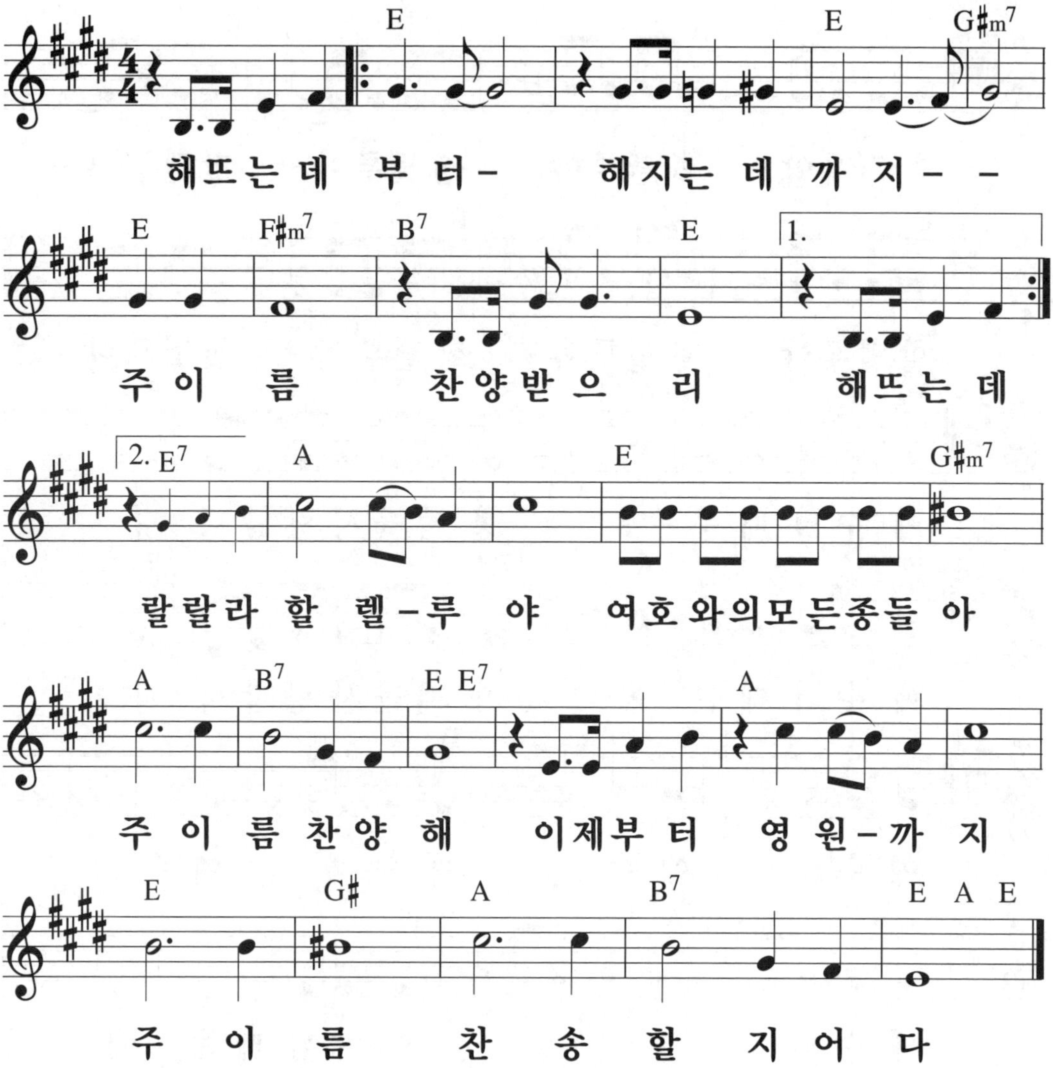
E E G♯m7
해뜨는데 부 터- 해지는 데 까 지--
E F♯m7 B7 E 1.
주 이 름 찬양받으 리 해뜨는 데
2. E7 A E G♯m7
랄랄라 할 렐-루 야 여호와의모든종들 아
A B7 E E7 A
주 이 름 찬 양 해 이제부 터 영 원-까 지
E G♯ A B7 E A E
주 이 름 찬 송 할 지 어 다

메들리 곡 253/ 손을 높이 들고 269/ 위대하고 강하신 주님 273/ 존귀 오 존귀하신 주

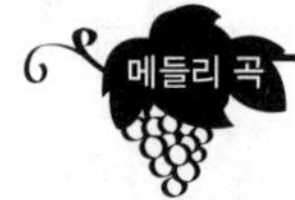

험한 세상길 나 홀로 가도 300

(두렵지 않아)

김보훈

험 한세상길 나홀로가도 외 롭- 지 않 으 - 오
모 진시련이 내게닥쳐도 놀 라- 지 않 으 - 오
주 를위하여 고난당해도 낙 심- 치 않 으 - 오

비 바람속을 나홀로가도 내 맘- 에 두려 움없 어
불 같은마귀 대적해와도 내 맘- 에 두려 움없 어
주 이름으로 죽음당해도 내 맘- 에 두려 움없 어

구 름기둥과 불기둥으로 인도하시는 주가계시오니
하 늘불말과 불수레로써 세상끝까지 나를지키시니
사 자굴속과 불풀무에서 함께하시는 주가계시오니

주 를뒤따라 나가는길에 두 렵 지 않 아
말 씀외치며 증거하는길 두 렵 지 않 아
부 르심받아 나서는이몸 두 렵 지 않 아

E

33/ 비 바람이 갈길을 208/ 험하고 어두운 길 209/ 험한 세상 나그네 길

301 호흡있는 모든 만물

(Let everything that has breath)

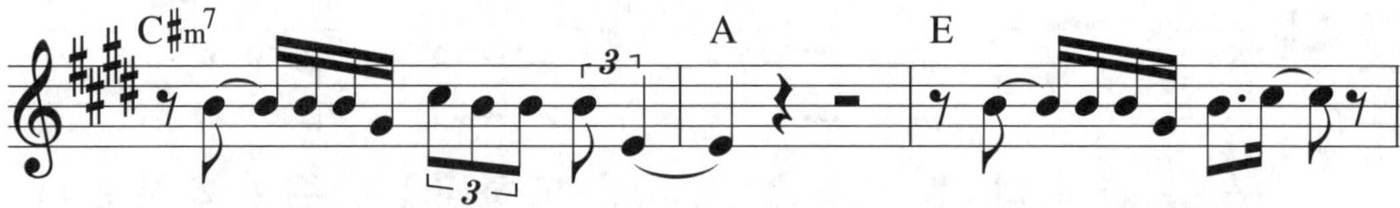

253/ 손을 높이 들고 273/ 존귀 오 존귀하신 주 291/ 찬송하라 여호와의 종들아

가시관을 쓰신 예수 302

(탕자의 눈물)

김석균

1. 가 시 관 을 쓰 신 예 수 날 오 라 부 르 실 때 에
2. 어 찌 할 꼬 이 내 죄 를 어 찌 다 용 서 받 을 까
3. 넓 고 큰 길 가 기 보 다 가 시 밭 길 을 택 하 리

방 탕 한 길 못 버 리 – 고 세 상 길 로 만 향 했 네
두 손 모 아 참 회 하 – 니 흐 르 는 눈 물 뿐 이 라
하 늘 영 광 사 모 하 – 며 주 님 가 신 길 가 오 리

사 랑 하 – 는 내 아 들 아 부 르 시 는 내 아 버 지
골 고 다 – 의 보 혈 의 피 무 거 운 짐 벗 기 시 어
아 버 지 – 여 나 에 게 도 십 자 가 들 려 주 소 서

눈 어 두 워 보 지 못 하 니 내 죄 가 너 무 큼 이 라
천 국 백 성 되 게 하 시 니 그 사 랑 갚 을 길 없 네
땅 끝 까 지 증 거 하 리 다 주 님 사 랑 전 하 리 다

E

200/ 찬바람 부는 갈보리 산 204/ 탕자처럼 314/ 갈보리 십자가의 주님을

303 나는 길 잃은 나그네였네

John W. Peterson

나는길잃은 나그네 였네 - 죄 중에헤 매이는
나의영혼이 피곤할 때에 - 날 붙들어 힘주시
내가이세상 살아갈 동안 - 주 는곁에 함께하

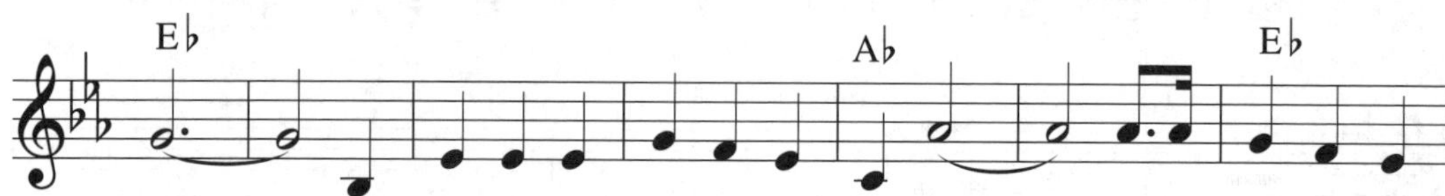

데 - 사랑의왕 내목자 예수 - 나를 집으로
며 - 날 위로해 주시는 예수 - 나와 언제나
사 - 늘 보호해 주시는 예수 - 나를 안전케

인도하 네
동행하 네 - 진- 실-로선 함-과그 인자하심이 날마
하시리 라

다 함께하-시 리 - 라 진- 실-로 선 함-과 그

인 자하심 이 날마 다 함께 하 시 리 라 - 영원토

록 주안 에내가 거 하 리라 영원토록 주안 에나안식

B♭7
E♭
하 리 라 진- 실-로 선 함-과 그 인 자하심 이 날마
B♭7
E♭
B♭7
E♭
다 함께 하 시 리 라 -날마 다 함께 하 시 리 라 -

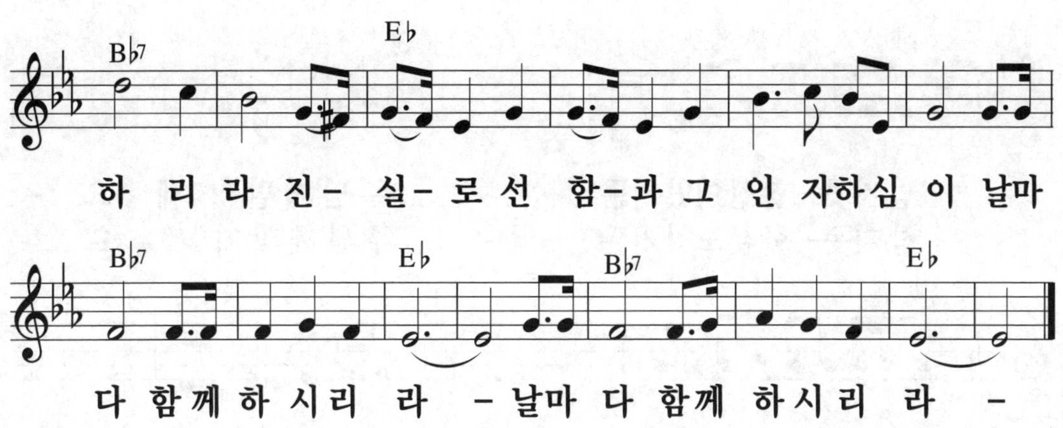

E

304 넘지 못할 산이 있거든

최용덕

넘지못– 할산이있거든 – 주님께맡기 세 요
참지못– 할분노있거든 – 주님께맡기 세 요

넘지못 – 할파도있거든 – 주님께맡 기세 요
참지못 – 할슬픔있거든 – 주님께맡 기세 요

우리가야할길은 – 멀고도– 험하여 –
우리살아갈길은 – 눈물의– 골짜기 –

허덕이며 가야하는 우 리 인생인 데
내힘으론 참지못해 – 늘 흐느끼 네

이럴때우린누굴 의지하나요– 주 님밖에없어요 –

나는 그길 갈수없지 만 주님이대신가 요

메들리 곡

57/ 왜 나만 겪는 250/ 빛이 없어도 306/ 세상 일에 실패 했어도

세상에는 눈물뿐이고 305

(주님과 못 바꾸네)

유제헌 & J.M.Harris

1. 세 상 에 는 눈 물 뿐 이 고 고 통 만 닥 쳐 와 - 도
2. 한 숨 쉬 는 불 행 이 변 해 기 쁜 찬 송 부 르 - 니
3. 금 은 보 화 다 준 다 해 도 예 수 님 만 못 하 - 며
4. 속 지 마 라 세 상 허 영 에 마 음 뺏 기 지 마 - 라

내 심 령 은 예 수 님 으 로 기 쁜 찬 송 부 르 네
괴 로 움 을 주 던 환 경 이 천 국 으 로 변 했 네
명 예 지 위 훌 륭 한 대 도 주 님 만 은 못 하 다
세 상 것 은 일 장 의 춘 몽 물 거 품 과 같 도 다

306 세상 일에 실패 했어도

(내가 너를 도우리라)

미가엘 1297

김석균

예수 안에 소망있네 307

Keith Getty & Stuart Townend

E♭ A♭ E♭ A♭ B♭ E♭/G A♭ Gm Fm B♭

예 수 안 에 소망있 네 내빛과 힘 나 의 노
완 전 하 신 하나님 이 우리와 같 이 되 셨
죽 임 당 한 세상의 빛 어둠속 에 누 이 셨
주 예 수 의 능력으 로 내속에 두 려 움 없

E♭ A♭ E♭ A♭ B♭ E♭/G A♭ Gm Fm B♭

새 환난중 에 도우시 는 주나의 견 고 한 반
네 주사랑 과 그공의 로 세상을 구 원 하 셨
네 영광스 런 그의날 에 무덤에 서 부 활 했
네 나의사 는 모든순 간 주께서 다 스 리 시

E♭ /G A♭ E♭/G B♭ E♭/G A♭ Gm

석 크신사 랑 크신평 화 두렴에 서 날건지
네 십자가 에 주달리 사 그진노 를 거두셨
네 승리하 신 우리주 님 원수들 을 물리쳤
네 어느것 도 주손에 서 날빼앗 지 못하리

B♭ A♭ E♭ A♭ B♭ E♭/G A♭ Gm Fm B♭ E♭

네 내위로 자 내모든것 주사랑 안에서 리 라
네 내모든 죄 담당하신 주은혜 안에살 리 라
네 나주의 것 주나의것 주보혈 안에살 리 라
라 주오실 날 기다리며 주능력 안에서 리 라

B♭m/D♭ Fm/D♭ E♭

14/ 나 지치고 184/ 주 달려 죽은 십자가 216/ 나를 향한 주님의 사랑

308 영원한 왕 예수

(Jesus King Eternal)

미가엘 2038

Scott Brenner

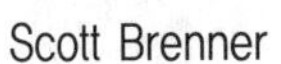

E♭ B♭/D A♭/C B♭/D E♭ E♭/G A♭ E♭/G
영 원한 – 왕 – 예 – – – – 수 – 모든자 – 들 – 주 – 음성에
F/A B♭sus B♭ E♭ B♭/D A♭/C B♭/D E♭ E♭/G
– 경 배해 – – – 열 방의 – 진정한 – 갈 – 망 – 온민족
A♭ B♭sus B♭ 1.E♭ B♭ 2.E♭ E♭/G A♭ B♭
– 주 – 영 – 접 – 해 – – 오주님 – 주 – 는 – 소 멸하
A♭/C B♭/D E♭ E♭/G A♭ E♭/G Cm F/A B♭ E♭/G
– 는 – 불 – 열방 – 이 – 주 – 말 – 씀 – 에 – 떠 – – 네 – 물이바
A♭ B♭ A♭/C B♭/D Cm E♭/B♭ A♭ B♭sus E♭
– 다 – 를 – 덮 – 음 – 같 – 이 – 영광으 – 로 임하 – 소 – 서 –
Fine
E♭ B♭/D A♭/C B♭/D E♭ E♭/G A♭ E♭/G
주 예수 – 의 – – – 아 – 들 – 오직주 – 만 – 이 – 하늘과
F/A B♭sus B♭ E♭ B♭/D A♭/C B♭/D E♭ E♭/G
– 땅 의주 – – – 주 말씀 – 의 능력 – 으 – 로 – 견고한

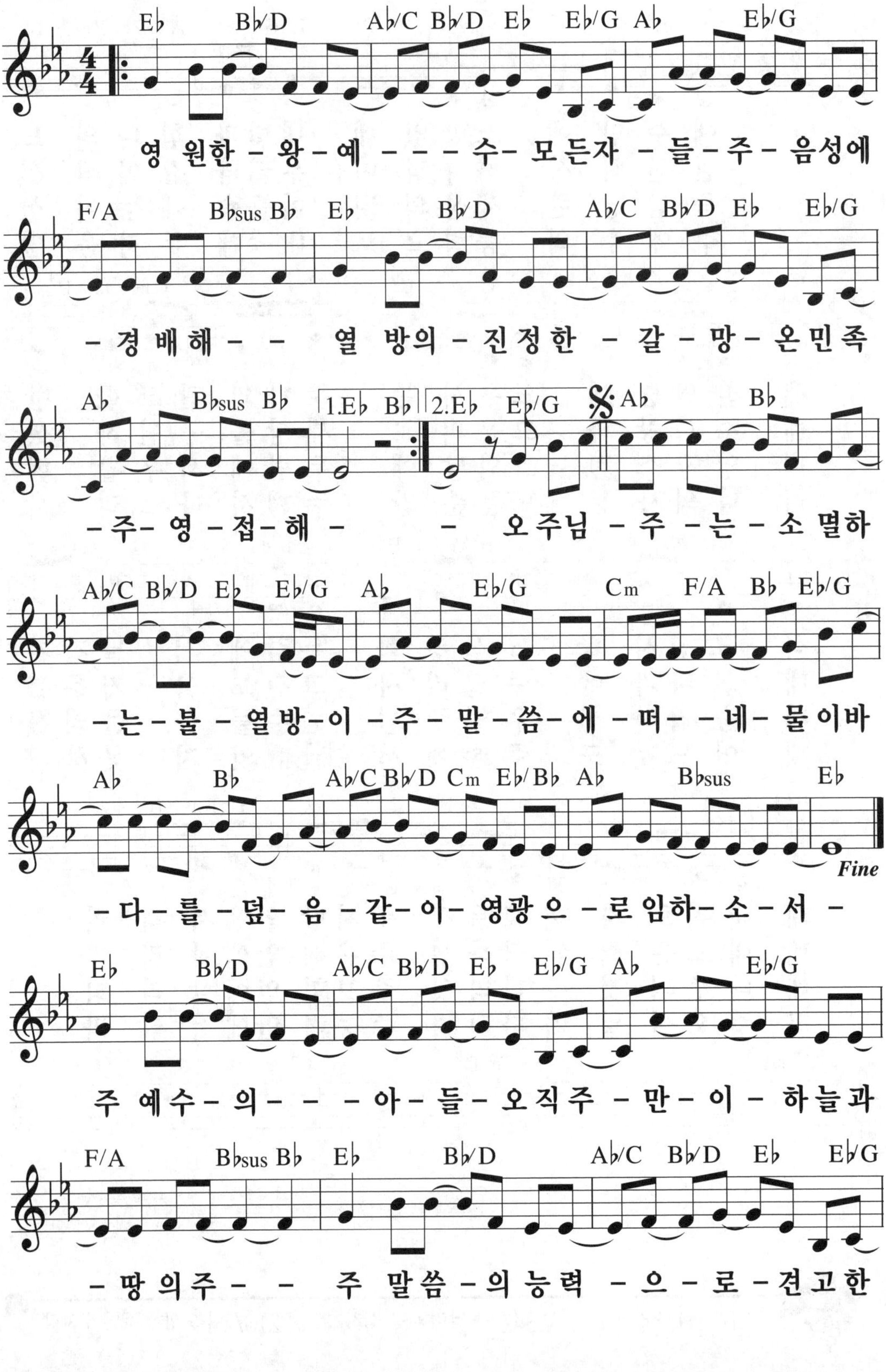

E

메들리 곡
149/ 예수 그 이름 256/ 예수 가장 귀한 그 이름 263/ 예수 이름 찬양

309 참 사랑 우리 맘에

메들리 곡 226/ 날마다 297/ 평화 하나님의 평강이 375/ 하나님의 사랑 주님의 눈물

낮에나 밤에나 310

(주님 고대가)

손양원

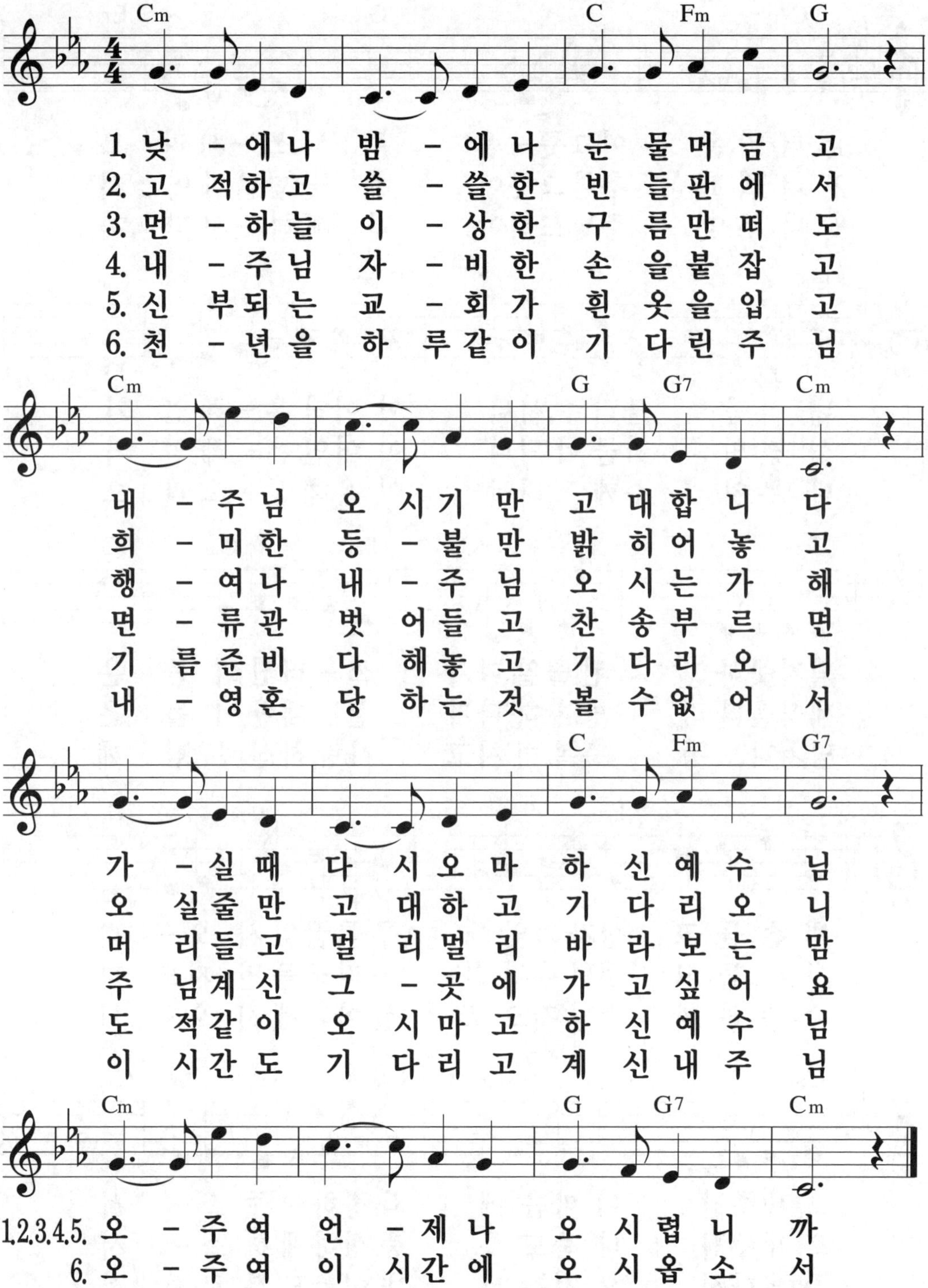

Cm C Fm G

1. 낮 - 에나 밤 - 에나 눈 물머금 고
2. 고 적하고 쓸 - 쓸한 빈 들판에 서
3. 먼 - 하늘 이 - 상한 구 름만떠 도
4. 내 - 주님 자 - 비한 손 을붙잡 고
5. 신 부되는 교 - 회가 흰 옷을입 고
6. 천 - 년을 하 루같이 기 다린주 님

Cm G G7 Cm

내 - 주님 오 시기 만 고 대합니 다
희 - 미한 등 - 불 만 밝 히어 놓 고
행 - 여나 내 - 주 님 오 시는 가 해
면 - 류관 벗 어들 고 찬 송부 르 면
기 름준비 다 해놓 고 기 다리 오 니
내 - 영혼 당 하는 것 볼 수없 어 서

C Fm G7

가 - 실때 다 시오 마 하 신예 수 님
오 실줄 만 고 대하 고 기 다리 오 니
머 리들고 멀 리멀 리 바 라보 는 맘
주 님계 신 그 - 곳 에 가 고싶 어 요
도 적같 이 오 시마 고 하 신예 수 님
이 시간 도 기 다리 고 계 신내 주 님

Cm G G7 Cm

1,2,3,4,5. 오 - 주여 언 - 제나 오 시렵니 까
6. 오 - 주여 이 시간에 오 시옵소 서

39/ 세상 사람 날 부러워 380/ 알았네 나는 알았네 697/ 우리에게 한 제단이

311 더러운 이 그릇을

(이 그릇을 주님 쓰시려고)

미가엘 2020

김주양

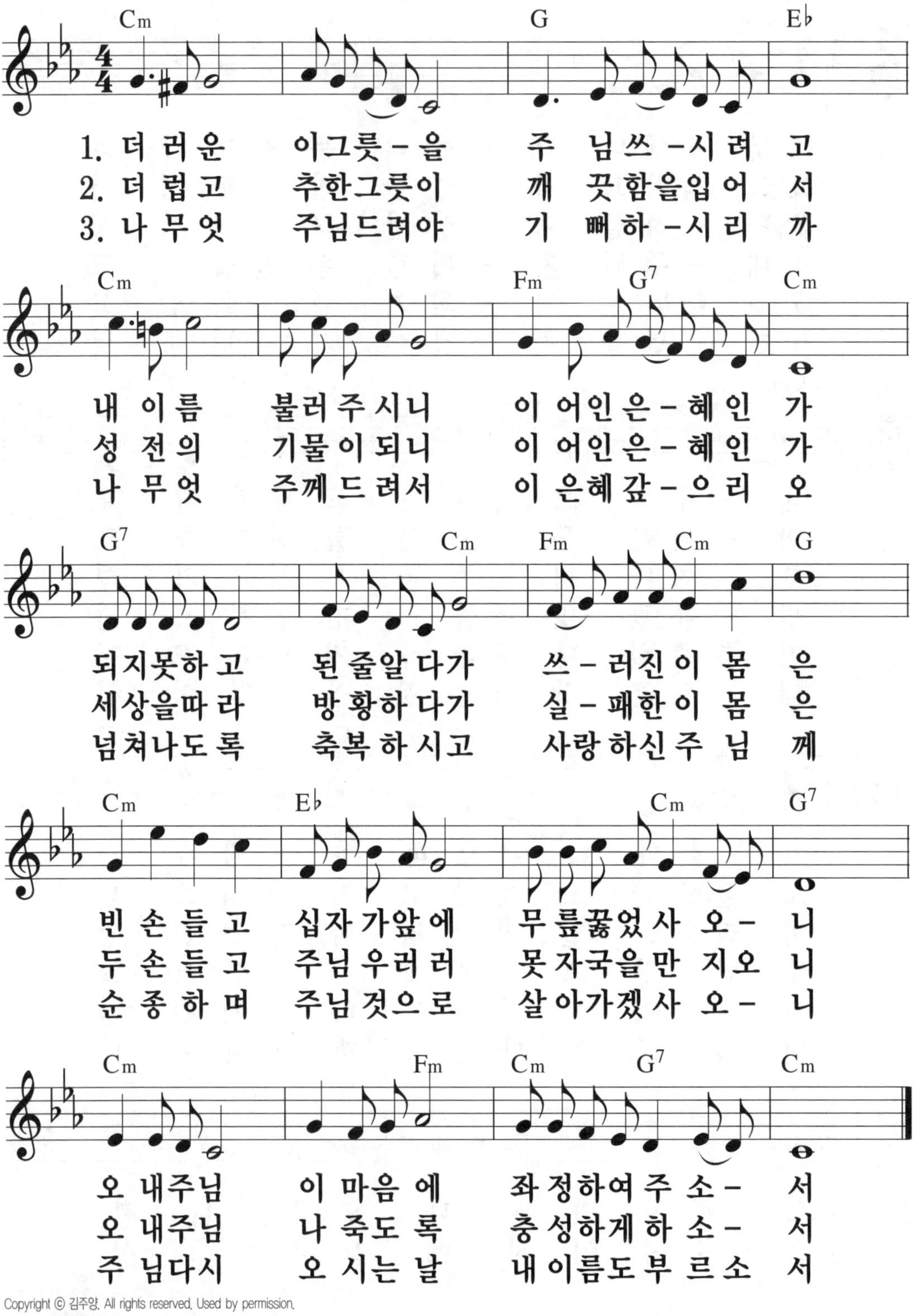

1. 더러운 이그릇-을 주 님쓰-시려 고
2. 더럽고 추한그릇이 깨 끗함을입어 서
3. 나무엇 주님드려야 기 뻐하-시리 까

내 이름 불러주시니 이 어인은-혜인 가
성 전의 기물이되니 이 어인은-혜인 가
나 무엇 주께드려서 이 은혜갚-으리 오

되지못하고 된줄알다가 쓰-러진이 몸 은
세상을따라 방황하다가 실-패한이 몸 은
넘쳐나도록 축복하시고 사랑하신주 님 께

빈 손 들 고 십자가앞에 무릎꿇었사 오- 니
두 손 들 고 주님우러러 못자국을만 지오 니
순 종 하 며 주님것으로 살아가겠사 오- 니

오 내주님 이 마음 에 좌정하여주 소- 서
오 내주님 나 죽도록 충성하게하 소- 서
주 님다시 오 시는날 내이름도부 르소 서

105/ 고요히 주님 앞에 와 210/ 오늘도 하룻 길 310/ 낮에나 밤에나

불이야 성령의 불

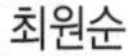

최원순

1. 불 - 이 야 성 령의불 주님이주신성 령의 불
2. 불 - 이 야 사 랑의불 주님이주신사 랑의 불
3. 불 - 이 야 복 음의불 주님이주신복 음의 불
4. 불 - 이 야 신 유의불 주님이주신신 유의 불

불 - 이 야 성 령의불 나 에 게 도허락하셨 네
불 - 이 야 사 랑의불 나 에 게 도허락하셨 네
불 - 이 야 복 음의불 나 에 게 도허락하셨 네
불 - 이 야 신 유의불 나 에 게 도허락하셨 네

이 제나 도- 회 개하 고- 성 령 의불꽃 - 되 어
이 제나 도- 거 듭나 서- 사 랑 의불꽃 - 되 어
이 제나 도- 주 를믿 고- 복 음 의불꽃 - 되 어
이 제나 도- 주 를위 해- 신 유 의불꽃 - 되 어

이 세 상 - 의 어 디든 지- 성령의불붙 - 이 리 라
이 세 상 - 의 어 디든 지- 내몸같이사 - 랑하 리
이 세 상 - 의 어 디든 지- 복음의불전 - 하 리 라
이 세 상 - 의 모 든병 을- 주와함께태 - 우 리 라

95/ 성령의 비가 285/ 주님의 손길 373/ 참참참 피 흘리신

313 갈릴리 오신 주님

홍정식

갈보리 십자가의 주님을 314

김석완

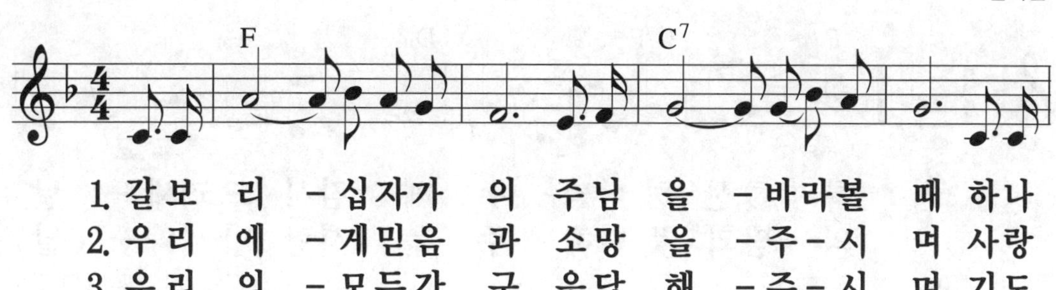

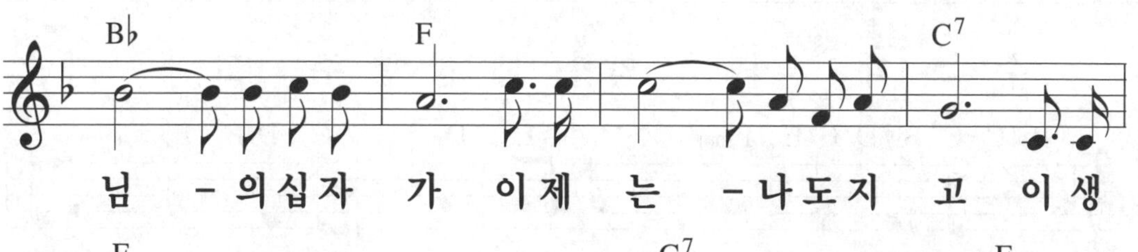

F

200/ 찬바람 부는 갈보리 산 329/ 머리에 가시 면류관 340/ 슬픔 걱정 가득차고

315 거룩하신 하나님

(Give Thanks)

Henry Smith

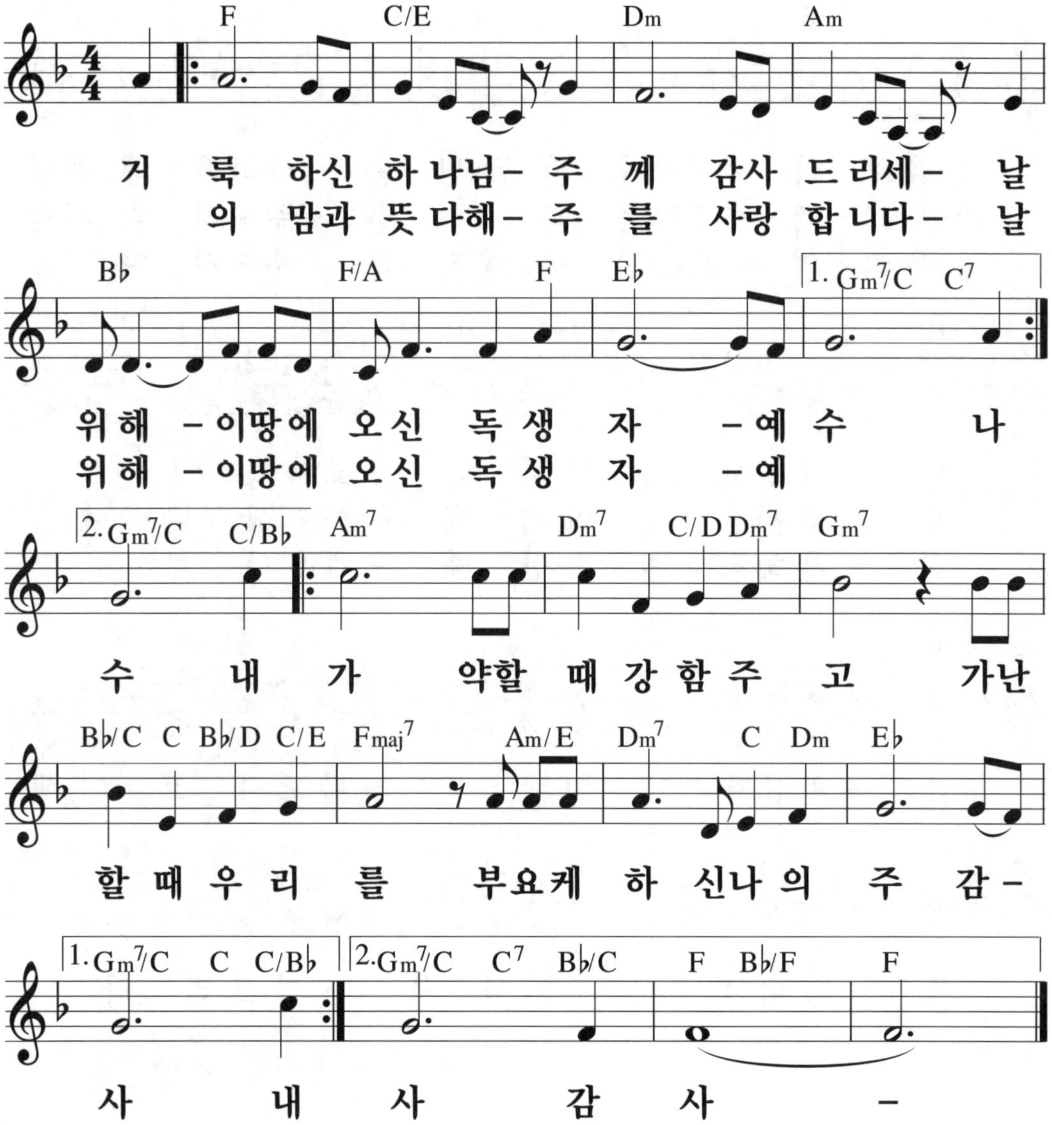

F C/E Dm Am

거 룩 하신 하나님- 주 께 감사 드리세- 날
의 맘과 뜻다해- 주 를 사랑 합니다- 날

B♭ F/A F E♭ 1. Gm7/C C7

위해 -이땅에 오신 독생 자 -예수 나
위해 -이땅에 오신 독생 자 -예

2. Gm7/C C/B♭ Am7 Dm7 C/D Dm7 Gm7

수 내 가 약할 때강함주 고 가난

B♭/C C B♭/D C/E Fmaj7 Am/E Dm7 C Dm E♭

할때우리 를 부요케 하 신나의 주 감-

1. Gm7/C C C/B♭ 2. Gm7/C C7 B♭/C F B♭/F F

사 내 사 감 사 -

메들리 곡
320/ 나의 모습 나의 소유 327/ 마음이 상한 자를 336/ 아버지 사랑합니다

미가엘 869

그때 그 무리들이

316

(세 개의 못)

F

317 깨어라 성도여

(일사각오)

주기철

나는 시온성을 향해 가겠네 318

Negro Spiritual

나는 시온 성을 향해 가 겠네 높은 그 성 영광이로 다

내가 그 성 에도달한그 때 에는 그아 침 에 영광보겠 네
그곳 에 나를구속한구 주 께서 나를 기 다 리고있도 다
나는 그 성을떠나지않 으 리라 괴롬 없 는 안식처로 다

F

319 나 기쁨의 노래하리

(해피송)

Martin Smith

F C/E Dm7 B♭

나 기쁨의 노래하리 날 구원하셨네 –

F C/E Dm7 1. B♭

온종일 나 춤추리 그 사랑때문에 – – – 나

2. B♭ F C/E

– – – 내마음벅 –차네 주행한일 –볼 때 –

B♭ Am7 C F

어둡던 지난날 –주가 바꿔주 –셨 네 – 높은곳에 올라가 –

C/E B♭ Am7 C

크게외치고 –싶 네– 날향한주 –님 의그 사랑 모두 에 게나

𝄋 F C/E Dm7 B♭

기 쁨 의 노 래 하 리 날 구 원 하 셨네 –

F C/E Dm7 1. B♭ 2. B♭ (F)

온종일 나 춤추리 그 사랑때 문에– – 나 –

Fine

Bridge

B♭(add9) F

모 두 함 –께 노래해 – – 우리 안에 기쁨 –

B♭(add9)
F
모두함 -께춤추 세 - 주님 주신 기쁨 - 주님
G m7
B♭
얼굴 볼수 없어도 - 우린느 -낄 수있죠- 우리안 -의이기쁨 -
B♭/C
F
C7
D.S. al Fine
- 다 주님주 -신 -것 - 나

320 나의 모습 나의 소유

(I Offer My Life)

Claire Cloninger & Don Moen

나의모습- 나의소유- 주님앞에-모두드-립니다-
어제일과- 내일일도- 꿈과희망-모두드-립니다-

모든아픔- 모든기쁨- 내 모든눈물-받아 -주소서
모든소망- 모든계획- 내 손과 마음-받아 -주소서

- 나 의 생명을드 -리니 주영광위 -하여-

사용하옵소서 내 가사는날동 -안에 주를찬양-하며-

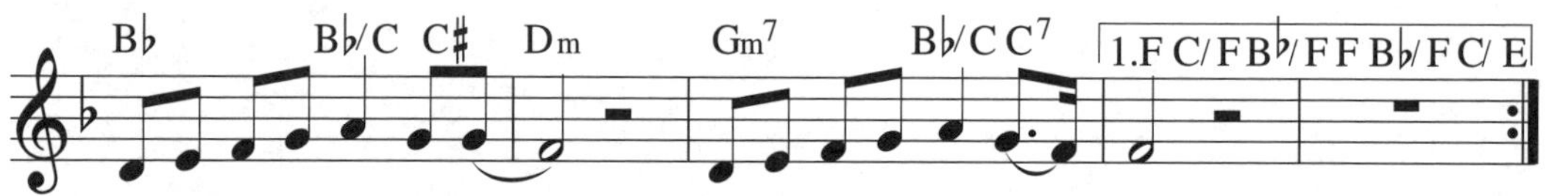

기쁨의제물 되리 - 나를받아주소- 서

서 우리가진- 이 모든 것들-을 다

B♭m9
E♭
Cm7
Fm
B♭m9
E♭
주께 서우 -리에게 주시 었네 - 몸밖 에드 -릴것이
Cm7
E♭/F F
B♭m7
A♭/C
B♭/C
3.
F
Fine
D.S
-없으 -니 내 삶을받아 -주소 서 서 -

F

321 나 이제 주님을 알았으니

미가엘 1871

(구원의 기쁨)

추정엽

나 이제 주 님을 알 았으니 이 소식전 하려
찬 -양 찬 -양 찬 양하 세 우 -리 주 -님

네 - 죄 속에 빠져있 던 이 -내 영혼 -
을 - 날 위해 돌아가 신 우 -리 주님 -

주 님구 원 하셨 네 - 이 세 상 어딜 가도 우 리주님
손 들어찬 양하 세 -

동 행하 시네- 동 행하 시네- 할 렐루 야

나 이제 주 님을 알 았으니 이 소식 전 하려 네 -
찬 -양 찬 -양 찬 양하 세 우 -리 주 -님 을 -

죄 속에 빠져있 던 이 -내영혼- 구 원한 사 -실 을 -
날 위해 돌아가 신 우 -리주님- 손 들어 찬 양하 세 -

262/ 예수님이 좋은 걸 343/ 영광의 길 너 걷기 전에 322/ 나 주님의 기쁨

나 주님의 기쁨되기 원하네 322

(To be pleasing You)

Teresa Muller

나주님-의기쁨되-기 원하네- 내 마음을-새롭게하-소-
겸손히-내마음드-립 니-다- 나의모-든것받으-소-

서 - - 새부대-가되-게하-여- 주-사- 주
서 - - 나의맘-깨끗-케씻-어- 주-사- 주

님 의빛-비추게하-소- 서--
의길로-행하게하-소- 서--
내가 원--하는-

F

323 나 주의 믿음 갖고

(I just keep trusting the Lord)

John W. Peterson

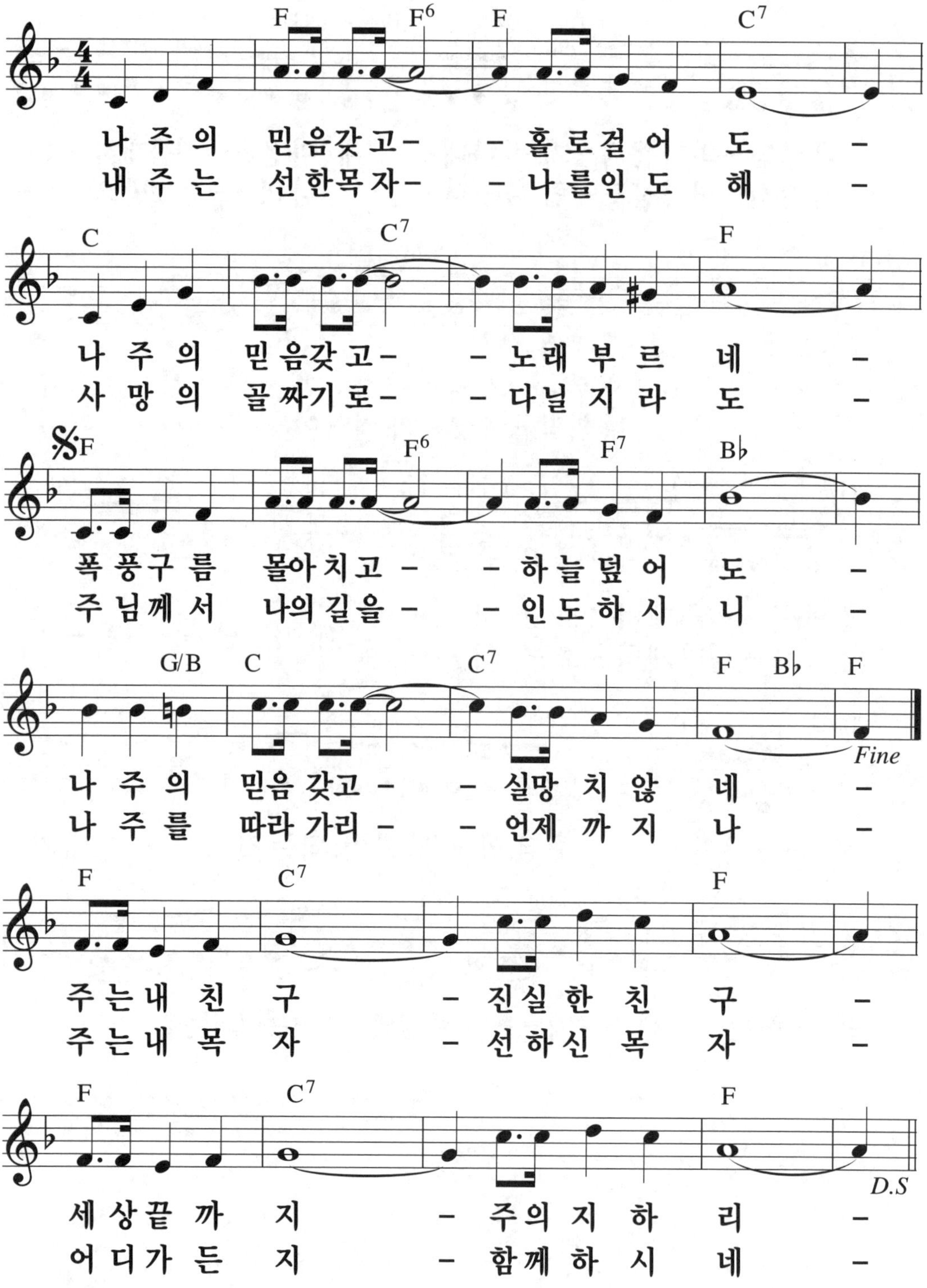

나 주의 믿음갖고– –홀로걸어 도 –
내 주는 선한목자– –나를인도 해 –

나 주 의 믿음갖고– –노래부르 네 –
사 망 의 골짜기로– –다닐 지 라 도 –

폭풍구름 몰아치고 – –하늘덮어 도 –
주님께서 나의길을 – –인도하시 니 –

나 주 의 믿음 갖고 – –실망 치 않 네 –
나 주 를 따라 가리 – –언제 까 지 나 –

Fine

주는내 친 구 –진실한 친 구 –
주는내 목 자 –선하신 목 자 –

세상끝 까 지 –주의 지 하 리 –
어디가 든 지 –함께 하 시 네 –

D.S

108/ 나는 믿음으로　333/ 사랑을 보며　334/ 성령받으라

내 주의 은혜 강가로

(은혜의 강가로)

오성주

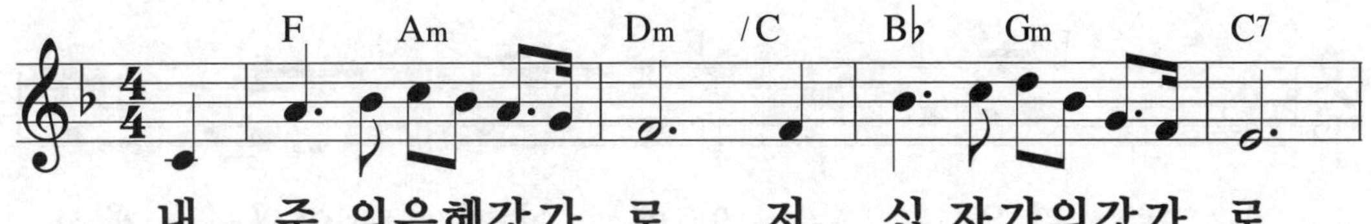

289/ 주 예수 오셔서 340/ 슬픔 걱정 가득차고 420/ 내 인생 여정 끝내어

325 내 감은 눈 안에

(전부)

최경아 & 유상렬

Dm
Gm
E♭
C sus4
으 시고- 눈물 거두어- 빛살 가루 채우시 니
C7
Fmaj7
Dm
Gm
C7
C7/B♭
- 그 분은- 내 자랑 나 의 기 쁨 나
Am
D7
Gm7
C7
B♭/F
F
의 노 래- 나 의 전 부 되 시-네 -

F

326 내가 고난 중에도

(은혜의 힘입니다)

김석균

내가 고난－중에도－찬송 할수있음은－ 은혜의－힘 입니다 －
내가 가진것없어도－행복 할수있음은－ 은혜의－힘 입니다 －

내 가 실 패 했어도－ 감 사 할수있음은－ 은혜의 － 힘 입니 다 －
낮 고 천 한 나에게－ 주 의 능력있음은－ 은혜의 － 힘 입니 다 －

나를 대 적－하는자－ 사랑 할수있음은－ 은혜의－ 힘입니다 －
값진 옥 합을깨뜨려－ 헌신 할수있음은－ 은혜의－ 힘입니다 －

내 게 고통주는자 － 품어 줄수있음은－ 은혜의－ 힘입니다 －
나 의 생명다하여 － 사명 감당한것도－ 은혜의－ 힘입니다 －

주님의 은 혜가내안에 들어 오면－ 나는 날마다 －기 뻐집니 다 －
주님의 은 혜가내안에 들어 오면－ 모든 염 려가 －사라집니 다 －

은 혜위 에 은혜가 －더하여 질 수록－ 오직 주님만－ －바라봅니다 －
은 혜위 에 은혜가 －더하여 질 수록－ 견디 고이길－힘이생깁니다 －

112/ 나를 지으신 이가 307/ 예수 안에 소망 있네 438/ 바다 같은 주의 사랑

미가엘 1624

마음이 상한 자를 327

(He binds the broken-hearted)

Stacy Swalley

하늘의-아버-지 날 주관하-소서- - 주
주의임-재속-에 은혜 알게하-소서- - 주

의길로- 인도- 하사 자 유케하- 소서-
뜻대로- 살아- 가리 세 상끝날- 까지-

새일을행하-사 부흥 케 -하- 소서- 의에
나를빛으시-고 새날 열 어주- 소서-

주 리고- 목이마 르니- 성령의 -기름

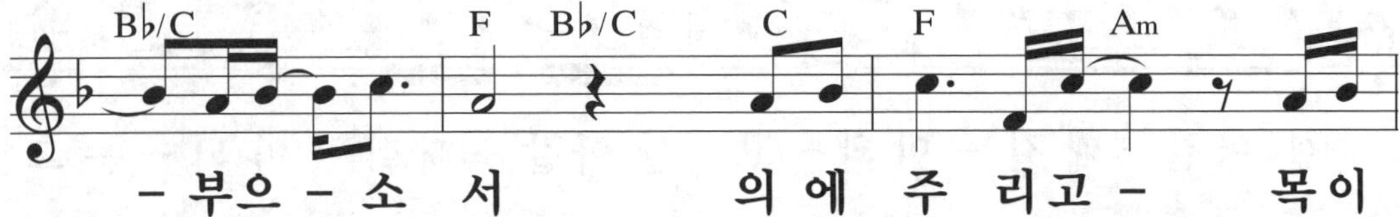

-부으-소 서 의에 주 리고- 목이

마 르니- 내 잔을-채워- 주소 서

F

328 따스한 성령님

(부르신 곳에서)

미가엘 2256

김준영 & 송은정

B♭M7
C/B♭
A m7
D m7
걸 어 갈 - 때 길 - 이 되 - 고 살 아 갈 - 때 삶 - 이 되 - 는 그
E♭
C sus4
C
F/A
D.S. al Fine
곳 에 서 - 예 배 - 하 네 - 부 르 신 곳 에 서

F

329 머리에 가시 면류관

(누구를 위함인가)

김석균

1. 머리 에 가시면류 관 - 어찌 해 쓰셨는 가 - 채찍
과 멸-시천 대 - 어찌 해 받았는 가 - 고난
2. 골고 다 험-한길 을 - 어찌 해 가셨는 가 - 십자
양 보-혈의 피 - 누구 를 위함인 가 - 끝없

에 피흘리 심 은 누구 를 위 함 인 가 - 희롱
과 죽음의 길 을 어찌 해 가 셨 는
가 못박히 심 은 누구 의 죄 값 인 가 - 어린
는 용서의 눈 물 그사 랑 잊 었 는

가 - 예 - 수 - 오 예 - 수 - 나의 죄 를대속하
신주 - 마지 막 피한방 울 - 나위 해흘리셨 네 -

302/ 가시관을 쓰신 예수 316/ 그 때 그 무리들이 389/ 겟세마네 동산에서

미가엘 1905

모든 만물 다스리시는 330

(주의 능력 보이소서 / Show Your power)

Kevin Prosch

F

331 무덤 이기신 예수

(할렐루야 / Hallelujah)

Scott Brenner

무 덤 이 - 기 - 신 - 예 - 수 죽 으 시 고 다 - 시 - 사 - 셨 - - 네
보 좌 에 - 앉 - 으 - 신 - 주 영 원 토 록 다 - 스 - 리 - 시 - - 네

죄 의 저 - 주 - 끊 - 으 - 셨 네 예 수 승 리 의 - 주 할 렐 루 - 야
예 수 사 - 단 - 정 - 복 - - 하 고 - 사 망 권 - 세 무 너 뜨 렸 - 네

예 수 - 만 - - 유 의 - 주

할 렐 루 - 야 할 렐 루 - 야

할 렐 루 - 야 영 - 광 - 의 찬 양 - 주 께 -

주 께 영 광 드 리 - 세 주 께 영 광 드 리 - 세

367/ 주 예수 기뻐 찬양해 486/ 예수 주 승리하심 찬양해 519/ 주님의 영광

방황하는 나에게

F Bb G F C7

1. 방 황 하 는 나 에게– 주 님 오 셔 서
2. 너 의 맘 이 주 님께– 열 리 었 느 냐
3. 모 든 것 을 믿음으로– 간 구 하 는 가

F Bb Gm F C7 F

못 박 힌 손 내 밀 며– 오 라 하 시 네
믿 음 으 로 주말씀 을– 받 을 수 있 나
말 – 씀 을 의지하 여– 응 답 받 으 라

F Bb C7

주 님을– 맞 이 하 는 나 의 마 –음– 에
주 –여– 나 의 맘 이 갈 급 하 –오– 니
주 님께– 모 든 영 광 전 부 드 –리– 고

F Bb Gm F C7 F

성 령 의 단 비 가– 내 려 옵 니 다
성 령 의 빗 속 에– 젖 어 듭 니 다
겸 손 의 자 리 에– 낮 아 있 으 라

F

333 사람을 보며 세상을 볼땐

미가엘 926

(나는 만족하겠네)

최영택

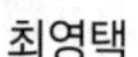

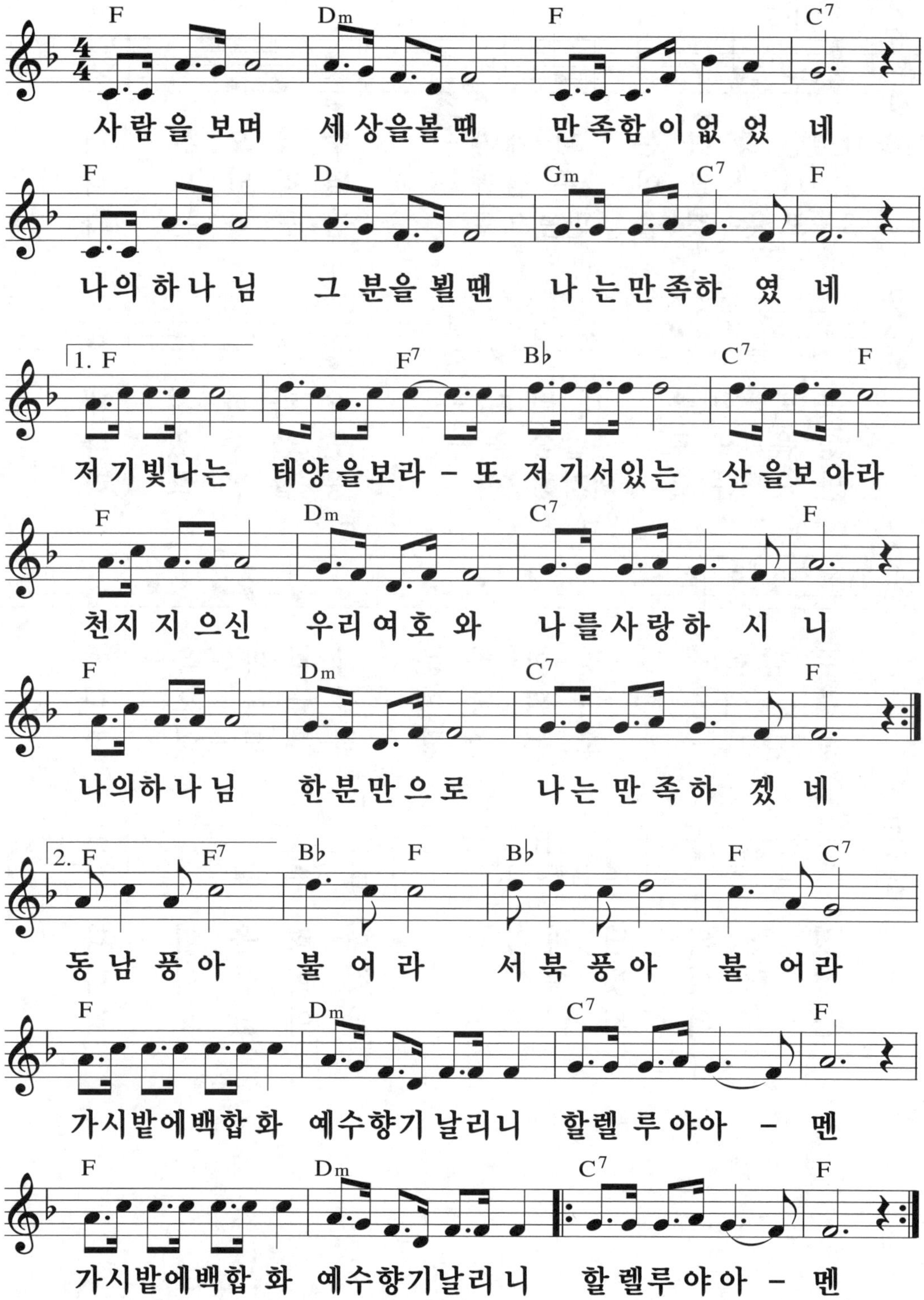

사람을보며 세상을볼땐 만족함이없었 네
나의하나님 그분을뵐땐 나는만족하 였 네
1. 저기빛나는 태양을보라 – 또 저기서있는 산을보아라
천지지으신 우리여호와 나를사랑하 시 니
나의하나님 한분만으로 나는만족하 겠 네
2. 동남풍아 불어라 서북풍아 불어라
가시밭에백합화 예수향기날리니 할렐루야아 – 멘
가시밭에백합화 예수향기날리니 할렐루야아 – 멘

메들리 곡 334/ 성령 받으라 337/ 성령 충만으로 373/ 참참참 피 흘리신

성령받으라 334

최원순

1. 성령받으라 성령받으라 예수내게말씀하셔 서 - -
2. 평안있으라 평안있으라 예수내게말씀하셔 서 - -
3. 구원받으라 구원받으라 예수내게말씀하셔 서 - -
4. 축복받으라 축복받으라 예수내게말씀하셔 서 - -

성령받으라 성령받으라 예수내게말씀하셔 서
평안있으라 평안있으라 예수내게말씀하셔 서
구원받으라 구원받으라 예수내게말씀하셔 서
축복받으라 축복받으라 예수내게말씀하셔 서

할 렐 루 야 성령받았네 나는 성 - 령받 았 네
할 렐 루 야 평안해졌네 나는 평 - 안해 졌 네
할 렐 루 야 구원받았네 나는 구 - 원받 았 네
할 렐 루 야 축복받았네 나는 축 - 복받 았 네

할 렐 루 야 성령받았네 나는 성 - 령받았 네
할 렐 루 야 평안해졌네 나는 평 - 안해졌 네
할 렐 루 야 구원받았네 나는 구 - 원받았 네
할 렐 루 야 축복받았네 나는 축 - 복받았 네

333/ 사람을 보며 337/ 성령 충만으로 373/ 참참참 피 흘리신

335 삶의 작은 일에도

(소원)

미가엘 1777

한웅재

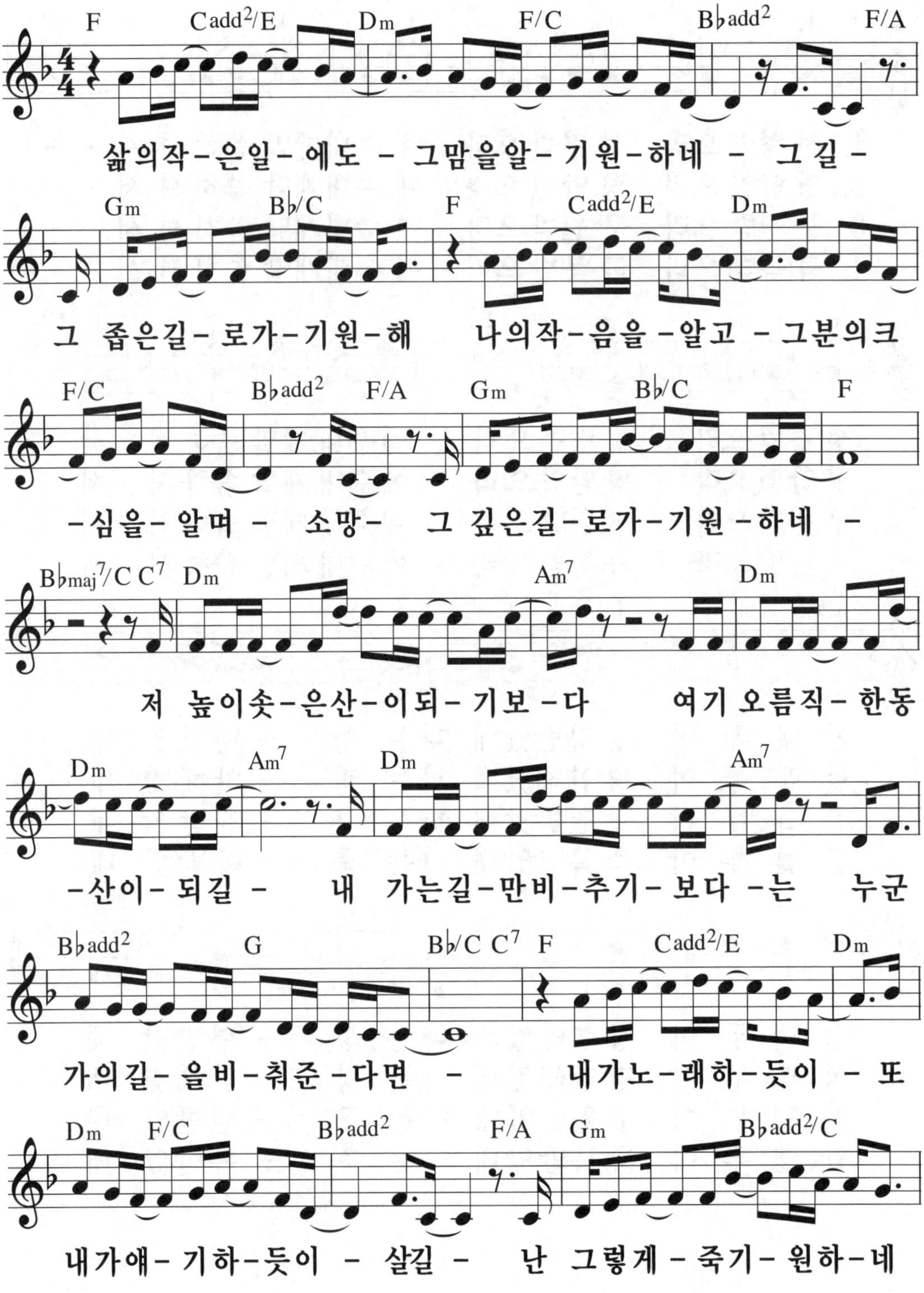
F Cadd2/E Dm F/C B♭add2 F/A
삶의작-은일-에도 - 그맘을알-기원-하네 - 그길-
Gm B♭/C F Cadd2/E Dm
그 좁은길-로가-기원-해 나의작-음을-알고 -그분의크
F/C B♭add2 F/A Gm B♭/C F
-심을-알며 - 소망- 그 깊은길-로가-기원-하네 -
B♭maj7/C C7 Dm Am7 Dm
저 높이솟-은산-이되-기보-다 여기 오름직-한동
Dm Am7 Dm Am7
-산이-되길 - 내 가는길-만비-추기-보다 -는 누군
B♭add2 G B♭/C C7 F Cadd2/E Dm
가의길-을비-춰준-다면 - 내가노-래하-듯이 - 또
Dm F/C B♭add2 F/A Gm B♭add2/C
내가얘-기하-듯이 - 살길 - 난 그렇게-죽기-원하-네

메들리 곡 322/ 나 주님의 기쁨 343/ 영광의 길 너 걷기 전에 364/ 주님의 사랑이

F

아버지 사랑합니다 336

(Father, I Love You)

Scott Brenner

337 성령충만으로

1. 성령충만으로 성령충만으 로 뜨겁게뜨겁 게
2. 말씀충만으로 말씀충만으 로 새롭게새롭 게
3. 은사충만으로 은사충만으로 강하게강하 게
4. 할렐루야아멘 할렐루야아 멘 우리 ○○ 교 회

성령충만으로 성령충만으 로 뜨겁게뜨겁 게
말씀충만으로 말씀충만으 로 새롭게새롭 게
은사충만으로 은사충만으 로 강하게강하 게
할렐루야아 멘 할렐루야아 멘 우리 ○○ 교 회

성령충만으로 권능받아 땅끝까지전파 하리라
말씀충만으로 거듭나서 주뜻대로살아 가리라
은사충만으로 체험얻어 죄악세상이겨 나가리
성령충만으로 뜨거웁게 말씀충만으로 새롭게

성령충만으로 권능받아 증인이되리 라
말씀충만으로 거듭나서 새사람되리 라
은사충만으로 체험얻어 이세상이기 리
성령충만으로 뜨거웁게 주의일하리 라

메들리 곡
333/ 사람을 보며 334/ 성령 받으라 373/ 참참참 피 흘리신

세상을 구원하기 위해 338

(밀알)

천관웅

세상을구 원하기위－해 흘려야－할피가필 －요하－다면－
길잃어지 친양을찾－아 마음상－해이리저－ 리헤－매이 －는－

죄인을 대 신하기위－해 희생의 －제물 － 필요하시다면
한영혼 찾 아아파하－는 예수님 －마음 － 내게주옵소서

내생명 － 제단위－에드리리주 영－광 위해 사용하－소 서생명이
십자가 －온 세상위－한그희생눈 물－로 그길 가게하－ 소 서

또다른－ 생명－ 낳고 주 님볼－ 수있－다면 나 의삶 －과죽음도

아 낌없－ 이 드리리 죽 어야 － 다시 －사는 주 의말－씀믿 － 으며

하나의밀 － 알되 －어 썩어지－ 리니 － 예 수님－처럼

살아가 －게하 소 서

339 세상 흔들리고

미가엘 1692

(오직 믿음으로)

고형원

세상 흔들리고 - 사 람들은변하 - 여 도 나는주 를섬 - 기리
믿음 흔들리고 - 사 람들주를떠 - 나 도 나는주 를섬 - 기리

주 님의사랑은 - 영원 히변하지 - 않 네 나는주를 신뢰 해
주 님의나라는 - 영원 히쇠하지 - 않 네 나는주를 신뢰 해

F B♭ Gm Csus4 C7

오 직 믿 음 으 로 - 믿음으로 내가 살 리 라

F B♭ Gm C7 F

오 직 믿 음 으 로 - 믿음으로 내가 살 리 라 - -

F B♭ Gm Csus4 C7

오 직 의 인 은 - 믿음으로 말미암아 살리 라

F B♭ Gm C7 F

오 직 의인 은 - 믿음으로 말미암아 살리 라 - -

메들리 곡

320/ 나의 모습 나의 소유 322/ 나 주님의 기쁨 되기 359/ 죄악된 세상을

슬픔 걱정 가득 차고

(갈보리 / Burdens Are Lifted At Calvary)

John M Moore

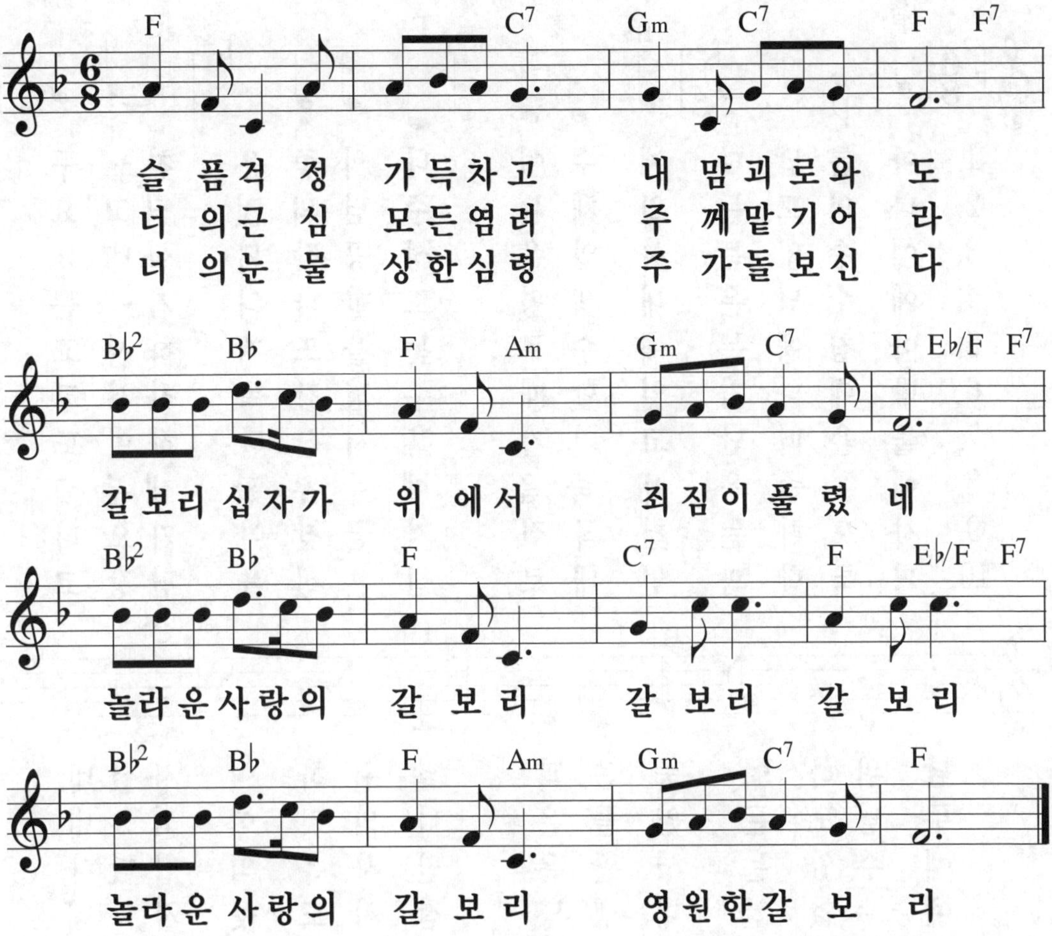

F C7 Gm C7 F F7

슬 픔걱 정 가득차고 내 맘괴로와 도
너 의근 심 모든염려 주 께맡기어 라
너 의눈 물 상한심령 주 가돌보신 다

Bb2 Bb F Am Gm C7 F Eb/F F7

갈보리십자가 위 에서 죄짐이풀렸 네

Bb2 Bb F C7 F Eb/F F7

놀라운사랑의 갈 보리 갈 보리 갈 보리

Bb2 Bb F Am Gm C7 F

놀라운사랑의 갈 보리 영원한갈 보 리

F

314/ 갈보리 십자가의 347/ 완전하신 나의 주 460/ 승리하였네

341 아름답다 예수여

(주님 한 분 만으로)

이성봉 & W.H.Doane

아버지여 구하오니 342

(One Voice)

Robert Gay

F

343 영광의 길 너 걷기전에

윤종하

1. 영 광의 길 - 너걷기 전에 갈보리 길 - 너 걸으 라 -
2. 방 황하 는 - 영혼을 위해 십자가 의 - 길 이있 네 -
3. 고 난의 길 - 앞서가 신주 가시관 에머 리 찔렸 네 -

네 모든것 - 주께맡 긴후 하늘 문을 바 라보 라
죄 에빠 진 - 영혼을 위해 주님 께서 피 흘렸 네
그 십자 가 - 날마다 보네 내모 든죄 다 씻겼 네

하늘 가는 다 른길 없 네 오 직 예수 - 오 직한 길
못박 힌두손 날 개펼 치 사 나 로 그그늘에 쉬 게 하 며
하늘 가는 다 른길 없 네 다 만 한분 - 나 의 예 수

갈보 리 길 걸 어 가 신 주 그 길 따 라 너 걸 으 라 -
부드 러 운 사 랑의 음 성 날 오 라 - 부 르 시 네 -
부활 의 주 말 씀하 시 네 갈 보 리길 너 걸 으 라 -

메들리 곡
314/ 갈보리 십자가의 340/ 슬픔 걱정 가득차고 389/ 겟세마네 동산에서

미가엘 1046

예수 이름으로 344

Maori Origin

1. 예수이름으로 예수이름으 로 승리를얻었 네
2. 예수님을따라 예수님을따 라 어디든가리 라
3. 예수이름으로 예수이름으 로 마귀는쫓긴 다

예수이름으로 예수이름으로 승리를얻었 네
예수님을따라 예수님을따라 어디든가리 라
예수이름으로 예수이름으로 마귀는쫓긴 다

예 수이름으로 나아갈때 우리앞에누가서리요
예 수님을따라 나아갈때 밝은태양빛이비치고
예 수이름으로 나아갈때 누가나를괴롭히리요

예 수 이름으로 나아갈때 승리를얻었 네
예 수 님을따라 살아갈때 밝은내일있 네
예 수 이름으로 기도할때 악마는쫓긴 다

F

337/ 성령충만으로 373/ 참참참 피 흘리신 459/ 승리는 내 것일세

345 오늘 피었다 지는

(들풀에 깃든 사랑)

미가엘 1018

노진규

오 늘피었다지 는 들풀 도 -입히는 하 나님

진 흙같은이몸 을 정금 같 -게하시 네

Fine

푸 른하늘을나 는 새들 도 -먹이는 하 나님

하 물며-우리 랴 염- 려 -필요없 네 우리

마 음속 깊-은 그 곳에 영 혼을내리신 주 죽음

이 기 신 영원한 생 명을 약 속하 시었 네

D.C

메들리 곡

315/ 거룩하신 하나님 336/ 아버지 사랑합니다 375/ 하나님의 사랑 주님의 눈물

미가엘 1694

온 맘 다해 주 사랑하라 346

(You shall love the Lord)

Jimmy Owens

F

347 완전하신 나의 주

(예배합니다 / I Worship You)

미가엘 2112

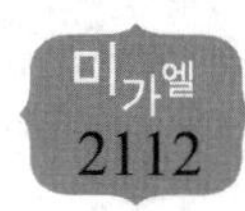

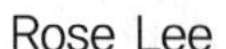

Rose Lee

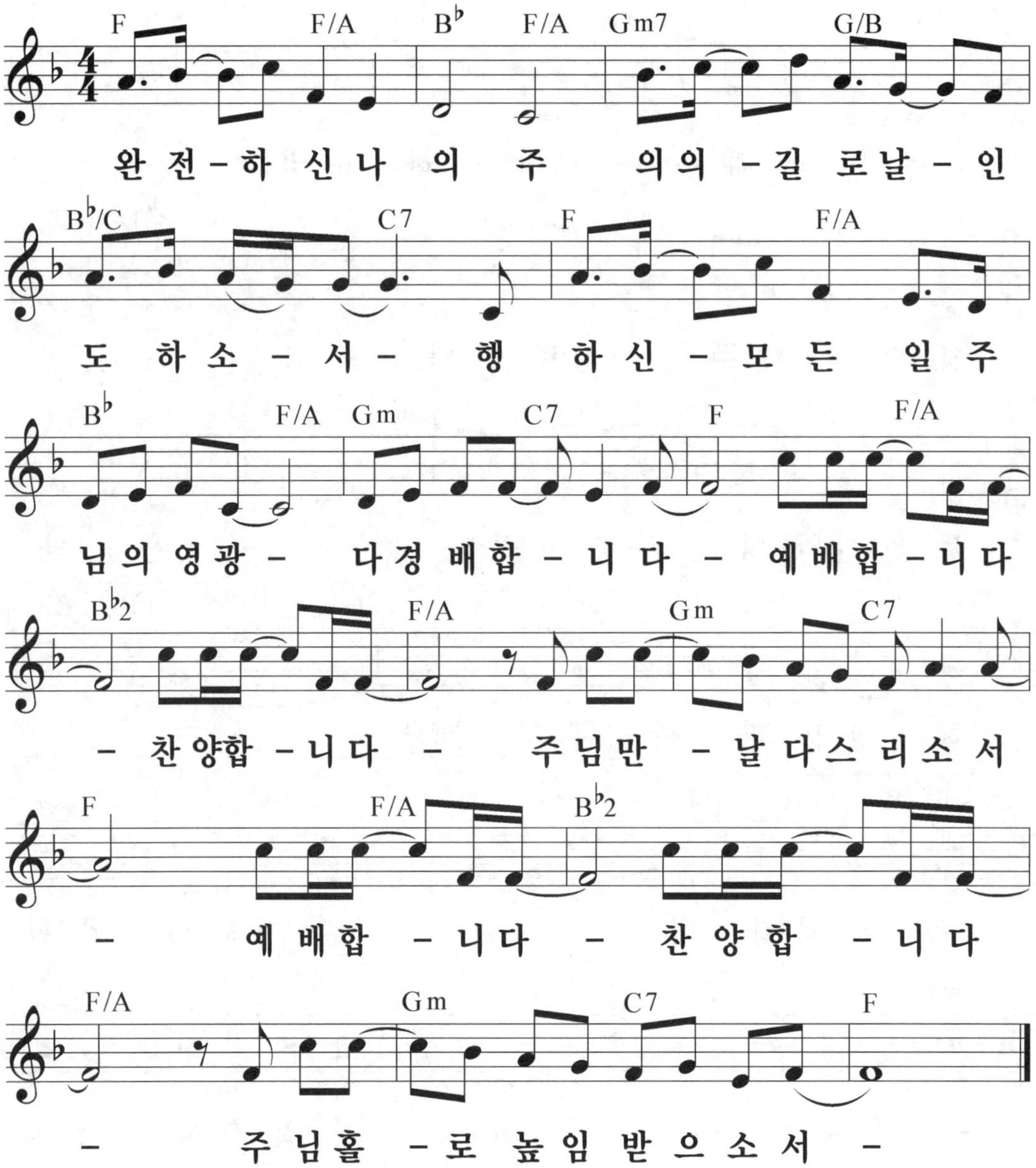

F F/A B♭ F/A Gm7 G/B
완 전 - 하 신 나 의 주 의의 - 길 로날 - 인
B♭/C C7 F F/A
도 하 소 - 서 - 행 하 신 - 모 든 일 주
B♭ F/A Gm C7 F F/A
님의영광 - 다경 배합 - 니 다 - 예배합 - 니다
B♭2 F/A Gm C7
- 찬양합 - 니다 - 주님만 - 날다스 리소 서
F F/A B♭2
- 예 배 합 - 니다 - 찬 양 합 - 니 다
F/A Gm C7 F
- 주 님홀 - 로 높임 받으소 서 -

메들리 곡

346/ 온 맘 다해 362/ 주님과 함께하는 363/ 주님만 주님만

왕이신 나의 하나님 348

(Psalms 145)

Stephen Hah

F A A7 Dm F7/C
왕 이 신 -나 의 하나 님 -

B♭ Gm7 Csus4 C7
내 가 -주 를 높이 고 -

Fmaj7 A A7 Dm F7/C
영 원 히 -주 의 이름 을 -

B♭ C7 F B♭/F F
송 축 하 리 이 다 -

F

346/ 온 맘 다해 347/ 완전하신 나의 주 349/ 왕이신 하나님 높임을 받으소서

349 왕이신 하나님 높임을

(He is exalted)

Twila Paris

F F/A B♭

왕 이 신 하 나 님 높 임 을 받 으 소 - 서 찬 양

B♭/D C/E F F/A

하 리 라 영 원 히 높 임 을 받 으 실 그 이 름

B♭ C/B♭ B♭/C C Dsus D D/C

찬 양 하 리 라 -

Gm Dm/F C/F C F Am7 B♭ F/A

그 리 스 도 진 리 로 다 스 리 네 -

Gm Dm/F C/E C F Am7 B♭ F/A

기 뻐 하 라 - 온 땅 이 여 찬 양 하 라 -

Gm Gm/F E♭maj9 Gm7/C F

거 - 룩 하 - 신 그 이 름 높 이 리 라 -

347/ 완전하신 나의 주 348/ 왕이신 나의 하나님 362/ 주님과 함께하는

미가엘 1182

요한의 아들 시몬아 350

권희석

요한의아들시몬아 - 네가다른 사람들보다

나를더사랑 하느냐 - 하고주님이물으셨 네

네 그 때나는주께 대답 했네 내가 주 를사랑하는 지

다

주님 께서 -아십니 다 -주님 께서내마음아시 리

Fine

요한의아들시몬 아 네가 다른사람들보 다

내게오는많은양 떼 네게 맡겨둘-테니 -

나를더사랑 하느냐 - 하고주님 이물으셨 네

사랑하는내친구여 - 많은양떼를부탁한

(2nd time to 𝄋)

101/ 갈릴리 바닷가에서 322/ 나 주님의 기쁨 되기 324/ 내 주의 은혜 강가로

351 우리는 주의 백성이오니

(We Are Your People)

David Fellingham

F Gm7 C7 Fmaj7
우리는 주 의 백성이 - 오니 -

F Gm7 C7 Fmaj7
주의그 큰 이름 선포합- 니다 -

F7 B♭2 B♭ G m Gdim F F/E
이곳어두운 세 상 에 빛으 로부 르셨 네

Dm Dm7 Gm7 C7 F B♭/F
주의얼 굴 구 할 때 역 사 하 소 서

F C7sus F Am7 Dm7
- 교 회 를 세 우 시

B♭ B♭m6 F Gm Dm Gm G7 Csus4
고 - 이 땅 고 쳐 주 소 서

C7 F Am7 Dm9
- 주 님 나 라 임 - 하

B♭ B m6 F Gm C7 F B♭/F
시 고 주 뜻 이 뤄 지 이 다

364/ 주님의 사랑이 499/ 이 땅 위에 오신 500/ 이 세상 가장 아름다운

미가엘 863

우리들의 무기는 육체가 352

우리 들의무기는육체가 아니요 그러나 강하오

참으로 강하오 우리 들의무기는육체가 아니요 그러나

강하오 성령안에 서 견고 한진을파하는강 력이요

강한 힘이요 참으로 강하오 견고 한 진을파하는강

력이요 강한 힘이요 성령안에 서

F

353 우리 함께 일어나

(오소서 성령이여 / Spirit come)

Jamie Burgess

우리-함께 - 일어나 - 부흥위해 - 기도

하 네분열-의담 - 다허물고- 성령 일 -어 나도록

- 우리-함께 -성령 이 여 임 하 소-서 우리
이땅
다시

에 게 임 하 소-서 주를 떠 난 우 리 에 게 오소
위 에 임 하 소-서 주를 떠 난 우 리 에 게 오소
한 번 부 으 소-서 주를 떠 난 우 리 에 게 오소

서 -성령이- 여 주가 다 시 세 운 나-라 주만
서 -성령이- 여
서 -성령이- 여

F B♭/F F/C C A/C♯ Dm B♭m/D♭ F/C B♭
위 해 사 는 나 - 라 부 흥 의 불 타 는 나 라 오 소
F/C To Coda C sus4 C7 D.S. C sus4 C7 F/C
서 성령 - 님 우리 - 함께 님 오 소 서 성령 -
C sus4 C7 F/A C sus4/B♭ C/B♭ F/A
님 오 소 서 성 령 - 님 오 소 서 성 령 -
C sus4/B♭ C/B♭ F/C A7/C♯ Dm F/C
님 오 소 서 성 령 - 님 오 소 서 성 령 -
B♭m6 F/C B♭/C C F
님 오 소 서 성 령 - 님 성 령 님

354 우린 쉬지 않으리

(We Will Give Ourselves No Rest)

Steve Cantellow &
Matt Redman

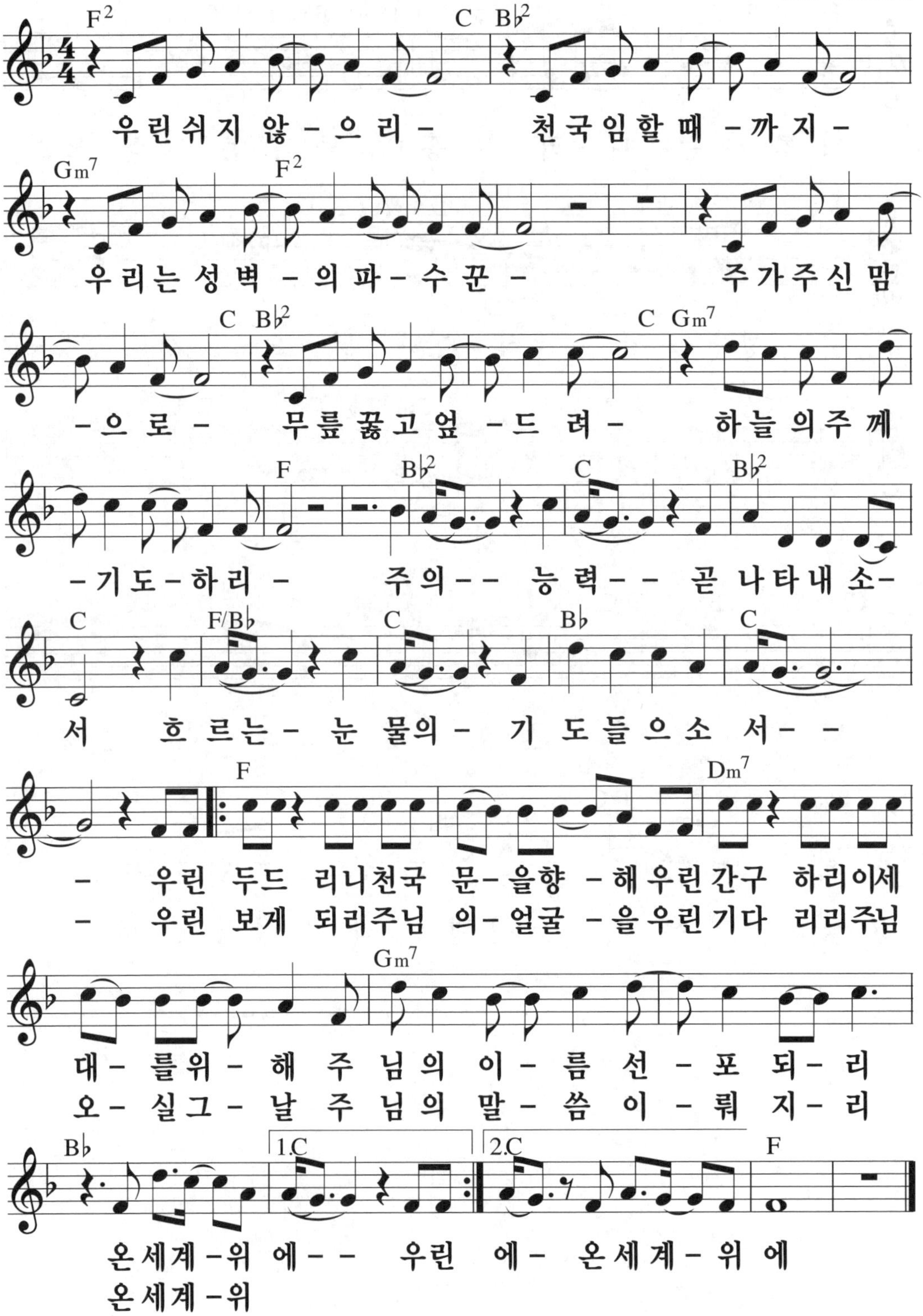
F2 C B♭2
우린쉬지 않-으리- 천국임할때 -까지-
Gm7 F2
우리는성벽 -의파-수꾼- 주가주신맘
C B♭2 C Gm7
-으로- 무릎꿇고엎 -드려- 하늘의주께
F B♭2 C B♭2
-기도-하리 - 주의-- 능력-- 곧 나타내소-
C F/B♭ C B♭ C
서 흐르는- 눈 물의- 기 도들으소 서--
F Dm7
- 우린 두드 리니천국 문-을향 -해우린간구 하리이세
- 우린 보게 되리주님 의-얼굴 -을우린기다 리리주님
Gm7
대-를위- 해 주 님의 이- 름 선 -포 되-리
오- 실그- 날 주 님의 말- 씀 이 -뤄 지-리
B♭ 1.C 2.C F
온세계-위 에-- 우린 에- 온세계-위 에
온세계-위

이 땅에 오직 주 밖에 없네 355

정종원

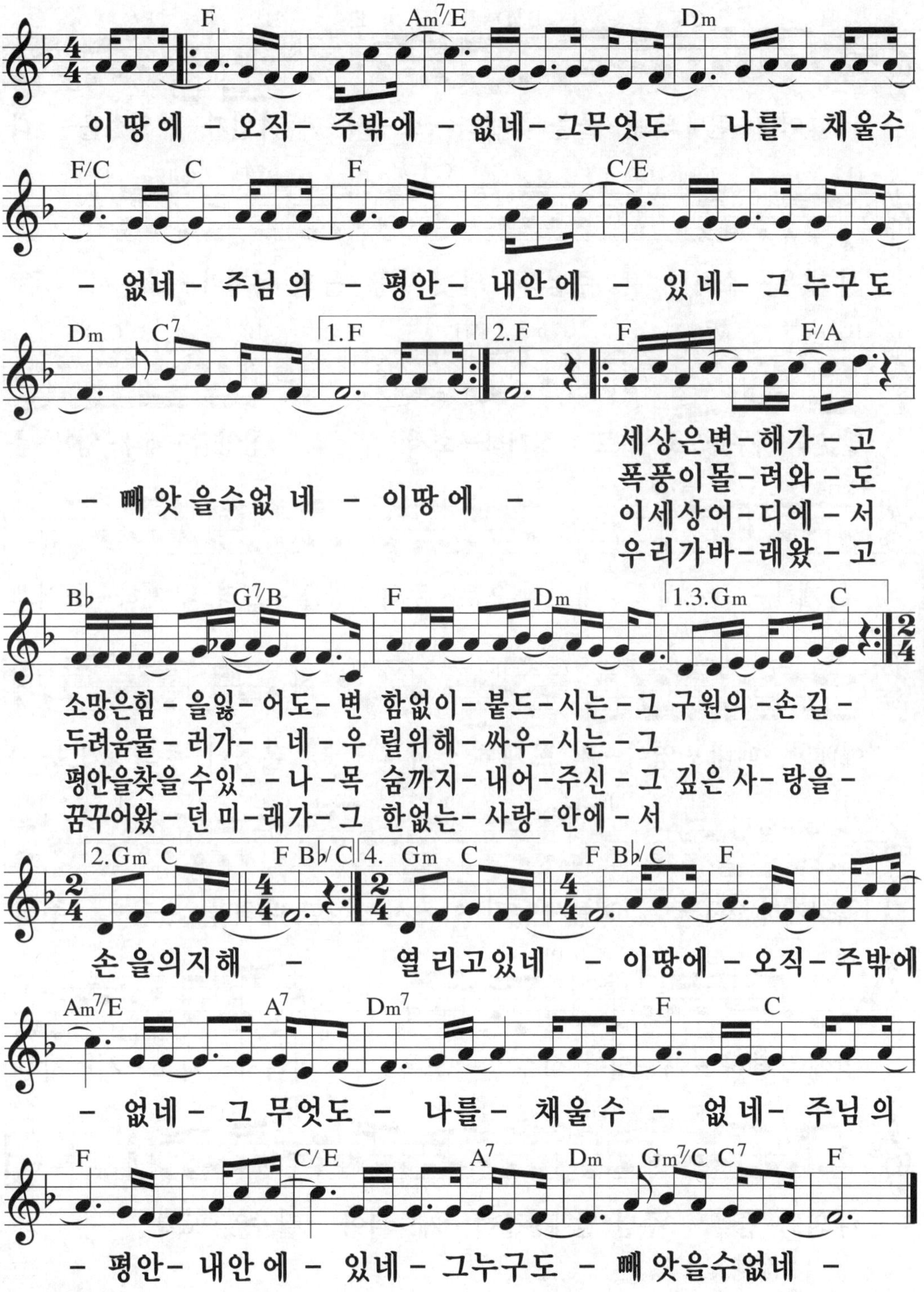

이땅에 - 오직- 주밖에 - 없네- 그무엇도 - 나를- 채울수

- 없네- 주님의 - 평안- 내안에 - 있네- 그 누구도

- 빼앗을수없 네 - 이땅에 -

세상은변-해가-고
폭풍이몰-려와-도
이세상어-디에-서
우리가바-래왔-고

소망은힘-을잃-어도-변 함없이-붙드-시는-그 구원의-손길-
두려움물-러가--네-우 릴위해-싸우-시는-그
평안을찾을 수있--나-목 숨까지-내어-주신-그 깊은사-랑을-
꿈꾸어왔-던 미-래가-그 한없는-사랑-안에-서

손 을의지해 - 열 리고있네 - 이땅에 - 오직- 주밖에

- 없네- 그 무엇도 - 나를- 채울수 - 없 네- 주님의

- 평안- 내안 에 - 있네 - 그누구도 - 빼 앗을수없네 -

322/ 나 주님의 기쁨되기 339/ 세상 흔들리고 362/ 주님과 함께하는

356 잃어버린 나의 눈물을

미가엘 2156

(회복시키소서)

유은성

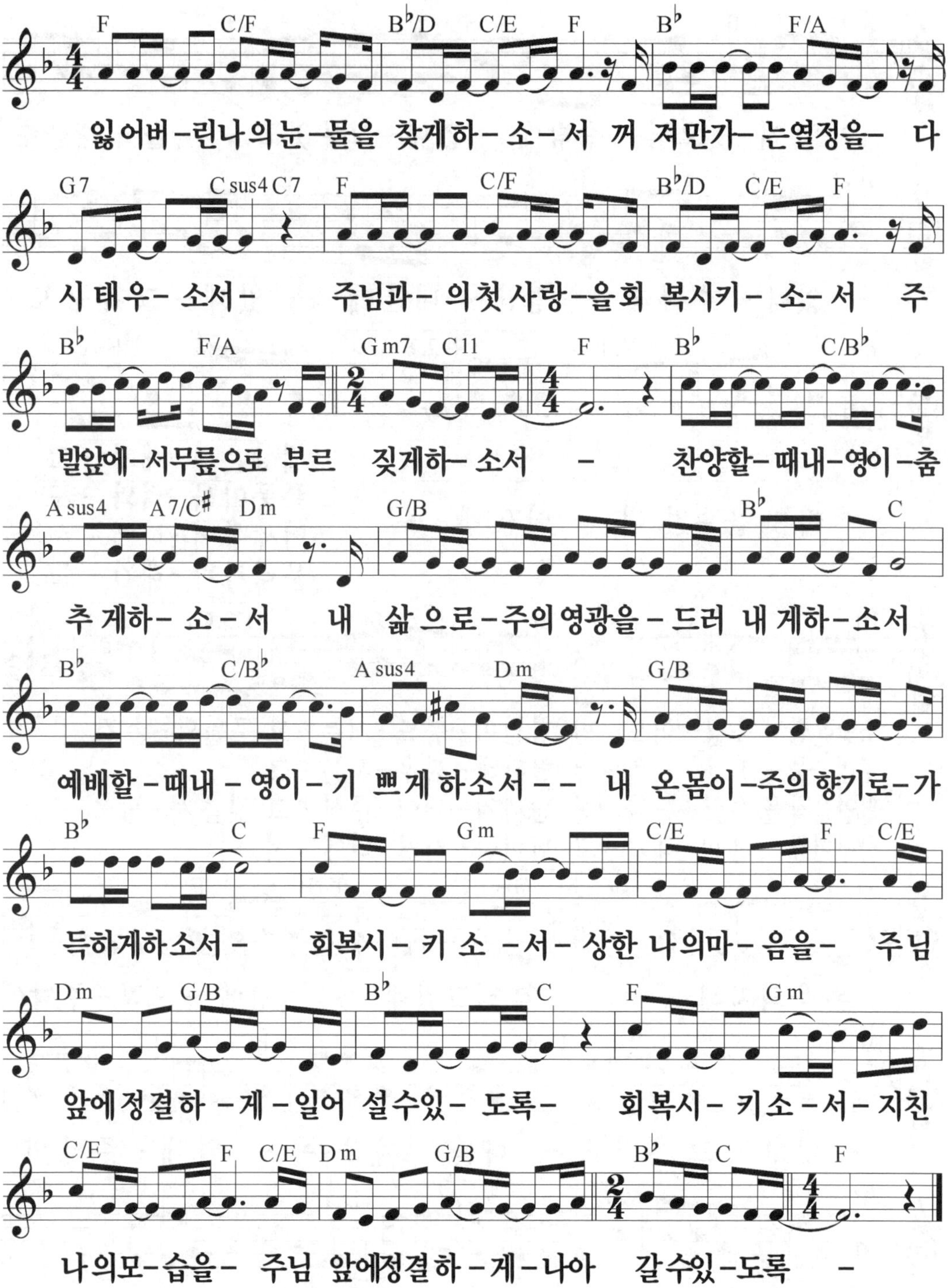

잃어버-린나의눈-물을 찾게하-소-서 꺼 져만가-는열정을- 다

시 태우- 소서- 주님과- 의첫사랑-을회 복시키- 소- 서 주

발앞에-서무릎으로 부르 짖게하-소서 - 찬양할-때내-영이-춤

추게하- 소-서 내 삶으로-주의영광을-드러 내게하-소서

예배할-때내-영이-기 쁘게 하소서-- 내 온몸이-주의향기로-가

득하게하소서- 회복시- 키 소 -서- 상한 나의마-음을- 주님

앞에정결하 -게 -일어 설수있- 도록- 회복시- 키소 -서- 지친

나의모-습을- 주님 앞에정결하 -게 -나아 갈수있-도록 -

327/ 마음이 상한 자를 375/ 하나님의 사랑 주님의 눈물 646/ 주님과 같이

저 하늘에는 눈물이 없네 357

(눈물 없는 곳)

Joyce Lee

1. 저하늘에는 눈물이없네 거기는슬픔도없 네
2. 저하늘에는 눈물이없네 거기는기쁨만있 네
3. 저하늘에는 눈물이없네 거기는즐거움있 네

저하늘에는 눈물 이없네 거기 는승–리만있 네
저하늘에는 눈물 이없네 거기 는찬–송만있 네
저하늘에는 눈물 이없네 거기 는사–랑만있 네

고통 은모두다 사라져버리고 영광 만가득차겠 네
세상 의근심은 사라져버리고 영광 만가득차겠 네
인간 의욕심은 사라져버리고 영광 만가득차겠 네

우리 의주님과 나함께있을때 영원 한기–쁨있겠 네

F

305/ 세상에는 눈물 뿐이고 323/ 나 주의 믿음 갖고 379/ 사막에 샘이 넘쳐

358 좋으신 하나님 너무나 내게

(God You're So Good)

Terry Clark

좋 으 신 하 나님 - 너무도내게좋 은분

- 찬양하리 영 원히 - 참 좋은 분 - 좋으신

분 - 워 워 워 난 노래 하-리라---

Fine

내 평 생 사는동안--- 언 제 나

함께하시--니 난 찬양하리 라 - 좋 으 신

D.S.

메들리 곡 108/ 나는 믿음으로 323/ 나 주의 믿음 갖고 462/ 아름다운 이야기가 있네

죄악된 세상을 방황하다가 359

(불 속에라도 들어가서)

최수동 & 김민식

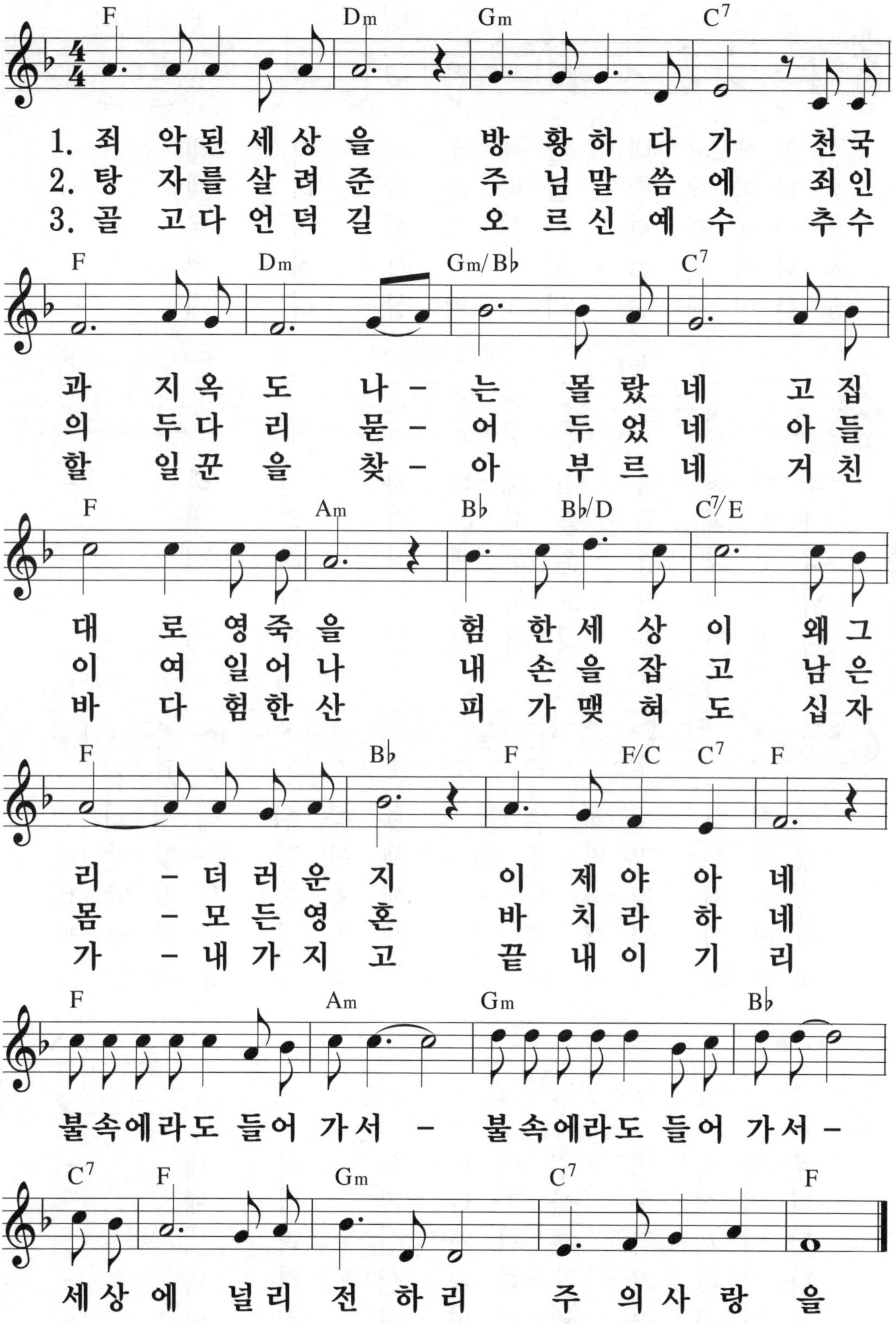

1. 죄악된 세상을 방황하다가 천국과 지옥도 나－는 몰랐네 고집대로 영죽을 험한 세상이 왜 그리－더러운지 이제야 아네
2. 탕자를 살려 준 주님 말씀에 죄인의 두 다리 묻－어 두었네 아들이여 일어나 내 손을 잡고 남은 몸－모든 영혼 바치라 하네
3. 골고다 언덕길 오르신 예수 추수할 일꾼을 찾－아 부르네 거친 바다 험한 산 피가 맺혀도 십자가－내 가지고 끝내 이기리

불속에라도 들어 가서 － 불속에라도 들어 가서 －
세상에 널리 전하리 주의 사랑을

F

360 주께서 내 길 예비하시네

조일상

F C7 F

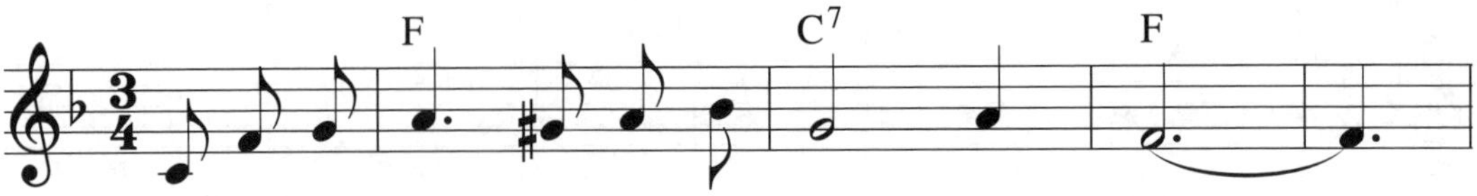

1. 주 께 서 내 길 예 비 하 시 네 –
2. 나 이 제 주 를 따 라 가 려 네 –
3. 나 이 제 겸 손 하 게 살 려 네 –
4. 나 이 제 기 도 하 며 살 려 네 –
5. 나 이 제 승 리 하 며 살 려 네 –

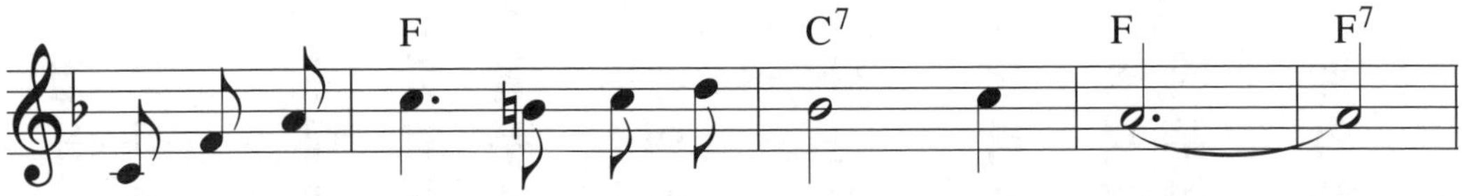

F C7 F F7

주 께 서 내 길 예 비 하 시 네 –
나 이 제 주 를 따 라 가 려 네 –
나 이 제 겸 손 하 게 살 려 네 –
나 이 제 기 도 하 며 살 려 네 –
나 이 제 승 리 하 며 살 려 네 –

B♭ F Dm

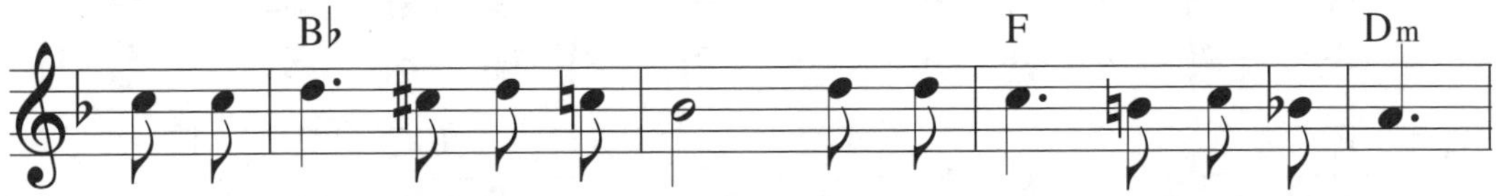

이 제 하 루 하 루 를 주 를 위 해 살 리 라
세 상 죄 길 버 리 고 생 명 길 을 찾 았 네
세 상 죄 길 버 리 고 생 명 길 을 찾 았 네
세 상 죄 길 버 리 고 생 명 길 을 찾 았 네
세 상 죄 길 버 리 고 생 명 길 을 찾 았 네

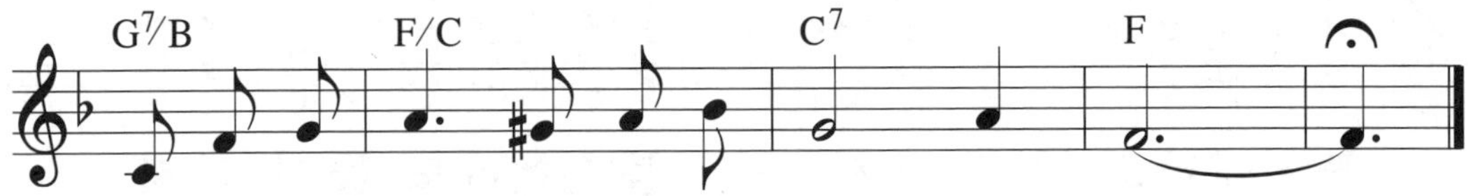

G7/B F/C C7 F

주 께 서 내 길 예 비 하 시 네 –
나 이 제 주 를 따 라 가 려 네 –
나 이 제 겸 손 하 게 살 려 네 –
나 이 제 기 도 하 며 살 려 네 –
나 이 제 승 리 하 며 살 려 네 –

주께서 왕 위에 오르신다 361

(주께서 왕이시라)

류형선

1. 주께서왕위에 오르신다 무서워숨는자 그누구냐
2. 정의의오른팔 쳐드신다 두려워떠는자 그누구냐

F Dm Gm C7 F

우리의마음은 춤을춘다 주께서왕이시라 –
산천아초목아 노래하라 주께서왕이시라 –

할렐루 야 – – 할렐루 야 – –

얼씨구나좋다 지화자–좋네 주께서왕이시라 –

F

262/ 예수님이 좋은 걸 295/ 하나님을 아버지라 380/ 알았네 나는 알았네

362

주님과 함께 하는

(온 맘 다해 / With all my heart)

Babbie Mason

주 님과함께하는 이 고요한-시-간 주 님의보좌앞에 내
나 염려하잖아도 내 쓸것아-시-니 나 오직주의얼굴 구

마음을-쏟네- 모든것아 시는주님 께 감출것없네 내
하게하-소-서 다 이해할수 없을때라 도 감사하며 날

맘과정성다해 주 바라나-이- (다) 다 온맘다
마다순종하며 주 따르오-리-

해 사랑합 니다- 온맘다해 주알기 원하네 내모든

삶 당신것 이니- 주만섬 기-리 온맘다 해

346/ 온 맘 다해 주 사랑하라 347/ 완전하신 나의 주 514/ 주님께 감사해

주님만 주님만 사랑하리 363

(주님만 사랑하리 / It is You)

Pete Sanchez Jr.

F C/E B♭/D F/C

주님 만 주님 만 주님 만 사 랑 하 리 나의

B♭ F/A Gm7 B♭/C C7 B♭/D C/E

왕 나 의 주님 주 님 을 더 욱 알 기 원 해

F F/E♭ B♭/D D♭ C7

나 주님 께 오 직 주 께 경 배 하 네

Fsus4 F F/C Csus4 C/B♭ Am Am/C Dm

거 룩 거 룩 존 귀 존귀 하신 주

B♭ F/A Gm7 C7 F B♭/F F

사 랑 합 니 다 –

F

336/ 아버지 사랑합니다 346/ 온 맘 다해 주 사랑하라 366/ 주를 찬양하며

364 주님의 사랑이 이곳에

(주님 사랑 온누리에)

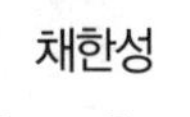

주 님의사랑이 - 이 곳에 가득하기를 - 기도합- 니 다
님의은총이 - 이 곳에 가득하기를 - 기도합- 니 다

주 님의 평화가- 우 리들가운데 -에 있기를원합니 다 주 다
주 님의 기쁨이- 우 리들가운데 -에 있기를원합니

때 로는지치고 - 때 로는곤해도 - 주만을바라보면 서 -

세 상의고통이 - 내게닥쳐와도- 주만을사랑하리라 - -

주 님의축복 이 - 이 곳에넘쳐나기를- 원 합 - 니 다

주 님의사랑이 - 이 곳에 가득하기를 - 기도합 - 니 다

34/ 사랑하는 나의 아버지 374/ 하나님은 너를 만드신 분 365/ 주님의 영광이

미가엘 650

주님의 영광이 임하여서 365

김진호

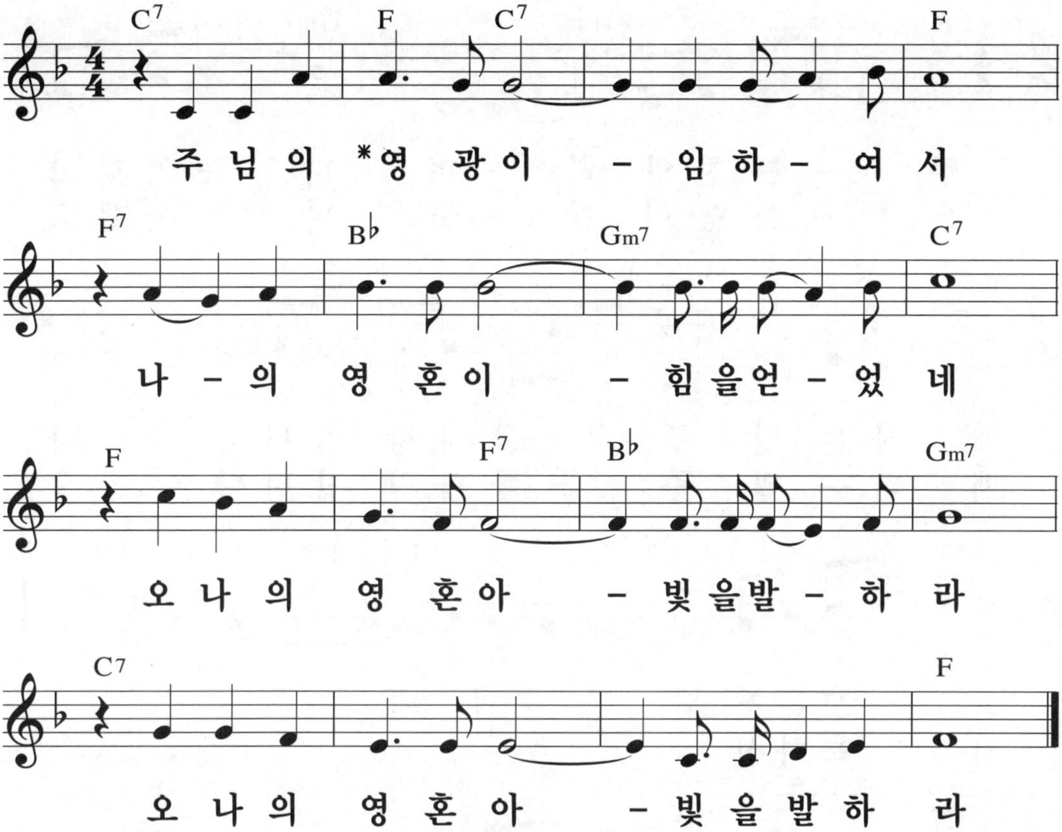
C7 F C7 F
주 님 의 *영 광 이 - 임 하 - 여 서
F7 B♭ Gm7 C7
나 - 의 영 혼 이 - 힘 을 얻 - 었 네
F F7 B♭ Gm7
오 나 의 영 혼 아 - 빛 을 발 - 하 라
C7 F
오 나 의 영 혼 아 - 빛 을 발 하 라

* 2. 성령이 3. 능력이 4. 사랑이
  5. 기쁨이 6. 권능이 7. 은총이

F

366 주를 찬양하며

(I just want to praise You)

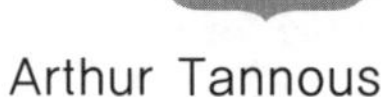

주 - 를 찬 양 하 - 며 나 - 이 제 고
손 - 을 높 이 들 - 고 나 - 이 제 고

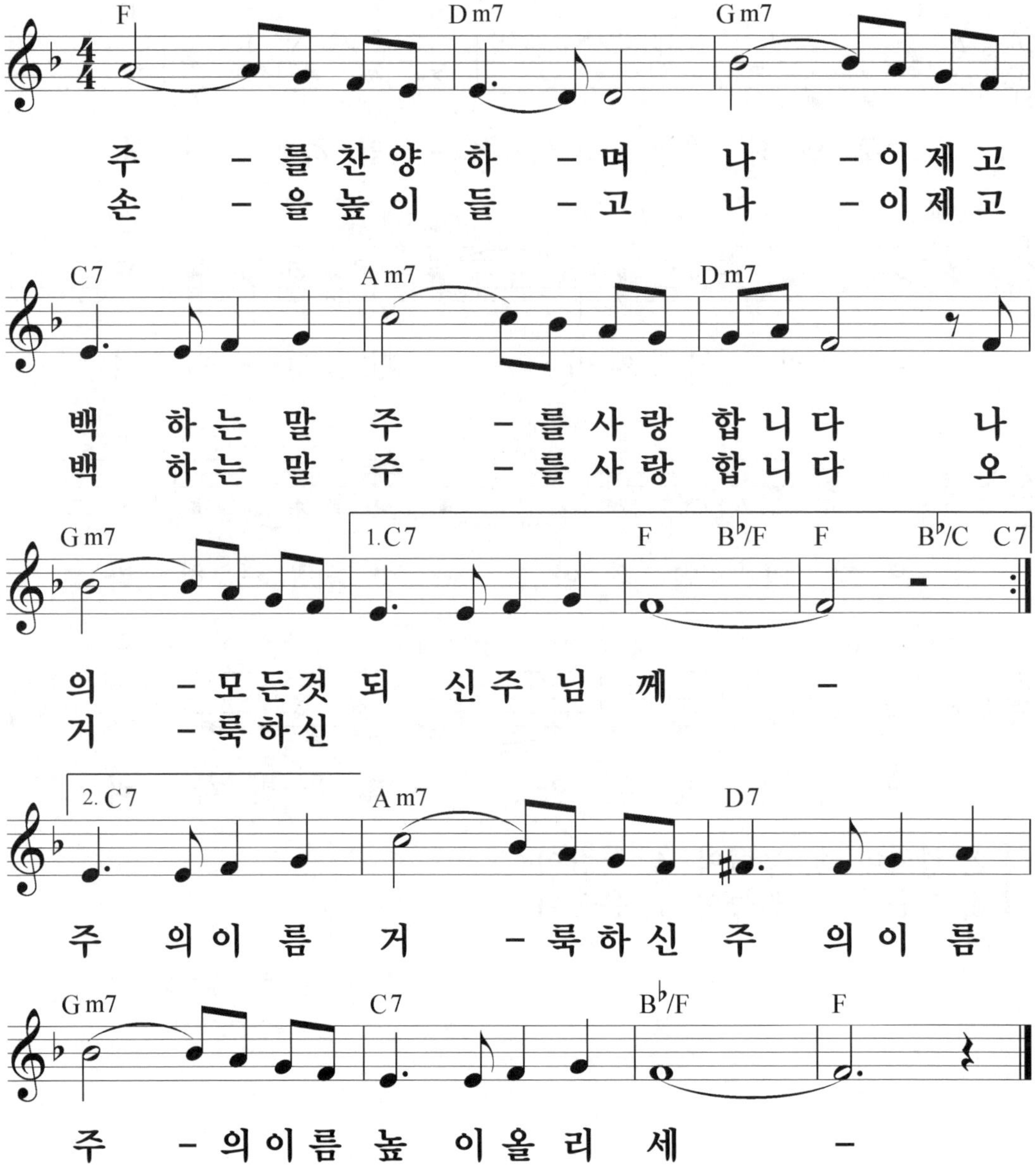

백 하 는 말 주 - 를 사 랑 합 니 다 나
백 하 는 말 주 - 를 사 랑 합 니 다 오

의 - 모 든 것 되 신 주 님 께 -
거 - 룩 하 신

주 의 이 름 거 - 룩 하 신 주 의 이 름

주 - 의 이 름 높 이 올 리 세 -

메들리 곡 315/ 거룩하신 하나님 346/ 온 맘 다해 363/ 주님만 주님만

주 예수 기뻐 찬양해 367

F

368 주의 말씀 앞에 선

미가엘 2128

김한규 & 강명식

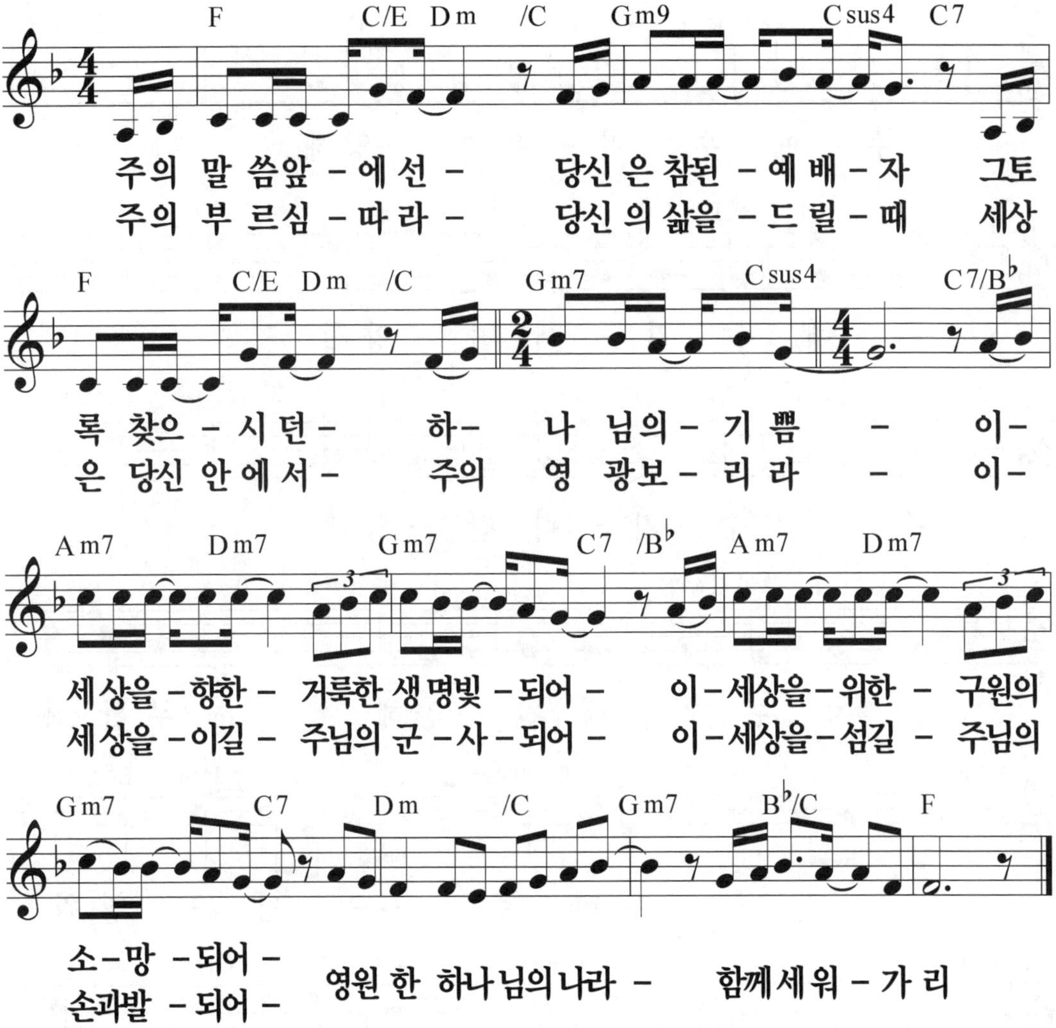
F C/E Dm /C Gm9 Csus4 C7
주의 말 씀앞 - 에 선 - 당신 은 참된 - 예 배 - 자 그토
주의 부 르심 - 따 라 - 당신 의 삶을 - 드 릴 - 때 세상
F C/E Dm /C Gm7 Csus4 C7/B♭
록 찾으 - 시 던 - 하 - 나 님의 - 기 쁨 - 이 -
은 당신 안 에 서 - 주의 영 광보 - 리 라 - 이 -
Am7 Dm7 Gm7 C7 /B♭ Am7 Dm7
세상을 - 향한 - 거룩한 생 명빛 - 되어 - 이 - 세상을 - 위한 - 구원의
세상을 - 이길 - 주님의 군 - 사 - 되어 - 이 - 세상을 - 섬길 - 주님의
Gm7 C7 Dm /C Gm7 B♭/C F
소 - 망 - 되어 -
손과발 - 되어 -
영원 한 하나 님의나라 - 함께세워 - 가 리

메들리 곡
346/ 온 맘 다해 주 347/ 완전하신 나의 주 364/ 주님의 사랑이 이 곳에

주 임재하시는 곳에 369

(I love to be in Your presence)

Paul Baloche & ED Kerr

주 임재하 -시는곳 -에 - 우리 함 -께- 찬양하

--리 일 어 나기-뻐으로- 소 리 높 - 여찬--양해

3rd Time To Coda

- 주 - 내영혼 노래하-며 춤추게 하시네-

기쁨의 이 유 되 시는 - 주님 ---- 주 - 두손을

D.S.

—— 들고서 ——— 소리 높 - 여찬 --양해 -

323/ 나 주의 믿음 갖고 367/ 주 예수 기뻐 찬양해 528/ 주 예수의 이름 높이세

370 지극히 높은 주님의

(여호와의 유월절)

조영준

F C/E Dm Am

지극히높은 주 님의 나지성소로 들 어갑-니다

B♭ F/A Gm7 C

- 세상의신을 벗 고서 주보좌앞에 엎 드 리 리

F C/E Dm Am

내주를향한 사 랑과 그신뢰가사 그 러져-갈 때

B♭ F/A Gm7 F Fsus4 F

- 하늘로부터 이 곳에 장 막 이덮 이 네 - 이 곳을덮으

Gm7 C7 F Dm Gm7

소서 이 곳을비추 소 서 내안에무 너 졌 던모든소

C F F7 F Gm C7

-망 다회복하리 -니 이곳을지나 소 서 이곳을만지

F Dm Gm7 C F

소서 내안에죽어 가 는모든예 -배 다살아나리 -라

315/ 거룩하신 하나님 322/ 나 주님의 기쁨 되기 347/ 완전하신 나의 주

지금껏 내가 한 일이

(눈물의 참회록)

김석균

1. 지금 껏 내가 한일이 주를 위 한일이었는 지
2. 한평 생 주를 위하여 변함 없 이살– 겠다 던
3. 오늘 도 복음 을듣고 쉼 – 없 이다– 녔지 만

지나 간 세월 돌 이켜 주님 앞 에아– 뢰니 다
베드 로 같은 믿 음이 내게 도 – 있었습니 다
성령 의 불같 은 인도 믿음 없 이전했습니 다

이한 몸 주를– 위하 여 목숨 버 린다– 했으 나
그러 나 지금내맘속 엔 허영 과 교만– 만있 고
육신 의 곤고함더하 여 복음 의 사 명약 했으 니

주의영광 –뒤로하 고 나의자 랑앞세웠으 니
주님지신 –십자가 는 짐이된 다벗었습니 다
아버지여 –연약한 종 어찌해 야하–오리 까

내가가 는이길 이 주를 위 한것보 다
내가가 는이길 이 주를 위 한것보 다
내가가 는이길 이 영광 의 길이라 면

예수 이름만파– 는 가룟 유 다와같습니 다
율법 만앞세우– 는 바리 새 인과같습니 다
바울 과같은믿음 을 내게 도 허락–하소 서

F

372 짐이 무거우냐

(예수께 가면 / Reach Out to Jesus)

Ralph Carmichael

참참참 피 흘리신

373

(성령의 불길)

김용기

참참참 피-흘리신 예수의사랑안에 서
참참참 들-려오는 구원의큰종소리 에

주님의 십자가따라 생명을바치겠느 냐
복음을 전파하려면 희생을각오하느 냐

복음의 불길오른다 다같이일어나거 라
구원은 성도들의것 진리로거두리로 다

영 광 의 주님의나라 다 같이참예하여 라
우 리 는 천국에가서 영 생의꽃이되리 라

성령의 성령의불 길 성령 불이야 성령의 성령의불 길

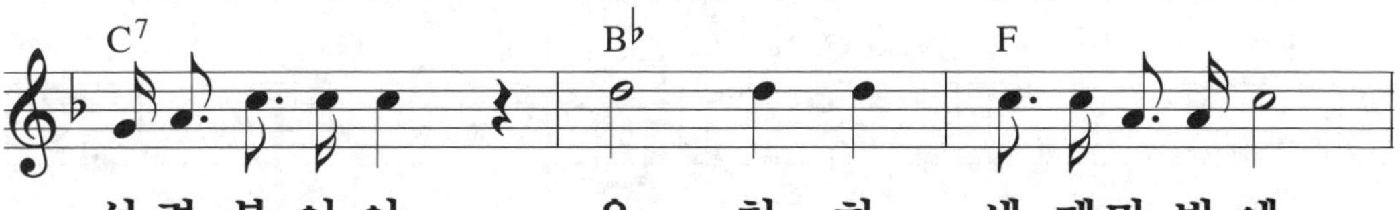

성령 불이야 온 천 하 세계만방에

퍼치자성령의불 길 퍼치자성령의불 길

374 하나님은 너를 만드신 분

(그의 생각*요엘에게)

조준모

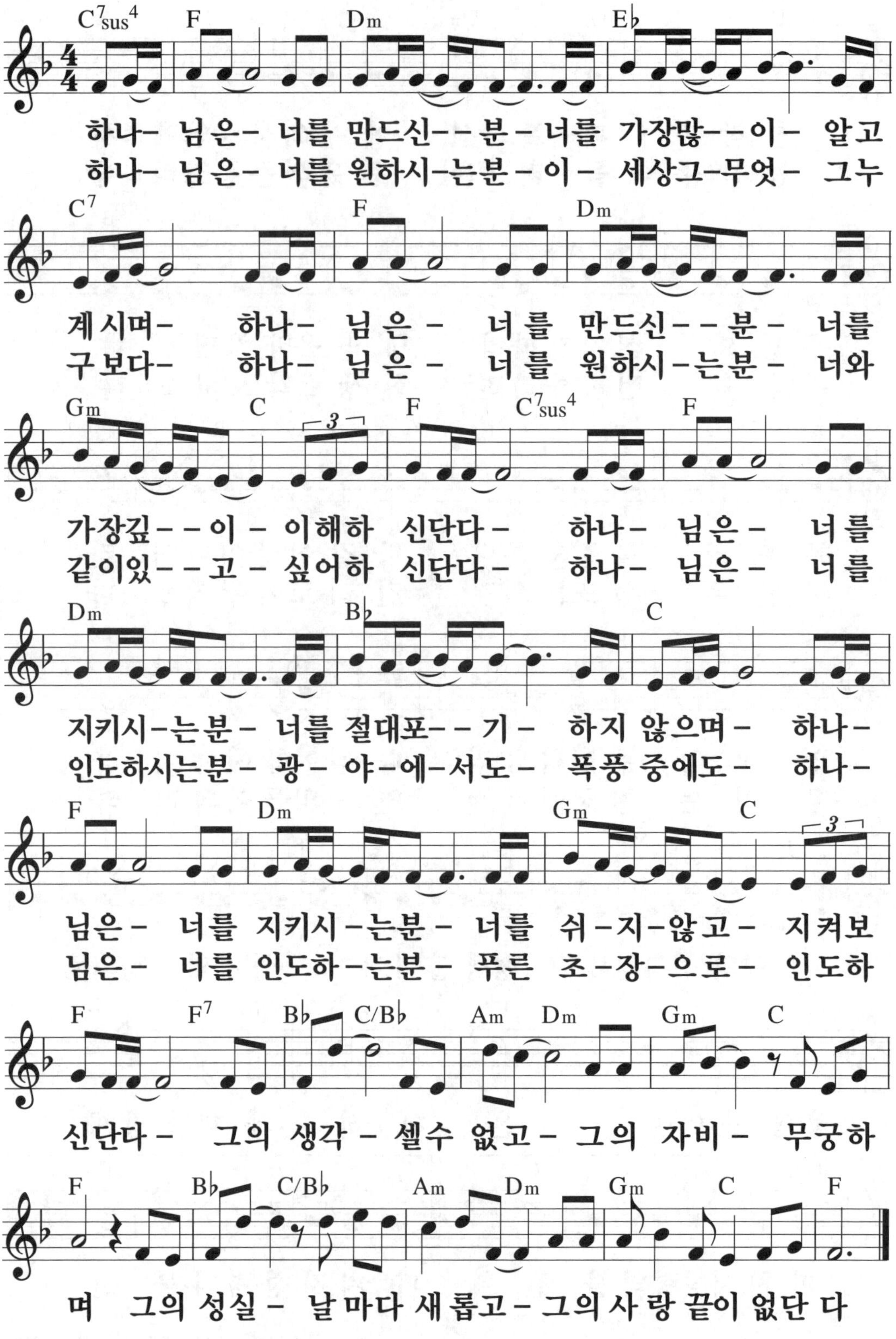

하나- 님은- 너를 만드신--분-너를 가장많--이- 알고
하나- 님은- 너를 원하시-는분-이- 세상그-무엇- 그누

계시며- 하나- 님은- 너를 만드신--분- 너를
구보다- 하나- 님은- 너를 원하시-는분- 너와

가장깊--이-이해하 신단다- 하나- 님은- 너를
같이있--고-싶어하 신단다- 하나- 님은- 너를

지키시-는분- 너를 절대포--기- 하지 않으며- 하나-
인도하시는분- 광- 야-에-서도- 폭풍 중에도- 하나-

님은- 너를 지키시-는분- 너를 쉬-지-않고- 지켜보
님은- 너를 인도하-는분- 푸른 초-장-으로- 인도하

신단다- 그의 생각 - 셀수 없고- 그의 자비- 무궁하

며 그의 성실- 날마다 새롭고-그의 사 랑 끝이 없단 다

Word and Music by 조준모.

하나님의 사랑 주님의 눈물 375

최지호

하 나 님의 - 사 랑 주 님 의 - 눈 물 온 세 상 위 하 - 여
이 천 년 전 - 하 늘 보 좌 버 - 리 고 이 땅 에 오 신 - 주

잃 어 버 린 영 혼 찾 아 오 신 주 님 - 지 금 도 우 리 를 - 사 랑
하 나 님 어 린 양 되 사 생 명 주 며 - 이 를

해 증 거 하 라 - 하 시 - 네 나 는 믿 네 거 저 받 은

귀 한 사 랑 - 그 누 가 대 신 하 리 - 요 나 의 생

명 다 할 때 까 - 지 - 그 사 랑 을 전 - 하 리 라

F

376 햇살보다 밝게 빛나는

미가엘 2204

(왕 되신 주 앞에 나 나아갑니다 / Offering)

Paul Baloche

112/ 나를 지으신 이가 322/ 나 주님의 기쁨 되기 347/ 완전하신 나의 주

F

형제의 모습 속에 보이는 377

박정관

136/ 사랑의 주님이 241/ 당신은 하나님의 언약안에 336/ 아버지 사랑합니다

378 반드시 내가 너를

박이순

반드시내가너를 축복하리라 반 드시내가너를 들어쓰리라

천 지는변해도 나의 약속은 영 원히변치않으 리 두려
세 상의소망의 사라 졌어도 온 전히나를믿으 라 두려

워 말 라 강하고담대하 라 낙 심 하 며 실망치말라
워 말 라 강하고담대하 라 인 내 하 며 부르짖으라

낙 심 하 며 실망치말라 실 망 치 말 라 –
인 내 하 며 부르짖으라 부 르 짖 으 라 –

네 소원이루는날 속히오리니 내 게 영 광돌리 리
영 광의그 –날이 속히오리니 내 게 찬 양하리 라

네 소원이루는날 속 히오리니 내 게 영광돌리 리
영 광의그 –날이 속 히오리니 내 게 찬양하리 라

334/ 성령 받으라 337/ 성령 충만으로 373/ 참참참 피 흘리신

사막에 샘이 넘쳐 흐르리라 379

히브리민요

사막에 샘이넘쳐 흐-르리라 사막에꽃이피어 향내내리라
사막에 숲이우거 지-리-라 사막에예쁜새들 노래하리라

주님이 다스리는 그나라가 되면은 사막이 꽃동산되 리
주님이 다스리는 그나라가 되면은 사막이 낙원되리 라

사자들이 어린양과 뛰놀고 어린이들 함께 뒹구는
독사굴에 어린이가 손넣고 장난쳐도 물지않-는

참사랑과 기쁨의그나라가 이제 속히오리 라
참사랑과 기쁨의그나라가 이제 속히오리 라

F

메들리 곡
378/ 반드시 내가 너를 382/ 저 성벽을 향해 559/ 여호와 이레 채우시네

380 알았네 나는 알았네

(That's for me)

Geir Knutson & Kurt Kaiser

1. 알았네 나는 알았네 이젠더 피하지않 으 리
2. 알았네 나는 알았네 잿빛생 활에지쳤 음 을
3. 알았네 나는 알았네 이젠더 피하지않 으 리

나의 모든것 주께 맡겼네 기쁜 날 이었 도 다
세상 쾌락을 찾아 봤으나 고통 뿐 이었 다 네
그가 내게와 나를 구했네 기쁜

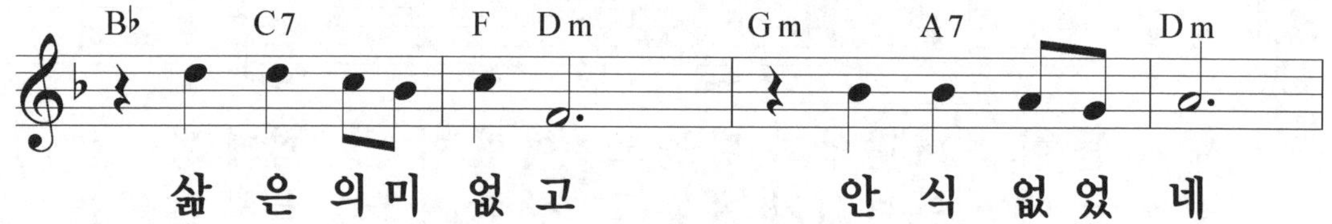

삶 은의미 없고 안 식 없었 네

이 젠 너무나 달라 나에 게 새삶임했네 –

날 이 었 도 다 –

378/ 반드시 내가 너를 379/ 사막에 샘이 넘쳐 556/ 그는 여호와

이것을 너희에게

381

(담대하라)

문찬호

Dm C B♭ A7

이것 을 너희에게 이름은 너희 로 내안에서 평안
을 너희에게 이름은 너희 로 내안에서 사랑

Dm C B♭ A7 1.Dm

을 영원토 록 누리 게 하려 함이 라 이것

2.Dm B♭ Dm Gm Dm C

라 세상에 서 너희 가 환난 을 당하 나 담대하

B♭ Dm F Asus4 A7

라 세 상 을 이기 었 노라하시니 라 이것

Dm C B♭ A7

을 너희에게 이름은 너희 로 내안에 서 축복

Dm C B♭ A7 Dm

을 영원토 록 누리 게 하려 함이 라

F

99/ 하나님 우리와 함께 하시오니 378/ 반드시 내가 너를 380/ 알았네 나는 알았네

382 저 성벽을 향해

미가엘 1045

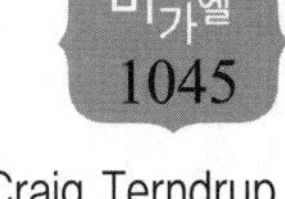

(Blow the trumpet in Zion)

Craig Terndrup

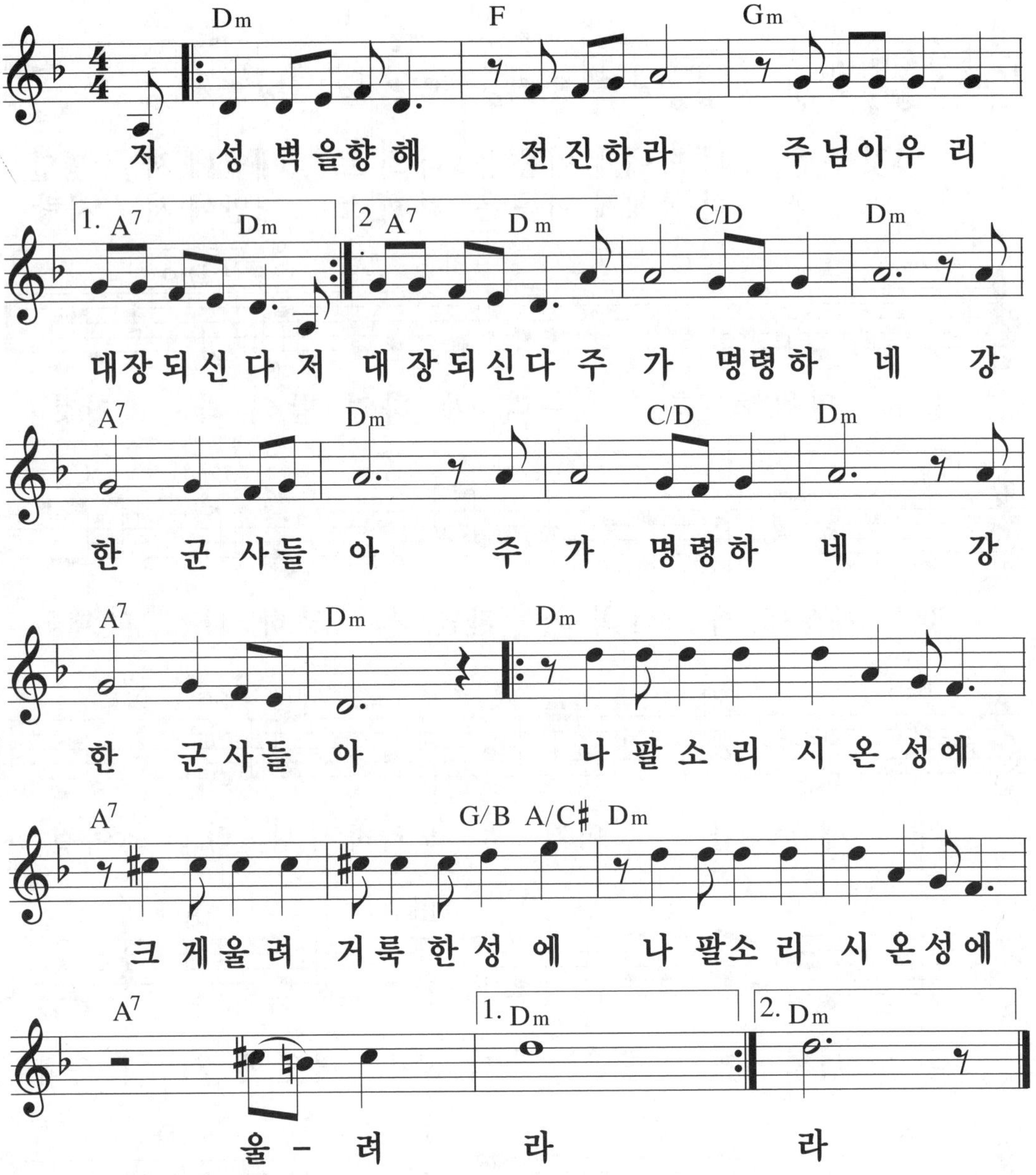
Dm F Gm
저 성벽을향해 전진하라 주님이우 리
1. A7 Dm 2 A7 Dm C/D Dm
대장되신다 저 대장되신다 주 가 명령하 네 강
A7 Dm C/D Dm
한 군 사들 아 주 가 명령하 네 강
A7 Dm Dm
한 군사들 아 나 팔 소 리 시 온 성에
A7 G/B A/C# Dm
크 게울려 거룩 한 성 에 나 팔소 리 시 온성에
A7 1. Dm 2. Dm
울 - 려 라 라

메들리 곡 383/ 주께서 전진해온다 384/ 주님과 담대히 나아가 560/ 온 땅이여 주를 찬양

주께서 전진해 온다

(For the Lord is marching on)

Bonnie Low

Dm C/D Dm Dm C/D Dm

주께서 전진해온다 그의 강한 승리 의군대-

B♭maj7 Am7 Gm7 Am7 B♭maj7 C Dm C/D

그의 영광찬란 하 게 비 치- 네

Dm C/D Dm B♭maj7 C/B B♭maj7

찬양 하세 승리 의노래 주찬 양 승리 의찬양

Dm/A Gm7 B♭/C C B♭/C C Dm C/D D

누가 당 할손 가 주 님 의 군- 대

F

B♭ F B♭ F

우리 대장되신구주 예수 나 주님의뒤따 르면 누가

B♭maj7 Am7 Gm Am B♭ C 1. Dm C/D Dm 2. Dm

당 할 손 가 주 님 의 군 대 우리 대

382/ 저 성벽을 향해 384/ 주님과 담대히 나아가 561/ 우리가 주님의 음성을

384 주님과 담대히 나아가

(The victory song)

미가엘 1051

Dale Garratt

주님 과 -담대히 나아가 원수 를 -완전히 밟아이 겨승리

를 -외치며 찬양하세- 그리스도 나의 왕 승

리 -를주신 하나님 백 성 -구원했 네 말

씀 -으로무찌르니- 온세상 일어나 보리주님

왕 그리스도 나의 왕 그리스도 나의 왕

메들리 곡 382/ 저 성벽을 향해 383/ 주께서 전진해온다 561/ 우리가 주님의 음성을

감사해 시험이 닥쳐올 때에 385

(감사해 / Thank You Lord)

Dan Burgess

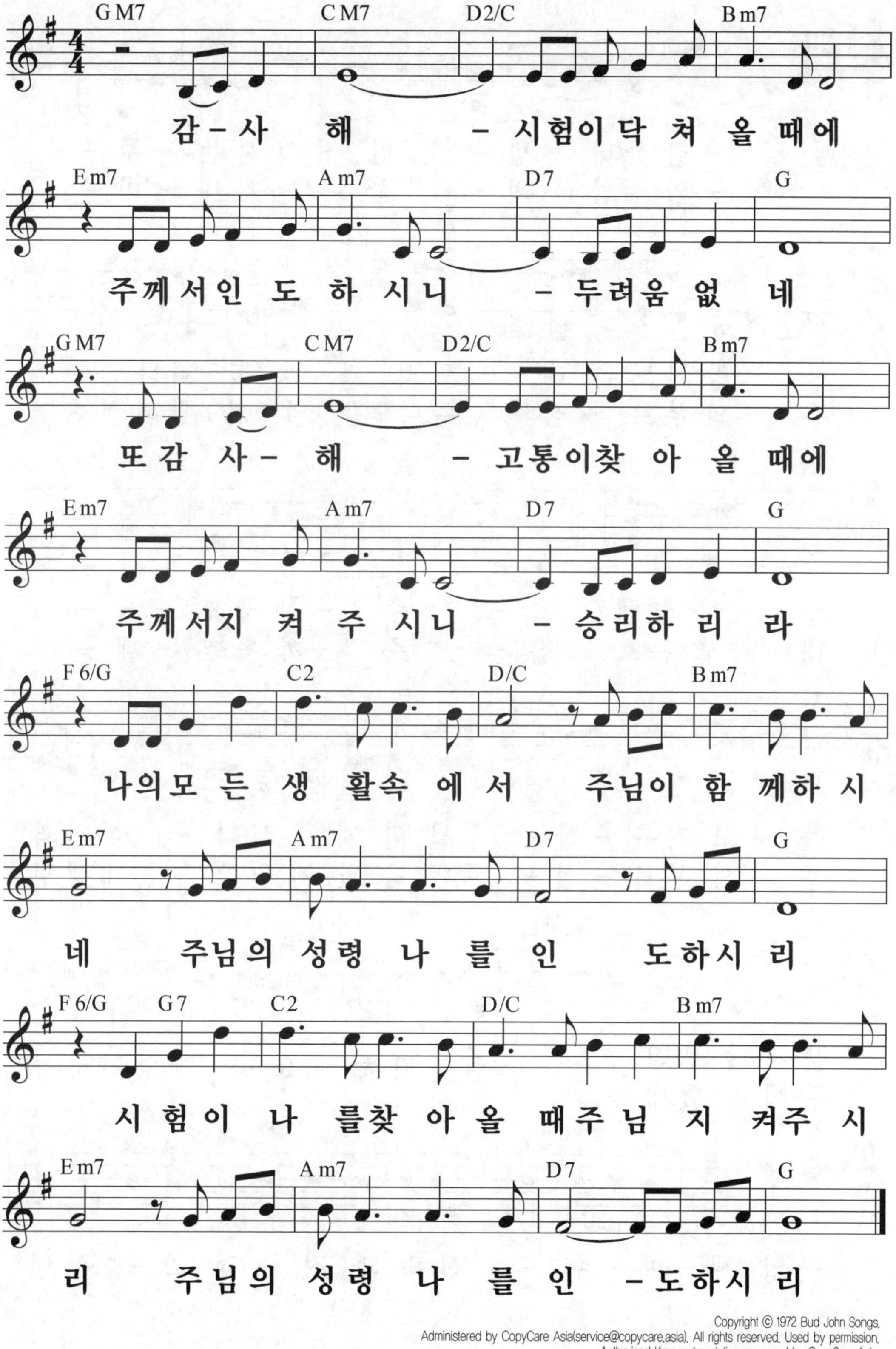

GM7 CM7 D2/C Bm7

감-사 해 -시험이닥 쳐 올 때에

Em7 Am7 D7 G

주께서인 도 하 시니 -두려움 없 네

GM7 CM7 D2/C Bm7

또감 사- 해 -고통이찾 아 올 때에

Em7 Am7 D7 G

주께서지 켜 주 시니 -승리하 리 라

F6/G C2 D/C Bm7

나의모 든 생 활속 에 서 주님이 함 께하 시

Em7 Am7 D7 G

네 주님의 성령 나 를 인 도하시 리

F6/G G7 C2 D/C Bm7

시 험이 나 를찾 아 올 때주님 지 켜주 시

Em7 Am7 D7 G

리 주님의 성령 나 를 인 -도하시 리

G

386 갈급한 내 맘

(주 사랑해요 / I'll Always Love You)

미가엘 2174

Tim Hughes

Em C G D Em
-배 드-려 요 - 주사랑 해 - 요- 영원히찬
C G D Em
-양 해 - 예 - 수 - 신령과진 - 정으 - 로 경 - 배드 - 려요
1.C G D EmC 2.C2 Am7 G/B C
- - 예 수이름 - 높 이올려-드리 - 세
D Am7 G/B C D.S.al Coda G
한목 소리로 - - 소리높여 - 모 두외치 - 세 - -

387 거룩한 주님의 성전에

(새 노래로)

김준영 & 박찬민

거 룩 한　주님의성－전에모 －인 백－성－들－　와서경
보 좌 에　앉으신어－린양께 －찬 송－하－라－　모든민

－배－해－　주 님 께－　영 광 돌－리 리 －라－
－족－이－　그 분 께－　영 광 돌－리 리 －라－

주 님 의　일들을놀－랍고길 －은 참－되도다－　모든자
수 금 과　비파로공－교이주 －를 높－이어라－　소리높

－녀－들－　기 뻐즐－거워하 －네－
－여－서－

새 노 래 로 찬 －양－

찬 양 해　한－목 －소리로－　새노래로

메들리 곡
386/ 갈급한 내 맘　392/ 그리 아니하실지라도　425/ 다 와서 찬양해

거룩한 주님의 성전에

G
D
찬 양 하 -라 모인주 --의백-성들 -아 천사들
F
Am7
D
- 아화--답하 -라 온세상 든 도록주찬양하 -라 구원자
G
되 신주 -를 모든눈이 다 보 게되 -리 열방이
F
Am7
D
-다찬--양하 -며 전능하신 -주께--엎드 -려 영광돌리
G
Fine
Dm7
C
Cm7
-네- 찬송과
Bm7
C
- 영광 -과지-혜와 -감-사-
D
D♯dim
Em7
A/C♯
Am7
주님께- 영원무-궁토 -록있-으리라 --- 알렐루
G/B
Cm
B♭
Dsus4
D
D.S. al Fine
-야 주하나 -님-이- 통-치하-시나 - 새노래로
아 -멘

388 거룩 거룩 거룩하신 주

(Holy, holy, holy is the Lord)

겟세마네 동산에서 389

조용기 & 김주영

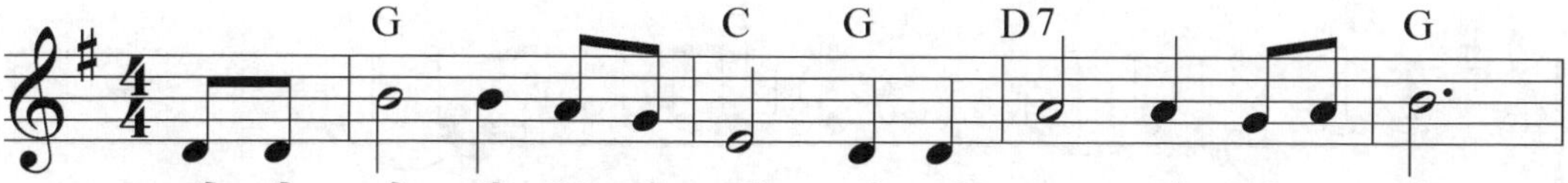

1. 겟세마네 동산에서 기도하실 때 주님의 땀방울은 피로 변했네 하나님을 거역한 나를 위하여 순종의 속죄피를 흘려주셨네
2. 빌라도의 뜰에서 서 가시관 쓸 때 주님의 온 얼굴은 피로 젖었네 온 인류의 저주를 속하시려고 저주의 가시채로 관을 쓰셨네
3. 빌라도의 군인들이 때린 채찍에 찢어져 피로 물든 주님 등어리 온 인류의 질병을 속하셨으니 치료의 강물에서 넘쳐흐르네
4. 골고다의 십자가에 달리신 주님 손과 발 옆구리에 입은 상처로 온몸의 물과 피를 다 흘리셔서 멸망의 죽음에서 날 건지셨네

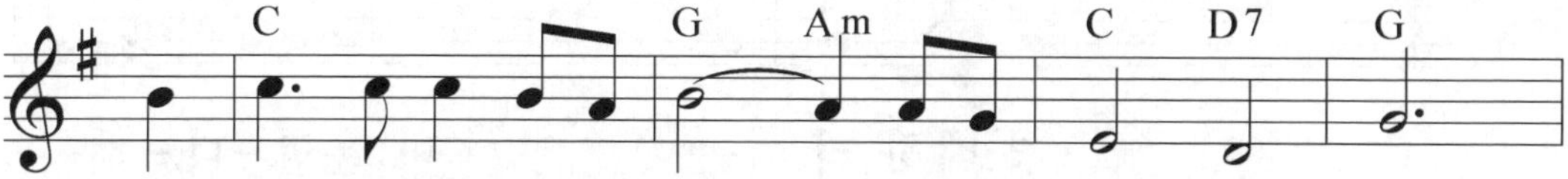

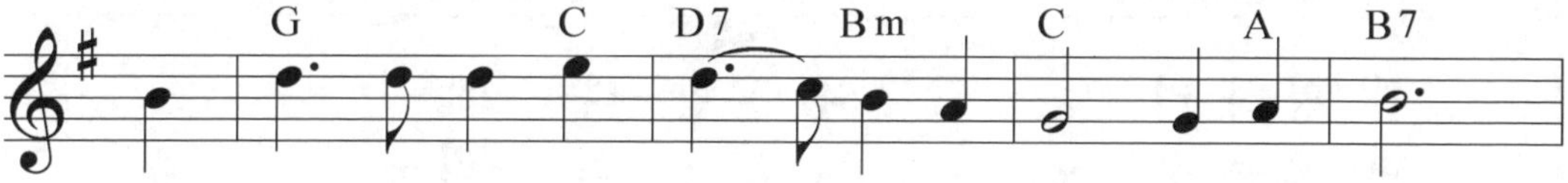

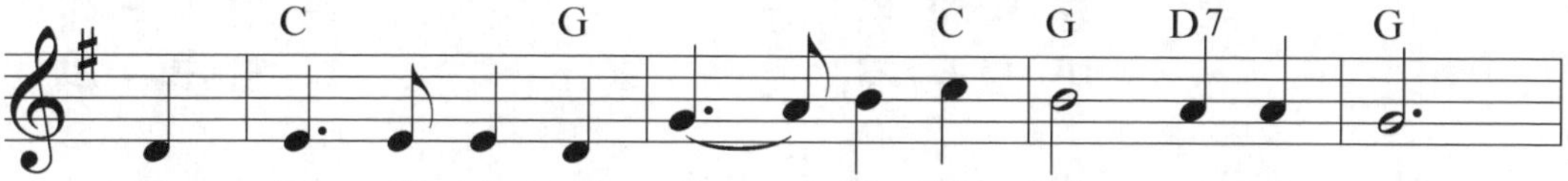

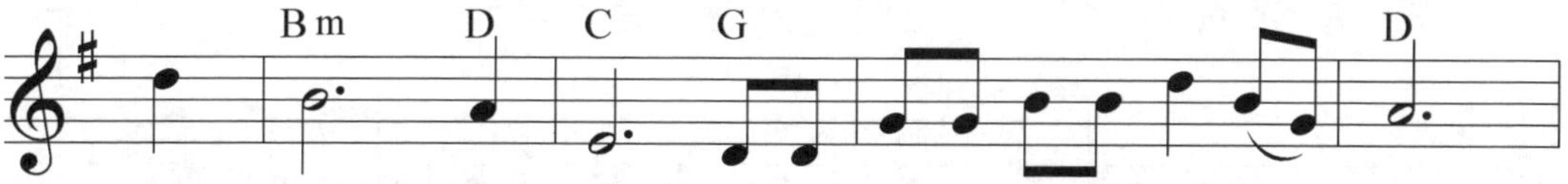

아아 아아 주의 사랑 깊고 크셔라 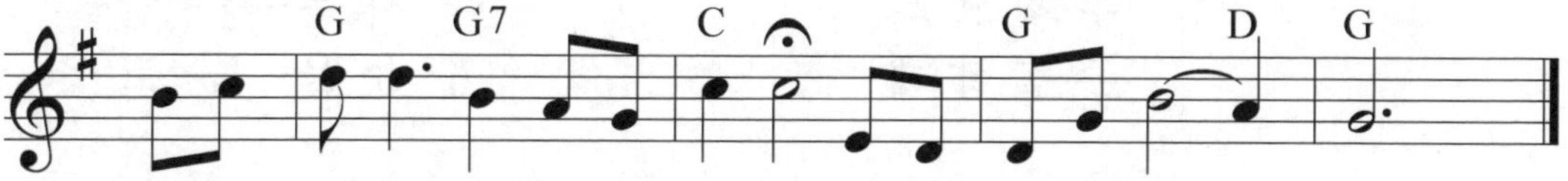 내 영혼에 파도처럼 메아리쳐 온다

G

390 경배하리 내 온 맘 다해

(You're Worthy of My Praise)

미가엘 2097

David Ruis

C G Am7 Dsus4 D/F#
님 의길 을 - -나 따라-가--리- -
의 지하 리 - 주만 의지-하--리- -
C
주 님 의길 을 - 따 라 가-리-
주 의 지하 리 - 의 지 하-리-
G D/F# C/E C
주님만- 을 경 배-하-리 주님만- 을
Am7 Dsus4 D G D/F#
찬 양-하-리- 찬양받- 기 합 당-하-신
C/E C Am7 Dsus4 D G
존귀하- 신 주 만 높-이- -리-

G

391 경배하리 주 하나님

(I Worship You Almighty God)

Sondra Corbett

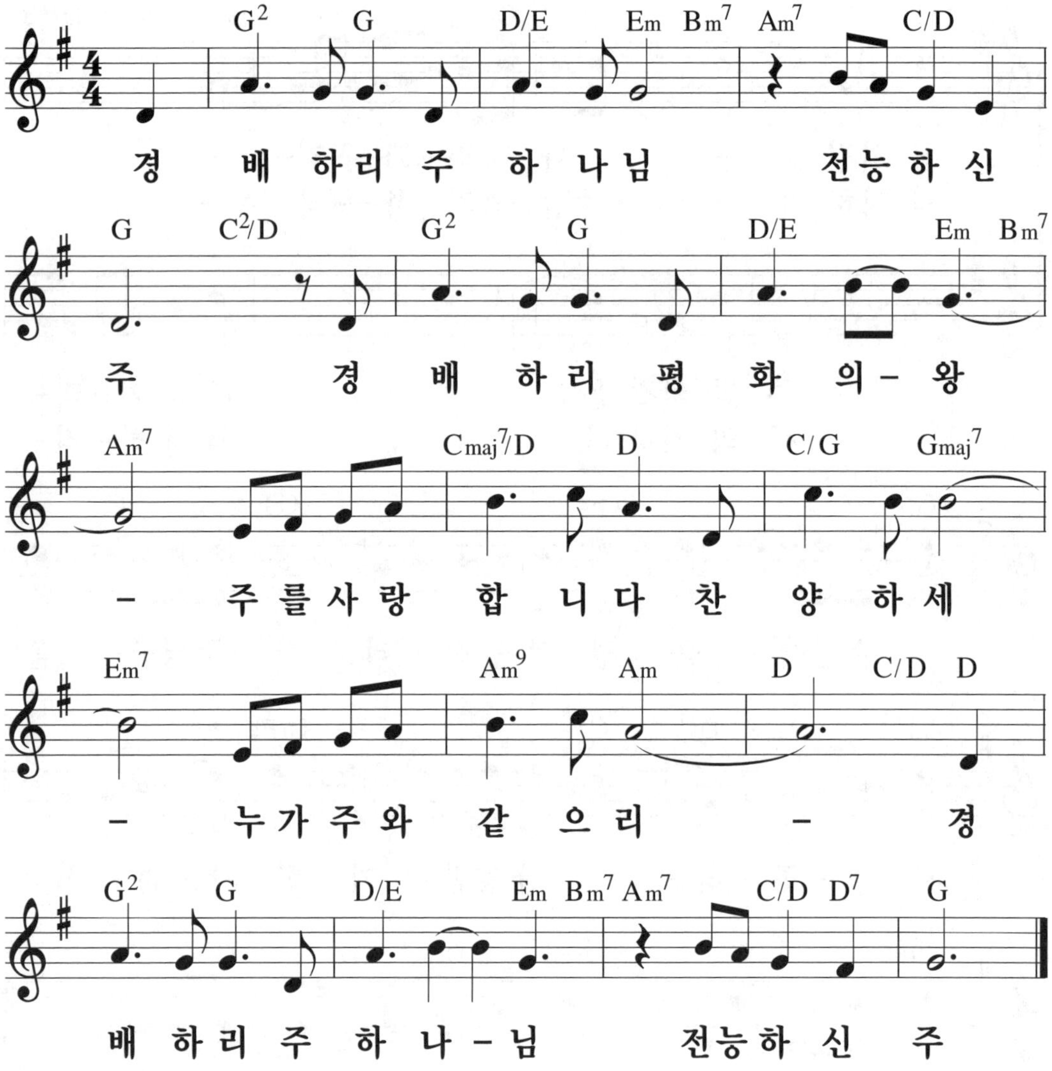

G2 G D/E Em Bm7 Am7 C/D
경 배 하 리 주 하 나 님 전 능 하 신

G C2/D G2 G D/E Em Bm7
주 경 배 하 리 평 화 의 - 왕

Am7 Cmaj7/D D C/G Gmaj7
- 주 를 사 랑 합 니 다 찬 양 하 세

Em7 Am9 Am D C/D D
- 누 가 주 와 같 으 리 - 경

G2 G D/E Em Bm7 Am7 C/D D7 G
배 하 리 주 하 나 - 님 전 능 하 신 주

메들리 곡
398/ 나는 주를 작게 보았네 400/ 나 약해 있을 때에도 402/ 나의 가는 길

그리 아니하실지라도 392

안성진

그 리- 아니하실지라 도 감사해
그 리- 아니하실지라 도 사랑해

요 주님뜻을 믿기때문이죠 -
요 합력해서 선을이루어요 -

언 제나 나를향-한 신실 한사랑 -

우리를향한 그크신사 랑 -

우 리가 함께높이며 주를 찬 양 해 -

할렐루 야 하 나 님께영광 -

G

387/ 거룩한 주님의 성전에 393/ 기도하자 우리 마음 합하여 396/ 나 기뻐하리

393 기도하자 우리 마음 합하여

Maori Tune

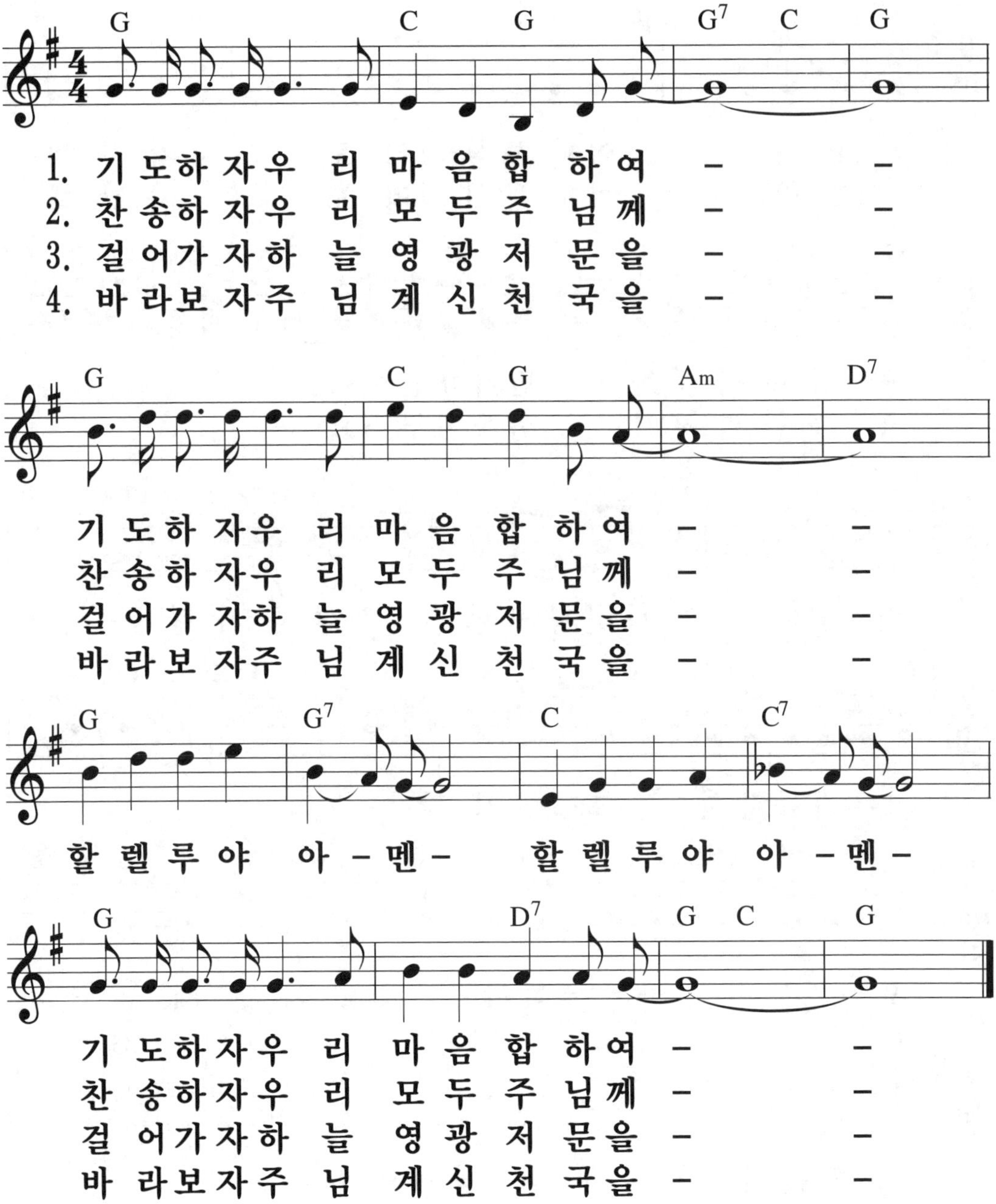

1. 기도하자우리 마음합하여 – –
2. 찬송하자우리 모두주님께 – –
3. 걸어가자하늘 영광저문을 – –
4. 바라보자주님 계신천국을 – –

기도하자우리 마음합하여 – –
찬송하자우리 모두주님께 – –
걸어가자하늘 영광저문을 – –
바라보자주님 계신천국을 – –

할렐루야 아–멘– 할렐루야 아–멘–

기도하자우리 마음합하여 – –
찬송하자우리 모두주님께 – –
걸어가자하늘 영광저문을 – –
바라보자주님 계신천국을 – –

기도할 수 있는데 394

고광삼

G D D7 G

기도 할 수있는 데 왜- 걱 정하 십니 까
할 수있는 데 왜- 실 망하 십니 까

C G D 1.G 2.G

기도하 면서 왜 염 려 하십 니 까 기도 까
기도하 면서 왜 방 황 하십 니

C G A D

주님 앞에 무릎 꿇고 간 구해 보세 요

C G A D

마 음을 정결 하게 뜻을 다 하 여

G D D7 G

기도 할 수있는 데 왜 - 걱 정하 십니 까

C G D G

기도 하 면서 왜 염 려 하십 니 까

388/ 거룩 거룩 거룩하신 주 389/ 겟세마네 동산에서 391/ 경배하리 주 하나님

G

395 기뻐하며 왕께

(Shout for joy and sing)

David Fellingham

D6 G G/F# Em Em/D C Am D
기 뻐 하 며 왕 께 노 래 부 르리 - 소 리

G G/F# Em Em/D C Am D
높 여 할 렐 루 야 부 르리 - 주 님

Em B7/F# Em/G E/G# Am D
앞 에 나 와 찬 양 드 리며 - 우 리

Bm7 Em7 Am7 Dsus4 D7 G C/G G G#dim7
주 님 과 함 - 께 기 뻐 하 리라 - 나의 창조

Am7 D7 G Em
- 자 나 의 구 원 - 자 - 가 장 귀 한

Am D7 G G#dim7
나 의 예 수 님 - 찬 양 합 니 - 다 - 나 의 치 료

Am7 D7 G G/F# Em
- 자 - 나 의 선 한 목 자 되 - 신 주 - 예 수

Am7 D Dsus4 D7 G C/G G
나 의 주 찬 양 하 리 -

387/ 거룩한 주님의 성전에 425/ 다 와서 찬양해 431/ 마지막 날에

나 기뻐하리

(I Will Rejoice)

Brent Chambers

나 기뻐하리 - 나 기뻐하리 -

나 기뻐하리 -나주안-에-서 -기뻐하-리-라 -

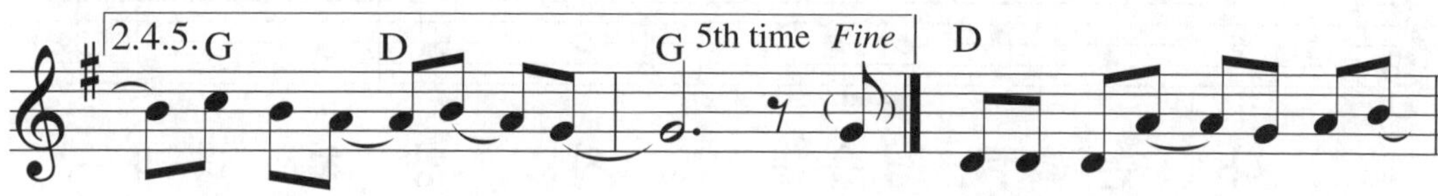

-기뻐하-리-라 - 1.원 수가나를-무너뜨
2.환 경에지배-를받지

-리려고- 내 마음에속-삭-였-
-않-고- 내 팔의힘과-목-소-

네 내 영이깨어-넘어 지지 않고나의
리 느 끼는감정-과상 관없 이-내마

믿음의고-백이 원수를-묶네 -
음기뻐하-기로 결심을-했네 -

395/ 기뻐하며 왕께 425/ 다 와서 찬양해 396/ 나 기뻐하리

397 나는 주님을 찬양하리라

나는 주를 작게 보았네 398

(광대하신 주님 / Be Magnified)

Lynn DeShazo

G Em D Am G/B C D Em Em/B

나는주를작게-보았네-- - 용서 - 하소 서 - 나를
사람들을의지-했던나-- - 용서 - 하소 서 - 주의

Em D Am G/B C D Em D/F#

-도울수-없다는-- - 거짓-말을믿-고있었 -네 - 이제
-자비와-빛보다-- - 사람-들에게-의지했 -네 - 이제

G D Am C D G D

- 내잘- 못알 -았 네- - 내마음 치료 -하소서-
- 내잘- 못알 -았 네- - 주능력 보여 -주소서-

G D Am C D Em

나의눈과 노래 -안 에- 광-- 대 하 신-주님 - - 광--

Am7 Dsus4 D G D Am G/B C G

대 하 신-주님-- 광 대하신-주 님 - 주는높이 들

F Dsus4 D Bm Em C G/B Am7 D

리-리- 능치못할일 없 -으 리- 내눈 - 주바

Em D C D Em Am7 Dsus4 D G

-라보리- 광- 대 하신 -- 광--대하 신 -주님-

391/ 경배하리 주 하나님 394/ 기도할 수 있는데 401/ 나의 사랑 나의 생명

399 나는 주만 높이리

(Only A God Like You)

Tommy Walker

나는 주만높-이리 - 결코내맘변-치않 -네- 세상

모든권-세모 -든영-광십 - 자가앞에다버 -리고-나의

충성과-내헌 -신- 내모든소망오-직예 -수- 나무

에 달려-죽으- 신그-분께 -

오직우리주--께- 내믿음 -소망찬양받기 -합당한분 또

오직만왕 -의왕께- 엎드려 -경배하며 모 -두드리리

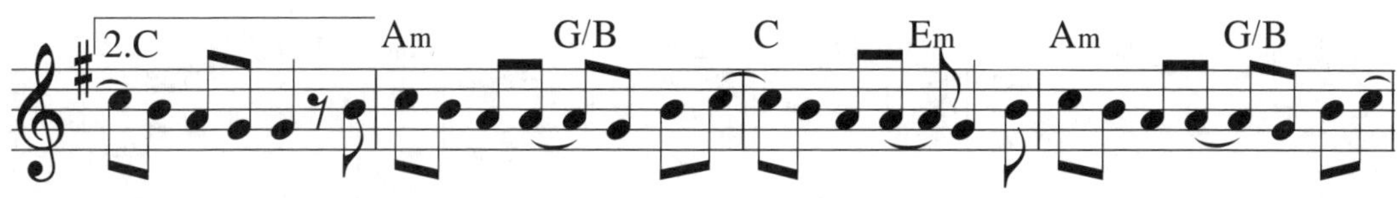

-두드리리 나 를지으시-고 아버-지되시-며 나를구원하 -사하늘

C Em Am C D G
-의 상 주 -실 오 직 우 리 주 -님 께 -나 찬 양 하 리 - -
G D7 Em C
오 직 우 리 주 -께 오 직 우 리 주 -께 오 직 우 리 주 -께 -

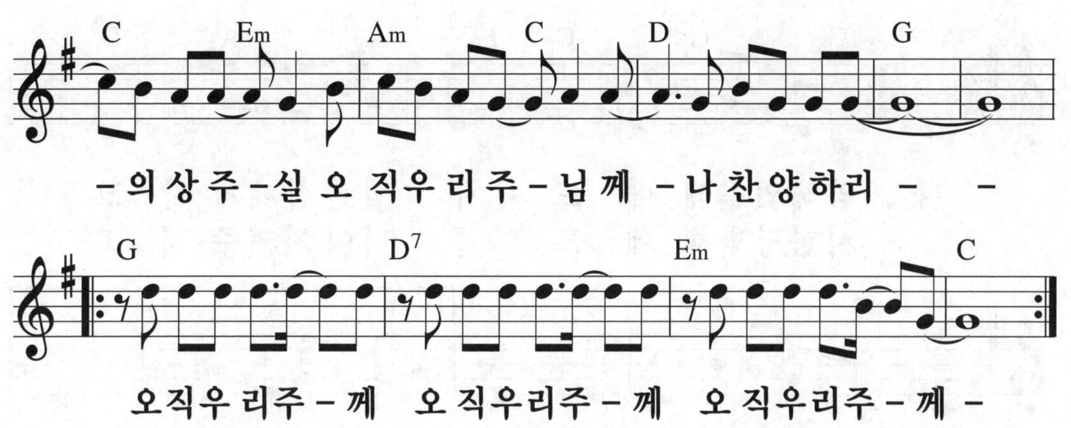

G

400 나 약해있을 때에도

(주님 만이)

조효성

나 약해있을때 에 도 주 님은함께계 시 고
시험당할때 에 도 주 님이지켜주 시 고

나 소망잃을때 에 도
실망당할때 에 도 주 님은내게오 시 네 나

2. Am D7 G Am

님이위로하 시 네 주 님 만- 이

D7 G B7 Em Am

내 힘이 시 며 오 주님 만- 이

D7 G Am D7

날 도우 시 네 오 나의 주- 님 내 아버 지

G B7 Em Am D7 G

여 오 나 의 주- 님 내 사 랑 이 여

388/ 거룩 거룩 거룩하신 주 398/ 나는 주를 작게 401/ 나의 사랑 나의 생명

나의 사랑 나의 생명 401

(나의 예수님)

최대성

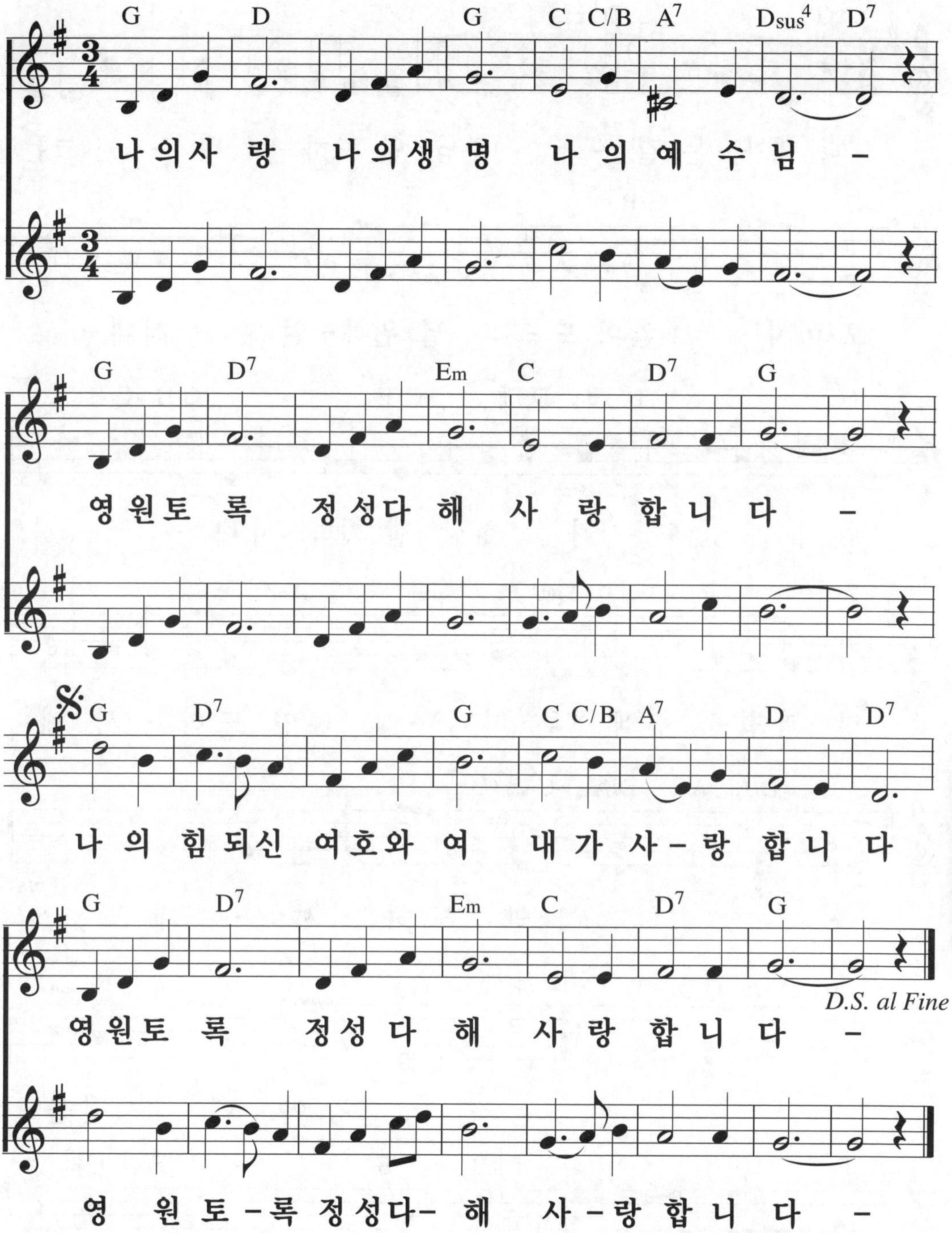

G D G C C/B A7 Dsus4 D7

나의사랑 나의생명 나의 예수님 –

G D7 Em C D7 G

영원토록 정성다해 사랑합니다 –

G D7 G C C/B A7 D D7

나의 힘되신 여호와여 내가 사–랑 합니다

G D7 Em C D7 G

영원토록 정성다해 사랑합니다 –

D.S. al Fine

영 원토–록 정성다– 해 사–랑합니다 –

G

389/ 겟세마네 동산에서 391/ 경배하리 주 하나님 398/ 나는 주를 작게 보았네

402 나의 가는 길

(주님 내 길을 / God will make a way)

미가엘 1988

Don Moen

E♭
F
Gsus4 G Gsus4
G
막 에강- 만 드 - 신 것- 보라 -
C
D/C
3
Bm
B/D♯
Em
하늘과땅-변해 -도 주의 말씀영-원히 - 내
C
D
Bsus4/E
E D/F♯
D.C.
삶 속에- 새 일 을행- 하리 - -

403 나의 슬픔을

(Mourning into Dancing)

Tommy Walker

미가엘 1331

날 사랑하신 주님의 404

G

405 나의 왕께 찬양해

(Victory Chant)

Joseph Vogels

A D/A A A D/A A A D/A A A D/A A
주님은 -유다의사자 전 능하 - 신 주찬 양
A D/A A A D/A A A D/A A A D/A E/A
주님은 -유다의사자 놀 라우 -신주찬양

G

406 낮엔 해처럼 밤엔 달처럼

최용덕

낮 엔해처 럼 밤 엔달처 럼 그렇 게 살 순없을까 –
예 수님처 럼 바 –울처 럼 그렇 게 살 순없을까 –

욕 심도없이 어둔세상비추 어 온전 히 남을 위 해살듯이 –
남 을위하여 당신들의온몸 을 온전 히 버리 셨 던것처럼 –

나 의일생 에 꿈 이있 다 면 이땅에 빛과 소 금 되 어 –
주 의사랑 은 베 푸는사 랑 값없이 그저 주 는 사 랑 –

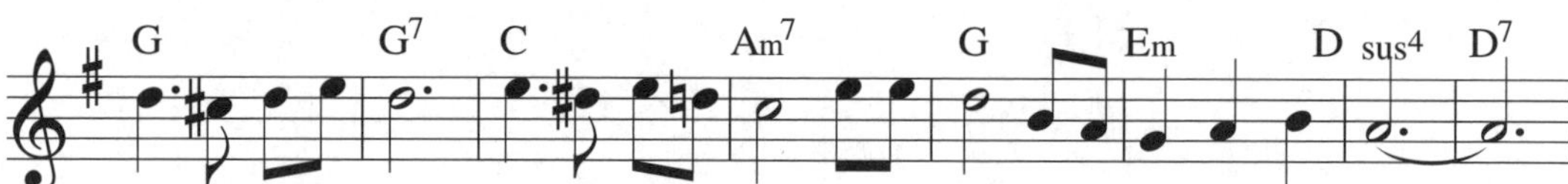

가 난한영 혼 지 친영혼을 주님 께 인도하 고 픈 데 –
그 러나나 는 주 는것보다 받는 것 더욱좋 아 하 니 –

나 의욕심 이 나의못난자아 가 언제 나 – 커다란짐되 어 –
나 의입술 은 주님닮은듯하 나 내맘 은 – 아직도추하 여 –

나 를짓눌 러맘을곤고케하 니 예수 여 나를 도 와주소 서 –
받 을사랑 만 계수 하고있으 니 예수 여 나를 도 와주소 서 –

389/ 겟세마네 동산에서 391/ 경배하리 주 하나님 394/ 기도할 수 있는데

내가 주를 위하여 407

(주의 영광 위하여)

이희수

1. 내가 주 를위하- 여 주의 영 광위-하- 여
2. 나는 주 님때문- 에 주의 사 랑인-하- 여
3. 주께 모 두드리- 리 주의 사 업위-하- 여

내가 주 를위하- 여 주의 영 광위하- 여
나는 주 님때문- 에 주의 사 랑인하- 여
주께 모 두드리- 리 주의 사 업위하- 여

이몸 주 께드리- 리 나의 일 생다-가도 록
오직 주 만따르- 리 나의 생 명다-하도 록
내것 모 두드리- 리 당신 내 게주신것이 니

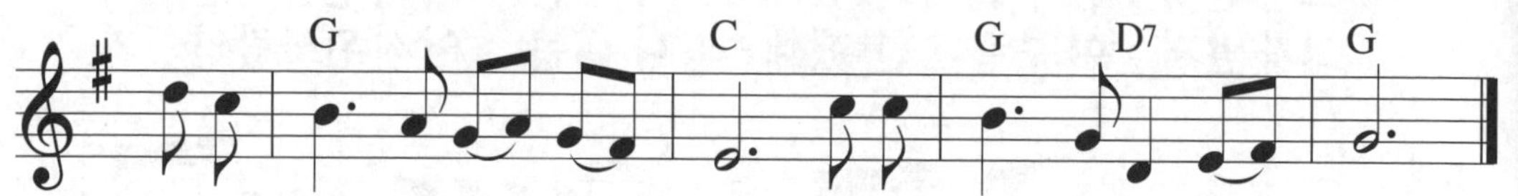

내가 주 를위-하- 여 주의 영 광위하- 여
나는 주 님때-문- 에 주의 사 랑인하- 여
주께 모 두드-리- 리 주의 사 업위하- 여

389/ 겟세마네 동산에서 400/ 나 약해 있을 때에도 402/ 나의 가는 길

408 내가 먼저 손 내밀지 못하고

(오늘 나는)

최용덕

내가먼저손내밀지 못하고- 내가먼저용서하지 못-하고-
내가먼저섬겨주지 못하고- 내가먼저이해하지 못-하고-

내가먼저웃음주지 못 하고- 이렇 게 머뭇거리고있 네
내가먼저높여주지 못 하고- 이렇 게 고집부리고있 네

그가먼저손내밀기 원 했고- 그가먼저용서하길 원- 했고-
그가먼저섬겨주길 원 했고- 그가먼저이해하길 원- 했고-

그가먼저웃음주길 원 했네- 나 는 어찌된사람인 가
그가먼저높여주길 원 했네- 나 는 어찌된사람인 가

오 -간교한 나의입술이여- 오 -옹졸한 나 의마음이여-
오 -추악한 나의욕심이여- 오 -서글픈 나 의자존심이여

왜나의입은- 사랑을말하면서- 왜나의맘은- 화해를말하면서-

G C G D D7
왜 내가먼저- 져줄수없 는가- 왜 내가먼저- 손해볼수없 는가-
G G7 C G D7
오- 늘 나 는 오 늘 나- 는
G Em C D7
주님앞에서- 몸둘바 모르- 고 이렇게 흐느끼며서있 네
G C D7 G
어찌 할 수없는이맘을 - 주님 께 -맡긴채 로

G

409 내가 무엇을 자랑하고

(하나님의 열심)

오택주

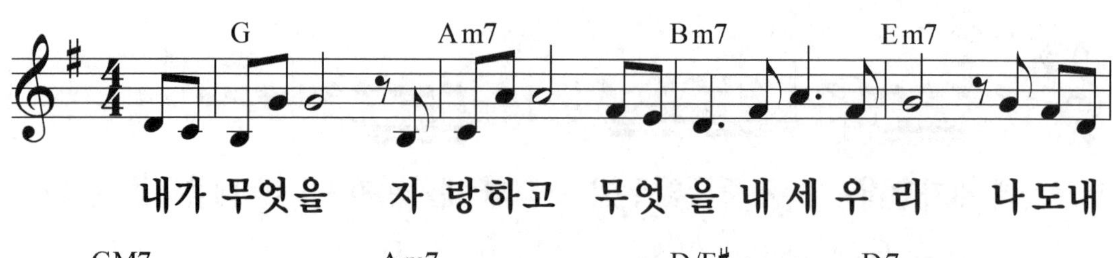

가 아 닌것 을 알 고 있 네 – 내가

숨 쉬며 살 아가고 주의 길 을갈 수 있는것 나와함

께 하 시 는 주 님의 은 혜 로 다 나 의

C/G G Bm7 Em7 Am AmM7 Am7 D7

공 로가아닌 주 의은혜 나의 선 택이 아닌 주 의 경 륜나의

믿 음도 주가 주 셨으며 나를 의롭 다 하 셨 네 모든

열 방이 구원 에이르도록 – 쉬지 아 니하는 하나 님 의 손 길주의

C/G G Bm7 Em7 Am7 D7 G
영 광을위해 일 하시는- 여호 와의 열심을찬 양 해
G C D/C Bm7 Em7 Am7 D7
모든 만물은-주를찬 양 하여라 기뻐하- 고즐거워-하
G G7 C D/C Bm7 Em7
라 모든영광과 존귀 지혜와감 사 찬 송 을 -영원
Am7 C/G Dsus4 D E D/A A
세세토록 돌릴지 어 다 - 모든 열 방이 구원
C#m7 F#m7 Bm BmM7 Bm7 E7
에 이 르도록- 쉬지 아 니하는 하 나 님 의 손 길주의
D/A A C#m7 F#m7 Bm7 E7 A
영 광 을 위해 일 하 시는- 여호와의 열 심을찬 양 해

G

410 내가 주인 삼은

전승연

G D/F♯ Em
내가 주인삼은 - 모든것 내려놓고 - 내

C G/B Am D G D/F♯
주되 신주앞 에나가 - 내가 사랑했던 - 모든것

Em C D 1 G
내려놓고 - 주님 만 사랑해 -

G 2 G D G D/F♯ Em
내가 - 주사랑 거친풍랑에도 - 깊은

C G/B Am D G
바다처럼 - 나를 잠잠케해 - 주사랑 내영

D/F♯ Em C D G
혼의반석 - 그 사랑위에 - 서 리 -

391/ 경배하리 주 하나님 398/ 나는 주를 작게 400/ 나 약해 있을 때에도

내게 강 같은 평화 411

(Peace Like A River)

Tranditional

1. 내게 강 -같 은 평화 내 게 강 - 같 은 평화
2. 내게 바 다같 은 사랑 내 게 바 다 같 은 사랑
3. 내게 샘 -솟 는 기쁨 내 게 샘 - 솟 는 기쁨

내 게 강 - 같 은 평 화 넘 치 네 -
내 게 바 다 같 은 사 랑 넘 치 네 -
내 게 샘 - 솟 는 기 쁨 넘 치 네 -

내 게 강 - 같 은 평 화 내 게 강 - 같 은 평 화
내 게 바 다 같 은 사 랑 내 게 바 다 같 은 사 랑
내 게 샘 - 솟 는 기 쁨 내 게 샘 - 솟 는 기 쁨

G

내 게 강 - 같 은 평 화 넘 - 치 네 -
내 게 바 다 같 은 사 랑 넘 - 치 네 -
내 게 샘 - 솟 는 기 쁨 넘 - 치 네 -

393/ 기도하자 우리 마음 395/ 기뻐하며 왕께 424/ 누구든지 목마르거든

412 내 눈 주의 영광을 보네

(모든 열방 주 볼 때까지)

미가엘 1742

고형원

G D C GC/G G D/F# Em G/D
내 눈 주의 영광 을 보네 우리가 운데- 계신주 님
C D/C Bm Em C Am Dsus4 D7
그빛난영광 온하늘덮고 그찬송 온땅가-득 해 내
G D/G C/G G C/G G D/F# Em
눈 주의 영광 을 보네 찬송가 운데- 서신주 님 주
Am7 D Bm Em C Am Dsus4 D7
님의얼굴은온 세상향하네 권능의팔을드-셨 네 주의
G D/F# C C/D D7 G Bm Am
영 광 이곳에-가득 해 우린 서네 주님 과 함 께---
D7 G D/F# Em Dm7 G/B C D7 C/G Fine
찬양하 며 우리는전진 하 -리- 모든열-방주볼때까 지
G/F E♭ F 3 B♭ E♭ F
하늘 아버지 -우릴 새롭게 하 사 열방 중에서-주를

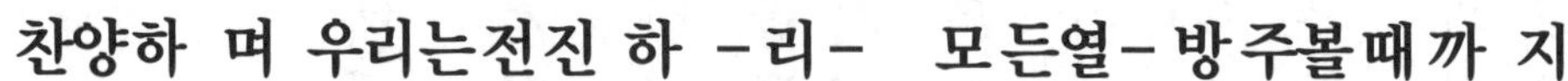

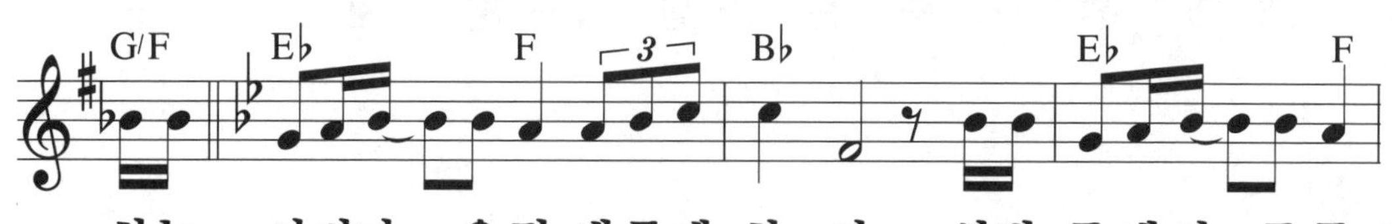

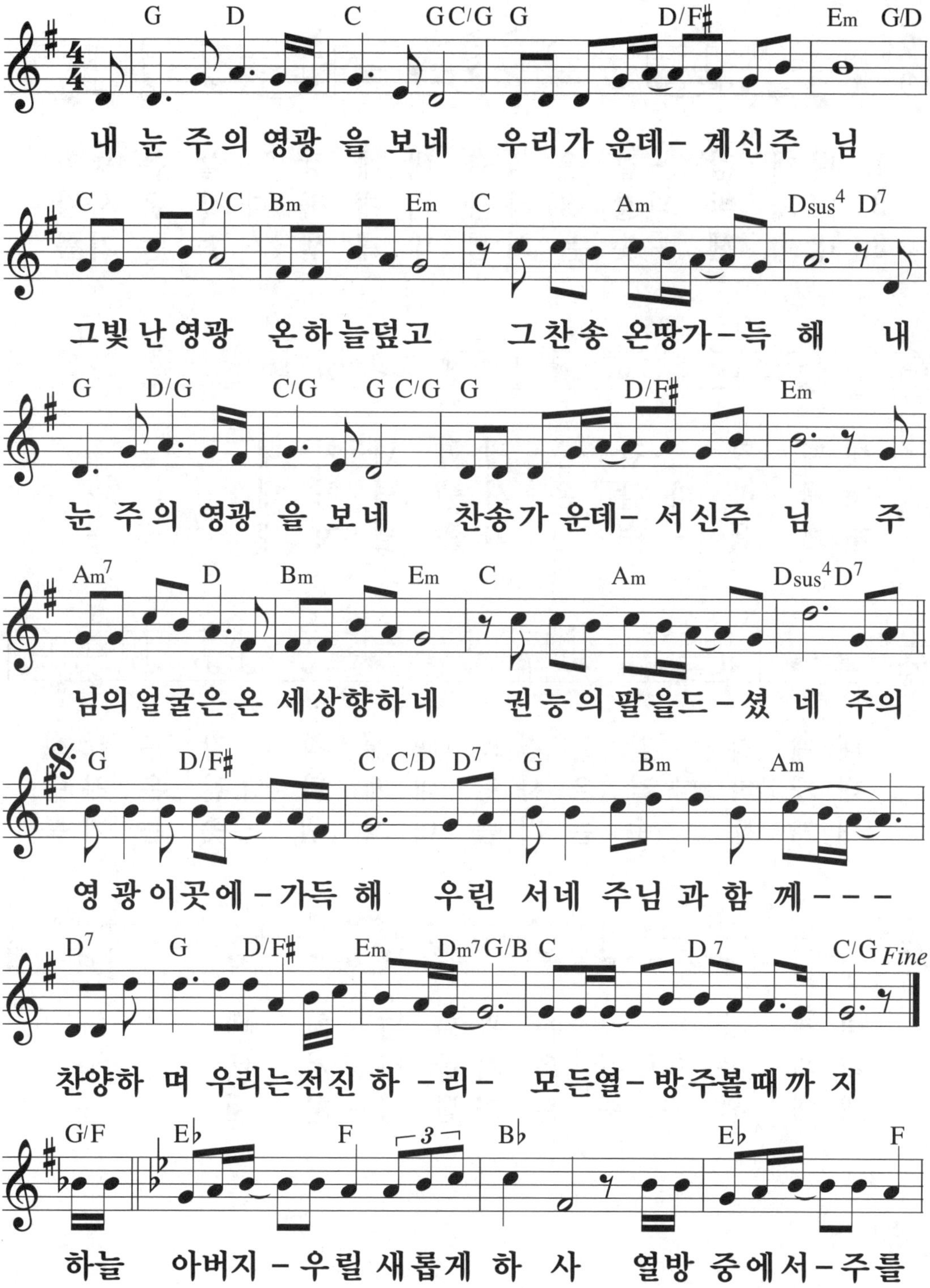

메들리 곡

391/ 경배하리 주 하나님 427/ 당신은 영광의 왕 432/ 모든 민족에게

미가엘 877

사모합니다 413

(Father I Adore You)

Terrye Coelho

G

414 내 모든 삶의 행동 주 안에

미가엘 1661

(Every Move I Make)

David Ruis

내모든삶의행동주안에 주님안-에있네 나의숨쉬는순간들 도

내모든삶의걸음주안 에-내길 도-주안에 나의숨쉬는순간들 도

랄라라라-라라 랄라라라-라라 자비와은 혜의물결

어디서나주 - 얼굴-보네 -주사랑 날붙드네

오 놀 라운주 -님의사 랑 -

386/ 갈급한 내 맘 390/ 경배하리 내 온 맘 다해 397/ 나는 주님을 찬양하리라

내 사랑하는 그 이름 415

(복된 예수)

A.H. Acley

1. 내 사랑하는 그이름 예수 복된 예수
2. 내 맘에계신 그이름 예수 복된 예수
3. 주 예비하신 하늘집 예수 복된 에수

내 귀에음악 같도다 예수 복된 예수
내 눈에눈물 씻기는 예수 복된 예수
내 구원하신 그이름 예수 복된 예수

아귀하다 그의이름 갈보리 산 의어린 양

귀한생명 버리셨네 예수 복된예수

416 내 손을 주께 높이 듭니다

(찬송의 옷을 주셨네)

내 손을주께높이 듭니다내 찬양받으실주 님
라라라라라라 라라라라 라라라라라라 라

내 맘을주께활짝 엽니다내 찬양받으실 주 님
라 라라라라라라 라라라라 라라라라라 라 라

슬 픔 대신희락 을 재 대 신 화 관 을

근 심 대 신 찬 송 을 찬 송 의 옷 을 주 셨 네 라

내 영혼의 구세주 417

(Saviour Of My Soul)

Kathryn Kublman

내영 혼 의 구 세 주 - - - - 내
나의 생 명 되 신 주 - - - - 내

예 수 내 구 - - - 주 내영 혼 의 구 세
예 수 내 구 - - - 주 나의 생 명 되 신

주 - - - - 그는 나 의 구 세 주 -
주 - - - - 그는 나 의 구 세 주 -

예 수 예 수 예 수

예 수 - 내영 혼 의 구 세 주 - - -
예 수 - 내영 혼 의 구 세 주 - - -

- 그는 나 의 구 세 주 -

388/ 거룩 거룩 거룩하신 주 426/ 다 표현 못해도 427/ 당신은 영광의 왕

418 내 앞에 주어진

(날 향한 계획)

김준영 & 임선호

모든 지각에 뛰어나신 419

(아무것도 염려치 말고)

방영섭

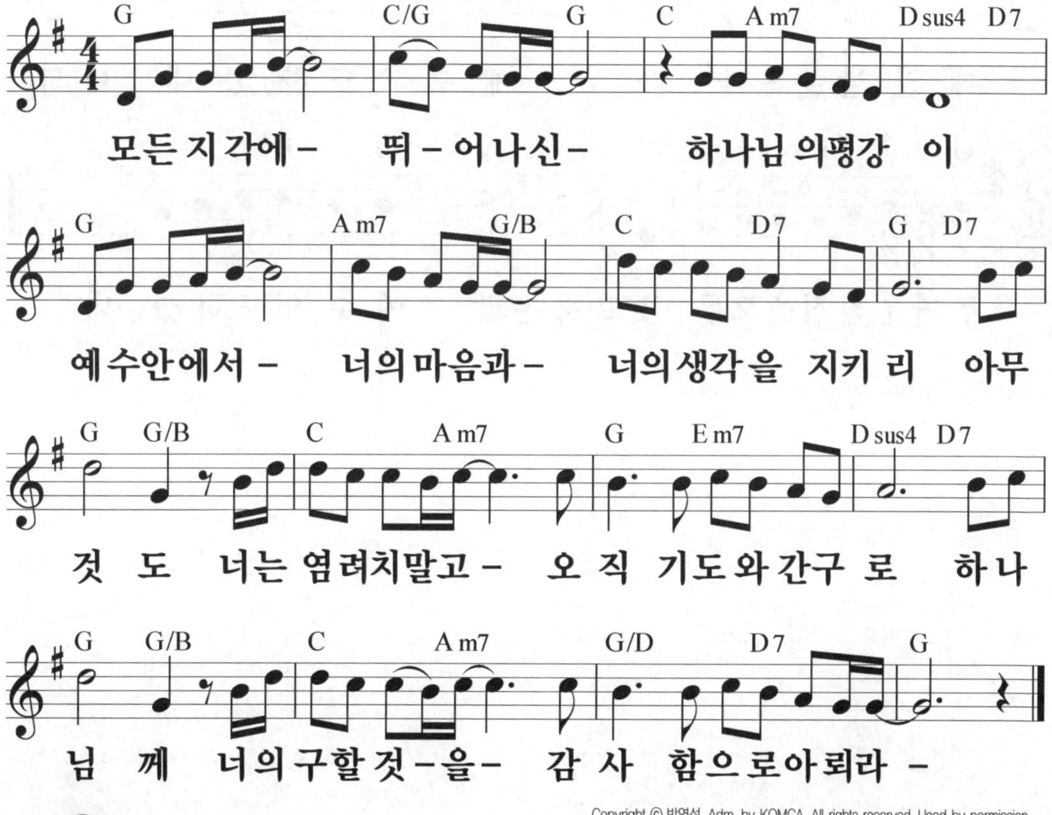

G C/G G C A m7 D sus4 D7
모든 지 각에 - 뛰 - 어나신 - 하나님 의평강 이

G A m7 G/B C D7 G D7
예수안에서 - 너의마음과 - 너의생각을 지키 리 아무

G G/B C A m7 G E m7 D sus4 D7
것 도 너는 염려치말고 - 오 직 기도와간구 로 하나

G G/B C A m7 G/D D7 G
님 께 너의구할것 - 을 - 감 사 함으로아뢰라 -

G

420 내 인생 여정 끝내어

(예수인도하셨네 / Jesus led me all the way)

John W. Peterson

G C E7 Am D

1. 내 인 생여정끝내 어 강 건 너언덕이를 때
2. 저 가 시밭인생길 을 나 허 덕이며갈때 에
3. 내 밟 은발걸음마 다 주 예 수보살피시 사

G Em Am7 G D7 G G7

하 늘 문향해말하 리 예 수인도하셨 네
시 험 과환란많으 나 예 수인도하셨 네
승 리 의개가부르 며 주 를찬송하리 라

C G A7 D7

매 일 발걸음마 다 예 수 인도하 셨 네 나 의

G Em C Am7 G D7 G

무 거운죄짐을모두 벗고하는말 예 수 인도하 셨 네

메들리 곡 389/ 겟세마네 동산에서 407/ 내가 주를 위하여 442/ 보혈을 지나

너는 무엇을 보았길래 421

(믿음의 눈으로 보라)

주숙일

1. 너는 무 엇을보았 길래 그렇게도놀 라 느 - 냐
2. 너는 무 엇을보았 길래 그렇게도즐 거 워하 냐

너는 무슨소리 들었 길래 근심속에빠 졌 느 - 냐
너는 무슨소리 들었 길래 발걸음이가 벼 우 - 냐

믿 음의 눈을 떠 라 믿 음의 귀를 열 어라
주 님의 음성 듣 고 담 대히 나서 는 자는

세상 모 든풍 파 를 믿음 의 눈으 로 보 라
주의 권 능의팔 로 언제 나 지- 켜 주 리

G

391/ 경배하리 주 하나님 394/ 기도할 수 있는데 398/ 나는 주를 작게 보았네

422 너 주님의 가시관 써 보라

(주님을 찬양하라)

송명희 & 김석균

G Em C D D7
너 주님의가시관 써보라 너 주님의채색옷 입어보라

G Bm Em Am D7 G
너 주님의맞으신 채 찍에 한번 만 – 맞아보 라

G Em C D D7
너 주님이지셨던 십자가 잠 시 – 만 져보 라

G Am D G
너 주님이죽으신 것 처 럼 죽을 수 – 있– 는 가

G Bm C D
너의 할 수 없 는것 을 주님 이 – 하 셨으 니

Em A7 C D D7
너 – 주 님 을 사 랑하 라 너– 주 님 을 의 지 하 라

G Am G D
너 – 주 님 을 찬 양하 라 영원 히 – 영 – 원 히

G C G D7 G
너– 주 님을찬양 하 라 영원 히 – 영 – 원 히

네 마음에 근심있느냐

(눈을 주님께 돌려)

Helen H. Lemmel

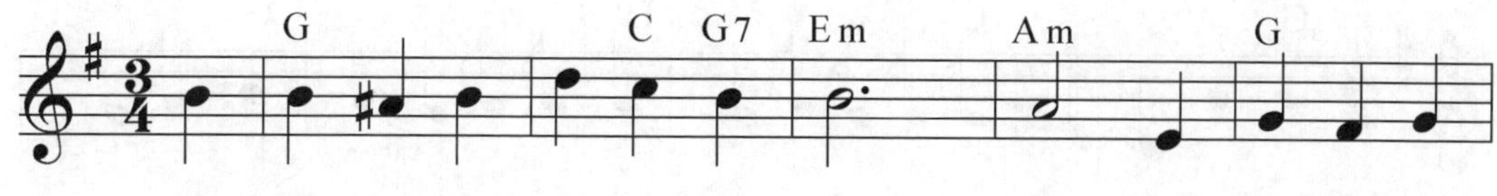

네 마 음 에 근 심 있 느 냐 어 둠 길 로
저 죽 음 을 이 기 신 예 수 우 리 들 도
주 말 씀 은 변 치 않 도 다 그 언 약 을

행 하 느 냐 – 우 리 주 예 수 바 라 봄
따 릅 니 다 – 죄 의 권 세 를 물 리 치
의 심 하 랴 – 세 상 끝 날 이 이 르 지

으 로 밝 은 – 빛 찾 아 오 리 –
려 고 주 님 – 을 따 릅 니 다 –
라 도 그 구 원 은 성 취 되 리 –

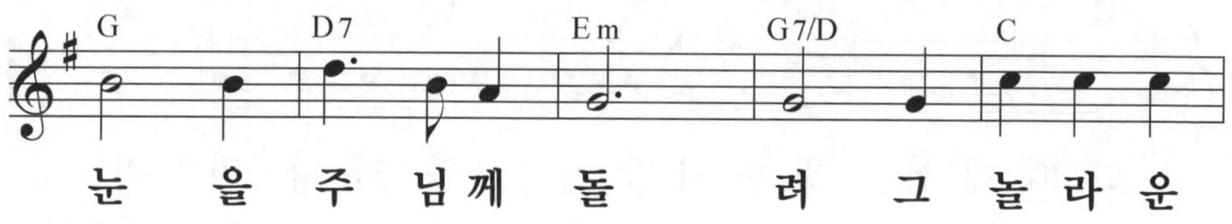

눈 을 주 님 께 돌 려 그 놀 라 운

얼 굴 보 라 – 주 님 은 혜 영 광 의

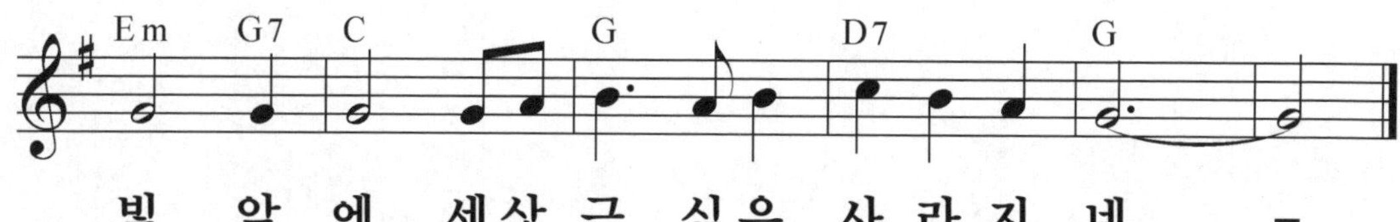

빛 앞 에 세 상 근 심 은 사 라 지 네 –

G

424 누구든지 목마르거든

(내게로 와서 마셔라)

권재환

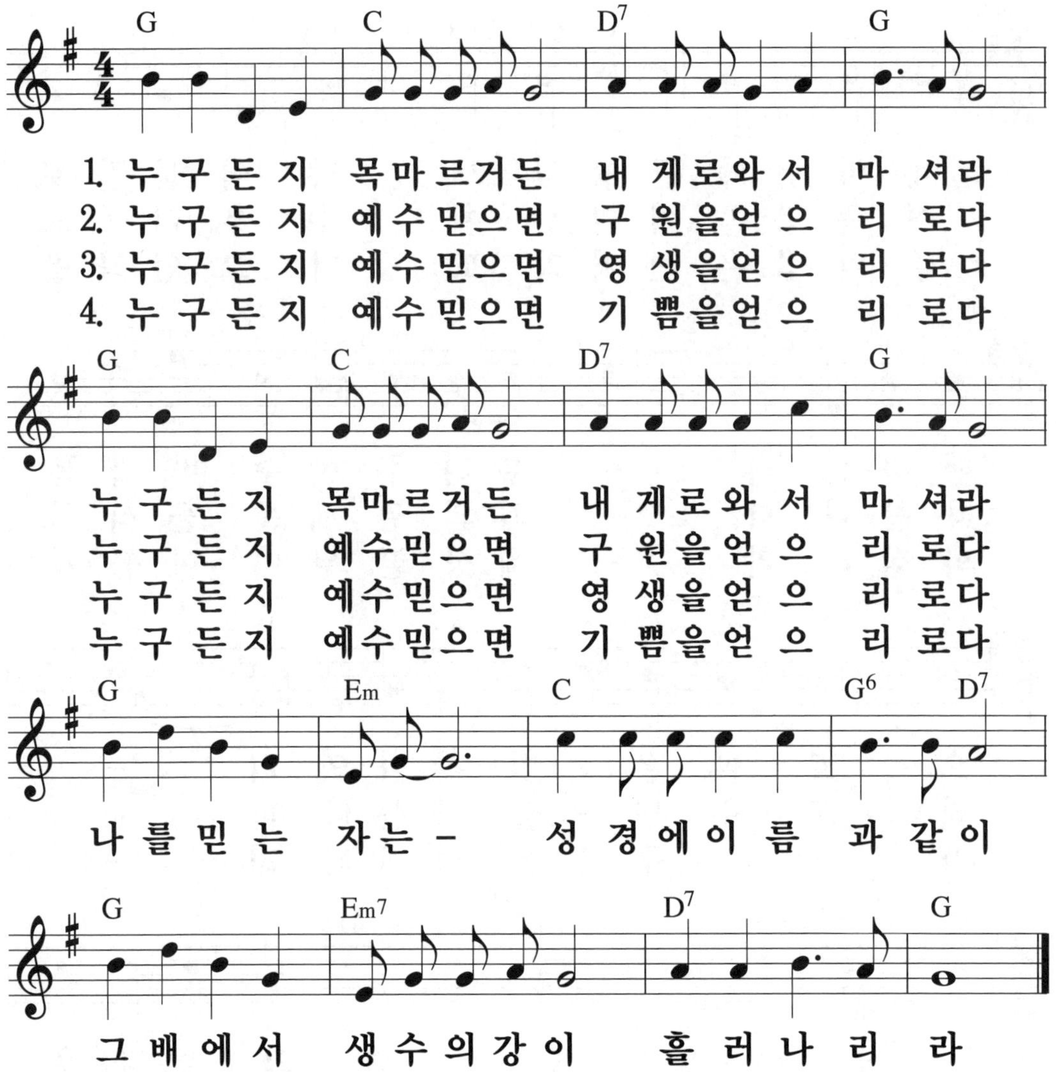

G C D7 G

1. 누구든지 목마르거든 내게로와서 마셔라
2. 누구든지 예수믿으면 구원을얻으리로다
3. 누구든지 예수믿으면 영생을얻으리로다
4. 누구든지 예수믿으면 기쁨을얻으리로다

G C D7 G

누구든지 목마르거든 내게로와서 마셔라
누구든지 예수믿으면 구원을얻으리로다
누구든지 예수믿으면 영생을얻으리로다
누구든지 예수믿으면 기쁨을얻으리로다

G Em C G6 D7

나를믿는 자는– 성경에이름 과같이

G Em7 D7 G

그배에서 생수의강이 흘러나리라

메들리 곡 393/ 기도하자 우리 마음 합하여 411/ 내게 강 같은 평화 431/ 마지막 날에

미가엘 1216

다 와서 찬양해 425

(Come On And Celebrate)

Patricia Morgan & Dave Bankhead

다 와서 찬 양해- 사랑 을주 신주 찬 양해-

사랑 의우 리주 - 님- 생명주셨 네 -

소 리 쳐 찬 양해- 기쁨 을주 시는 우 리왕-

찬양 의제 사 드 리며 - 주 님께경 배 해

다 와서 찬 양해- 찬 양해- 찬양 해- 주 님

찬 양 해 - 주 님 우 리 왕 -

찬 양 해 - 주 님 우 리 왕 -

G

387/ 거룩한 주님의 성전에 392/ 그리 아니하실지라도 395/ 기뻐하며 왕께

426 다 표현 못해도

(그 사랑 얼마나)

설경욱

다 표현못해도- 나 표현하리라- 다고백못해도- 나-

고백하리라- 다 알수없어도- 나 알아가리라- 다

닮지못해도- 나- 닮아가리라 - 다

닮아가리라 - 그사 랑얼마나- 아름 다운지- 그사

랑 얼마나- 날 부요케하는지- 그사랑 얼마나- 크고

놀라운지를- 그사 랑 얼마나- 나를 감격하게하는 지

400/ 나 약해 있을 때에도 401/ 나의 사랑 나의 생명 412/ 내 눈 주의 영광을

당신은 영광의 왕 427

(Hosanna to the Son of David)

Mavis Ford

G D G G7 C Am D

당 신은영 광 의 - 왕 당 신은평 강 의 왕

Bm Bm7 Em Em/D C Am7 Dsus4 D7

당 신은하 늘 과 땅의주 당 신은정의의아 들

Bm7 Em Em/D C G/B Am7 D D2 D7

천 사가무 릎 꿇 - 고 예 배 하 고 찬 양 하 네

G2 Am9 Bm7 Em C Dsus4 D7 G C2/D

영 원한생 명 말 - 씀 당신은예수 그리스도 주

G Bm9 Em9 Em7/D C Am7 Dsus4 D7

호 산나다윗의- 자 손 - 께 호 산나불러왕 중의 왕

G2 Bm7 Em C2 D sus4 D7 G

높은하늘엔 영 광 - 을 - 예수주메시 야 - 네

G

388/ 거룩 거룩 거룩하신 주 416/ 내 손을 주께 높이 432/ 모든 민족에게

428 당신이 지쳐서

(누군가 널 위해 기도하네 / Someone Is Praying For You)

Lanny Wolfe

당 신 이 지 쳐 서 기 도 할 수 없 고 눈 물
당 신 이 외 로 이 홀 로 남 았 을 때 당 신

이 빗 물 처 럼 - 흘 러 내 릴 때 주 님 은 아 시
은 누 구 에 게 - 위 로 를 얻 나 주 님 은 아 시

네 당 신 의 약 함 을 사 랑 으 로 돌 봐 주 시
네 당 신 의 마 음 을 그 대 홀 로 있 지 못 함

네 - 누 군 가 널 위 하 여 - 누 군 가
을 - 조 용 히 그 대 위 해 - 누 군 가

기 도 하 네 - 네 가 홀 로 외 로 워 서 - 마 음

이 무 너 질 때 누 군 가 널 위 해 기 도 하 네 -

394/ 기도할 수 있는데 420/ 내 인생 여정 끝내어 442/ 보혈을 지나

때로는 너의 앞에

429

(축복송)

송정미

Gmaj7 Bm7 Cmaj7 D7

때－로 는 너의앞 에 어려 움과 아픔있지 만
너는택 한 족속이 요 왕같 은－ 제사장이 요

Am D7 Gmaj7 E

담대하 게－ 주를바 라보는너 의 영혼 －
거룩한 나라 하나님 의소유 된 백－성 －

Am D Cmaj7 Am

너의영 혼 우리볼 때 얼마 나아름다 운－지
너의영 혼 우리볼 때 얼마 나사랑스 러운지

Cmaj7 D Bm E

너의영혼 통 해 큰 영광받으 실

Am7 D C6/G G

하나님을 찬 양 오 할－렐 루 야

G

메들리 곡
404/ 날 사랑하신 428/ 당신이 지쳐서 470/ 여기에 모인 우리

430 마음속에 어려움이 있을 때

(그럼에도 불구하고)

조영준

마음속에어려움이 있을때 마음속에 어려움이 있을때

마음속에어려움이 있을때 주님 내게먼저오-사 내 맘을만지고

주님앞에나아올수 없을때 주님앞에나아올수 없을때

주님앞 에나아올수 없을때 주님 날 먼저안 으시 네 그

럼 에도불구하-고 날사랑하-시는- 내 하나님-의사랑은-나의

모든걸덮고고 그 럼 에도불구하-고 날안아주-시는-내

하나님-을부를때-아버 지라부르죠그 지라부르죠

401/ 나의 사랑 나의 생명 406/ 낮엔 해처럼 407/ 내가 주를 위하여

미가엘 1625

마지막 날에

431

이천

G Em C

마 지 -막- 날- -에- 내 -가-

D7 G

나의 -영- 으 로 모 -든- 백 성

Em C D7

에 게- 부 -어- 주 리 라 - -

G Em

자녀들 은 예 언할-것이요 청년들은 환 -상-을보고

C Am Dsus4 1. D7 2. D7

아비들은 꿈 을꾸 - -리라 주의영이임하 - 면- -면-

G Em C Am Dsus4 D7

성 령 - 이 여 - 임 - 하 소 서 -

G Em C D7 G

성 령 - 이 여 - 우리에 게 임하 소 서 -

G

387/ 거룩한 주님의 성전에 396/ 나 기뻐하리 450/ 생명 주께 있네

432 모든 민족에게

(모든 영혼 깨어 일어날 때 / Great awakening)

Ray Goudie, Dave Bankhead & Steve Bassett

모 든민 족 에게 - -주성 령부어주소서 - - -
모 든열 방 에게 - -주성 령부어주소서 - - -

하 나님의 백성 - - 주 의말씀주시고 -
영 광중에 오사 - -주 경 외하게하시고 -

꿈 과환 상 주 사 -주의 비밀알리소서 - - -
크 신능 력 으 로 -땅과 하늘흔드소서 - - -

우 리믿사오니 - 하 늘이주의날선포 -케하소서 -
주 를기다리니 - 만 물이주의날을보 -게하소서 -

그 날엔주 - 의영이 임하 여 - 큰부흥이 - 땅 위에일

-어나리 라 모든영혼 - 깨어일어날 때 - 주

예 수를 - 부르는 자 는 - 구 원되 리 - - -

412/ 내 눈 주의 영광을 418/ 내 앞에 주어진 427/ 당신은 영광의 왕

모든 영광을 하나님께 433

(heavenly Father I appreciate You)

Anonymous

1. 모든 영 광 을 - 하 나 님 께 - 모든
2. 예수 님 - 찬 양 받 으 소 서 - 예수
3. 위로 의 - 성 령 님 이 시 여 - 위로

맘 과 - 뜻 다 - 해 주 사 모 합 니 다 모든
사 했 네 우 리 위 해 성 령 - 주 셨 네 예수
리 안 에 계 셔 - 서 늘 인 도 하 셨 네 위로

G

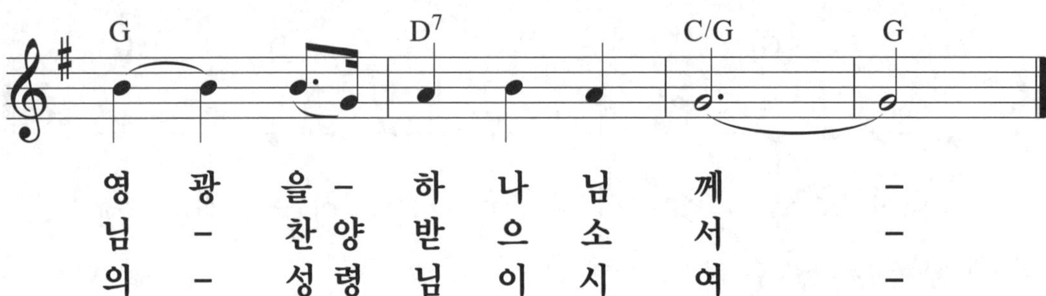

406/ 낮엔 해처럼 407/ 내가 주를 위하여 416/ 내 손을 주께 높이

434 목마른 사슴이 시냇물 찾 듯

(목자의 심정)

미가엘 1272

최훈차

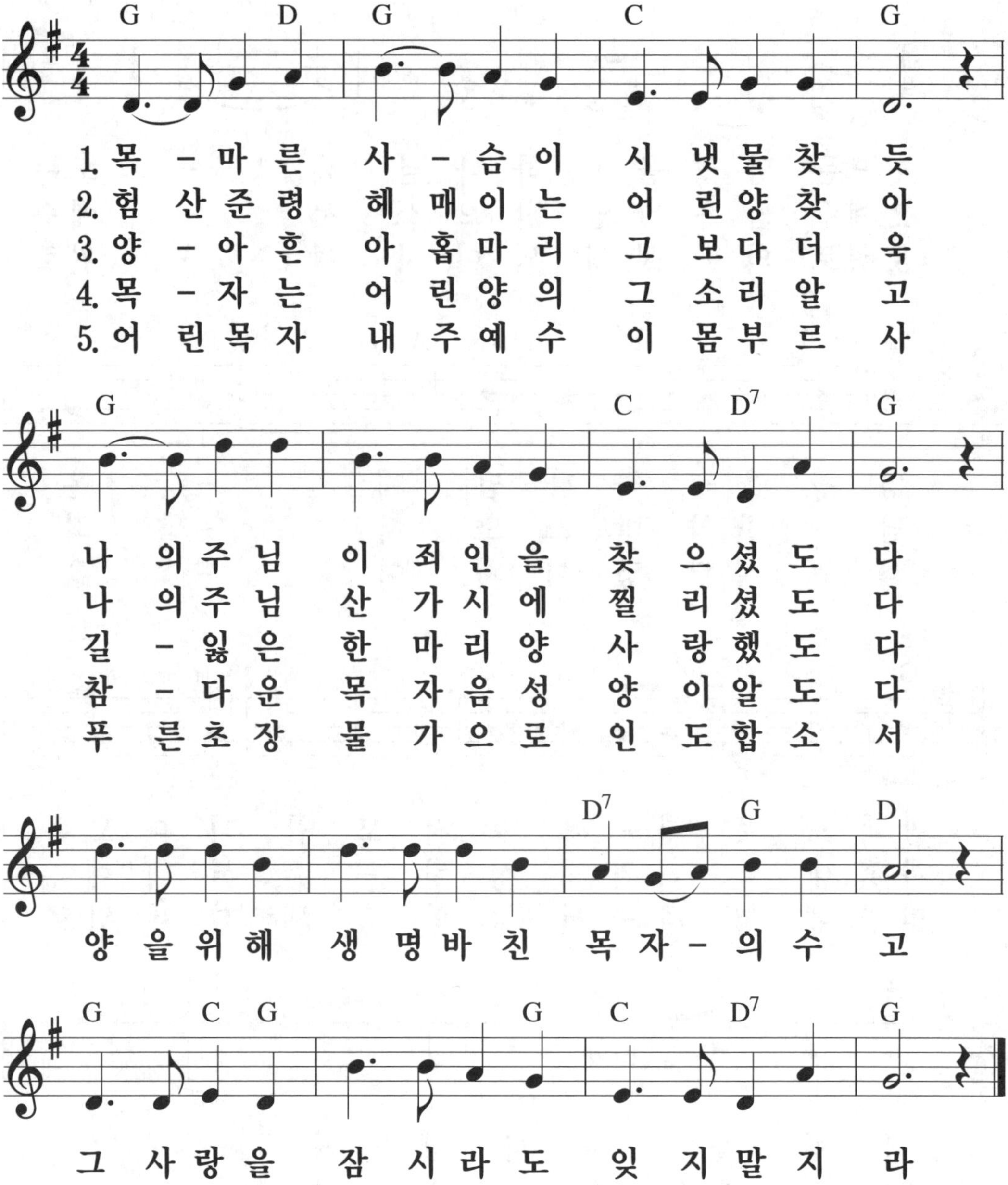

G D G C G
1. 목 - 마 른 사 - 슴 이 시 냇 물 찾 듯
2. 험 산 준 령 헤 매 이 는 어 린 양 찾 아
3. 양 - 아 흔 아 홉 마 리 그 보 다 더 욱
4. 목 - 자 는 어 린 양 의 그 소 리 알 고
5. 어 린 목 자 내 주 예 수 이 몸 부 르 사
G C D7 G
나 의 주 님 이 죄 인 을 찾 으 셨 도 다
나 의 주 님 산 가 시 에 찔 리 셨 도 다
길 - 잃 은 한 마 리 양 사 랑 했 도 다
참 - 다 운 목 자 음 성 양 이 알 도 다
푸 른 초 장 물 가 으 로 인 도 합 소 서
D7 G D
양 을 위 해 생 명 바 친 목 자 - 의 수 고
G C G G C D7 G
그 사 랑 을 잠 시 라 도 잊 지 말 지 라

무릎꿇고 엎드리니 435

(깨끗한 손 주옵소서 / Give us clean hands)

Charlie Hall

무 릎 꿇 고 엎 드 리 니 우 릴 겸 손 케 하 소 서

악 한 데 서 눈 을 돌 려

모 든 우 상 버 리 오 니 깨 끗 한 -손 - 주 옵 소 -서 - 주 님 만

-높 여 드 -리 기 원 -해 정 결 한 -맘 -주 옵 소 -서 - 주 님 만

-높 여 드 - 리 기 원 - 해 우 리 세 대 로 - 주 의 얼 굴 찾 게 - 하 옵 소 서

-오- 야 곱 의 -하 나 -님 우 리 세 대 로 - 주 의 얼 굴 찾 게 - 하 옵 소 서

- 오 - 야 곱 의 - 하 나 -님 -

G

436 문들아 머리 들어라

G D C Cmaj7 G D G G7

문 들 아머리들-어 라 들릴 지 어다영원한문 들 아 영광

C G B7/F# Em C D G

의 왕들어가 시 도 록 영광 의 왕들어가-신 다

G D/ F# Em Em/D C G D

영 광의왕 뉘 시 뇨 강 하 고능 하신 주로다-

G B7 C A C D G

전 쟁에능하신 주 시라 다 찬 양 위대하-신 왕

G D Em Em/D C G Dsus4 D

왕 께 만 세 왕 께 만-세-

G D C A C D G

당 신은영 광의 왕 이라 다 찬 양 위대하-신 왕

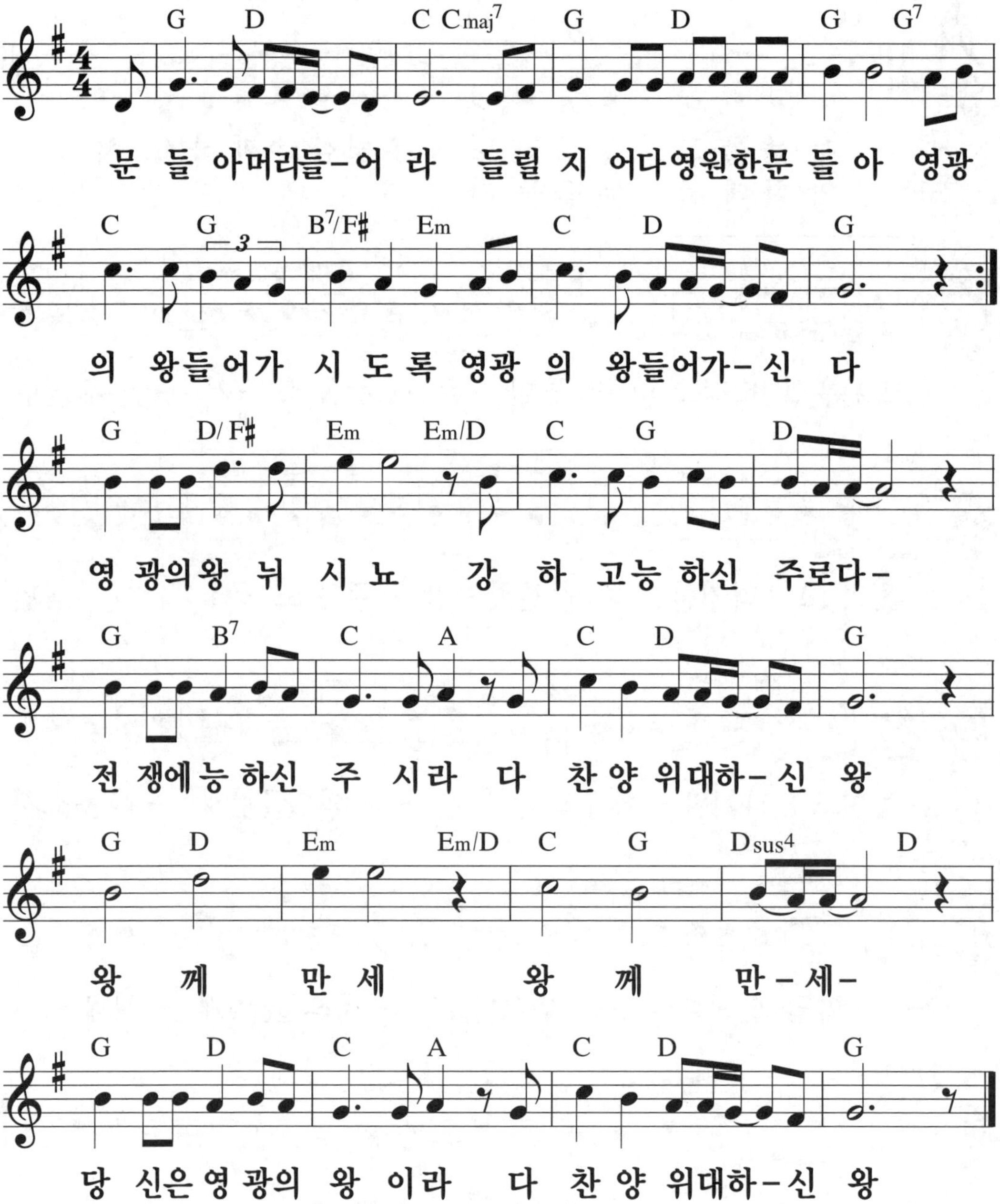

믿음의 형제들이여

(Shout to the North)

Martin Smith

G D C G D

믿음 의 형제들이 여 일어 나 주찬 양
진리 의 자매들이 여 일어 나 빛발 하
그리 스 도의교회 여 일어 나 다스 리

C G D C G D

하라 위대 하 신영광의 왕 너의 힘 이되 시
여라 치유 의 능력 - 되 신 사랑 의 왕전 하
라 - 전능 하 신만왕의 왕 영광 을 선포 하

C G C D7

리라 - -
여라 - -
라 - - -

Shout ! to the North and the South

G C D7 G C D7

Sing! to the East and the West 예 수 구 원 의주

C D7 Em Em7/D Am D7 G C/G G

하 늘과땅의 주 오 - - 하 늘과땅의 주 - -

400/ 나 약해 있을 때에도 403/ 나의 슬픔을 456/ 세상 향한 발걸음들

G

438 바다 같은 주의 사랑

바다 같은 주의 사랑

Em7 C 1.G D/F♯ G 2.G D/F♯

의 왕주님 예수 세상 죄 구속했네 영원 히 찬양하
주 신주님 만을 영원

G C2 G M7/B C2 G

리 더높은사랑

C2 G/B C2 G

더높은사랑 더깊은사랑 진실한사랑 더높은사랑

C2 G/B 1.C2 2.C2

더넓은사랑 주같은사랑 없-네- 없-네- 바다

G C2/G D/G C2/G

같 은주의 사랑- 바다

G C/G D/G 1. C2/G 2. C2/G

같 은주의 사랑- 바다

G

439 보라 너희는 두려워 말고

이연수

보 라 너희는 두려워말고- 보 라 너희를 인도한나를 -

보 라 너희는 지치지말고-보 라 너희를 구원한나를 -

너 희를치던 적은 어디있느냐- 너희 를억누르던-원수는

어디있느냐 - 보 라 하나님 구원을- 보 라 하나님

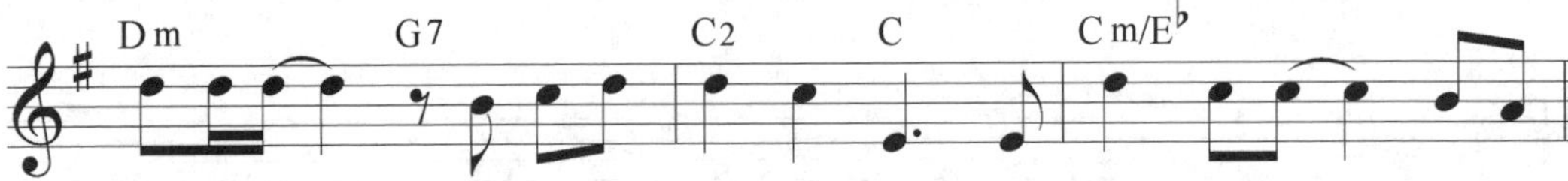

능력을- 너희를 위 해 서 싸 우 시는 - 주의

손 을 보 라 보 손 을 보 라

미가엘 1627

보라 새 일을

440

이길로

G

441 보라 하나님은

성명희

G C G Dm7 Em A Dsus4 D D7

보 라 하 나 님- 은 - 나 의 구 원 이시 라 - 내

G G7sus G7 C C#dim G/D D7 G C/D

가 의 뢰 하 고 - 두 려-움 없으 리 니 - 주

G B7/F# Em G7/D C A7/C# Dsus D D7

여 호 와 는 - 나의 힘 이 시 며 - 나의

G D7 G Em G7/D C A/C# Dsus4 D7

노 래 시 며 - - 나- 의 구 원 이 라 -

G C G Dm7 Em A Dsus4 D D7

그 러 므- 로 - 너희 가 기 쁨 으- 로 - 구

G G7sus G7 C C#dim G/D D7 G C/D

원 의 샘 에 서 - 물 을-- 길으 리 라 - 구

G G7sus G7 C Am G D7 C/G G

원 의 샘 에 서 - 물 을 길 으 리 라 -

420/ 내 인생 여정 끝내어 442/ 보혈을 지나 446/ 빈들에 마른 풀 같이

미가엘 1623

보혈을 지나

442

김도훈 & 송정훈

G

443 보소서 주님 나의 마음을

(주님 마음 내게 주소서)

Ana Paula Valadao

보 - - 소서 　-주님 - - 나의마음을 - 　- 선 - 한것하

- 나 　없 습니 다 - 　그 러나내 - 모든 -것 - 주

께 드 립니 -다 - 사 랑 으로- 안 으시고- 　날새롭- 게

하 소서 - 　보 - - 소서 　하 소서 - 　주님마- 음내 -게주- 소서

- 내아 - 버지 - 　주님마 - 음내-게주 - 소서 - 　나를향하신 - 주님

의 　뜻이 - 　이 　루어지 - 도록- 　주님마 - 음내 - 게주 - 소서

- 　내 　게 사랑 - 을가 - 르치 - 소서 - 　당신

의 마 음 - 으 로 - 　용 서 하 게하 - 소 서 -

보소서 주님 나의 마음을

G

444 부어주소서 주님의 성령

미가엘 2014

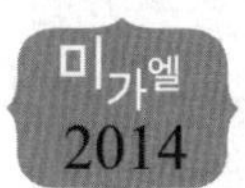

고형원

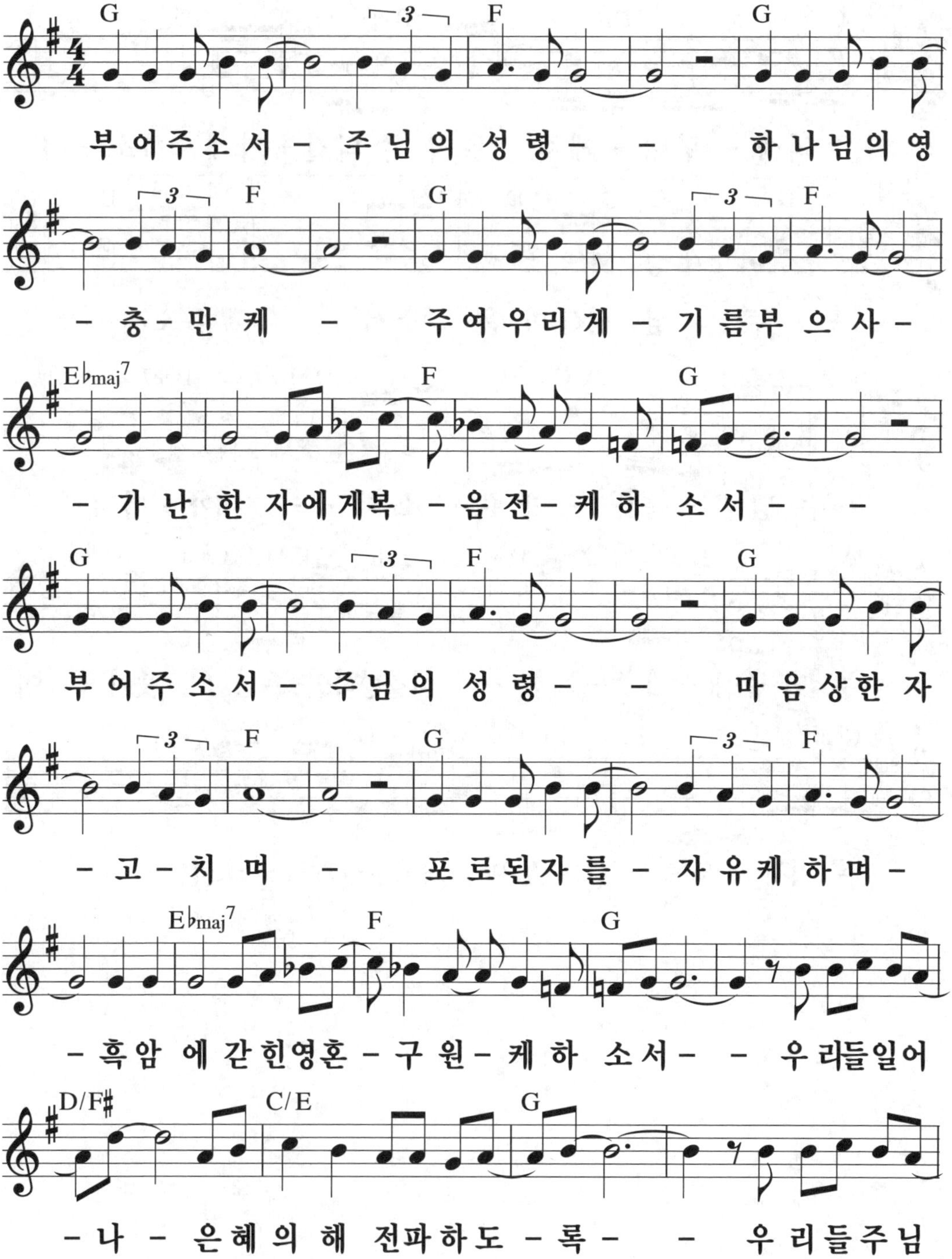
G F G
부 어 주 소 서 - 주 님 의 성 령 - - 하 나 님 의 영
F G F
- 충 - 만 케 - 주 여 우 리 게 - 기 름 부 으 사 -
E♭maj7 F G
- 가 난 한 자 에 게 복 - 음 전 - 케 하 소 서 - -
G F G
부 어 주 소 서 - 주 님 의 성 령 - - 마 음 상 한 자
F G F
- 고 - 치 며 - 포 로 된 자 를 - 자 유 케 하 며 -
E♭maj7 F G
- 흑 암 에 갇 힌 영 혼 - 구 원 - 케 하 소 서 - - 우 리 들 일 어
D/F# C/E G
- 나 - 은 혜 의 해 전 파 하 도 - 록 - - 우 리 들 주 님

D/F♯ C/E G D/F♯
-의 - 신원의 날 선포하도 -록- - 성 령
Em7 D/F♯ G D/F♯ Em7 /D C
의바람-불어와- 우릴 채 우- 소서 - 주의 - 영광
D7 Em7 D/F♯ C D7
- 위해 - - 하 늘 의불꽃-내려와 - 타오
G D/F♯ Em7 /D C D7 Gsus4 G
르게 하- 소서 - 주의 - 영광 - 위 해 - -

445 부흥 있으리라

(There's gonna be a revival)

Renee Morris

빈들에 마른 풀 같이 446

(하늘문 여소서)

G

메들리 곡
420/ 내 인생 여정 끝내어 426/ 다 표현 못해도 441/ 보라 하나님은

447 사랑의 노래 드리네

(Arms of love)

Craig Musseau

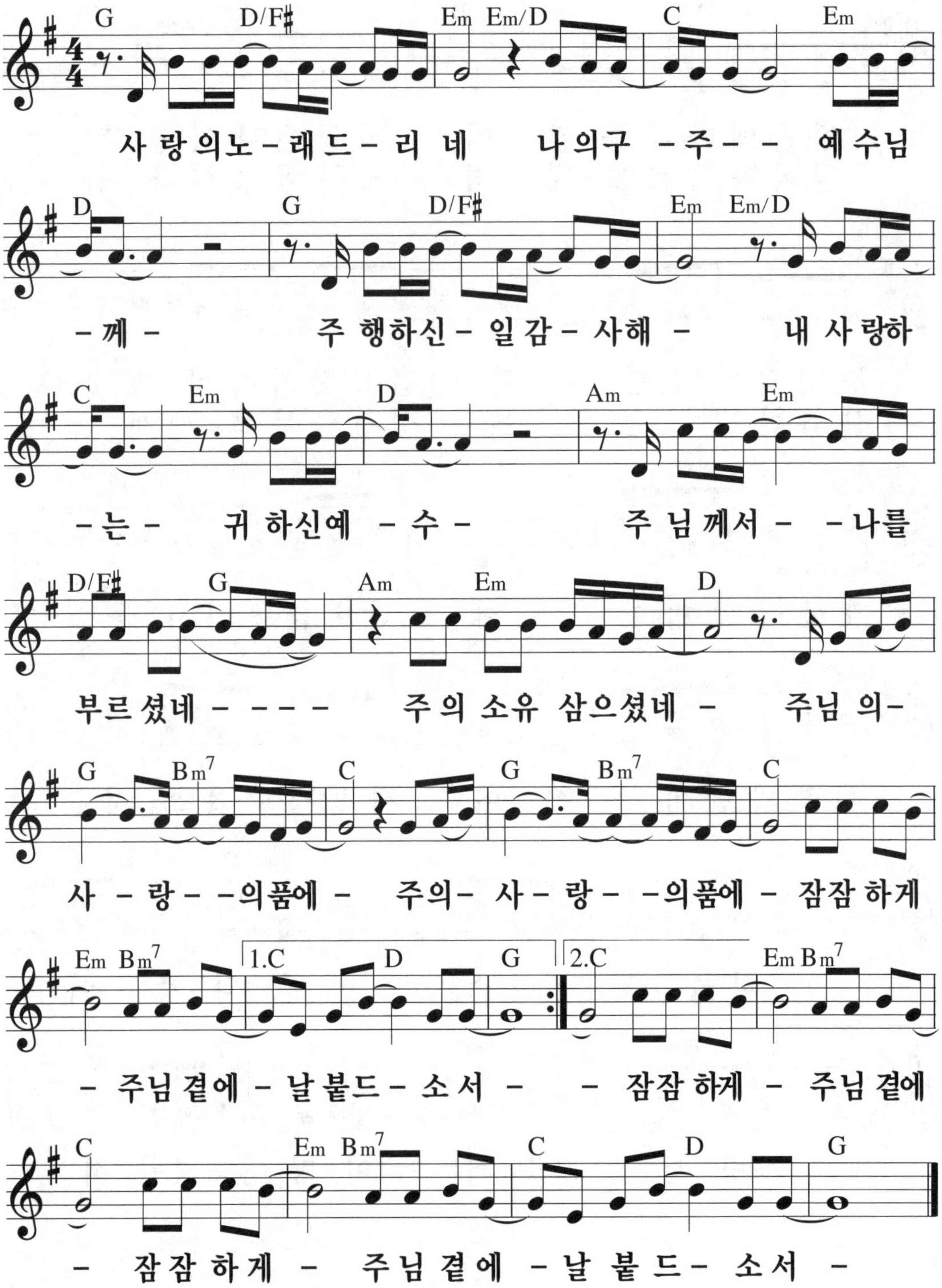

사 랑 의 노 - 래 드 - 리 네 나 의 구 - 주 - - 예 수 님

- 께 - 주 행 하 신 - 일 감 - 사 해 - 내 사 랑 하

- 는 - 귀 하 신 예 - 수 - 주 님 께 서 - - 나 를

부 르 셨 네 - - - - 주 의 소 유 삼 으 셨 네 - 주 님 의 -

사 - 랑 - - 의 품 에 - 주 의 - 사 - 랑 - - 의 품 에 - 잠 잠 하 게

- 주 님 곁 에 - 날 붙 드 - 소 서 - - 잠 잠 하 게 - 주 님 곁 에

- 잠 잠 하 게 - 주 님 곁 에 - 날 붙 드 - 소 서 -

401/ 나의 사랑 나의 생명 427/ 당신은 영광의 왕 461/ 십자가 그 사랑

사랑합니다 나의 예수님 448

김성수 & 박재윤

사랑합니 다 나의예수 님 사랑합니 다 아주많이 -요-

사랑합니 다 나의예수 님 사랑합니 다 그것뿐예 -요-

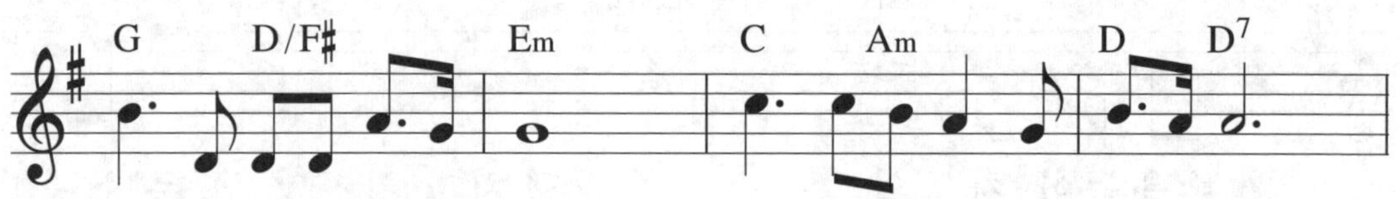

사 랑한다아들 아 내 가너를 잘 아노라
사 랑한다내딸 아 내 가너를 잘 아노라

사 랑한다아들 아 네 게축복 더 하리라
사 랑한다내딸 아 네 게축복 더 하리라

G

389/ 겟세마네 동산에서 407/ 내가 주를 위하여 420/ 내 인생 여정 끝내어

449 살아계신 하나님

미가엘 753

최덕신

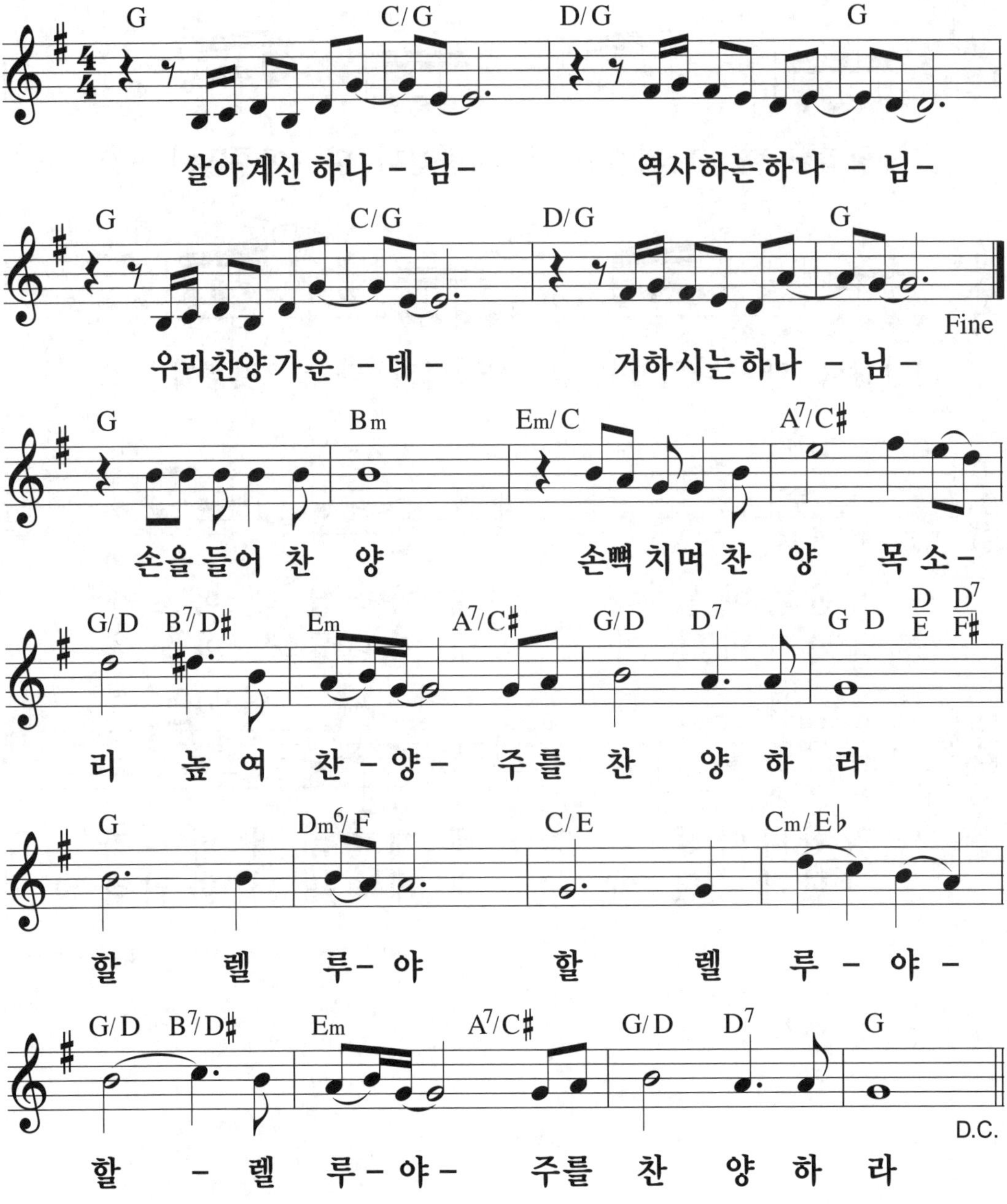

G C/G D/G G
살아계신 하나 - 님- 역사하는하나 - 님-
G C/G D/G G
우리찬양가운 - 데 - 거하시는하나 - 님 -
Fine
G Bm Em/C A7/C♯
손을들어 찬 양 손뼉 치며 찬 양 목 소-
G/D B7/D♯ Em A7/C♯ G/D D7 G D D/E D7/F♯
리 높 여 찬 - 양- 주를 찬 양 하 라
G Dm6/F C/E Cm/E♭
할 렐 루- 야 할 렐 루 - 야 -
G/D B7/D♯ Em A7/C♯ G/D D7 G
할 - 렐 루 - 야 - 주를 찬 양 하 라
D.C.

391/ 경배하리 주 하나님 401/ 나의 사랑 나의 생명 402/ 나의 가는 길

생명 주께 있네 450

(My life is in You Lord)

Daniel Gardner

D7sus4 𝄋 G D/G G D/G G D/G Em D/E Em D/E Em D/E

생 명 주께 있네- 능 력 주께 있네- 소

C D/C C D/C C To Coda G/D 1. D D7sus4

망 주께 있네- 주 안 -에있- 네 생

2. Dsus4 D C D/C C D/C G/B

네 생명 다 해-주 찬 양- 하 리

G G/B C D/C C D/C G/B

- 힘을 다 해-주 찬 양-하 리 --

G D A7sus4/E D/F# G E B7sus4/F# E/G#

- 내 생 명- 다 해 내 힘 을-다

Am Am/G F Am7/E Dsus4 D7 D7sus4

해 모 든 소 망 주님께 - - 생

D.S.

G/D Dsus4 D D7sus4 G C/G G

안 -에 있- 네 주 께 -

G

386/ 갈급한 내 맘 387/ 거룩한 주님의 성전에 392/ 그리 아니하실지라도

451 생수의 강이 내게서 흐르네

생수의강이내게서 흐 르 네 저는자걷고 눈먼자 보 겠 네

옥문열고갇 힌자 푸시 는 생수의강이내게 흘러 넘 치 네

우 물물 아 – 솟아 나 라– – 솟 아 나

라 – 넘 치 – 도 록 – 솟 아 나 라

– 넘 쳐 나 게 – – 솟아 나 서 – 날 푸 소 서

선한데는 지혜롭고

(로마서 16:19 / Romans 16:19)

Romans sixteen Nineteen says Romans sixteen Nineteen says 선

한데는 - 지 혜롭고 - 악 한데는 - 미 련하라 - 선

한데는 - 지 혜롭고 - 악 한데는 - 미 련하라 - 평강

의 주님 속 히 사단을너희 발 아래에 상하게 - 하리 평강

의 주님 속 히 사단을 너희 발 아래 에 상하게 - 하 리

G

453 성령님이 임하시면

(성령의 불타는 교회 / Church on Fire)

Russell Fragar

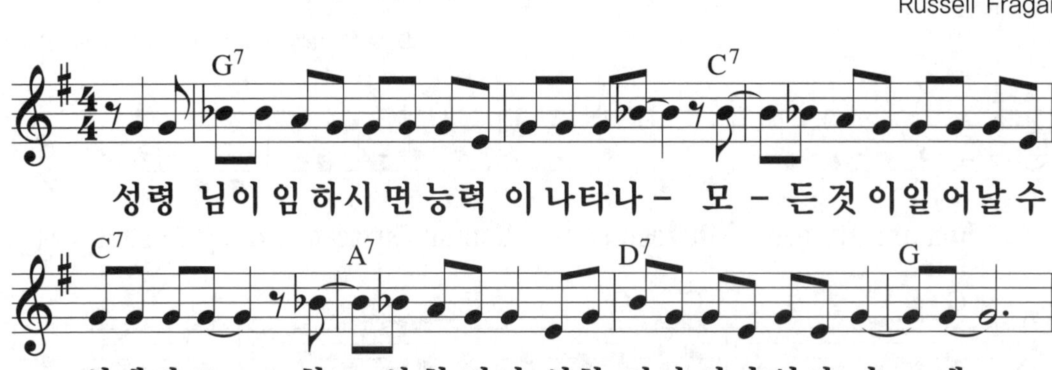

있게되죠- 참 -선한것이 선한 것이여기일어 나 -네-

어두움 -을-물리치는 빛이있네- 능 -력 힘 입어 난두

렵지않네- 참 -선한것이 선한 것이여기일어나 -네-

성령의 불 타 는교 -회 -성령의 불꽃임-하네 -온마음

다 하 여 -서 주이름 높이 세 - 우 리 의마 -음불 -타네-

그 빛 을전 -하 기 -위 해 -사랑 의 불꽃 -전 하 -세-

주를위한 - 성 령의불 -타 는교 - 회- -회-

미가엘 1538

세상 모든 민족이 454

(물이 바다 덮음 같이)

고형원

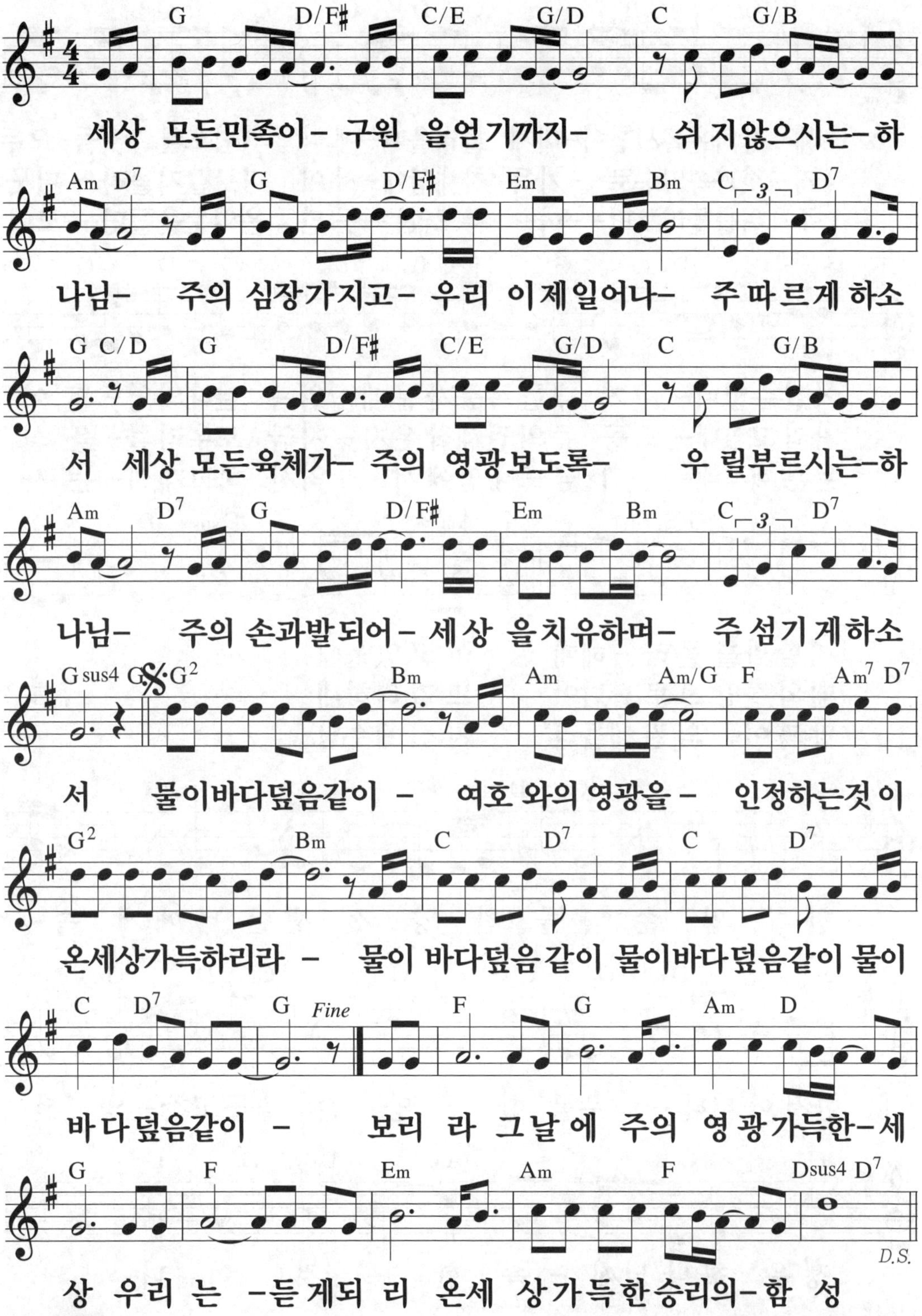
세상 모든민족이- 구원 을얻기까지- 쉬 지않으시는-하
나님- 주의 심장가지고- 우리 이제일어나- 주따르게 하소
서 세상 모든육체가- 주의 영광보도록- 우 릴부르시는-하
나님- 주의 손과발되어- 세상 을치유하며- 주섬기 게하소
서 물이바다덮음같이 - 여호 와의영광을- 인정하는것이
온세상가득하리라 - 물이 바다덮음같이 물이바다덮음같이 물이
바다덮음같이 - 보리 라 그날에 주의 영광가득한-세
상 우리 는 -듣게되 리 온세 상가득한승리의-함 성
Fine
D.S.

메들리 곡

412/ 내 눈 주의 영광을 427/ 당신은 영광의 왕 449/ 살아계신 하나님

G

455 세상의 유혹 시험이

(주를 찬양)

최덕신

세 상의유혹시험이-내게 몰려올때-에 나 의힘으론그것들-모두
거 짓과속임수로--가득 찬세상에-서 어 디로갈지몰라--머뭇
주 위를둘러보면--아- 무도없는-듯 믿 음의눈을들면--보이

이길수없네- 거 대한폭풍가운데-위축 된나의영-혼 어
거리고있네- 공 중의권세잡은자-지금 도우리들-을 실
는분계시네- 지 금도내안에서--역사 하고계시-는 사

찌할바를 몰라 -헤매 이고있을때 -
패와절망 으로 -넘어 뜨리려하네 - 주를
망과어둠 의권세물리 치신예수님 -

찬 양 손 을들고찬-양 전 쟁은나에게 속-

한것아니니- 주를 찬 양 손 을들고찬-양 전

쟁은 하나님께 -속 한 - 것 이 니

418/ 내 앞에 주어진 419/ 모든 지각에 뛰어나신 458/ 수 많은 무리들

세상 향한 발걸음들 456

(주의 횃불 들고 / Let the flame burn brighter)

Graham Kendrick

457 손에 있는 부귀보다

(금 보다도 귀하다)

미가엘 1082

김석균

미가엘 745

수 많은 무리들 줄지어 458

(예수 이름 높이세)

최덕신

수 많은무리들--줄지어 - 그 분을보기위-해따르네 -
나 의-계획이-실패하고 - 나 의-소망이-끊어질때 -

평 범한목수이신그 분앞에- 모든 무릎이-꿇어경배-하-네
삶 의주관자되신그 분앞에- 나의 무릎을-꿇어경배-하-네

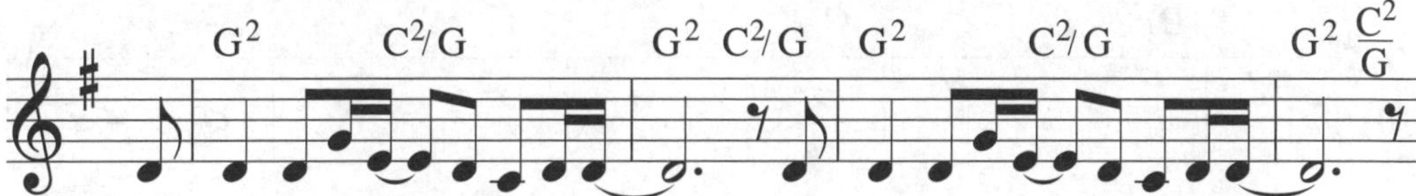

모 든 문제들-하나하나 - 죽 음까지도-힘을잃고 -
나 의삶 을그분-께맡길때 - 비 로소나의마-음평안해 -

생 명의근원되신예 수이름앞-에모든 권세들-굴복-하- 네 -
구 원의반석되신예 수의이름--을소리 높여--찬송-하- 네 -

예수 이름 높- 이세 능 력의그 -이 름 예수 이름높-이 세 구

원의그 -이 름 예수 이름 을부 - 르 는 자 예수 이름 을믿 -는 자

- 예수 이름앞에-나오는- 자 복이있-도 다 - - -

G

459 승리는 내 것일세

(There is victory for me)

Harry Dixon Loes

승리 는내것일 세 승리 는내것일 세

구세 주의 보혈 로 써승리 는내것일 세

내 것 일 세 승 리 만 은

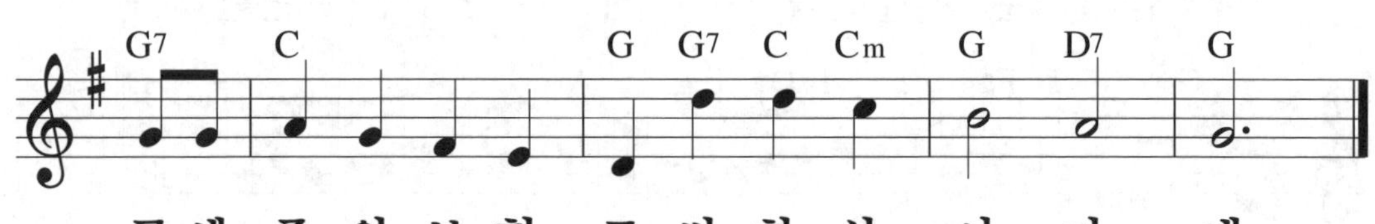

구세 주의보혈 로써항상 이 기 네

* | 믿음, 소망, 사랑, 구원, 응답, 축복

승리하였네

(We have overcome)

Daniel Gardner

G D/F# Em Dm7sus G7

승리하였네 – 어린 양의보혈로 – 우린

C G/B A9 C/D

보혈의–능 력으로 서–리라 –

G D/F# Em Dm7sus G7

승리하였네 – 어린 양의보혈로 – 주

Am7 Bm/D Am/D Dsus4 G C/G G

내게승리 주–리라 – –

G

392/ 그리 아니하실지라도 396/ 나 기뻐하리 450/ 생명 주께 있네

461 십자가 그 사랑

(The love of the cross)

Stephen Hah

십자가그사랑 멀리떠-나 서 무너진나의
지나간일들을 기억하지 않 고 이전에행한

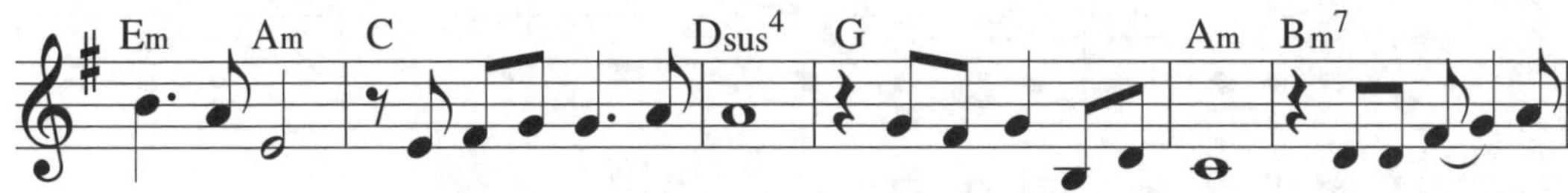

삶 속에 잊혀진주은혜 돌같은내마음 어루만-지
모 든일 생각지않으리 사막에강물과 길을내시는

사 다시일으켜세우신주를사랑합니다 주나를보호
주 내안에새일행하실주만바라보리라 주너를보호

하시고 날 붙드시리 나는보-배롭고존귀한
하시고 널 붙드시리 너는보-배롭고존귀한

주님의자녀라 주 나를보호하시고 날 붙드시
주님의자녀라 주 너를보호하시고 널 붙드시

리 나는보-배롭고존귀한 주 -의자녀라
리 너는보-배롭고존귀한 주 -의자녀라

400/ 나 약해 있을 때에도 402/ 나의 가는 길 410/ 내가 주인 삼은

아름다운 이야기가 있네 462

(주님의 사랑 놀랍네)

John W. Peterson

1. 아름 다 운이야기가 있 네 구세 주의사랑이야 기
2. 넓고 넓 은우주속에 있 는 많고 많은사람들중 에
3. 사람 들 은이해할수 없 네 주를 보낸하나님사 랑

영광 스런천국떠난 사 랑 나와같은 죄인구하 려
구원 받고보호받은 이 몸 주의사 랑 받고산다 네
이사 랑이나를살게 하 네 갈보리 의구 속의사 랑

주님의그사 랑 은정말 놀 랍 네 놀 랍 네 놀 랍네

오 주님의그사랑 은정 말 놀 랍네 나를위한그 사 랑

메들리 곡 395/ 기뻐하며 왕께 431/ 마지막 날에 450/ 생명 주께 있네

463 아버지 기다립니다

주영광

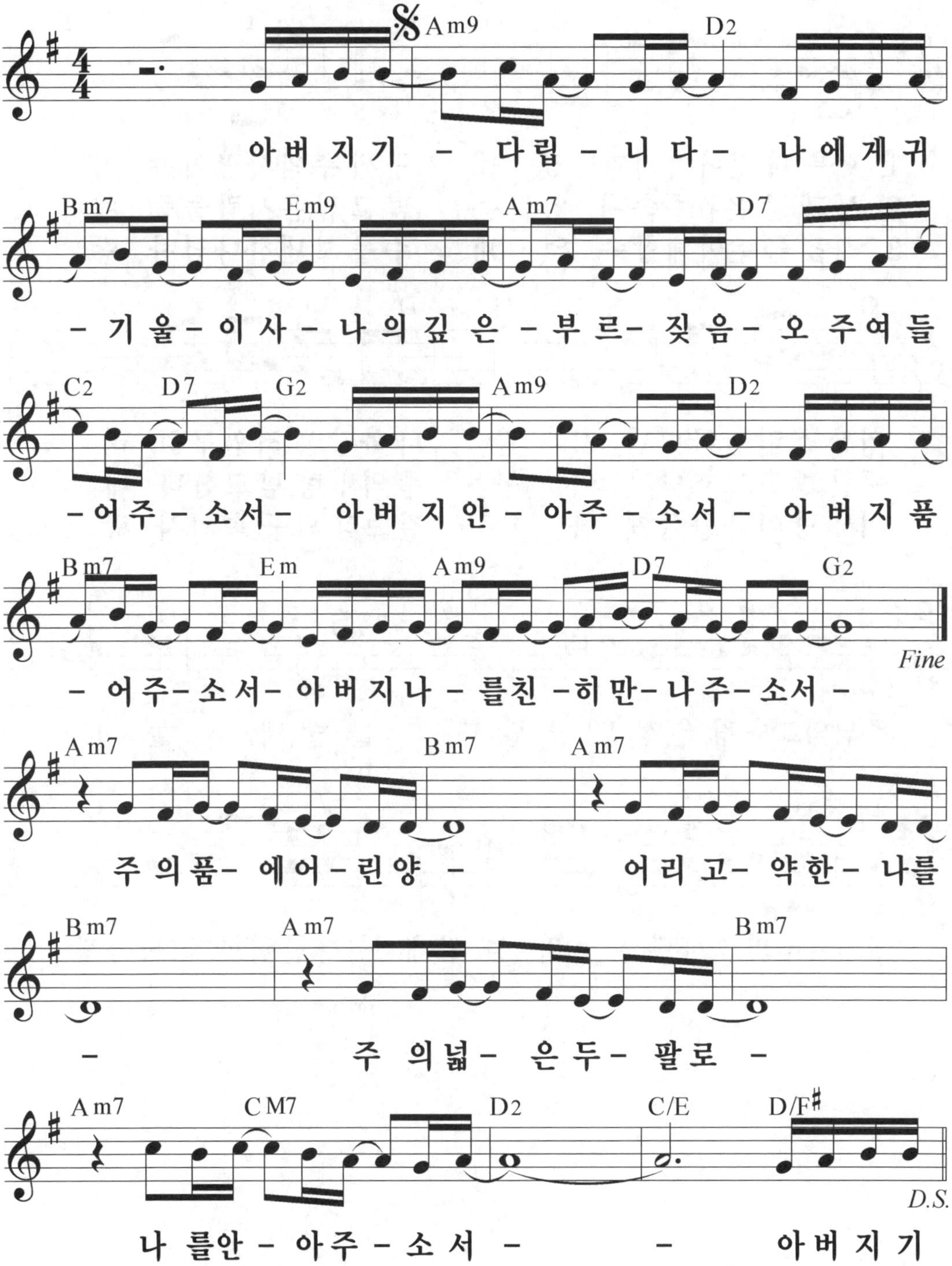

아 버 지 기 - 다 립 - 니 다 - 나 에 게 귀

- 기 울 - 이 사 - 나 의 깊 은 - 부 르 - 짖 음 - 오 주 여 들

- 어 주 - 소 서 - 아 버 지 안 - 아 주 - 소 서 - 아 버 지 품

- 어 주 - 소 서 - 아 버 지 나 - 를 친 - 히 만 - 나 주 - 소 서 - *Fine*

주 의 품 - 에 어 - 린 양 - 어 리 고 - 약 한 - 나 를

- 주 의 넓 - 은 두 - 팔 로 -

나 를 안 - 아 주 - 소 서 - - 아 버 지 기 *D.S.*

410/ 내가 주인 삼은 416/ 내 손을 주께 높이 418/ 내 앞에 주어진

아버지 사랑 내가 노래해 464

(그 사랑)

박희정

G

391/ 경배하리 주 하나님 398/ 나는 주를 작게 419/ 모든 지각에 뛰어나신

465 아버지 주 나의 기업되시네

메들리 곡 410/ 내가 주인 삼은 426/ 다 표현 못해도 454/ 세상 모든 민족이

미가엘 743

아침에 주의 인자하심을 466

(시편 92편)

이유정

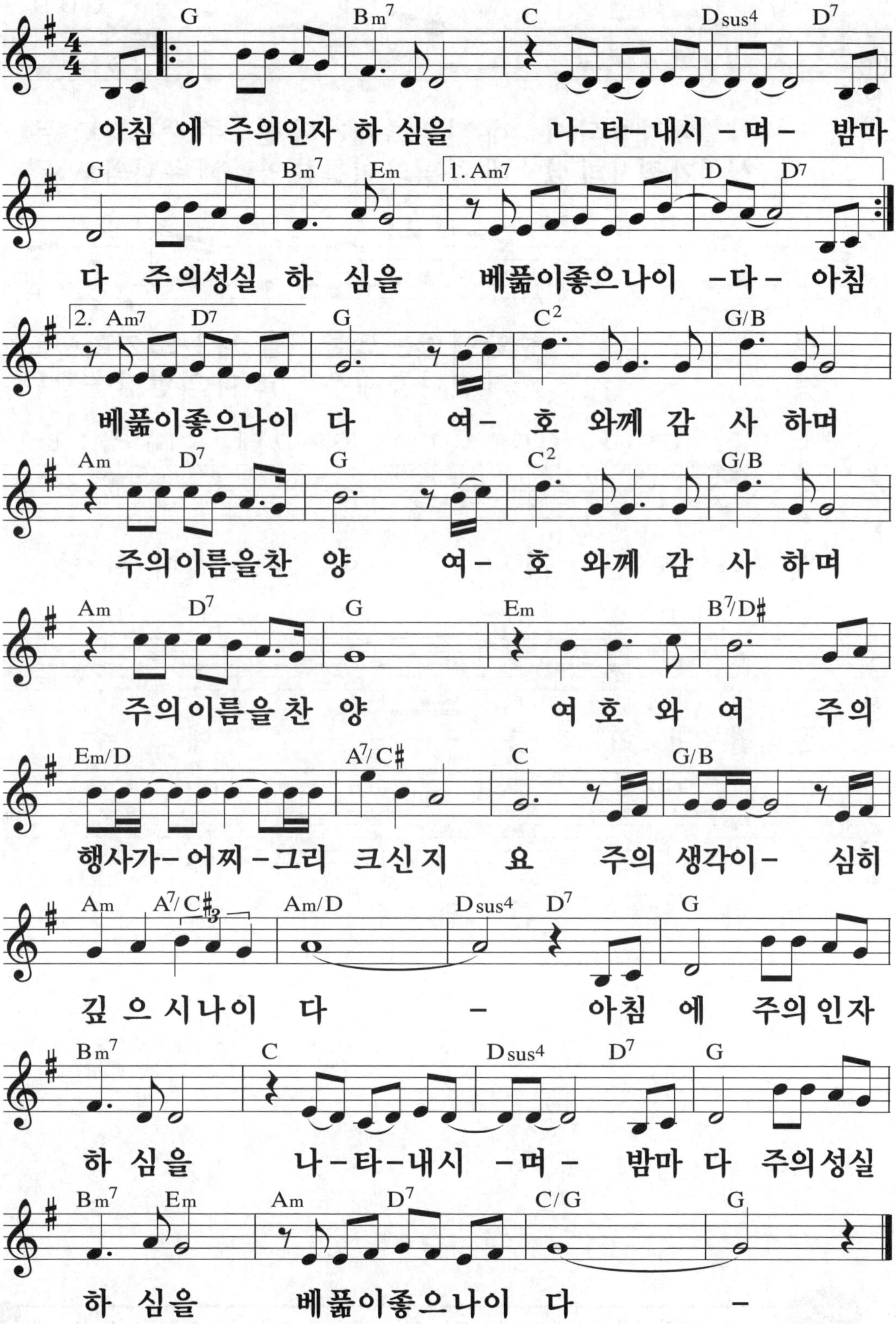
G Bm7 C Dsus4 D7
아침 에 주의인자 하 심을 나-타-내시 -며- 밤마
G Bm7 Em 1. Am7 D D7
다 주의성실 하 심을 베풂이좋으나이 -다- 아침
2. Am7 D7 G C2 G/B
베풂이좋으나이 다 여- 호 와께 감 사 하며
Am D7 G C2 G/B
주의이름을찬 양 여- 호 와께 감 사 하며
Am D7 G Em B7/D#
주의이름을찬 양 여 호 와 여 주의
Em/D A7/C# C G/B
행사가-어찌-그리 크신지 요 주의 생각이- 심히
Am A7/C# Am/D Dsus4 D7 G
깊 으 시나이 다 - 아침 에 주의인자
Bm7 C Dsus4 D7 G
하 심을 나-타-내시 -며- 밤마 다 주의성실
Bm7 Em Am D7 C/G G
하 심을 베풂이좋으나이 다 -

G

467 약할 때 강함 되시네

미가엘 1530

(주 나의 모든 것 / You are my all in all)

Dennis Jernigan

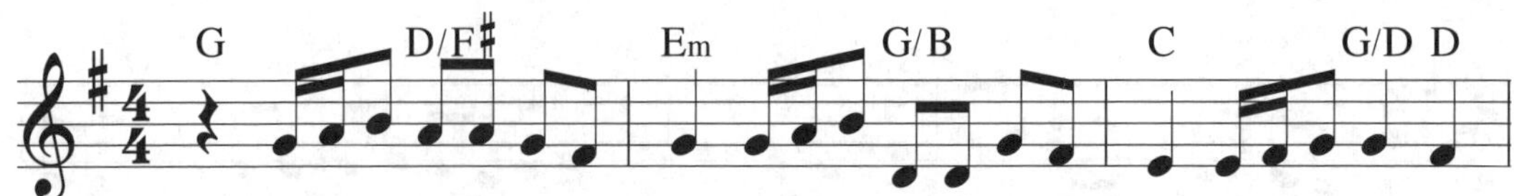

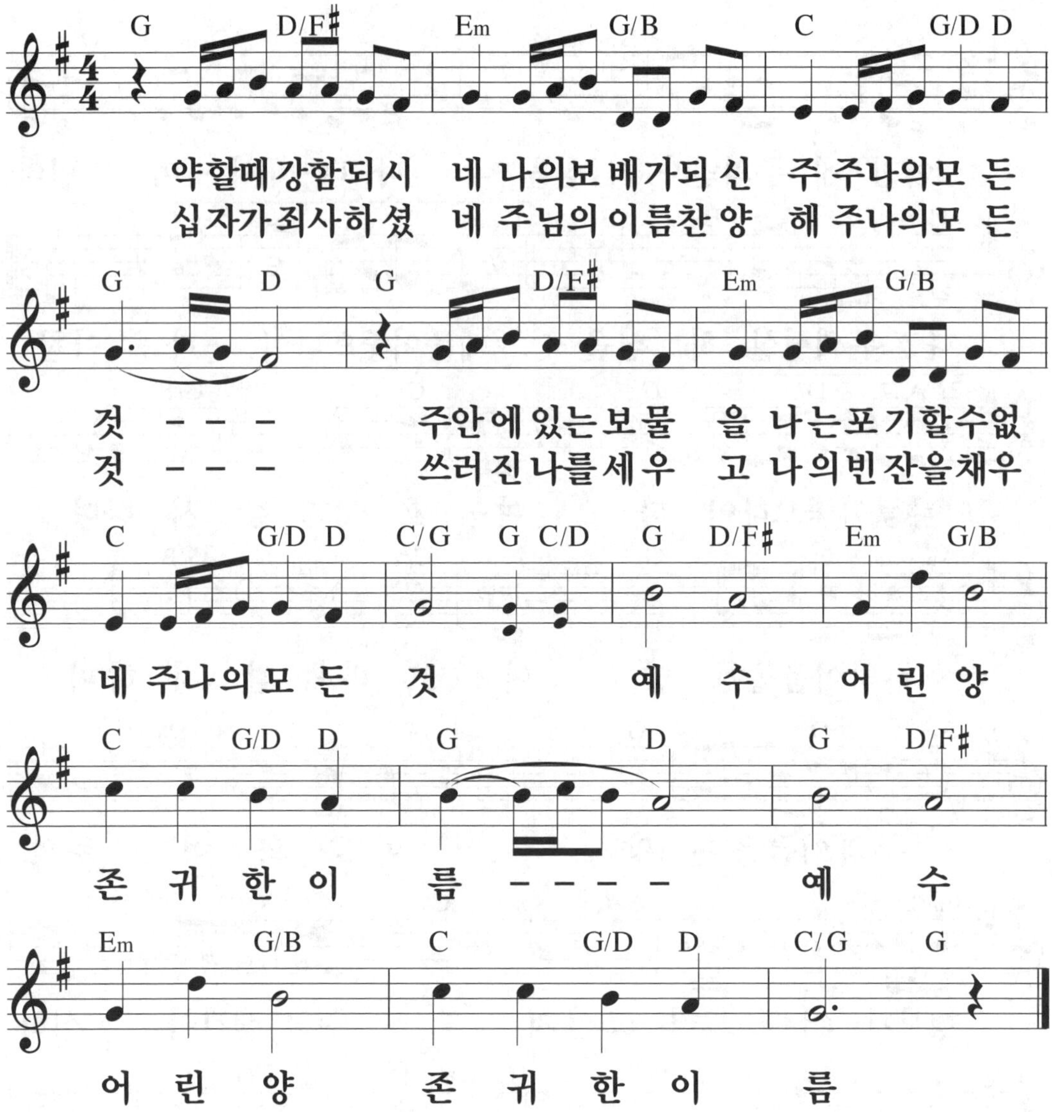
G D/F♯ Em G/B C G/D D
약할때강함되시 네 나의보배가되신 주 주나의모 든
십자가죄사하셨 네 주님의이름찬양 해 주나의모 든
G D G D/F♯ Em G/B
것 - - - 주안에있는보물 을 나는포기할수없
것 - - - 쓰러진나를세우 고 나의빈잔을채우
C G/D D C/G G C/D G D/F♯ Em G/B
네 주나의모 든 것 예 수 어 린 양
C G/D D G D G D/F♯
존 귀 한 이 름 - - - - 예 수
Em G/B C G/D D C/G G
어 린 양 존 귀 한 이 름

어느 좋은 그날 아침에 468

(난 가리라)

어 느 좋 은 그 날 아 침 에 난 가 리 라
내 삶 끝 나 슬 픔 걷 힐 때 난 가 리 라
괴 로 운 짐 벗 어 버 리 고 난 가 리 라

주 가 예 비 하 신 그 곳 에 난 가 리 라
자 유 찾 은 기 쁜 새 처 럼 난 가 리 라
사 랑 기 쁨 넘 치 는 그 곳 난 가 리 라

난 가 리 라 오 영 광 난 가 리 라

멀 잖 아 할 렐 루 야 그 때 에 난 가 리 라

G

메들리 곡
389/ 겟세마네 동산에서 408/ 내가 먼저 손 내밀지 442/ 보혈을 지나

469 어린 양 찬양

(Praise the Lamb)

미가엘 740

Bruce Clewett

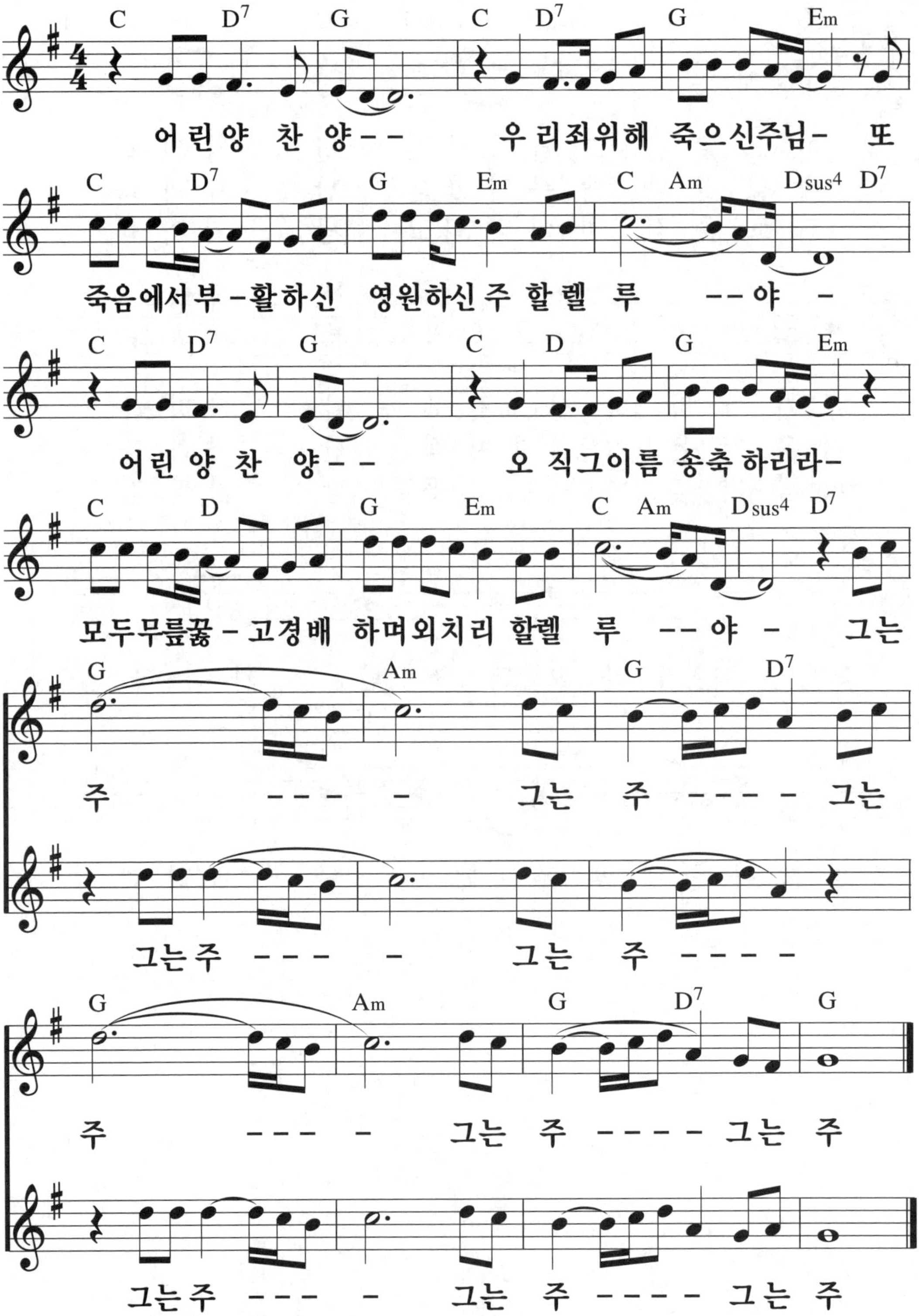
C D7 G C D7 G Em
어린양 찬 양-- 우리죄위해 죽으신주님- 또
C D7 G Em C Am Dsus4 D7
죽음에서부-활하신 영원하신주 할렐 루 --야 -
C D7 G C D G Em
어린양 찬 양-- 오 직그이름 송축하리라-
C D G Em C Am Dsus4 D7
모두무릎꿇-고경배 하며외치리 할렐 루 --야 - 그는
G Am G D7
주 --- - 그는 주 ---- 그는
그는주 --- - 그는 주 ----
G Am G D7 G
주 --- - 그는 주 ---- 그는 주
그는주 --- - 그는 주 ---- 그는 주

여기에 모인 우리 470

(이 믿음 더욱 굳세라 / We will keep our faith)

Don Besig & Nancy Price

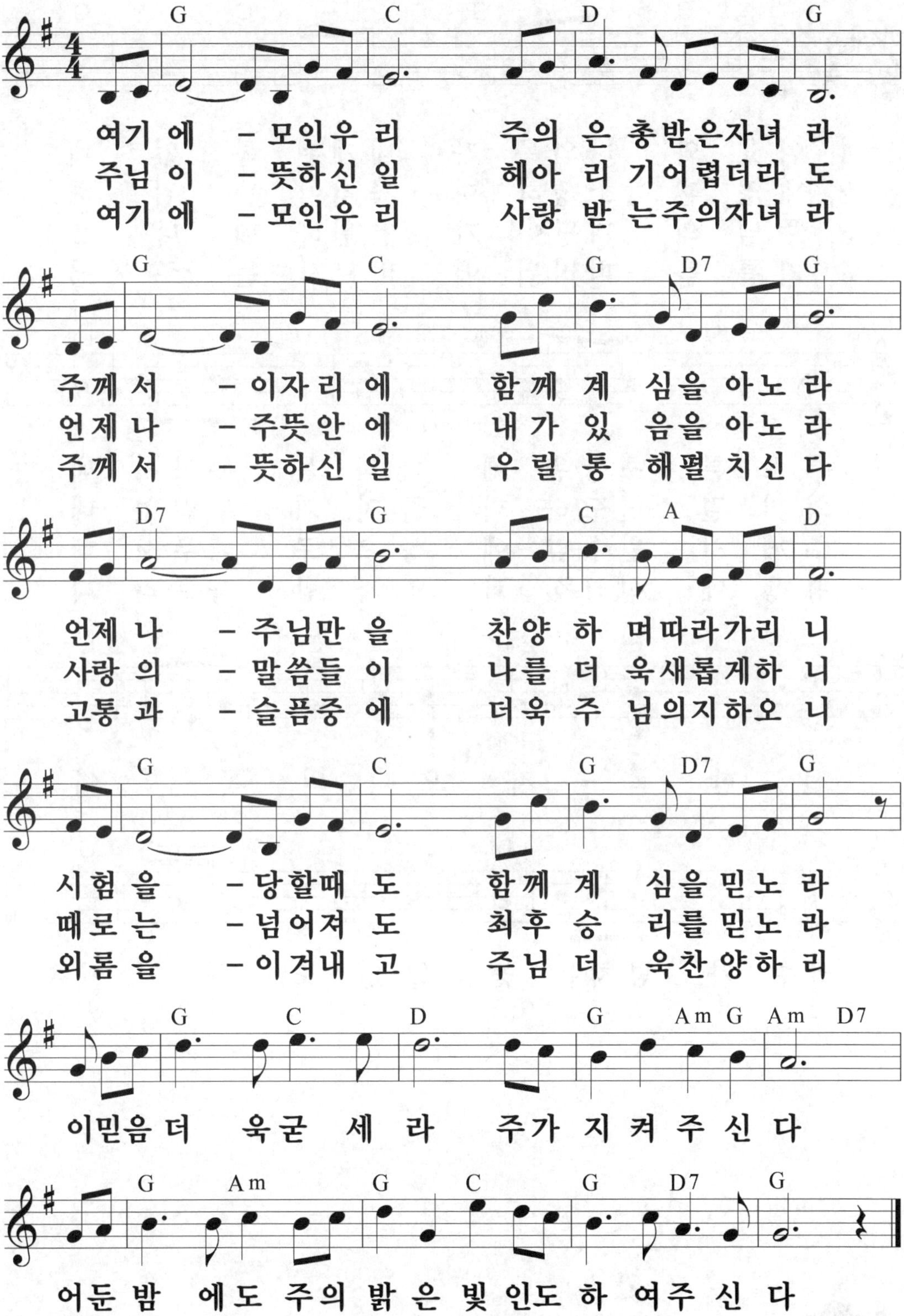

G C D G

여기 에 – 모인우 리 주의 은 총받은자녀 라
주님 이 – 뜻하신 일 헤아 리 기어렵더라 도
여기 에 – 모인우 리 사랑 받 는주의자녀 라

G C G D7 G

주께 서 – 이자리 에 함께 계 심을아노 라
언제 나 – 주뜻안 에 내가 있 음을아노 라
주께 서 – 뜻하신 일 우 릴 통 해펼치신 다

D7 G C A D

언제 나 – 주님만 을 찬양 하 며따라가리 니
사랑 의 – 말씀들 이 나를 더 욱새롭게하 니
고통 과 – 슬픔중 에 더욱 주 님의지하오 니

G C G D7 G

시험 을 – 당할때 도 함께 계 심을믿노 라
때로 는 – 넘어져 도 최후 승 리를믿노 라
외롬 을 – 이겨내 고 주님 더 욱찬양하 리

G C D G Am G Am D7

이믿음 더 욱굳 세 라 주가 지 켜 주 신 다

G Am G C G D7 G

어둔 밤 에도 주의 밝 은 빛 인도 하 여주 신 다

G

471 여호와 나의 목자

김영기

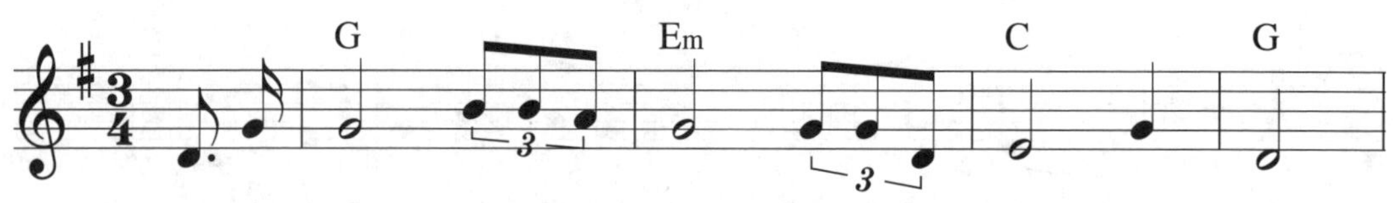

1. 여 호 와 나의목 자 내게부 족 없 네
2. 내 영 혼 소생하 며 자기이 름 위 해
3. 주 님 의 지팡이 가 안위하 네 나 를
4. 기 름 을 머리위 에 바르시 는 주 님

푸 르 른 초장위 에 나 의 몸 누이시 네
의 의 길 인도하 니 골 짜 기 두렴없 네
주 께 서 원수앞 에 상 으 로 베푸시 네
평 생 에 선하심 과 인 자 함 따르리 니

선 한 목 - 자 오 나 의 목 - 자 여

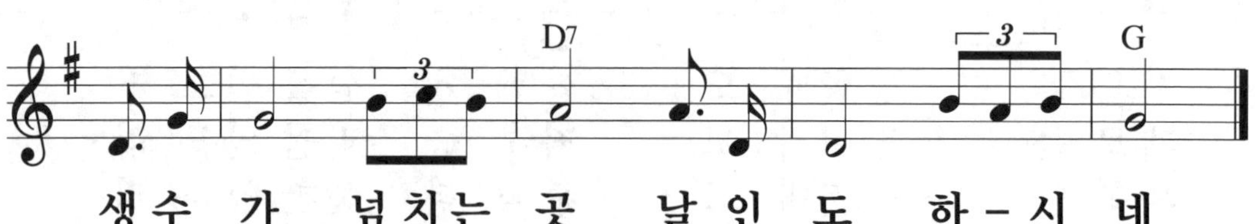

생수 가 넘치는 곳 날 인 도 하 - 시 네

6 메들리 곡 406/ 낮엔 해처럼 427/ 당신은 영광의 왕 449/ 살아계신 하나님

여호와의 영광을 인정하는 것이 472

정종원

여 호 와 의 영 광 – 을 인 정 하 는 것 이 세 상 에 가 득 하 리 – 라 –

여 호 와 의 영 광 – 을 인 정 하 는 것 이 세 상 에 가 득 하 리 – 라 –

물 이 – 바 다 를 덮 음 같 이 – 가 득 – 인 정 되 리 라 –

물 이 – 바 다 를 덮 음 같 이 – 가 득 – 인 정 되 리 라 –

메들리 곡 425/ 다 와서 찬양해 431/ 마지막 날에 444/ 부어 주소서

473 영광 높이 계신 주께

(Glory, Glory In The Highest)

Danny Daniels

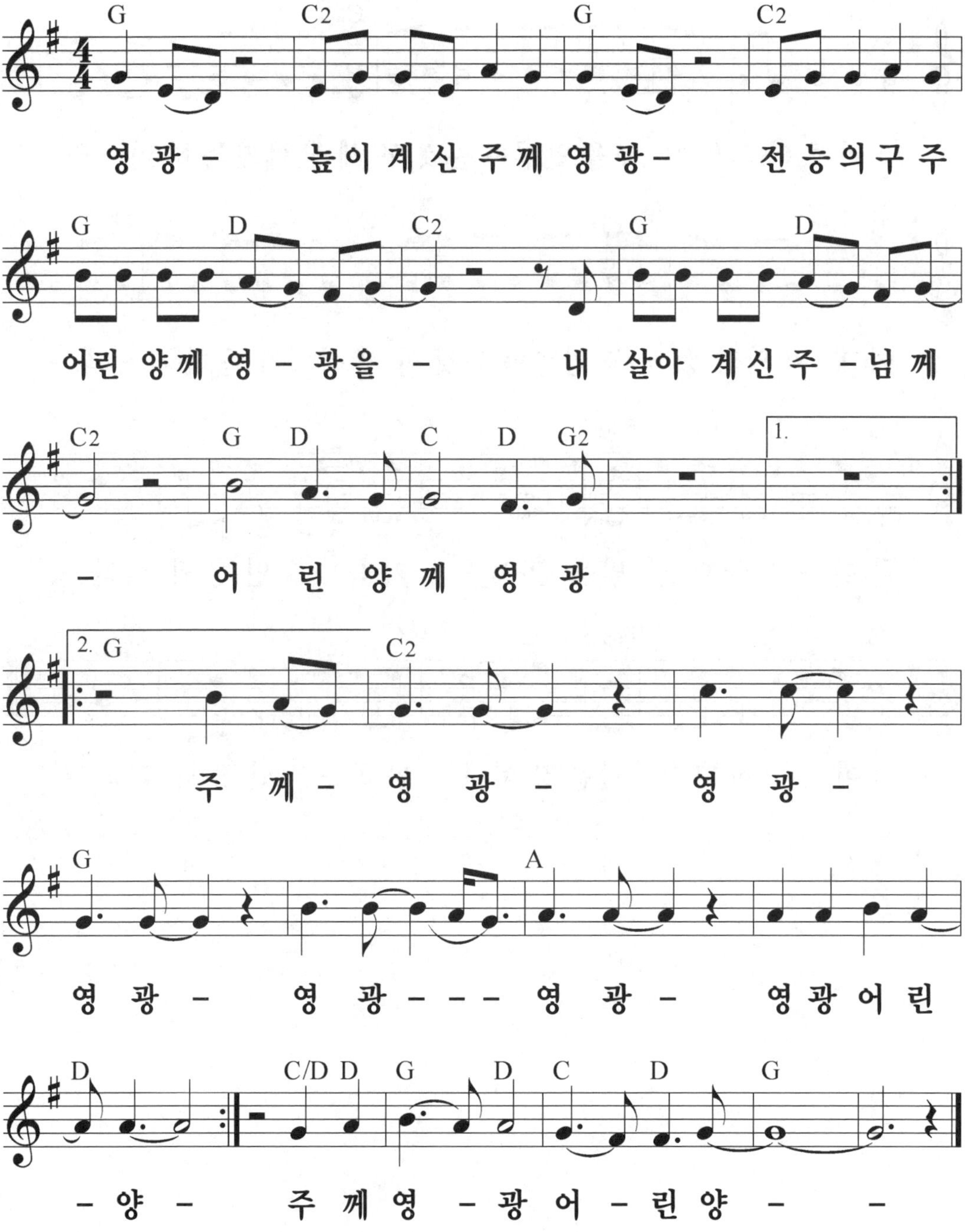

영 광 –　　높 이 계 신 주 께 영 광 –　　전 능 의 구 주

어린 양께 영 – 광을 –　　내 살아 계신 주 – 님 께

– 어 린 양 께 영 광

주 께 – 영 광 – 영 광 –

영 광 – 영 광 – – – 영 광 – 영 광 어 린

– 양 – 주 께 영 – 광 어 – 린 양 – –

387/ 거룩한 주님의 성전에　395/ 기뻐하며 왕께　396/ 나 기뻐하리

영광을 돌리세

474

(주님의 영광)

고형원

영 광을돌-리세- 우 리하나-님께-존 귀와위-엄과- 능력

과아름다움 만- 방의모든신은 헛 된우상-이니- 오직

하늘 의하 나님-그 영광찬양해 - 주님의

영 광 모 든나라위에-주님의 영 광 온세계위에-하늘

에계신-우리아버지 영광찬양해- 우리 주님나라영원하리라

- 우리 주님 뜻은 이 뤄 지 리라 -

G

400/ 나 약해 있을 때에도 412/ 내 눈 주의 영광을 418/ 내 앞에 주어진

475 영광 주님께

(Glory glory Lord)

Robert D Fitts

G C D C/D G C D Am7 C/D

영 광주 님께 – 주님 께영 광을 – –

3nd time to coda

G C D C/D G C D Am7 D

영 광주 님께 –당신은능 력의 주 당신은능 력의

G C Em D C/D 1. G C D C/D D

주 산 위 에 올 라 가 서

G C D C/D D G C D C/D D

넓은바다를 향 해 거 리한가운 데서

G C D 2. C D C/D D

소 리높여주찬 양 새 노 래로 주찬 –양

G C D C/D D G C

땅 끝 까 – 지 주 이 름높 여– 모든열방 들나

D C/D D G C D

–와 소 리 높여 주 찬 양

D.C.

C/D G C D Am7 D G C D

–당신은능 력의 주 당신은능 력의 주

395/ 기뻐하며 왕께 396/ 나 기뻐하리 450/ 생명 주께 있네

오직 성령의 열매는 476

(성령의 열매)

메들리 곡

388/ 거룩 거룩 거룩하신 주 416/ 내 손을 주께 높이 442/ 보혈을 지나

477 영원한 생명의 주님

(Through it All)

Reuben Morgan

400/ 나 약해 있을 때에도 419/ 모든 지각에 뛰어나신 454/ 세상 모든 민족이

예수 내 영혼의 사랑 478

(Jesus, Lover of My Soul)

Daniel Grul/John Ezzy &
Stephen McPherson

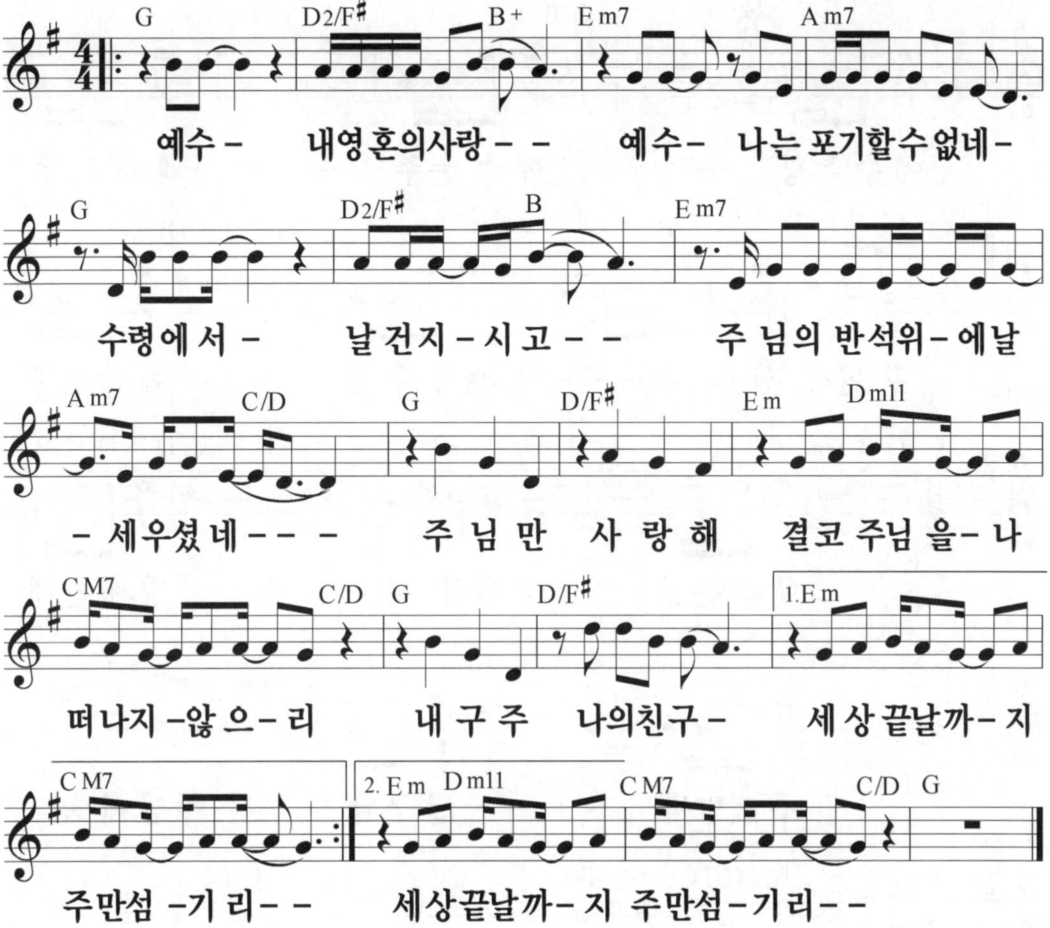

G D2/F# B+ Em7 Am7

예수 - 내영혼의사랑 - - 예수 - 나는 포기할수 없네 -

G D2/F# B Em7

수령에서 - 날 건지 - 시 고 - - 주 님의 반석위 - 에날

Am7 C/D G D/F# Em Dm11

- 세우셨네 - - - 주 님 만 사 랑 해 결코 주님 을 - 나

CM7 C/D G D/F# 1.Em

떠나지 -않 으 - 리 내 구 주 나의친구 - 세 상 끝날까 - 지

CM7 2. Em Dm11 CM7 C/D G

주만섬 -기 리 - - 세상끝날까 - 지 주만섬 -기 리 - -

G

479 예수는 왕 예수는 주

미가엘 1330

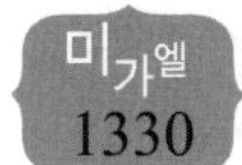

(He Is The King)

Tom Ewig, Don Moen & John Stocker

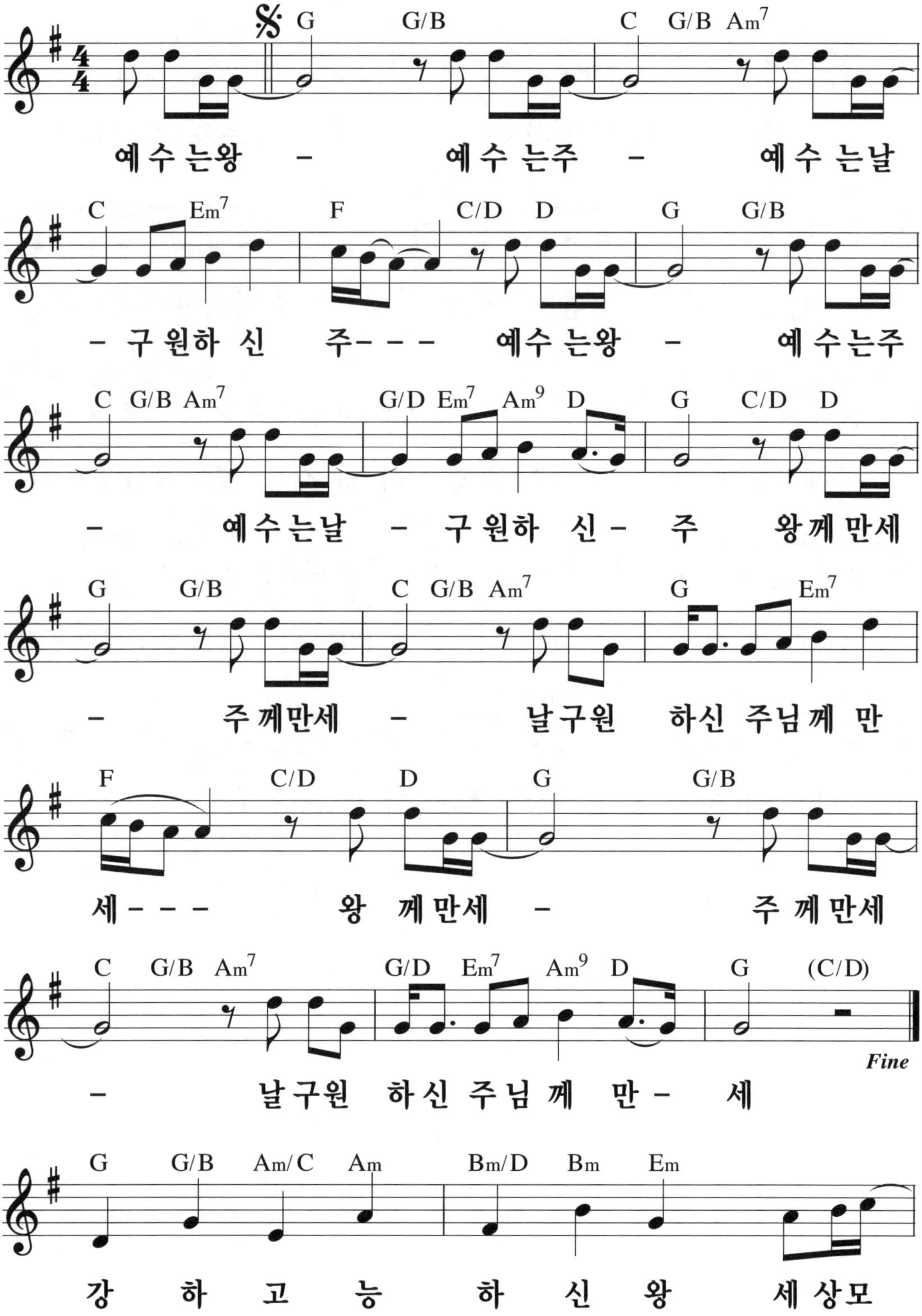
G G/B C G/B Am7
예수는왕 - 예수는주 - 예수는날
C Em7 F C/D D G G/B
- 구원하신 주--- 예수는왕 - 예수는주
C G/B Am7 G/D Em7 Am9 D G C/D D
- 예수는날 - 구원하신- 주 왕께만세
G G/B C G/B Am7 G Em7
- 주께만세 - 날구원 하신 주님께 만
F C/D D G G/B
세--- 왕 께만세 - 주 께만세
C G/B Am7 G/D Em7 Am9 D G (C/D)
- 날구원 하신 주님께 만- 세
Fine
G G/B Am/C Am Bm/D Bm Em
강 하 고 능 하 신 왕 세상모

Am7 D Bm7 Am7 D G G/B Am/C Am
-든 나라다 -스리시 네 소 리 높 여
Bm/D Bm Em Am7 Am/G
찬 양 해 그 는만 - - 유 의주 - 그
Fmaj9 Dsus4 D
는 만 왕 의 왕 예 수 는 왕
D.S.

G

480 예수님만을 더욱 사랑

강명식

예수님이 말씀하시니 481

1. 예수님 이 말씀하시니 물이 변하여 포도주됐네
2. 예수님 이 말씀하시니 바디메오가 눈을떴다네
3. 예수님 이 말씀하시니 죽은나사로가 살아났다네
4. 예수님 이 말씀하시니 거친바다가 잔잔해졌네

예수님이 말씀하시니 물이변하여 포도주됐네
예수님이 말씀하시니 바디메오가 눈을떴다네
예수님이 말씀하시니 죽은나사로가 살아났다네
예수님이 말씀하시니 거친바다가 잔잔해졌네

새롭게 - 새롭게 - 변화시켜주소서

G

482 예수 안에서

미가엘 1140

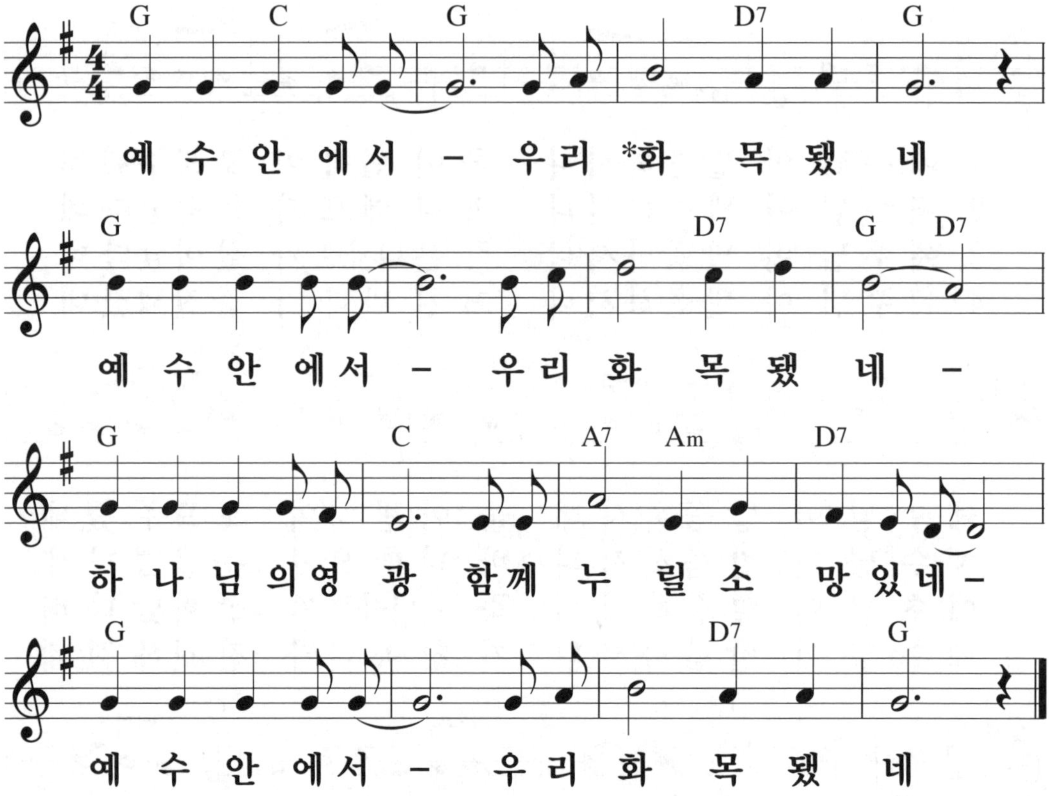
G C G D7 G
예 수 안 에 서 - 우 리 *화 목 됐 네
G D7 G D7
예 수 안 에 서 - 우 리 화 목 됐 네 -
G C A7 Am D7
하 나 님 의 영 광 함 께 누 릴 소 망 있 네 -
G D7 G
예 수 안 에 서 - 우 리 화 목 됐 네

* 1. 사랑하네 2. 용서하네 3. 기뻐하네 4. 찬양하네

메들리 곡 396/ 나 기뻐하리 404/ 날 사랑하신 주님의 450/ 생명 주께 있네

예수 안에 있는 나에게

구명회 & 박윤호

G G7 C D7 G
예수안에있는 나에게- 결코정죄함 없 네 생 명의성령

Em 1. A D D7 2. D7 G
의 법이- 해 방 하 였 네 해 방 하 였 네

C G D7 G G7 C
예 수 예 수 오 직 예 수 - 예 수

G D7 G G7 C G D7
예 수 오 직 예 수 죄 와 사망에서- 나 를

G C G D D7 G
구원했네- - 죄 와 사망에서- 나 를 구 원 했 네

G C D G
해방 되었 네 해방되었네 죄와사망의 법에 서

G C D D7 G
해방되었네 해방되었네 죄와사망의 법에 서

G

395/ 기뻐하며 왕께 424/ 누구든지 목마르거든 425/ 다 와서 찬양해

484 예수의 이름으로

(I will stand)

미가엘 1245

Chris Bowater

메들리 곡 388/ 거룩 거룩 거룩하신 주 401/ 나의 사랑 나의 생명 406/ 낮엔 해처럼

미가엘 903

오 예수님 내가 옵니다 485

고형원

G Em C G
오 예 수 님 내가옵 니 다
그 큰 사 랑 눈물에 겨 워
Am 1. C G 2. C G
못박히신 십자가 앞 에 돌아옵 니 다 주
울며울며
Am G Am G
님손 과발 못박 혔고- -머 리엔 가시관박히셨 네 내
Am G C Dsus4 D
모든 죄-와허물 위해- 말없 이 피흘려주셨 네
G Em C G
오 예 수 님 나의손 잡 고 이제
C G C G
부터- 영원까 지 내구 주가- 되옵소 서 이제
C G Em C C/D G
부터- 영원까 지 내구 주가- 되옵소 서

G

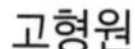

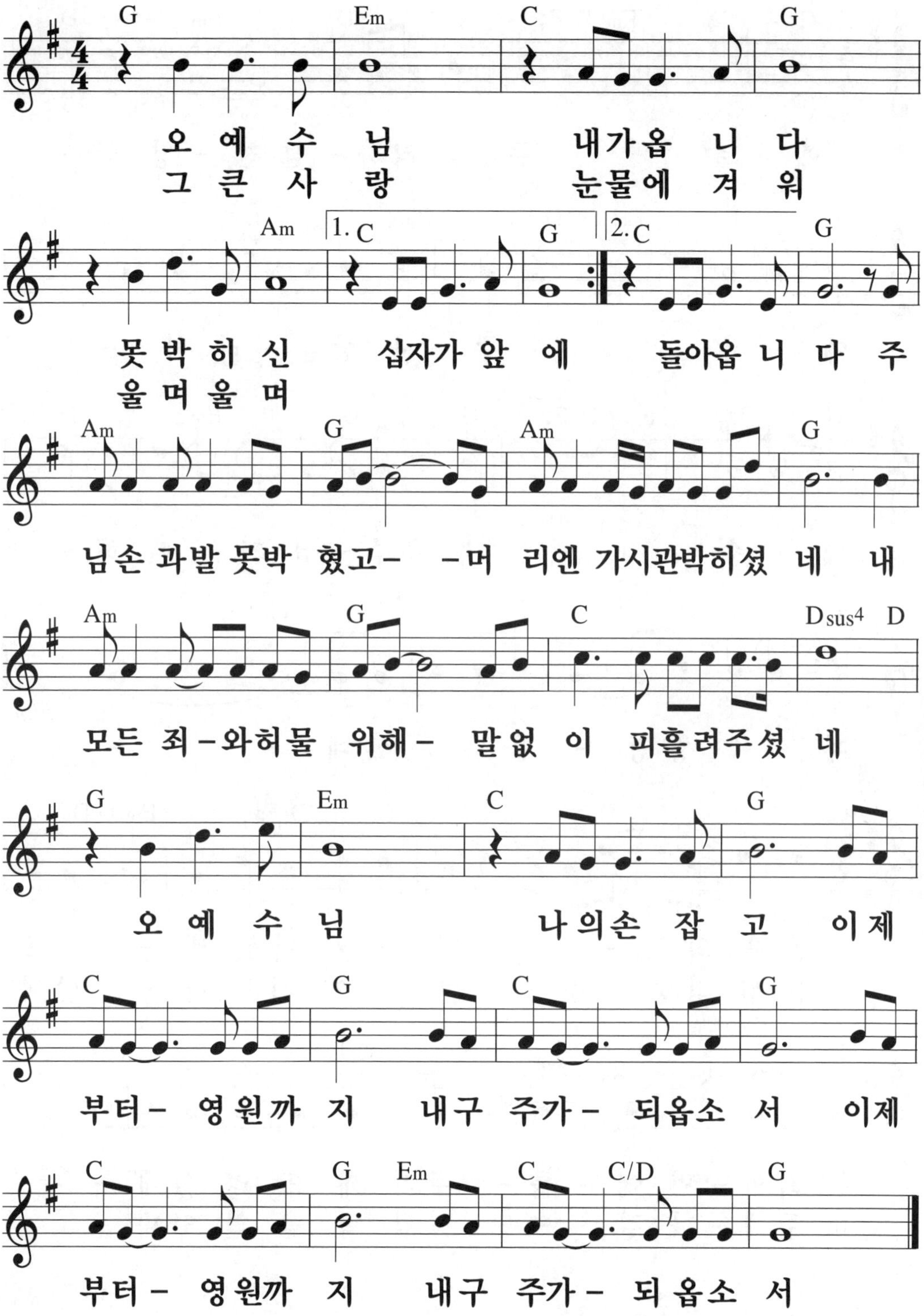

486 예수 주 승리하심 찬양해

(Jesus we celebrate Your victory)

John Gibson

예 - 수 주 승 리 하 - 심 찬 - 양 해 -

예 - 수 주 사 랑 놀 - 라 와 -

예 - 수 자 유 주 - 심 기 - 뻐 해 -

예 - 수 생 명 - 을 주 - 셨 네 - -

Fine

예수 주 승리하심 찬양해

G

487 오 이 기쁨

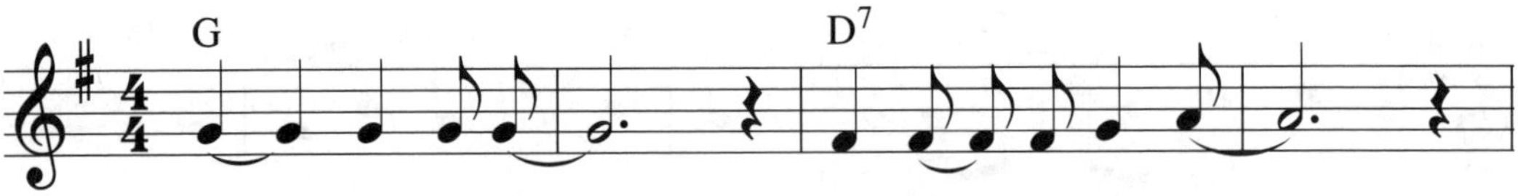

1. 오 － 이 기쁨 － 주 님－주 신 것 －
2. 앞 뒤 동 산에 － 꽃 은－피 었 고 －
3. 높 은 하 늘에 － 종 달새우짖 고 －
4. 오 － 친 구여 － 즐 겁게노래 해 －
5. 손 뼉 치 면서 － 즐 겁게찬양 해 －

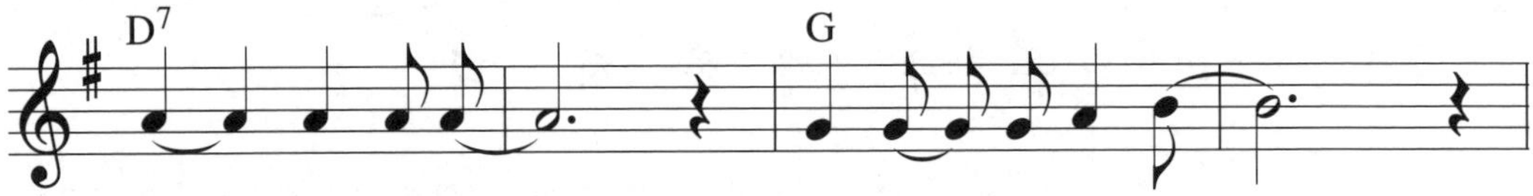

오 － 이 기쁨 － 주 님－주 신 것 －
내 － 맘 속에 － 웃 음꽃피었 네 －
내 － 맘 속에 － 기 쁜노래있 네 －
오 － 친 구여 － 즐 겁게노래 해 －
손 뼉 치 면서 － 즐 겁게찬양 해 －

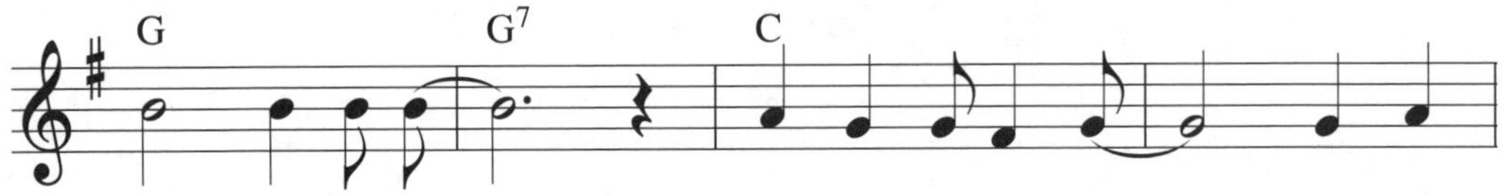

오 이 기쁨 － 주 님 주 신 것 － 주 께
영 광 할 렐 루－ 야－ 주 만 찬양 해 －

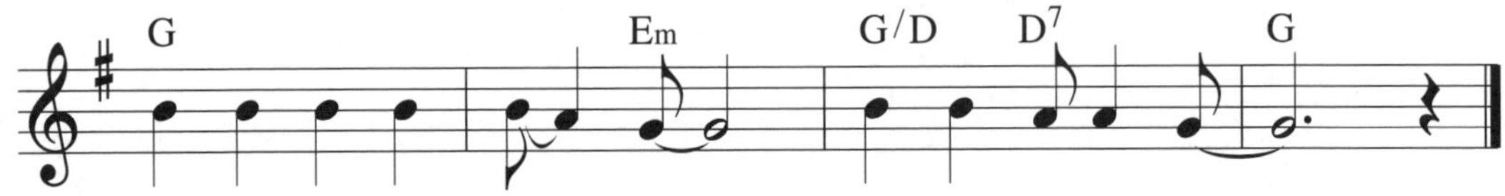

오 주여 나의 마음이

488

(시편 57편 / My heart is steadfast)

G Am D7 G

오주여 나의마 - 음이주께로 정해졌 - 으

Em Am D7 G

니 나 - 는주 찬 양 하리라 -

G Am D7 G Bm7

깨어라 나의영 - 혼아비파와 수금들 - 어

Em Am D7 G

라 이새벽 에내가 - 찬 양 하리라 -

G7 Am D7

멜 - 로디 - 멜 - 로
예 - - 수 - 예 - -

G Em Am

디 - 예수 님 은
수 - 예수 님 은

1. D7 G 2. D7 G

나의노래 - 나의노래 -

G

메들리 곡
411/ 내게 강 같은 평화 425/ 다 와서 찬양해 450/ 생명 주께 있네

489

오직 주님만

(Only You)

Andy Park

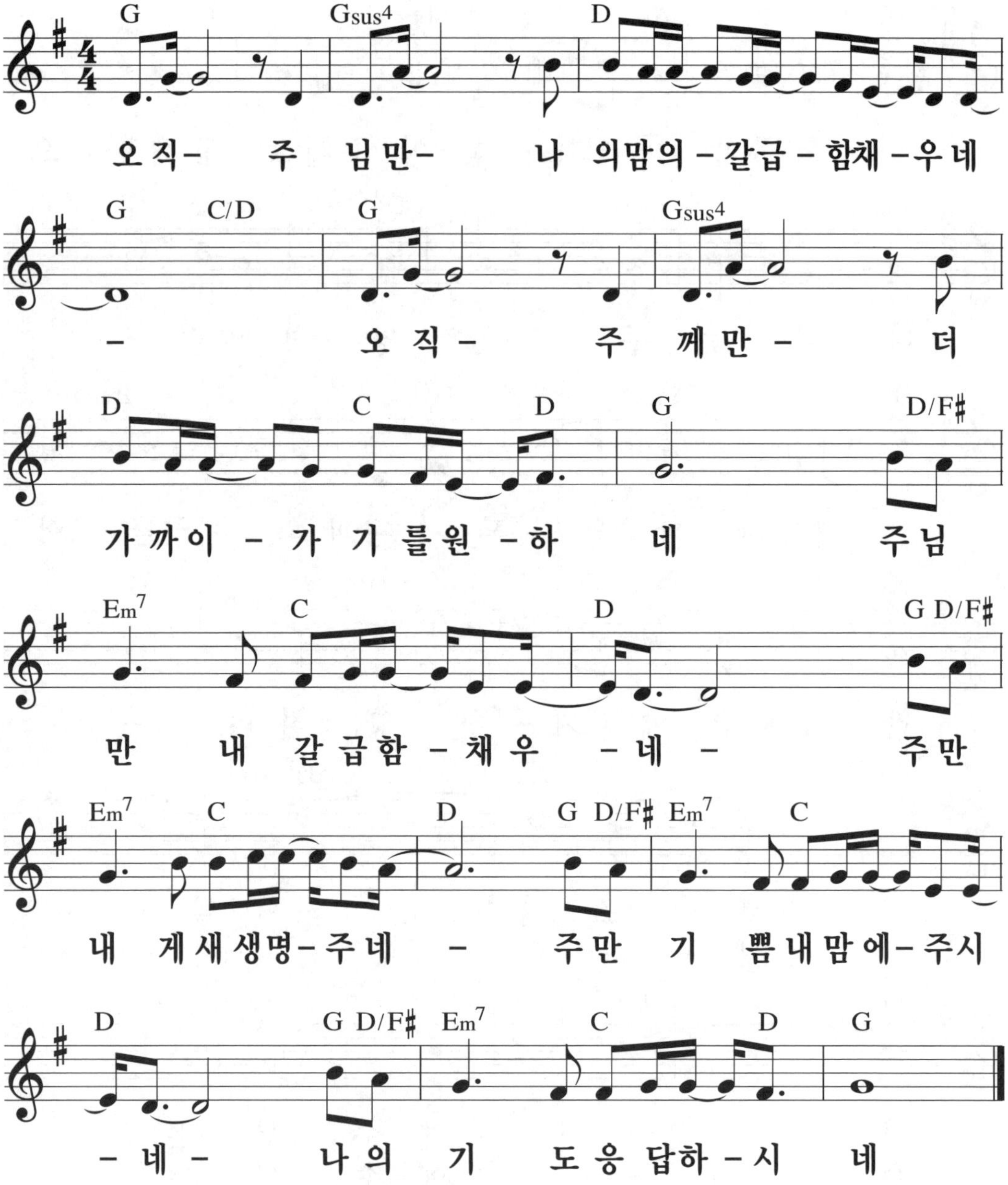

오 직- 주 님 만- 나 의맘의 - 갈급 - 함채 -우 네

- 오 직- 주 께 만 - 더

가 까 이 - 가 기 를원 - 하 네 주 님

만 내 갈 급 함 - 채 우 - 네 - 주 만

내 게 새 생 명 - 주 네 - 주 만 기 쁨 내 맘 에 - 주 시

- 네 - 나 의 기 도 응 답 하 - 시 네

메들리 곡 400/ 나 약해 있을 때에도 402/ 나의 가는 길 416/ 내 손을 주께 높이

온 세계위에 490

(All Over The World)

Terry Butler

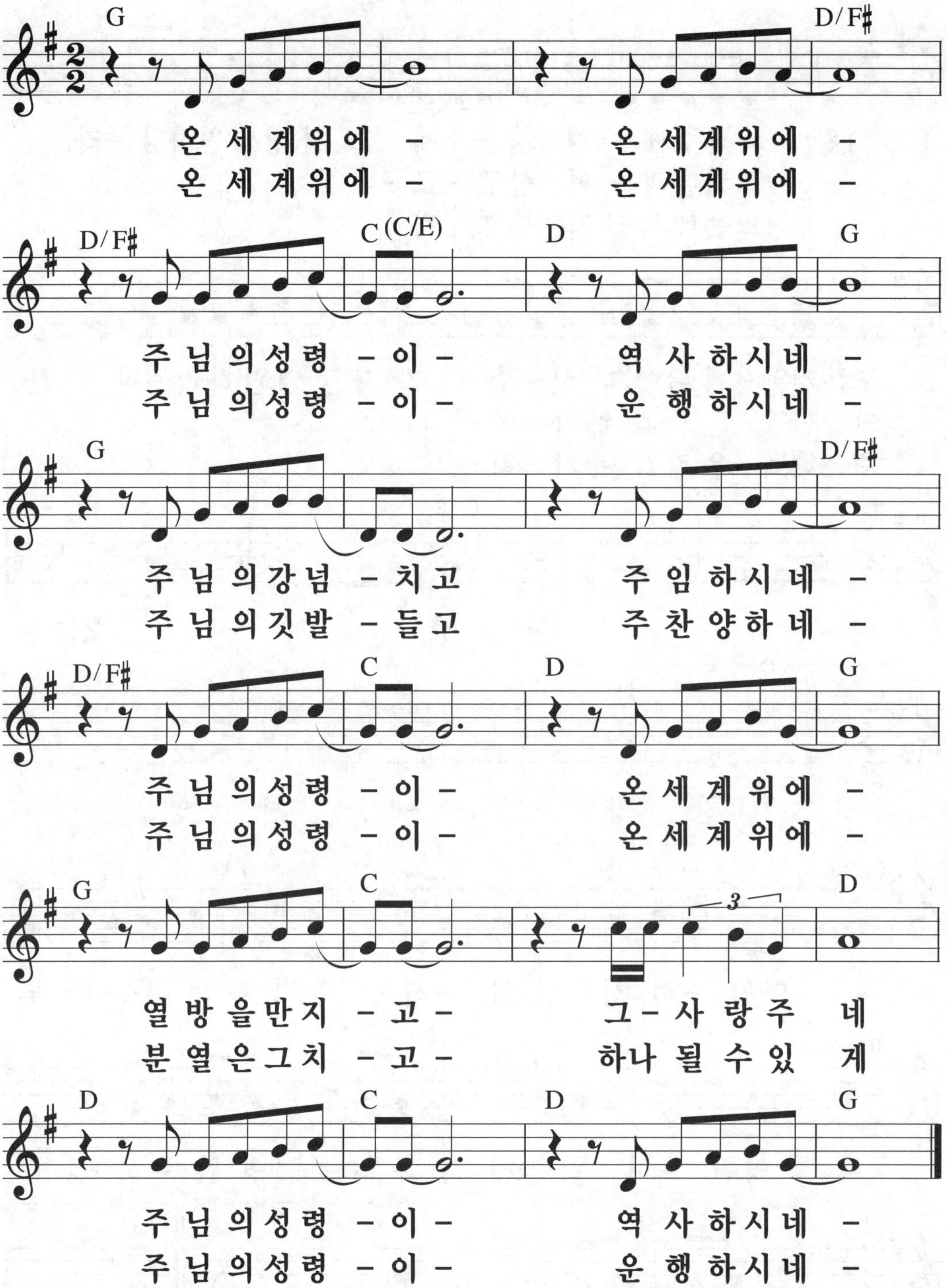

G D/F♯ C (C/E) D G

온 세계위에 – 온 세계위에 –
온 세계위에 – 온 세계위에 –

주님의성령 – 이 – 역 사하시네 –
주님의성령 – 이 – 운 행하시네 –

주님의강넘 – 치고 주 임하시네 –
주님의깃발 – 들고 주 찬 양하 네 –

주님의성령 – 이 – 온 세 계 위에 –
주님의성령 – 이 – 온 세 계 위에 –

열 방 을만지 – 고 – 그 – 사 랑 주 네
분 열 은그치 – 고 – 하나 될 수 있 게

주님의성령 – 이 – 역 사하시네 –
주님의성령 – 이 – 운 행하시네 –

G

410/ 내가 주인 삼은 412/ 내 눈 주의 영광을 454/ 세상 모든 민족이

491 왕 되신 주께 감사하세

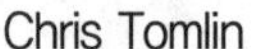

(Forever)

미가엘 2206

Chris Tomlin

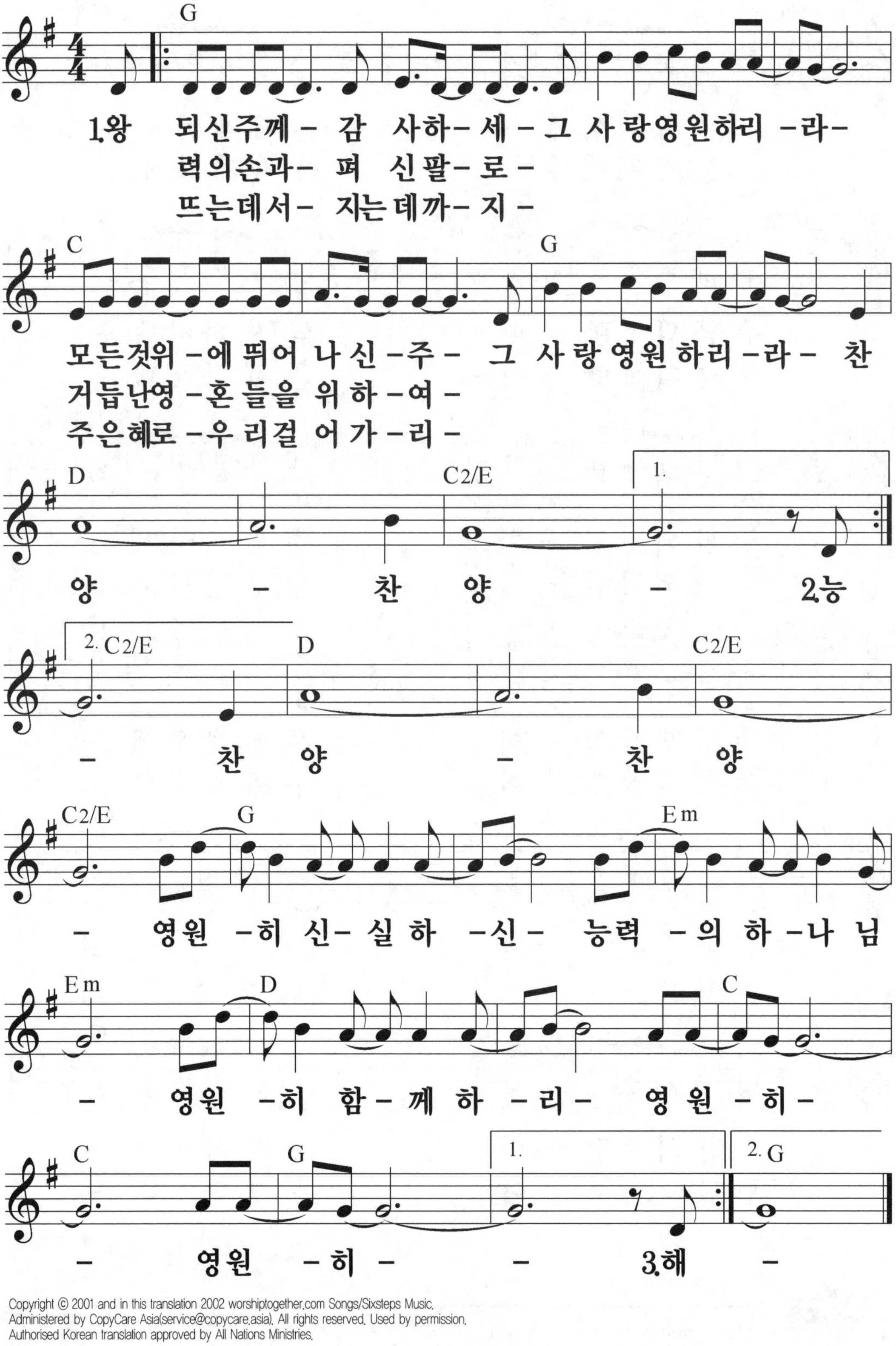

G
1.왕 되신주께- 감 사하-세-그 사랑영원하리 -라-
력의손과- 펴 신팔-로-
뜨는데서- 지는데까-지-
C
G
모든것위-에 뛰어 나 신-주- 그 사랑영원하리-라- 찬
거듭난영-혼 들을 위하-여-
주은혜로-우 리걸 어 가-리-
D
C2/E
1.
양 - 찬 양 - 2.능
2. C2/E
D
C2/E
- 찬 양 - 찬 양
C2/E
G
Em
- 영원 -히 신-실하 -신- 능력 -의 하-나 님
Em
D
C
- 영원 -히 함-께 하 -리- 영 원 -히-
C
G
1.
2. G
- 영원 -히 - - 3.해 -

왕의 왕 주의 주 492

(Lord Of Lords, King Of Kings)

Jessy Dixon, Randy Scruggs &
John W.Thompson

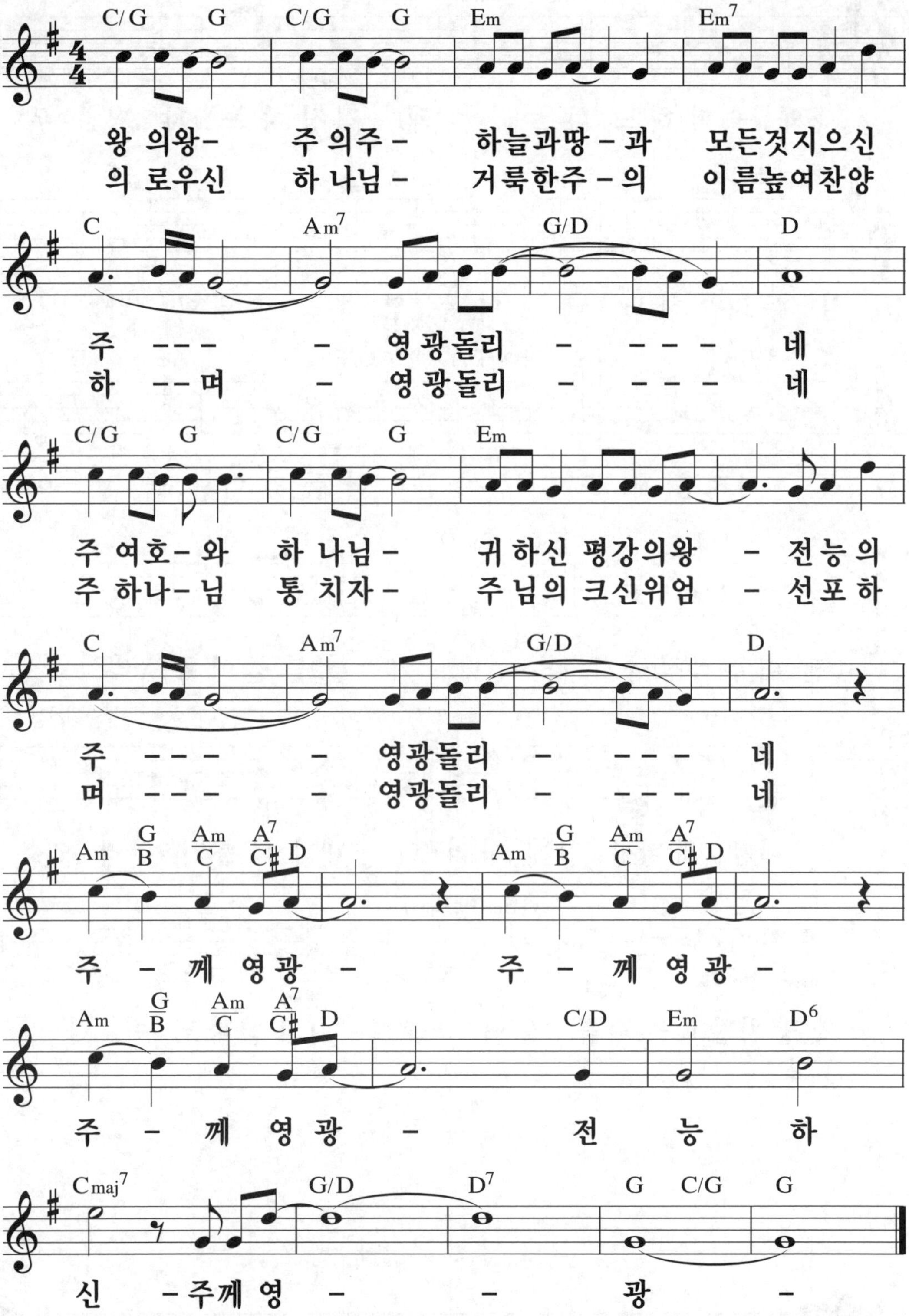

C/G G C/G G Em Em7

왕 의왕- 주 의주 - 하늘과땅 - 과 모든것지으신
의 로우신 하 나님 - 거룩한주 - 의 이름높여찬양

C Am7 G/D D

주 --- - 영 광돌리 - --- 네
하 -- 며 - 영 광돌리 - --- 네

C/G G C/G G Em

주 여호- 와 하 나님 - 귀 하신 평강의왕 - 전능의
주 하나- 님 통 치자 - 주 님의 크신위엄 - 선포하

C Am7 G/D D

주 --- - 영광돌리 - --- 네
며 --- - 영광돌리 - --- 네

Am G/B Am/C A7/C♯ D Am G/B Am/C A7/C♯ D

주 - 께 영광 - 주 - 께 영 광 -

Am G/B Am/C A7/C♯ D C/D Em D6

주 - 께 영 광 - 전 능 하

Cmaj7 G/D D7 G C/G G

신 - 주께 영 - - 광 -

G

493 왜 슬퍼하느냐

(왜)

최택헌

G D/F# Em Em7/D C G/B Am D

왜 슬퍼하느냐 왜 걱정하느냐 무

G D/F# Em Am C D

얼 두려워하느냐 아무 염려- 말아라

G D/F# Em Em7/D C G/B Am D

큰 어려움에도 큰 아픔있어도 이

G D/F# Em Em7/D C D7 G

젠 아무걱정하지 마 내가 널붙들어주리

C D7/C Bm Em7 C D G G7

내가너와항상 함께 하리-라 내가 너를지키리라

C G G Bm/F# Em D7 C Dsus D7 G

실망치말고- 나를 보아라 나는 너의하나님이라

400/ 나 약해 있을 때에도 401/ 나의 사랑 나의 생명 419/ 모든 지각에 뛰어나신

외로움도 견디어나겠소 494

(우리)

외로움도견디어나 겠 소 - 바 보란 소릴들어도좋
우리모두손을내밀 어 서 - 넘 어진형제일으켜주
옆에있는형제손을 잡 고 - 우 리 - 모두노래합시

소 - 나 를비웃는 그비웃음 듣 (을)그
세 - 사 람이살면 한번사는 것 - 걸
다 - 서 - 로보며 인사나누 고 - 우

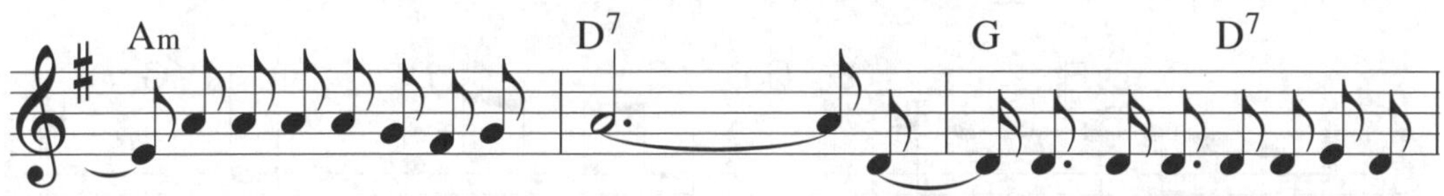

사랑으로받아주겠 소 - 이 모든 것이힘들다는
음멈추고생각해보 세 - 시 냇물 이강으로흘러
-리모두일어납시 다 - 우 -리 모두발을구룹

것을 - 당 신은나에게알려줬 소 당신의
서 - - 저 바다와하나가되듯 이 우리는
시다 - 이 렇게모든것이맞을 때 우리는

사랑은너 무나 많고크오그 래서 난-살아가겠 소
하나요당 신과 나도하나우 리는 하나가되야하 오
하나요당 신과 나도하나 우 리는 하나가되야하 오

407/ 내가 주를 위하여 408/ 내가 먼저 손 내밀지 420/ 내 인생 여정 끝내어

495 우리의 소원은

고형원

메들리 곡
426/ 다 표현 못해도 442/ 보혈을 지나 449/ 살아계신 하나님

우리 이 땅에 몸으로

496

송명희 & 김석균

G C G D7

우리– 이땅 에 몸 으로 태–어 나
혹은– 긴인 생 어 떤인 짧은인 생
주님– 안에 서 영 원한 생명얻 어

G G7 C G D7 G

무 슨–일 하다 가 무엇 을 남–기 랴
그 러–나 누구 도 영원 히 살수없 네
언 젠–가 또다 시 만날 수 있–기 에

G C G D7

우 리의 인생 을 누 가 대신 살아주 나
천 국이 없다 면 인 생 이란 허무한 것
우 리헤 어져 도 슬 프 지않을수–있 어

G C G A D

너와 내 가남 남으 로 주 앞 에설때 에
너와 내 가영 혼으 로 만 날 수없 다 면
너와 내 가영 혼으 로 또 다 시만 나 세

G C G D7 G

우리– 무엇으 로 주 님 께드 리 랴
우리– 이–별 을 어 떻 게견 디 랴
주님– 우리위 해 함 께 계시 리 라

G

6
407/ 내가 주를 위하여 449/ 살아계신 하나님 454/ 세상 모든 민족이

497 우리 함께 모여

(We're Together Again)

Gordon Jensen & Wayne Hilton

D7sus G G7 C C/B

우리함께모여 - 주의이름찬 양

Am7 Dsus4 D7 G Em

우리함께모여 - 주를부르 세 - - - - -

Am7 D7sus D7 G2 G C/D G

- 위 대 한 일행하셨 네 우 리 소 망충만해

C A/C# Am7/D D7 G

- 우리함께모여 - 주의 이름찬 양

메들리 곡

404/ 날 사랑하신 425/ 다 와서 찬양해 429/ 때로는 너의 앞에

은밀한 곳 조용한 곳에 498

(주 알기 원해 / In the secret In The Quite Place)

Andy Park

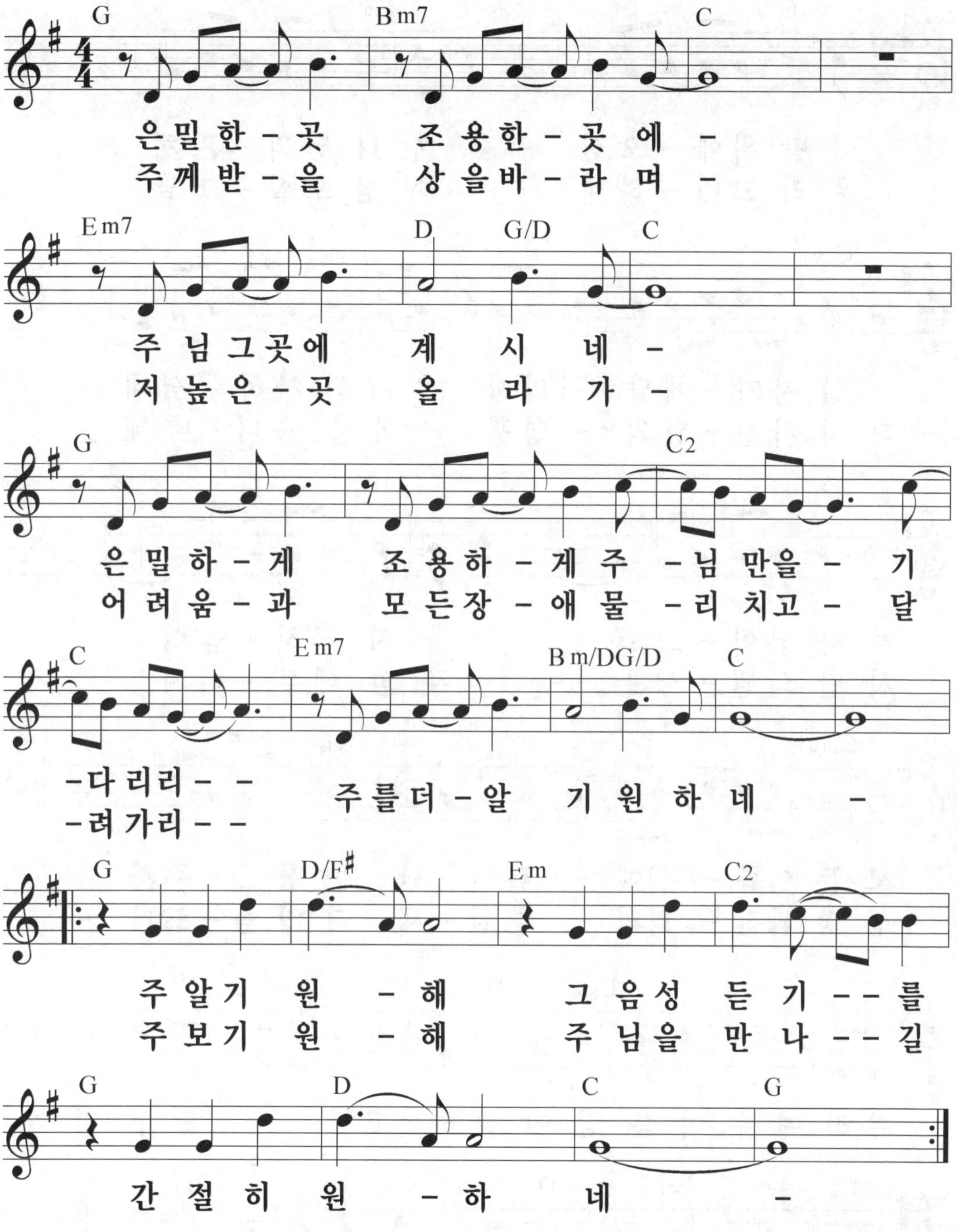

G Bm7 C

은밀한 – 곳 조용한 – 곳 에 –
주께받 – 을 상을바 – 라 며 –

Em7 D G/D C

주 님그곳에 계 시 네 –
저 높은 – 곳 올 라 가 –

G C2

은 밀 하 – 게 조 용 하 – 게 주 – 님 만을 – 기
어 려 움 – 과 모 든 장 – 애 물 – 리 치고 – 달

C Em7 Bm/D G/D C

–다 리리 – – 주 를 더 – 알 기 원 하 네 –
–려 가리 – –

G D/F# Em C2

주 알 기 원 – 해 그 음 성 듣 기 – – 를
주 보 기 원 – 해 주 님을 만 나 – – 길

G D C G

간 절 히 원 – 하 네 –

G

390/ 경배하리 내 온 맘 다해 453/ 성령님이 임하시면 502/ 일어나라 주의 백성

499 이 땅 위에 오신

(Hail to the King)

Larry Hampton

이 땅 위에 - 오신 - 하 나 님의 - 본체 -
우 리 고대 - 하네 - 주 님 오실 - 그날 -

십 자가 - 에달 - 리사 우 리죄 사하 - 셨네 -
다 시 사신 - 왕의 - 영광 이 땅 을비 - 추네 -

하 나 님이 - 그를 - 지 극히 - 높여 -
사 단 의권 - 세는 - 주 앞 에무 - 너져 -

모 든 이름 - 위에 - 뛰어 - 난 이 름을 - 주사 -
생 명 과진 - 리의 - 주권 - 세 가 장높 - 도다 -

우 리 예 수 이 름 앞 에 절 하 고 모 든 입 이

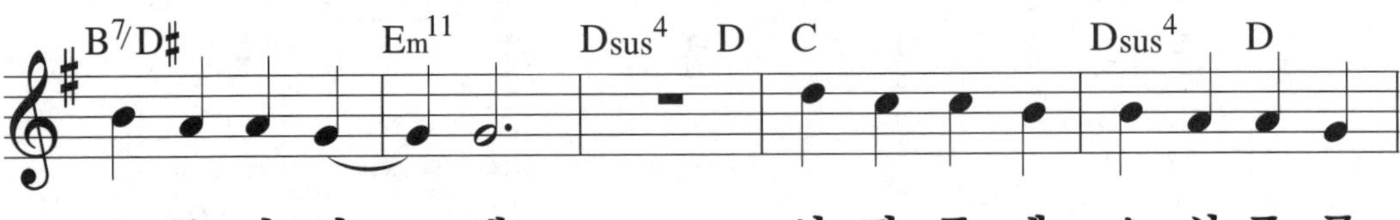

주 를 시 인 - 해 영 광 중 에 오 실 주 를

Em7 D C Dsus4 D G Bm G/B C
보 리 라 선 포 - 해 - 왕 께 만 세
G/B Am7 G Dsus4 D Em7 D
- 존 귀 와 위 엄 - 을 찬 양 해 왕 의 왕
C G/B Am7 G C D C/G G
께 만 세 주 - 예 - 수 하 나 님 -

G

500 이 세상 가장 아름다운

(그가 오신 이유)

김준영 & 임선호

이세상 – 가장아 –름다운 – 순종의눈 물 –

온세상 – 다시빛 – 나 게한 – 생 명 의눈 물 –

그가이 – 땅에오 – 신이유 죽어야 – 살게 – 되고 –

져야만 – 승리하는 – 놀랍고영 – 원한신 – 비 – 지으신

그 대 로 회 복 시 킨 우 리의창조주 그리스도 – 십자가

의길로 – 아버지 뜻이루셨 – 네 그가이땅에 오신이 – 유 이제우

리에 게 맡겨 진 그 소망그사랑 그생명 – 아름답 고 눈부신

십 자가의 – 길 우리 가 – 이땅 – 에살 – 아 갈 – 이유 –

인생길 험하고 마음 지쳐 501

(예수님 품으로)

조용기 & 김보훈

1. 인 생 길 험 하 고 마 음 지 쳐 살 아 갈
2. 평 생 의 모 든 꿈 허 물 어 져 세 상 의
3. 어 둔 밤 지 나 면 새 날 오 고 겨 울 이

용 기 없 어 질 때 너 홀 로 앉 아 서 낙 심 치 말
친 구 다 떠 날 때 어 둠 에 앉 아 서 울 지 만 말
가 면 봄 이 오 듯 이 세 상 슬 픔 이 지 나 고 다

고 예 수 님 품 으 로 나 – 오 시 오
고 예 수 님 품 으 로 나 – 오 시 오
면 광 명 한 새 날 이 다 – 가 오 네

예 수 님 은 나 의 생 명 믿 음 소 망 사 랑 되 시 니

십 자 가 보 혈 자 비 의 손 길 로

상 처 입 은 너 – 를 고 – 치 시 리

G

388/ 거룩 거룩 거룩하신 주 389/ 겟세마네 동산에서 406/ 낮엔 해처럼

502 일어나라 주의 백성

미가엘 1698

이천

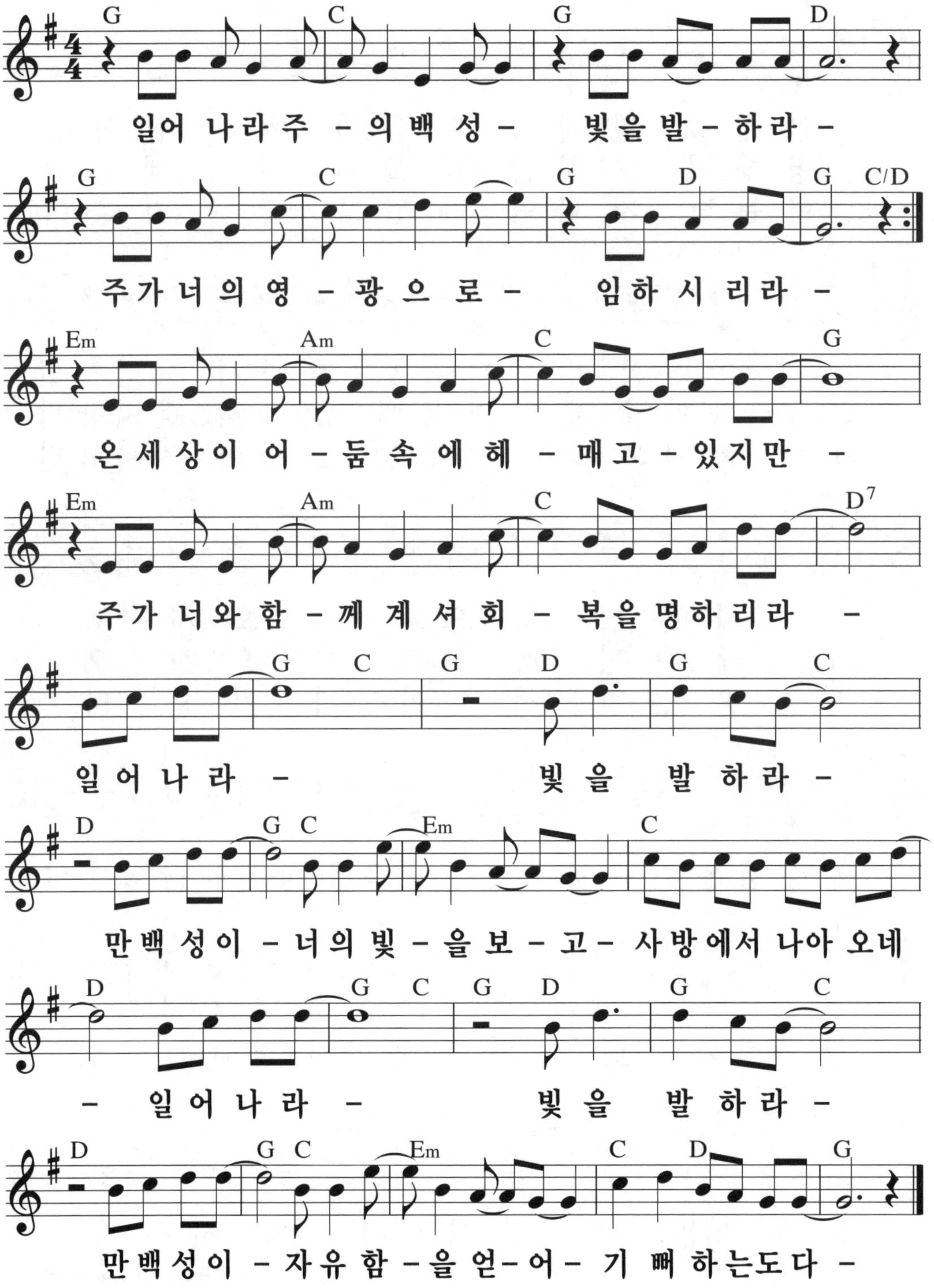
G C G D
일어 나라주 –의백 성– 빛을발–하라 –
G C G D G C/D
주가너의영 –광으 로– 임하 시 리라 –
Em Am C G
온세상이 어 –둠 속 에 헤 – 매고 –있지만 –
Em Am C D7
주가 너와함 –께 계 셔 회 – 복을명하 리라 –
G C G D G C
일어 나 라 – 빛 을 발 하라 –
D G C Em C
만백 성이 – 너의빛 –을 보 – 고– 사방에서 나아 오네
D G C G D G C
– 일 어 나 라 – 빛 을 발 하 라 –
D G C Em C D G
만백성이 – 자유함 –을 얻– 어– 기 뻐 하는도다 –

메들리 곡 387/ 거룩한 주님의 성전에 453/ 성령님이 임하시면 498/ 은밀한 곳 조용한 곳에

일어나라 찬양을 드리라 503

(일어나 찬양 / Arise and sing)

Mel Ray

일 어 나라 찬 양 을드리라우릴 구 원하신주 께 일

어 나라 찬 양 을드리라우릴 구 원하신 주 께

마음열고주님앞 에 기뻐해 마음열고주님앞 에 기뻐해

마음열고주님앞 에 기뻐해주님 은 우 리 왕

G

392/ 그리 아니하실지라도 425/ 다 와서 찬양해 431/ 마지막 날에

504 저 죽어가는 내 형제에게

미가엘 1635

(메마른 뼈들에 생기를)

고형원

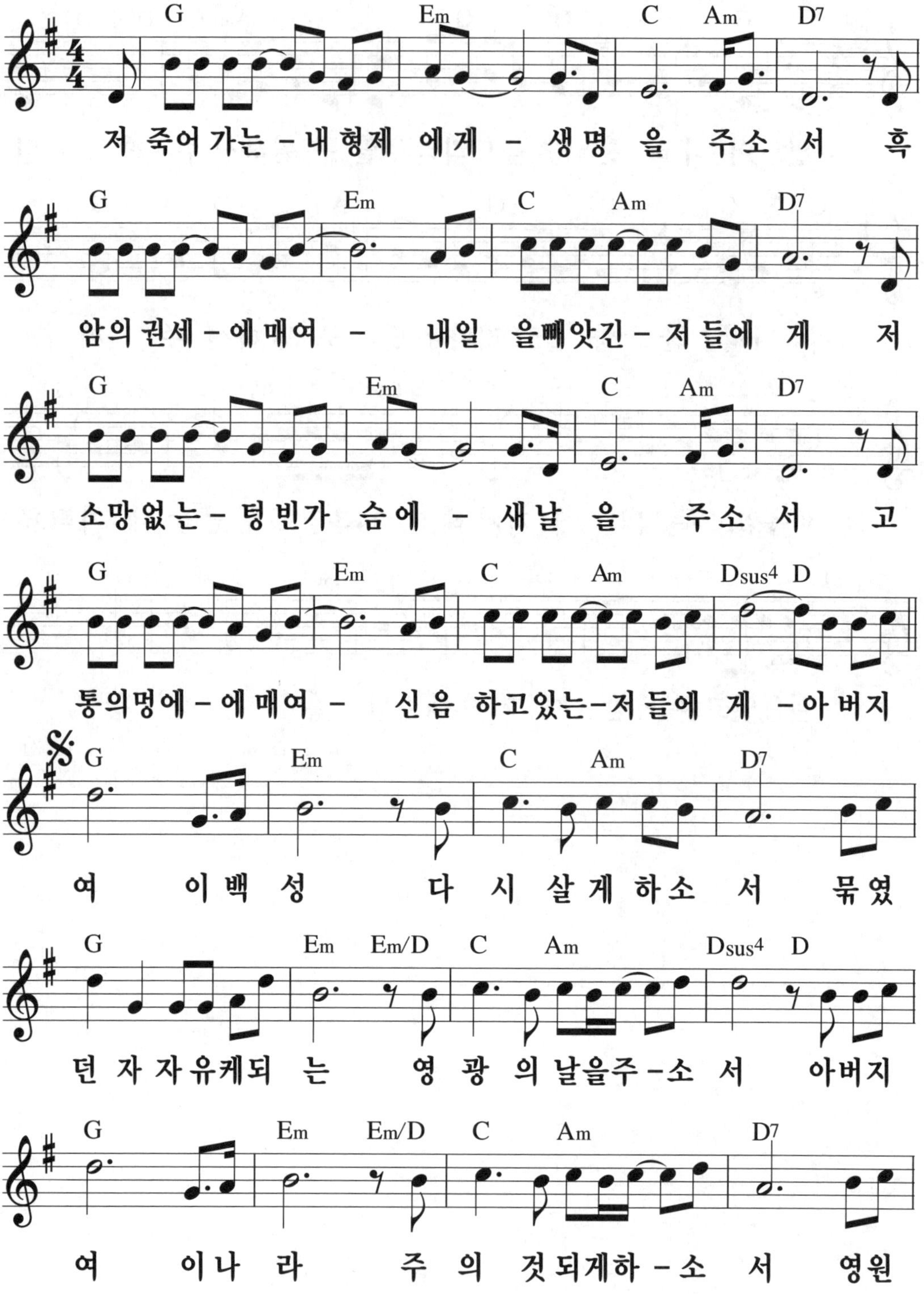

G Em C Am D7
저 죽어가는 - 내형제 에게 - 생명 을 주소 서 흑
G Em C Am D7
암의권세 - 에매여 - 내일 을빼앗긴 - 저들에 게 저
G Em C Am D7
소망없는 - 텅빈가 슴에 - 새날 을 주소 서 고
G Em C Am Dsus4 D
통의멍에 - 에매여 - 신음 하고있는 - 저들에 게 - 아버지
G Em C Am D7
여 이백 성 다 시 살게하소 서 묶였
G Em Em/D C Am Dsus4 D
던 자 자유케되 는 영 광 의 날을주 - 소 서 아버지
G Em Em/D C Am D7
여 이나 라 주 의 것되게하 - 소 서 영원

저 죽어가는 내 형제에게

G

505 저 멀리뵈는 나의 시온성

(순례자의 노래)

3/4

G G7 C G Em

저 멀 리 뵈 는 나 의 시 온 성 오 거 룩 한 곳
아 득 한 나 의 갈 길 다 가 고 저 동 산 에 서

A D D7 G G7

아 버 지 집 – 내 사 모 하 는 집 에
편 히 쉴 때 – 내 고 생 하 는 모 든

C G Am D7 G G7

가 고 자 한 밤 을 새 웠 네 –
일 들 을 주 께 서 아 시 리 –

C G D7

저 망 망 한 바 다 위 에 이 몸 이 상
빈 들 이 나 사 막 에 서 이 몸 이 곤

D7 G G7

할 지 라 도 – 오 늘 은 이 곳 내 일 은
할 지 라 도 – 오 내 주 예 수 날 사 랑

C G C G D7 G

저 – 곳 주 복 음 전 하 리 –
하 – 사 날 지 켜 주 시 리 –

메들리 곡 394/ 기도할 수 있는데 401/ 나의 사랑 나의 생명 406/ 낮엔 해처럼

정결한 마음 주시옵소서 506

(Create in me a clean heart)

Keith Green

정 결 한마음주시 옵 소서 - 오 - 주 님

정직한영을 새 롭게하소 서 - - 나를

주 님앞 에서 - 멀리 하 지 마 시고 - 주의

성 령을 거 두지 마옵 소 서 - 그

구 원 의 기 쁨 다 시 회 복 시 키 시 - 며

변 치 않는맘 내 안 에 주 소 서 -

G

398/ 나는 주를 작게 보았네 400/ 나 약해 있을 때에도 408/ 내가 먼저 손

507 죄 많은 이 세상은

(이 세상은 내 집 아니네)

죄 많은이 세상은 내집아니네 내 모든보화는 저
저 천국에서모두 날기다리네 내 주예수피로 죄
저 영광의땅에나 길이 살겠네 손 잡고승리를 외

하늘에있네 저 천국문을열고 나를부르네
씻음받았네 나 비록약하나주 님날지키리
치는성도들 이 기쁜찬송하늘 울려퍼지네

나 는 이 세상에 정 들 수 없도다

오 주 님 같 은 친 구 없 도 다 저 천국 없으면 난

어떻게하나 저 천국문을열고 나를부르네

나 는 이 세상에 정 들 수 없도다

424/ 누구든지 목마르거든 450/ 생명 주께 있네 483/ 예수 안에 있는

죄악에 썩은 내 육신을 508

(주님의 빚진 자)

김석균

죄악에썩은 내-육신을 주님이 쓰시려했 네 --
먹물로칠한 내-육신을 주님이 희게하셨 네 --
평생갚아도 빚진자 되어 주님의 빚진자되 어 --

죽음의덫에 걸려있는몸 주님이 쓰시려했 네
십자가보혈 증거하라고 주님이 살-리셨 네
주님가신길 택하였건만 눈물만 솟-구치 네

속죄하는손 치유하시고 속죄하는발 치유하셨네
기도할때에 음성주시고 찬송할때에 기쁨되시네
생명주신이 주님이시라 능력주신이 주님이시라

새생명얻은 이몸다바쳐 주님께 영광돌리 리
내작은입이 내작은몸이 주님의 붙들린자 라
말씀전하여 복음전하여 주님의 빚을갚으 리

G

509 주가 지으신 주의 날에

(기쁨의 노래)

박기범, 이지음 & 이지음

주가 지으신 주의 날에

Gsus4 G Gsus4 G D/E Em D/E E7
기 뻐- 기 쁨으로- 노래 하 네- 노 래 해-
기 뻐- 기 쁨으로- 춤을 추 네- 춤 추 네-
Am7 Dsus4 D 1. F Dsus4 D
나 를구-원 하 -신 주- 생 명 주셨 네 -
승 리하-신 왕 -의 왕-
2. F Dsus4 D G
다 스 리 시 네 - 기 뻐 해

G

510 주 계신곳 나 찾으리

(날 새롭게 하소서)

미가엘 1755

정장철

주 계 신곳 - 나 찾 으리- -

주 님 앞 에 - 나 가 - 주 뵈 오 리 -

날 새롭게하 - 소 서 - 날 새롭게하 - 소 서 -

날 새롭게하 - 소 서 - 주님 - 이 시간 -

내 모 든것 - 맡 기 리라 -

나의연약한모 습 주 - 님 고 치리 - 이 시 - 간 -

날 새롭게하 - 소 서 - 날 새롭게하 - 소 서 -

날 새롭게하 - 소 서 - 주님 - 이 시간 -

399/ 나는 주만 높이리 403/ 나의 슬픔을 418/ 내 앞에 주어진

주 날 구원했으니

(멈출 수 없네)

심형진

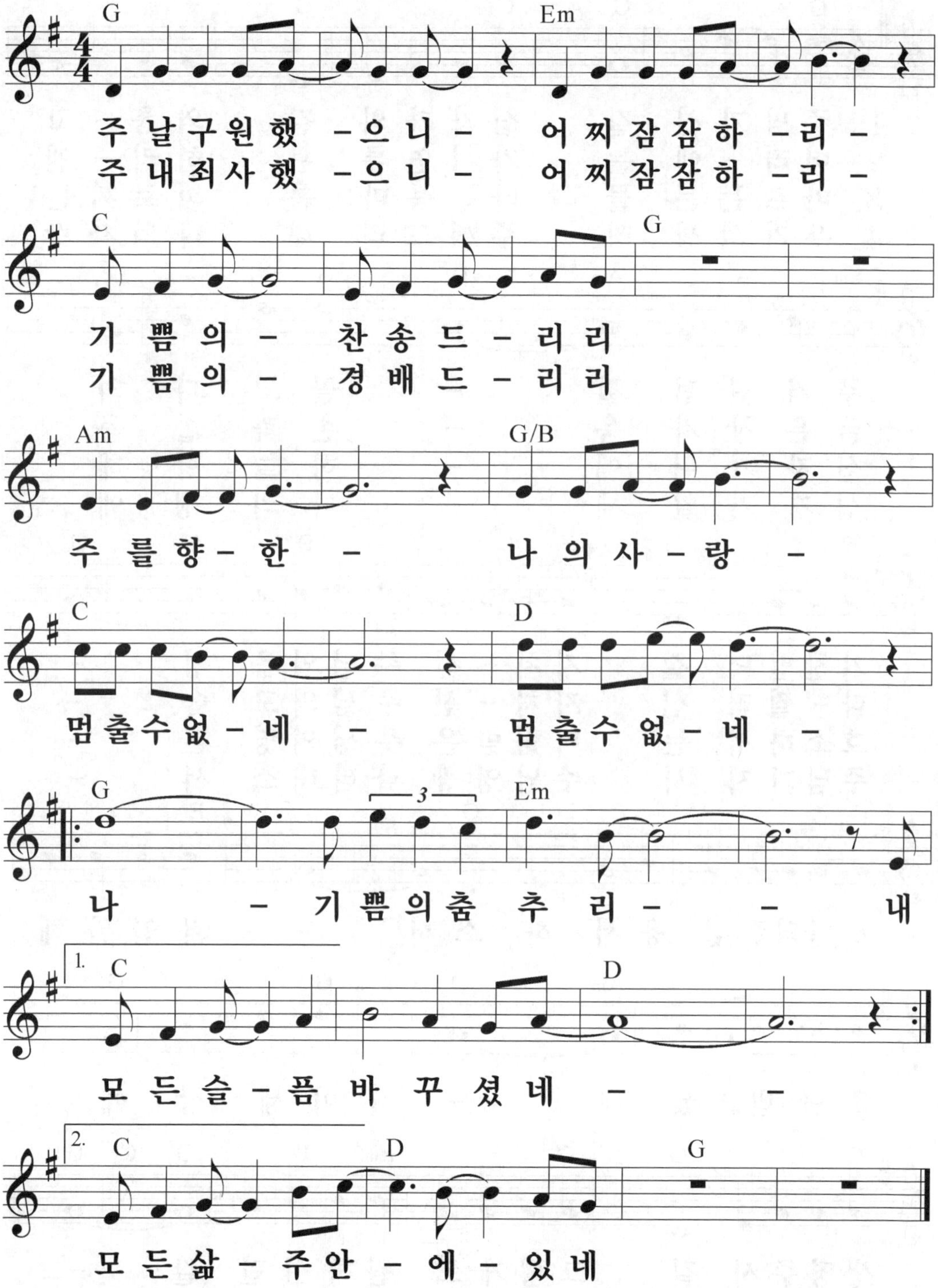

G Em

주 날 구 원 했 -으 니 - 어 찌 잠 잠 하 -리 -

주 내 죄 사 했 -으 니 - 어 찌 잠 잠 하 -리 -

C G

기 쁨 의 - 찬 송 드 - 리 리

기 쁨 의 - 경 배 드 - 리 리

Am G/B

주 를 향 - 한 - 나 의 사 - 랑 -

C D

멈 출 수 없 - 네 - 멈 출 수 없 - 네 -

G Em

나 - 기 쁨 의 춤 추 리 - - 내

1. C D

모 든 슬 - 픔 바 꾸 셨 네 - -

2. C D G

모 든 삶 - 주 안 - 에 - 있 네

G

387/ 거룩한 주님의 성전에 431/ 마지막 날에 483/ 예수 안에 있는 나에게

512 주님 가신 길

김영기 & 최형섭

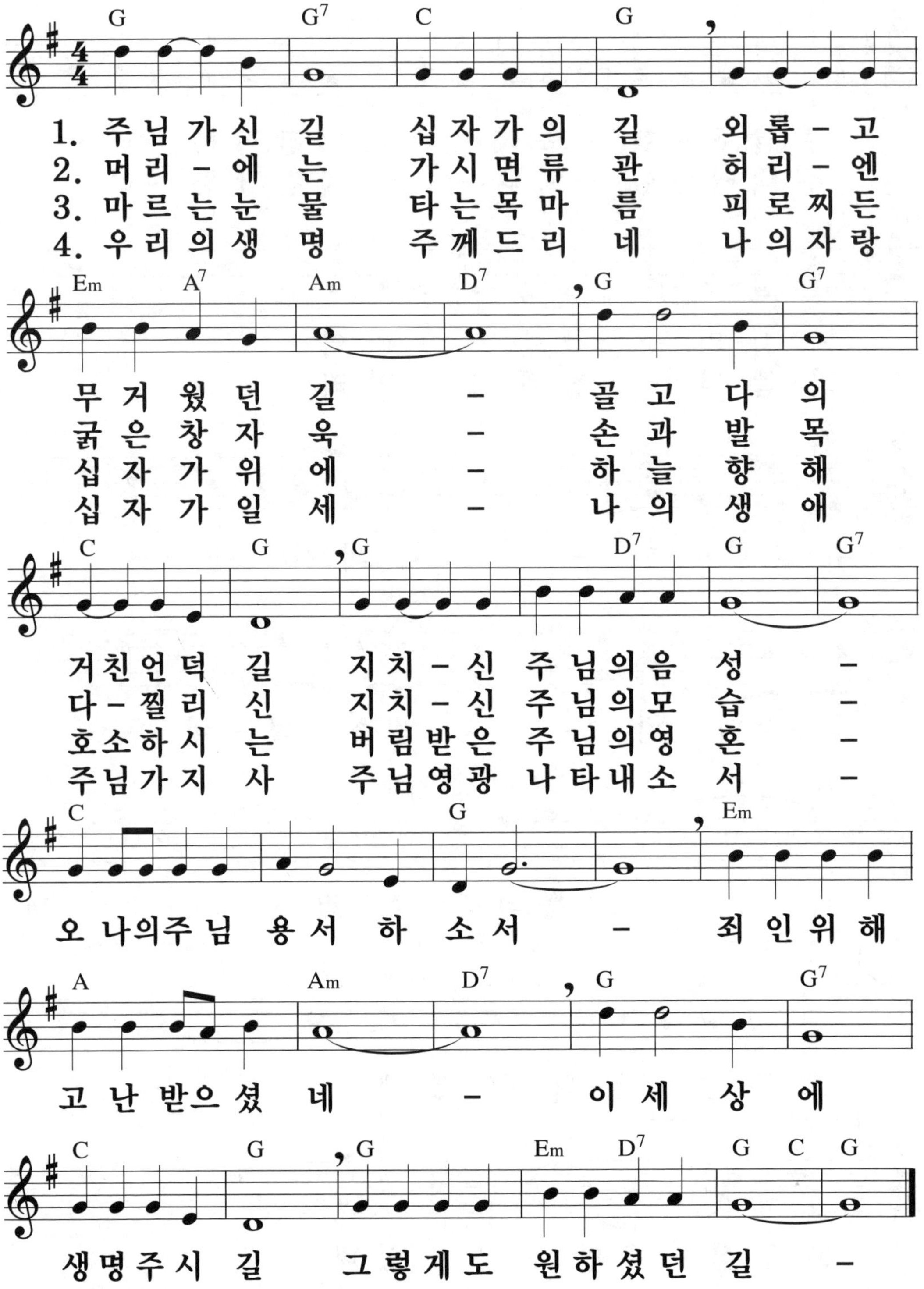

1. 주님가신 길 십자가의 길 외롭-고 무거웠던 길 - 골고다의 거친언덕 길 지치-신 주님의음성 -
2. 머리-에는 가시면류관 허리-엔 굵은창자욱 - 손과발목 다-찔리신 지치-신 주님의모습 -
3. 마르는눈물 타는목마름 피로찌든 십자가위에 - 하늘향해 호소하시는 버림받은 주님의영혼 -
4. 우리의생명 주께드리네 나의자랑 십자가일세 - 나의생애 주님가지사 주님영광 나타내소서 -

오 나의주님 용서하소서 - 죄인위해 고난받으셨네 - 이세상에 생명주시길 그렇게도 원하셨던 길 -

411/ 내게 강 같은 평화 424/ 누구든지 목마르거든 508/ 죄악에 썩은

미가엘
765

주님께 찬양하는

513

현윤식

G C G
주 님께 – 찬 양하는 우리의마 음

Am D7 G G7
얼마 나 아름 다 운 지 –

C Am G Em
주 님 께 – 찬 양하 는 모 든순 간

Am7 D7 G C G G Bm
내마 음 천 국일 세 – 찬 양

Em C D7 G G7
찬 – – – – 양 주님 께 찬양 드려 요 –

C Am G Em
두 손을 – 높 이들 고 마 음을 모 아

Am7 D7 G C G
주 님 께 찬 양 드 려 요 –

G

393/ 기도하자 우리 마음 합하여 507/ 죄 많은 이 세상은 508/ 죄악에 썩은

514 주님께 감사해

(존귀한 어린양 / Worthy is the Lamb)

Darlene Zschech

G C G/B C Dsus4 D

주 님 께 감 사 - - 해 - 생 명 주 신 그 사 - 랑

사 - - 해 - 날 위 해 못 박 힌 - 손

G D/E Em7 1.D C

- 내 부 끄 러 운 죄 - 를 - 사 하 시 - 고 - 놀

- 주 의 보 혈 로 나 - 를 - 씻

Am7 G/B Dsus4 D G /B

라 운 은 - 혜 - 주 - 네 주 님 께 감

2.D C Am7 G/B Dsus4 D/F♯

으 시 - 고 - 주 품 - 에 품 으 - 시 네 - 존

𝄋 G D/F♯ Am7 G/B C2

귀 한 - 어 - 린 양 - - - - 좌 정 - 하 - 신 주 - - - -

D D/C G/B C Am7 Am7/G D /F♯

면 류 관 - 쓰 신 - 주 - 님 - 날 다 스 리 - 시 네 -

G D/F♯ Am7 G/B C2

하 나 - 님 - 아 들 - - - - 높 여 - 경 - 배 해 - - - - - 십

주님께 감사해

D D/C G/B C
자 가 에 달 - 리 - 신 - 주 - 님 -
D sus4 Am7 G/B C
존 귀 하 신 - - 주 - - 어 린 양 찬
Am7 G/B D sus4 Am7 G/B
- - 양 - - 어 린 양 찬 - 양 -
C Last to Coda Am7 G/B 1.D sus4
- 존 귀 하 신 - - 주 - 어 린 양 찬
2.D sus4 D/F♯ Am7 G/B D G
D.S. al Coda
- - - 주 - -

G

515 주님 내 길 예비하시니

(여호와 이레)

미가엘 772

홍정표

G C G D G

1.주 님 내 길 예비하시니 나 기뻐합 니 다
2.주 님 내 게 평화주시니 나 기도합 니 다
3.주 님 내 게 승리주시니 나 찬송합 니 다
4.주 님 나 를 치료하시니 참 감사합 니 다
5.주 님 나 를 사랑하셨네 날 구원하 셨 네

G C G D7 G

주 님 내 길 예비하시니 나 기뻐합 니 다
주 님 내 게 평화주시니 나 기도합 니 다
주 님 내 게 승리주시니 나 찬송합 니 다
주 님 나 를 치료하시니 참 감사합 니 다
주 님 나 를 사랑하셨네 날 구원하 셨 네

G C G D7 G

여 -호와 이 레 여 -호와 이 레
여 -호와 샬 롬 여 -호와 샬 롬
여 -호와 닛 시 여 -호와 닛 시
여 -호와 라 파 여 -호와 라 파
할 렐루야 아 멘 할 렐루야 아 멘

G C G D7 G

주 님 내 길 예비하시니 여 -호와 이 레
주 님 내 게 평화주시니 여 -호와 샬 롬
주 님 내 게 승리주시니 여 -호와 닛 시
주 님 나 를 치료하시니 여 -호와 라 파
주 님 나 를 사랑하셨네 할 렐루야 아 멘

393/ 기도하자 우리 마음 합하여 483/ 예수 안에 있는 508/ 죄악에 썩은

미가엘 854

주님여 이 손을

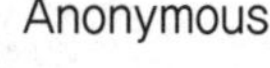

Anonymous

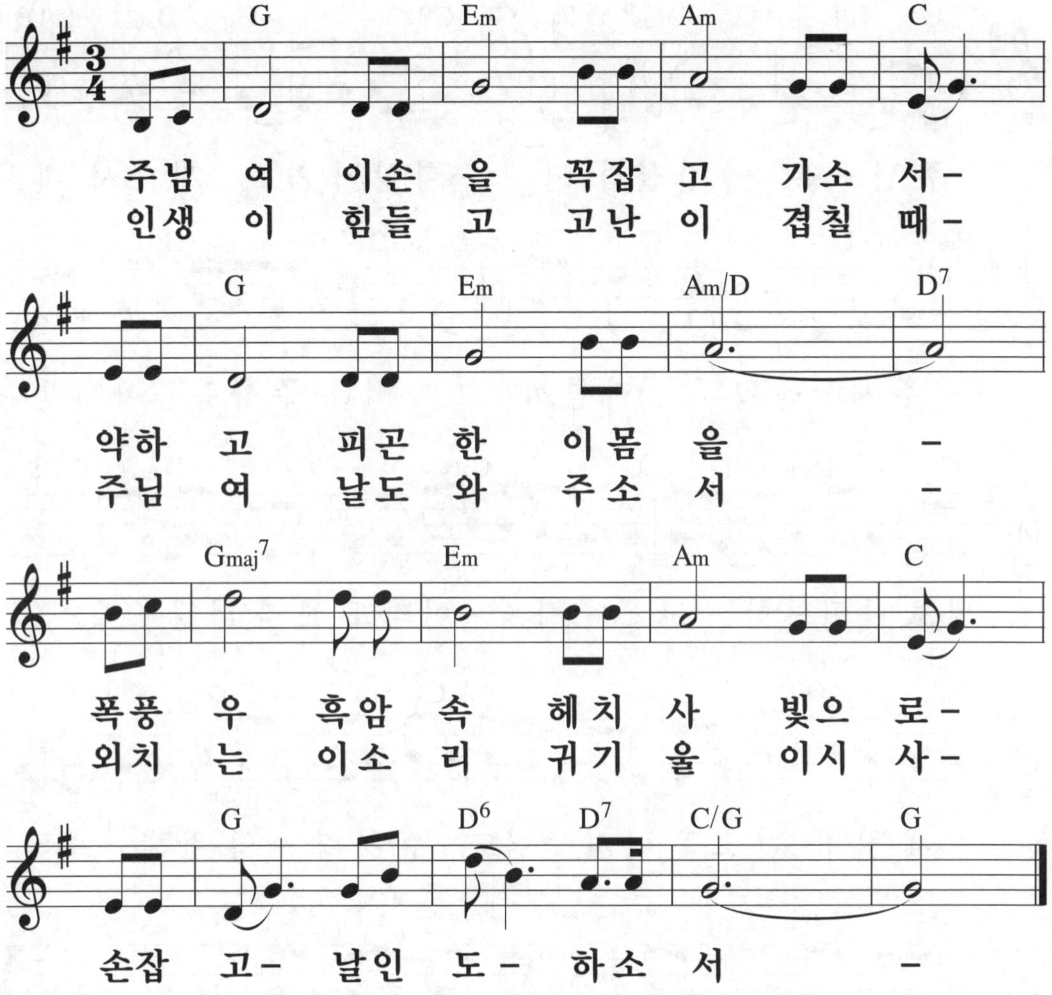
G Em Am C
주님 여 이손 을 꼭잡 고 가소 서–
인생 이 힘들 고 고난 이 겹칠 때–
G Em Am/D D7
약하 고 피곤 한 이몸 을 –
주님 여 날도 와 주소 서 –
Gmaj7 Em Am C
폭풍 우 흑암 속 헤치 사 빛으 로–
외치 는 이소 리 귀기 울 이시 사–
G D6 D7 C/G G
손잡 고– 날인 도– 하소 서 –

G

메들리 곡 388/ 거룩 거룩 거룩하신 주 420/ 내 인생 여정 끝내어 449/ 살아계신 하나님

517 주님은 신실하고

(Sweeter Than The Air)

Scott Brenner & Andre Ashby

주 님 - 은 - 신 실 하 고 - 항 상 거 기 - 계 - 시 네

- 주 사 랑 을 뭐 - 라 할 까 - 주 사 랑 - 이 내 생

명 보 다 귀 - 하 - 고 - 주 사 랑 - 이 파 도 보 다 더 강 - 해 - 요

- 세 월 이 - 가 고 꽃 이 시 들 어 도 - 주 사 랑 - 영 원 해 - 주 님

-사 랑 - 신 실 해 - 요 - 사 랑 - 신 실 해 - 요 - -

메들리 곡

400/ 나 약해 있을 때에도 416/ 내 손을 주께 높이 426/ 다 표현 못해도

주님의 손으로 518

(Hold me Lord)

Danny Daniels

주님의- 손으로- 나-를- 붙 드 소 서
주님의- 사랑으로- 나-를- 만 지 소 서

주님의- 성령으로 나-를- 채 워 주 소 서 -
내삶을- 드림으로 주님께- 영 광 돌 리 리 -

찬양 할 렐 --루- 야 - 찬양 할 렐 --루- 야 -

찬양 할 렐 --루- 야 - 찬양 할 렐루 야

할렐루 야 할렐 루 할렐루 야 할렐 루

G

519 주님의 영광 나타나셨네

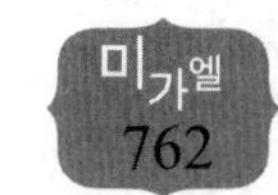

(The Lord has displayed His glory)

미가엘 762

David Fellingham

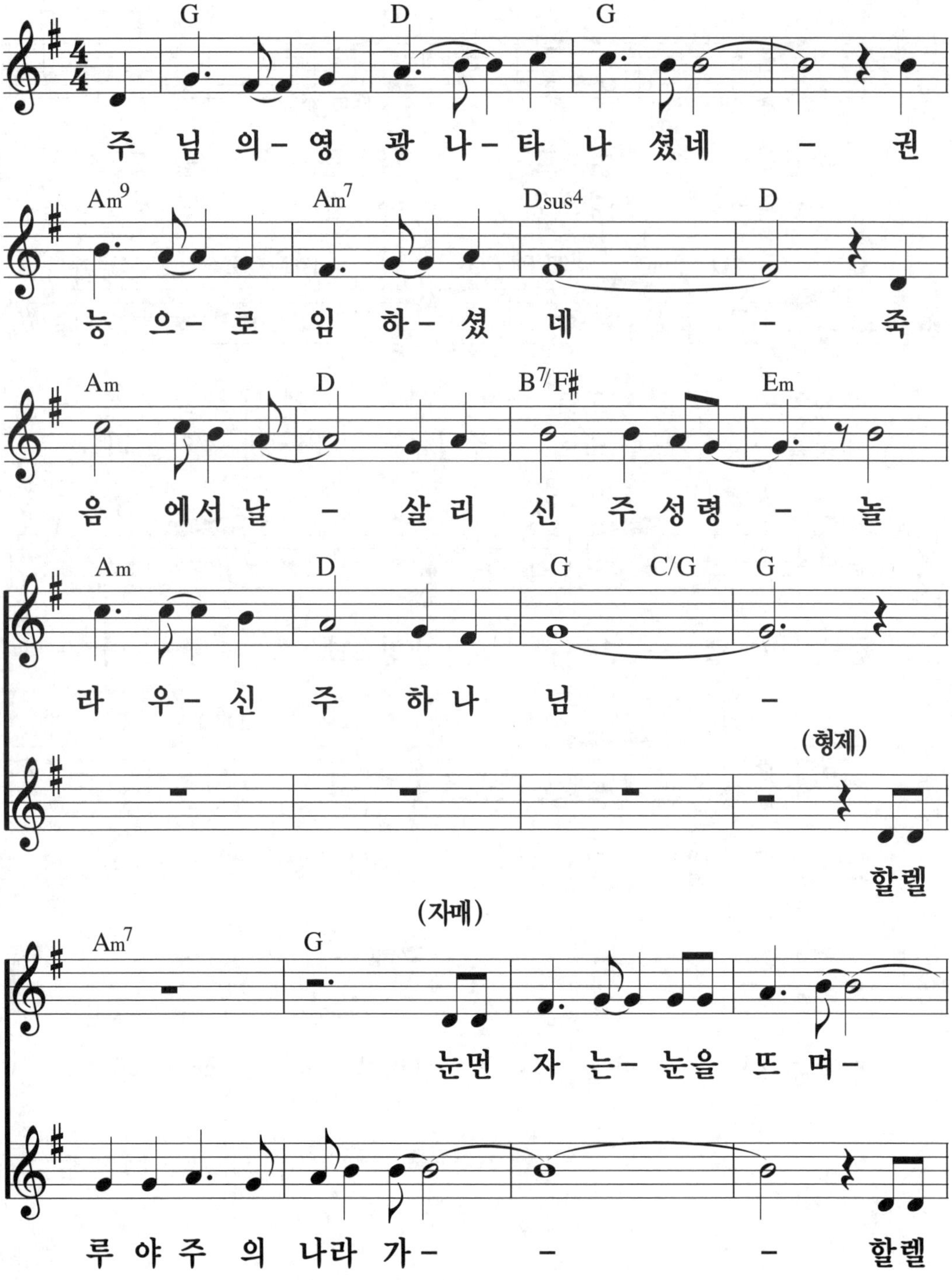
G D G
주 님 의- 영 광 나- 타 나 셨네 - 권
Am9 Am7 Dsus4 D
능 으- 로 임 하- 셨 네 - 죽
Am D B7/F# Em
음 에서 날 - 살 리 신 주 성령 - 놀
Am D G C/G G
라 우- 신 주 하 나 님 -
(형제)
할렐
(자매)
Am7 G
눈먼 자 는- 눈을 뜨 며-
루 야 주 의 나라 가- - - 할렐

Am7
G
Em7
Bm
E
– – 저는 자 는– 걷게되리–
루야 임 하 소–서– – – –
Am
D6
D7
Bm7
E7
나는선포하 – 리 만왕의왕예 – 수
Am9
D7
G
C/G
G
주 의나 라 임하시네 – –

520 주님 품에 새 생활하네

(주 안에 새 생활)

J. W. Peterson

G C A7 D7

주 님 품 에 - 새 생 활 하 네 - 오
주 님 품 에 - 새 생 활 하 네 - 이

B7 Em A7 D7 G A7 D7

영 광 의 빛 큰 은 혜 또 자 유 주 시 도 다 - 죄
전 것 은 다 지 나 고 새 피 조 물 되 었 네 - 주

G C A7 D7

악 의 생 활 - 다 사 라 지 고 - 참
하 나 님 과 - 화 목 한 새 삶 - 또

B7 Em D7 G D7 G

밝 은 영 광 이 내 게 빛 나 네 주 안 의 새 생 활
주 는 나 의 참 생 명 되 셨 네 주 안 에 새 생 활

446/ 빈들에 마른 풀 같이 552/ 해 아래 새 것이 없나니

미가엘 1573

주님 한 분 만으로

521

박철순

주님 한분만으로- 나는 만족- 해- 나의 모든것되신- 주님

찬양-해- 나의 영원한생명- 되신 예수-님- 목

소리높-여찬 양 해 주 님 의 크신 사랑찬-양해- 나의

힘 과 능력-이 되신-주- 나의 모든삶- 변화

되 었-네- 크신 주의사랑 찬 양 해

G

397/ 나는 주님을 찬양하리라 399/ 나는 주만 높이리 403/ 나의 슬픔을

522 주를 높이기 원합니다

(I give You my heart)

Reuben Morgan

G D/F♯ Em C/G C D/F♯

주를 높 - 이 기 - - - - - 원 합 니 다
내안 의 - 모 든 - - 것 - - 찬 양 하 리

Em D/F♯ G 1.Fsus2 F C C/D

온 마 음 - 다 해 - - - 경 배 하 리 - -
오 직 주 - 님 만 - - - - 높 이 리

2.Fsus2 F C C/D G D/F♯ Am7

- - 나 의 맘 과 영 혼 - 다 주 께 드 - 려 - - 주

C/D G D/F♯

위 해 살 리 라 나 의 모 든 호 - 흡 - 삶 의 모 든 순 - 간 에

Am7 C/D G

- - 주 뜻 이 루 소 서 -

416/ 내 손을 주께 높이 426/ 다 표현 못해도 449/ 살아계신 하나님

주 보좌로부터 물이 흘러 523

(주님의 강이 / The river is here)

Andy Park

1. 주 보좌 – 로 – 부 터 물이 – 흘러 닿는곳 – 마 – 다 새
2. 주 님의 – 강 – 이 충 만케 – 되네 닿는자 – 마 – 다 치
3. 주님 – 의 – 산 에 올라 – 가 리 주계 – 신 – 보 좌

로워지네 – – 골 짜 – 기 – 를 지나 들판 – 으로
유케되네 – 그 강가 – 에 – 있 는 – 병 든 – 자들
찾 – 으려 – 그 강변 – 에 – 우 리 – 달 려 – 가서

생수 – 의강물 – 흘 러 넘 – 치네
주갈 – 급하며 – 돌 아 오 – 리라 주 님의 강이 – 우릴 즐겁
춤을 – 추 – 며 주를 찬 양 – 하리

G

– 게 – 해 주 님의 강이 – 춤 추 게 – 해 – 주 님의강이

– 우릴 새롭 – 게 – 해 기쁨 – 으로 충 만 케하네 –

387/ 거룩한 주님의 성전에 405/ 나의 왕께 찬양해 483/ 예수 안에 있는

524 주 보혈 날 정결케 하고

(주의 손에 나의 손을 포개고)

주영광

주보혈 날정결케하 – 고 주보혈날자유케하니 주앞

에 나예배하는이 시 간 나의모 든것을주께드리

네 주의 손 날위해찢기 셨고 주의발 날위해박히

셨으니 이제 는 내가사는것이 아 니 요 오직주를위해사는것이

라 – 주의손에나의손을 포개고 또

주의발에나의발을포개어 나 주와함께죽고 또

주와함께살리라 – 영 원 토록 – 주위해살리 – 라 –

– 라 – 주위해살리 – 라 – –

주 보혈로 나 사심은 525

(어찌 날 위함이온지 / And Can It Be That I Should Gain?)

Camp Kirkland, D.Charles Wesley,
Thomas Campbell

G C D G C D
주 보 혈 로 날 사 - 심 - 은 그 뜻 - 이 -
하 늘 보 좌 아 버 - 지 - 집 겸 손 - 히 -
나 는 주 의 소 유 - 되 - 고 주 는 - 나 -

G A A7 D7 G/D D7 G
깊 고 - 크 셔 라 상 하 심 과 - 죽 으 심
떠 나 - 신 그 뜻 주 의 사 랑 - 사 랑 만
의 상 - 전 이 니 그 명 령 만 - 따 르 오

D C G/B C G/D D7 G D7
이 어 찌 - 날 위 - 함 이 온 지 놀 라 워
이 그 일 - 을 이 - 루 셨 도 다
리 공 의 - 의 옷 - 입 고 살 리

G C A7 D G C
라 주 - 사 - 랑 - 이 - - 날 위 - - 해 죽 - - 으

D D7 G D D7
신 - - 사 랑 놀 라 워 라 주 사 랑

G C G Am G/D D7 G
이 어 찌 날 위 함 - 이 온 지

G

526 주 신실하심 놀라워

(주님의 은혜 넘치네 / Your Grace is Enough)

Matt Maher & Chris Tomlin

주 신 - 실 하 - 심 놀 - 라 워 -
공 의 - 와 사 - 랑 놀 - 라 워 -

죄 인 - 의 마 - 음 흔 - 드 네 -
약 한 - 자 들 - 어 쓰 - 시 네 -

자 비 - 의 물 - 가 로 - 인 도 - 하 시 - 니
구 원 - 의 노 - 래 로 - 인 도 - 하 시 - 니

그 무 - 엇 도 - 끊 지 - 못 해 - 주 여
만 백 - 성 함 - 께 찬 - 양 해 -

기 억 - 하 소 서 - 주 백 성 - 자 녀 들 - 신

실 한 - 주 님 의 - 약 - 속 - 주

G D Em7 C
님 의 은 혜 - 내 게 넘 치 네 - 나
G D C 1.
를 향 한 주 - 은 - - 혜 -
2.C G D Em7 C
주 님 의 은 혜 - 이 땅 에 부 으 소 서 - 나
나 를 덮 는 사 랑 -
G D 1. C
를 향 한 주 - 은 - - 혜 - 넘 - 치 는 - 주
2. C G
- 은 - - - 혜 -

G

527 주 여호와의 신이

(기름 부으심)

신상우

C/D D/F♯ G C/D G/B

영 광 - 나타 내게하 -소서 - 주님의 성 령 - 내

C Am7 G/D Em7 Am7 C/D 1. G C/D D

-게 임하여 - 하늘의 영 광 - 나타 내 게 하 소 서 주님의

2. G 5 D♭/E♭ E♭7

서 - 주 님의

A♭ A♭/C D♭ B♭m7 D♭/E♭ E♭/G

성 령 - 내 -게 임하여 - 하늘의 영 광 - 나타

A♭ D♭/E♭ A♭/C D♭

내게하 -소서 - 주 님의 성 —— 령 내 -게 임하여 - 하늘의

A♭/E♭ D♭/E♭ A♭/E♭ D♭/E♭

영 광 - - 하늘의 영 광 - - 하늘의

A♭/E♭ B♭m7 D♭/E♭ D♭/E♭ E♭ A♭

영 광 - - 나 타 내 게 하 소 서

G

528 주 예수의 이름 높이세

(We want to see Jesus lifted high)

Doug Horley

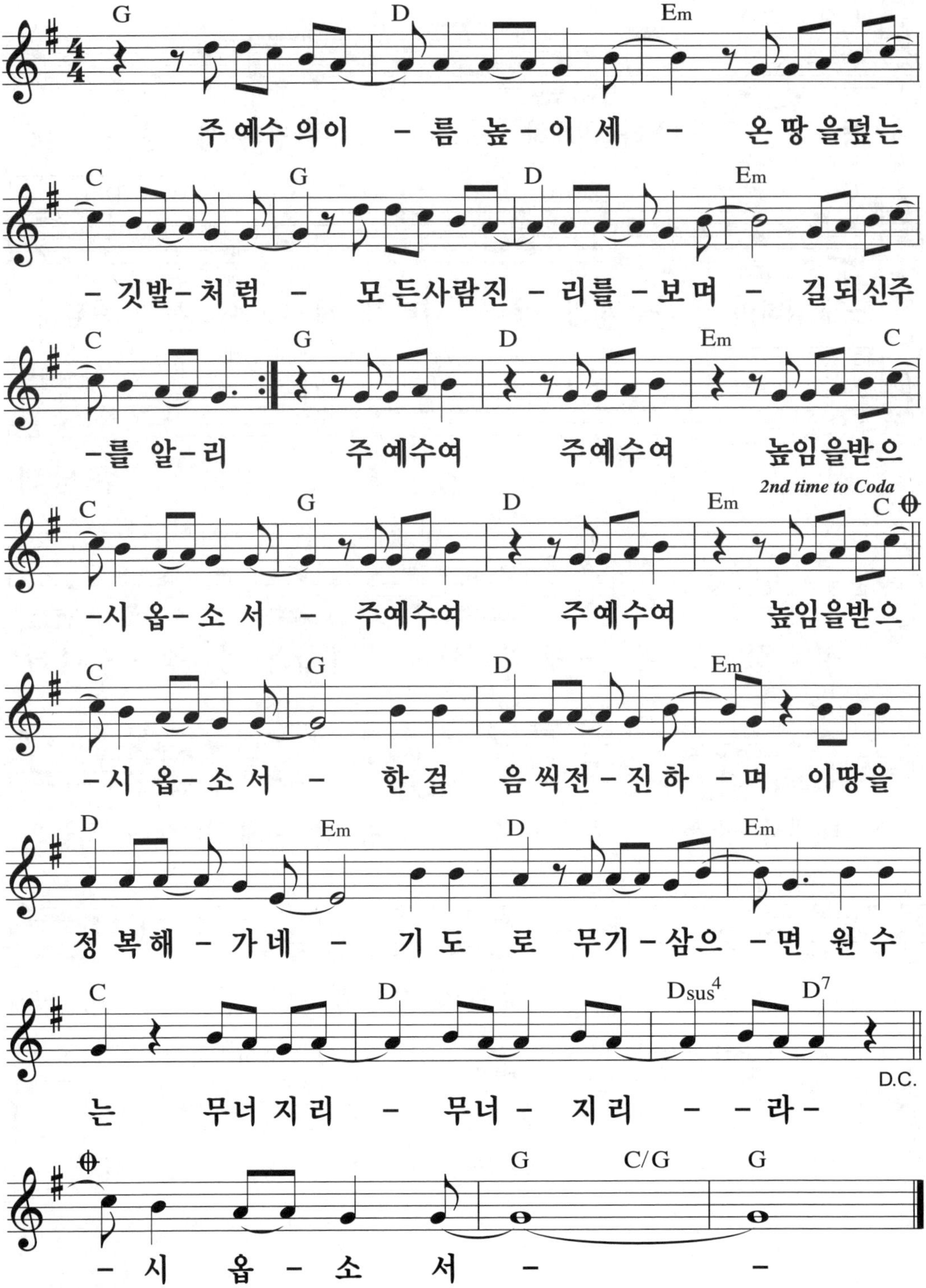

G D Em
주 예수의이 – 름 높 – 이 세 – 온땅을덮는

C G D Em
– 깃발 – 처 럼 – 모든사람진 – 리를 – 보며 – 길되신주

C G D Em C
– 를 알 – 리 주 예수여 주예수여 높임을받으

2nd time to Coda

C G D Em C
– 시 옵 – 소 서 – 주예수여 주 예수여 높임을받으

C G D Em
– 시 옵 – 소 서 – 한 걸 음 씩전 – 진하 – 며 이땅을

D Em D Em
정 복해 – 가네 – 기 도 로 무기 – 삼으 – 면 원수

C D Dsus4 D7
는 무너지리 – 무너 – 지리 – – 라 –

D.C.

G C/G G
– 시 옵 – 소 서 – –

395/ 기뻐하며 왕께 483/ 예수 안에 있는 나에게 498/ 은밀한 곳 조용한 곳에

주 우리 아버지

529

(God is our Father)

Alex Simon & Freda Kimmey

G Em C D7sus D7

주우리 아 버지 - 우 리 는 그분의자 - 녀

G Em C2 C D6 D7 G

예수우 리 형제 - 손에 손 잡고하나되어 함 께걸-어가 리

G7 C D7 G C/G

주 께 찬송 해 탬버 린으로

G7 C D7 G C/G

주 께 찬송 해 손뼉 쳐

G7 C D7 G C/G

주 께 찬송 해 춤을 추면서

G7 C D7sus D7 G

주 께 찬송 해 -목소리 로 랄 랄 라

Em C D7 G

라 랄 라라 랄라 랄 라 라 라랄라라 - 라 랄 랄 라

Em C2 C D6 D7 G C/G G

라 랄라라라랄라 랄 랄 랄 랄 랄 라라 - 라 랄 라 -

396/ 나 기뻐하리 425/ 다 와서 찬양해 453/ 성령님이 임하시면

G

530 주의 영이 계신 곳에

(자유 / Freedom)

Derrel Evans

C G C

주의 영이 계신 곳-에 자 유 함있 네

C G C G

평- 화 사- 랑 기 - 쁨 -

C D Em7 C

주내게 자 -유 주셨네 -

D Em7 C G D/G

자유케 하 - 기 위하여 - 자 유

G D/G C Em C

난 자 유 자 유 난 자 유

C G C

주의 자유 함안에 우리 걸어가 리

C G C

주의 자유 함 안 에 우 리 걸 어 가 리

C G C

주의 자유 함 안 에 우 리 춤 을 추 리

주의 영이 계신 곳에

C G C
주의 영이 계신 곳-에 자 유 함있네
C G 1. C
주의 영이계신곳-에 자유함있네 주의
2. D Em7 C
주내게 자 -유 주셨 네 -
D C G C G
자유케 하 -기 위하여 - 자 유

G

531 주의 이름 높이며

(Lord I lift Your name on high)

Rick Founds

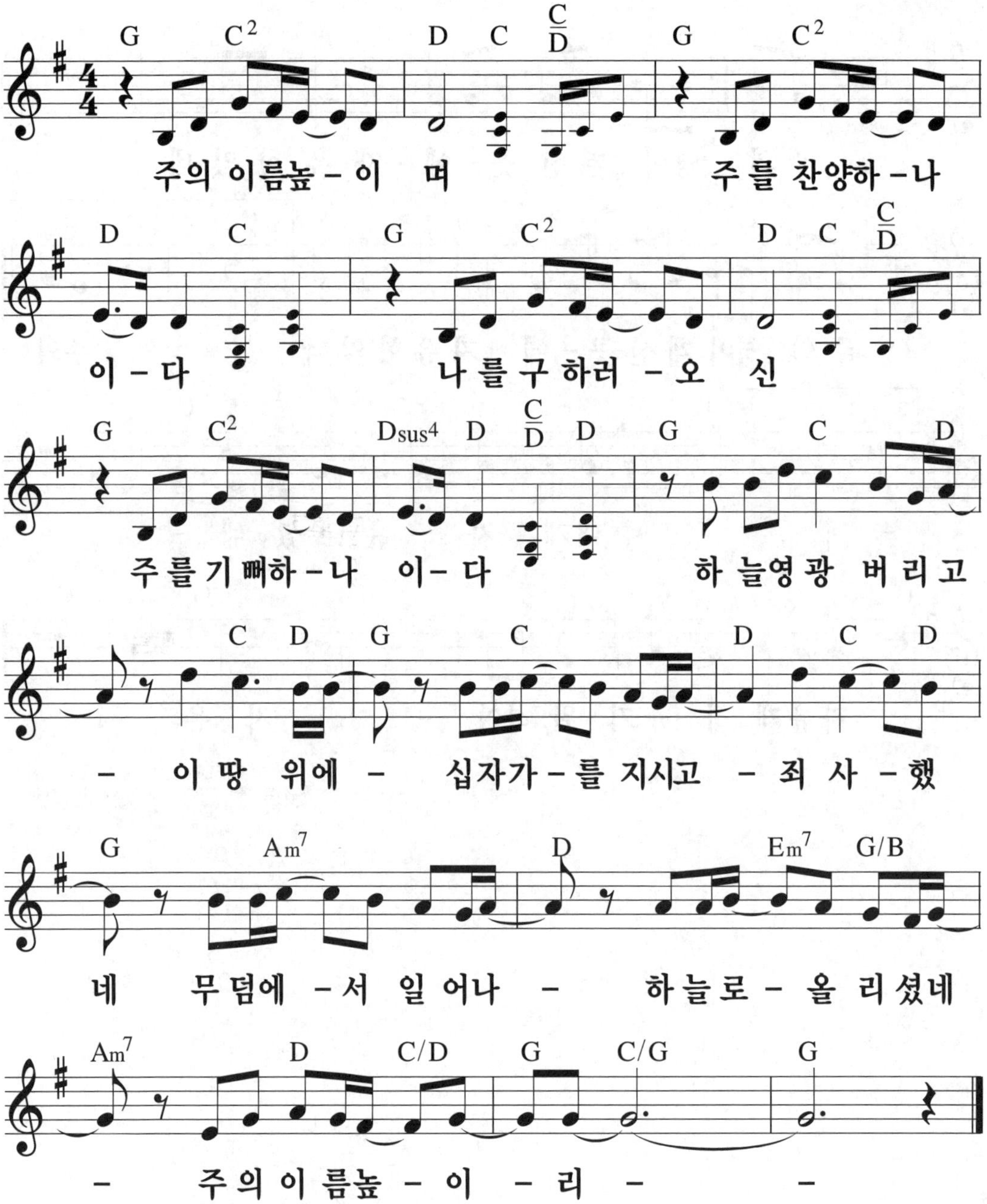

주의 이름높 - 이 며 주를 찬양하 - 나

이 - 다 나를구하러 - 오 신

주를기뻐하 - 나 이 - 다 하늘영광 버리고

- 이땅 위에 - 십자가 - 를 지시고 - 죄 사 - 했

네 무덤에 - 서 일어나 - 하늘로 - 올 리셨네

- 주의이름높 - 이 - 리 - -

386/ 갈급한 내 맘 397/ 나는 주님을 찬양하리라 399/ 나는 주만 높이리

주의 이름 높이세

정찬양

2. 주의 이름 찬양해 3. 주의 이름 놀라와

533 주의 이름 송축하리

(The name of the Lord)

Clinton Utterbach

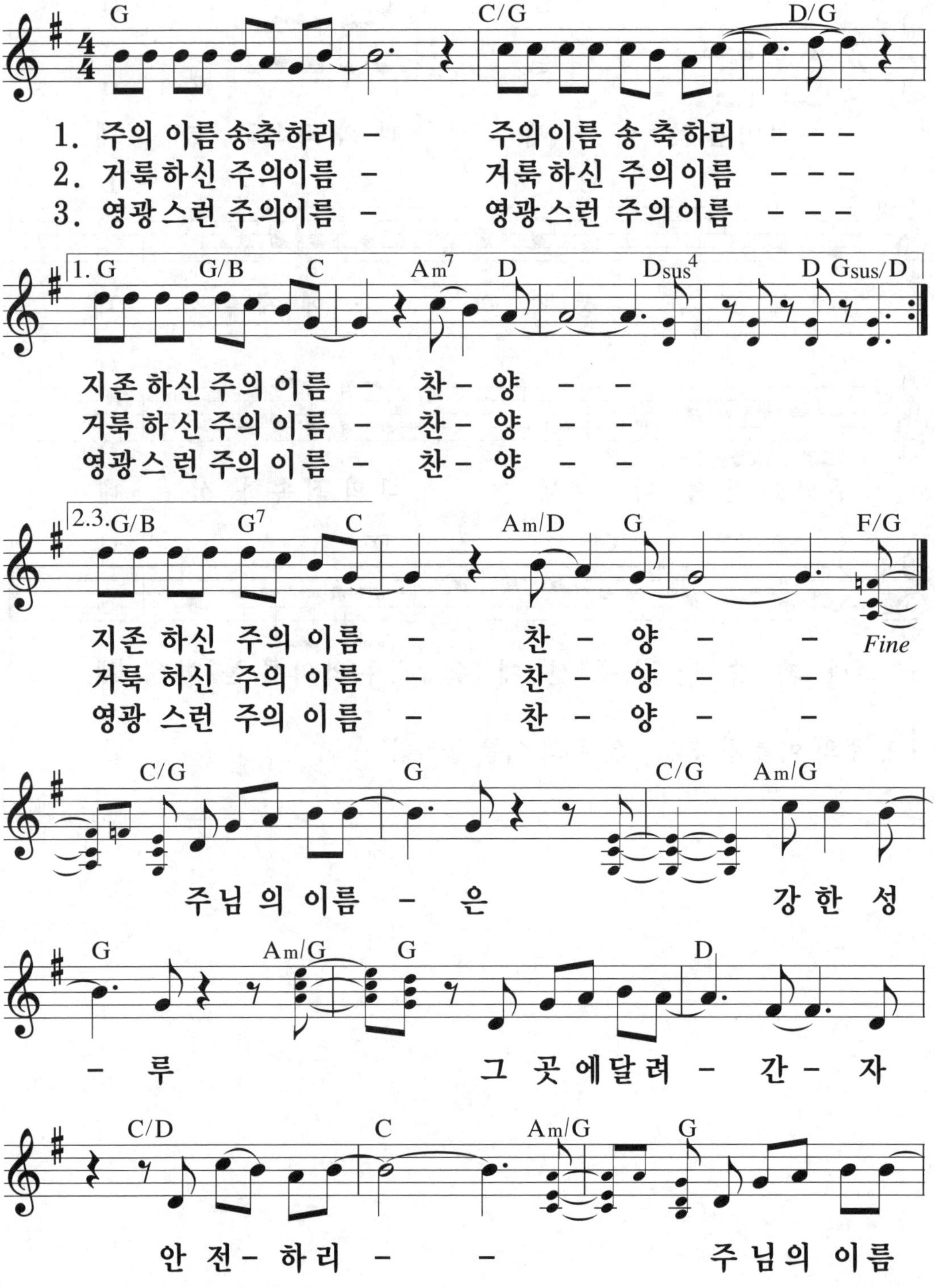

G C/G D/G

1. 주의 이름송축하리 – 주의이름 송 축하리 – – –
2. 거룩하신 주의이름 – 거룩하신 주의이름 – – –
3. 영광스런 주의이름 – 영광스런 주의이름 – – –

1. G G/B C Am7 D Dsus4 D Gsus/D

지존 하신 주의 이름 – 찬 – 양 – –
거룩 하신 주의 이름 – 찬 – 양 – –
영광스 런 주의 이름 – 찬 – 양 – –

2.3. G/B G7 C Am/D G F/G

지존 하신 주의 이름 – 찬 – 양 – – *Fine*
거룩 하신 주의 이름 – 찬 – 양 – –
영광 스런 주의 이 름 – 찬 – 양 – –

C/G G C/G Am/G

주 님 의 이름 – 은 강 한 성

G Am/G G D

– 루 그 곳 에 달 려 – 간 – 자

C/D C Am/G G

안 전 – 하 리 – – 주 님 의 이름

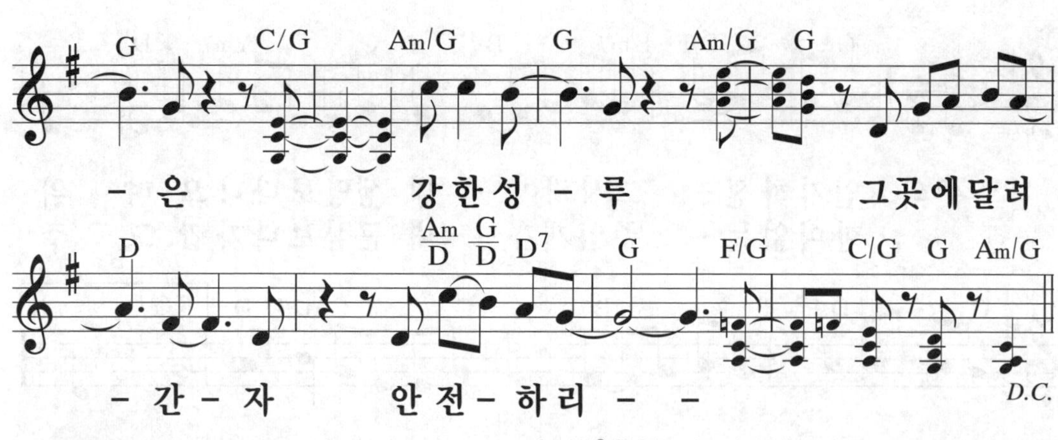

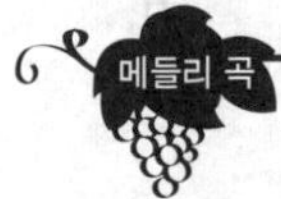

G C/G Am/G G Am/G G
– 은 강 한 성 – 루 그곳에달려
D Am/D G/D D7 G F/G C/G G Am/G
– 간 – 자 안 전 – 하 리 – –
D.C.

메들리 곡 392/ 그리 아니하실지라도 431/ 마지막 날에 453/ 성령님이 임하시면

미가엘 1083

찬송을 부르세요 534

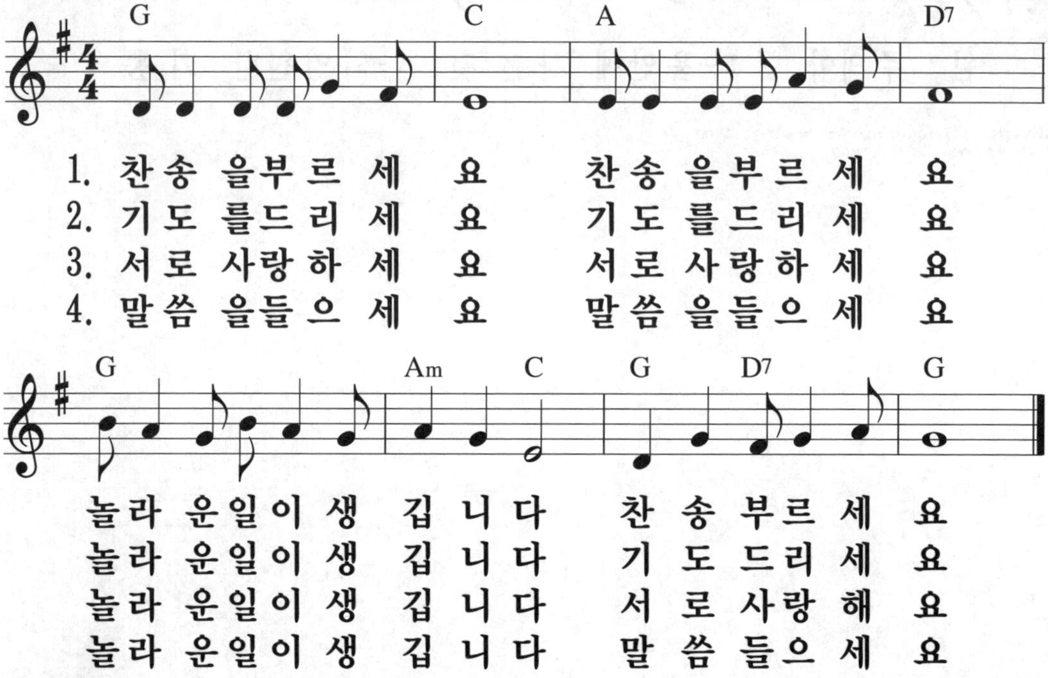
G C A D7
1. 찬 송 을 부 르 세 요 찬 송 을 부 르 세 요
2. 기 도 를 드 리 세 요 기 도 를 드 리 세 요
3. 서 로 사 랑 하 세 요 서 로 사 랑 하 세 요
4. 말 씀 을 들 으 세 요 말 씀 을 들 으 세 요
G Am C G D7 G
놀 라 운 일 이 생 깁 니 다 찬 송 부 르 세 요
놀 라 운 일 이 생 깁 니 다 기 도 드 리 세 요
놀 라 운 일 이 생 깁 니 다 서 로 사 랑 해 요
놀 라 운 일 이 생 깁 니 다 말 씀 들 으 세 요

G

메들리 곡 392/ 그리 아니하실지라도 395/ 기뻐하며 왕께 425/ 다 와서 찬양해

535 주의 인자하신 그 사랑이

박기범 & 이지음

주의 인자하신- 그사랑이- 내 생명보다나으 며 위
함이없는- 주임재가- 내 근심보다가깝 고 주

로하시는- 주손길은- 내 눈물보다귀 하 다 변
님흘리신- 그보혈은- 내 상처보다진 하

다 결국내 주 님 과 함께 사 는 것 나의영원한 소

원 주의아 름다움안에 사는 것 나의영원한 기쁨

주의 인자하심이 생명보다 536

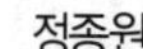

정종원

G Em Am7

주의 인자 - 하 심이 생명보다 - 나으 므 로 내 - 입술은

D D7sus D7 G Em

주 를 찬 양 주의 인자 - 하 심이 생명 보다 - 나으

Am7 D 1.G C/D 2. G Bm

므 로 내입술은주 찬양- 찬양- 이러므 로 내 평생

Em Am7 D Bm Em

에 주 를 송 축하 며 주의 이 름 으로 - 인

Am7 D D7sus D7 G

하여 내손을 들리 -라 - -(들-리-라) 주의 인자- 하 심이

Em Am7 D D7sus D7

생명보다 - 나 으 므 로 내 -입 술은 주 를 찬 양

G Em Am7 D7 G

주의인자-하심이 생명보다 - 나으 므 로 내 입술은주 찬양 -

G

386/ 갈급한 내 맘 392/ 그리 아니하실지라도 395/ 기뻐하며 왕께

537 죽임 당하신 어린 양

고형원

죽 임 당하신 어린 양 모든 족속 과방언 백성
임 당하신 어린 양 우리 들을 나라와 제사

과나라가 운데서 - 우 리를 피 로 사 서 하나
장삼아주 셨으니 - 우 리는 주 와 함 께 이땅

님 께 드리셨 네 죽 리 죽 임당 하신어 - 린
에 서 다스리

양 능 - 력과부 와지혜 힘 과 존귀와영 광

찬 송 받 으시 - 기 에 합당 하 신 어 린 양

410/ 내가 주인 삼은 418/ 내 앞에 주어진 432/ 모든 민족에게

지존하신 주님 이름 앞에 538

(Jesus at Your name)

Chris Bowater

G B7/F# Em Em/D C G/B

지존 하신 주님 이 름앞에 모두 무릎 꿇고 다

Am7 Dsus4 D G B7/F# Em Em/D

경 배 해- 거룩 하신 주님 보 좌앞에 엎

C Am7 D7 C/G G B7/F#

드 려 절-하 세 예 수 는

Em Em/D C G/B Dsus4 D G B7/F#

그리스도 예 수 는 주 하 나 님의

Em7 C Am7 G/D D7 C G

영 으 로 - 경 배 드-리 리 -

G

메들리 곡

398/ 나는 주를 작게 보았네 427/ 당신은 영광의 왕 442/ 보혈을 지나

539 지치고 상한 내 영혼을

(주여 인도하소서)

최인혁

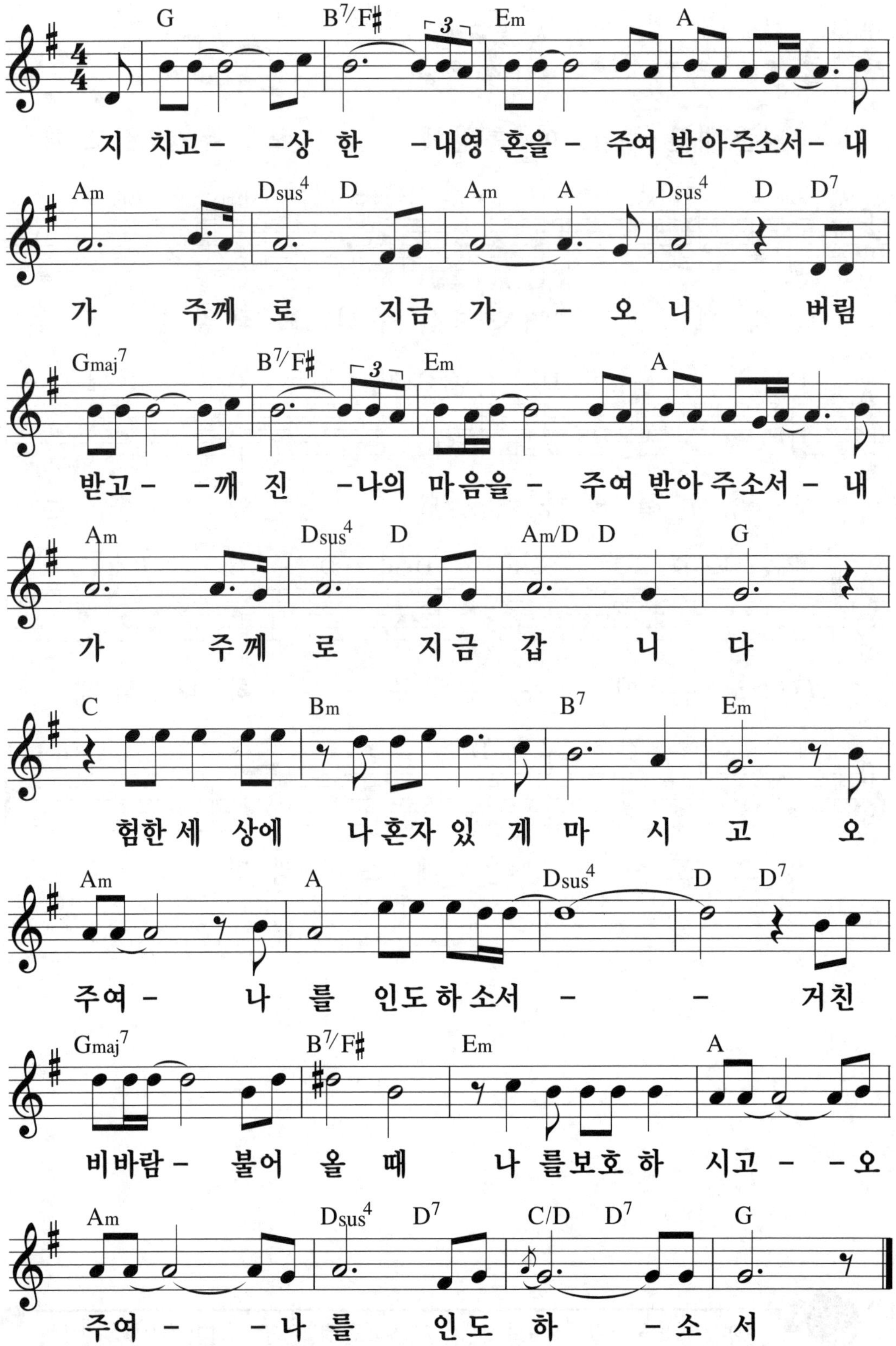
G B7/F# Em A
지 치고 - -상 한 -내영 혼을 - 주여 받아주소서 - 내
Am Dsus4 D Am A Dsus4 D D7
가 주께 로 지금 가 - 오 니 버림
Gmaj7 B7/F# Em A
받고 - -깨 진 -나의 마음을 - 주여 받아 주소서 - 내
Am Dsus4 D Am/D D G
가 주께 로 지금 갑 니 다
C Bm B7 Em
험한 세 상에 나 혼자 있 게 마 시 고 오
Am A Dsus4 D D7
주여 - 나 를 인도 하 소서 - - 거친
Gmaj7 B7/F# Em A
비바람 - 불어 올 때 나 를보호 하 시고 - - 오
Am Dsus4 D7 C/D D7 G
주여 - -나 를 인 도 하 -소 서

찬양하라 내 영혼아

(Bless the Lord, oh my soul)

Margaret Evans

1. 찬 양 하 라 내 영 혼 아 찬 양 하 라 내 영 혼
2. 감 사 하 라 내 영 혼 아 감 사 하 라 내 영 혼
3. 기 뻐 하 라 내 영 혼 아 기 뻐 하 라 내 영 혼

아 내 속 에있 는 것 들 아 다 찬 양 하 라
아 내 속 에있 는 것 들 아 다 감 사 하 라
아 네 속 에있 는 것 들 아 다 기 뻐 하 라

G

메들리 곡

388/ 거룩 거룩 거룩하신 주 400/ 나 약해 있을 때에도 416/ 내 손을 주께 높이

541 찬양 중에 눈을 들어

(호산나 / Hosanna)

Paul Baloche & Brenton Brown

G2

찬 - 양 중 - 에 눈 을 들 - 어 - 주 를
주 - 께 드 - 린 마 음 다 - 한 - 기 도

C2 G

- 주 를 보 네 -
- 들 으 소 서 -

G2

소 - 망 중 - 에 마 - 음 다 - 해 - 주 만
주 - 의 나 - 라 상 - 한 영 - 혼 - 들 을

C2 G2

- 나 바 라 네 - 주 님 을 볼
- 새 롭 게 해

D sus4 C G2

- 때 나 에 게 - 힘 주 시 네 주 님 안

D sus4 C G2

- 에 모 든 두 - 려 - 사 라 져 사 라 져

D G sus4 G E m7

- 호 산 - - 나 호 산 - - - - 나 -

C2
G
D sus4
- 구원의주 - 하 나 - 님 - 찬양받으
E m7
C2
G sus4
G
- 실 주 - 님 - 호 산 - - 나 호
E m7
C2
G
산 - - - - - 나 - 내안에임 - 하 셔 - 서
D sus4
E m7
C2
G
- 주님의뜻이 - 루 소 - 서 -

G

542 창조의 아버지

(Father Of Creation)

David Ruis

1. 창 조 – 의 아 버 – 지 그 섭 리 보 – 이 사 –
주 의 – 크 신 능 – 력 만 물 이 사 모 하 니 –
2. 열 방 – 의 통 치 – 자 세 상 이 보 – 리 라 –
우 릴 – 돌 아 보 – 사 강 건 케 하 – 소 서 –

택 하 신 세 대 일 으 키 – 어 이 땅 을 고 치 소 서 –
성 령 의 기 름 부 어 주 – 사 이 시 간 임 하 소 서 –
신 실 한 주 의 약 속 으 – 로 교 회 는 승 리 하 리 –
연 약 함 모 두 벗 어 지 – 고 승 리 케 하 옵 소 서

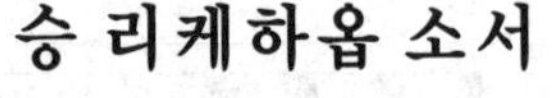

– 주 영 광 여 기 – 임 하 사 – 열 방 향

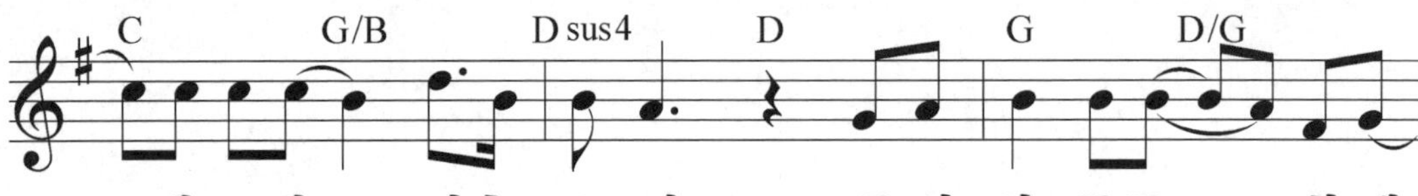

–해 그 빛 – 비 추 소 서 주 의 얼 굴 구 – – 할 때

– 주 의 향 기 머 무 소 – – 서 영

광 영 광 영 광 영 – – 광 영 광

400/ 나 약해 있을 때에도 432/ 모든 민족에게 537/ 죽임 당하신 어린 양

축복하소서 우리에게 543

이천

G Am D G

축복 하 소서－ 우－리 에게－

Em Am Dsus4 D 1. G 2. G

날마 다 새롭 게－ 태 어나도 록 록

Fine

Am7 D G Bm7/F# Em

주는 아 버지－ 우－ 리－ 는주의 자 녀

Am7 D Gmaj7

주님 두 팔로 － 안아 주 소서 －

D.C.

G

메들리 곡

429/ 때로는 너의 앞에 461/ 십자가 그 사랑 470/ 여기에 모인 우리

544 천년이 두 번 지나도

전종혁 & 조효성

G Am7 D G
천년 이두번 -지 나도 - 변하 지 않는건 - 당신

C G/B Am D
을향한 - 하나님의 - 사 랑 이 예 요 - 천년

G Am D G
이두번 - 지나 도 - 바꿀 수 없는건 - 당신

C G/B Am7 D G
을향한 - 하나님의 - 마 음 이 예 요 - 당신

G Am7 D7 G
의삶을 - 통해 하나 님영 광 받 으시 고 - 우리

C D/C G G7
가하나 - 될때 주님나라 이 뤄 지 죠 - 당신을

C D D#° Em
향 한하 나 님의 - 선 하 신 계 획 - 우리의

C G/B C Am7 D7
섬김과-나눔으로-아름 답 게 열매맺 어 요 하나-
G Am D G C
님은당-신을-통해- 그의마-음을- 그의 사랑과-그의
G/B Am D G C
용서를- 나 타 내 기 원해요-천년 이두번지 나 도 -당신
D D/F♯ G D/F♯ Em Am D7 G
은하나님 의사람-이죠 - 천년 이가도- 영 원 히

G

545 캄캄한 인생길

(달리다굼)

미가엘 963

현윤식

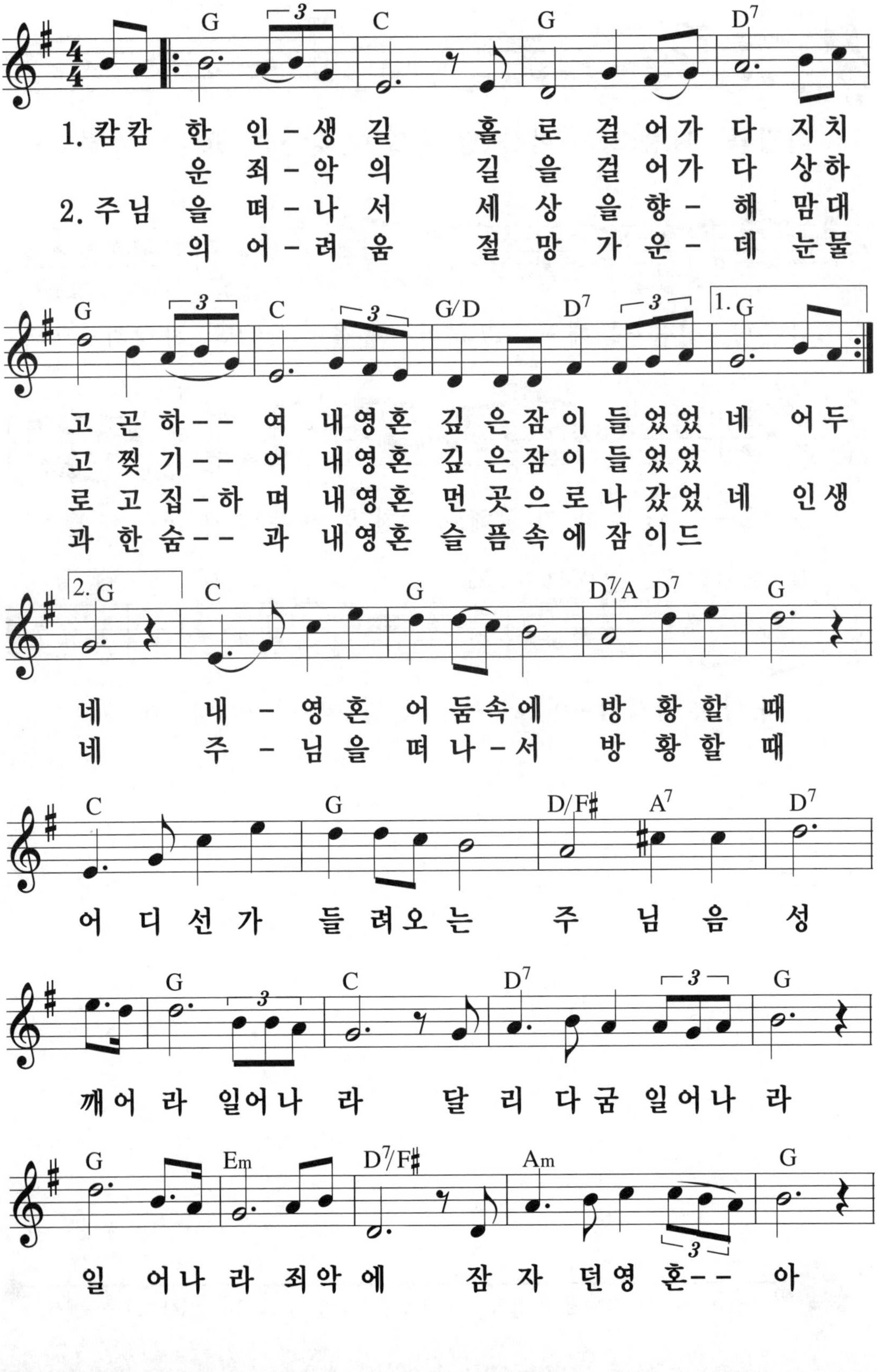
1. 캄캄 한 인 - 생 길 홀 로 걸 어가 다 지치
운 죄 - 악 의 길 을 걸 어가 다 상하
2. 주님 을 떠 - 나 서 세 상 을 향 - 해 맘대
의 어 - 려 움 절 망 가 운 - 데 눈물
고 곤 하 - - 여 내영혼 깊 은잠이 들었었 네 어두
고 찢 기 - - 어 내영혼 깊 은잠이 들었었
로 고 집 - 하 며 내영혼 먼 곳으로나 갔었 네 인생
과 한 숨 - - 과 내영혼 슬 픔속에 잠이드
네 내 - 영 혼 어 둠속에 방 황할 때
네 주 - 님을 떠 나 - 서 방 황할 때
어 디 선 가 들 려오는 주 님 음 성
깨어 라 일어나 라 달 리 다 굼 일어나 라
일 어나 라 죄악 에 잠 자 던영 혼 - - 아

카캄한 인생길

달 리다굼 깨어라 일어나걸-어라 어

둠 은물러가 고 새날 이 다가오네 주님

오 실날 멀잖았 네 어둠속 에 잠자 던영혼 일어나 라

일 어 나걸-어 라 달 리 다굼 일어나 라

546 하나님께로 더 가까이

(Nearer to God)

Stephen Hah

G Am7 G/B C C/B
하 나 님께 로 더 가까 이 갑 니 다

Am A/C# Dsus4 D7
고 통 가 운 데 계 신주 님 – 변함

G B7/F# Em G/D
없 는 주님 의 크 신사 랑 – 영원

C D7 C/G G
히 주 님만 을 섬 기 리 –

메들리 곡
410/ 내가 주인 삼은 416/ 내 손을 주께 높이 426/ 다 표현 못해도

하나님께서는 우리의 만남을 547

(우리 함께 / Together)

Rodger Strader

하 나님께서 는 우리의만남 을

계획해놓셨 네 – – 우린하나되 어

어 디든가리 라 주 위해서라 면

무엇이든하 리 – 라 당신과함 께

우 리 는 하 – 나 되어 – 함 – 께

건 네 하 늘 아 버 지 사 랑 안 – 에 서

우 리 는 기 – 다 리 며 – 기 – 도

하 네 우리의 삶 에 사 랑넘치도 – 록 – 우리는 –

470/ 여기에 모인 우리 429/ 때로는 너의 앞에 543/ 축복하소서 우리에게

548 하나님께서 당신을 통해

김영범

하늘과 땅 가득한 549

(열방이여 노래하라)

고형원

하 늘 과땅가득한 – 찬 양의함성 내영혼 – 그날 기다립–니다

온우 주 에 가득한– 주 님 의 영광 내영혼 – 바라 봅 니 – 다

모든열 방 기 뻐 주 께달 려와 주님께 – 경 배 드리는– 그날

흰옷 입 은 백성들– 목 소 리 높여 주님께– 노래부 르 – 리

영 광 영 – 광 죽 임 당하신– 하 나님어린양께–

영 광 영 – 광 그 아 들 주 신 – 하 나 님 께 만

국 의 영 광과– 존 귀를 가 지고 – 우 리 주 앞 에 경배 하 세 하

나 님 의영광–그 보 좌 앞 에서– 열 방 이여 – 노래하 라 –

G

550 하늘의 나는 새도

(주 말씀 향하여 / I Will Run To You)

미가엘 1849

Dalene Zschech

메들리 곡

432/ 모든 민족에게 479/ 예수는 왕 537/ 죽임 당하신 어린 양

할렐루야 주가 다스리시네 551

(Hallelujah, the Lord, our God reigns)

Anonymous

G D C G C

할렐 루 야 주가 다스리 네 할렐

G D C G D C G D/F♯ G D/F♯ G

루 야 주가 다스리 네 주 는 위대하 시고

Am7 Gmaj7/G D/F♯ C/E D B7/D♯ Em Am7 Am7/D

큰일 하셨 네 할렐 루 야 주 님이 다스리

1. G C/D 2. G 3. G

네 할렐 네 주 네

D.S.

G

397/ 나는 주님을 찬양하리라 399/ 나는 주만 높이리 405/ 의 왕께 찬양해

552 해 아래 새 것이 없나니

(새롭게 하소서)

미가엘 850

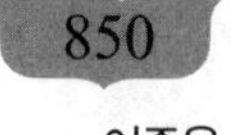

이종용

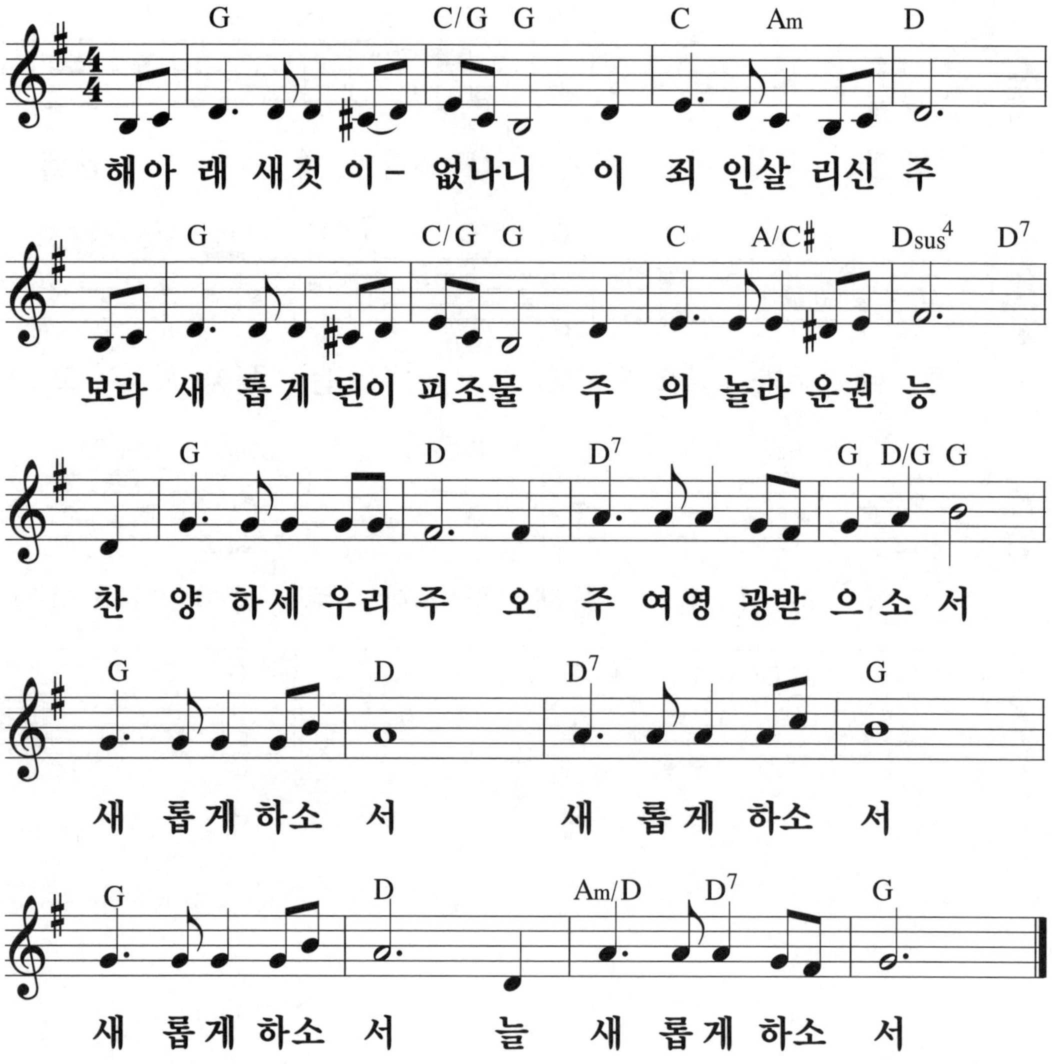
G C/G G C Am D
해아 래 새것 이- 없나니 이 죄 인살 리신 주
G C/G G C A/C# Dsus4 D7
보라 새 롭게 된이 피조물 주 의 놀라 운권 능
G D D7 G D/G G
찬 양 하세 우리 주 오 주 여영 광받 으 소 서
G D D7 G
새 롭게 하소 서 새 롭게 하소 서
G D Am/D D7 G
새 롭게 하소 서 늘 새 롭게 하소 서

메들리 곡

408/ 내가 먼저 손 내밀지 420/ 내 인생 여정 끝내어 540/ 찬양하라 내 영혼아

미가엘 1236

호산나 553

(Hosanna)

Carl Tuttle

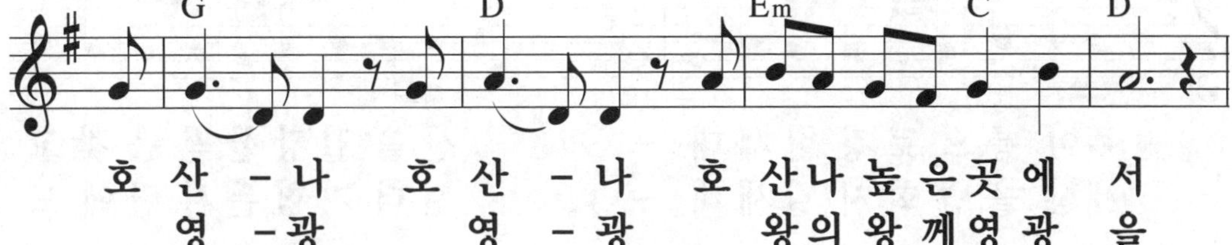

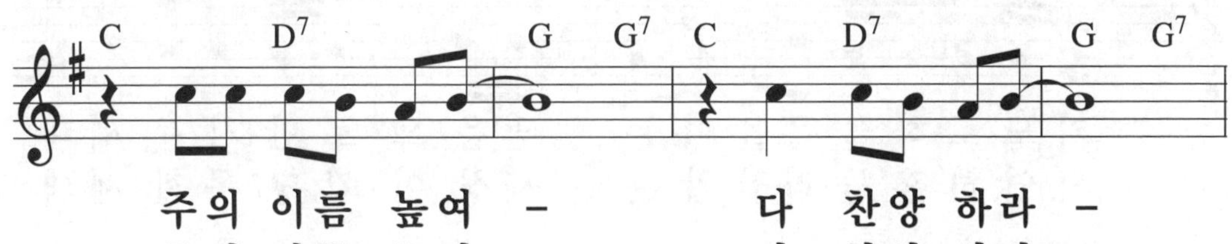

G

554 홍해 앞에 선 모세처럼

(Jesus Generation)

천관웅

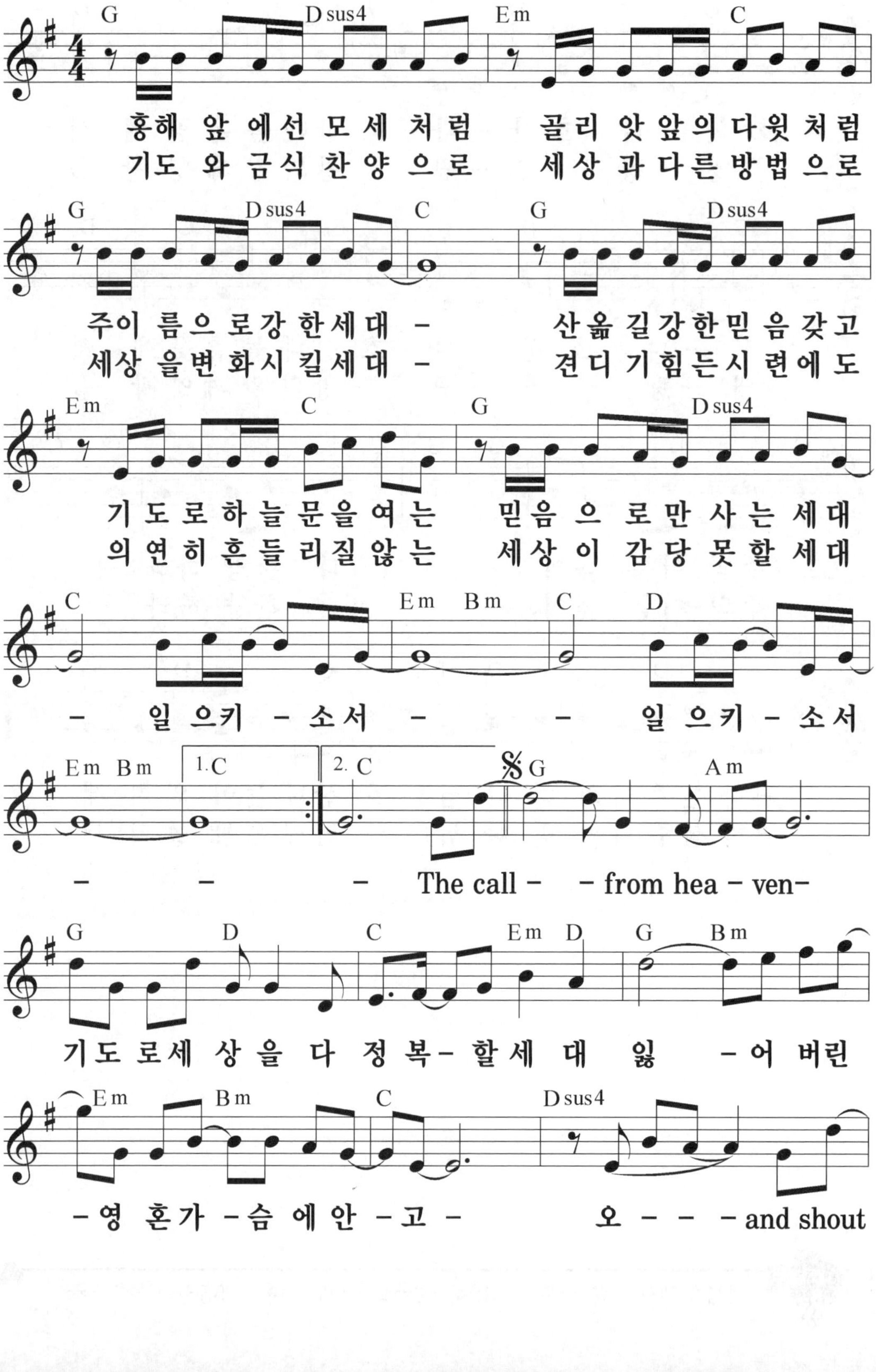

홍해 앞 에선 모 세 처 럼 골 리 앗 앞 의 다 윗 처 럼
기도 와 금식 찬 양 으 로 세 상 과 다 른 방 법 으 로

주이 름으 로 강 한 세 대 - 산 옮 길 강 한 믿 음 갖 고
세상 을변 화 시 킬 세 대 - 견 디 기 힘 든 시 련 에 도

기 도 로 하 늘 문 을 여 는 믿 음 으 로 만 사 는 세 대
의 연 히 흔 들 리 질 않 는 세 상 이 감 당 못 할 세 대

- 일 으 키 - 소 서 - - 일 으 키 - 소 서

- - - The call - - from hea - ven-

기 도 로 세 상 을 다 정 복 - 할 세 대 잃 - 어 버 린

-영 혼 가 -슴 에 안 -고 - 오 - - - and shout

G Am Bm
- for free - dom- 모 든 사 - 람 주 볼
Em A G D E♭
- 때 까 지 - - - - 주 만 위 - 해 사 는 -
Dsus4 1, 3. G 2. E♭M7
Fine
We' re the Jesus ge - nera - tion - - tion -
F E♭M7 F E♭M7
싸 움 이 - 치 열 - 해 도 - 물 러 서 - 진 않 - 으 리
F E♭M7 Dsus4 C/D D7
D.S.
- 승 리 의 - 그 날 - 까 지 - 예 - - - The call

555 그가 찔림은 우리의 허물을

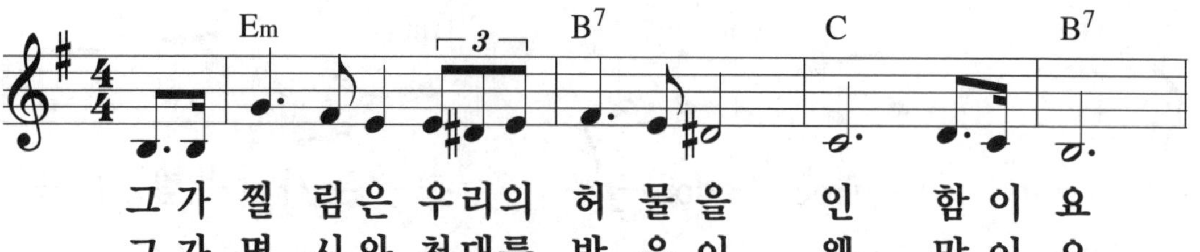

그 가 상 함 은 우 리 의 죄 악 을 인 함 이 라
그 는 추 함 도 사 악 한 죄 악 도 없 음 이 라

그 가 징 계 를 받 음 으 로 우 리 가 나 음 을 입 었 도 다
그 가 조 롱 을 받 음 으 로 우 리 가 귀 함 을 얻 었 도 다

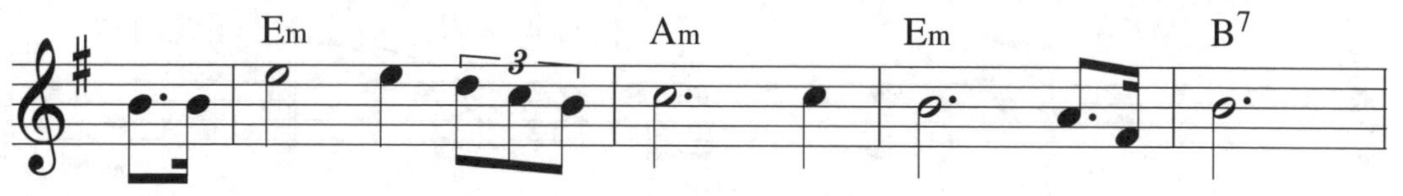

우 리 는 다 양 같 아 서 그 릇 행 하 여

각 기 제 길 로 갔 거 늘 각 기 제 길 로 갔 거 늘

여 호 와 께 서 우 리 의 죄 악 을 그 에 게 담 당 시 켰 도 다

408/ 내가 먼저 손 내밀지 442/ 보혈을 지나 552/ 해 아래 새 것이 없나니

그는 여호와 창조의 하나님 556

(창조의 하나님 / He is Jehovah)

Betty Jean Robinson

1. 그는여 호-와 창조의 하나님 그는여 호와 전능의 하나님 길르앗의 향료요 반석의 하나님
2. 지존의 하나님 아브라함의 하나님 여호와 샬롬 평강의 하나님 이스라엘의 하나님 영원하 하나님 그는여 호 와치료의하-나 님
3. 여호와 이-레 그는나의 공급자 구원의 하나 님 구주의 하나님 아들을 보내어 그를증거 하셨네

찬양- 하 세 할렐- 루 야 찬양- 하 세 오- 할렐 루 야 그는여 호-와 전능의 하나님 그는여 호 와치료의하-나 님

G

444/ 부어 주소서 주님의 성령 559/ 여호와 이레 563/ 우리 주의 성령이

557 수 없는 날들이

(참회록)

미가엘 1355

최용덕

미가엘 867

얼마나 아프셨나

조용기 & 김성혜

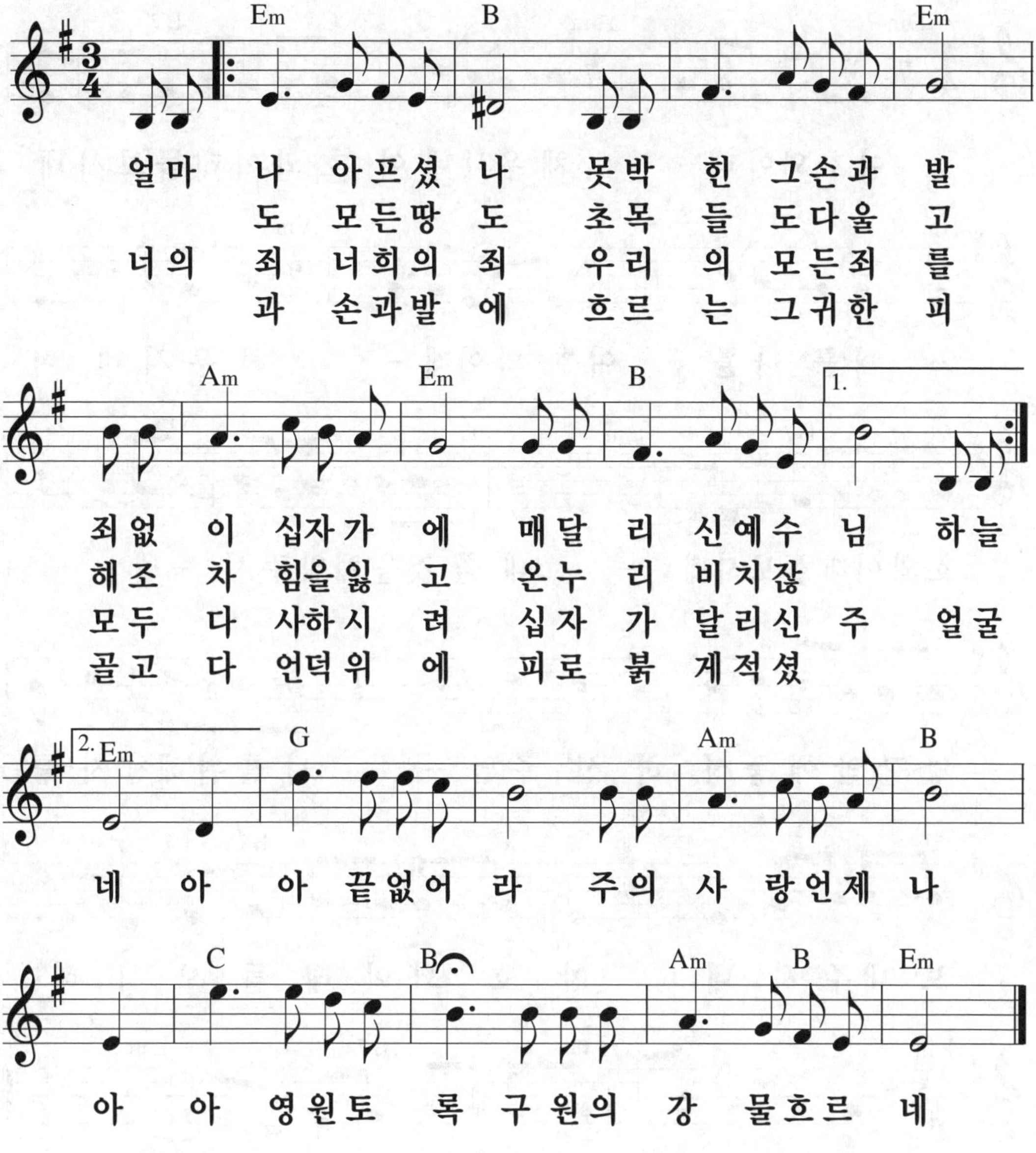
3/4
Em B Em
얼마 나 아프셨 나 못박 힌 그손과 발
도 모든땅 도 초목 들 도다울 고
너의 죄 너희의 죄 우리 의 모든죄 를
과 손과발 에 흐르 는 그귀한 피
Am Em B 1.
죄없 이 십자가 에 매달 리 신예수 님 하늘
해조 차 힘을잃 고 온누 리 비치잖
모두 다 사하시 려 십자 가 달리신 주 얼굴
골고 다 언덕위 에 피로 붉 게적셨
2. Em G Am B
네 아 아 끝없어 라 주의 사 랑언제 나
C B Am B Em
아 아 영원토 록 구원의 강 물흐르 네

G

559 여호와 이레 채우시네

미가엘 689

Merla Watson

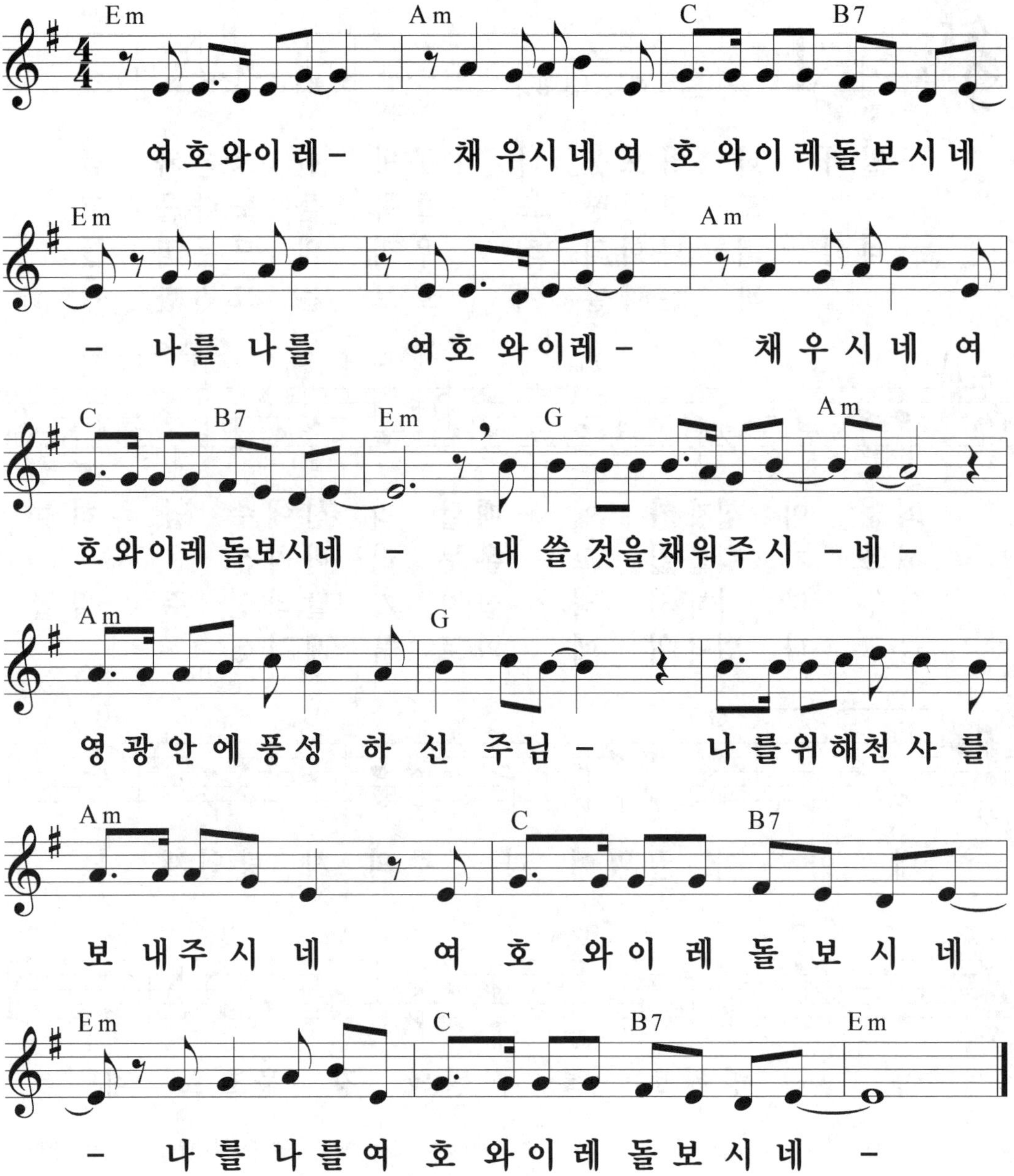
Em Am C B7
여호와이레- 채우시네여 호와이레돌보시네
Em Am
- 나를 나를 여호 와이레- 채우시네 여
C B7 Em G Am
호와이레돌보시네 - 내 쓸 것을채워주시 -네-
Am G
영 광 안 에 풍성 하 신 주님- 나 를위해천 사 를
Am C B7
보 내주 시 네 여 호 와 이 레 돌 보 시 네
Em C B7 Em
- 나 를 나 를 여 호 와 이 레 돌 보 시 네 -

온 땅이여 주를 찬양 560

(Sing To The Lord)

Miles Kahaloa & Kari Kahaloa

411/ 내게 강 같은 평화 563/ 우리 주의 성령이 556/ 그는 여호와

561 우리가 주님의 음성을

(여호수아의 군대 / Joshua's Army)

Scott Brenner

C
Bm
Em
1.
2.
Fine
누가 – 주 – 님 – 앞 – 에 – 설 수 있 – 는 – 가 – – 여 –

메들리 곡

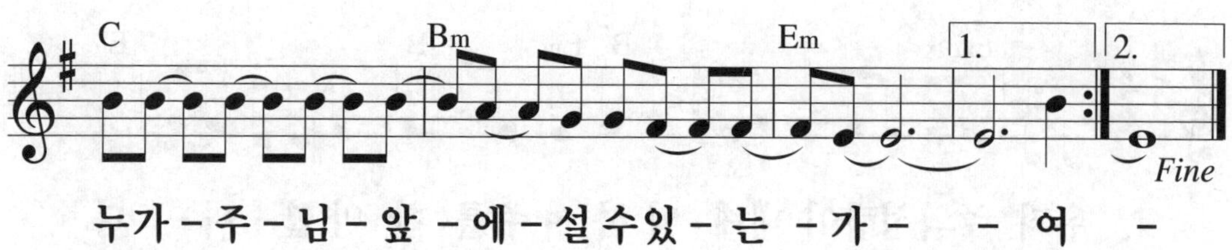

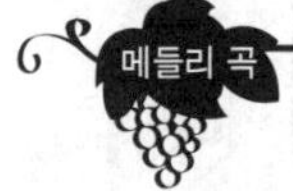

556/ 그는 여호와 498/ 은밀한 곳 조용한 곳에 526/ 주 신실하심 놀라워

미가엘 763

글로리아 562

(Gloria)

Stephen Hah

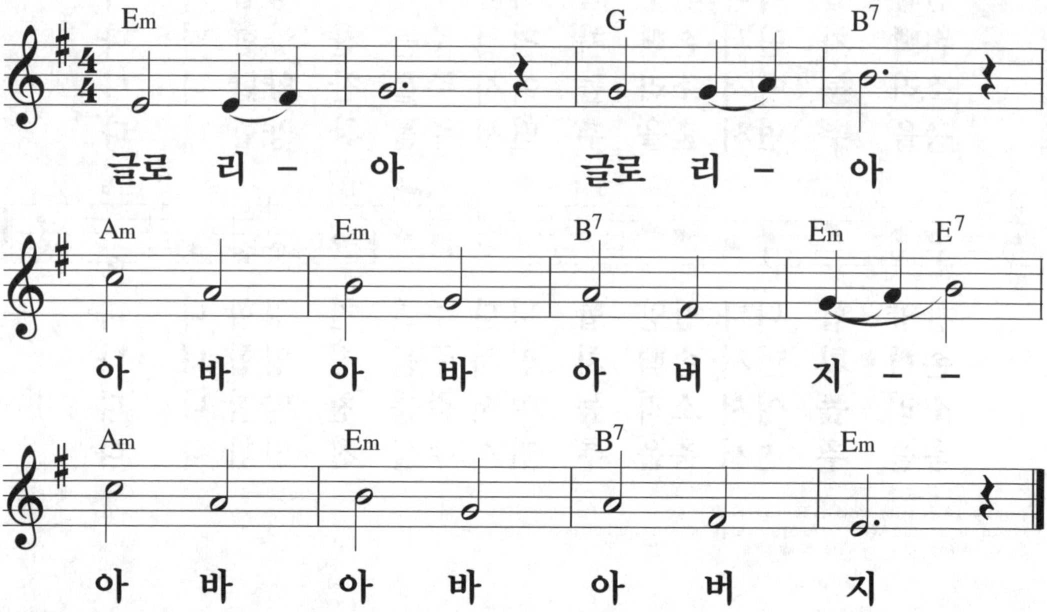
Em
G
B^7
글로 리 – 아 글로 리 – 아
Am
Em
B^7
Em
E^7
아 바 아 바 아 버 지 – –
Am
Em
B^7
Em
아 바 아 바 아 버 지

메들리 곡

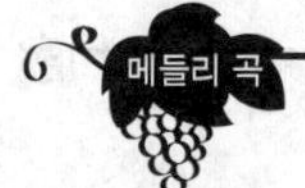

442/ 보혈을 지나 552/ 해 아래 새 것이 없나니 564/ 한걸음 또 한걸음

G

563 우리 주의 성령이

(When the spirit of the Lord)

Margaret DP. Evans

1. 우리 주의성령이 내게 임하여주를 찬 양합-니- 다
2. 우리 주의성령이 내게 임하여손뼉 치 며찬양합니 다
3. 우리 주의성령이 내게 임하여소리 높 여찬양합니 다
4. 우리 주의성령이 내게 임하여춤을 추 며찬양합니 다

우리 주의성령이 내게 임하여주를 찬 양합-니- 다
우리 주의성령이 내게 임하여손뼉 치 며찬양합니 다
우리 주의성령이 내게 임하여소리 높 여찬양합니 다
우리 주의성령이 내게 임하여춤을 추 며찬양합니 다

찬양 합 니다 찬양 합 니다 주를 찬 양합 니 다
손뼉 치 면서 손뼉 치 면서 주를 찬 양합 니 다
소리 높 여서 소리 높 여서 주를 찬 양합 니 다
춤을 추 면서 춤을 추 면서 주를 찬 양합 니 다

찬양 합 니다 찬양 합 니다 주를 찬 양합 니 다
손뼉 치 면서 손뼉 치 면서 주를 찬 양합 니 다
소리 높 여서 소리 높 여서 주를 찬 양합 니 다
춤을 추 면서 춤을 추 면서 주를 찬 양합 니 다

444/ 부어 주소서 주님의 성령 556/ 그는 여호와 559/ 여호와 이레

한걸음 또 한걸음

564

(십자가의 길)

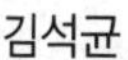
김석균

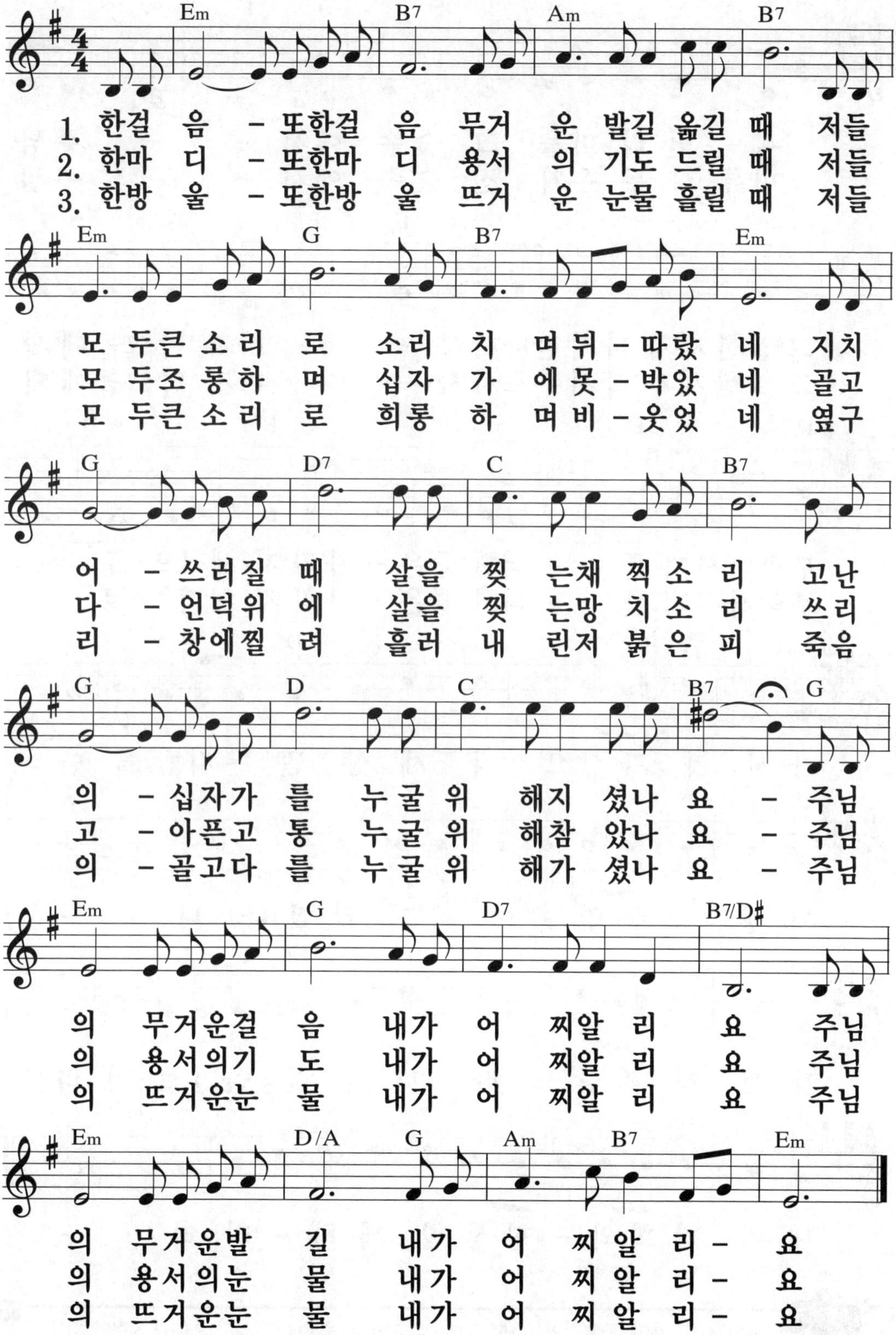

1. 한걸 음 – 또한걸 음 무거 운 발길 옮길 때 저들
2. 한마 디 – 또한마 디 용서 의 기도 드릴 때 저들
3. 한방 울 – 또한방 울 뜨거 운 눈물 흘릴 때 저들

모 두큰 소 리 로 소리 치 며 뒤 – 따랐 네 지치
모 두조 롱 하 며 십 자 가 에 못 – 박았 네 골고
모 두큰 소 리 로 희롱 하 며 비 – 웃었 네 옆구

어 – 쓰러질 때 살을 찢 는채 찍 소 리 고난
다 – 언덕위 에 살을 찢 는망 치 소 리 쓰리
리 – 창에찔 려 흘러 내 린저 붉 은 피 죽음

의 – 십자가 를 누굴 위 해지 셨나 요 – 주님
고 – 아픈고 통 누굴 위 해참 았나 요 – 주님
의 – 골고다 를 누굴 위 해가 셨나 요 – 주님

의 무거운걸 음 내가 어 찌알 리 요 주님
의 용서의기 도 내가 어 찌알 리 요 주님
의 뜨거운눈 물 내가 어 찌알 리 요 주님

의 무거운발 길 내가 어 찌 알 리 – 요
의 용서의눈 물 내가 어 찌 알 리 – 요
의 뜨거운눈 물 내가 어 찌 알 리 – 요

G

565 갈릴리 마을 그 숲속에서

(가서 제자 삼으라)

미가엘 1166

최용덕

메들리 곡

572/ 그 날이 도적 같이 575/ 나의 가장 낮은 마음 586/ 나 자유 얻었네

감사하신 하나님 566

(에벤에셀 하나님)

홍정식

A C♯m D A/F C♯7/F F♯m7 E7

감사하신하나 님 – 에벤에셀하나 님 –

A C♯m D E7 A G/A

살아계신하나 님 – 에벤에셀하나 님 –

D M7 C♯m D B7/D♯ E sus4 E

여기까지인도 하 셨네 감사하신하나 님 –
장래에도인도 하 시리 감사하신하나 님 –

D M7 C♯m F♯m7 B7/D♯ E sus4 E7

여기까지인도 하 셨네 살아계신하나 님
장래에도인도 하 시리 살아계신하나 님

A C♯7/G♯ F♯m Bm D M7 G E7

감 사 하신하나님 – 에벤에셀하 – 나 님

A C♯7/G♯ F♯m Bm A/E E A

살 아 계신하나 님 에벤 에셀 하 나 님

A

568/ 거룩한 성전에 거하시며 569/ 고개 들어 570/ 괴로울 때 주님의 얼굴

567 강하고 담대하라

(Be strong and take courage)

F♯m
F♯m/E
Dmaj7
Bm7
D/E
E
시-며- 네모 든 필요를다-아시 네- -강하
으-로- 네영 혼 언제나자-유하 리- -
Coda
A
F♯m
F♯m/D
F♯m/C♯
Bm
A/E
Bm7
A
Bm7
A/C♯
D
리 네안 에 계 시 는 주- -님-
A/C♯
Bm7
A/E
D/E
A
- 오늘 너를-강하-게-하 리

568 거룩한 성전에 거하시며

(We sing alleluia)

Walt Harrah

1. 거 룩 한성전에거 하시며 하 늘 보좌에계신-
2. 오 아 름다운주의 영-광 승 리 의함성들리-
3. 거 룩 한성전에계 신-주 우 리 주님앞에서-

주 주 가 베푸신모든 사랑 우 리 찬양을주님
네 죽 임 당하신어린 양께 우 리 큰소리외치
서 이 전 의성도들과 함께 주 보 좌앞에엎드

께 오 며 찬 양 할 렐루야 할 렐루 야
려

566/ 감사하신 하나님 에벤에셀 하나님 632/ 우리 보좌 앞에 모였네

고개들어 주를 맞이해 569

(Lift up your heads)

Steve Fry

A Amaj7 A7 | D | E D/E E7 | A D2/E

고 개 들 어 주 를맞 이 해

A Bm7 A7 | D | Esus4 | E E7

엎 드리 어 경 배하 며 찬 (찬 양주님께영 광) 양

A Amaj7 A7 | D | E D/E E7 | A D2/E

왕 의 위 엄 을 신 령과 진 정 한

A Bm7 A7 | D | Bm7 A E7 | A

찬 양으 로 영 광돌 려 만 왕 의 왕 께

A

574/ 나는 찬양하리라 615/ 소망없는 내 삶에 628/ 예수 우리 왕이여

570 괴로울 때 주님의 얼굴 보라

(In these dark days)

Harry Bollback

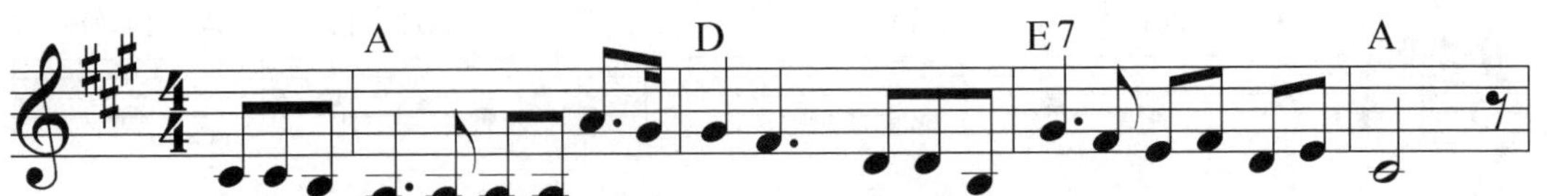

괴로울때 주님의얼굴 보라 평화의 주님바라보아 라
힘이없고 네마음연약 할때 능력의 주님바라보아 라

세상에서 시달린친구들아 위로의 주님바라보아 라
주의이름 부르는모든자는 힘주시 고늘지켜주시 리

눈을들 어 -주를보 라 -네모든 염려주께맡겨 라

슬플때 에 주님의얼굴 보라 사랑의 주님안식주리 라

566/ 감사하신 하나님 567/ 강하고 담대하라 574/ 나는 찬양하리라

교회여 일어나라

전은주

교회여일어나 - 라 - 주께서부르시 니 - 두려움과 실패
교회여일어나 - 라 - 주께서보내시 니 - 우 릴부르신 삶의

내려놓고 교회여일어나라 - - - 우린 세상의빛 (어둠
자리에서 교회여일어나라

을 밝히는) 하나 님의편지(주를 나타내는) 주의 교회 통해

세상이 주 를보 리 라 - 일어나라 아버지사랑으
(우릴통해) 노래하라 아버지의사랑

로 - 아 버 지 능 력 으 로 - - 서로 하 나 되 어
을 - 아 버 지 의 크 심 을 - - 이삶 의 노 래 로

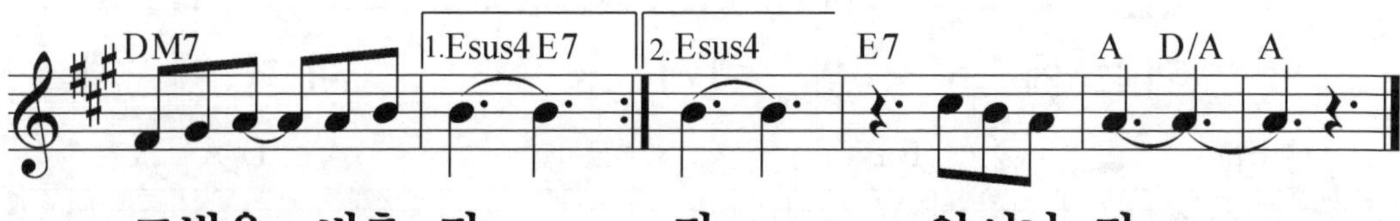

그빛을 - 비추 라 - 라 - 일어나 라 - -
주님을나타내

A

617/ 시작됐네 637/ 유월절 어린양의 피로

572 그 날이 도적같이

미가엘 1073

김민식

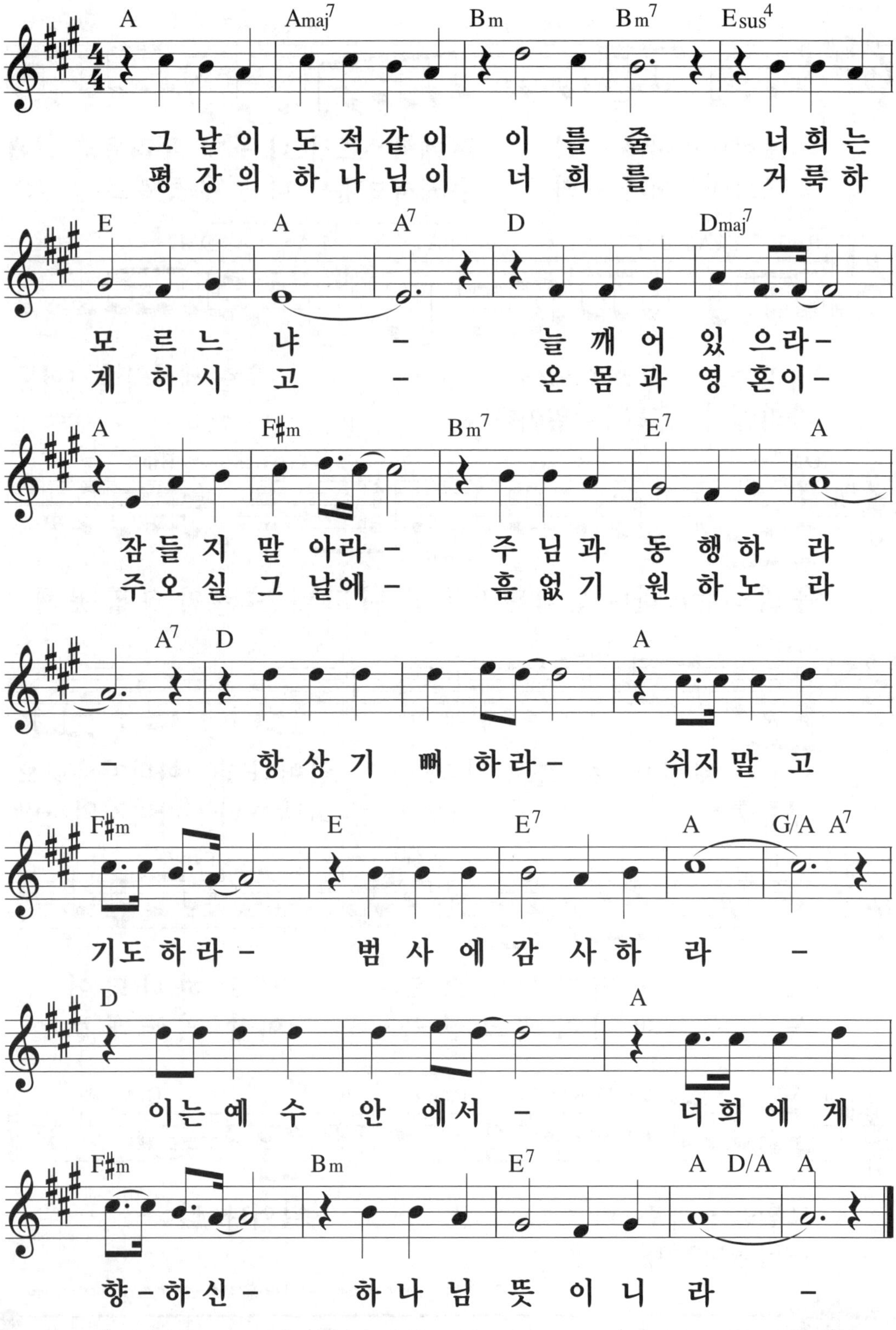
A Amaj7 Bm Bm7 Esus4
그 날이 도 적 같이 이 를 줄 너 희는
평 강의 하 나 님이 너 희 를 거 룩하
E A A7 D Dmaj7
모 르 느 냐 - 늘 깨 어 있 으라-
게 하 시 고 - 온 몸 과 영 혼이-
A F♯m Bm7 E7 A
잠 들 지 말 아라 - 주 님과 동 행하 라
주 오 실 그 날에 - 흠 없기 원 하노 라
A7 D A
- 항 상 기 뻐 하 라 - 쉬 지 말 고
F♯m E E7 A G/A A7
기도하라 - 범 사 에 감 사 하 라 -
D A
이는 예 수 안 에서 - 너 희 에 게
F♯m Bm E7 A D/A A
향 - 하 신 - 하 나 님 뜻 이 니 라 -

나 가진 재물 없으나 573

(나)

송명희 & 최덕신

A D Bm E7 Amaj7

나 가진재물 없으나– 나 남이가진지식 없으나 –

F♯m F♯ Bm C♯m G♯ E E7

나 남에게있는건강있지 않으나– 나 남이없는것 있으 니

A D E

나 남이못본것을 보았고– 나– 남이 듣지못한음성

Amaj7 A7 F♯7 Bm

들었고– 나 남이받 지못 –한사랑 받 았고 – 나

D E E7 A

남이모르는것 깨 달 았네 – – 공 평하신 –

F♯m D E A

하 나님이– 나 남이가진 것나 없 지만 – 공 평하신–

F♯m D E A

하 나님이 – 나 남이없는 것 갖게 하 셨네 –

A

566/ 감사하신 하나님 569/ 고개 들어 574/ 나는 찬양하리라

574 나는 찬양하리라

(I sing praises to Your name O Lord)

Terry MacAlmon

나는찬양하리 라 주 - 님 그이름찬 양 예 - 수
리 주 - 께 영광의이 름 예 - 수

크신 주 이름 나 찬 양 하 리 라 나는찬양하리 라
크신 주 이름 나 찬 양 하 리 라 나는영광돌리 리

주 - 님 그이름찬 양 예 - 수 크 신 주 이 름
주 - 께 영광의이 름 예 - 수 크 신 주 이 름

나 찬 양 하 리 라 나는영광돌 리 라 -

메들리 곡 568/ 거룩한 성전에 거하시며 569/ 고개 들어 573/ 나 가진 재물 없으나

나의 가장 낮은 마음 575

(낮은 자의 하나님)

양영금 & 유상렬

A F#m7 Bm/D E

나 의가-장- 낮 은마-음- 주님께-서- 기 뻐하-시고
내 가지-쳐- 무 력할-때- 주님내-게- 힘 이되-시고

A F#m7 Dmaj7 E7 A E7

작 은일-에- 큰 기쁨-을- 느 끼게하시 는도 -다-
아 름다-운- 하 늘나-라- 내 맘에주시 는도 -다-

D E/D C#7 F#m

우리에게- 축 복 하신- 하 나 님 사랑 -

D E A G/A A7

낮은자를- 높 여 주 시고 - -

D E/D C#7 F#m

아름다운- 하 늘나라- 허 락 하 시고 -

D B7/D# Esus4 E7

내모 든-것- 예 비 하시네 - -

A F#m F#m7 D Esus4 E

찬 양함 에 기 쁨을- 감 사 함에 평 안을-

C# F#m D

간 구 함 에 하 나님- 알 도록 -

Dm 1. A D/E 2. A D/A A A+

하 셨 네 - 네 -

A

576 나의 구원의 하나님 경배해

설경욱

A E C#m F#m D A

나의구원의- 하나님경배해- 그능력과-지혜 - 크

Bm E A E C#m F#m

고놀라워라- 변함이없는- 사랑을베푸신-

D A F#m Bm C# C#7

영존하시는- 당신은나의주 - 진리

F#m E D E F#m E

의 주성령-이여 - 내안에 들어와내삶-을

A F#/A# Bm C# F#m F#/A#

인도하소서- 이땅위에-저높-은 하-늘아래-

Bm D Esus4 E A C#m F#m Em7/A

주님만이내사랑 - 그 영광의부요 함이여- -

D E7 A Bm E

그 진리안에자유 함이여- 내 오른편에서-

C#m C#7/F F#m Bm E7 A

항상도우시는- 주를경배합니다 -

568/ 거룩한 성전에 거하시며 574/ 나는 찬양하리라 577/ 나의 믿음 주께 있네

나의 믿음 주께 있네 577

(In christ alone)

Don Koch & Shawn Craig

나의믿 음 주께-있 네 십자-가 능력 이내영-광되 -었

네 주께서 우 리를- 승리케 하 시니- 나의

- 능력- 나의 -소망- 주 께있 네

A

567/ 강하고 담대하라 571/ 교회여 일어나라 573/ 나 가진 재물 없으나

578 나의 기도하는 것보다

홍정식

A E/G♯ F♯m D Bm E

나의기도하-는 것보다- 더욱응답하실 하나님

A E/G♯ F♯m D Bm C♯sus4

나의생각하-는 것보다- 더욱 이루시는 하나님

F♯m C♯m/E D A/C♯

우리가 운데 역 사 하 신 능력대 로 우 리들 의

Bm A/C♯ D B/D♯ E

간구함을 넘 치도록 능 히 하 실 주 님 께 모든

A E/G♯ F♯m F♯m/E D B/D♯ Esus4 E

영광과 존귀 찬양과 경배를 돌 릴 지 어 다 모든

A E/G♯ F♯m F♯m/E D E A

영광과 존귀 찬양과 경배를 돌 릴 지 어 다

메들리 곡

566/ 감사하신 하나님 570/ 괴로울 때 주님의 573/ 나 가진 재물 없으나

나의 모든 기도가

579

(주께 드리는 나의 시)

김성조

A

580 나의 모든 행실을

1. 나의 모든 행실을 주여 기억하시고 바른 길로 인도
2. 나의 모든 실수를 주여 용서하시고 바른 길로 인도
3. 이 땅 위의 모든 것 마지막 날 될 때에 주여 나를 받아

하소서 – 기쁠 때나 슬플 때나 와 동행하시며
하소서 – 주의 크신 사랑과 하늘나라 영광을
주소서 – 주의 얼굴 대할 때 귀한 상급 주시고

밤낮으로 인도하소서 –
나도 전파하게 하소서 – 내 모든 형편을
면류관을 쓰게 하소서 –

다 기억하시고 늘 나와 동행하옵소서 –

나의 생명 주 앞에 남김없이 드리니

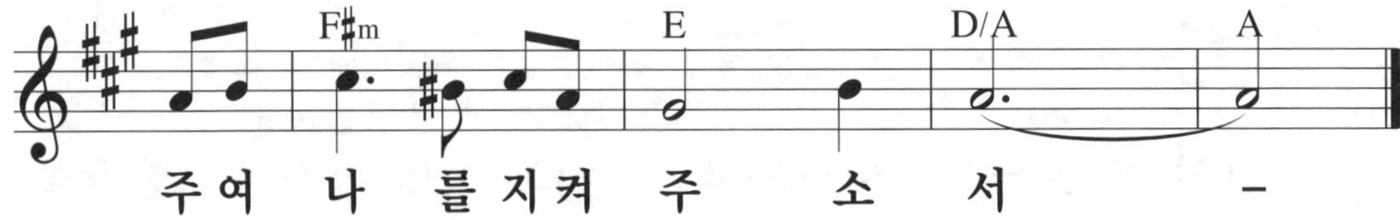

주여 나를 지켜 주소서 –

569/ 고개 들어 570/ 괴로울 때 주님의 574/ 나는 찬양하리라

나의 반석이신 하나님

(Ascribe Greatness)

Mary Kirkbride & Mary Lou King

나 의 반석이신 하나님 행하신
모든 것 완 전하 시 니 - 나 의
생명되신 하 나님 내 계 행 하 신 일
찬 양합니 다 - 신 실 하 신하나- 님
실수-가 없으-신- 좋 으 신 나의 주---
- 신 실 하 신 하나- 님 실수-가
없으-신- 좋 으 신 나 의 주 -

A

565/ 갈릴리 마을 572/ 그날이 도적 같이 575/ 나의 가장 낮은 마음

582 나의 백성이

(Heal our land)

Tom Brooks & Robin Brooks

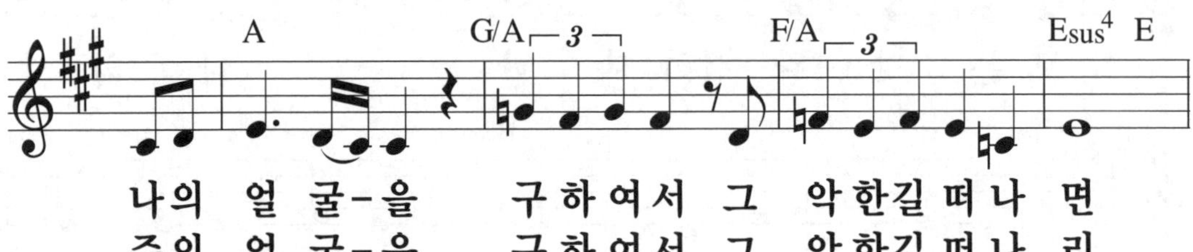

E E/A A E/A A E/A E/ F♯ F♯m C♯m7
주 하 나님 간절히기 도 하 오니 –
Bm7 A2/C♯ D D/E D/A A
상 한이땅 새 롭게하–소– 서 –

A

583 나의 안에 거하라

류수영

나의 안에 거하라- 나는네 하나님이니- 모든

환난 가운데- 너를 지키는자라- 두려 워하지말라- 내가널

도와주리니- 놀라 지말라-네손잡아주리라 - 내가너를

지명하-여 불렀나-니너는 내 것이라- 내 것이라- 너의

하나님 이라- 내가너를 보배롭 - 고 존귀하- 게

여 기노라- 너를 사랑하- 는네 여호와라 -

568/ 거룩한 성전에 거하시며 569/ 고개 들어 583/ 나의 모든 기도가

나의 영혼이 잠잠히 584

(오직 주만이)

이유정

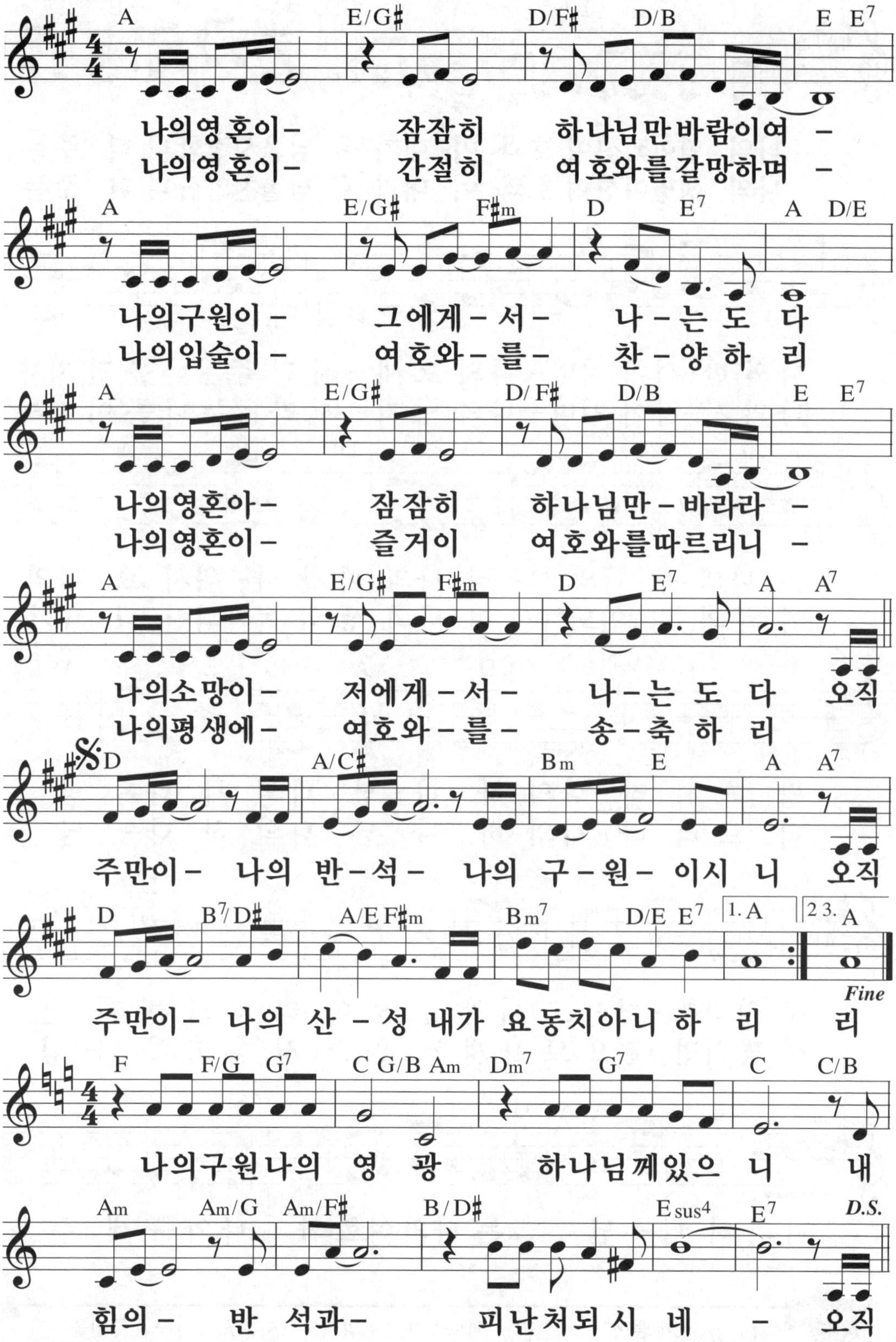

나의영혼이- 잠잠히 하나님만바람이여 -
나의영혼이- 간절히 여호와를갈망하며 -

나의구원이- 그에게-서- 나-는도 다
나의입술이- 여호와-를- 찬-양하 리

나의영혼아- 잠잠히 하나님만-바라라 -
나의영혼이- 즐거이 여호와를따르리니 -

나의소망이- 저에게-서- 나-는도 다 오직
나의평생에- 여호와-를- 송-축하 리

주만이- 나의 반-석- 나의 구-원- 이시 니 오직

주만이- 나의 산-성 내가 요동치아니하 리 리

Fine

나의구원나의 영 광 하나님께있으 니 내

힘의- 반 석과- 피난처되시 네 - 오직

D.S.

585 나의 힘이 되신 여호와여

최용덕

나의 힘이되신여 호와 여 내가 주 님을사랑합니 다 주는
나의 생명이신여 호와 여 내가 주 님을찬양합니 다 주는

나 의 반-석이 시며 - 나의 요 새 - 시 라 주는 나 를 건 지시
나 의 사-랑이 시며 - 나의 의 지 - 시 라 주는 나 를 이 끄시

는 나의 주 나의하나 님 나의 피 할 바-위시 요 나의
어 주의 길 인도하시 며 나의 생 의 목자되시 니 내가

방 패 시 라 나의 하 나 님 나의 하 나- 님
따 르 리 라 나의 하 나 님 나의 하 나- 님

구 원의뿔-이시 요 나의 산 성 이 라 나의하 나 님
생 명의면류관으 로 내게 씌 우 소 서 나의하 나 님

나의하 나- 님 그는 나의여호 와 나의 구세 주

569/ 고개 들어 570/ 괴로울 때 주님의 580/ 나의 모든 행실을

미가엘 940

나 자유 얻었네 586

1. 나 자유 얻었네 너 자유 얻었네 우리자유 얻-었 네 - -
2. 나 구원 받았네 너 구원 받았네 우리구원 받-았 네 - -
3. 나 성령 받았네 너 성령 받았네 우리성령 받-았 네 - -
4. 나 기뻐 하겠네 너 기뻐 하겠네 우리기뻐 하-겠 네 - -
5. 나 은혜 받았네 너 은혜 받았네 우리은혜 받-았 네 - -
6. 나 믿음 얻었네 너 믿음 얻었네 우리믿음 얻-었 네 - -
7. 나 감사 하겠네 너 감사 하겠네 우리감사 하-겠 네 - -

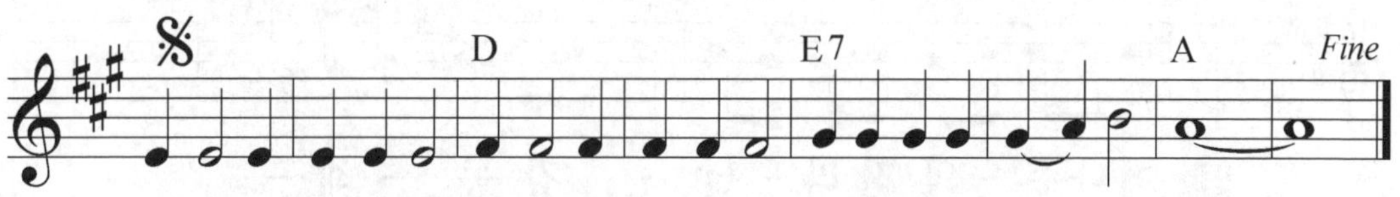

나자유 얻었네 너자유 얻었네 우리자유 얻 -었 네 -
나구원 받았네 너구원 받았네 우리구원 받 -았 네 -
나성령 받았네 너성령 받았네 우리성령 받 -았 네 -
나기뻐 하겠네 너기뻐 하겠네 우리기뻐 하 -겠 네 -
나은혜 받았네 너은혜 받았네 우리은혜 받 -았 네 -
나믿음 얻었네 너믿음 얻었네 우리믿음 얻 -었 네 -
나감사 하겠네 너감사 하겠네 우리감사 하 -겠 네 -

주말씀 하시길 죄사슬 끊겼네 우리자유 얻 -었 네 할렐루야

A

587 나 주와 함께 걷기 원해요

(나의 사랑이 / Falling)

Brenton Brown & Paul Baloche

날 구원하신 주 감사 588

(Thanks for God for my Redeemer)

Arr. Roy Brunner & John A Hultman

1. 날구 원하신주 감사 모든 것 주심감 사
2. 응답 하신기도 감사 거절 하신것감 사
3. 길가 의장미꽃 감사 장미 꽃 가시감 사

지난 추 억인해 감사 주내 곁 에계시 네
헤쳐 나 온풍랑 감사 모든 것 채우시 네
따스 한 따스한 가정 희망 주 신것감 사

향기 론 봄철에 감사 외론 가 을날감 사
아픔 과 기쁨도 감사 절망 중 위로감 사
기쁨 과 슬픔도 감사 하늘 평 안을감 사

사라 진 눈물도 감 사 나의 영 혼 평안 해
측량 못 할은혜 감 사 크신 사 랑 감사 해
내일 의 희망을 감 사 영원 토 록 감사 해

566/ 감사하신 하나님 573/ 나 가진 재물 없으나 583/ 나의 모든 기도가

589 내가 만민중에

(Be Exalted)

Brent Chambers

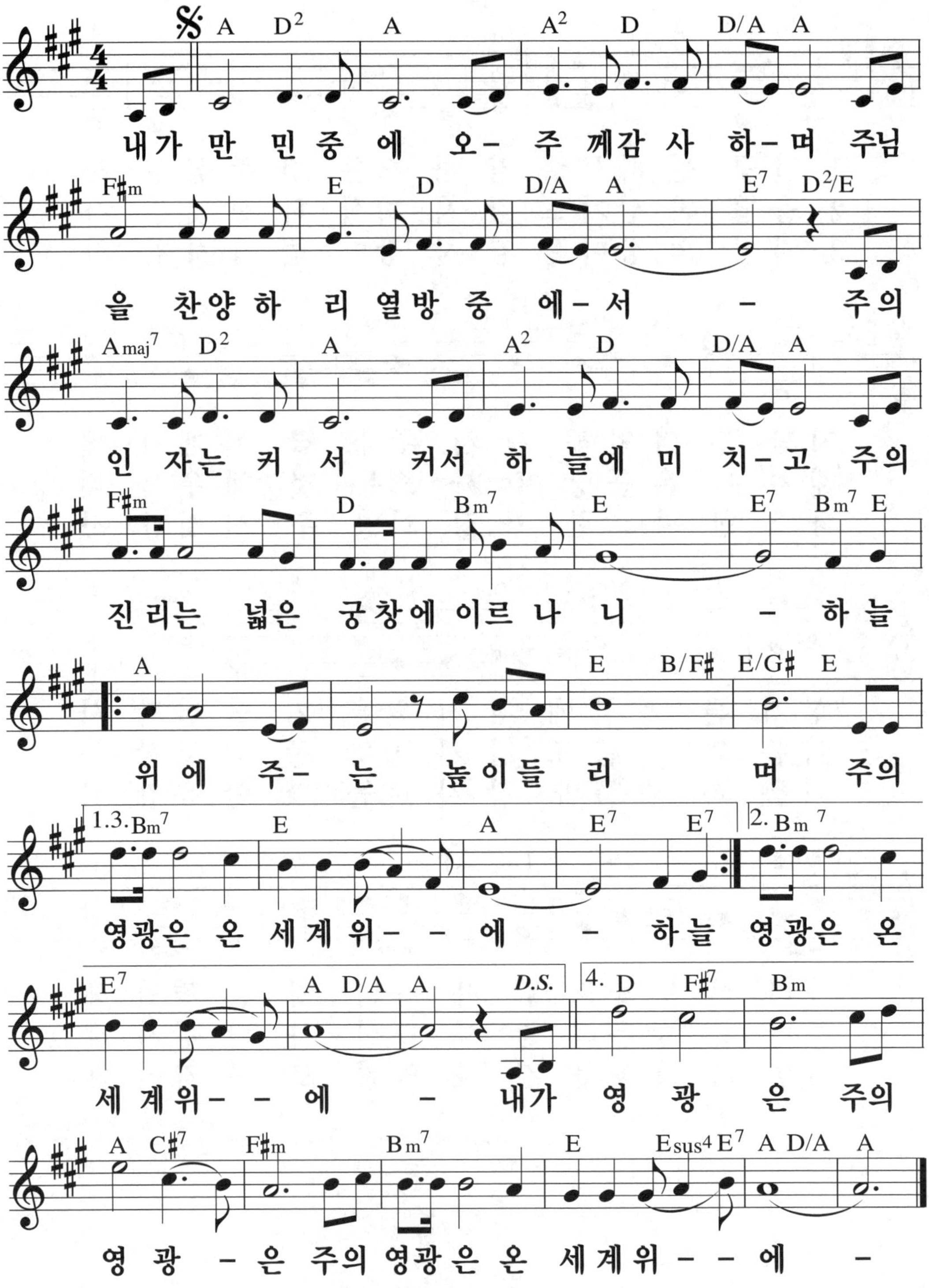

내가 만 민 중 에 오- 주 께감 사 하-며 주님

을 찬양하 리 열방 중 에-서 - 주의

인 자는 커 서 커서 하 늘에 미 치-고 주의

진리는 넓은 궁창에 이르 나 니 - 하늘

위 에 주- 는 높이들 리 며 주의

영광은 온 세계 위- - 에 - 하늘 영광은 온

세 계 위- - 에 - 내가 영 광 은 주의

영 광 -은 주의 영광은 온 세계 위- - 에 -

569/ 고개 들어 582/ 나의 백성이 654/ 주님의 그 모든 것이

미가엘 1745

내 마음 다해

(My Heart Sings Praises)

590

Russell Fragar

A

591 내 마음에 주를 향한 사랑이

(십자가의 길 순교자의 삶 / The Way Of The Cross The Life Of Martyr)

Stephen Hah

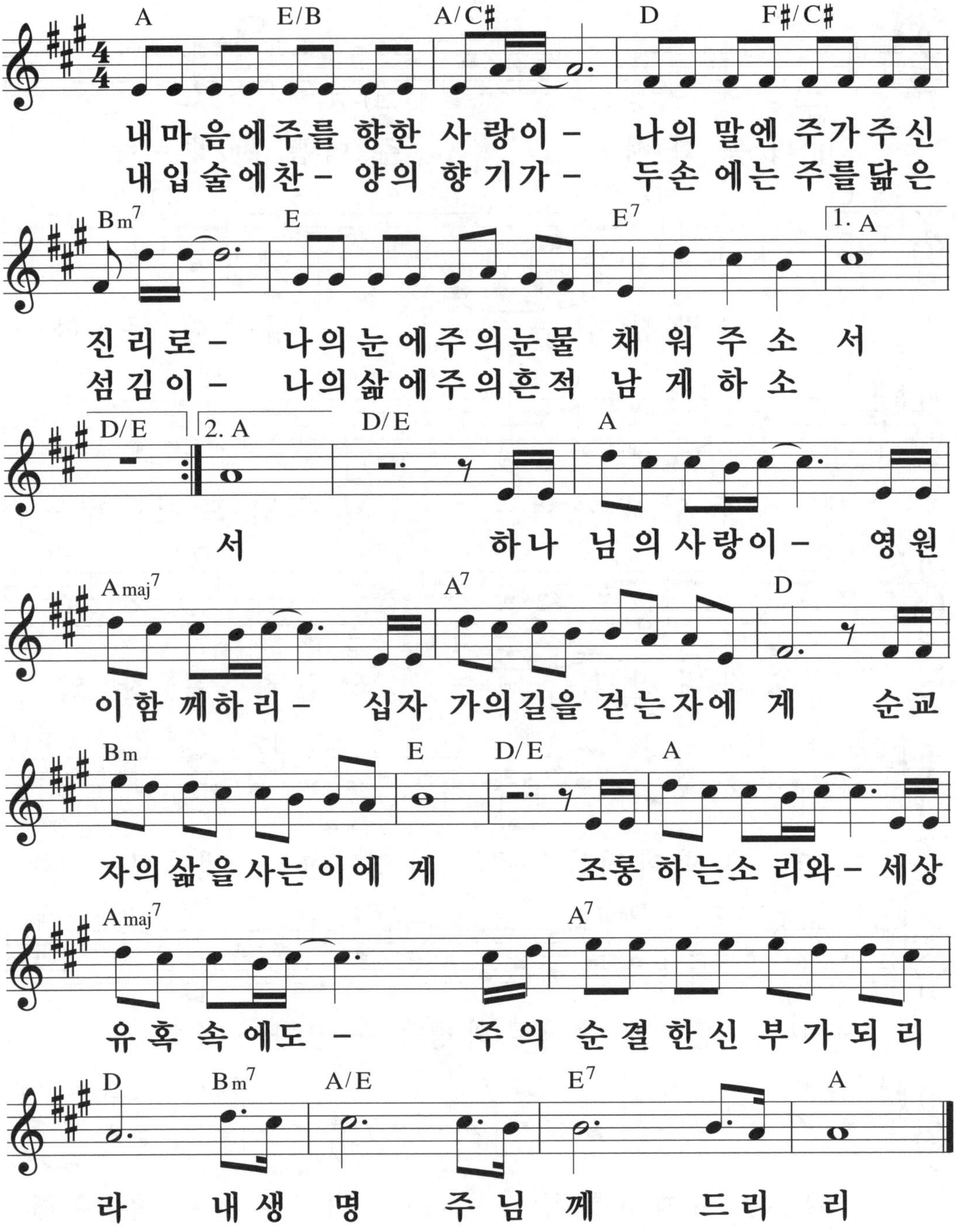

내마음에주를 향한 사랑이- 나의 말엔 주가주신 진리로- 나의눈에주의눈물 채 워 주 소 서

내입술에찬- 양의 향 기가- 두손 에는 주를닮은 섬김이- 나의삶에주의흔적 남 게 하 소 서

하나 님의사랑이- 영원 이함 께하리- 십자 가의길을 걷는자에 게 순교 자의삶을사는이에 게 조롱 하는소 리와- 세상 유혹 속 에도 - 주의 순결한신 부가 되리 라 내생 명 주님께 드리 리

577/ 나의 믿음 주께 있네 582/ 나의 백성이 583/ 나의 안에 거하라

내 모든 것 나의 생명까지 592

(주 임재 안에서)

설경욱

A E/G# F#m /E D Bm Esus4 E7

내 모 든 것 – – 나 의 생 명 – 까 지

A E/G# F#m /E D D#dim Esus4 E

다 주 님 앞 에 – – 드 립 니 다

A E/G# F#m /E D E/D

주 임 재 안 에 서 – 이 제 내 영 혼 – 자

C#m7 F#7(♭9) F#7 Bm7 E/D C#m7 F#m

유 – 해 – 내가 주 의 거 룩 한 이 름을높이며

D D#dim Esus4 E A E/G# F#m /E

예 배 하 리 어 린 – 양 찬 양 하 – 리 – – 내

D A/C# Esus4 E A E/G#

평 생그하나로 – 충 분 해요 – – 어 린 – 양 찬양

F#m F#m/E D E A

하 – 리 – – 내 가 주 의 임 재 안 에 서

A

568/ 거룩한 성전에 거하시며 573/ 나 가진 재물 없으나 654/ 주님의 그 모든 것이

593 너의 하나님 여호와가

(스바냐 3장 17절)

김진호

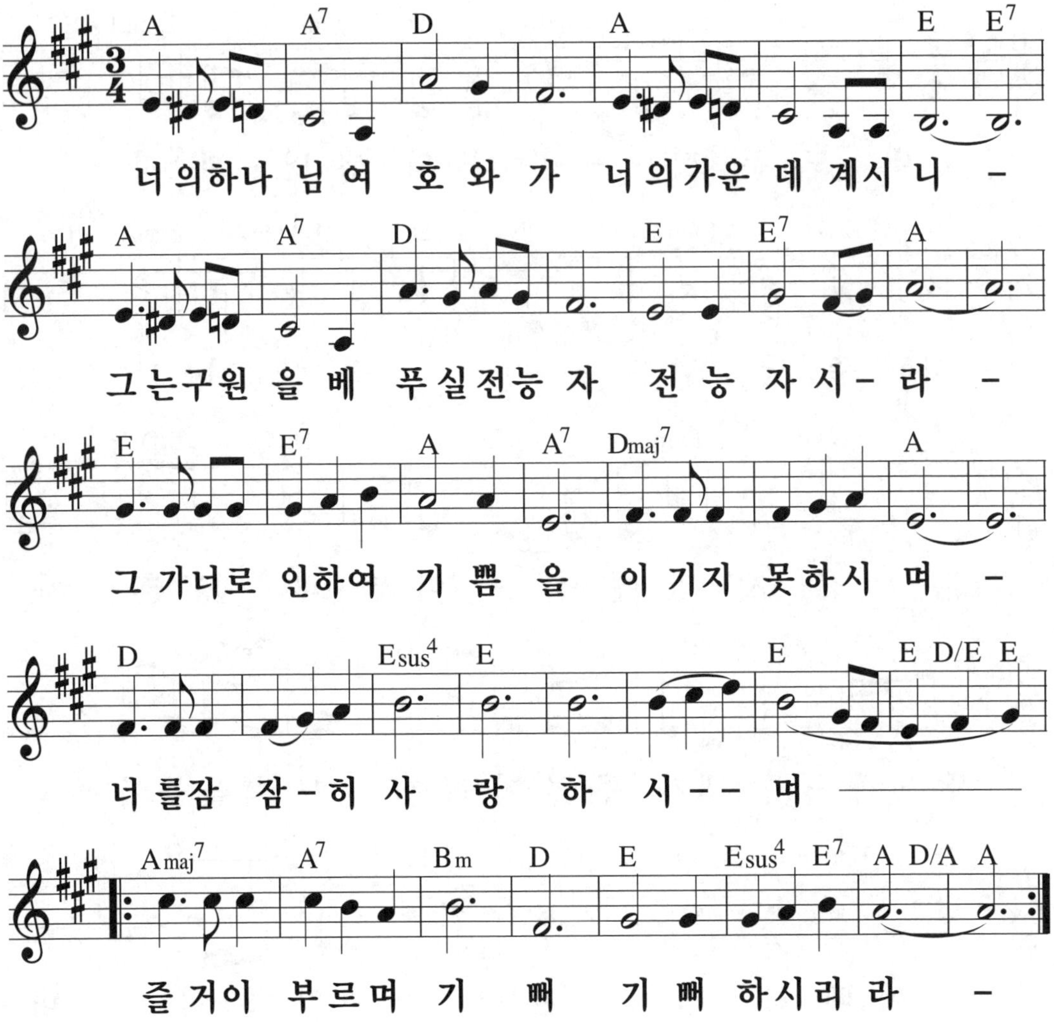

너의하나 님여 호와가 너의가운데 계시니 –

그는구원을베 푸실전능자 전능자시–라 –

그 가너로 인하여 기 쁨 을 이 기지 못하시 며 –

너를잠 잠–히 사 랑 하 시–– 며 ———

즐거이 부르며 기 뻐 기 뻐 하시리라 –

메들리 곡

574/ 나는 찬양하리라 583/ 나의 안에 거하라 592/ 내 모든 것 나의 생명까지

미가엘 1854

당신의 그 섬김이

(해같이 빛나리)

김석균

당신 의 -그섬김 이 천국 에서해같이빛나 리
당신 의 -그순종 이 천국 에서해같이빛나 리

당신 의 -그겸손 이 천국 에서해같이빛나 리
당신 의 -그사랑 이 천국 에서해같이빛나 리

당신 의 -그믿음 이 천국 에서 해같이빛나 리
당신 의 -그찬송 이 천국 에서 해같이빛나 리

당신 의 -그충성 이 천국 에서 해같이빛나 리
당신 의 -그헌신 이 천국 에서 해같이빛나 리

주님이기억하시면 족하리 예수님사랑으로 가득한모습
주님이기억하시면 족하리 불타는사명으로 가득한모습

천사도흠모하는 아름다 운그모습- 천국 에서해같이빛나 리
천사도흠모하는 아름다 운그모습- 천국 에서해같이빛나 리

A

570/ 괴로울 때 주님의 580/ 나의 모든 행실을 628/ 예수 우리 왕이여

595 당신은 지금 어디로 가나요

(예수 믿으세요)

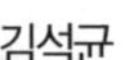

예수 안 에는안식이 있 어요 평 안이넘쳐 요
고통 의 멍에벗어버 리 세요 예 수이름으 로
이전 에 없던평안을 얻 으니 찬 송이넘쳐 요

십자 가 보혈믿는 자-마다 구 원을받아 요
마음 문 열고주님 맞으세요 기 쁨이넘쳐 요
샘솟 는 기쁨전해 주-어요 예 수이름으 로

3.
A
A D F♯m E7
주를 믿는자그는 행복해요- 영원한 생명 얻으니 하나
A D F♯m E7
요 할 -렐루야 아멘- 할 -렐루야 아멘-
A D F♯m E7 1.A 2.A
님 나라그의 것이이라--어서 예수믿으세 요 주를 요
A D F♯m E7 A A
할 -렐루야 아멘- 아멘 할 렐루 야 야

A

596 똑바로 보고 싶어요

미가엘 851

최원순

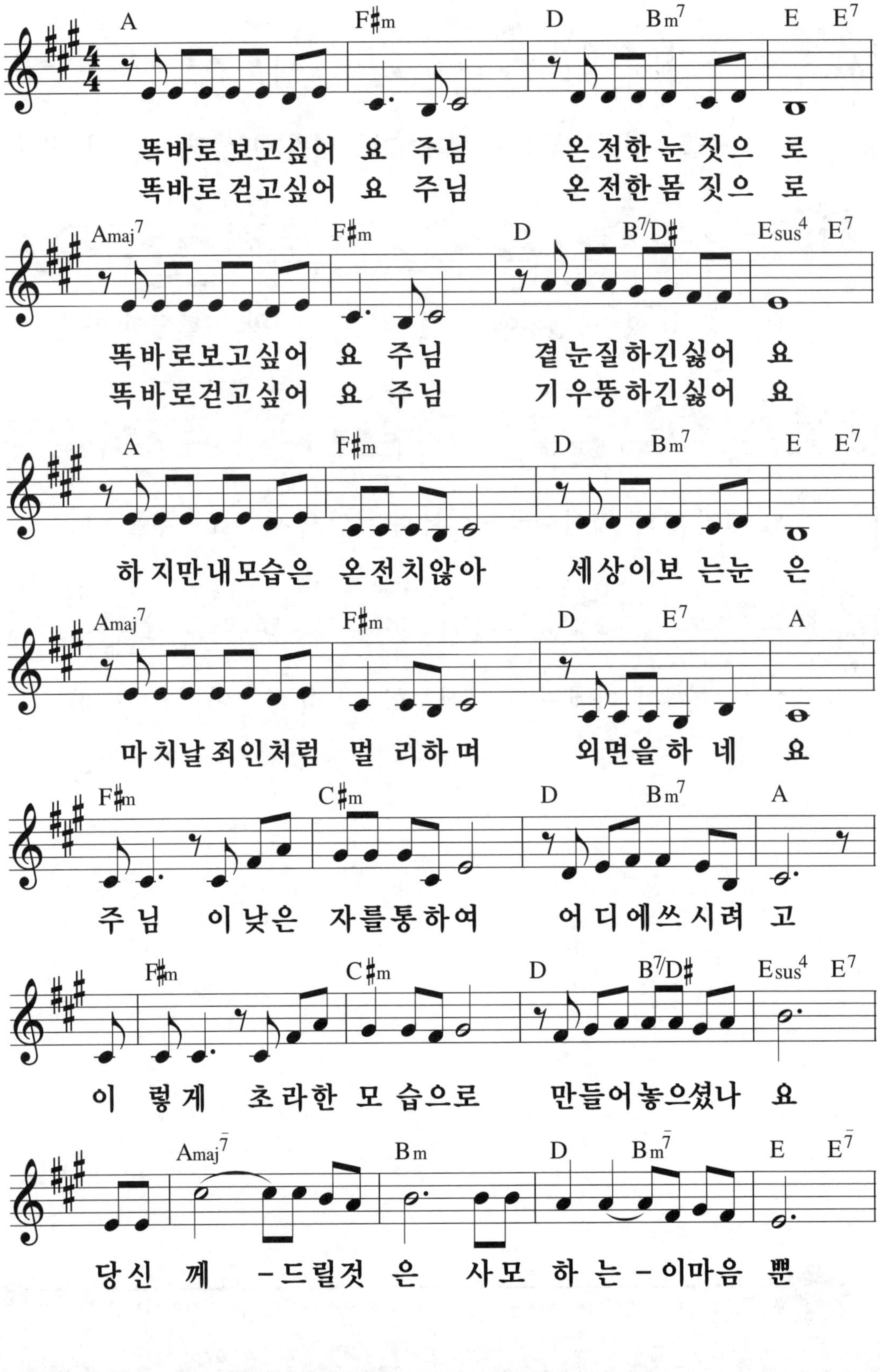
A F♯m D Bm7 E E7
똑바로보고싶어 요 주님 온전한눈 짓으 로
똑바로걷고싶어 요 주님 온전한몸 짓으 로
Amaj7 F♯m D B7/D♯ Esus4 E7
똑바로보고싶어 요 주님 곁눈질하긴싫어 요
똑바로걷고싶어 요 주님 기우뚱하긴싫어 요
A F♯m D Bm7 E E7
하 지만내모습은 온전치않아 세상이보 는눈 은
Amaj7 F♯m D E7 A
마 치날죄인처럼 멀 리하며 외면을하 네 요
F♯m C♯m D Bm7 A
주 님 이낮은 자를통하여 어 디에쓰시려 고
F♯m C♯m D B7/D♯ Esus4 E7
이 렇게 초라한 모 습으로 만들어놓으셨나 요
Amaj7 Bm D Bm7 E E7
당신 께 -드릴것 은 사모 하 는 -이마음 뿐

똑바로 보고 싶어요

Amaj7 Bm D Bm7 E E7
이생 명도 – 달라시 면 십자 가 에 – 놓겠으 니
A Bm C♯m F♯m D B7/D♯ Esus4 E7
허울 뿐인육 신 속에 – 참빛 을 심게하시 고
A Dm C♯m F♯m D E A
가식 뿐인세 상 속에 – 밀알 로 썩게하소 서

A

597 들어오라 지성소로

(거룩하신 주님께 나오라 / Come into the Holy of Holiness)

John Sellers

메들리 곡 569/ 고개 들어 583/ 나의 안에 거하라 591/ 내 마음에 주를 향한 사랑이

많은 사람들

598

(난 예수가 좋다오)

김석균

많은-사람들 - 참된 진리를모른 채 - 주 님곁을
무거운짐진자 - 다- 내게-로오 라 - 내 가너를
그 대-가만일 - 참된 행복을찾거 든 - 예 수님을

떠 나 갔 지만 - - 내가만난주-님은 - 참
쉬 게 하 리라 - - 이길만이생명의길 - 참
만 나 보 세요 - - 그분으로인-하여 - 참

사랑-이었고 - 진리였고 소망이었소 - -
복된-길이라 - 항상내게 들려주셨소 - -
평안을얻으면 - 나와같이 고백할거요 - -

난 예수가좋 다오 - - 난--

예수가좋 다오 - - 주를사 랑 한 다던 -

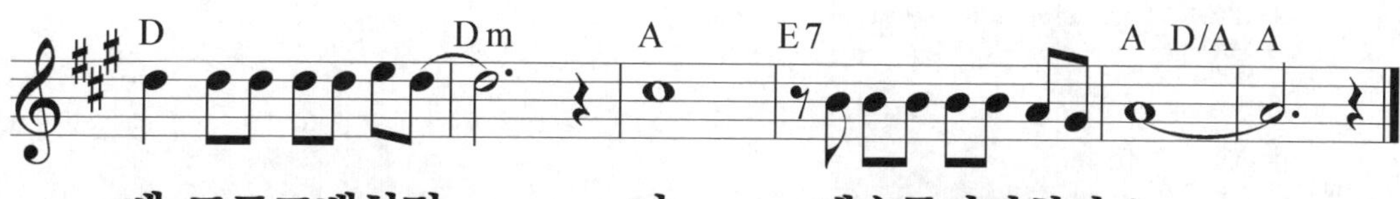

베 드로고백처럼 - 난 예수를사랑한다오 -

565/ 갈릴리 마을 572/ 그날이 도적 같이 581/ 나의 반석이신 하나님

A

599 머리들라 문들아

Graham Kendrick

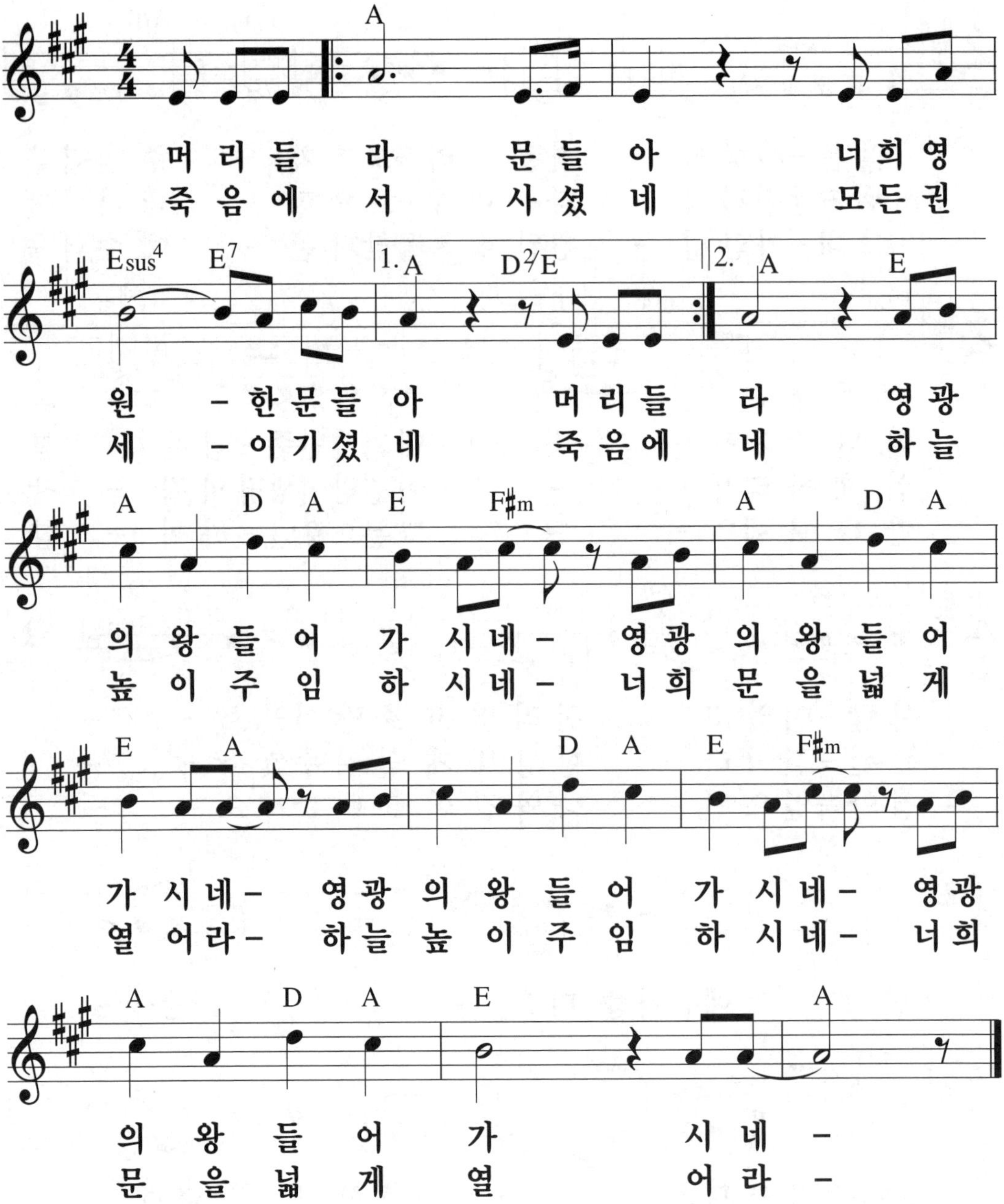

머 리 들 라 문 들 아 너 희 영
죽 음 에 서 사 셨 네 모 든 권

원 - 한 문 들 아 머 리 들 라 영 광
세 - 이 기 셨 네 죽 음 에 네 하 늘

의 왕 들 어 가 시 네 - 영 광 의 왕 들 어
높 이 주 임 하 시 네 - 너 희 문 을 넓 게

가 시 네 - 영 광 의 왕 들 어 가 시 네 - 영 광
열 어 라 - 하 늘 높 이 주 임 하 시 네 - 너 희

의 왕 들 어 가 시 네 -
문 을 넓 게 열 어 라 -

멀고 험한 이세상 길 600

(돌아온 탕자)

김석균

1. 멀고험 한 – 이세상 길 소망 없 는나그네– 길
2. 무거운 짐 – 등에지 고 쉴곳 없 어애처로운 몸
3. 눈물로 써 – 회개하 고 아버 지 의품에안기 어

방황하 고 – 헤매이 며 정처 없 이살–아왔 네
쓰러지 고 – 넘어져 도 위로 할 자내겐없었 네
죄악으 로 – 더럽힌 몸 십자 가 에못–박았 네

의지 할 곳없 는이 몸 위로 받 고살 고파 서
세상 에 서버 림받 고 귀한 세 월방 탕하 다
구원 함 을얻 은기 쁨 세상 에 서제 일이 라

세상 유 혹따 라가 다 모든 것 을다 잃었 네
아버 지 를만 났을 때 죄인 임 을깨 달았 네
영광 의 길허 락하 신 내주 예 수찬 양하 네

A

569/ 고개 들어 570/ 괴로울 때 주님의 얼굴 보라 580/ 나의 모든 행실을

601 모든 민족과 방언들 가운데

(Hallelujah to the Lamb)

Debbye Graafsma & Don Moen

모 든민족과방언들 가 운데 수 많은주 - 백성 모였-
어 린양피로씻어진 우 리들 은 혜로주 - 앞에 서있-

네 주의 - 보혈과 그사랑 - 으 로 친백 - 성
네 주이 - 름으로 자녀된 - 우 리 겸손 - 히

삼 -으셨네 주를향한 감사와 - 찬 양 - 을 말로다
구 -하오니 주의능력 우리게 - 베 푸 - 사 주를더

표 현할수 없네 - - 다만 - 내 소리높여 - 온 맘을다 해-
욱 닮게하 소서 - - 그때 - 에 모든나라 - 주 영광보며-

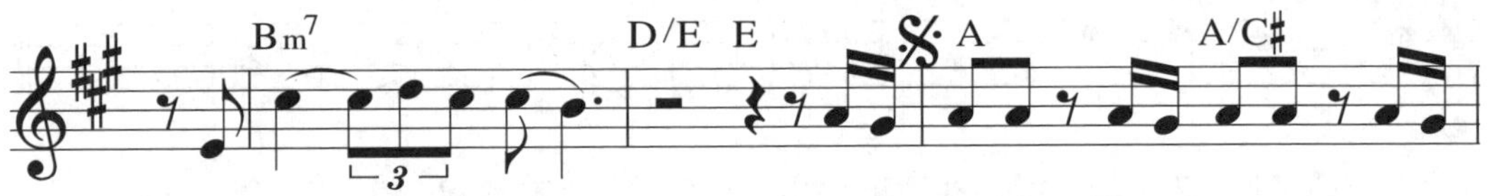

찬 양 - 하리라 -
경 배 - 하리라 -
할렐 루야 할렐 루야 할렐

루야 어린양 할렐 루야 할렐 루야 주의 보혈덮으

사 - 모든 족속 모든방언 모든 백성 열방이 모든

A
A/C♯
D
Esus4
E
1. A
F♯m
E
Esus4
영광 모든존귀 모든 찬양주께드 - 리네 -
2.A
F
C2/E
G
F
C2/E
- 무릎꿇- 고서 - 다함께 -고백해
G
D/E
E
D/E
E
Coda
D
Esus4
E
A
Fine
D.S. al Coda
만유의주님- 할렐 찬양 주께 드- 리네 -

A

602 모든 상황 속에서

김영민

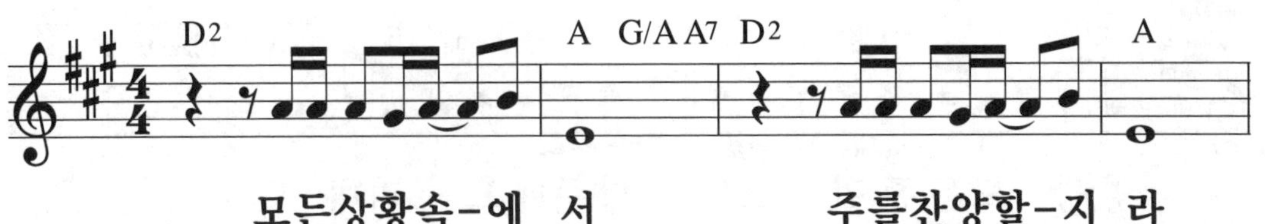

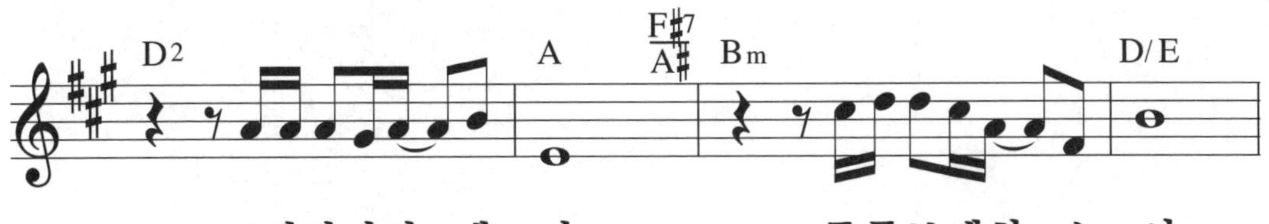

D
A/C#
Bm
D/E
A
1.
Fine
음의눈들- 어 - - 주를 바 라봅 - 니 다
2. A
A
Bm
A/C#
D
주를 찬양할 - 때주의나 - 라 이미임 - 했네 그의
Bm
A
B7
D/E
E
E7
D.S
영원한-나라- 보게하 -소 서 - - 내

603 모든이들 필요해

(내 주는 구원의 주 / Mighty To Save)

Reuben Morgan & Ben Fielding

모 든 이 들 필 요 - 해 완 전 한 주 사 - 랑 - 자
내 실 - 패 와 두 려 - 움 주 받 아 주 소 - 서 -

비 베 푸 소 - 서 - 모 든 이 들 필 요 - 해 - 구 세 - 주 의 온 유
채 우 소 - - 서 - 내 삶 - 을 주 께 드 - 려 - 온 전 히 주 따 르

- 함 - 열 방 의 소 망 -
- 리 - 주 께 순 종 해 -

예 수 산 을 옮 기 - 시 는 내 주 는 능 력 의 주 - 그 는

구 원 의 주 - 영 원 한 구 원 의 창 조 자 사 망 을

이 기 시 고 - 예 수 부 활 했 네 -

모든이들 필요해

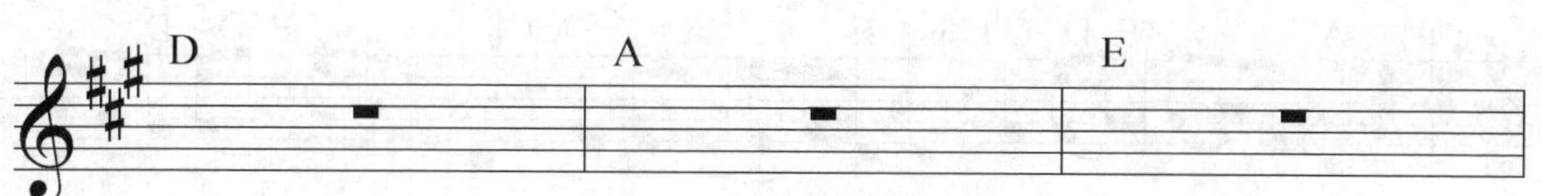
D
A
E

F#m
D.C.
D A E F#m
비추소서 주님의빛 -을- 찬양-해
D A E F#m D A
다시사신 왕의영광 -을- 예수 비추소서 주님의빛
E F#m D A E D.S. al Fine
-을- 찬양-해 다시사신 왕의영광 -을-

A

604 모든 능력과 모든 권세

미가엘 1648

(Above All)

Lenny LeBlanc & Paul Baloche

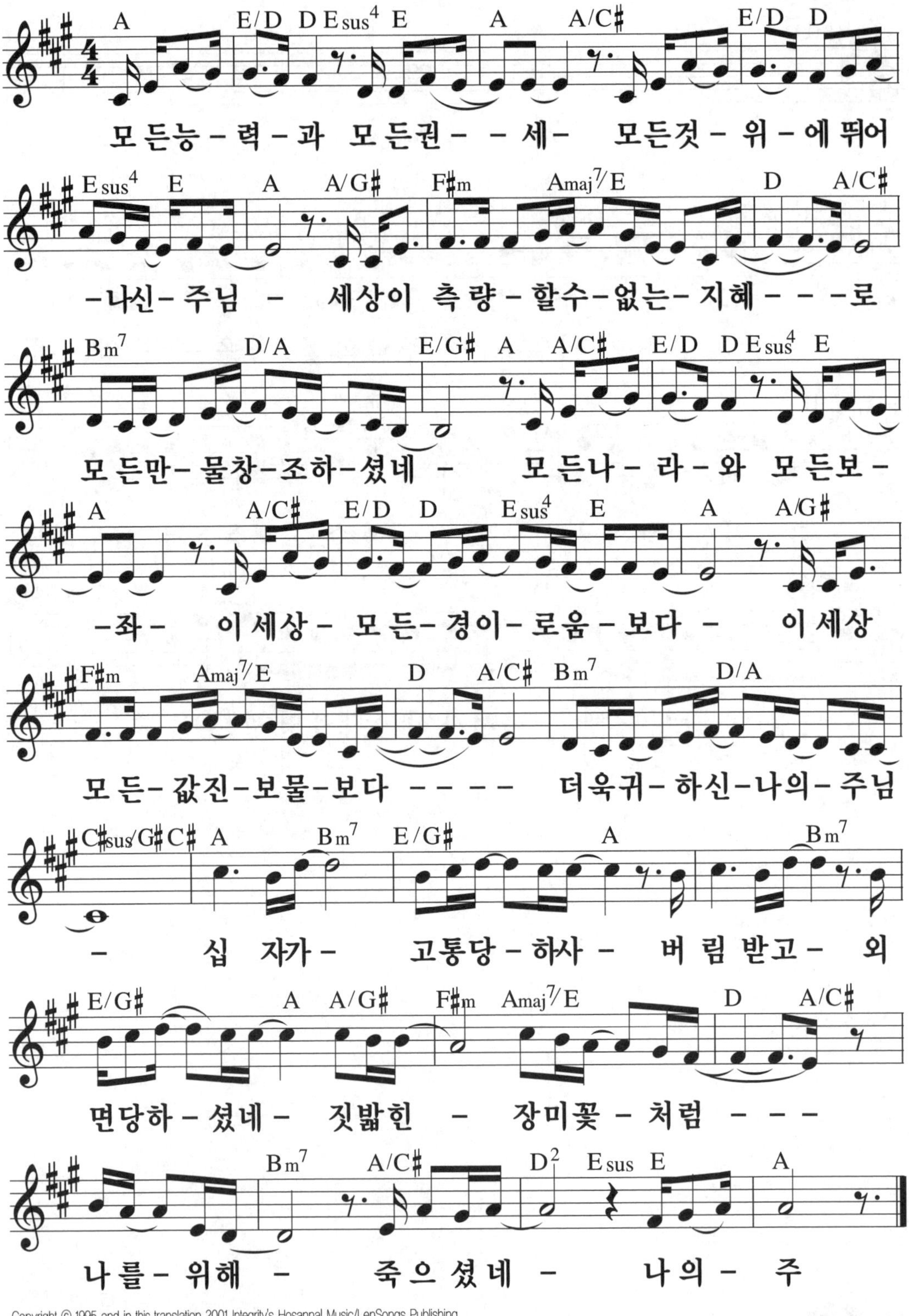
모든능 - 력 - 과 모든권 - - 세 - 모든것 - 위 - 에 뛰어
- 나신 - 주님 - 세상이 측 량 - 할수 - 없는 - 지혜 - - - 로
모 든만 - 물창 - 조하 - 셨네 - 모 든나 - 라 - 와 모든보 -
- 좌 - 이 세상 - 모 든 - 경이 - 로움 - 보다 - 이 세상
모 든 - 값진 - 보물 - 보다 - - - - 더욱귀 - 하신 - 나의 - 주님
- 십 자가 - 고통당 - 하사 - 버 림 받고 - 외
면당하 - 셨네 - 짓밟힌 - 장미꽃 - 처럼 - - -
나 를 - 위해 - 죽으 셨네 - 나의 - 주

무화과 나뭇잎이 마르고 605

(Though The Fig Tree)

Tony Hopkins

무 화 과 나 뭇 잎 이 - 마 르 고 - 포 도

열 매 가 없 으 며 - - 감 람 나 무 열 매

그 치 고 논 밭 에 식 물 이 없 어 도 - 우 리

에 양 떼 가 없 으 며 외 양 간 송 아 지

없 어 도 - - 난 여 호 와 로 즐 거 워 하 리

난 여 호 와 로 즐 거 워 하 리 난 구 원 의

하 나 님 을 인 해 기 뻐 하 - 리 라 -

A

565/ 갈릴리 마을 572/ 그날이 도적 같이 575/ 나의 가장 낮은 마음

606 민족의 가슴마다

(그리스도의 계절)

김준곤 시, 박지영 정리 & 이성균

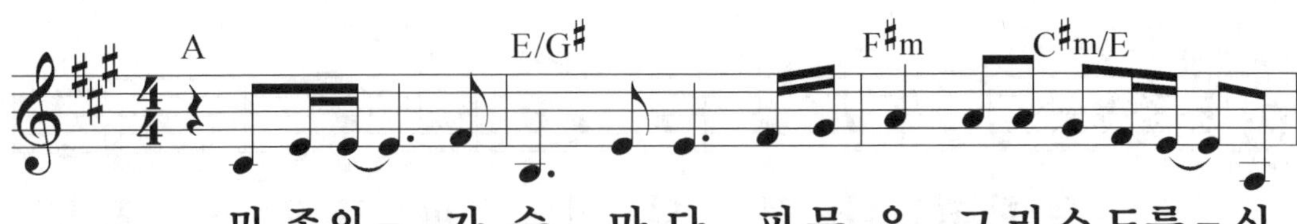

민 족의 - 가 슴 마 다 피묻 은 그리스도를 - 심

어 이 땅 에 푸 르고 - 푸 른 - 그 리 스 도의 계절 - 이 - -

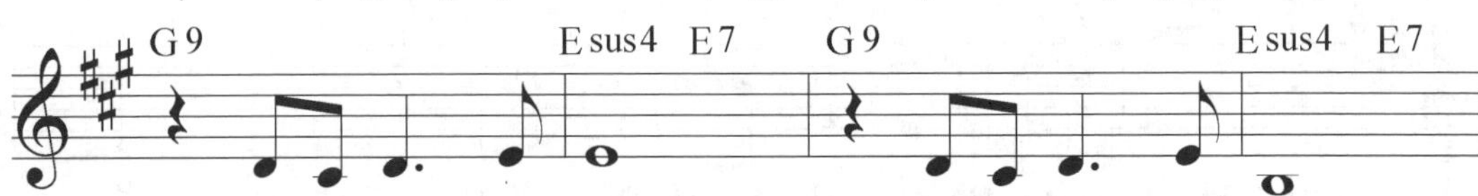

오 게 하 소 서 오 게 하 소 서

이 땅에 - 하 나 님 - 의 나 라 가 - 이 뤄 지 게 하 옵 - 소

서 모든 사 람의마 - 음과 - 교회 와 가 정 - 에도 - - 하 나 님

나 라 가 - 임 하 게 하 여 주 - 소 - 서 - 주 의

청 년 들 이 - 예 수의 꿈 을 꾸고 - 인 류 구 원의 - 환 상 을

보게하 -소-서- 한 손엔 복 음들고 - 한손엔 사랑 을들고- 온땅

민족의 가슴마다

D E FM7
구석 구석 누비-는 나라-되게 하소 서 이땅
Em FM7 Em
구석구-석에-서- 예수를주로고백 하게하-소-서-
FM7 Em Dm
하늘의뜻이 땅에 이뤄주-소-서-주의 나라- 되게하 소-
Gsus4 G7 C Am
서-- 주의 청 년들이- 예수의 꿈 을꾸고- 인류
F Gsus4 G7 C
구원의- 환상을 보게하-소-서- 한 손엔복음들고 -한 손엔
Am F Gsus4 G7 C
사랑 을들고- 온땅 구석 구 석누비-는 나라 -되게하소 서

A

607 믿음따라

(I Walk By Faith)

Chris Falson

믿음따라

A
G
믿 음 따 - 라 - 걸 음 마 - 다 -
D
A
1.
2.
말 씀 따 - 라 - 주 님 만 따 르 - 리 - 믿

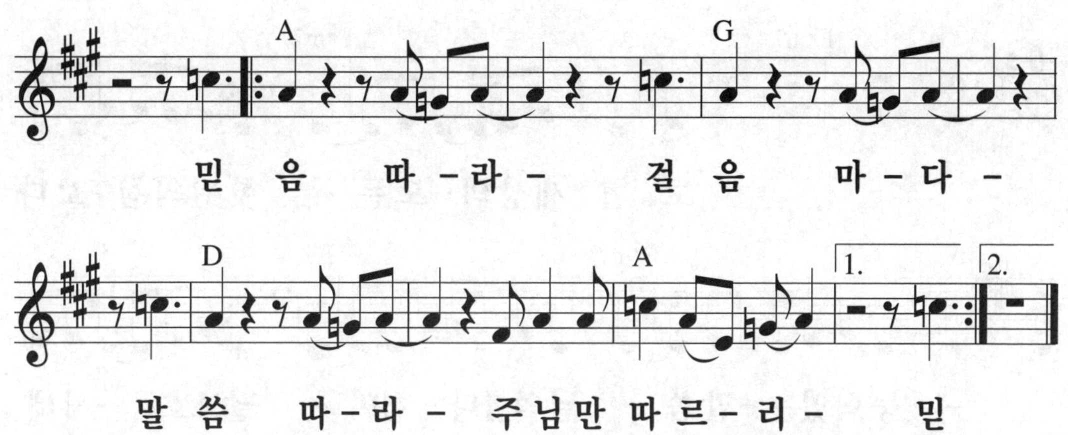

A

608 보혈 세상의 모든

(예수의 피 밖에 / Nothing But The Blood)

Matt Redman

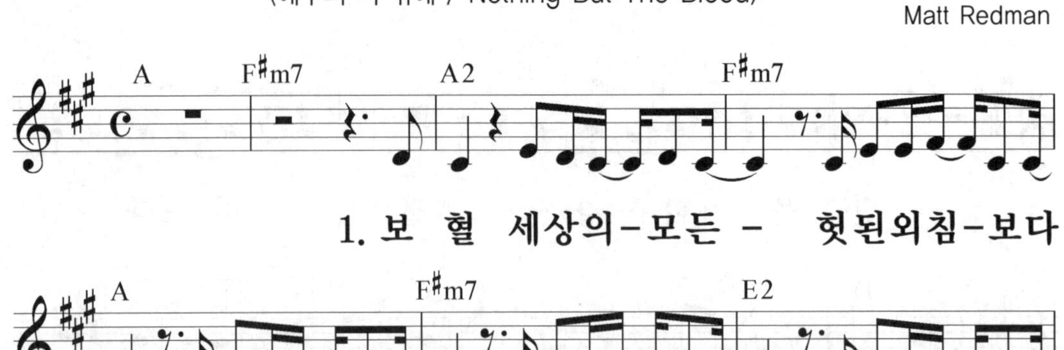

1. 보 혈 세상의 – 모든 – 헛된외침 – 보다

– 능력있는 – 말씀 – 날의롭다 – 하며 – 날보호하 – 시네

– 예수의 – 보혈 – 우리 죄 – 를 씻
우릴 정 – 결 케

– 기 고 – 다시 온 – 전 케 – 하 는 – 예수 피밖에 –
– 하 여 – 친구 되 – 게 하 – 기 는 – 예수 피밖에 –

예수의피밖 – 에 없 – 네 없 – 네

2. 십 자가 은 혜의 – 증 거 – 주마음알 – 게해

– 우리길되 – 시네 – 담대히나 – 가네 – 세상의지 – 않고

D
A2
F#m7
E
3. A2
D.S.
- 오직주보-혈로 -
없 -네
E
D
A2
F#m7
주 보혈찬양해 - 주 보혈찬양해 -
E2
D
1. A2
E
D
예수피밖에- 예수의피밖에 없 -네 주
2.A2
E
D
A
없 -네

609

빛나는 왕의 왕

(위대하신 주 / How Great Is Our God)

미가엘 1598

사망의 그늘에 앉아 610

(그날)

고형원

A C#m7 F#m C#m

사망의그늘에앉 아 죽어 가는 나의백성 들 절망

F#m C#m D Bm E E7

과굶주림에 갇힌저들은 내마음의－오랜슬 픔

A C#m7 F#m C#m

고통의멍에에매 여 울고 있는 나의자녀 들 나는

F#m C#m D B7 Esus E7

이제일어나－저들의 멍에를꺾고 눈물씻기기－원하는 데

A F#m D /C# Bm E7

누가내게부르짖－ 어 저들을구원케－할 까

A F#m Em7 A7 D Bm Esus E7

누가나를위해－가 서 나의사랑을전－할 까 나는

A E/G# F#m D A/C# Bm E7

이제보기원하 네 나의 자녀들－살아나는－그 날 기쁜

A E/G# F#m D E7 Asus A

찬송소리하늘 에 웃음 소리온－땅가득한－그 날

A

571/ 교회여 일어나라 582/ 나의 백성이 591/ 내 마음에 주를 향한 사랑이

611

새힘 얻으리

(Everlasting God)

미가엘 2239

Ken Riley & Brenton Brown

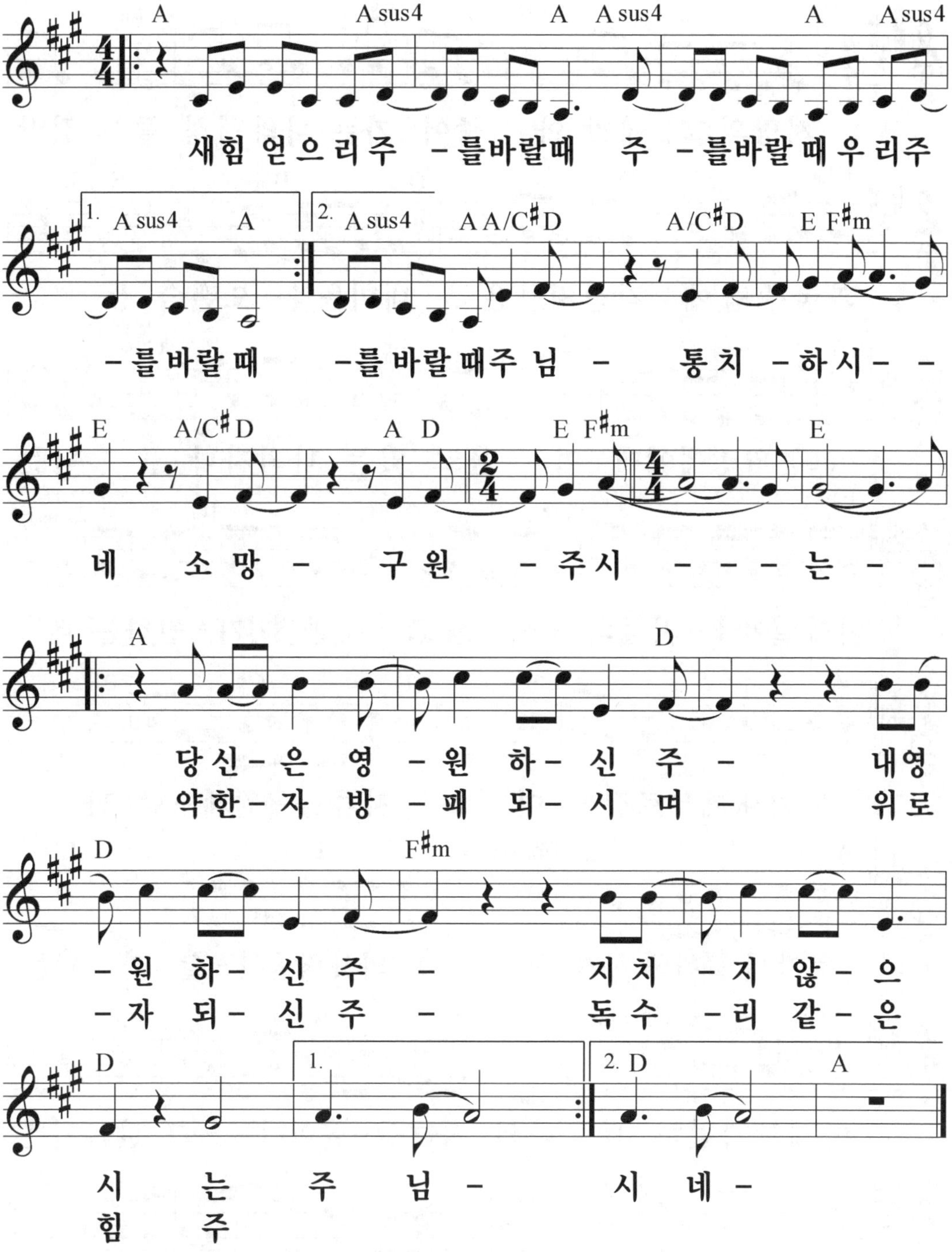
A Asus4 A Asus4 A Asus4
새힘 얻으리주 -를바랄때 주 -를바랄 때우리주
1. Asus4 A 2. Asus4 A A/C♯D A/C♯D E F♯m
-를바랄 때 -를 바랄 때주 님 - 통치 -하시- -
E A/C♯D A D E F♯m E
네 소 망 - 구 원 - 주시 - - - 는 - -
A D
당신-은 영 -원 하- 신 주 - 내영
약한-자 방 -패 되- 시 며 - 위로
D F♯m
-원 하- 신 주 - 지 치 -지 않-으
-자 되- 신 주 - 독 수 -리 같-은
D 1. 2. D A
시 는 주 님 - 시 네 -
힘 주

메들리 곡
590/ 내 마음 다해 613/ 성령이여 내 영혼에 627/ 예수 열방의 소망

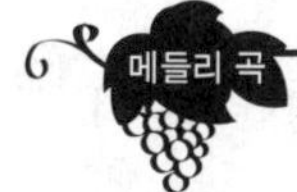

선포하라

612

(All heaven Declares)

Noel Richards & Tricia Richards

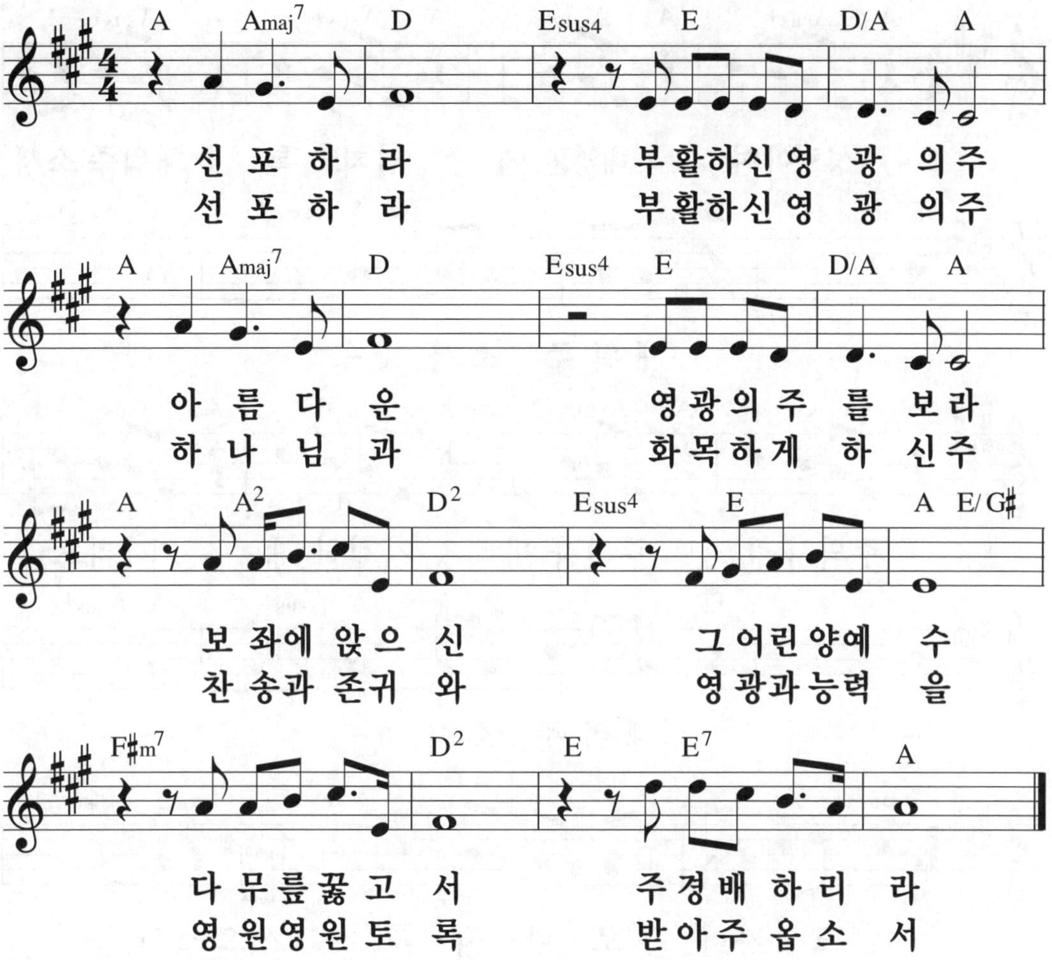

A Amaj7 D Esus4 E D/A A

선 포 하 라 부활하신영 광 의주
선 포 하 라 부활하신영 광 의주

A Amaj7 D Esus4 E D/A A

아 름 다 운 영광의주 를 보라
하 나 님 과 화목하게 하 신주

A A2 D2 Esus4 E A E/G#

보 좌에 앉으 신 그 어린양예 수
찬 송과 존귀 와 영광과능력 을

F#m7 D2 E E7 A

다 무릎꿇고 서 주경배 하 리 라
영 원영원토 록 받아주 옵 소 서

A

569/ 고개 들어 583/ 나의 모든 기도가 654/ 주님의 그 모든 것이

613 성령이여 내 영혼에

(Come and fill me up)

Brian Doerksen

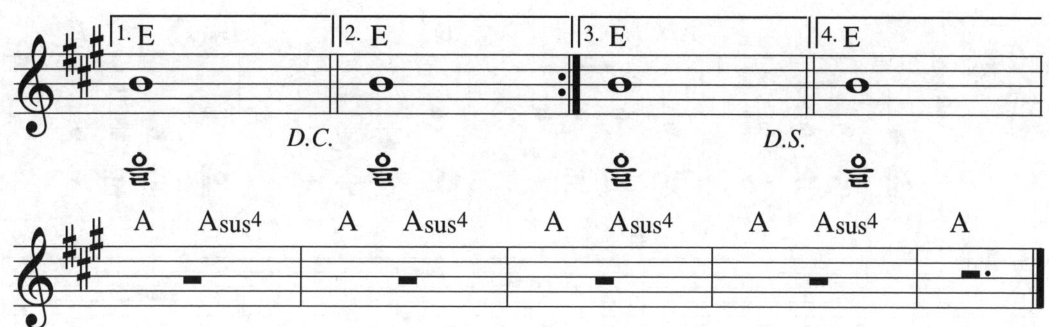

A

614 세상의 빛으로 오신 주

(Light of the World)

Scott Brenner

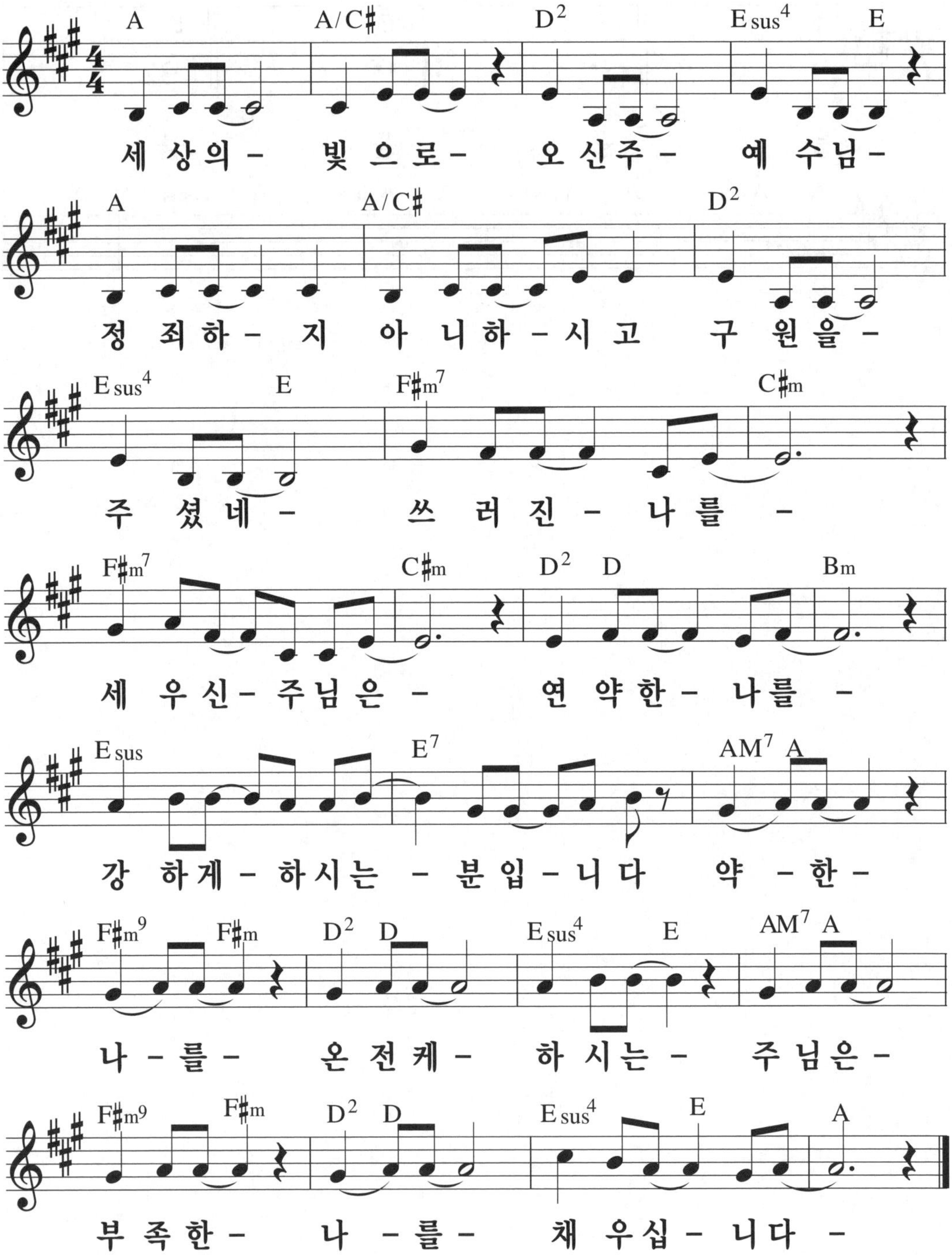

세 상 의 - 빛 으 로 - 오 신 주 - 예 수 님 -

정 죄 하 - 지 아 니 하 - 시 고 구 원 을 -

주 셨 네 - 쓰 러 진 - 나 를 -

세 우 신 - 주 님 은 - 연 약 한 - 나 를 -

강 하 게 - 하 시 는 - 분 입 - 니 다 약 - 한 -

나 - 를 - 온 전 케 - 하 시 는 - 주 님 은 -

부 족 한 - 나 - 를 - 채 우 십 - 니 다 -

592/ 내 모든 것 나의 생명까지 604/ 모든 능력과 모든 권세 606/ 민족의 가슴마다

소망 없는 내 삶에 615

(내 삶 드리리)

박은미

소망없는 - 내삶 - - - 에 - 새생명허 - 락하 - - - 신 -
삶의문제 - 힘겨 - - - 워 - 눈물만드 - 릴때 - - - 도 -

날향한주 - 님의은 - - 혜 - 놀라운주 - 님의사 - - 랑 -
날안아주 - 시는주 - - 님 - 한없는주 - 님의사

- - 랑 나찬양하네 - 나의믿음주 - 께 - 드려

- 나의삶이주 - 를 - 향 해 - 내유일한사

- - - 랑 - 되 신 주 - 께 내 삶드리 리 나의믿음주

- 께 - 드려 - 나의삶이주 - 를 - 향해 - 내유일한사

- - - 랑 - 되 신 주 - 께 내삶드리 리 -

582/ 나의 백성이 584/ 나의 영혼이 잠잠히 606/ 민족의 가슴마다

616 소망없는 세대 가운데

(교회를 부흥시키소서)

민호기

의등대로－세우신 몸된교회－ 복음 의 능력－나타 내소서 －예수

의흘리신보혈로－사 신 교회－　십자 가사랑만 －증거하

는 교회－　죽어 가 는영혼 － 살려 일으키고 －　가난

한자에게 － 나눔 과 섬 김을－　－　주의 교회를－ 새롭게

하소서－　말 씀 으로 성 령 으로 주의 교회를－ 부흥시

키소서－　열 방 중 에　　이 루 소 서

571/ 교회여 일어나라　582/ 나의 백성이　606/ 민족의 가슴마다

시작됐네

(은혜로다)

617

심형진

A

618 아름답고 놀라운 주 예수

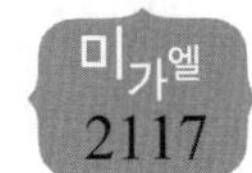

(I stand in awe)

미가엘 2117

Mark Altrogge

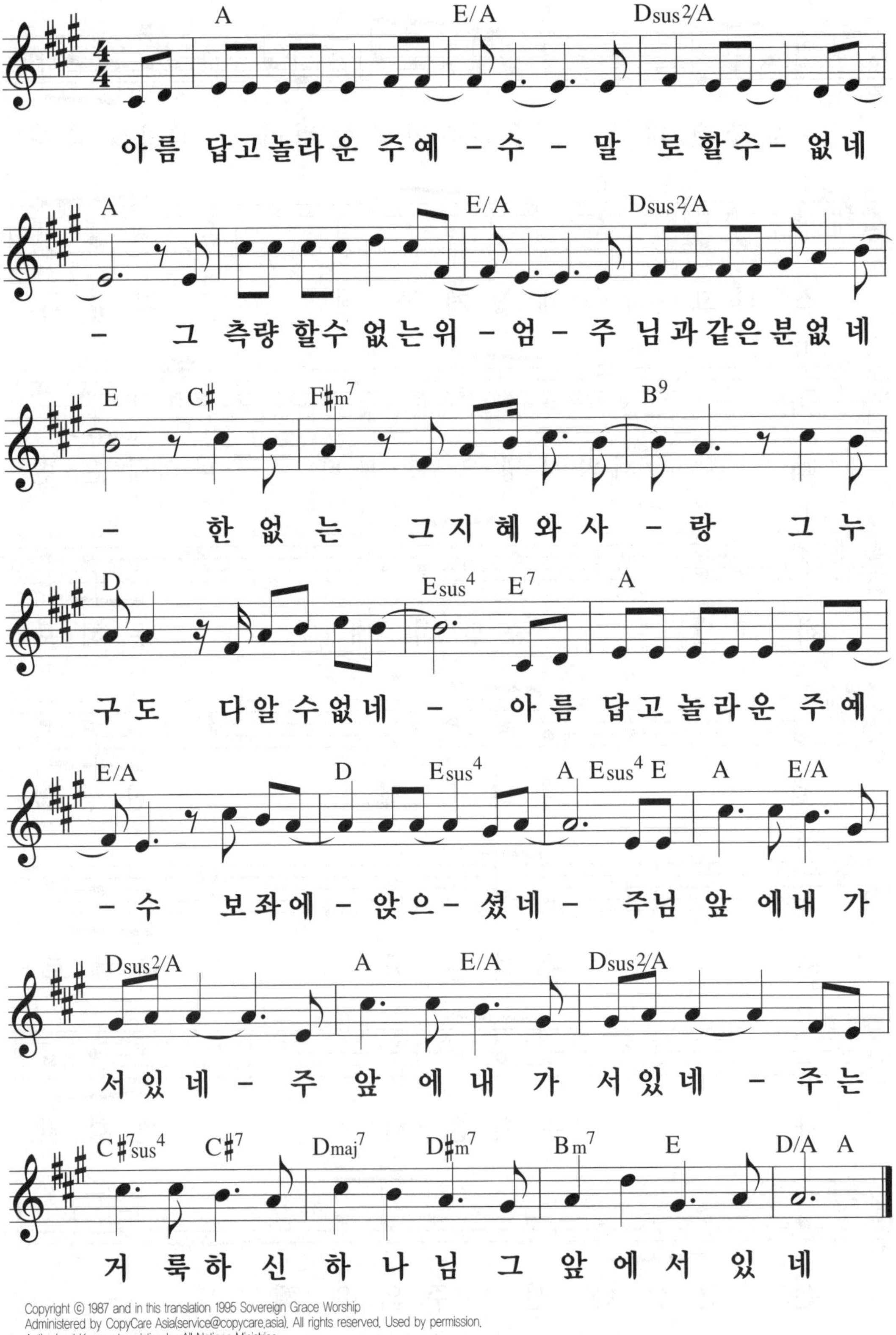

A E/A Dsus2/A
아름 답고놀라운 주예 - 수 - 말 로할수- 없네
A E/A Dsus2/A
- 그 측량할수 없는위 - 엄 - 주 님과같은분없 네
E C# F#m7 B9
- 한 없 는 그지혜와사 - 랑 그 누
D Esus4 E7 A
구 도 다알수없네 - 아름 답고놀라운 주예
E/A D Esus4 A Esus4 E A E/A
- 수 보좌에 - 앉으- 셨네 - 주님 앞 에내 가
Dsus2/A A E/A Dsus2/A
서 있 네 - 주 앞 에 내 가 서 있 네 - 주 는
C#7sus4 C#7 Dmaj7 D#m7 Bm7 E D/A A
거 룩 하 신 하 나 님 그 앞 에 서 있 네

미가엘 2157

아무도 예배하지 않는 619

(예배자)

설경욱

A

620

아버지여 당신의 의로

(새벽 이슬 같은)

미가엘 2021

이 천

아버지여 당신의 의로

Bm7 E7sus4 E7 C#m F#m7

이슬같-은- - 주의청 년 들이 - 주님-앞

Bm7 Esus4 E A A7

에 나오는 도다- - 주님-의

Dmaj7 E7sus4 E7 C#m7 F#m7

이름으-로 - 축복하여 - -주소서 - 주의

Bm Esus4 E7 A G

빛을발-하게 하 소 - 서

Fine

F C Em

세상을구원 하 시려-아들 을 주신- - 하 나

Em Am Am/G F

님 아 버 - 지 ——————— 각 나라와

F C Am7 B♭

족 속과-모든 백 성- 들의 - 찬양 을 받으-소서

B♭ G/B Esus4 E7 A7

- 높임 을 받으-소 서 - - 새--벽

A

581/ 나의 반석이신 하나님 605/ 무화과 나뭇잎이 625/ 예수 나의 첫사랑

621 안개가 날 가리워

(주님은 산 같아서)

김준영 & 임선호

안 개가 – 날가 리워 – 내 믿음 – 흔들 리려
주 님은 – 산같 아서 – 여 전히 – 그자 리에

– 할 – 때 – 나 주님께 – 나 아 가 네 –
– 계 – 셔 – 눈 을들면 – 보

이 리라 – 날 위 – 한그 사랑 – 주는나 – 의 도움이 시며
– 서 날이 끄 시며

– 주의계 – 획 영원하시네 – 주의위 – 엄 앞 에
– 주가항 – 상 함께하시네 – 주의사 – 랑 안 에

믿음으로순종의 예배드리리 – 주님께
믿음으로순종의 예배드리리

– 영 원 히 –

584/ 나의 영혼이 잠잠히 592/ 내 모든 것 나의 생명 604/ 모든 능력과 모든 권세

영광의 주님 찬양하세

(영광의 주 / Majesty)

Jack Hayford

A D/A A D Bm7

영 광 의 – 주 님 찬 양 하 세 –

A A/G# F#m B Bm E7

모 든 영 광 능 력 찬 송 예 수 님 께 –

A D/A A D Bm7

영 광 의 – 주 님 찬 양 하 세 –

E7 A E7 A D/A A

주 의 백 성 모 두 함 께 찬 양 하 세 – –

Bm E7 A D/A A

두 손 을 높 이 들 고 주 이 름 찬 양 –

Bm E7 C#7 E D/E E7

존 귀 와 영 광 모 두 주 예 수 님 께

A D/A A D Bm7

영 광 의 – 주 님 찬 양 하 세 –

E A E7 A D/A A

죽 으 시 고 부 활 하 신 만 왕 의 왕 –

A

623 예수 결박 푸셨도다

A D E7 A

1. 예 수 결 박 푸 셨 도 다 –
2. 소 리 높 여 할 렐 루 야 –
3. 모 든 영 광 하 나 님 께 –
4. 찬 양 하 리 영 원 토 록 –
5. 기 뻐 하 네 내 영 으 로 –

A E7 A

모 든 결 박 푸 셨 도 다 –
소 리 높 여 할 렐 루 야 –
모 든 영 광 하 나 님 께 –
찬 양 하 리 영 원 토 록 –
기 뻐 하 네 내 영 으 로 –

A D E E7

나 의 결 박 푸 셨 도 다 –
소 리 높 여 할 렐 루 야 –
모 든 영 광 하 나 님 께 –
찬 양 하 리 영 원 토 록 –
기 뻐 하 네 내 영 으 로 –

A E7 A D A

나 는 자 유 – 해 –

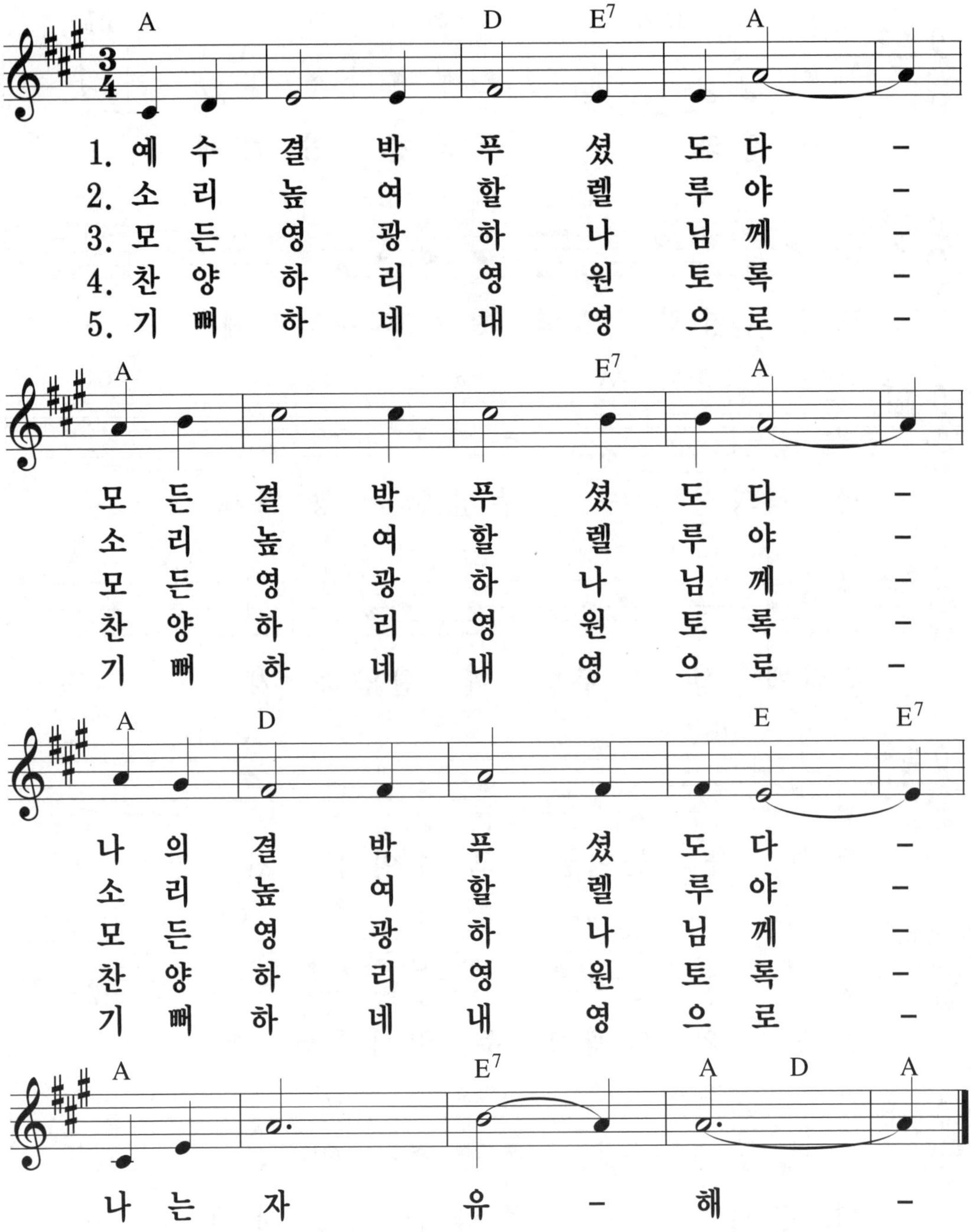

메들리 곡
580/ 나의 모든 행실을 584/ 나의 영혼이 잠잠히 632/ 우리 보좌 앞에 모였네

예수 나의 좋은 치료자 624

(예수 나의 치료자)

송재홍

A E/G♯ Em/G F♯7 Bm7 A/C♯

예수나 -의좋 -은치 -료자 - 그의 눈이머-무는곳-은 나의

D E DM7 E/D C♯m7 F♯m7

슬픔과- 고통- 고갤 들어그-의눈-을볼-때에 - 난알았네 예수

Bm7 D/E A E7/G♯

나의좋- 은치 료자 - 예수나 -의좋 - 은치 -료자

Em/G F♯7(♭9) Bm7 A/C♯ D E

- 그의 손길이 -닿는곳-은 나의상처와 -아픔- 영원

D E/D C♯m7 F♯m7 Bm7 D/E A D/E

히흐를 -것같-았던-눈물 -다볐었네 예수나 의치- 료자 - *D.C.*

A /C♯ DM7 C♯m7 F♯m7 Bm7 E7

나 노래하 리 라 - 천한나를돌 -아보 -신 구세 주를찬-양해 하늘

DM7 E/D C♯m7 F♯m7 Bm7 A/C♯ D /E A

닿는곳 -까지 - 내손들 리 라 - 예수 나 의치 - 료자 -

A

574/ 나는 찬양하리라 603/ 모든이들 필요해 604/ 모든 능력과 모든 권세

625 예수 나의 첫사랑 되시네

(Jesus You Alone)

Tim Hughes

A D A/E E

예 수 나 의 첫 사 랑 되 시 - 네 - 내 첫 - 사 랑 - 지

A D A/E E

존 자 되 신 그 리 스 도 예 - 수 - 찬 양 - 하 리 -

D E F♯m E D E F♯m E

보 좌 앞 에 나 의 삶 이 향 기 로 운 제 사 로

D E F♯m E D D/E A A/G♯

주 께 드 려 지 기 원 하 네 - 오 직 주 만 바

나 의 온 전 한

A/F♯ A/E A/D A/C♯ A/B E A A/G♯

-라 보 - 며 나 의 삶 을 드 - 리 네 - - 다 른 길 은 찾

-열 정 - 과 나 의 찬 양 되 - 시 네 - - 주 의 길 을 따

1. A/F♯ A/E D Esus4 2. A/F♯ A/E D D/E E7 (A)

-지 않 - 으 리 - -라 가 - 리 라 -

581/ 나의 반석이신 하나님 607/ 믿음따라 620/ 아버지여 당신의 의로

예수님 찬양 626

Charles Wesley & R.E.Hudson

1. 예수님 찬양 예수님 찬양 예수님 찬양합시 다
2. 예수이름을 부르는자는 구원을얻으리로 다
3. 예수이겼네 예수이겼네 예수사탄을이겼 네
4. 예수이름을 높이는자는 새힘을얻으리로 다
5. 예수님 권세 예수님권세 예수님권세내권 세

예수님찬양 예수님찬양 예수님찬양 합시 다
예수이름을 부르는자는 구원을얻으 리로 다
예수이겼네 예수이겼네 예수사탄을 이겼 네
예수이름을 높이는자는 새힘을얻으 리로 다
예수님권세 예수님권세 예수님권세 내권 세

할 렐루 야 할 렐루 야

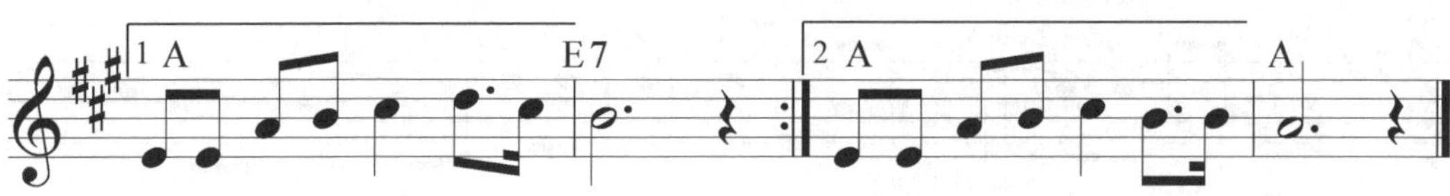

예수님찬양 합시 다 예수님찬양합시 다
구원을얻으 리로 다 구원을얻으리로 다
예수사탄을 이겼 네 예수사탄을이겼 네
새힘을얻으 리로 다 새힘을얻으리로 다
예수님권세 내권 세 예수님권세내권 세

A

565/ 갈릴리 마을 그 숲속에서 572/ 그날이 도적 같이 586/ 나 자유 얻었네

627 예수 열방의 소망

(Hope of the Nations)

Brian Doerksen

E
A
F#m
- 평강 의왕 - 주를믿는 - 모든자의
B m7
E
D
A
- 소망 - 되 신 - 주를 - - 믿네 -

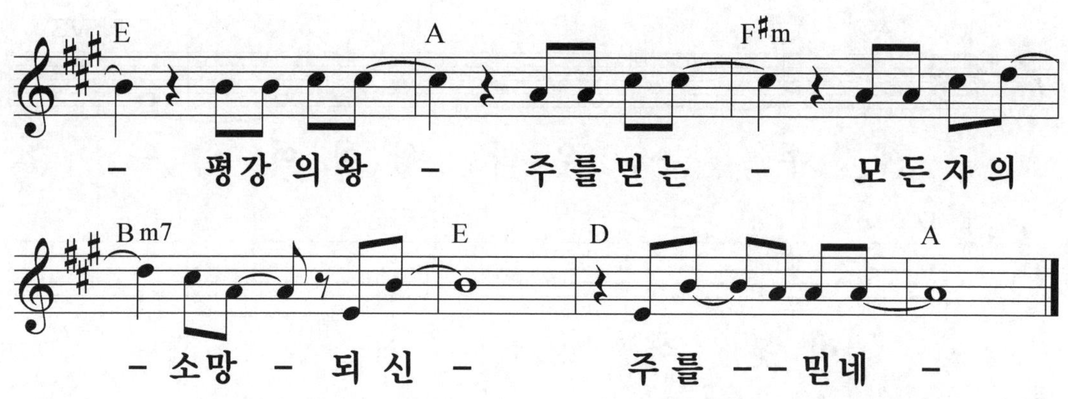

A

628 예수 우리 왕이여

(Jesus, We enthrone You)

미가엘 796

Paul Kyle

미가엘 2273

왕 되신 주 사랑합니다 629

(You are my King)

Brian Doerksen

A

630 우리가 지나온 날들은

(우리가 하나된 이유)

D E C♯m F♯m D A/C♯
우 리 온맘으-로 찬 양하 - 며 - 우리 모든것으로인하여-주께
Bm E A Amaj7/G♯ F♯m A/E
찬 양 드 리리 - 우 리 가 하 나 된 이 유는 - 하 나
D A/C♯ Bm E
님 의 크 신 사 랑과 - 믿음 으 로 인 함 이 니 - 이 로
A C♯m/G♯ F♯m A/E D Bm E7
인하여 - 우리가한맘 - 으 - 로 - 하나 님안에 - 하 나가되 - 었
1.A D E 2.A D E 3.A Amaj7/G♯ F♯m /E
D.S.
네 자 네 우리 네 하 나 - 라 - 하 나
D Bm E A D Bm7 A
- 라 - 우 리 - 는 - 하 나 - 라 -

A

631 우리를 구원하신

(주님 사랑해요)

함지윤 & 이강희

메들리 곡 568/ 거룩한 성전에 거하시며 573/ 나 가진 재물 없으나 615/ 소망없는 내 삶에

우리 보좌 앞에 모였네 632

(비전 / Vision)

고형원

우리 보좌앞에 모 였네 함께주를찬양-하 며

하 나님의사랑그 아들주셨네 그의피로우린 구원받았 네

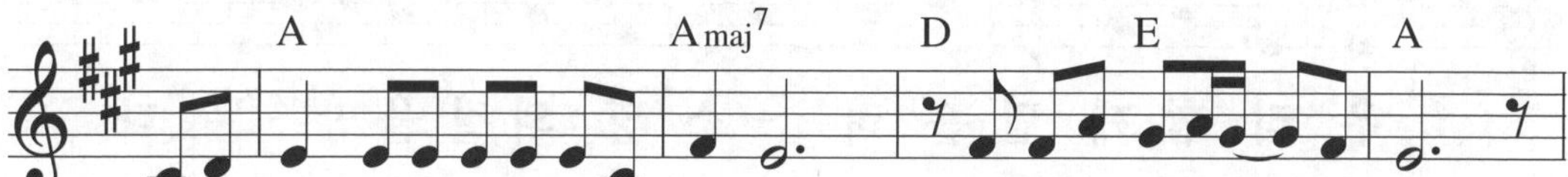

십자 가 에서쏟으신그 사 랑 강같이온땅에-흘 러

각 나라와족속 백 성방언에 서 구 원 받 고주

경배드리 네 구 원하심이-보 좌 에앉으신 우

리하나님과 어 린양께있도 다 구 원하심이-보

좌에앉으신 우 리하나님과 어 린양께 있 도 다

A

633 우리 오늘 눈물로

(보리라)

고형원

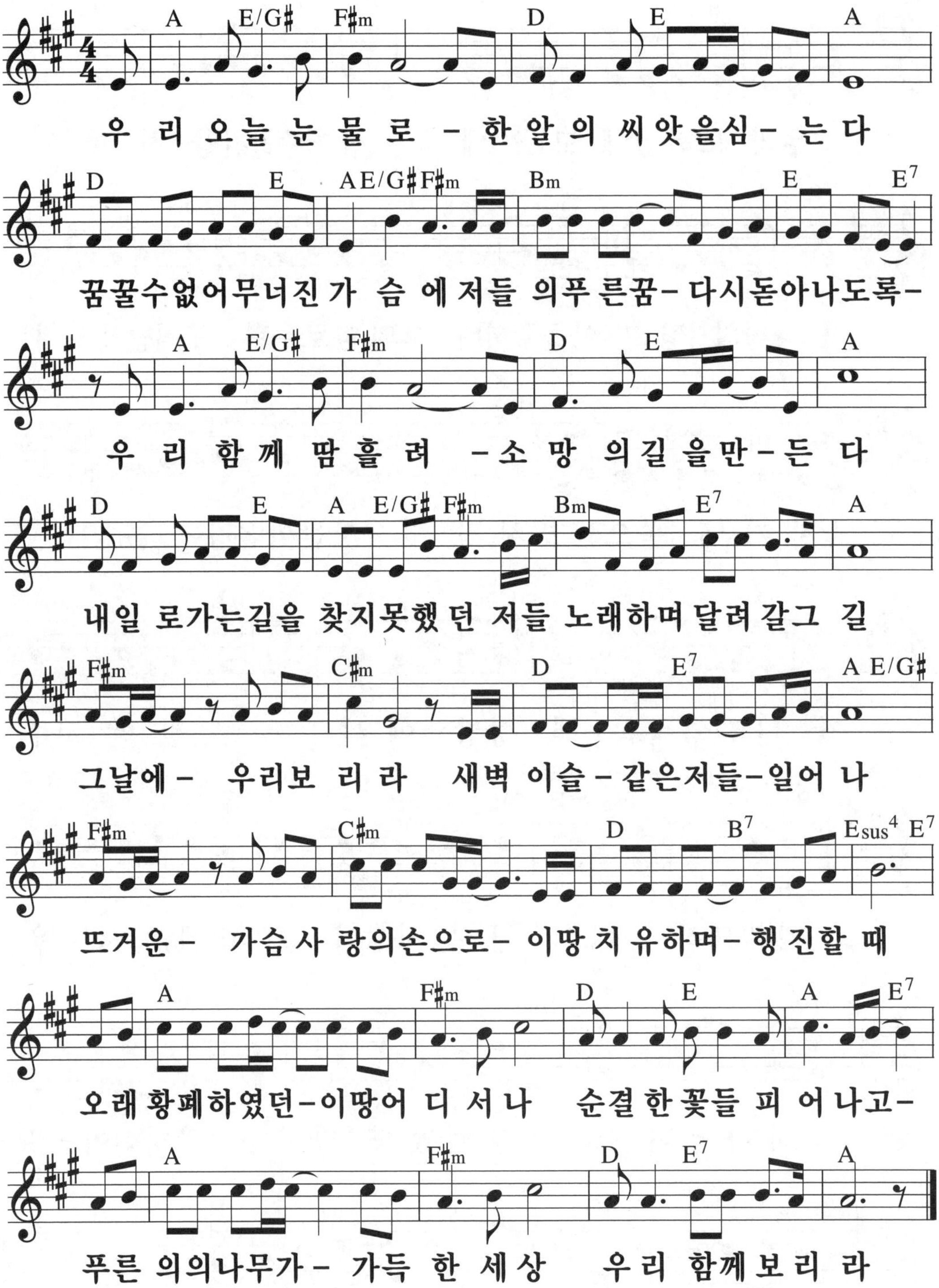

우 리 오늘 눈 물 로 - 한알의 씨앗을심- 는 다

꿈꿀수없어무너진가 슴 에 저들 의푸른꿈- 다시돋아나도록-

우 리 함 께 땀흘 려 -소 망 의길을만-든 다

내일 로가는길을 찾지못했던 저들 노래하며달려갈그 길

그날에- 우리보 리 라 새벽 이슬-같은저들-일어 나

뜨거운- 가슴사 랑의손으로- 이땅치 유하며-행 진할 때

오래황폐하였던-이땅어 디 서 나 순결한꽃들 피 어 나고-

푸른 의의나무가- 가득 한 세 상 우리 함께보리 라

571/ 교회여 일어나라 603/ 모든이들 필요해 606/ 민족의 가슴마다

우리 죄 위해 죽으신 주 634

(Thank You For The Cross)

Mark Altrogge

A

메들리 곡

574/ 나는 찬양하리라 577/ 나의 믿음 주께 있네 583/ 나의 안에 거하라

635 우린 이 세상에서 할 일 많은

미가엘 1161

(우린 할 일 많은 사람들)

고재문

우 린 -이세상에서 - 할 일 -많은사람 들-

우 린 -이세상에 서- 할- 일 많은사람- 들 우 들

주님 이 명령하신그말 씀을 모두 에 게전해야하 는
이 하신그-말씀 따라 우린 밝 은빛이 되어 서

우린주 의 사랑전하 는 - 주님의증인이라 오
어두워 져 가는이세 상 에 밝음을 전해야하

우 린 -이세상에 서 - 한 줄 -기의밝은 빛-

우 린 -이세상에서 - 한- 줄기의밝은- 빛 주님 오

570/ 괴로울 때 주님의 594/ 당신의 그 섬김이 615/ 소망없는 내 삶에

우물가의 여인처럼 636

(Fill my cup Lord)

Richard Blanchard

1. 우 물 가 의 여 인 처 럼 난 구 했 네 – 헛
2. 많 고 많 은 사 람 들 이 찾 았 었 네 – 헛
3. 내 친 구 여 거 기 서 – 돌 아 오 라 – 내

되 고 헛 된 것 들 을 그 때 주 님 – 하 신
되 고 헛 된 것 들 을 주 안 에 감 – 추 인
주 의 넓 은 품 으 로 우 리 주 님 – 너 를

말 씀 – 내 샘 에 와 생 수 를 마 셔 라
보 배 – 세 상 것 과 난 비 길 수 없 네 오 –
반 겨 – 그 넓 은 품 에 안 아 주 시 리

주 님 – 채 우 소 서 – 나 의 잔 을 높 이 듭 니 다 하 늘

양 식 내 게 채 워 주 소 서 넘 치 도 록 – 채 워 주 소 서

568/ 거룩한 성전에 거하시며 573/ 나 가진 재물 없으나 583/ 나의 모든 기도가

637 유월절 어린양의 피로

(Under The Blood)

Martin Nystrom & Rhonda Scelsi

유월 절어린양-의피 로 나의 삶의문이-열렸 네 - 저

어둠의권-세는 힘이없네 주 보혈의능-력으로 - - 원

수가날정죄할 때 -도 난 의롭게살수있 네 - 난

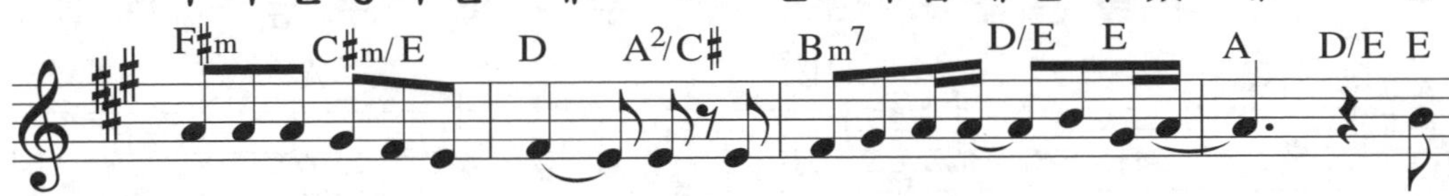

더이상정죄함 없-네 난 주보혈아-래있네- 난

주보혈아-래있네 - 그 피로내죄-사했- 네 -

하 나 님의긍휼 날 거룩케하시었 네 - 난

주보혈아-래있네 - 난 원수의어-떠한 공격에도

더이상넘어 지지않네 난 주보혈아-래있네 - -

571/ 교회여 일어나라 617/ 시작됐네

미가엘 1361

이 땅의 황무함을 보소서 638

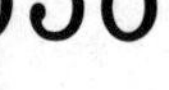

(부흥)

고형원

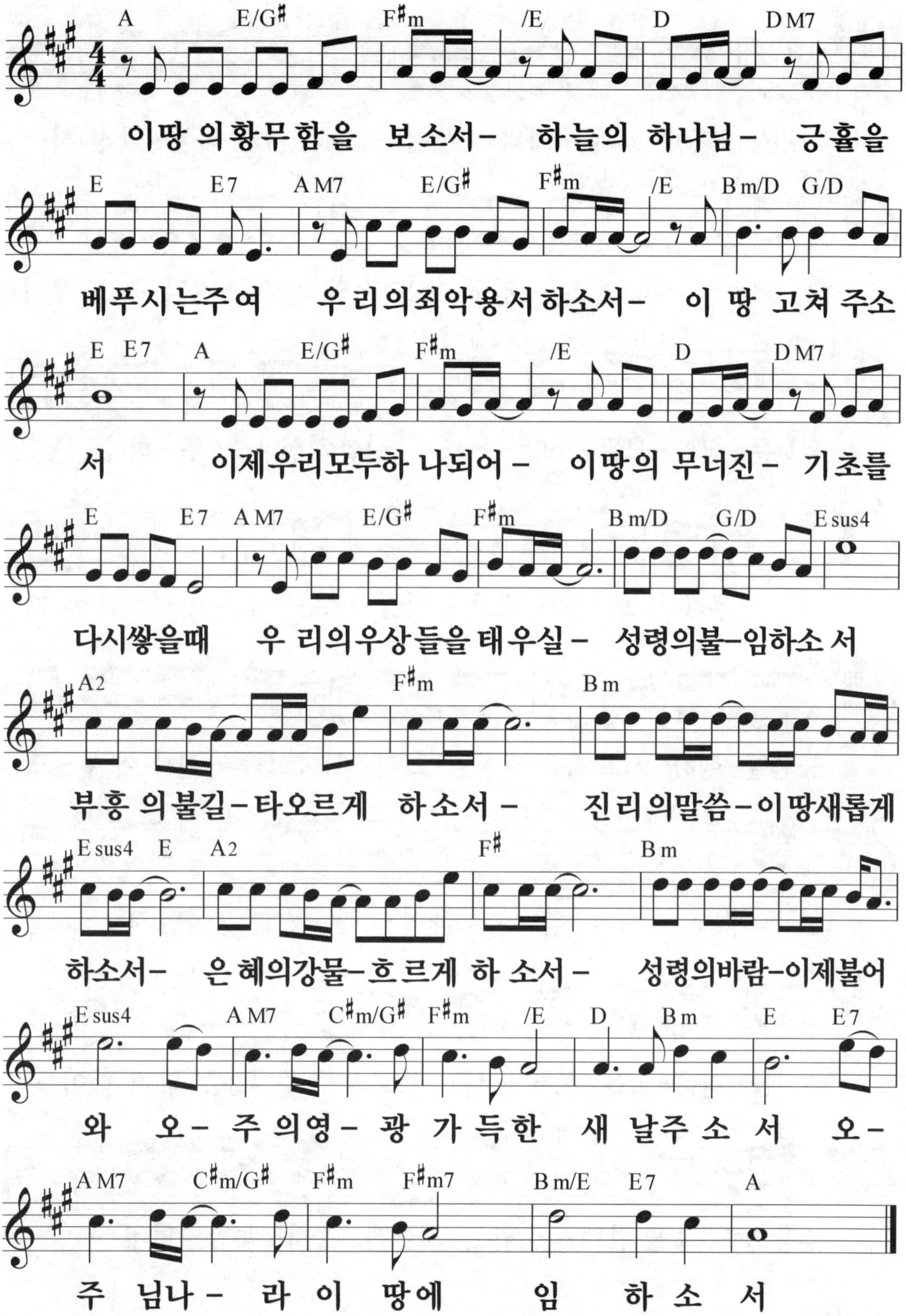

A E/G♯ F♯m /E D DM7
이땅 의황무함을 보소서- 하늘의 하나님- 긍휼을
E E7 AM7 E/G♯ F♯m /E Bm/D G/D
베푸시는주여 우리의죄악용서하소서- 이 땅 고쳐 주소
E E7 A E/G♯ F♯m /E D DM7
서 이제우리모두하 나되어- 이땅의 무너진- 기초를
E E7 AM7 E/G♯ F♯m Bm/D G/D Esus4
다시쌓을때 우 리의우상들을 태우실- 성령의불-임하소 서
A2 F♯m Bm
부흥 의불길-타오르게 하소서 - 진리의말씀-이땅새롭게
Esus4 E A2 F♯ Bm
하소서- 은혜의강물-흐르게 하 소서- 성령의바람-이제불어
Esus4 AM7 C♯m/G♯ F♯m /E D Bm E E7
와 오- 주 의영- 광 가 득한 새 날주 소 서 오-
AM7 C♯m/G♯ F♯m F♯m7 Bm/E E7 A
주 님나- 라 이 땅에 임 하 소 서

A

639 전능하신 나의 주 하나님은

(Nosso Deuse poderoso)

Alda Celia

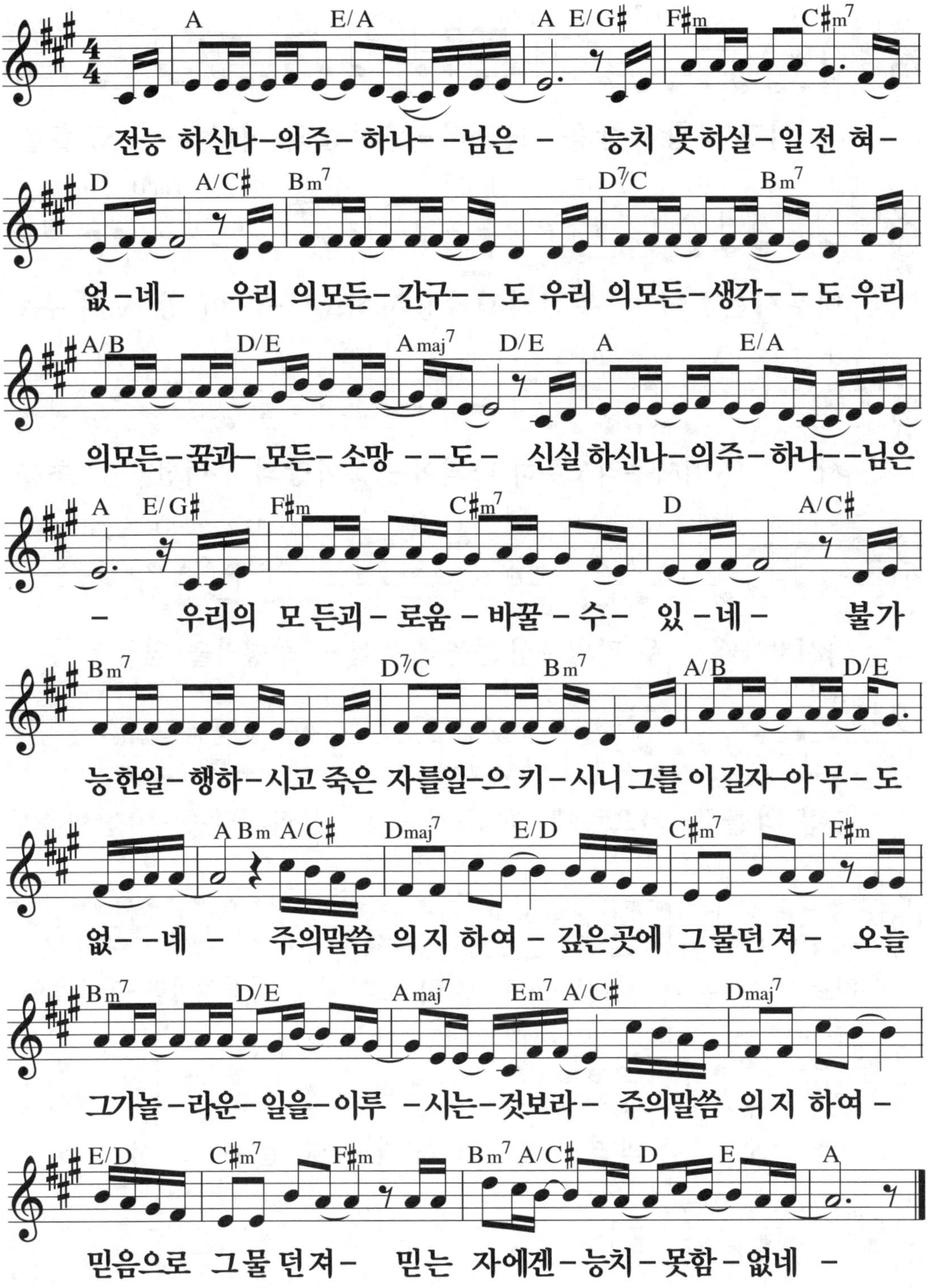

전능 하신나-의주- 하나- -님은 - 능치 못하실-일전 혀-

없-네- 우리 의모든-간구- -도 우리 의모든-생각- -도 우리

의모든-꿈과- 모든- 소망 --도- 신실 하신나-의주-하나--님은

- 우리의 모든괴-로움-바꿀-수- 있-네- 불가

능한일-행하-시고 죽은 자를일-으 키-시니 그를 이 길자-아 무-도

없--네 - 주의말씀 의지 하여 - 깊은곳에 그물던 져- 오늘

그가놀-라운-일을-이루 -시는-것보라- 주의말씀 의지 하여 -

믿음으로 그물 던져- 믿는 자에겐-능치-못함-없네 -

592/ 내 모든 것 나의 생명까지 654/ 주님의 그 모든 것이 606/ 민족의 가슴마다

주가 보이신 생명의 길 640

박정은

A E/C# D

주가 보이신- 생명의- 길- 나 주님과함께 -

Bm E A E7/B A/C#

상한 맘 을드리며 - 주님-앞에 - 나-가리-

D A/C# Bm E7 A

나의 의로움-이 되신주- 그 이름예수 -

D A/C# Bm A7/C# Esus4 D/E E

나의 길이되-신 이 -름- 예 - - - 수 -

A C#m7 F#m A/E Bm

나의 길 오직그-가 아 -시나니 - 나 를

Bm/A G E7 A Em7

단 련하신 후- 에 - 내 가 -

D9 D A/C# Bm7 Esus4 E A

정 금 같 이 나-아 오 리 라 -

A

641 주께 가까이 날 이끄소서

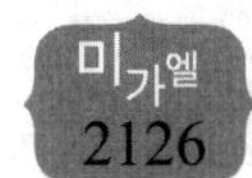

미가엘 2126

Adhemar de Campos

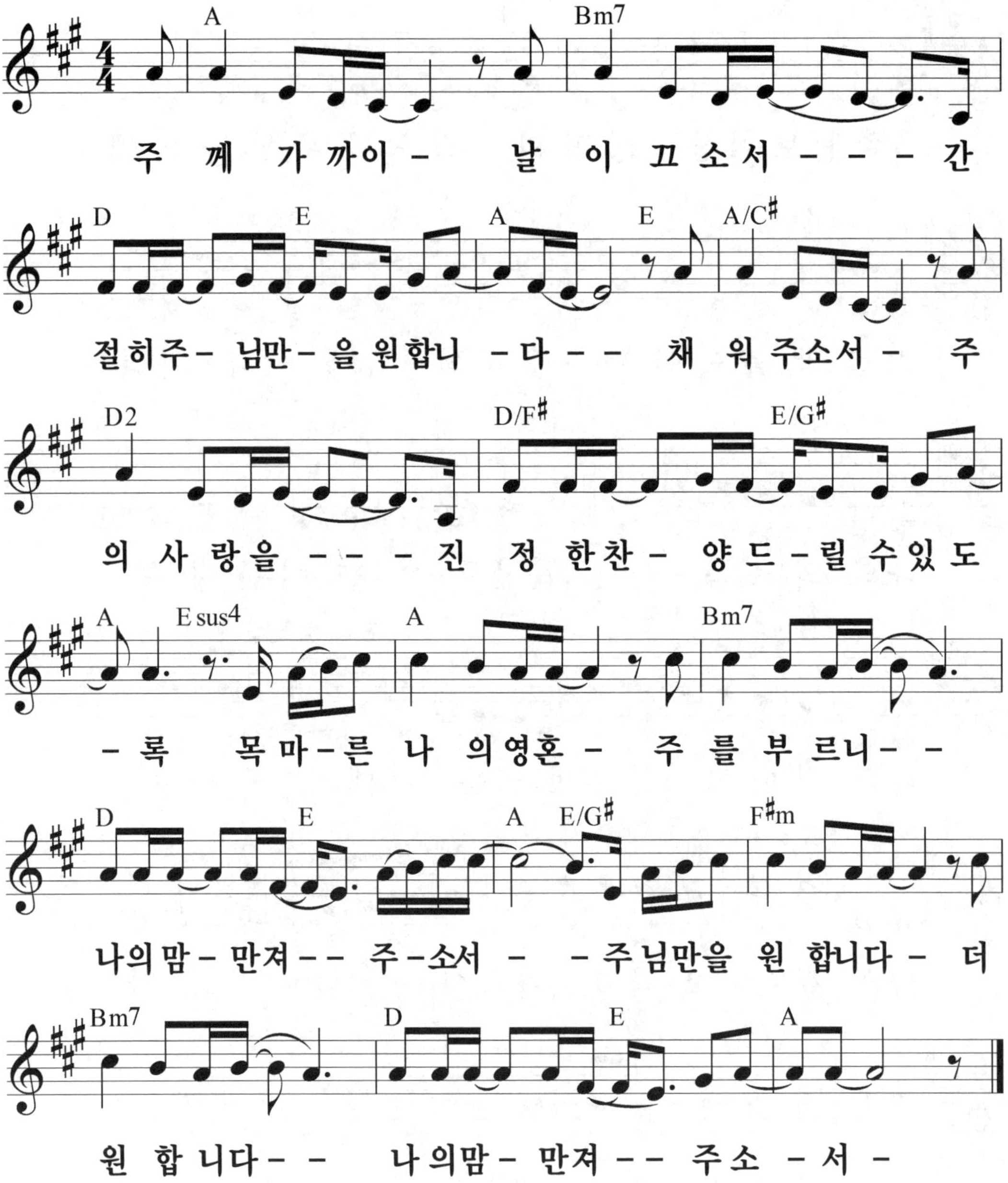
A Bm7
주 께 가 까이 - 날 이 끄 소 서 - - - 간
D E A E A/C♯
절 히 주 - 님 만 - 을 원 합 니 - 다 - - 채 워 주 소 서 - 주
D2 D/F♯ E/G♯
의 사 랑 을 - - - 진 정 한 찬 - 양 드 - 릴 수 있 도
A Esus4 A Bm7
- 록 목 마 - 른 나 의 영 혼 - 주 를 부 르 니 - -
D E A E/G♯ F♯m
나 의 맘 - 만 져 - - 주 - 소 서 - - 주 님 만 을 원 합 니 다 - 더
Bm7 D E A
원 합 니 다 - - 나 의 맘 - 만 져 - - 주 소 - 서 -

메들리 곡

583/ 나의 안에 거하라 615/ 소망없는 내 삶에 628/ 예수 우리 왕이여

주께 가오니

(Power of Your Love)

Geoff Bullock

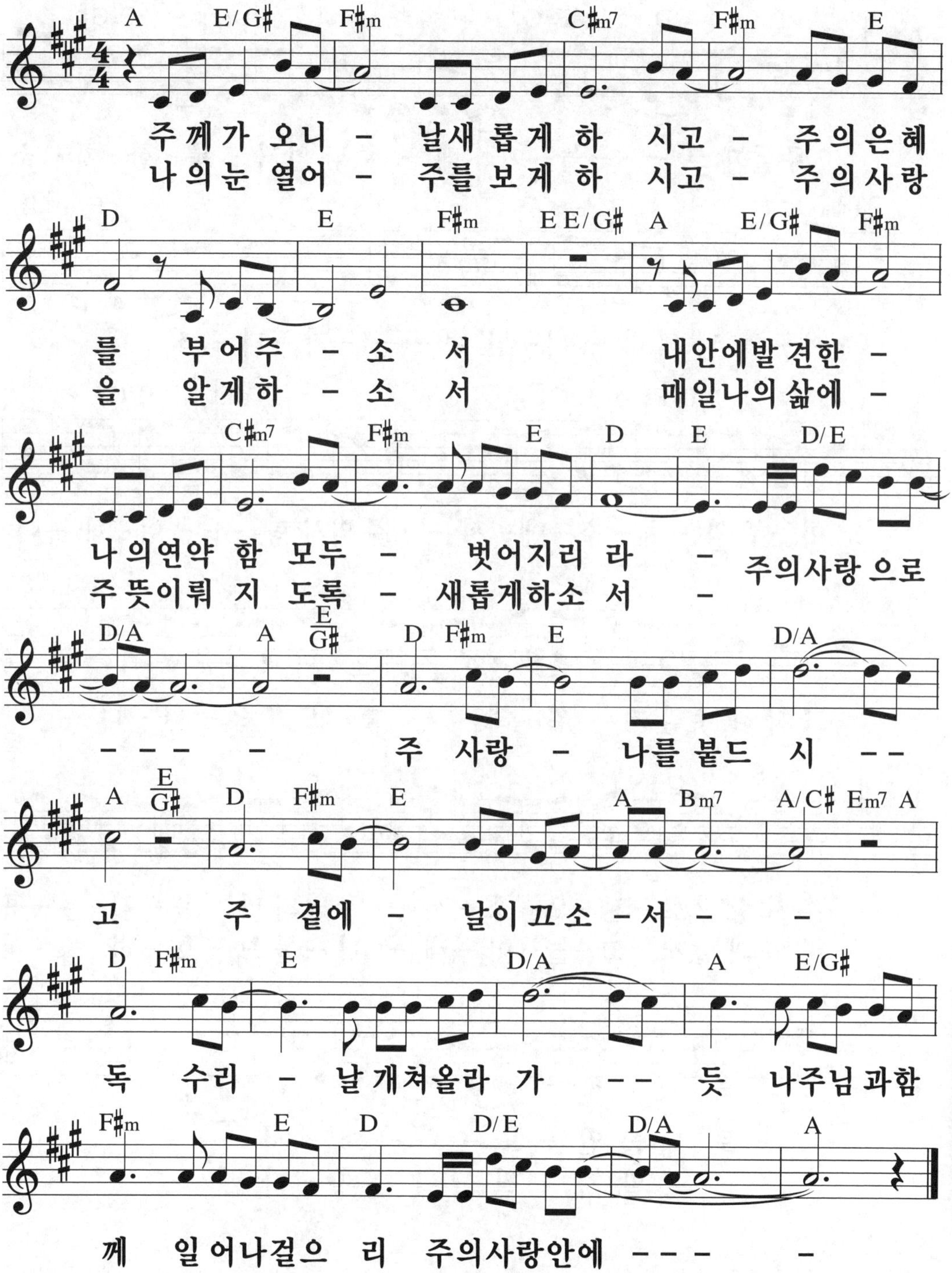

주께가 오니 - 날새롭게하 시고 - 주의은혜
나의눈 열어 - 주를보게하 시고 - 주의사랑

를 부어주 - 소 서 내안에발견한 -
을 알게하 - 소 서 매일나의삶에 -

나의연약 함 모두 - 벗어지리 라 - 주의사랑 으로
주뜻이뤄 지 도록 - 새롭게하소 서 -

- - - - 주 사랑 - 나를붙드 시 - -

고 주 곁에 - 날이끄소 - 서 - -

독 수리 - 날개쳐올라 가 - - 듯 나주님과함

께 일어나걸으 리 주의사랑안에 - - - -

574/ 나는 찬양하리라 592/ 내 모든 것 나의 생명 604/ 모든 능력과 모든 권세

643 주 날개 그늘 아래

(Hide me in the shelter)

Scott Brenner & Cheryl Thomas

주날개그 - - - 늘 - 아 - 래 - 주님의거 - 룩 - 한 처 - 소

- 에 - 서 나의하 - 나 - 님 주 - 를 - 기 - 다 - 리 - 네 -

이곳주의 - 처 - 소 - 에 - 서 - 주의사랑 - - - 이 - 나를이

- 끄시니 주알기 - 위 - 해 - 나 - 를 - 드 - 립 - 니 - 다 -

주사랑으로 - 덮 - 으 - 소 - 서 - 주님의마 - 음 - 깊 - 은 - 곳

주님의날개 - 그 - 늘 - 아 - 래 - 나 - 를보 - 호 - 하 - 소 - 서

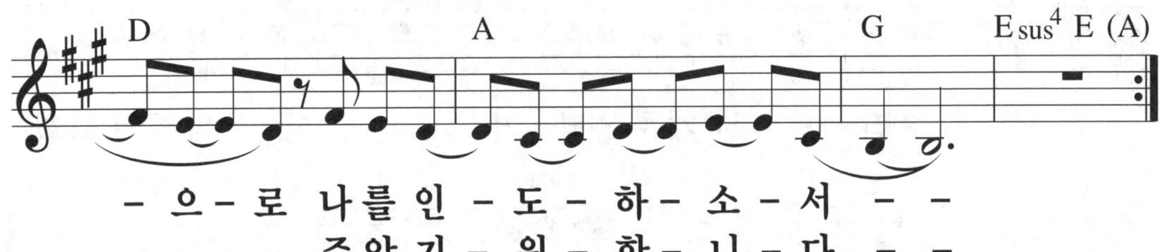

- 으 - 로 나를인 - 도 - 하 - 소 - 서 - -

- - - - 주알기 - 원 - 합 - 니 - 다 - -

568/ 거룩한 성전에 거하시며 654/ 주님의 그 모든 것이 615/ 소망없는 내 삶에

주님같은 반석은 없도다 644

(만세 반석 / Rock of Ages)

Rita Baloche

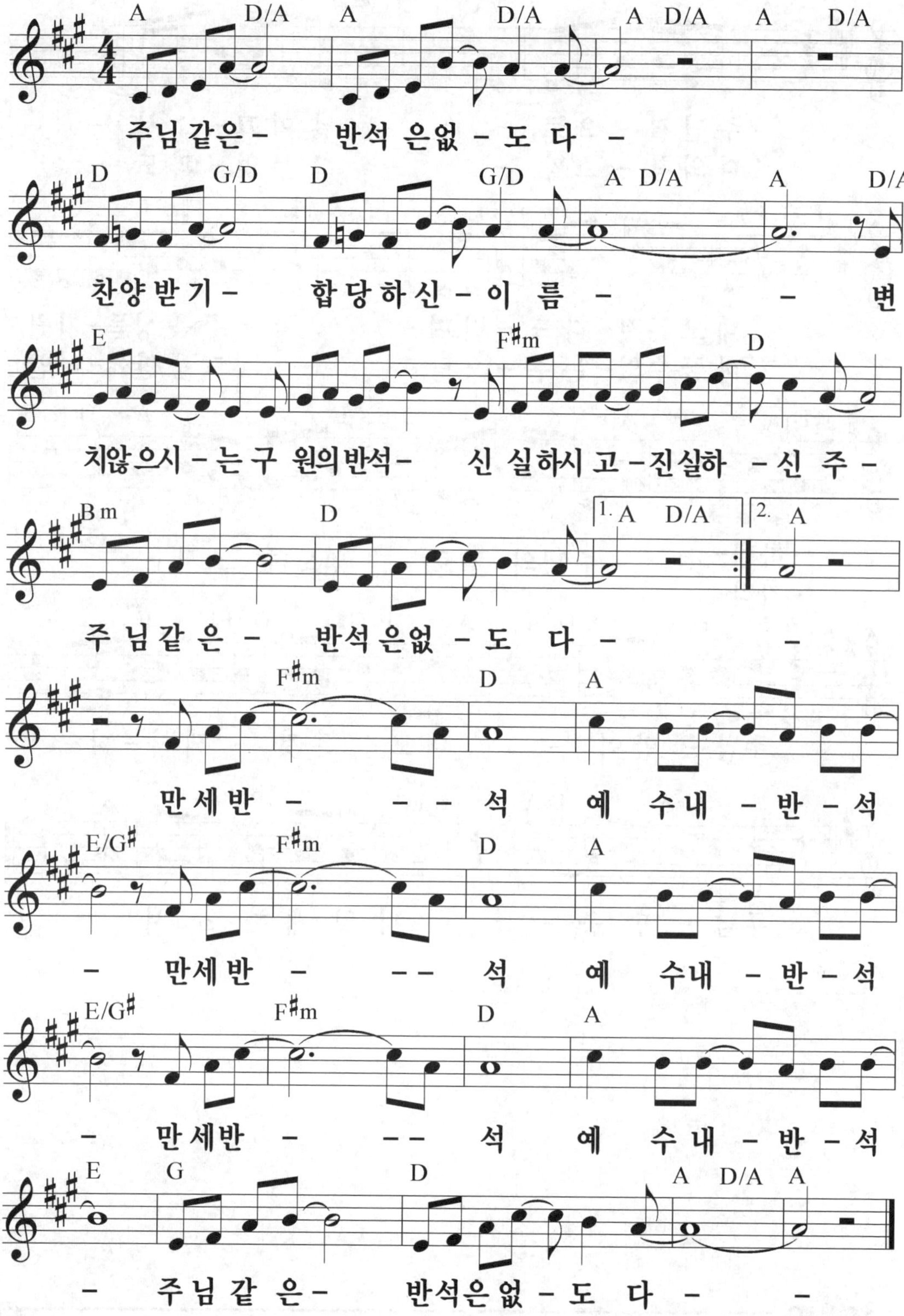

주님같은 - 반석 은없 - 도 다 -

찬양받기 - 합당하신 - 이 름 - - 변

치않으시 - 는구 원의반석 - 신 실하시고 - 진실하 - 신 주 -

주 님 같 은 - 반석은없 - 도 다 - -

만세반 - - - 석 예 수내 - 반 - 석

- 만세반 - - - 석 예 수내 - 반 - 석

- 만 세 반 - - - 석 예 수 내 - 반 - 석

- 주 님 같 은 - 반석은없 - 도 다 - -

645 주님 곁으로 날 이끄소서

미가엘 1734

(Draw me close to You)

Kelly Carpenter

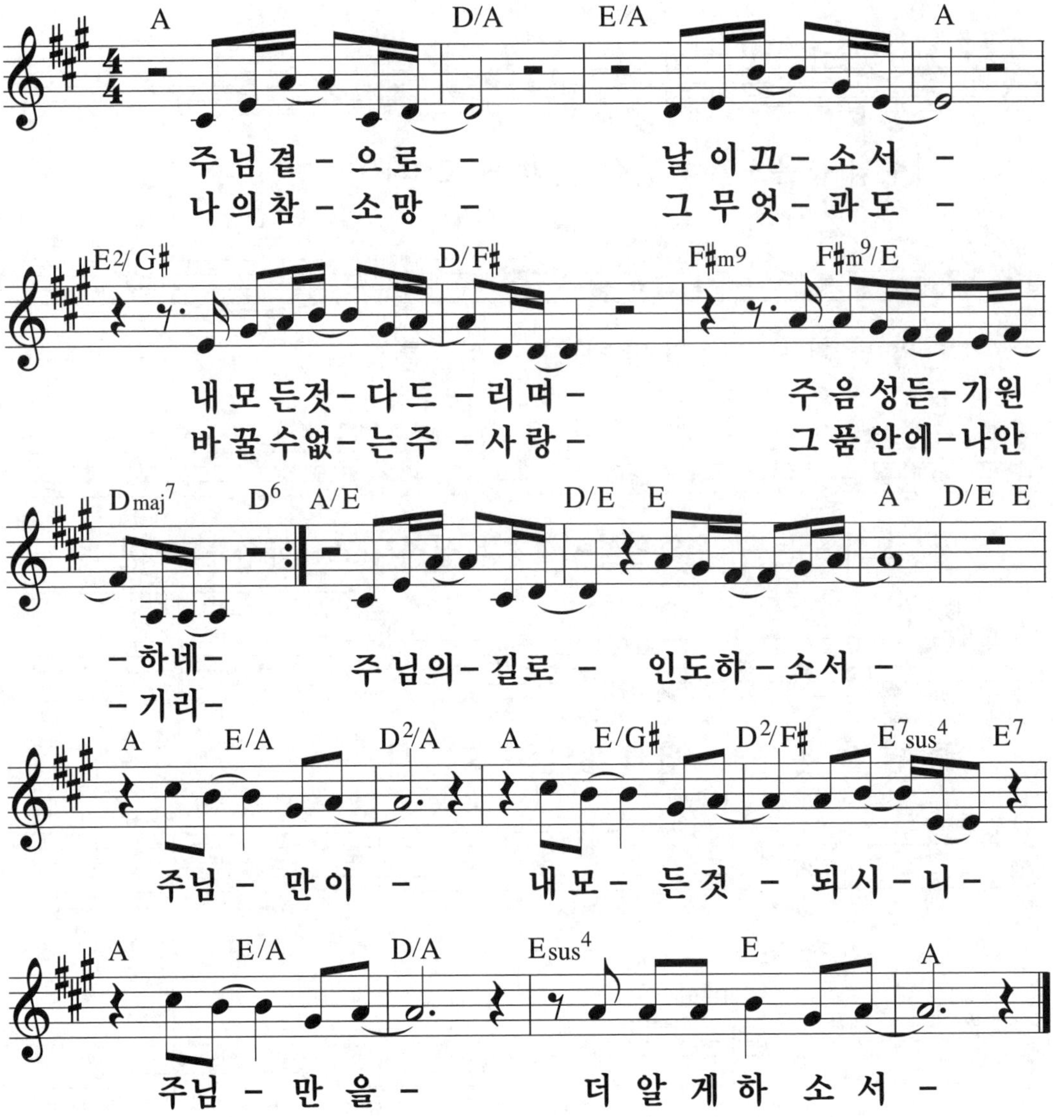
A D/A E/A A
주님곁-으로 - 날이끄-소서 -
나의참-소망 - 그무엇-과도 -
E2/G# D/F# F#m9 F#m9/E
내모든것-다드-리며- 주음성듣-기원
바꿀수없-는주-사랑- 그품안에-나안
Dmaj7 D6 A/E D/E E A D/E E
-하네-
-기리-
주님의-길로 - 인도하-소서 -
A E/A D2/A A E/G# D2/F# E7sus4 E7
주님 - 만이 - 내모- 든것 - 되시-니-
A E/A D/A Esus4 E A
주님 - 만을 - 더알게하 소서 -

메들리 곡 583/ 나의 안에 거하라 592/ 내 모든 것 나의 생명 604/ 모든 능력과 모든 권세

주님과 같이

646

(There is none like You)

Lenny LeBlanc

569/ 고개 들어 583/ 나의 모든 기도가 584/ 나의 영혼이 잠잠히

647 주님 나라 임하시네

고형원

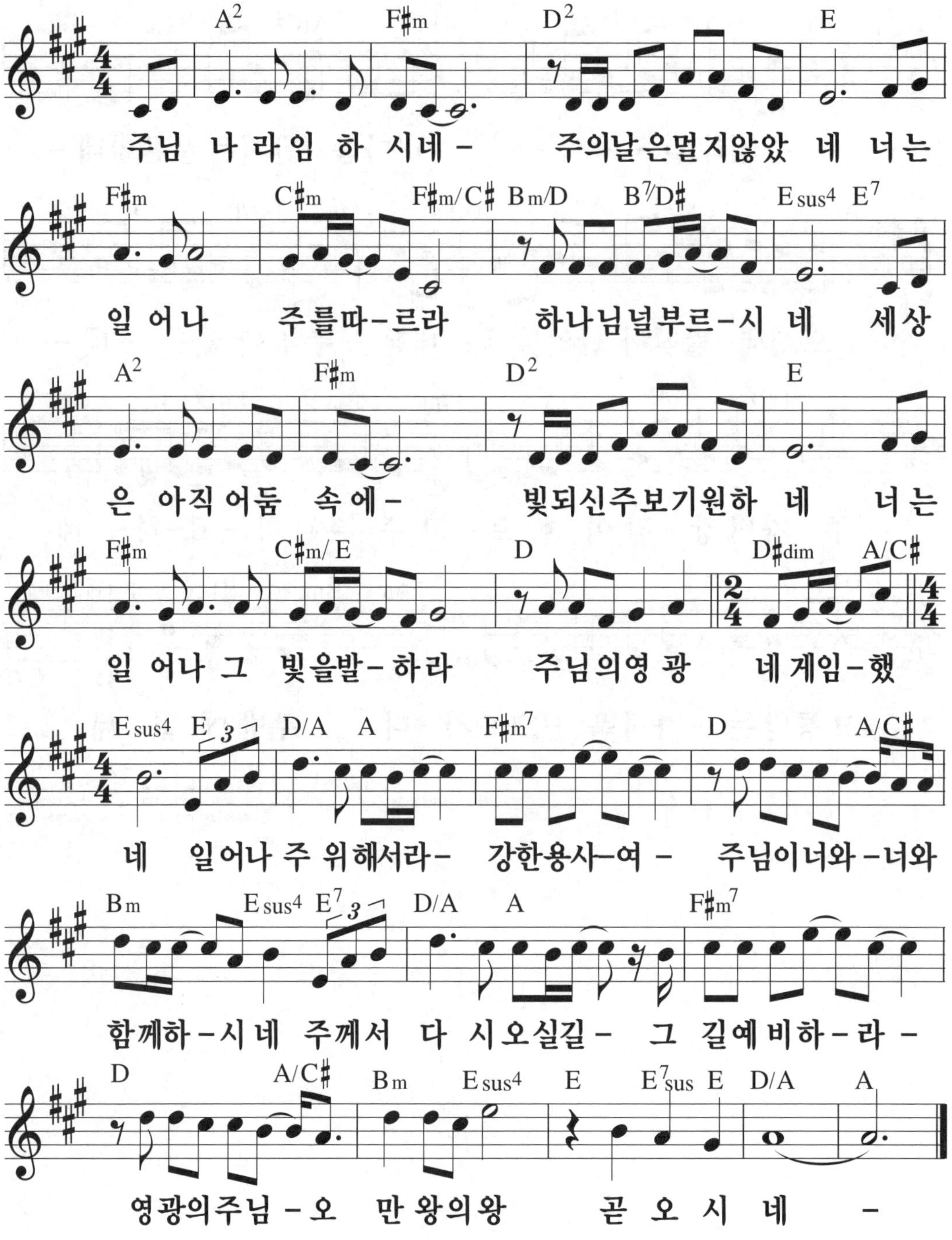

A2 F#m D2 E
주님 나라임 하 시네- 주의날은멀지않았 네 너는

F#m C#m F#m/C# Bm/D B7/D# Esus4 E7
일 어나 주를따-르라 하나님널부르-시 네 세상

A2 F#m D2 E
은 아직어둠 속 에- 빛되신주보기원하 네 너는

F#m C#m/E D D#dim A/C#
일 어나 그 빛을발-하라 주님의영 광 네 게임-했

Esus4 E D/A A F#m7 D A/C#
네 일어나 주 위해서라- 강한용사-여 - 주님이너와 -너와

Bm Esus4 E7 D/A A F#m7
함께하-시네 주께서 다 시오실길- 그 길예비하-라 -

D A/C# Bm Esus4 E E7sus E D/A A
영광의주님-오 만왕의왕 곧 오 시 네 -

메들리 곡
577/ 나의 믿음 주께 있네 582/ 나의 백성이 606/ 민족의 가슴마다

주님 당신은 사랑의 빛 648

(비추소서 / Shine Jesus, Shine)

Graham Kendrick

주 님당신은 사 랑의-빛 어 둠가 운데 비 추소-서

세상의빛예수 우리를비추사 당 신의 진 리로 우 리를자유케

비 추 소 서 우 리 위 에

비 추 소서 - 주 님 의 영 광 온 땅 위 에

부 으 소서 - 내 게 성 령 의 불 을

넘 치 소서 - 은 혜 와 긍 휼 을 열 방 중 에

전 하 소서 - 빛 되 신 주 의 말 씀

A

591/ 내 마음에 주를 향한 603/ 모든이들 필요해 606/ 민족의 가슴마다

649 주님 보좌 앞에 나아가

미가엘 1724

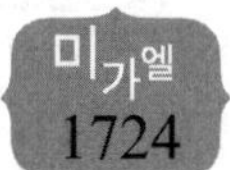

(신실하신 하나님 / Lord I Come Before Your Throne Of Grace)

Robert Critchley & Dawn Critchley

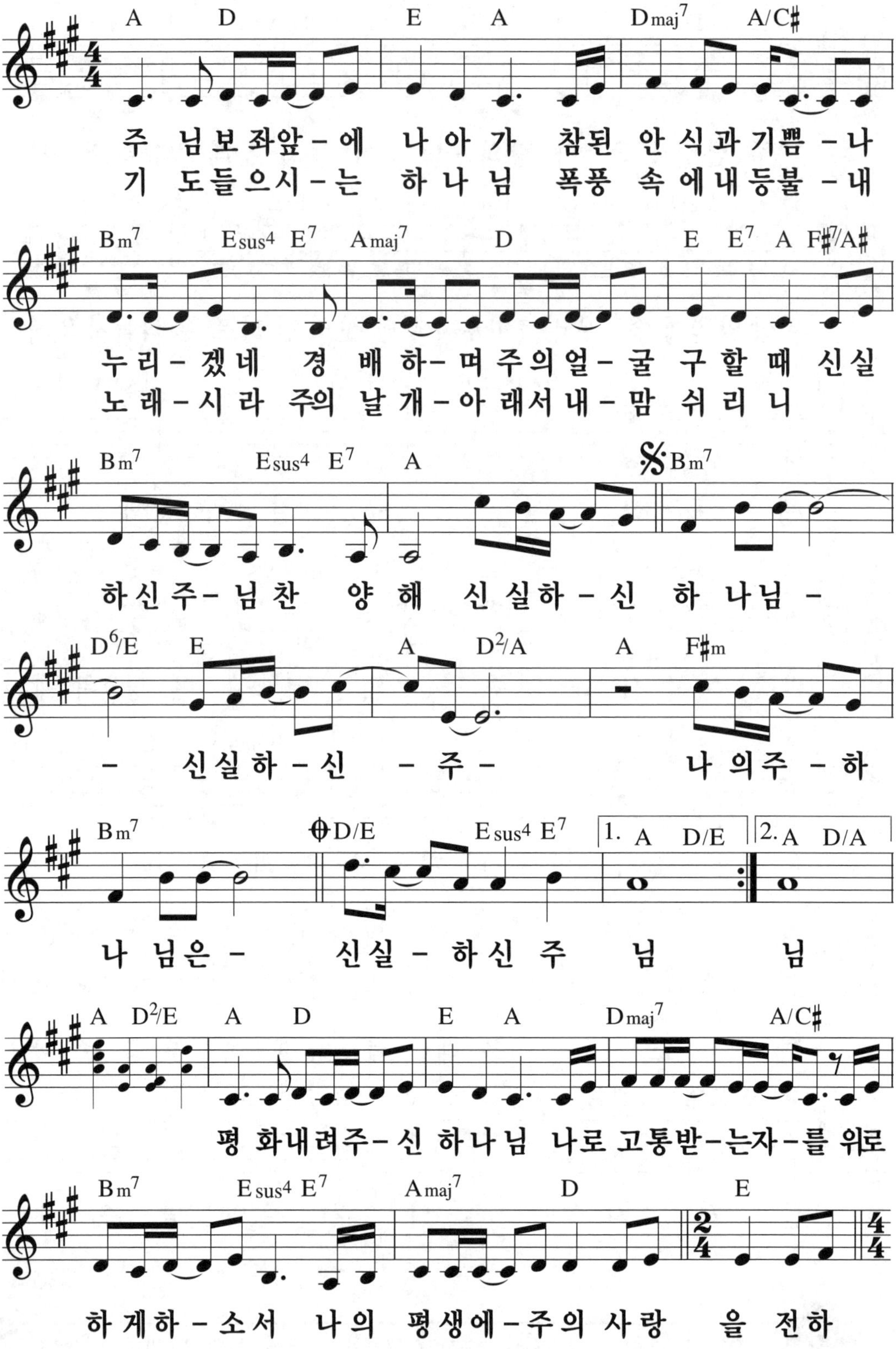
A D E A Dmaj7 A/C#
주 님보좌앞-에 나아가 참된 안식과기쁨-나
기 도들으시-는 하나님 폭풍 속에내등불-내
Bm7 Esus4 E7 Amaj7 D E E7 A F#7/A#
누리-겠네 경 배하-며주의얼-굴 구할때 신실
노래-시라 주의 날개-아래서내-맘 쉬리니
Bm7 Esus4 E7 A Bm7
하신주-님찬 양해 신실하-신 하나님-
D6/E E A D2/A A F#m
- 신실하-신 -주- 나의주-하
Bm7 D/E Esus4 E7 1. A D/E 2. A D/A
나 님은- 신실-하신 주 님 님
A D2/E A D E A Dmaj7 A/C#
평 화내려주-신 하나님 나로고통받-는자-를 위로
Bm7 Esus4 E7 Amaj7 D E
하게하-소서 나의 평생에-주의 사랑 을 전하

F♯sus4 F♯ Bm7 Esus4 E7 A G/A A7
D.S.
리 - 신실 하신주- 님찬 양 해 신실하 -신
D/E Esus4 E7 Bm7 Esus4 E7 A
신실 -하신 주 님 -

A

650 주님은 내 삶에

(예수 만물의 주 / Lord over All)

Gary Sadler

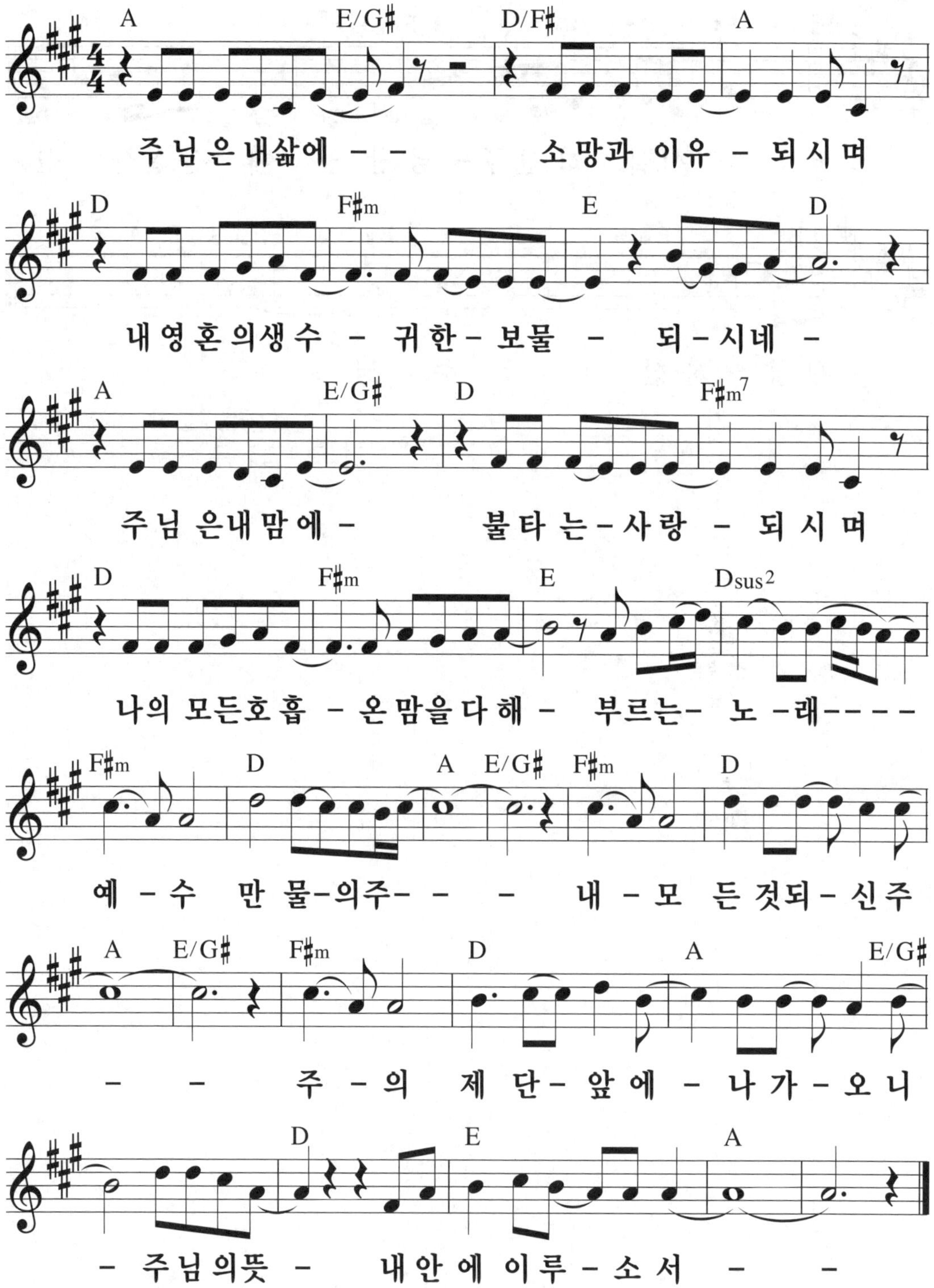

A E/G♯ D/F♯ A

주님은내삶에 - - 소망과 이유 - 되시며

D F♯m E D

내영혼의생수 - 귀한 - 보물 - 되 - 시네 -

A E/G♯ D F♯m7

주님 은내맘에 - 불타 는 - 사랑 - 되 시 며

D F♯m E Dsus2

나의 모든호흡 - 온맘을다해 - 부르는 - 노 - 래 - - - -

F♯m D A E/G♯ F♯m D

예 - 수 만 물 - 의주 - - - 내 - 모 든 것되 - 신주

A E/G♯ F♯m D A E/G♯

- - 주 - 의 제 단 - 앞 에 - 나 가 - 오 니

D E A

- 주님의뜻 - 내안 에 이 루 - 소 서 - -

590/ 내 마음 다해 611/ 새 힘 얻으리 627/ 예수 열방의 소망

주님은 내 호흡

(Breathe)

Marie Barnett

주님-은내 -호흡- 주님-은내 -호흡-
말씀-은내 -양식- 말씀-은내 -양식-

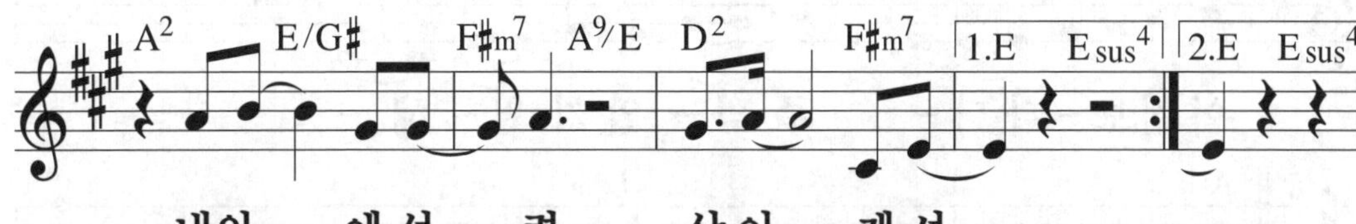

내안 - 에성 - 령 살아 - 계셔 - -
생명 - 의말 - 씀 나누 - 시네

오나 - - - -의- - 주 난갈망해 - 요 오주
- - -없- - 이 난살수없- 네

A2 D2/A A2

주님-은내 -호흡- 주님-은내 - 호 - 흡

A

652 주님은 아시네

(King Of Majesty)

Marty Sampson

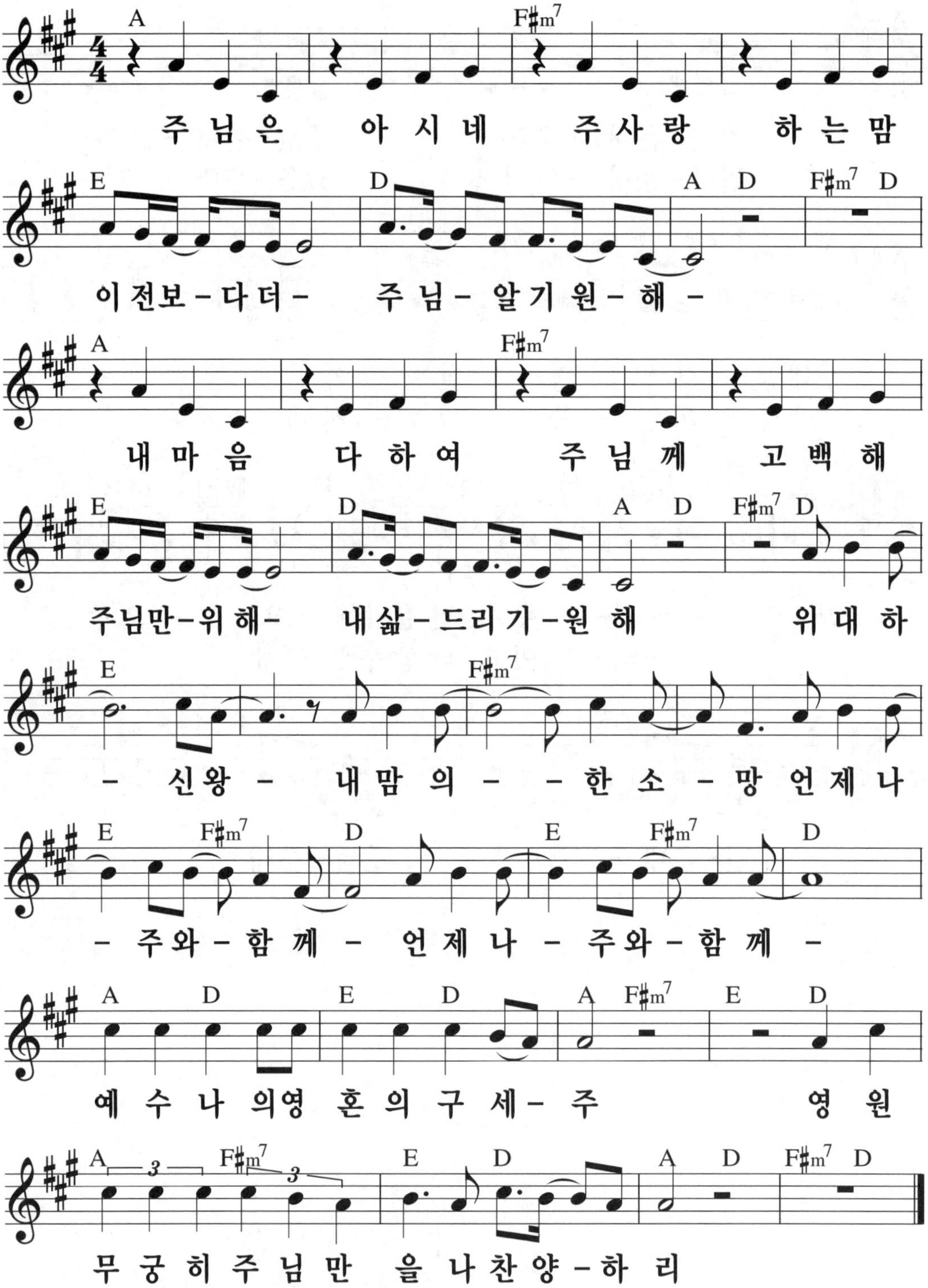

주 님 은 아 시 네 주 사 랑 하 는 맘

이 전 보 – 다 더 – 주 님 – 알 기 원 – 해 –

내 마 음 다 하 여 주 님 께 고 백 해

주 님 만 – 위 해 – 내 삶 – 드 리 기 – 원 해 위 대 하

– 신 왕 – 내 맘 의 – – 한 소 – 망 언 제 나

– 주 와 – 함 께 – 언 제 나 – 주 와 – 함 께 –

예 수 나 의 영 혼 의 구 세 – 주 영 원

무 궁 히 주 님 만 을 나 찬 양 – 하 리

590/ 내 마음 다해 611/ 새 힘 얻으리 613/ 성령이여 내 영혼에

주님이 주신 땅으로

(이 산지를 내게 주소서)

홍진호

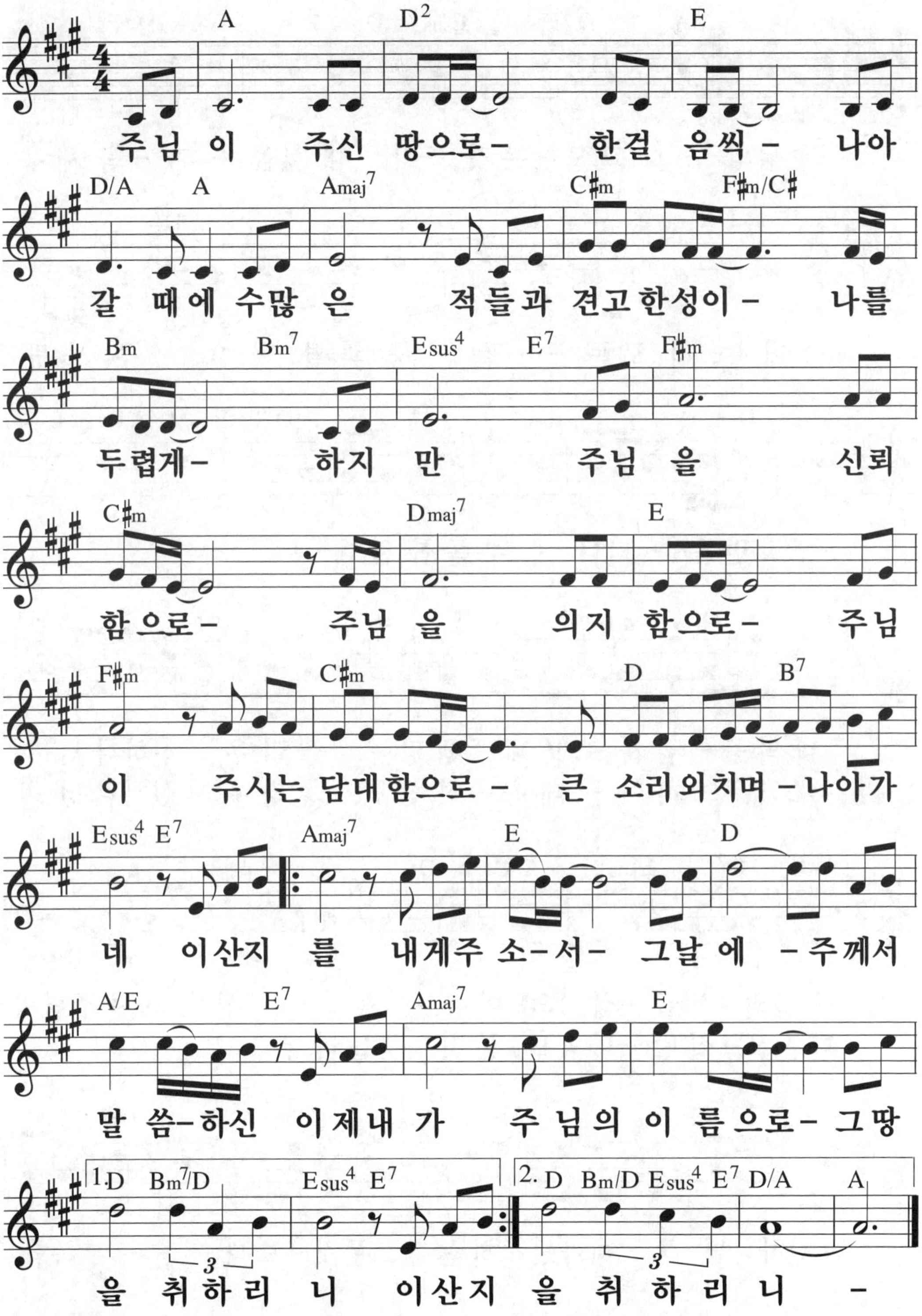

A D2 E
주님 이 주신 땅으로- 한걸 음씩 - 나아

D/A A Amaj7 C♯m F♯m/C♯
갈 때에 수많 은 적들과 견고한성이 - 나를

Bm Bm7 Esus4 E7 F♯m
두렵게- 하지 만 주님 을 신뢰

C♯m Dmaj7 E
함으로- 주님 을 의지 함으로- 주님

F♯m C♯m D B7
이 주시는 담대함으로 - 큰 소리외치며 -나아가

Esus4 E7 Amaj7 E D
네 이산지 를 내게주 소-서- 그날 에 -주께서

A/E E7 Amaj7 E
말 씀-하신 이제내 가 주 님의 이 름으로- 그땅

1.D Bm7/D Esus4 E7 2. D Bm/D Esus4 E7 D/A A
을 취하리 니 이산지 을 취 하 리 니 -

567/ 강하고 담대하라 571/ 교회여 일어나라 577/ 나의 믿음 주께 있네

654 주님의 그 모든 것이

(부족함 없네 / Enough)

Louie Giglio & Chris Tomlin

주님의 - 그모-든것-이 내삶을-가-득채우

-네 내모든-갈-증과필-요 주사랑

나의공-급자-또내-생명- 놀라우 -신하나님-
내죄위-하여-대속-하신- 놀라우 -신하나님-

주나의-상급-삶-의-이유- 놀라우-신하나님-주님의
다시오-실왕-나의모-든것- 놀라우

-신하나님- 내가원-하는 모든것-보다- --부족함

Esus4 A D2 Esus4 D2
- 없 는 나 - 의 주 님 내 가 말 - 하 고 아 는 것 - 보 다
A/C# D2 1.Esus4 2.Esus4
- - - 더 욱 더 - 놀 라 운 - - 놀 라 우 - 신 주 님 의
A D2/F# Esus4 D2 A D2/F# Esus4 D2
- 그 모 - 든 것 - 이 내 삶 을 - 가 - 득 채 우 - 네 내 모 든
A D2/F# Esus4 D2 A/C# D2 Esus4 A
- 갈 -증 과 필 - 요 주 사 랑 -으 로 만 족 시 -키 니 - 부 족 함 없 네 -

A

655 주님 큰 영광 받으소서

(Jesus shall take the highest honor)

Chris Bowater

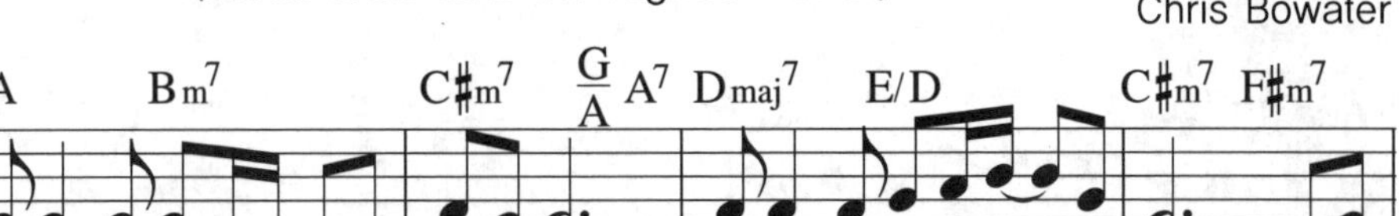

주님 큰 영광 받-으 소서- 홀로 찬양 받으-소 서 모든

이 름 위 에- 뛰어 난 그 이름- 온 땅과 하- 늘이 다 찬-양 해

겸 손 하-게 우 리 무-릎 꿇고- 주 이름 앞-에 영광 돌-리 세 모

두 절 하 세 - 독 생 자 예 -수- 주 님 께 - 찬 양 드 -리 리 모든

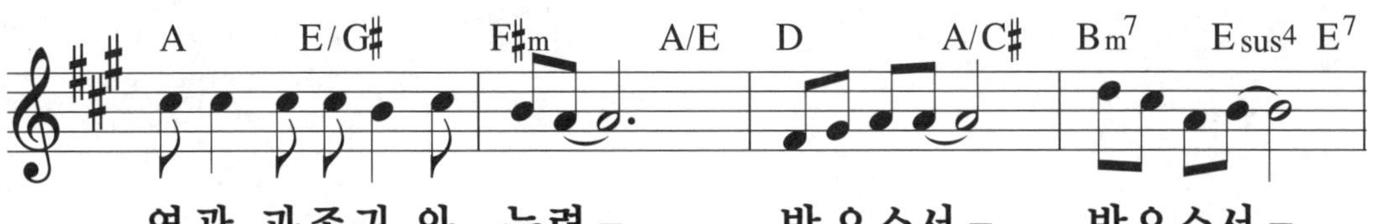

영 광 과 존 귀 와 능 력- 받 으 소 서- 받 으 소 서-

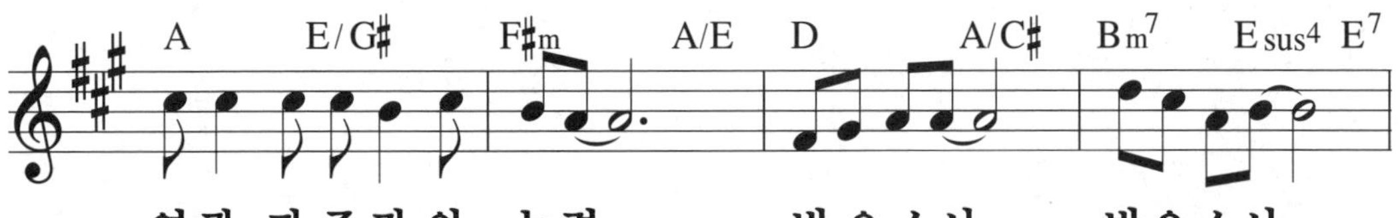

영 광 과 존 귀 와 능 력- 받 으 소 서- 받 으 소 서-

그 리 스 도 살 아 계 신- 하 나 님 -

주님 한 분 밖에는 656

(나는 행복해요)

김석균

A F♯m Bm E7

주 님한분 밖에 는 아는 사람없어 요
주 님한분 밖에 는 사 랑 할이없 어 요

A Bm D E7

가 슴깊 이숨어 있 는 주를 사랑하는 맘
작 은가 슴뜨거 웁 게 주님 피가흘러 요

A F♯m Bm E7

주 님 한분밖에 는 기 억 하지못해 요
주 님 한분밖에 는 약 속 한이없어 요

A Bm D E7 A

처 음 주를만난 그 날 울 며 고백하던 말
나 를 믿고따르 는 자 반 석 위에서리 라

A C♯ F♯m E7

나 는 행복해 요 죄 사 함 －받 았 으 니 아 버
사 랑 이 －샘 솟 으 니 이 세

A C♯m 1. D E7 2. D E7 A

지 －품 안 에 서 떠 나 살 기 싫 어 요 고 도 남 아 요
상 －무 엇 이 든 채 우

573/ 나 가진 재물 없으나 580/ 나의 모든 행실을 585/ 나의 힘이 되신 여호와여

657 주 발 앞에 무릎 꿇고

(주의 옷자락 만지며)

Saul Morales

주 보혈 날 씻었네 658

(It's Your Blood)

Michael Christ

A E/G♯ F♯m7 A/E D Bm/D Esus4 E

주보 혈 날 씻 었- 네 내게 생명 을주- 셨- 네

Dmaj7 E A C♯m7/G♯ F♯m F♯m/E

주보 혈 나의죄 를 구속 하 신어 린 양──

D Dm6 Bm7 A E/G♯ F♯m7 F♯m/E

날씻었 네 - 흰눈보다 더 희-게 하셨 네

Bm D/E E7 A

예 수님- 귀 하신 어린 양

A

569/ 고개 들어 574/ 나는 찬양하리라 654/ 주님의 그 모든 것이

659 주 앞에 나와 제사를 드리네

(온전케 되리 / Complete)

Andrew Ulugla

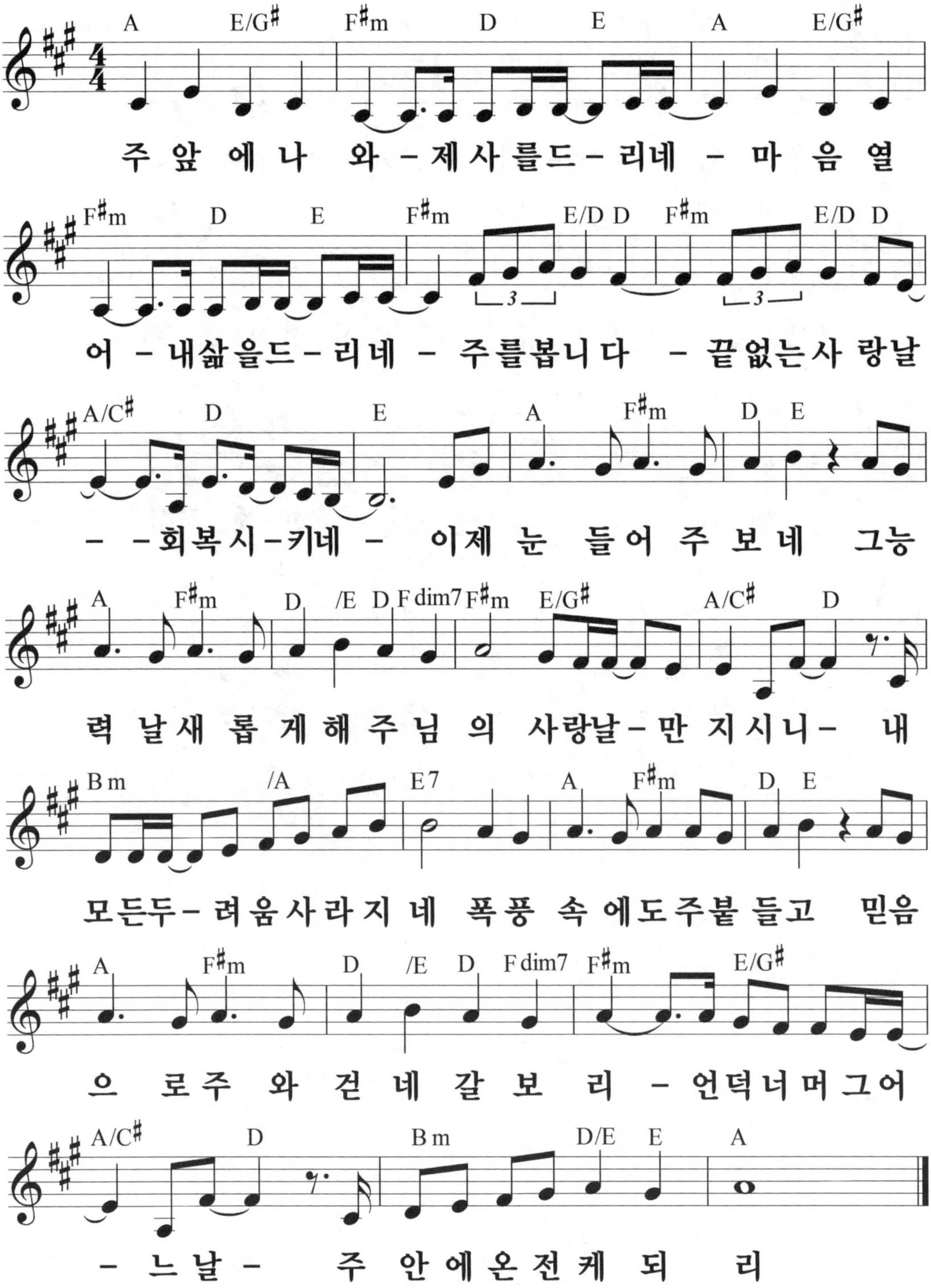

주 앞 에 나 와 -제 사 를 드 -리 네 - 마 음 열

어 -내 삶 을 드 -리 네 - 주 를 봅 니 다 -끝 없 는 사 랑 날

- -회 복 시 -키 네 - 이 제 눈 들 어 주 보 네 그 능

력 날 새 롭 게 해 주 님 의 사 랑 날 -만 지 시 니 - 내

모 든 두 -려 움 사 라 지 네 폭 풍 속 에 도 주 붙 들 고 믿 음

으 로 주 와 걷 네 갈 보 리 -언 덕 너 머 그 어

-느 날 - 주 안 에 온 전 케 되 리

592/ 내 모든 것 나의 생명 604/ 모든 능력과 모든 권세 654/ 주님의 그 모든 것이

미가엘 798

주 여호와는 광대하시도다 660

(Great is the Lord)

Steve McEwan

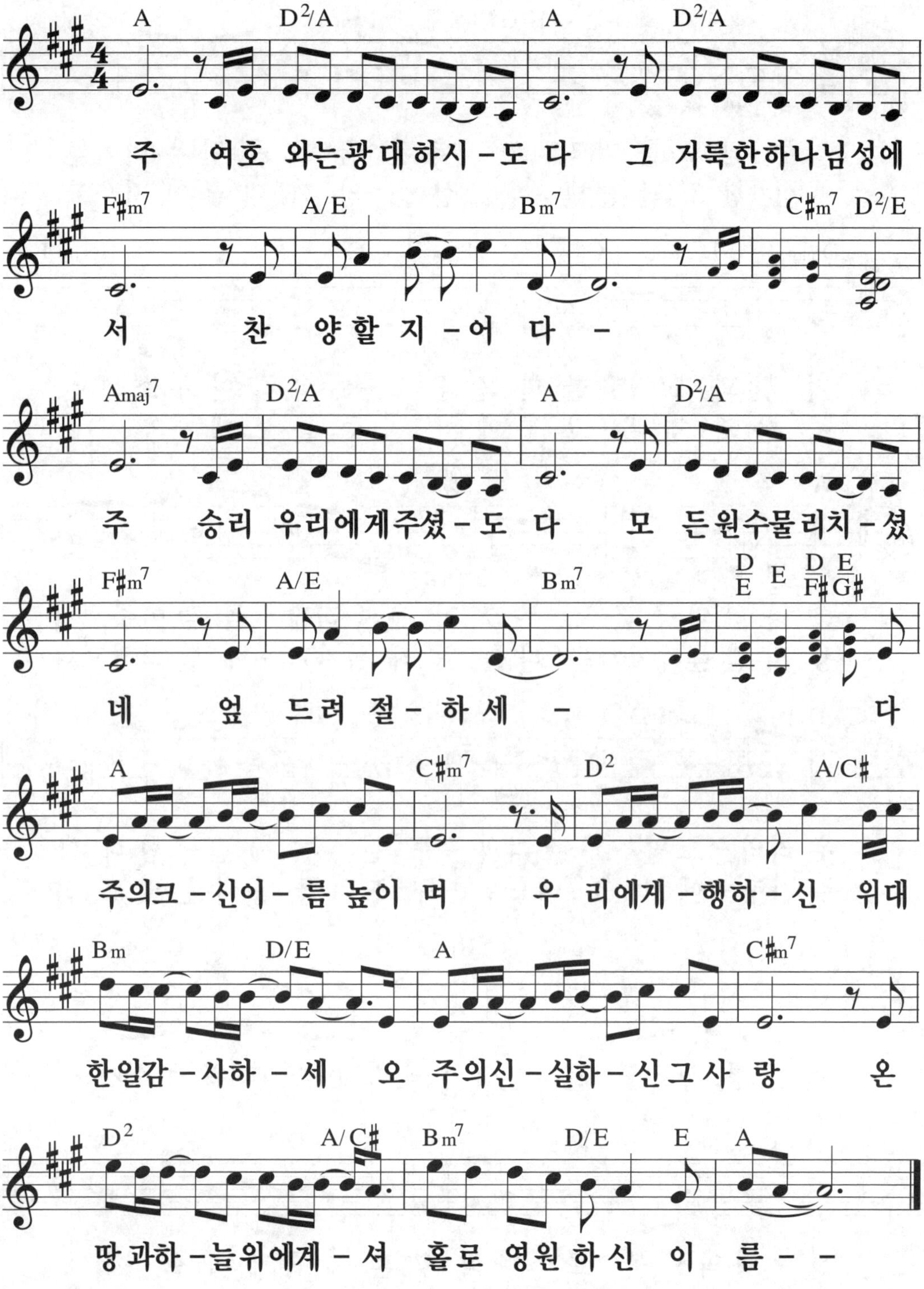
A D2/A A D2/A
주 여호 와는광대하시-도 다 그 거룩한하나님성에
F#m7 A/E Bm7 C#m7 D2/E
서 찬 양할 지-어 다 -
Amaj7 D2/A A D2/A
주 승리 우리에게주셨-도 다 모 든원수물리치-셨
F#m7 A/E Bm7 D/E E D/F# E/G#
네 엎 드려 절-하 세 - 다
A C#m7 D2 A/C#
주의크-신이-름 높이 며 우 리에게-행하-신 위대
Bm D/E A C#m7
한일감-사하-세 오 주의신-실하-신그사 랑 온
D2 A/C# Bm7 D/E E A
땅과하-늘위에계-셔 홀로 영원하신 이 름- -

A

메들리 곡
584/ 나의 영혼이 잠잠히 592/ 내 모든 것 나의 생명까지 615/ 소망없는 내 삶에

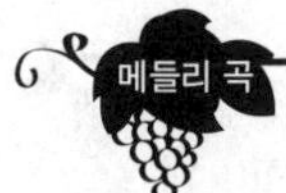

661 주의 도를 버리고

(성령의 불로 / Holy Spirit)

Stephen Hah

주 의도를버리 고 헛된 꿈 을 좇던우리 들
심 한고난을받 아 살소 망 까 지 끊어지 고

거 짓과 교만 한 마음을 용서하여주소 서
죽 음과 같은 고 통에서 주를보게하셨 네

하 나님의긍휼로 부끄 러 운 우리삶-을 덮어주소서-
용 서받을수없는 나를 위 해 십자가-에 달리셨으니-

우 리의-소망 우리의-구 원 주 께 간구합니 다
주 사랑-에서 그 어느누-구 도 끊 을수는없으 리

성 령의-불 로 나 의 맘 을 태 워 주소서-

성 령의-불 로 나의영 혼 새 롭게하소 서

585/ 나의 힘이 되신 여호와여 615/ 소망없는 내 삶에 632/ 우리 보좌 앞에 모였네

미가엘 1865

주의 집에 영광이 가득해 662

(Redeemed)

John Barnett

주의 - 집 - 에 - 영 - 광 - 이가 - 득해 주의 - 집 - 에 -

영 - 광 - 이가 - 득해 주의 - 집 - 에 - 찬 - 양 - 이 가 - 득해

주의 - 집 - 에 - 찬 - 양 - 이 가 - 득해

주 나 - 를 구 원 - 했 네 영 광 돌 리 세

주 나 - 를 구 원 - 했 네 찬 양 드 리 세

주 나 - 를 구 원 - 했 네 와 서 경 배 해

영 원 - 히 영 원 히 - 영 원 - 히 영 원 히 -

605/ 무화과 나뭇잎이 마르고 607/ 믿음따라 620/ 아버지여 당신의 의로

663 주 크신 사랑 세상 가득히

(주의 집에 나 살리라 / Dwell in Your House)

미가엘 1872

Paul Ewing

D/E D E F♯m
D.S.
- 주의집에 - 주뜻대
E A/C♯ D F♯m
-로 날이끄 사 - 충만 하
E A/C♯ D
-게 임-하 소 서 - 주성령 - 이- 여-
Esus4 E D/E D E F♯m
- - 주의 집에나 살-리-라-영원-히-
D E F♯m D
주이 름-높 이 ----며- 나 살-리-라
E F♯m E D D/E A
- 영원 -토 록 - - -

664 주 하나님 독생자 예수

(하나님의 독생자 / Because He Lives)

Gloria Gaither & William J. Gaither

1. 주하나 님 독생자 예 수 날위하 여
2. 주안에 서 거듭난 생 명 도우시 는
3. 그언젠 가 주뵐때 까 지 주를위 해

오시었 네 내모든 죄 다사하 시 고
주의사 랑 참기쁨 과 확신가 지 고
싸우리 라 승리의 길 멀고험 해 도

죽음에 서 부 활하 신 나 의구세 주
예수님 의 도 우심 을 믿 으며살 리
주님께 서 나 의앞 길 지 켜주시 리

살아계신 주 나의참된소 망 걱정근 심

전혀없 네 사랑의 주 내 갈길인도 하 니

내 모 든 삶 에 기 쁨 늘 충 만 하 네

565/ 갈릴리 마을 572/ 그날이 도적 같이 620/ 아버지여 당신의 의로

미가엘 1898

지금 우리는 마음을 합하여 665

(일어나 새벽을 깨우리라)

조동희

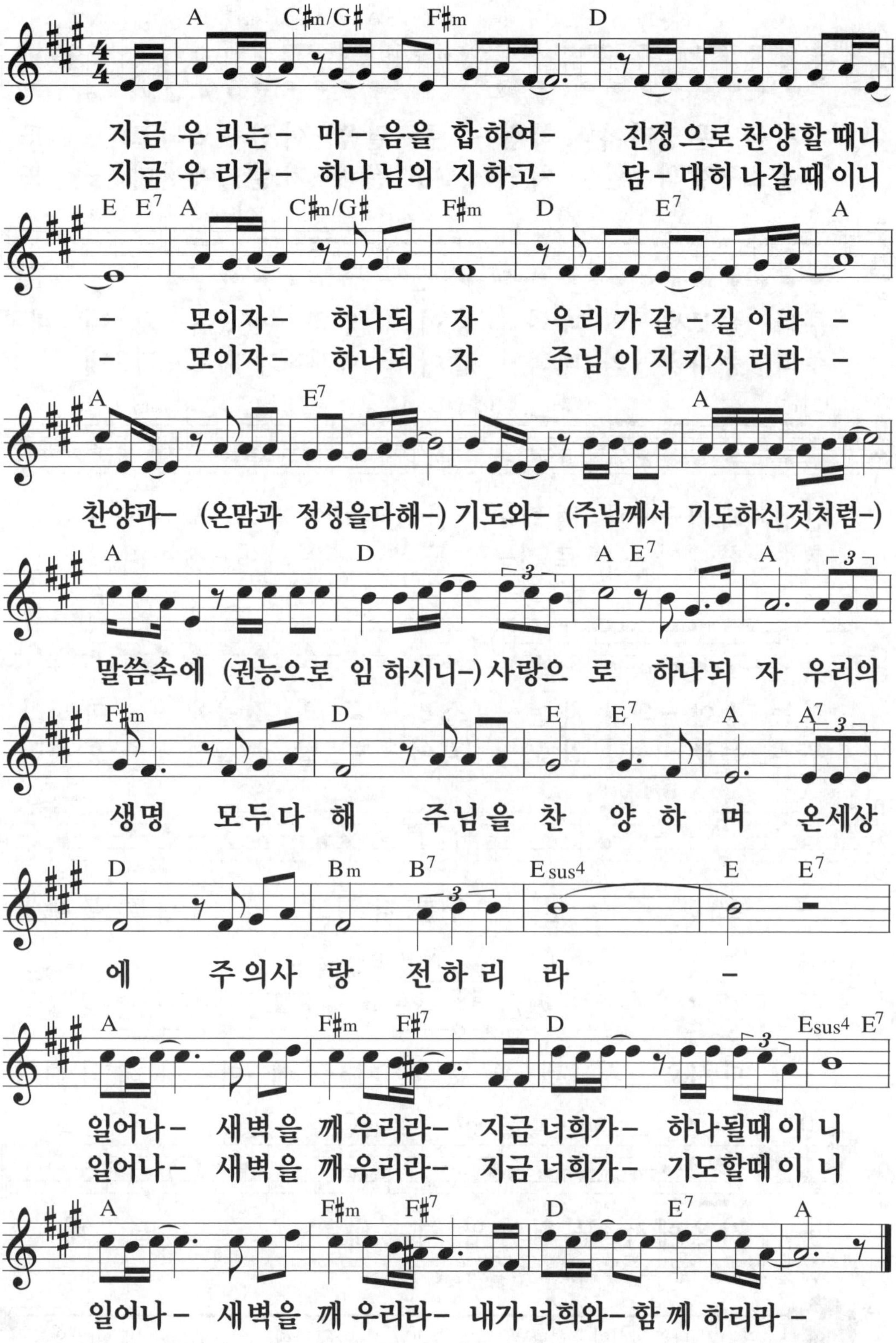
지금 우리는– 마–음을 합하여– 진정으로찬양할때니
지금 우리가– 하나님의 지하고– 담–대히나갈때이니
– 모이자– 하나되 자 우리가갈–길이라 –
– 모이자– 하나되 자 주님이지키시리라 –
찬양과– (온맘과 정성을다해–) 기도와– (주님께서 기도하신것처럼–)
말씀속에 (권능으로 임하시니–)사랑으 로 하나되 자 우리의
생명 모두다 해 주님을 찬 양 하 며 온세상
에 주의사 랑 전하리 라 –
일어나– 새벽을 깨우리라– 지금너희가– 하나될때이 니
일어나– 새벽을 깨우리라– 지금너희가– 기도할때이 니
일어나– 새벽을 깨 우리라– 내가너희와–함께 하리라 –

A

666 지금은 엘리야 때처럼

미가엘 1706

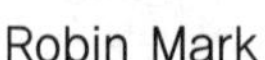

(Day of Elijah)

Robin Mark

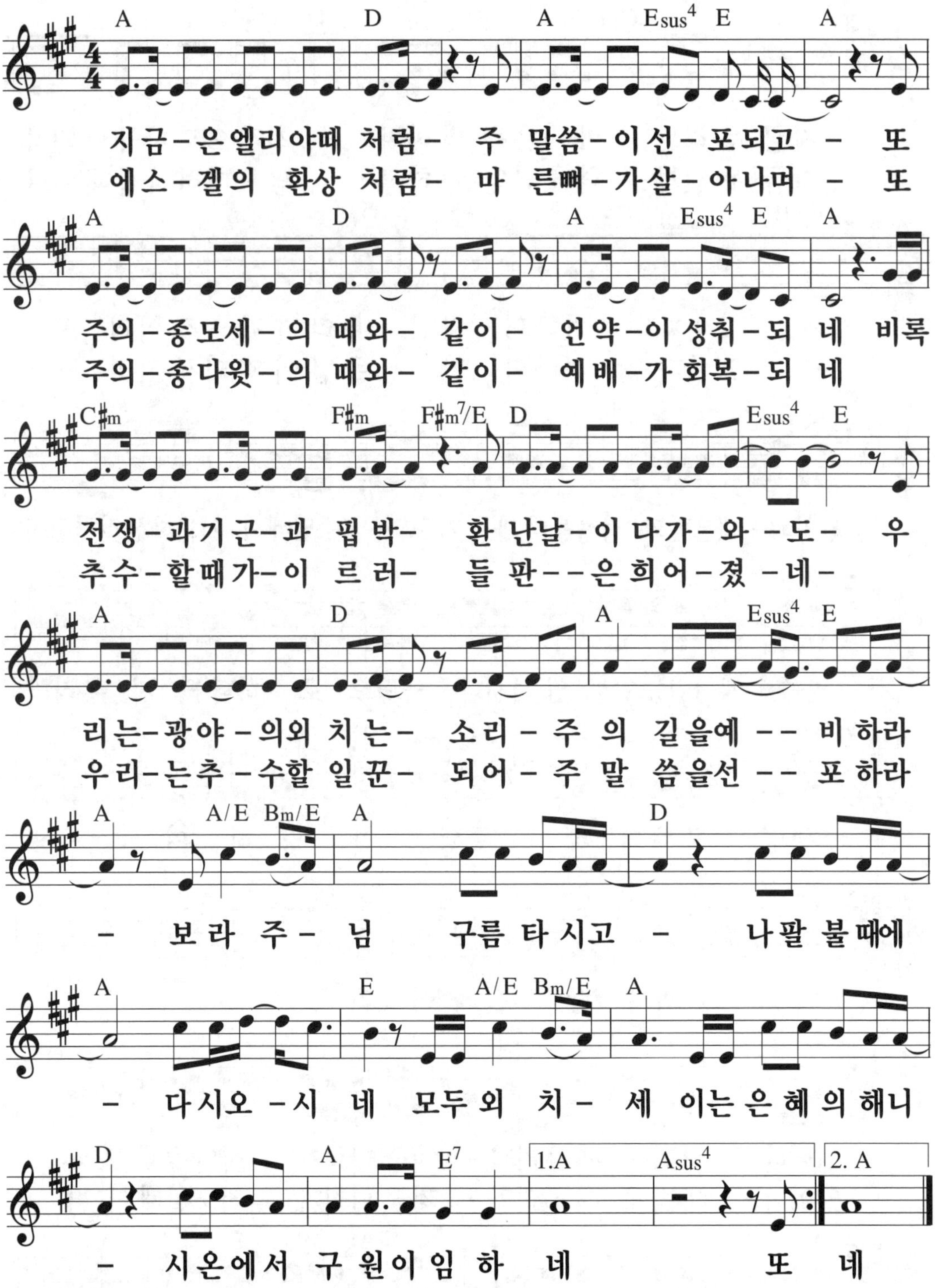

A D A Esus4 E A
지금-은엘리야때 처럼- 주 말씀-이선-포되고 - 또
에스-겔의 환상 처럼- 마 른뼈-가살-아나며 - 또
A D A Esus4 E A
주의-종모세-의 때와- 같이- 언약-이 성취-되 네 비록
주의-종다윗-의 때와- 같이- 예배-가 회복-되 네
C♯m F♯m F♯m7/E D Esus4 E
전쟁-과기근-과 핍박- 환 난날-이다가-와 -도- 우
추수-할때가-이 르러- 들 판--은희어-졌 -네-
A D A Esus4 E
리는-광야-의외 치는- 소리-주 의 길을예 -- 비하라
우리-는추-수할 일꾼- 되어-주 말 씀을선 -- 포하라
A A/E Bm/E A D
- 보라 주- 님 구름 타시고 - 나팔 불때에
A E A/E Bm/E A
- 다시오 -시 네 모두외 치- 세 이는은혜의해니
D A E7 1.A Asus4 2. A
- 시온에서 구 원이임 하 네 또 네

메들리 곡

581/ 나의 반석이신 하나님 590/ 내 마음 다해 611/ 새 힘 얻으리

찬양이 언제나 넘치면 667

김석균

1. 찬 양이 언제나 넘치면- 은혜로 얼굴이 환 해요-
2. 감 사가 언제나 넘치면- 은혜로 얼굴이 환 해요-
3. 사 랑이 언제나 넘치면- 은혜로 얼굴이 환 해요-
4. 기 도가 언제나 넘치면- 은혜로 얼굴이 환 해요-

성 령의 충만한 모-습을- 서로 가느-껴 요

할렐루 할렐루 손뼉치-면서 할 렐루 할렐루 소리 외-치며

할 렐루 할렐루 두손을-들고 주님을찬양해 요

메들리 곡 575/ 나의 가장 낮은 마음 605/ 무화과 나뭇잎이 마르고 625/ 예수 나의 첫사랑

668 찬양하세

(Come let Us Sing)

Danny Reed

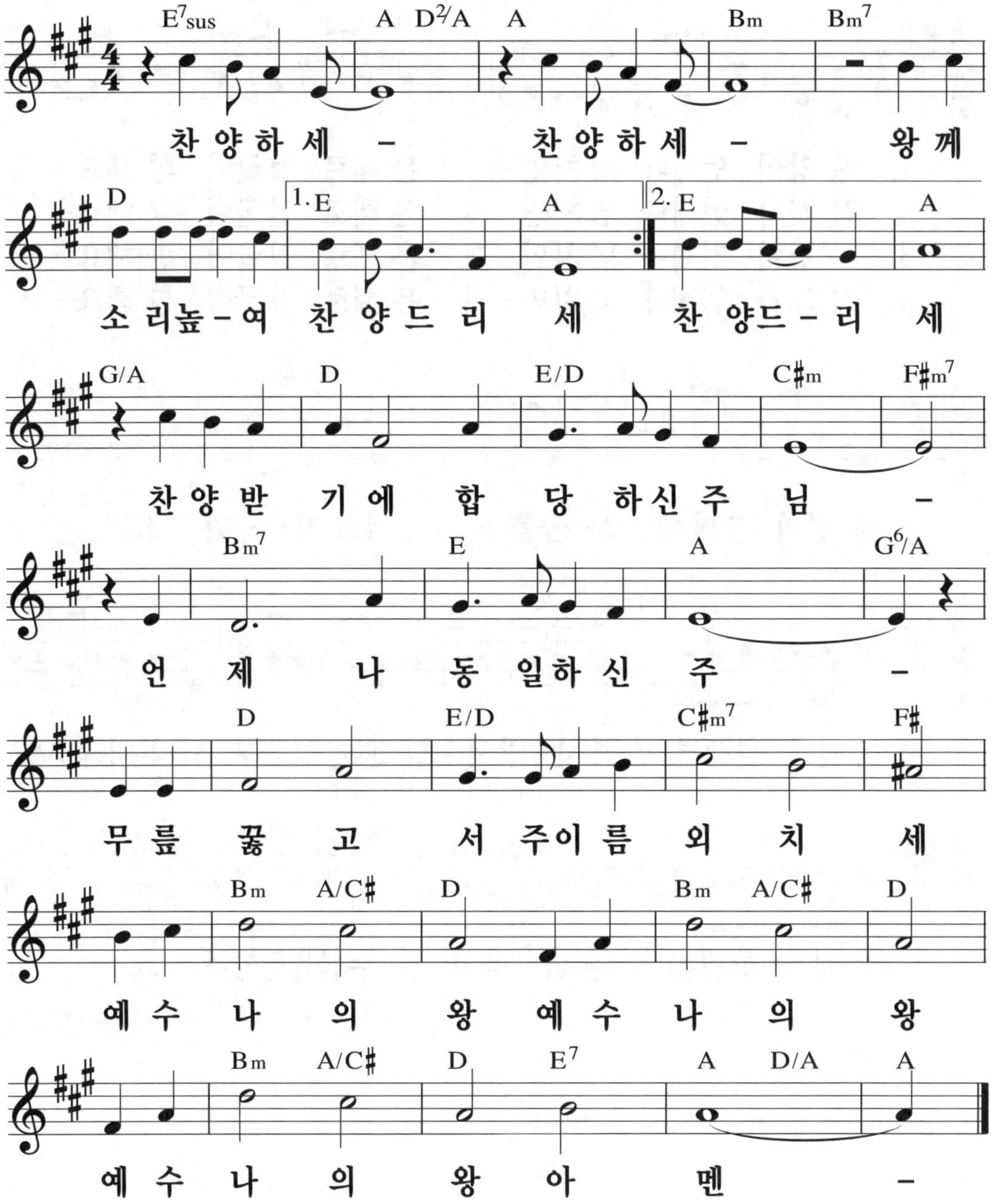

찬양하세 - 찬양하세 - 왕께
소리높-여 찬양드리세 찬양드-리세
찬양받기에 합당하신주님 -
언제나 동일하신주 -
무릎꿇고서 주이름외치세
예수나의왕 예수나의왕
예수나의왕 아멘 -

586/ 나 자유 얻었네 605/ 무화과 나뭇잎이 마르고 607/ 믿음따라

미가엘 793

평강의 왕이요 669

(I Extol You)

Jennifer Randolph

A

577/ 나의 믿음 주께 있네 604/ 모든 능력과 모든 권세 628/ 예수 우리 왕이여

670 풀은 마르고

미가엘 1943

김영진

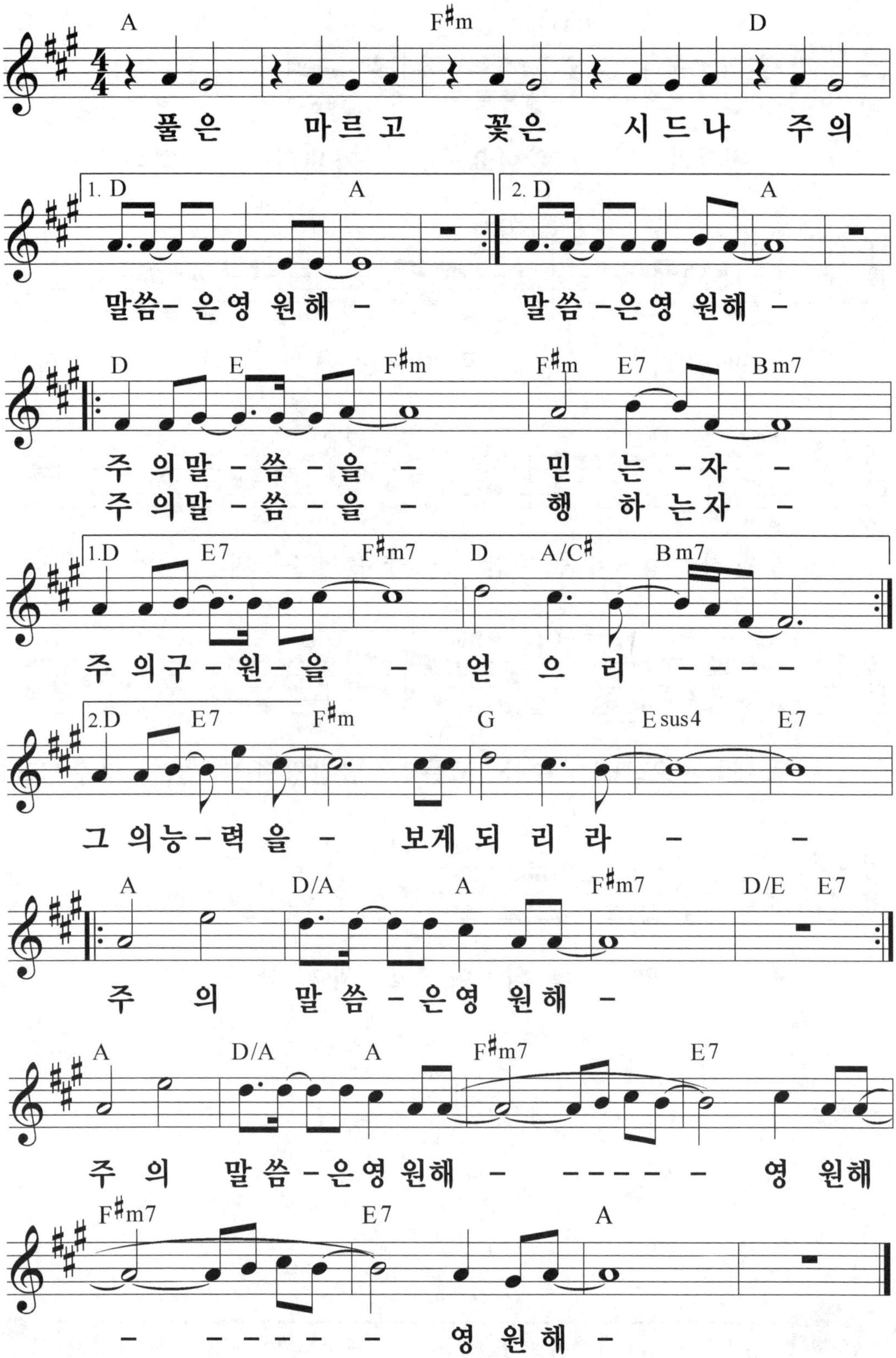
A F♯m D
풀은 마르고 꽃은 시드나 주의
1. D A 2. D A
말씀- 은영 원해 - 말씀 -은영 원해 -
D E F♯m F♯m E7 Bm7
주 의말 - 씀 - 을 - 믿 는 - 자 -
주 의말 - 씀 - 을 - 행 하 는자 -
1.D E7 F♯m7 D A/C♯ Bm7
주 의구 - 원 - 을 - 언 으 리 - - - -
2.D E7 F♯m G Esus4 E7
그 의능 - 력 을 - 보게 되 리 라 - -
A D/A A F♯m7 D/E E7
주 의 말 씀 - 은영 원해 -
A D/A A F♯m7 E7
주 의 말 씀 - 은영 원해 - - - - - - 영 원해
F♯m7 E7 A
- - - - - - 영 원해 -

하나님 어린 양 671

(Lamb of God)

Chris Bowater

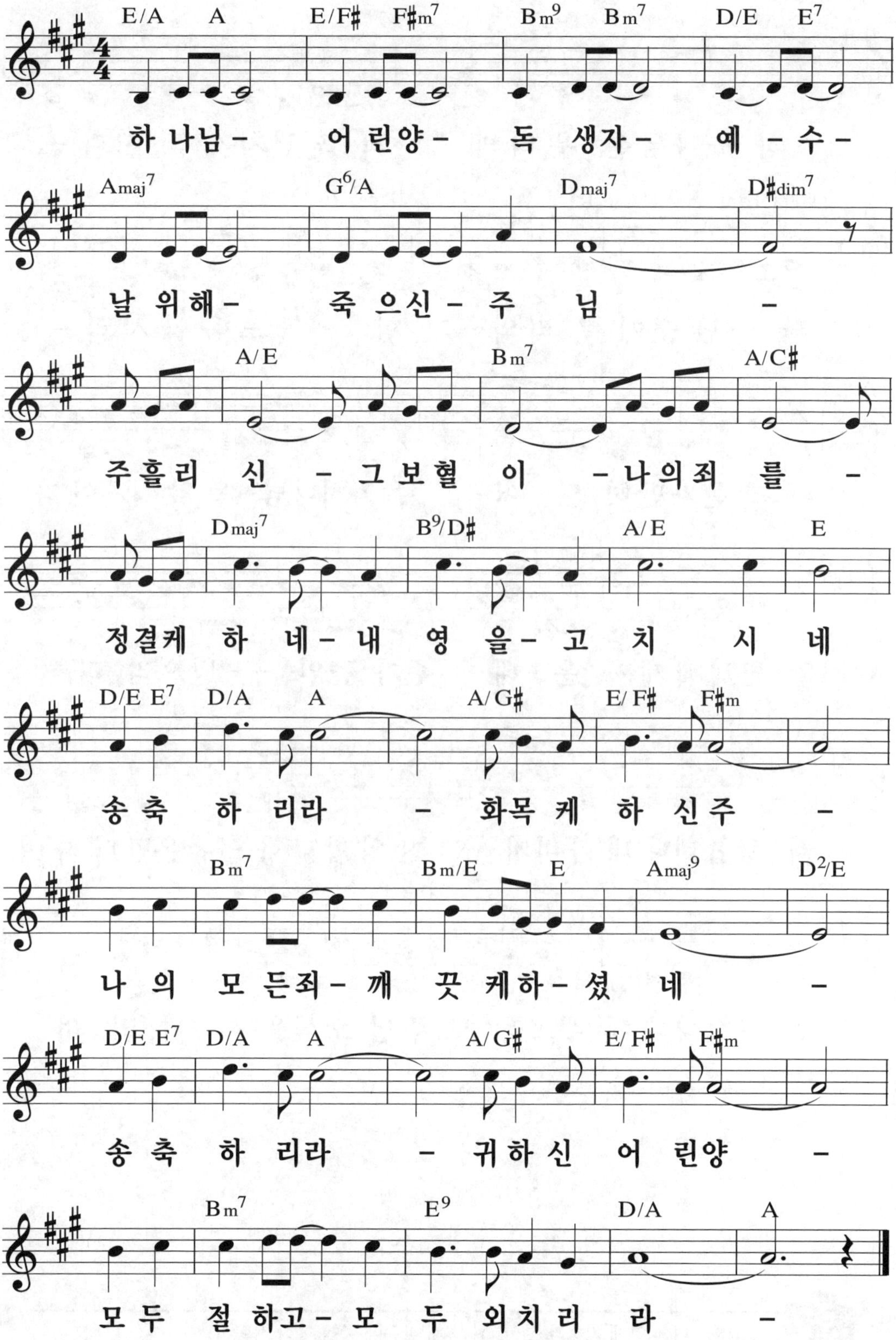

E/A A E/F♯ F♯m7 Bm9 Bm7 D/E E7
하 나님- 어 린양- 독 생자- 예 -수-

Amaj7 G6/A Dmaj7 D♯dim7
날 위해- 죽 으신-주 님 -

A/E Bm7 A/C♯
주흘리 신 -그보혈 이 -나의죄 를 -

Dmaj7 B9/D♯ A/E E
정결케 하 네-내 영 을-고 치 시 네

D/E E7 D/A A A/G♯ E/F♯ F♯m
송 축 하 리라 - 화목 케 하 신주 -

Bm7 Bm/E E Amaj9 D2/E
나 의 모 든죄-깨 끗 케하-셨 네 -

D/E E7 D/A A A/G♯ E/F♯ F♯m
송 축 하 리라 - 귀하신 어 린양 -

Bm7 E9 D/A A
모 두 절 하고-모 두 외치 리 라 -

A

672 하나님은 우리의 피난처가

(너희는 가만히 있어 / Psalm 46)

Stephen Hah

하 -나님은 우리의- 피 -난처가 되시며-

환 -난중에 우리의- 힘 -과도움이시라-

너 희는가만히 있-어- 주가하나님-됨알지-어다

열 방과세계가 운-데- 주가 높임을--받으리 라

사 랑합니다내아버지- 찬양합니다-내온맘다하여

선 포합니다예 수그리스도 주님 오심을--기다리 며

583/ 나의 안에 거하라 591/ 내 마음에 주를 향한 사랑이

하나님의 사랑을 사모하는자 673

(주만 바라 볼지라)

박성호

하나 님의사-랑을 사모하는자하나 님의평- 안을 바라보는자
님께찬-양과 경배하는자하나 님의선하심을 닮아가는자

너의 모든것창조하신 우리주님이너를 얼마나사랑하시는 지 하나

자 녀 삼으 셨 네 하나 님 사 랑 의 눈 으로 -

너를 어느때나바라 보시 고 하나 님 인자 한 귀 로써 -

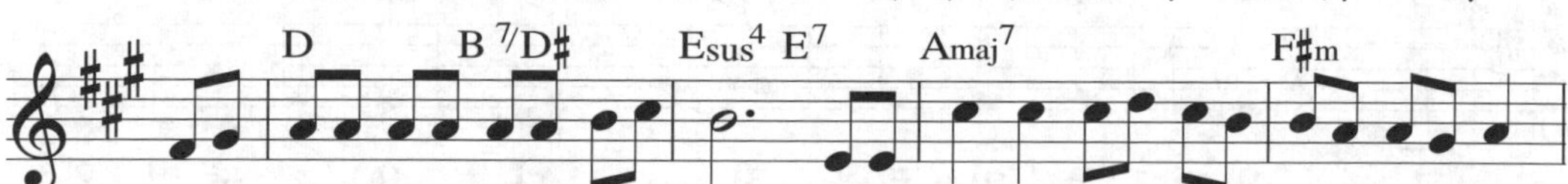

언제 나너에게기울이시 니 어두 움 에 밝은빛을 비춰주시고

너의 작 은 신음에도 응답하시 니 너는 어느곳에있-든지

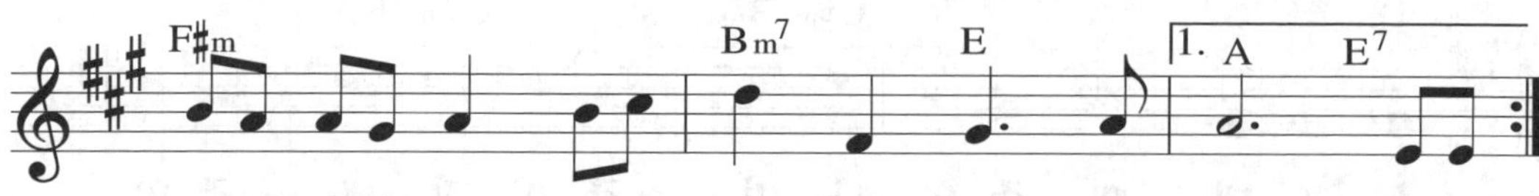

주를 향하 고 주만 바 라 볼 찌 라 하나

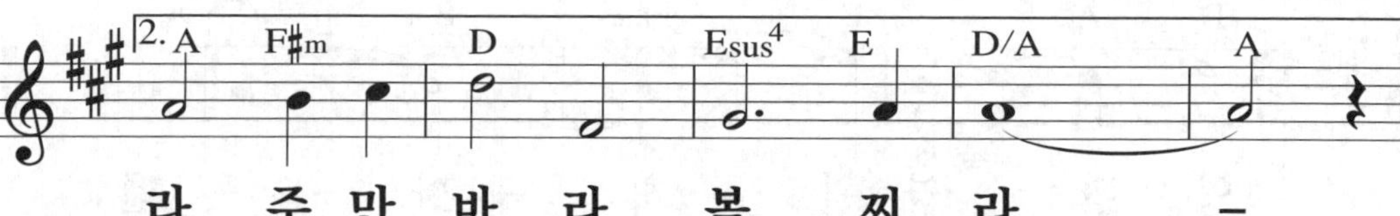

라 주 만 바 라 볼 찌 라 -

577/ 나의 믿음 주께 있네 585/ 나의 힘이 되신 여호와여 632/ 우리 보좌 앞에

674 하늘에 계신 아버지

(주기도문 / The Lord's Prayer)

Albert Malotte(d.1964) & Peter Henry Mooney

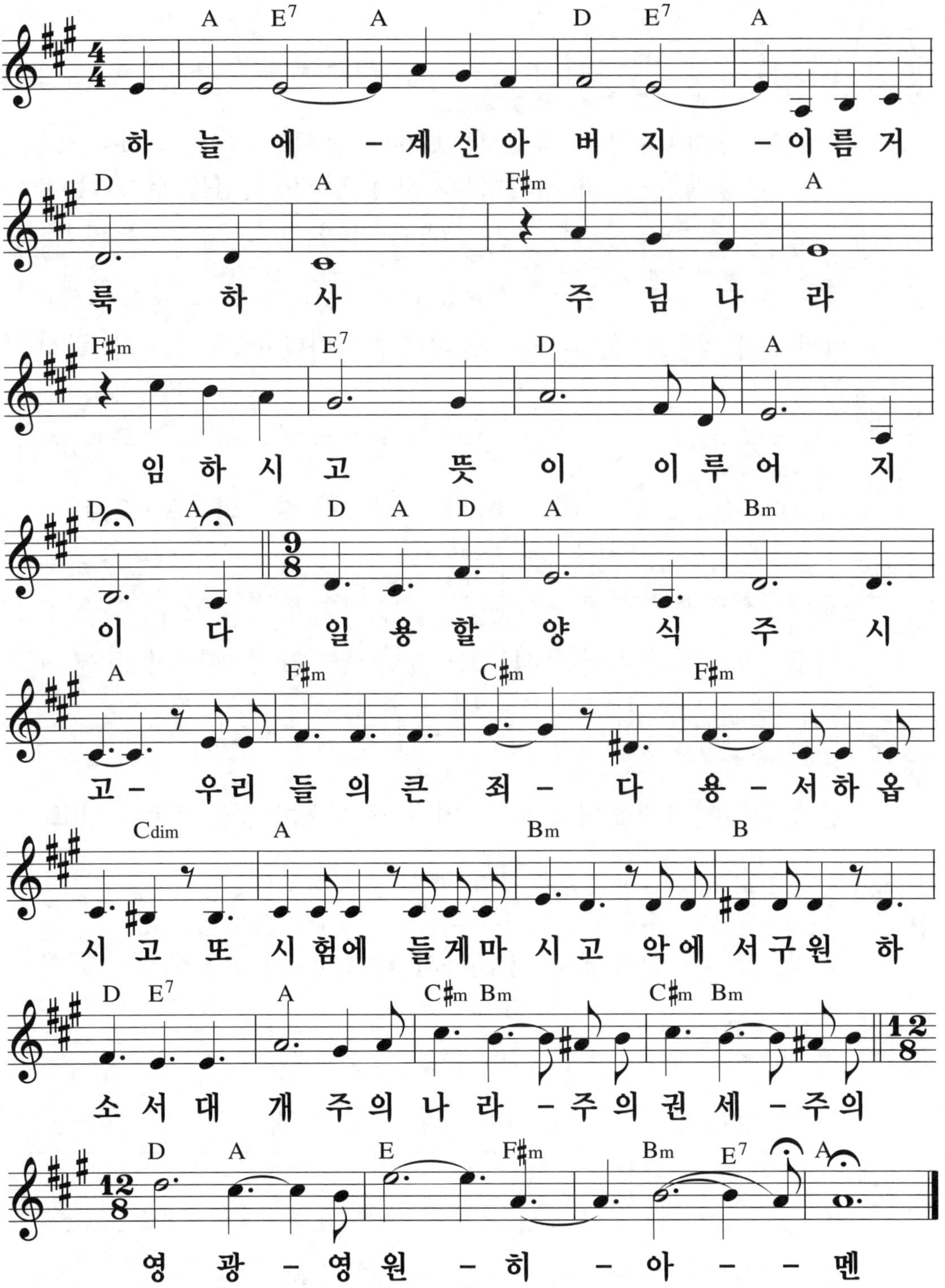

하 늘 에 - 계 신 아 버 지 - 이 름 거

룩 하 사 주 님 나 라

임 하 시 고 뜻 이 이 루 어 지

이 다 일 용 할 양 식 주 시

고 - 우 리 들 의 큰 죄 - 다 용 - 서 하 옵

시 고 또 시 험 에 들 게 마 시 고 악 에 서 구 원 하

소 서 대 개 주 의 나 라 - 주 의 권 세 - 주 의

영 광 - 영 원 - 히 - 아 - - 멘

569/ 고개 들어 628/ 예수 우리 왕이여

하늘 위에 주님 밖에 675

(주는 나의 힘이요 / God is the Strength of My Heart)

Eugene Greco

A E/A D A D D/E

하 늘 위 에 주 - 님 - 밖 에 - 내 가

A E/A D/A G6/A A

사 모 할 자 이 세 상 - 에 - 없 - 네 -

DM7 A/C# Asus4/B E7 A

내 맘 과 힘 은 믿 을 수 - 없 네 -

DM7 A/C# Asus4/B D6/E

오 직 한 가 지 그 진 리 를 - 믿 네 주 는 나 의

D A/C# Bm7 Bm7/E A

- 힘 이 요 - 주 는 나 의 - 힘 이 요 -

D C#m7 F#m

주 는 나 의 - 힘 이 요 - 영 원 히 - 주 를

Bm7 A/C# D6 D6/E 1. 2. D6/E A

의 지 - 하 리 주 는 나 의 영 원 - - 히 -

A

590/ 내 마음 다해 611/ 새 힘 얻으리 625/ 예수 나의 첫사랑 되시네

676 하늘의 문을 여소서

(임재)

조영준

하늘의문을여 소서 - 이곳을 주목하소서 - 주를

향한노래가 - 꺼지 지않으니 - 하늘을열고보

소서 - 이곳에 임재하 소서 - 주님을

기다 립니다 - 기도 의 향기가 - 하늘 에 닿으니 -

주여임 재하 여 주 소 서 - 이곳 에오 셔

서 - 이곳에앉으 소서 - 이곳 에서드 리는 - 예배를받으소

서 주님의이름이 - 주님의이름만이 - 오직주의이

름만 - 이곳에 있습니 다 이곳에오셔 다

할렐루야 할렐루야 전능하신 677

(어린 양 / Agnus Dei)

Michael W. Smith

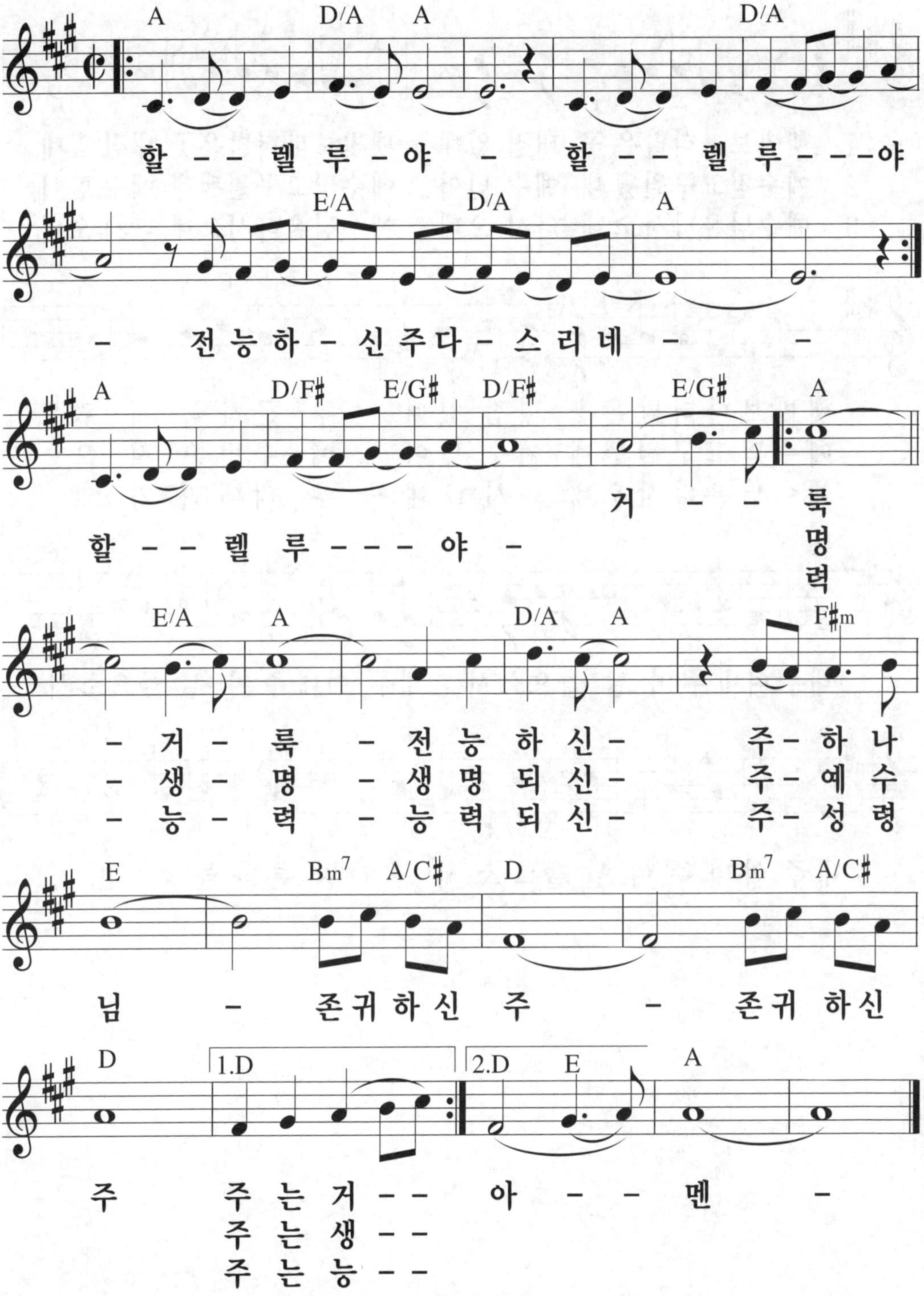

A D/A A D/A

할 — — 렐 루 — 야 — 할 — — 렐 루 — — — 야

E/A D/A A

— 전 능 하 — 신 주 다 — 스 리 네 — —

A D/F# E/G# D/F# E/G# A

할 — — 렐 루 — — — 야 — 거 — — 룩 명 력

E/A A D/A A F#m

— 거 — 룩 — 전 능 하 신 — 주 — 하 나
— 생 — 명 — 생 명 되 신 — 주 — 예 수
— 능 — 력 — 능 력 되 신 — 주 — 성 령

E Bm7 A/C# D Bm7 A/C#

님 — 존 귀 하 신 주 — 존 귀 하 신

D 1.D 2.D E A

주 주 는 거 — — 아 — — 멘 —
주 는 생 — —
주 는 능 — —

A

628/ 예수 우리 왕이여 632/ 우리 보좌 앞에 634/ 우리 죄 위해 죽으신 주

678 햇빛보다 더 밝은 곳

1. 햇빛보다더밝은곳 내집 있네 햇빛보다더밝은곳 내집 있네
2. 예수믿고구원됐네 예수 믿어 예수믿고구원됐네 예수 믿어
3. 예수님은다시오네 다시 오네 예수님은다시오네 다시 오네

햇빛보다더밝은곳 내집 있네 - 푸 른하늘 저 편
예수믿고구원됐네 예수 믿어 - 예 수믿으 시 오
예수님은다시오네 다시 오네 - 우 리데려 가 리

내주여내주여 날 들으소서 내주 여내주여 날 들으소서

내주여내주여 날들으소서 - 푸 른하늘 저 편

미가엘 799

형제여 우리 모두 다 함께 679

정종원

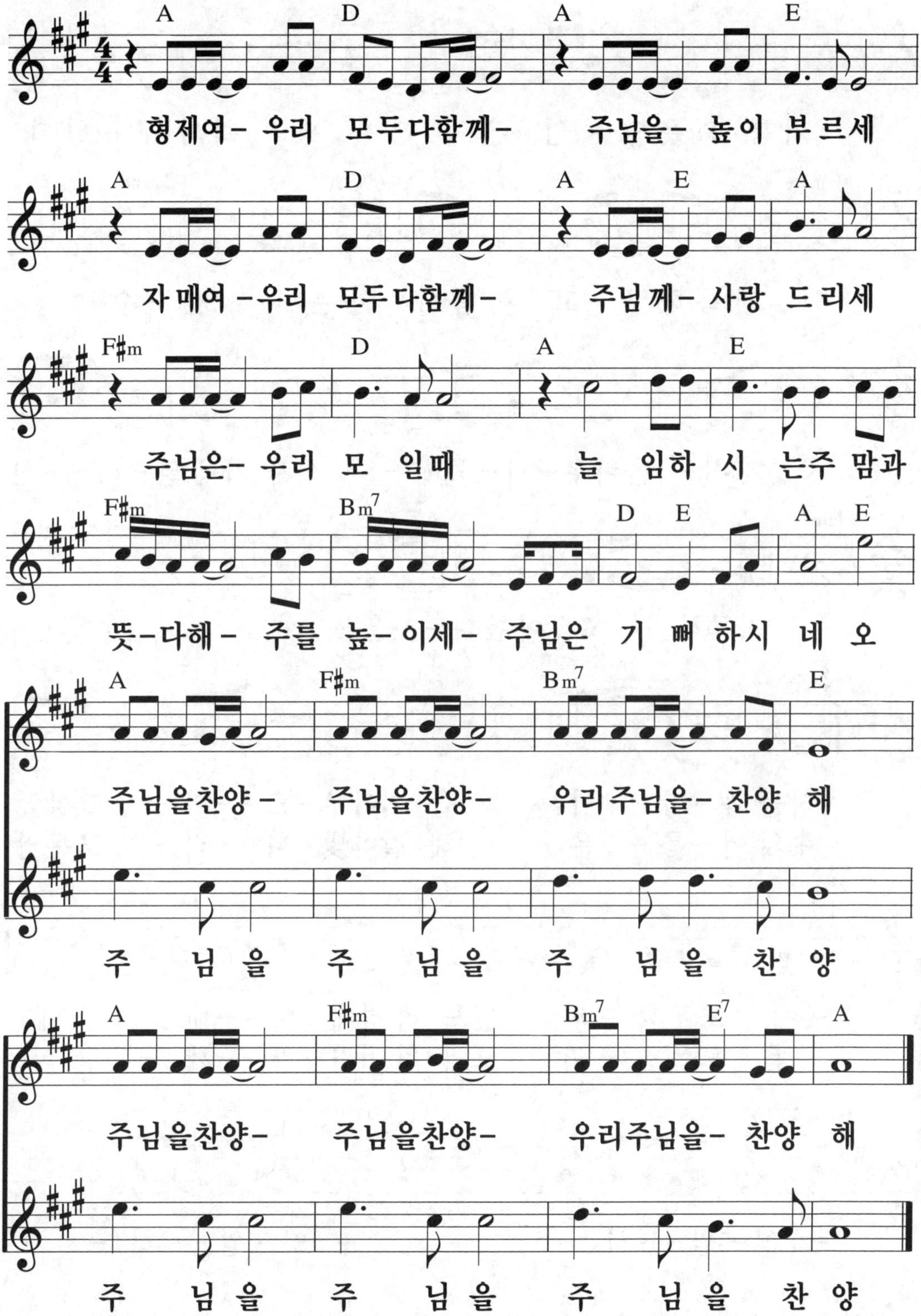
A D A E
형제여- 우리 모두다함께- 주님을- 높이 부르세
A D A E A
자 매여 -우리 모두다함께- 주님 께- 사랑 드리세
F♯m D A E
주님은- 우리 모 일때 늘 임하 시 는주 맘과
F♯m Bm7 D E A E
뜻-다해- 주를 높-이세- 주님은 기 뻐 하시 네 오
A F♯m Bm7 E
주님을찬양 - 주님을찬양- 우리주님을- 찬양 해
주 님 을 주 님 을 주 님 을 찬 양
A F♯m Bm7 E7 A
주님을찬양- 주님을찬양- 우리주님을- 찬양 해
주 님 을 주 님 을 주 님 을 찬 양

A

680 기쁨의 옷을 입은

(거룩하고 아름다운 / Holy And Beautiful Jesus)

김지혜 & 전필구

F m7
D♭2
A♭2
E♭
하 - 늘 - - 이 - 열 - 리 - - 고 빛비 - 추 네 -
F m7
D♭2
A♭2
구 - 원 - - 이 - 온 - 땅 - - 에 선포 - 되 네
E♭
E♭sus4
A♭2
D.S. al Coda
- - 영 - 원 - - 히 -

681 내 영혼에 주의 빛

(내 영혼에 빛)

심형진

A♭ Fm7

내 영 혼 - 에 - 주의빛 비 춰주 - 시 니

Fm7 D♭ E♭sus4

- 내 영 혼 - 은 - 참 평 - 안 얻 - 네 -

E♭ A♭ Fm7

하 나 님 - 의 - 임재가득 - - 한 이 - 곳 에

Fm7 D♭ E♭sus4 A♭

- 주 의 영 - 광 의 빛 비 - 추 - 시 네 -

1. A♭ 2. A♭ D♭ A♭

내영혼 모 든 어 - 둠 - 물 러 - 가 고 - 새

하 신 - 주 의 - 이 름 - 온

D♭ A♭ Fm7

- 아 침 - 밝 아 - 오 네 - 왕 - 되 신 - 주

- 땅 에 - 높 으 - 신 주 - 주 - 님 만 - 주

D♭ 1. B♭m7 *1st time to coda* 𝄌

- 님 께 - 엎 드 려 - 경 배 할 - 때 - 경 배 하

- 님 만 - 높

2. B♭m7
E♭sus4
3. B♭m7
E♭sus4
드려-경배할-때 - 승리 임 받으소 -서 -
E♭
A♭
F m7
경배하 -리 - 신-령과 --진정-으 로
F m7
D♭
E♭sus4
- 내삶다 -해 - 내힘-다 해 -
E♭
A♭
F m7
하나님-이 - 다스리시 --는이-곳에 - 주의나
D♭
E♭sus4
E♭
last time to
A♭
D.S.
A♭
-라 임하- 시네 - 모든어 -

A

682 내 안에 주를 향한 이 노래

미가엘 2283

(아름다우신)

심형진

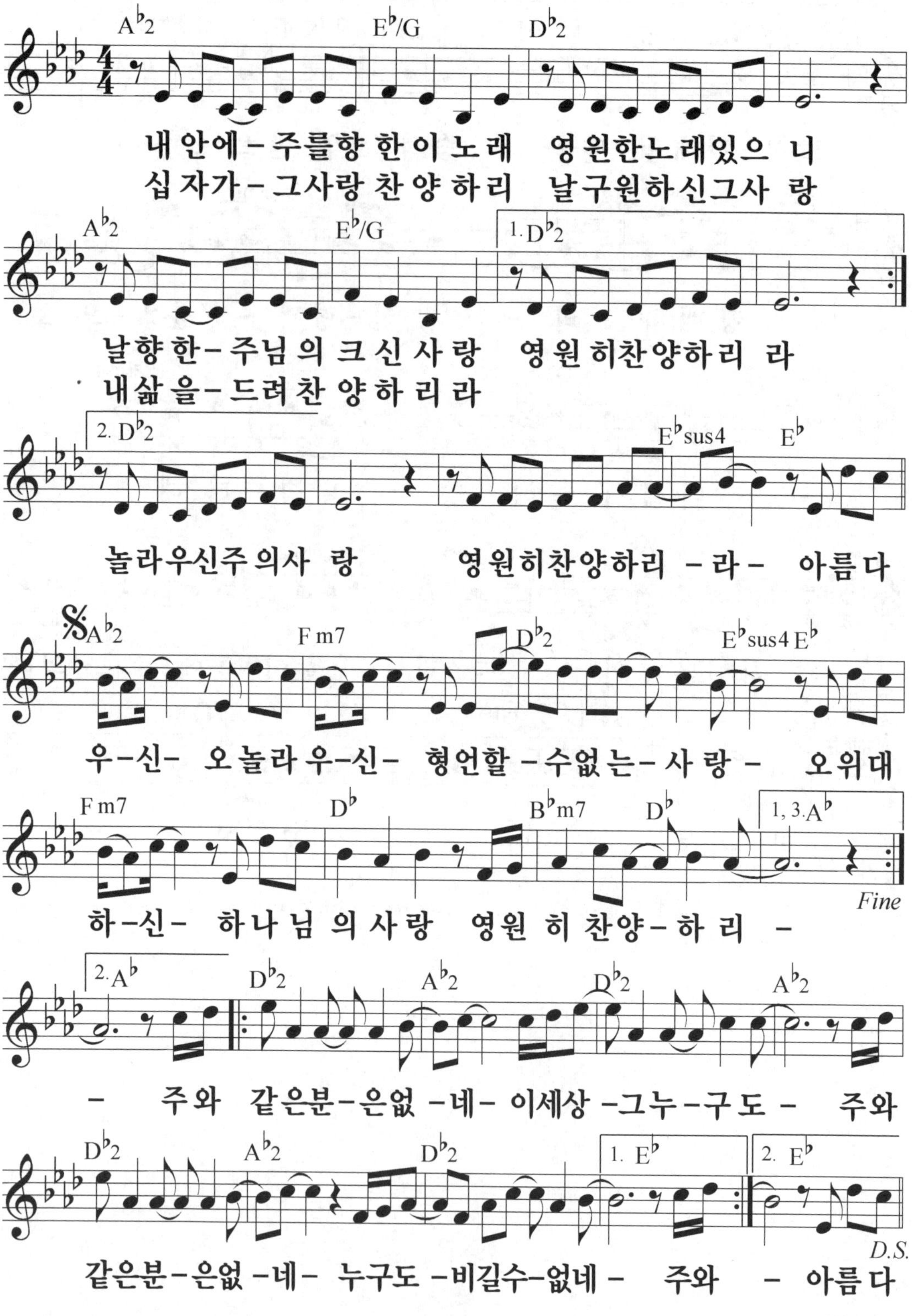
A♭2 E♭/G D♭2
내안에-주를향한이노래 영원한노래있으니
십자가-그사랑찬양하리 날구원하신그사랑
A♭2 E♭/G 1. D♭2
날향한-주님의크신사랑 영원히찬양하리라
내삶을-드려찬양하리라
2. D♭2 E♭sus4 E♭
놀라우신주의사랑 영원히찬양하리-라- 아름다
A♭2 F m7 D♭2 E♭sus4 E♭
우-신- 오놀라우-신- 형언할-수없는-사랑- 오위대
F m7 D♭ B♭m7 D♭ 1, 3. A♭
하-신- 하나님의사랑 영원히찬양-하리-
Fine
2. A♭ D♭2 A♭2 D♭2 A♭2
- 주와 같은분-은없-네- 이세상-그누-구도- 주와
D♭2 A♭2 D♭2 1. E♭ 2. E♭
같은분-은없-네- 누구도-비길수-없네- 주와 - 아름다
D.S.

영원전에 나를 향한 683

(하나님의 꿈)

천관웅

영원전에 – 나 – 를향한 – 하늘 아 버지 – 의 – 꿈 –
그누구도 – 알 – 지못한 – 하늘 아 버지 – 의 – 꿈 –

아들예수 – 죽이기 – 까지 – 포기할수 – 없던꿈 –
성자예수 – 외면할 – 만큼 – 포기할수 – 없던꿈 –

죄로죽어 – 깨 – 져버린 – 하나 님 의형 – 상 – 을 –
하나님의 – 아 – – 들이 – 사람 이 되신 – 것 – 은 –

회복하여 – 아 – 들삼아 – 하늘보좌 – 앉 – 히셨네 – –
사람들을 – 하 – 나님의 – 아들삼기 – 위 – 함이라 – –
찬양

하 세 하나님사 – 랑 그누 구 – – – 도 끊을수 – 없네 경배

하 세 위대한사 – 랑 – 하 나님 – 의꿈 –

A

684 아버지의 마음

심형진

아버지의 마음

D♭ A♭ E♭ Fm D♭ A♭ E♭ A♭/C
내 눈을 - 여 - 소 - 서 - 내 맘을 - 여 - 소 - 서 -
D♭ A♭ E♭ Fm D♭ A♭ 1. E♭ A♭
내눈을 - 여 - 소 - 서 - 내 맘을 - 여 - 소 - 서 -
2. E♭ D.S. al Coda A♭
- 서 - 가 서 전 하 록

A

685 이 세상의 부요함보다

(Better than Life)

Marty Sampson

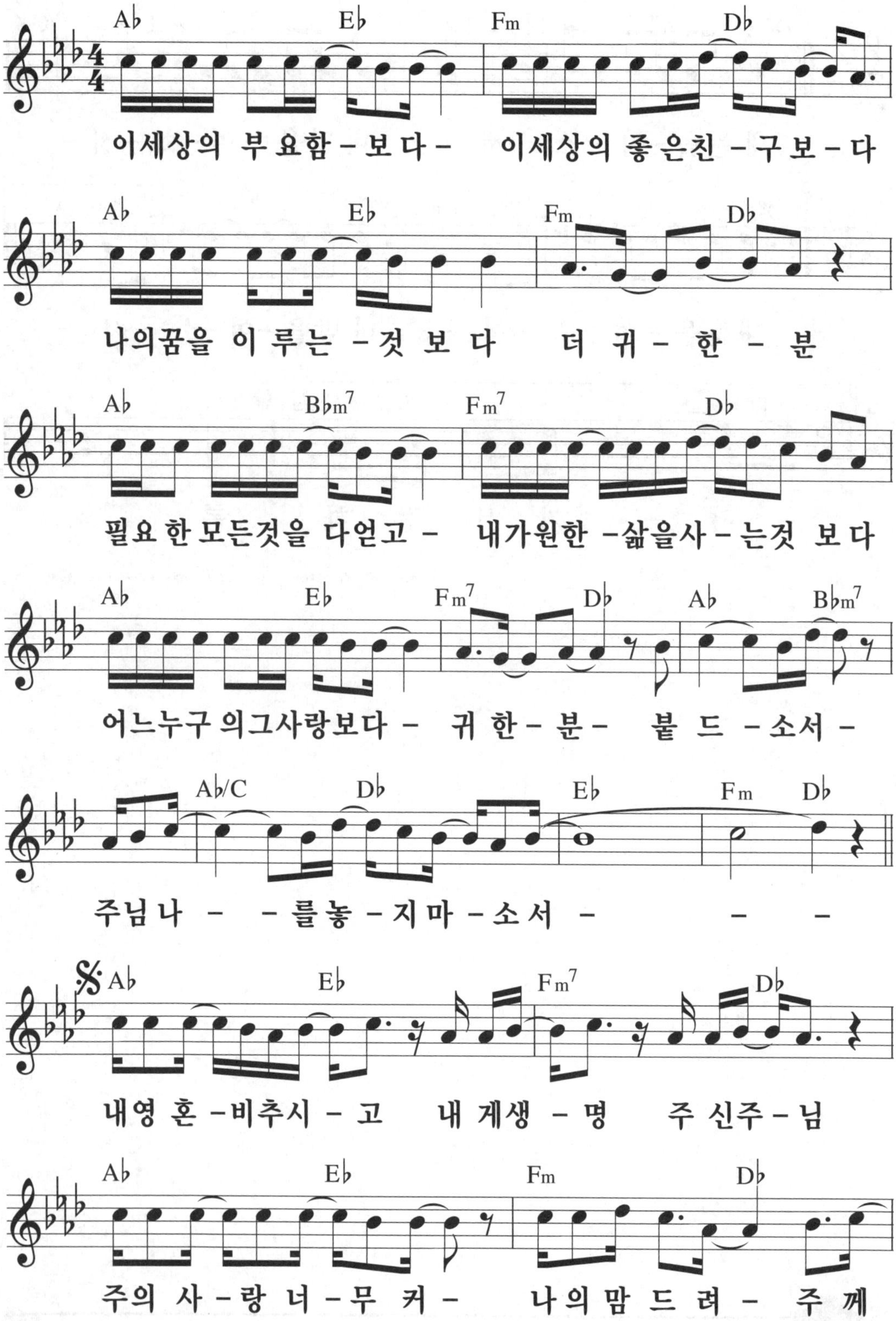

A♭ E♭ Fm D♭
이세상의 부요함-보다- 이세상의 좋은친-구보-다

A♭ E♭ Fm D♭
나의꿈을 이루는-것 보 다 더 귀- 한 - 분

A♭ B♭m7 Fm7 D♭
필요한모든것을 다얻고- 내가원한 -삶을사-는것 보다

A♭ E♭ Fm7 D♭ A♭ B♭m7
어느누구 의그사랑보다- 귀 한-분- 붙 드 -소서-

A♭/C D♭ E♭ Fm D♭
주님나 - -를놓-지마-소서 - - -

𝄋 A♭ E♭ Fm7 D♭
내영 혼 -비추시 - 고 내 계생 - 명 주 신주-님

A♭ E♭ Fm D♭
주의 사 -랑 너 -무 커- 나의맘 드 려- 주 께

A♭ E♭ Fm
- 주 님 만 영원히사 - 랑해 - 나 의사랑
Last time to Coda
D♭ 1.3. A♭ 2. A♭ B♭m7 A♭/C D♭ E♭
멈추 - 지않 - 으리 - 주 님 만 -
Fm D♭ A♭ B♭m7 A♭/C D♭ E♭ Fm D♭
붙 드 - 소서 - 주님나 - - 를놓 - 지마 - 소서 - -
D.S al Coda
A♭ B♭m7 A♭/C D♭ E♭ Fm D♭ A♭
붙 드 - 소서 - 주님나 - - 를놓 - 지마 - 소서 - - -

A

686

내 삶에 소망

(예수 닮기를)

심형진

C#M7
F#
C#M7
F#
완전하신 예 수
새롭게하 시 -네-
C#M7
D#M7
E
F#
D.S.
연약한내 영 -혼-
온전하게 되-리-

687

오 나의 주님

(날마다 / Everyday)

Joel Houston

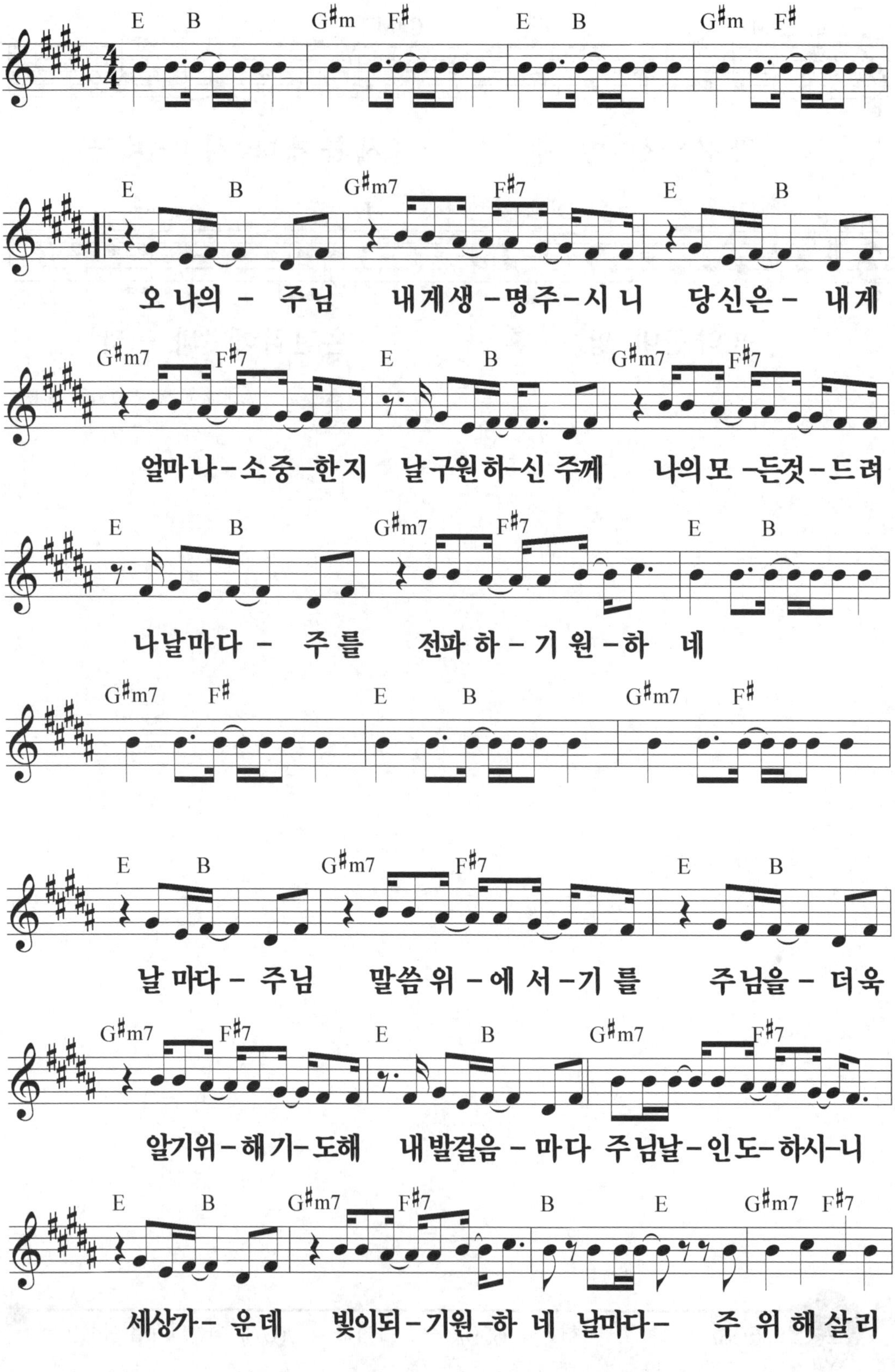

미가엘 2193

E B G♯m7 F♯7 E B

오 나의 - 주님 내게생 -명주-시 니 당신은 - 내게

G♯m7 F♯7 E B G♯m7 F♯7

얼마나-소중-한지 날구원하-신 주께 나의모 -든것-드려

E B G♯m7 F♯7 E B

나날마다 - 주를 전파 하 - 기 원 -하 네

알기위-해 기-도해 내발걸음 - 마다 주님날-인도-하시-니

세상가- 운데 빛이되-기원-하 네 날마다- 주 위 해 살리

오 나의 주님

B E G#m7 F#7 B E G#m7 F#7
날마다 - 주 따라 가리 날마다 - 주 함께 걸으
E B G#m F# 1.E B G#m F#
리
2.E B G#m F# B E
나 주만 - 위 - 해 - 살
G#m7 F# B E G#m7 F#
- 겠 네 - 나 주만 - 위 - 해 - 살 - 겠네 - 나
B E G#7 F#7 E B G#m F#
주만 - 위 - 해 - 살 - 겠네 - - -

B

688 잃은 영혼 구원 얻으며

(받아주소서 / take it all)

Matt Crocker, Scott Ligertwood & Marty Sampson

B

잃 은 영 혼 - 구원얻으며 - - 그 자 유 안 에
이 땅 위 에 - 아들을주신 - - 그 복된소 식

B

- - 다함께외쳐 - 십자가지신 - 또 부 활 하 신
- - 내게들리네 - 내 가찾은 - 진 리 는오 직

1. B 2, 3. G♯m

주 예수 내 모든것을주님 께 주 예수 내

E B F♯

모 든것 을 주 님 께 주 이 름 위 해 살 겠 네 내

G♯m E B

자 랑 되 신 주 예 수 - 오 오 - 오 찬 양 또

F♯ C♯m 1st * D.C.

나 의 모 든 것 Take, take, take it all Take, take, take it all

B F♯ G♯m

주 이 름 위 해 살 겠 네 내 자 랑 되 신 주 예 수

잃은 영혼 구원 얻으며

E B F♯ *Last To Coda* 𝄌

\- 오 오 - 오 찬 양 또 나 의 모 든 것

C♯m *Rpt*2 al coda last time only* B

Take, take, take it all Take, take, take it all

C♯m G♯m F♯ E

주 님 어 둔 내 눈 여 시 네 - -

C♯m G♯m F♯ C♯m G♯m F♯

그 빛 따 라 가 리 라 - 구 원 의 능 력 오 직

E B

주 안 에 있 네 - - -

B *D.S. al Coda*

𝄌 C♯m B

Take, take, take it all Take, take, take it all Take, take, take it all

B

689 주 발 앞에 나 엎드려

(오직 예수 / One Way)

Joel Houston & Jonathon Douglass

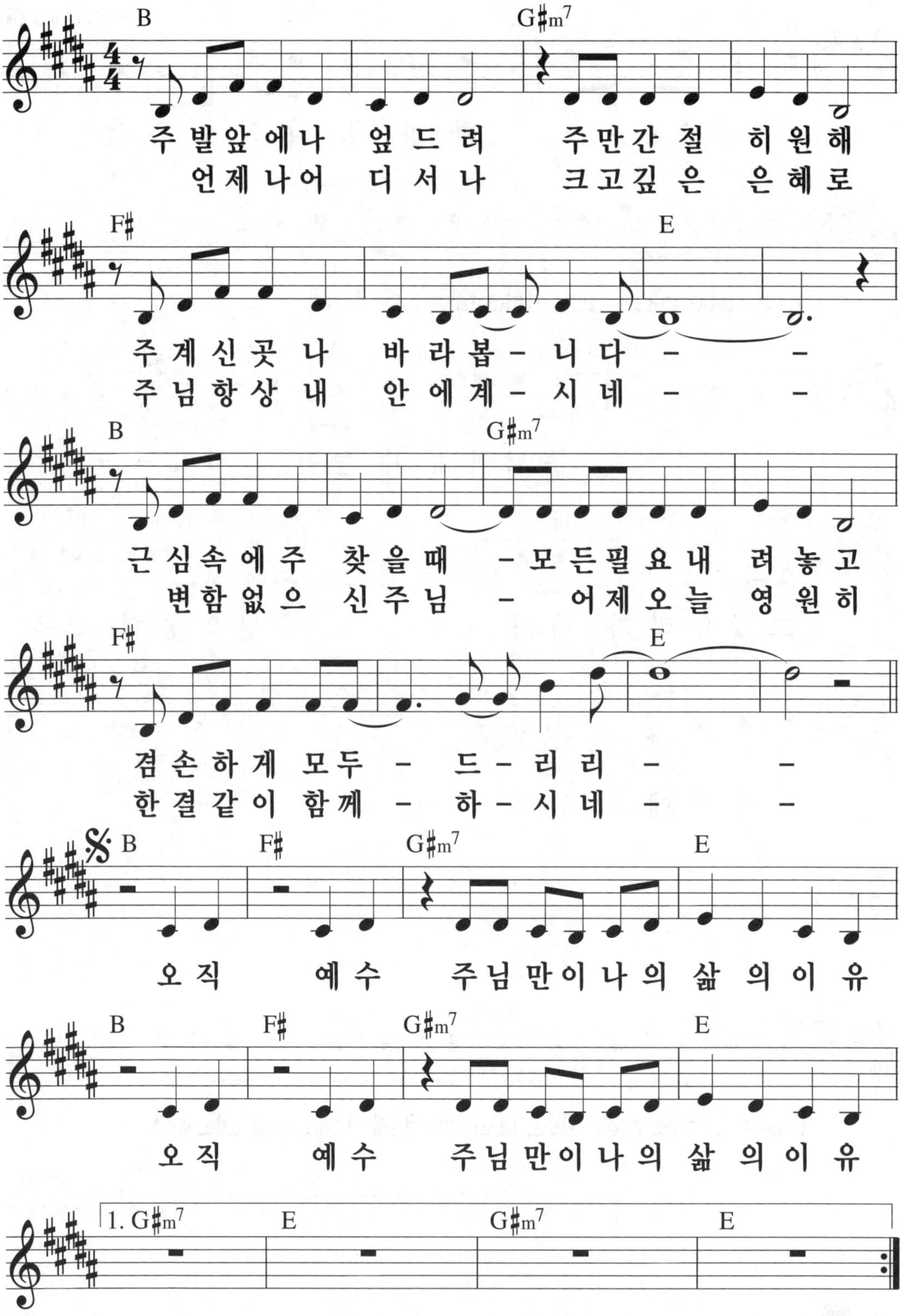

B G♯m7

주 발 앞 에 나 엎 드 려 주 만 간 절 히 원 해
언 제 나 어 디 서 나 크 고 깊 은 은 혜 로

F♯ E

주 계 신 곳 나 바 라 봅 – 니 다 – –
주 님 항 상 내 안 에 계 – 시 네 – –

B G♯m7

근 심 속 에 주 찾 을 때 – 모 든 필 요 내 려 놓 고
변 함 없 으 신 주 님 – 어 제 오 늘 영 원 히

F♯ E

겸 손 하 게 모 두 – 드 – 리 리 – –
한 결 같 이 함 께 – 하 – 시 네 – –

𝄋 B F♯ G♯m7 E

오 직 예 수 주 님 만 이 나 의 삶 의 이 유

B F♯ G♯m7 E

오 직 예 수 주 님 만 이 나 의 삶 의 이 유

1. G♯m7 E G♯m7 E

2.3. B
F♯
G♯m7
E
오 직 예 수 주님 만 이 나 의 삶 의 이 유
B
F♯
Last time to Coda
G♯m7
A
오 직 예 수 주님 만 이 나 의 삶 의 이 유
B
F♯
G♯m7
주 님 은 길 과 진 - 리 생 명 나 는 - 오 직 - 믿 음
E
G♯m7
F♯
E
1-3.
- 으 로 - 살 리 - 주 만 - 위 해 - 살 리 - -
4.
Coda
G♯m7
A
B
D.S.al Coda
- 주 님 만 이 나 의 삶 의 이 유 -

B

690 주 이름 찬양

(Blessed Be Your Name)

Beth Redman & Matt Redman

1. 주 - 이 름 - 찬 양 - 풍 요 의 강 - 물 흐 - 르 는 - 부 요
주 - 이 름 - 찬 양 - 거 치 른 광 - 야 와 - 같 은 - 인 생
2. 주 - 이 름 - 찬 양 - 햇 살 이 나 - 를 비 - 추 고 - 만 물
주 - 이 름 - 찬 양 - 가 는 길 험 - 할 지 - 라 도 - 고 통

한 땅 - 에 살 - 때 에 - 주 님 - 찬 양 해 -
길 걸 - 어 갈 - 때 도 - 주 님 - 찬 양 해 -
이 새 - 롭 게 - 될 때 - 주 님 - 찬 양 해 -
이 따 - 를 지 - 라 도 - 주 님 - 찬 양 해 -

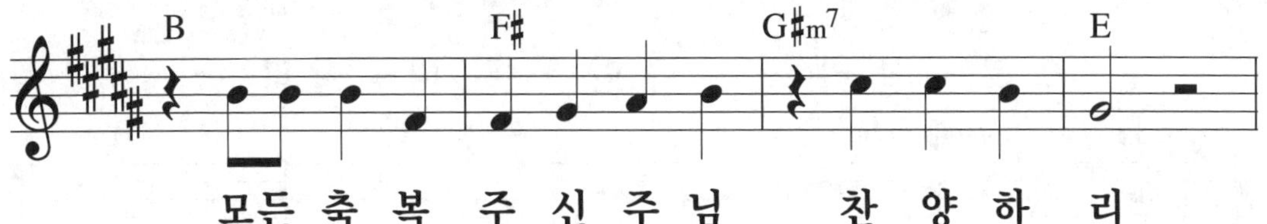

모 든 축 복 주 신 주 님 찬 양 하 리

어 둔 날 이 다 가 와 도 난 외 치 리 주 의 이 름

을 찬 - 양 - 해 - 주 의 이 름 을 주 의 이 름

B F♯ G♯m7 F♯ E
Last time to Coda
을 찬 - 양 - 해 - 영화로운주 이름 - 찬 양 -
1. D.C.
2.E
B F♯
주 님 은 주 시 며 주
G♯m7 E B F♯
님 은 찾으시 네 내 맘 에 하 는 말 주
G♯m7
1.E
2.E
D.S.
E B
찬 양 합 니 다- 주 다- 주의이름

691 거절 할 수 없는 주의 부르심

(발걸음)

원종수

거 절 할 수 없 – 는 주 의 부 – 르 심 – 속 에 – 믿 음

으 로 나 – 아 가 는 발 – 걸 음 – 처 음 가 는 – 길 이 기 – 에

두 려 움 도 있 – 지 만 – 나 의 갈 – 길 을 – – 주 – 가

예 비 하 – 심 을 – 나 를 부 르 신 – 주 의 뜻 – 을 믿 – 기 에 – 어 떤

장 애 물 – 이 앞 에 있 – 어 도 – 나 보 다 더 – 앞 서 가 – 신

주 의 걸 음 뒤 – 따 라 – 나 의 걸 – 음 을 – 믿 음 으 로 옮 길 수 있 네 –

우 – – – 나 의 발 – 걸 음 – – 온 전 히 주 만 바 – 라 며 –

헛된것 - 가운 - 데 있 지않 - 도록 - 정 - 금과 - 같은 - 온전

한 믿음 - - 으로 - - 주의 뜻가운 - 데머물게 하소서 -

692 나를 기가 막힐 웅덩이와

(하나님의 조건없는 사랑)

내게 능력 주시는자 안에서 693

홍정식

B♭ F/A Gm B♭/F B♭ Cm F

내 게 능력 - 주시는자안에서 - 내가 모든것을 - 할 수 있 네 어떤

B♭ F/A Gm B♭/F B♭ F F/B♭ B♭

형편과 환경 속에서 - 내가 만족의비결 배 웠노라능력

F B♭ F B♭ D7/A

의 주예 수 내맘 에 계시 네 살아계

Gm D7/F♯ B♭/F Cm B♭/F F

신 주 - 예 수 내맘 에 계 - 시 네 어떤

B♭ D7/A Gm B♭/F E♭ B♭/D Cm F7

형편과 환경 속에서 - 내가 만족의비 결 배 웠노라 - 내가

B♭ F/A Gm B♭/F E♭ Cm F7 E♭/F B♭

능력 - 주시는자 안에서 - 내가 모든것을 - 할 수 있 네

B

570/ 괴로울 때 주님의 얼굴 보라 583/ 나의 모든 기도가 694/ 내 구주 예수님

694 내 구주 예수님

(Shout to the Lord)

미가엘 1614

Darlene Zschech

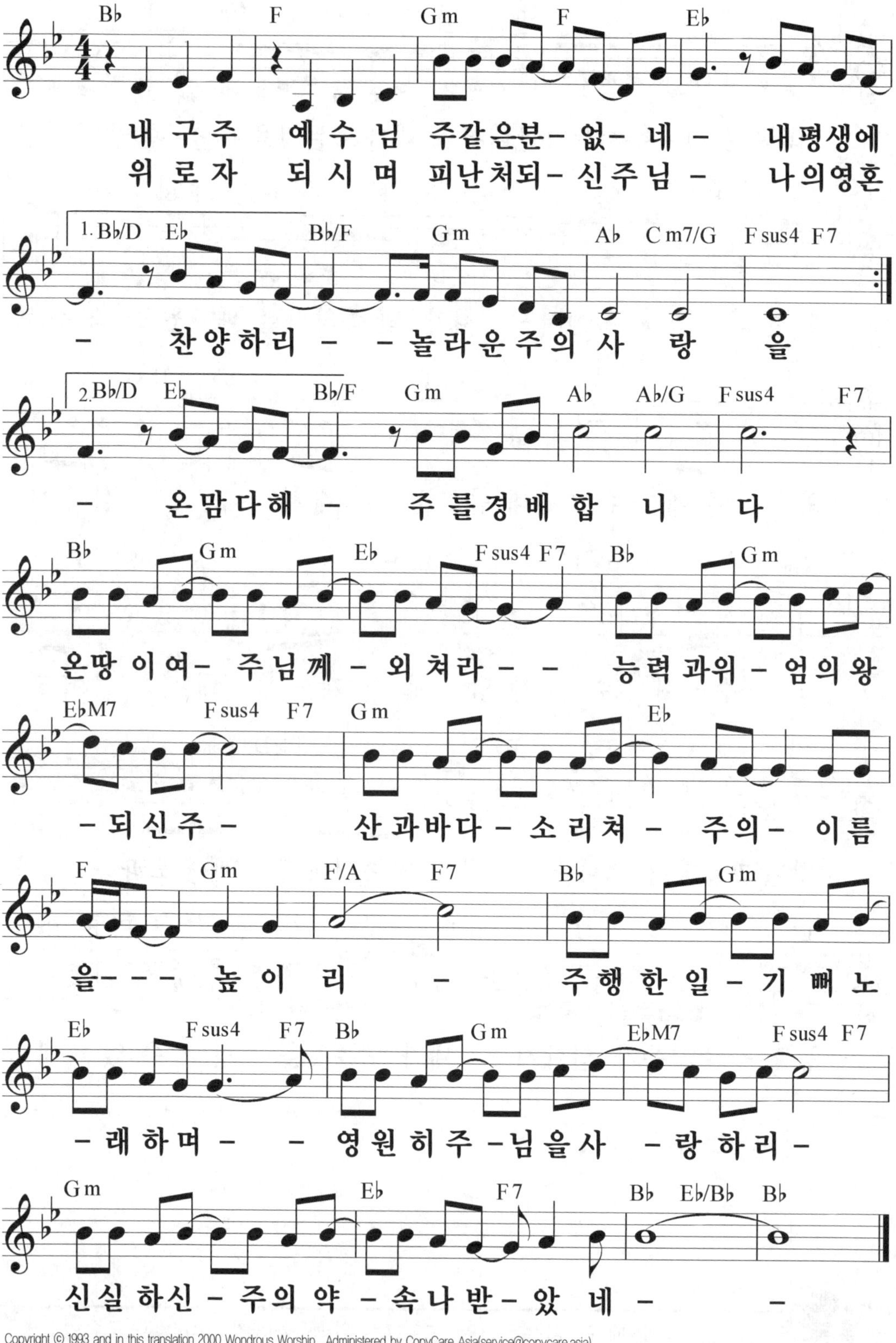
B♭ F Gm F E♭
내 구 주 예 수 님 주같은분- 없- 네 - 내평생에
위 로 자 되 시 며 피난처되- 신주님 - 나의영혼
1.B♭/D E♭ B♭/F Gm A♭ Cm7/G Fsus4 F7
- 찬양하리 - - -놀라운주의 사 랑 을
2.B♭/D E♭ B♭/F Gm A♭ A♭/G Fsus4 F7
- 온맘다해 - 주를경배 합 니 다
B♭ Gm E♭ Fsus4 F7 B♭ Gm
온땅 이 여- 주님께 - 외 쳐라 - - 능력 과위 - 엄의왕
E♭M7 Fsus4 F7 Gm E♭
-되신주 - 산과바다 - 소 리쳐 - 주의- 이름
F Gm F/A F7 B♭ Gm
을--- 높 이 리 - 주행 한 일 - 기 뻐 노
E♭ Fsus4 F7 B♭ Gm E♭M7 Fsus4 F7
-래 하 며 - - 영 원 히 주 -님을사 -랑 하 리-
Gm E♭ F7 B♭ E♭/B♭ B♭
신실 하신 - 주의 약 - 속나 받 - 았 네 - -

미가엘 825

내일 일은 난 몰라요 695

(I know who holds my hand)

Ira F. Stanphill

B

696 목적도 없이

(험한 십자가 능력있네 / The old rugged cross made the difference)

William J. Gaither

목적도 없이 나는 방황했네– –
소망도 없–이 살았네 –
그때에 못자국 난 그 손길– –
나에게 새생명 주셨네 –
험한 십–자가에 –능력 있네– –
거기서 나의 삶이 변했네 –
찬양하–리 주 이름 영원–히 –
주의 십자가 능력 있네 –
나는 믿네 갈보리 언덕 십자가 –

Gm C7 F F7
나는믿 네 그 누 가 뭐 라 해도 –
B♭ D7 Gm C7
이 세 상 다 지 나 고 끝 날 이 와 도
F F7 B♭
험 한 십 자 가 붙 들 겠 네 –
B♭7 E♭ B♭ E♭ B♭
나 는 믿 네 십 자 가 에 서 못 박 힌 주
F B♭maj7 B♭7
오 늘 도 새 삶 을 주 시 네 –
E♭6 E♭m B♭ Gm Dm
날 새 롭 게 하 셨 네 나 는 새 피 조 물
Cm F7 E♭ F B♭ B♭7
십 자 가 잡 고 살 아 가 리 –
E♭ B♭ D.S
나 는 믿 네 갈 보 리 언 덕 십 자 가 – 나 는 믿
E♭ F7 B♭
– 험 한 십 자 가 붙 들 겠 네 –

B

697 우리에게 한 제단이 있으니

(불의 제단)

예수 십자가에 흘린 피로써 개사 & E.A.Hoffman

1. 우리에게 한제단이 있으니 십자가 제단에 나아가
2. 무너진 제단을 다시 쌓고서 기도의 향불을 올리자
3. 십자가로 참사랑 알게 되니 그사랑 내게도 주시사
4. 오순절에 불로 오신 성령이여 우리 교회 지금 태우사
5. 불로 응답하는 신이 참신이라 믿- 고 구하면 주시네
6. 이불이 붙었으면 좋겠다고 탄식을 하시던 주시여
7. 제단에 붙은 불을 끄지 말라 아침 저녁 제단에 나가

우리 모든 죄를 씻어 버리고 단상의 생활을 보내자
제사장의 큰 사명을 위하여 기도의 전력을 바치자
원수 위해 달게 죽을 수 있는 끓는 가슴을 주옵소서
모든 성도 남김없이 녹이어 부흥의 역사 주옵소서
바알신을 믿는 저이들에게 살아계신 주를 보이자
이교회에 그불을 던지시사 영광이 충전케 합소서
신앙의 나무들을 벌려놓고 기도의 바람을 불어라

하늘의 불로써 이제 다 태워주옵소서

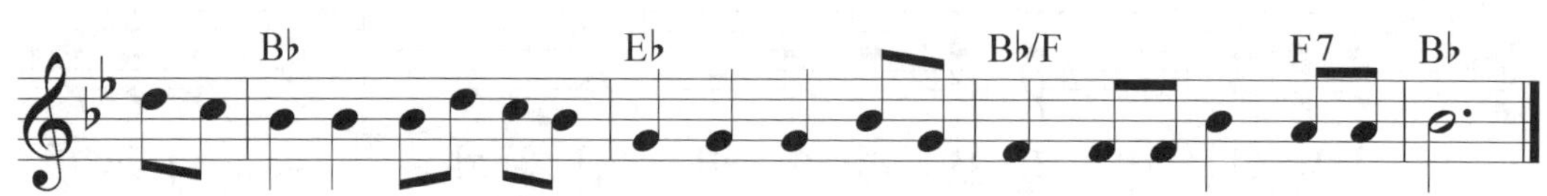

엘리야의 때와 같이 지금도 돌과 흙까지 태우소서

565/ 갈릴리 마을 575/ 나의 가장 낮은 마음 586/ 나 자유 얻었네

미가엘 1268

이제 내가 살아도

698

최배송

1. 이 제 내 가 - - 살 아 도 주 위 해 살 고
하 늘 영 광 - - 보 여 주 며 날 오 라 하 네
2. 이 제 내 가 - - 떠 나 도 저 천 국 가 고
우 리 예 수 - - 찬 송 하 며 나 는 가 겠 네

이 제 내 가 - - 죽 어 도 주 위 해 죽 네 다
할 렐 루 야 - - 찬 송 하 며 주 께 갑 니
이 제 내 가 - - 있 어 도 주 위 해 있 네 네
천 군 천 사 - - 나 팔 불 며 마 중 나 오

그 러 므 로 나 는 사 나 죽 으 나 주 님 의 것 이 요

사 나 - 죽 으 나 - - - 사 나 - 죽 으 나

날 위 해 피 흘 리 - 신 내 주 님 의 것 이 요

B

692/ 나를 기가 막힐 웅덩이와 693/ 내게 능력 주시는 자 699/ 허무한 시절

699 허무한 시절 지날 때

(성령이 오셨네)

미가엘 2216

김도현

허무한시절지날때 - 깊은한숨내쉴때- 그런풍경보-시며-탄식
억눌린자갇힌자 - 자유함이없는자- 피난처가되-시는- 성

하는분-있네- 고아같이너희를-- 버려두지 않으리-
령님계-시네- 주의영이계신곳에- 참자유가 있 다네-

내 가너희와영원히- 함께하 - 리라 - 성령이 오- 셨네 -
진- 리- 의 영이신- 성 령이오 - 셨네 -

성 - 령이 오셨네 - 내주의보내신 - 성 령이오 -셨네-

우리인생 가운데 - 친히찾아-오셔서- 그나라꿈꾸게하시네

692/ 나를 기가 막힐 웅덩이와 694/ 내 구주 예수님 698/ 이제 내가 살아도

감당 못 할 고난이 닥쳐와도 700

(내가 승리 하리라)

김석균

1. 감당못할고 난이 닥쳐와도- 나는두렵지않 네
2. 소돔같은재 앙이 온다해도- 나는두렵지않 네
3. 원치않는질 병이 찾아와도- 나는두렵지않 네
4. 부귀영화명 예가 떠나가도- 나는두렵지않 네

여호와의손 잡고 일 어나 - 반 드시승리하리 라
여호와는내 방패 이 시며 - 피 난처되시는도 다
여호와의치 료의 손 길이 - 내 몸을감싸주시 네
여호와로인 하여 감 사와 - 기 쁨이넘쳐나도 다

여 호와- 만군의하-나님이 나 에게- 능 력을-주시니
여 호와- 구원의하-나님이 나 에게- 새 힘을-주시니
여 호와- 창조의하-나님이 나 에게- 새 생명-주시니
여 호와- 전능의하-나님이 나 에게- 지 혜를-주시니

무 슨- 일 을만 -나든지 내 가 승리하리 라
무 슨- 일 을만 -나든지 항 상 찬송하리 라
무 슨- 일 을만 -나든지 항 상 기뻐하리 라
무 슨- 일 을만 -나든지 항 상 감사하리 라

570/ 괴로울 때 주님의 얼굴 693/ 내게 능력 주시는 자 안에서 699/ 허무한 시절

- 한국에서 가장 많이 불리는 은혜로운 찬양 BEST 700곡 수록(**최신곡 포함**)
- 누구나 쉽게 찬양인도를 할 수 있도록 **메들리 수록**
- 철야예배, 수요예배 등 소모임에서 이용 가능
- 곡 찾기 용이(코드별 가나다순 편집, 가사첫줄 · 원제목 가나다순 목차, 코드색인)
- 청 · 장년이 보기 편한 큰가사 **큰글씨**
- **미가엘 반주기 번호 수록**

초판 발행일 : 2014년 11월 15일
펴 낸 이 : 김수곤
펴 낸 곳 : 도서출판 선교횃불(ccm2u)
출 판 등 록 : 1999년 9월 21일 제54호
악 보 편 집 : 노수정, 위은애
업 무 지 원 : 기태훈, 김한희
주 소 : 서울시 송파구 삼전동 103번지
전 화 : (02) 2203-2739
F A X : (02) 2203-2738
E - mail : ccm2you@gmail.com
Homepage : www.ccm2u.com